ENRICO BERNARD

DAS NEUE WELTTHEATER

Die Grube

Holy money

Miss Sarah Sampson

Ausgezogen

Ein Ungeheuer namens Lila

Loreley und Nix

Es geht um Mafia

Allein gegen die Mafia

Die Revolution ist auf Morgen verschoben

Anna, Teodoro und Marco

Das Manifest des De-naturalistischen Teathers

BeaT

Die Übersetzungen

Sabine Heymann:

Die Grube
Holy money
Miss Sarah Sampson
Ausgezogen
Ein Ungeheuer namens Lila

Martina Mitsch:
Loreley und Nix,
Das Manifest des De-naturalistischen Theaters

Sabine Ladurner Mayer:
Anna, Teodoro und Marco
Die Revolution ist auf Morgen verschoben
Es geht um Mafia
Allein gegen die Mafia

Inhaltverzeichnis

ISBN Buchausgabe: 9783038411239
ISBN Ebook: 9783038411246

Sabyne Heymann über Enrico Bernard.

Auf den allerersten Blick scheinen Bernards Texte harmloses Unterhaltungs-theater mit leicht boulevardeskem Einschlag zu sein. Tatsächlich aber experimentiert der Autor mit allen erdenklichen Formen der Theatergeschichte. Manchmal beginnen seine Stücke wie eine Gesellschafts oder eine frenetische Situationskomödie, manchmal wie ein Konversationsstück, nur um unmittelbar darauf, sobald der Zuschauer sich in Sicherheit wähnt, ins Groteske umzukippen, von der Komödie zur Tragödie zu warden, vom Kabarett zum Zirkus. Die Kritiker haben seine Texte, die sich der Definition zu entziehen scheinen, irgendwo zwischen dem Futurismus und dem Theater des Absurden angesiedelt. Unter der Oberfläche der vermeindlichen "commedia brillante" verbirgt sich ein erschreckendes Szenarium des Unterbewussten, der alltäglichen Schizophrenie.
Bernards Stücke bewegen sich immer hart an den Abgründen der men-schlichen Existenz: des Wahnsinns, des Bösen (als anthropologischer Konstante?). Er evoziert die Gespenster der Einsamkeit, oder einfach die Dummheit einer Welt, die dabei ist, vor aller Augen aus den Fugen zu greaten, in zusammenhangslose Fragmente zu zerfallen. Die Unfähigkeit der Menschen zur Kommunikation ist eines der zentralen Themen, über die Bernard mit dem klassischen Mittel des Theaters mit seinen Zuschauern in Kommunikation zu treten sucht. Obwohl sein Theater bestimmt nicht als klassisches Theater daherkommt, ist es dennoch eine sehr heutige Version der "Schaubühne als moralischer Anstalt"
Fest steht, daß bei Enrico Bernard nichts das ist, was es erscheint – und hier sind Berührungspunkte mit bester italienischer Pirandello-Tradition auszumachen. Schon über eines seiner frühen Stücke, "Da cosa nasce cosa" (deutsch etwa: "Eins ergibt sich aus dem andern") schrieb 1897 Renzo Tian, Grosskritiker der römischen Tageszeitung "Il Messaggero":
Die Leistung dieses Autors besteht darin, daß zwei oder drei Erzählebenen kunstvoll in ein Verhältnis zueinander gesetzt warden, sich gegenseitig bedingen, abstossen oder gar auslöschen. Durch ein subtiles Spiel von Montage und Demontage, den Einsatz eines kleinen, unkontrollierbaren Elements kann die normalste aller Situationen ganz plötzlich umkippen und eine völlig unvorhersehbare Wende nehmen, und schon schlittert die ganze Geschichte unaufhaltsam in dem Wahnsinn.
Bernard liebt es, in seinen Stücken an irgendeinem Punkt in unters-chiedlischster Gestalt einen "Deus ex machina" einzusetzen, aber nicht etwa, um kurz vor der Katastrophe wundersam die unlösbare Verwicklung aufzulösen. Nein, sein "Deus ex machina" sorgt erst richtig für Verwirrung, bzw. Deckt sie auf und führt die Protagonisten in ein Labyrinth von Wiedersprüchen und Irrwegen, aus dem sie häufig nicht mehr herauskommen.

Gegen Ende der Achzigerjahre hat Enrico Bernard begonnen, seine Theorie eines "Teatro S-naturalista" zu entwickeln – ein kaum ins Deutsche übertragbarer Terminus: es handelt sich nämlich nicht einfach um ein "unnaturalistisches Theater", weil der Begriff im Italienischen auch das Wort "snaturato", also "entartet", mitschwingen lässt. Ent-naturalistisches Theater also? Jedenfalls will der Auto rein extrem nich-naturalistisches Theater.

Der Plot seines Stückes "Ein Ungeheuer namens Lila" (Un mostro di nome Lila) soll hier nicht verraten werden, denn es hat, wie ein Thriller, zahlreiche überraschende Wendungen, lebt von Ambiguität und lässt verschiedene Interpretationsmöglichkeiten offen. Auch hier ist die Ausgangssituation scheinbar ganz normal: eine junge Frau, die einen abgelegenen, meist von Jäger besuchten Waldgasthof betreibt, erwacht im Morgengrauen. Sie hat einen Alptraum gehabt. Einen Alptraum? Oder sind die Ungeheuer ihres Traums nicht eigentlich fürchterlich real? Ist nicht tatsächlich ein "Ungeheuer" in der Gegend gesichtet worden? Wird sie von den Geistern ihres Unbewussten heimgesucht? Oder hat sie einfach eine schmutzige Phantasie? Verwirrt versucht sie, Tag und Traum voneinander zu unterscheiden, al sein "Unbekannter" den Gasthof betritt. *(Sabine Heymann)*

* * *

Martina Mitsch über Enrico Bernard.

Sie ist blond, jung und schön. Sie ist eine lebensmüde Diskotänzerin, sie will sich umbringen (sich in einen Fluß werfen). Sie kann ein neues Leben bekommen, nur wenn sie die Seele (und den Körper) eines Unschuldigen besitzen kann. Sie hat einen älteren Mann, der in der Dunkelheit alles beobachtet, als Kumpel. Draußen: deutscher Alltag. Fremdenhaß, Gewalt, Verkehr. Loreley und Nyx sind wieder da!

Man kann Enrico Bernards neuestes Theaterstück als Thriller bezeichnen. Die Spannung ist jedoch nicht Selbstzweck, sondern dient Bernard als Träger für seine Überlegungen über das Sein. Dessen instabile und flüchtige Natur stellt sich im Wechsel der formalen Mittel dar.

Bernard setzt in seiner Drammaturgie die modernen technischen Kommunikationsmittel für sein pirandelleskes Spiel mit der Realität ein, um erst so richtig Verwirrung zu stiften. Es dreht sich dem Zuschauer ganz schön im Kopf, und muß mit diesem andauernd bei der Sache bleiben, um dem Spiel des ständigen Wechsels auf die Schliche zu kommen. Aber keine Angst; die immer wiederkehrende Komik und das pure Entsetzen holen und wieder auf den Boden der Realität (?), oder bessergesagt in die Konkretheit unserer Eingeweide zurück. We also die Beine von sich strecken und sich gemütlich berieseln lassen will, wird von Bernard nicht zufriedengestellt werden. Und meint man am Schluß endlich aufatmen und alles als vergangen und vergessen ansehen zu können. Da trickst einen unser Autor aus. Kurz vor dem Vorhang beginnt die ganze Geschichte von neuem. Die Täter handeln in einer zwanghaften Wiederholung. Die ständige Wiederholung erst erlaubt es, einem Geschehen Gewicht zu geben, es wird schwerwiegend. Kundera spricht am Beginn seines Romans *Die unerträgliche Leichtigkeit des Seins*, der in den ersten Seiten unseres Stückes erwähnt wird, von Nietzsches Mythos der ewigen Wiederkehr. In seiner Negation bedeutet dieser, daß das ein für alle Mal entschwindende Leben einem Schatten gleicht, ohne Gewicht und von vornherein tot ist. Nihilist, oder verzerrten Traumgestalten, wie die Kubistin. Besser gesagt: sie sind Remineszenzen legendärer Figuren, wie die vielen Hinweise (sie will sich umbringen, sie erscheint naß in der ersten Szene, sie tanzt wie eine Sirene, sie bringt Unschuldige in Verzweiflung, in den Schmerz und am Schluß in den Tod) zeigen.

Und die Negation des Mythos bedeutet die *tiefliegende moralische Perversion einer Welt, die wesentlich auf dem Nichtvorhandensein der Wiederkehr begründet ist, weil in einer solchen Welt alles von vornherein verziehen ist und folglich auch alles auf zynische Weise erlaubt* (Kundera). Die Wiederholung als dramaturgisches Mittel hilft uns also, das Gesehene als etwas Gegenwärtiges, Immerwährendes und nicht als etwas Vergangenes mit nach Hause zu nehmen.

Das Stück lebt, wie schon Bernards *Ein Ungeheuer namens Lila*, von Dämmer-licht-Stimmungen, von traumhaften Atmosphären zwischen Bewußtheit und Unbewußtheit, denen das ICH orientierungslos gegenübersteht. In ihnen entfesselt sich ein Kampf zwischen Onanie. Beide tun dem ICH Gewalt an die Erlösung liegt im Tod, im Mord oder Selbstmord. Die physische Lebenskraft wird durch die geistige Tätigkeit, die kein Motiv für Leben und Sterben findet, zersetzt. Das ICH, das dazwischen steht, findet keine Lebensberechtigung

Das Stück spricht von der Erotik des Schmerzes, des Todes, vom verzweifelten Versuch, durch extreme Gewalt und Sezualität der unterträglichen Relativität allen Seins und damit der eigenen Annullierung zu entrinnen. Das Opfer wird verzehrt, die Täter glauben, die Vergänglichkeit des Körpers, die Zeit selbst aufhalten zu können.

Durch die Sprache, ihren Wortwitz, die Nonsensekomik wird entdramatisiert, sie ist aber auch Zeichen einer profunden Kommunikationslosigkeit; mit Sprichwörtern und abgedroschenen Redewendungen wird ein Dialog geführt, in dem in Wirklichkeit aneinander vorbeigeredet wird. So wird auch hier, in der auf den ersten Blick vielleicht realistisch scheinenden Sprache, die Relativität dieser sogenannten Realität zum Ausdruck gebracht. (*Martina Mitsch*)

Enrico Bernard (Rom 1955) Lebt zwischen Rom, Zürich und den Vereinigten Staaten. Als Schriftsteller, Dramatiker, Essayist, Regisseur und Drehbuchautor unterrichtet er in den USA als *artist in residence*. Unter seinen Werken der Golden Globe-prämierte Film *Forever blues* mit Franco Nero. Aus seiner Komödie *Holy money,* aufgeführt in New York und Rom, entstand der Film *The last capitalist.* Als unermüdlicher Essayst schreibt er *I più segreti legami,* eine neue Interpretation des Neo-realismus. Er gewann zwei nationale Auszeichnungen des Italienischen Instituts für Drama (Idi) und wurde mit der "Silbernen Maske" aus-gezeichnet. Seine Werke werden in Italien von Bulzoni und La Mongolfiera veröffentlicht. Sein von Dario Fo illustriertes Manifest des de-naturalistischen Theaters ist auf der Website des Nobelpreisträgers zu finden.

EIN UNGEHEUER NAMENS LILA

Personen:

Lila
Der Unbekannte

Bühne: *Das Innere eines Berggasthofes an der deutsch-italienischen Sprachgrenze: es könnte sich um Südtirol oder das Tessin handeln. Die Geschichte spielt in der Gegenwart.*
Es ist fünf Uhr morgens im eisigen Winter.
Draussen ist es noch dunkel, der Raum liegt im Halbschatten. Man hört den Wind und das Rauschen des Waldes. Die Schatten der Bäume, die sich schemenhaft durch ein Fenster im Hintergrund erkennen lassen, wirken wie wildgewordene Seelen, denen es nicht gelingen will, in den Himmel aufzusteigen.
Das Geheul eines einsamen Wolfes.
In einer dunklen Ecle des Raumes ist plötzlich eine paranormale Erscheinung zu sehen: zwei bestialische grosse, blutrote Augen leuchten auf. Dazu teufliches Gelächter. Schweigen, in das immer mächtiger eine Vibration einbricht. Ein Herzschlag. Es ist Lilas Herz, das wie resend schlägt. Ein Aufschrei.
Lila kommt herein.
Sie ist schon angezogen, muss sich nur noch kämmen und die Strümpfe hochziehen; Tätigkeiten, die sie mit zweideutigen Gesten vornimmt, die man als versteckte Form von Autoerotik interpretieren könnte.

Incipit

Wer sich auf das Abenteuer dieses Stückes einlässt,
sollte sich nicht einbilden,
völlig ungeschoren wieder heauszukommen:
wenn ihr erst mal drin seid, last alle Hoffnung fahren!
Ganz plötzlich werdet ihr von einem entzetzlichen Schrei
überraschtm ja vernichtet warden.
Und ihr werdet euch fragen:
bin ich das, der da schreit, oder ist es irgendjemand,
der hinter mir her ist?
Doch, um in der Hölle zu landen,
braucht man in Wahrheit nur sich selbst zu erforschen:
wir alle, der eine mehr, der andere weniger,
sind verhinderte Ungeheuer.
Wer also wirklich vorhat, das Böse zu besiegen,

9

sollte dort mit dem Kampf beginnen,
wo es sich eingenistet hat:
in unserem eigenen Egoismus, nirgends sonst.
Denn es ist nicht denkbar, dass es das Werk
einer äusseren, anomalen, eben: monströsen! Gewalt ist,
wenn zu unserer Panik und zu unserem Entsetzen ein
Ungeheuer von uns Besitz ergriffen hat,
etwa eine aus dem Nichts entstandene Kraft, deren
Schicksal es wäre, nach einem trostlosen Erdenleben am
Rande der Normalität wieder dort zu verschwinden,
wo sie hergekommen ist.
Oh nein, meine Herrschaften, das Ungeheuer sind wir
selbst! Und es ist nicht einfach es zu vernichten,
weil wir den Mut aufbringen müssten,
einen chirurgischen Eingriff an uns selbst vorzunehmen.
Die Instinkte und der Blutdurst sind angeboren,
das beginnt schon mit der Durchtrennung der Nabelschnur
(und schmerzt mehr als der Tod!): damit wird der Dämon
des Lebens entfesselt, der sich unserer bemächtigt,
und nur mit Mühe, durch die Evolution des Gewissens,
durch Erziehung, durch Bildung kann man ihn
nicht immer, und nicht vollkommen) bändigen.
Doch es ist ein schwieriges Unterfangen,
ein langer Marsch durch dunkle Gefilde
voller Hindernisse und Fallen:
und wer den Weg ins Zentrum des Ichs,
zu unserem "Freund", dem Ungeheuer, verfehlt,
der läuft Gefahr, dasselbe Ende zu nehmen wie die
Protagonistin des Stückes, das Sie jetzt sehen warden.

LILA Eine Nach war das! Kein Auge hab ich zugetan. Dieser Wind, es schien ja fast, als ob er durch die Mauerritzen käme. Als ich dann diese seltsamen, grauenhaften Stimmen hörte, hab ich angefangen zu zittern und vor lauter Angst ist mir der kalte Schweiss ausgebrochen. Ich hab mich in eine Ecke des Bettes zusammengerollt, in die Decke gewickelt und den Kopf unter das Kissen gesteckt: ein höllisches Pfeifen mit Erscheinungen von (schaudert es mich!) von zerstückelten Leichen, die sich zu Bergen türmten. Das alles hat mir den Kopf so verwirrt, dass ich nicht einschlafen konnte.

Leise singend, beim Kämmen:

Das Gespenst meiner bösen
Gedanken kennt die Qual,
Die mich im tiefsten bedrängt.
Wenn ich allein bleibe,
Habe ich Angst vor
Meiner dunklen Seite.
Ein Alptraum, wer wess, warum!... Ich selbst bin auf mein Bett zugegangenm in dem ich doch hilflos lag, als hätte ich mich verdoppelt, der Hnker und sein Opfer. Von der Klinge des Messers, das ich hielt und in mein anderes Ich hineingrubm ging ein bedrohliches Leuchten aus... Ich kann die Worte, die ich dann aus meinem eigenen Munde vernahm, gar nicht wiederholen! Aber das war gar nicht ich, die da sprach, das war ein anderes Ich, mir völlig unbekannt und das... *(sie vergräbt das Gesicht in den Händen)* Oh! Ein Glück, dass die Nacht vorbei ist, oder doch beinahe! Im Sommer könnte man um die Zeit schon die Vögel singen hören...! Statt dieser Dunkelheit, Larve eines Tages, der auf diese Weise von Beginn an schon erloschen ist... *(erstaunt über ihre eigenen Worte)* Aber was sage ich da, wie komme ich dazu, solche Worte zu sprechen. Ich bin doch nur ein einfaches, schüchternes Mädchen vom Lande... und doch, wenigstens solange es Nacht ist, rede ich wie ein von Dämonen beflügelter Dichter... Dämonen? Ein Dämon also ist es, der mit mir, durch mich, in mir spricht: wie ein Satz, der von leiser Stimme souffliert, nur wiederholt wird, ja, genau wie der Wind! Es ist der Dämon, der auch das Geäst der Pinien, die trockenen, gefrorenen Zweige der Eichen zum Rascheln bringt, damit die Bäume Namen, Dinge, Gedanken aussprechen, die jemand in mir ausstreut, wie Sperma verspritzt... Was habe ich gesagt! Mein Gott, was habe ich gesagt?... *(sie schlägt ein Kreuz)* Mein Geist streift in der Finsternis umher wie ein Blinder im Sonnenlicht. Schrecklich diese Einbildungen, die die Dämmerung hervorruft, die wirklichen Dinge verschwimmen und nehmen völlig neue Konturen an: der Schatten einer Stuhllehne verwandelt sich so in das teuflische Gelächter des Tisches, und die Lampe, die im Luftzug pendelt, wird zu der Fledermaus, in die Er sich verwandelt, der Herr der Finsternis in uns, einer Finsternis, die Er mit gespenstischem Schein erleuchtet: Luzifer, ja, das ist sein Name. Oder: der das Licht bringt, aber was für ein Licht! *(Singt)*
Die Last meiner bösen
Gedanken kennt die Qual,
Die mic him tiefsten bedrängt.
Wenn ich allein bleibe,
Habe ich Angst vor
Meiner dunklen Seite.
Brav, Lila, sei brav. Schliesslich ist es nicht deine Schuld, wenn es nicht Sommer ist und wenn der pralle Phallus des Tages nocht nicht

herausgekommen ist... Warum sage ich "Phallus"? Was rede ich nur? Sataans Worte vielleicht... Still, sei still, Mund! Sag nichts, was du nicht verstehst, was du nicht wissen kannst. Und wenn ich dir sage, dass du es nicht wissen kannst, must du mir glauben! *(Pause)* Gut, brav, Lila, jetzt sei ruhig und denk dran, dass das Fenster sich bald mit Licht benetzen wird. Das Licht wird sic him Zimnmer ausbreiten und in deinen Augen und in dein Hirn eindringen und es befrutchten... Das Licht? Sein Licht will vielleicht in mich eindringen und mich befruchten: Luzifers Licht! Und ich kann ihm noch nicht einmal sagen: zurück!, weil ich von mir selbst besessen bin weil ich selbst mich ihm geöffnet habe, dem Saukerl, dem Schwein, mich mit seinen Eskrementen besudelt habe, mit seinem Urin und dem stinkenden Speichel, den er auf meinen Brustwarzen und Lippen zurückgelassen hat... überall, wie ein Erinnerungszeichen, eine teuflische Mahnung, die besagt: du bist Fleisch! Doch das Fleisch, Lila, verwelkt, und der Vater weiss, dass du gesündigt hast: er hat es gesehen, er hat es gehört...
Schluss, Lila, jetzt reicht's. Du hast schon zu lange mit seiner Stimme gesprochen, zuviele schlimme Worte sind aus deinen feuchten Lippen gedrungen. Ein Lächeln zeichnet sich auf ihnen ab, umrahmt von dem Lippenstift, mit dem du dich als Frau maskiert hast... *(verzweifelt)* Mama, warum schlägst du mich? *(Mit erwachsener Stimme)* Du hast meinen Lippenstift kaputtgemacht, da, der ist nicht mehr zu gebrauchen! In deinem Alter spielst du schon die kleine Hure? *(Wird wieder zum Kind)* Und er, statt mich zu trösten und auf starken Armen wegzutragen, straft mich und sagt, dass es böse ist, böse!, dass ich Frau und Kind bin! Hässlich! Böse! *(weint)*
Hör auf zu weinen, du bist jetzt gross und nu rim Traum kannst du es dir noch erlauben, wieder die zu warden die du mal warst. Und Träume sind ja so unwirklich, es lohnt sich gar nicht, darüber nachzudenken! Wem nützt das schon? Tja, vielleicht uns selbst: um uns wehzutun oder dem Bösen, das wir in uns haben und das irgendwie ja raus muss... aber was versteh ich schon von Träumen! Ich jammere hier herum, und dabei muss noch das Lokal in Ordnung gebracht warden bevor aufgemacht wird... (kehrt noch einmal zu ihrem verherigen Gedankengang zurück) Die Träume sind doch nur ein Ort der Ungewissheit, wo die Vernunft eine leere Hülse ist, wie ein Totenschädel... Ach!, was mir nur im Kopf herungeht! Halt ein, due verrückter Kopf, bevor es zu spat ist ich habe geträumt, dass ich von Papa einen giftigen Pilz bekommen habe... *(kommt wieder zu sich)* Die Hörnchen sind noch nicht geliefert worden, ich werde einfach die von gestern nochmal aufwärmer, verschlafen, wie sie sind, warden sie es gar nicht merken... Ich habe wirklich etwas komisches geträumt, ich kann es mir nicht erklären: es war, als ob die Dinge keine Dichte mehr hätten, als ob ich um sie herumfliessen würde: sie boten meinem Körper keinen Widerstand, er war also nicht vorhanden. Substanzlos sank ich in sie ein. Selbst

mein Bettzeug schien wie eine Welle, die mich überschwemmte und meinen Atem, mein Dasein im Nichts erstickte: ein immenser mentales Ozean tobte in mir und zog mich in einen Strudel ohne Ende. Und, am Fusse jenes Abgrunds riss ein Ungeheuer seine Feueraugen auf... Ach, wie entsetzlich! *(verbirgt den Kops in ihren Händen)*

Hinter Lilas Rücken, von ihr zunächst unbemerkt, erscheint, leicht hinkend, der Unbekannte. Er trägt einen anonymen Übergangsmantel und einen schwarzen Hut mit breiter Krempe. Er trägt einen Koffer bei sich.

UNBEKANNTER Gewisse üble Träume sollte man lieber den Ungeheuern überlassen, mein Fräulein.

LILA *(überrascht)* Wer... wer sind Sie denn?

UNBEKANNTER Eigentlich möchte ich nur frühstücken, wenn es recht ist.

LILA Ich habe gar nicht gehört, wie Sie hereingekommen sind.

UNBEKANNTER Ja, das hab ich gemerkt. Ich bin extra leise hereingekommen. Weil ich Ihr, wie sol lich es nennen?, ja: Ihr Selbstgespräch nicht unterbrechen wollte.

LILA Sie können es ruhig sagen: mein Gefasel.

UNBEKANNTER Jetzt übertreiben Sie. Allenfalls war es ein harmloser innerer Monolog. Jedenfalls brauchen Sie nichts zu befürchten: da war weder etwas Beunruhigendes, noch etwas Kompromittierendes. Das können Sie mir glauben! Allenfalls ein passegerer Alterationszustand aufgrund, was Weiss ich?, des Vollmonds. Oder eine flüchtige Überreiztheit, hervorgerufen durch die milde Wärme der Bettdecke. Sowas kann das Hirn schon dazu verleiten, den Körper für eine unartikulierte, einzig vom LP beherrschte Einheit zu halten, jenem Urinstinkt des Menschen, den man "Lustprinzip" nennt.

LILA Ich verstehen nicht ganz, aber... träme ich? *(Unsicher)* Sie sind wirklich, nicht wahr? Ich meine: Sie sind fast durchsichtig, wie lichdurchflutet, von einem seltsamen Licht... einem Licht, das es auf der Erdoberfläche eigentlich nicht gibt...

UNBEKANNTER Duchsichtig, ich? Kann sein: ich habe seit gestern Abend nichts mehr gegessen und heute morgen habe ich noch nicht gefrühstückt.

LILA Aber, verzeihen Sie, wenn ich noch einmal darauf zurückkomme, Sie scheinen wirklich aus Luft zu bestehen... als ob Sie einem dieser Luftwirbel entsprungen seien, die durch die Fensterritzen dringen. Sind Sie ganz sicher, dass Sie nicht... ?

UNBEKANNTER Na, das ist ja fein! Sie halten mich wohl für einen Gest? Nein, es tut mir leid, Sie enttäuschen zu müssen. Ich bin nicht Ihrem Traum entstiegen, beziehungsweise: Alptraum (Sie scheinen der Typ zu sein, der sogar mit offenen Augen träumt). Jedenfalls, dieses "Ungeheuer", das Sie am

Abgrund Ihres Strudels haben auftauchen sehen, das bin ich nicht... so war es doch? Nein, nein, schauen Sie, ich sag es noch einmal: ich bin nur ein Gast. Vielleicht der erste zu dieser Stunde, aber irgendjemand muss ja der erste sein. Also, ich oder jemand anders... Oder habt ihr noch zu?

LILA Um die Zeit machen wir auf.

UNBEKANNTER Das ist keine ernsthafte Antwort. Ist das Lokal offen oder geschlossen? Sagen Sie es klar heaus, sonst gehe ich wieder.

LILA Ich muss mich nur fertig frisieren, dann bediene ich Sie sofort.

UNBEKANNTER Ich muss leider weiter. Ausserdem glaube ich, dass ich mich verfähren habe. Deshalb bin ich an diesen einsamen Ort greaten. Als die Strasse zu Ende war, wo der Wald beginnt, da habe ich mir gesagt: zum Teufel auch, du endest noch wie der grosse Meister Dante... von wegen dem "dunklen Wald", verstehen Sie? Ich bin da eine Weile heumgeirrt und habe dann gesehen, dass in diesem Gasthof das Licht an war. So habe ich angehalten und mir gesagt: das ist ein Jagdgebiet, vielleicht Machen die schon auf, habe ich mir gesagt und bin ausgestiegen.

LILA Und was haben Sie sich gesagt, nachdem Sie ausgestiegen waren?

UNBEKANNTER Hab verstanden, Sie machen sich lustig über mich. Ich kann's verstehen, wenn man sich auch so blöd verirrt... ich bin von der Autobahn runtergefahren, weil dieses dauernde Geradeausfahren mich ganz verrückt gemacht hat... wissen Sie, ich bin die ganze Nacht durchgefahren. So hab ich auf die Schnellstrasse gewechselt, um mich mit den Kurven ein bisschen wachzuhalten. Dann kam diese Landstrasse, die Serpentinen, bis ich auf diesem Maultierpfad gelandet bin...

LILA Sie haben Glück: er ist erst vor kurzem asphaltiert worden. Eigentlich sollte der Wald gerodet warden, um einen Zubringer zur Autobahn zu bauen. Aber da haben sich die Umweltschützer ins Zeug gelegt, und es ist nichts draus geworden. Schade, für das Dorf wär es ein Geschäft geworden.

UNBEKANNTER Ja, dann hätte ich statt des Waldfasthofes ein Autobahnrestaurant mit 24 Stunden Self Service vorgefunden.

LILA Und ein warmes Buffett.

UNBEKANNTER Für die Ferbfahrer.

LILA Die sind immer noch besser als die Jäger. Die halten sich nämlich für was höheres, nur weil sie ein Gewehr haben...

UNBEKANNTER Ihr Hass auf die Gewehre bedeutet, dass Sie den Elektrakomplex noch nicht völlig überwunden haben, oder dass Sie, wie der grosse Siegmund behaupten würde, noch Penisneid empfinden.

LILA Ich verstehen Sie nicht. Ich Weiss nicht, wer dieser Siegmund sein soll. Sie sind ziemlich arrogant emir gegenüberm wenn ich das mal sagen darf. Sie nehmen sich ganz schöne Freiheiten heraus, nur weil Sie wissen, dass ich mich nicht traue, Ihnen so zu antworten, wie Sie es verdient hätten. Seien Sie also so freundlich und hören Sie auf, mich mit Ihren Zweideutigkeiten zu belästigen. Ich Weiss sowieso, worauf ihr immer hinauswollt.

UNBEKANNTER Nun mal langsam: Ihre sexuellen Frustrationen sind mir, ehrlich gesagt, ziemlich egal. Ich hätte nur gern einen Kaffee und dann möchte ich, dass Sie mir zeigen, wie ich hier wieder rauskomme... aber ja, nennen wir es ruhig beim Namen, wie ich aus diesem *finstern Wald*, aus diesem *Infermo dantesco* wieder herauskomme.

LILA Auf den Kaffee müssen Sie noch einen Augenblick warten. Ich muss erst die Espressomaschine anmachen.

UNBEKANNTER *(resigniert)* Dann werde ich eben warten!

LILA Warum setzen Sie sich nicht?

UNBEKANNTER Sie Machen wohl Witze? Ich habe die ganze Nacht im Auto gesessen! Ich will mir ein bisschen die Beine vertreten, wie soll ich sonst noch mal tausend Kilometer fahren.

LILA Wo wollen Sie denn hin? Ans Ende der Welt?

UNBEKANNTER Warum nicht? Im Grunde genommen ist die Welt doch gar nicht so gross.

LILA Wollen Sie in den Süden?

UNBEKANNTER Ja, in die Hölle, wenn Sie erlauben.

LILA Nehmen Sie es mir doch nicht übel. Wir sind hier nun einmal so. Das Dorf ist klein, alle kennen sich untereinander, keener hat Geheimnisse... Sie sind natürlich völlig frei, hinzufahren, wo Sie wollen, auch in den Süden. Dort wird es auch ansäbdige Leute geben wie Sind und ich. Verzeih'n Si emir?

UNBEKANNTER Schon gut, es tut mir leid! Die Müdigkeit bringt mich dazu, Dinge zu sagen, die eigentlich nicht meine Art sind, im Gegenteil...

LILA Nein, ich bin zu weit gegangen... es ist ohnehin an der Zeit, mit dieser Nord-Südgeschichte aufzuhören, als ob es nicht auch Ost-West gäbe. *(Wechselt den Tonfall)* Wissen Sie, ich habe auch eine aufregende Nacht hinter mir... aber, ist es eigentlich noch Nacht?

UNBEKANNTER Weder Nacht, noch Tag, diese Grauzone in der die Geschöpfe der Finsternis – die Traumgestalten – ganz schnell wieder an ihre Ursprungsorte zurückkehren, solange tas Tageslicht die Dunkelheit noch nicht völlig aufgelöst hat.

LILA Sie reden so kompliziert... und dennoch verstehen ich, ode rich glaube zu verstehen... seltsam!

UNBEKANNTER Darüber wundern Sie sich?

LILA Sollte ich nicht?

UNBEKANNTER Es wird immer gesagt, dass dies die Stunde der armen Seelen ist.

LILA Meiner zum Beispiel.

UNBEKANNTER Das sind die, die noch nicht zur Hölle herabgestiegen sind, aber auch den Weg ins Paradies nicht gefaunden haben. Es ist eine Art Fegefeuer, in dem Ungeheuer herumspucken, die zu feige sind, ihre Grausamlkeit voll auszuleben: es sind unvollkommene, unfertige Monster ohne Sinn und Zweck, Ausgeburten inkonsequenter Phantasien, Hirngespinste, Strohfeuer, die sich entzünden, um sich selbst zu wärmen an ihrer theatralischen Abstraktion, ihrer tragischen, aber – mit Verlaub – ein wenig onanistischen Isolation! Masturbation des Geistes, der sich von den Sonnenstrahlen leuchten lässt. Wozu also die eigenen monströsen Gedanken in dieses Fegefeuer treiben lassen, in dem alles nur Rauch ist, Erscheinung ohne Inhalt?

LILA Verzeih'n Sie, aber ich k ann Ihnen, glaube ich, nicht folgen.

UNBEKANNTER Ich habe gesagt: warum, warum soll man an das Ungeheuer, das in uns ist, nur abstract denken, statt...

LILA Weiss ich nicht, ich will es auch gar nicht wissen.

UNBEKANNTER Oder haben Sie Angst, es laut auszusprechen?

LILA Und wenn schon?

UNBEKANNTER Was ist den schon dabei! Machen Sie sich frei davon!

LILA Ich habe Angst, ganz allgemein. Genau wie sie eben gesagt haben: eine abstrakte Angst.

UNBEKANNTER *(versucht, sie zu beruhigen)* Sie warden sehen, dass beim ersten Morgenrot Ihre angeborenen (und ein wenig kindischen, tut mir leid) Ängste sich in Luft auflösen: und im klaren Kelch des Lebens *(verzeihen Sie diese Emphase, aber wenn schon, den schon)* wird kein Blut mehr fliessen, sondern ein grüner Saft, vital wie die Blätter und Keime im Frühling. Zufrieden?

LILA Aus dem Weg, husch! Sehen Sie nicht, dass ich arbeite?

UNBEKANNTER Sie machen einen groben Fehler, wenn Sie blind dem Tag vertrauen, der gerade erwacht. Aber, wenn Sie erlauben, noch ist er ja nicht da. Eine Sonne, die noch nicht aufgegangen ist, das ist in etwa so wie Bankzinsen, die noch nicht fällig sind.

LILA Im Reden sind Sie stark!!

UNBEKANNTER Es stimmt aber. Der Tag begünstigt den klaren, rationalen Gedanken, während die Dunkelheit das Hirn vernebelt; ist ein bisschen peinlich. *(Pause)* Sie haben schöne Beine, wissen Sie das?

LILA Ich? Krumm sind sie.

UNBEKANNTER Amazonenbeine. Reiten Sie?

LILA Ich reite schon, ader nur auf dem Motorrad.

UNBEKANNTER Sie sind also sportlich.

LILA Wenn mich diese peinlichen Phantasien verfolgen, dann setze ich den Helm auf und fahr los, ganz ohne Ziel, ich fahr einfach herum, manchmal sogar im Kreis, wie eine Blöde. Es ist ja nicht das erste Mal, dass...

UNBEKANNTER Was den für Phantasien? Sexuelle, oder was?

LILA *(ärgerlich)* Also, entschuldigen Sie mal!

UNBEKANNTER Sie sind völlig frei, die Auskunft zu verweigern, um Himmels Willen!

LILA Das fehlte auch noch...

UNBEKANNTER Wenn ich sie wäre, würde ich aber darüber reden.

LILA Und weshalb?

UNBEKANNTER Zuviel Druck, die Maschine knallt gleich durch.

LILA Wie kommen Sie den darauf, dass ich unter Druck stehe, he?

UNBEKANNTER Das sieht man.

LILA Ach, tacsächlich? Und woran sieht man das?

UNBEKANNTER Der Dampf. Ja, sehen Sie den nicht, dass gleich die Espressomasschine in die Luft fliegt, hinter Ihnen. Ich sehe es aber. Los, machen Sie schnell, bevor sie explodiert. Verdammt nochmal, hören Sie den nicht, gleich fliegt sie in die Luft! Tun Sie was!

In der Tata sieht man hinter der Theke eine dichte Dampfwolke aufsteigen.

LILA Ja, doch... *(wütend, zur Kaffeemaschine, während sie sich an ihr zu schaffen macht)* Strega!

UNBEKANNTER Frauen und Technik, Freude und Schmerz!

LILA Reden Sie nicht so'n Quatsch!

UNBEKANNTER Ich versuche nur, mich auf andere Gedanken zu bringen: ich habe nämlich einen Bärenhunger, und wenn ich nicht sofort einen Kaffee kriege, fange ich an zu brummen. Wollen Sie's hören? Hier: Hhhmmm!

LILA Leider müssen Sie sich noch ein bisschen gedulden, Herr Brummbär! *(Murmelt)* Das klingt richtig echt!

UNBEKANNTER Noch mehr! Also, das grenzt schon an Folter!

LILA Ich hab die Maschine erst mal leergemacht, manchmal klemmt nämlich das Ventil und die Luft geht nicht durch. Jetzt müsste sie wieder unter Druck stehen... haben Sie noch einen kleinen Moment Geduld.

UNBEKANNTER Der Gast wird zur Geduld angehalten. Netter Service! Bedienung inbegriffen!

LILA In der Zwischenzeit werde ich die Frühstückstische decken. Wollen Sie mir inicht helfen, statt hier im Weg zu stehen?

UNBEKANNTER Auch das noch, kommt ja überhaupt nicht in Frage!

LILA Faulpelz!

UNBEKANNTER Wieso sollte ich Ihnen beim Tischdecken helfen?

LILA Da würde ich Zeit gewinnen.

UNBEKANNTER Und was gewinne ich, wenn ich Ihnen helfe?

LILA Ihren Kaffee. Wollen Sie sonst irgendwas? Ein Hörnchen vielleicht?

UNBEKANNTER Sie sind zu gütig.

LILA Schon gut! Sowie der Bäcker kommt, spendier ich Ihnen ein Hörnchen.

UNBEKANNTER Und wenn er nicht kommt?

LILA Warum sollte er den nicht kommen?

UNBEKANNTER Wegen der Panik... Das Ungeheuer, Sie wissen doch.

LILA Was für ein Ungeheuer? Was meinen Sie damit?

UNBEKANNTER Tun Sie doch nicht so, ich bin schliesslich nicht von gestern.

LILA *(misstrauisch)* Sie sind doch nur auf der Durchreise. Wie können Sie dann wissen, was bei uns los ist?

UNBEKANNTER Ich lese schliesslich Zeitung, über den Fall ist doch überall berichtet worden. Sie... Sie lessen wohl nicht?

LILA *(ausweichend)* Doch, doch... wenn ich Zeit habe.

UNBEKANNTER Und... Radio hören Sie auch?

LILA Wenn ich Zeit habe.

UNBEKANNTER Und... gucken Sie Fernsehen?

LILA *(ärgerlich)* Wenn ich Zeit habe?

UNBEKANNTER Wann haben Sie den Zeit?

LILA Wenn man mich in Ruhe die Tische decken lässt, da Si emir ja anscheinend nicht helfen wollen.

UNBEKANNTER Wenn ed Ihnen Freude macht...

LILA Ich wette, es ist das erste Mal, dass Sie irgendeine Hausarbeit verrichten.

UNBEKANNTER Das erste und Letzte Mal.

LILA Und was sagt Ihre Frau dazu? *(sie überreicht ihm ein Tablett mit Geschirr).*

UNBEKANNTER Ich bin nicht verheiratet.

LILA Sie warden doch eine Freundin haben, irgendein Mädchen...

UNBEKANNTER Nein, nein: besser allein als in schlechter Gesellschaft.

LILA Es ist besser, ich rede überhaupt nicht mit Ihnen. Ich ärgere mich sowieso nur.

Gemeinsam machen sie sich daren, die Tische zu decken. Lila trällert ihr Liedchen, während der Unbekannte sie betrachtet, als würde er irgendetwas aushecken.

LILA Der Schrein meiner bösen
Gedanken kennt die Qual,
die mich im tiefsten bedrängt.
Wenn ich allein bleibe,
Habe ich Angst
Vor dem Dunkel in mir.

UNBEKANNTER Gut! Sie singen wie ein Engelchen.

LILA Ich bin kein Engel.

UNBEKANNTER *(ironisch)* Ein Ungeheuer aber auch nicht.

LILA Wer weiss...

UNBEKANNTER *(im Scherz)* Da hab ich aber Angst! *(Kurz darauf)* Haben Sie eingentlich keine Ankst vor dem Ungeheuer?

LILA Ich? Weshalb sollte ich? Ich habe nie jemandem etwas Böses zugefügt!

UNBEKANNTER Gut, aber auf solche Feinheiten achtet ein Ungeheuer doch nicht... ein hübsches Fohlen wie Sie, ganz allein... Sie schmeissen den Laden hier doch allein, nich wahr?

LILA Keine Fragen, hatten wir abgemacht.

UNBEKANNTER Wann hätten wir das denn abgemacht?

LILA Ahh! Ich dachte, ich hätte so etwas gehört... *(als ob ihr plötzlih ein Licht aufgeht)* Deswegen sind die Jäger seit ein paar Tagen wie vom Erdboden verschluckt.

UNBEKANNTER Die sind wohl alle auf der Jagd nach dem Ungeheuer?

LILA Ach was! Die scheissen sich doch vor lauter Angst in die Hosen... Die sind doch nur mutig, wenn sie irgendwelche armen Lerchen schiessen und warden zu wahren Helde, wenn sie den Mädchen an die Wäsche gehen. Aber wenn es um ein Ungeheuer geht, ziehen sie alle den Schwanz ein und laufen nach Hause zur Mami, die wartet schon mit dem Nudelholz. Und sowas nennt sich Männer! Die haben sich genauso dünngemacht wie ihre Vögelchen! *(lacht frech)*

UNBEKANNTER Ich hab mich aber nicht dünngemacht, weder ich, noch mein Vögelchen, ich bin hier... *(sie blickt ihn finster an)* Da vergeht Ihnen wohl das Lachen? Habe ich irgendetwas unpassendes gesagt? War die Anspieleung vielleicht ein bisschen zu deutlich?

LILA Sie sind nicht von hier. Sie sind auf der Durchreise. Wieso sollte es das Ungeheuer ausgerechnet auf Sie abgesehen haben?

UNBEKANNTER Wenn es ein Ungeheuer ist, nehme ich mal an, dass es verrückt ist. Oder nicht? Und bei den Verrückten, meine Liebe, ist mit Logik nicht viel auszurichten.

LILA Selbst wenn es verrückt ist, irgendeine verrückte Logik wird es doch haben...

UNBEKANNTER Was Sie alles zu wissen glauben!

LILA Weibliche Intuition.

UNBEKANNTER Das heist, Sie nehmen es in Schutz.

LILA Wer, ich? Nein, wie kommen Sie den darauf? Ich meine nur, dass Verrückte nicht immer Ungeheuer sind, manchmal sind sie auch grosse Künstler, wie Cezanne oder dieser andere, dieser berühmte, der sich das Oher abgeschnitten hat.

UNBEKANNTER Alles, was mit Künstlern zu tun hat, hängt irgendwie auch mit dem Wahnsinn zusammen, obwohl man die Kunst nich für das

Vorrecht einiger weniger Wahnsinniger halten sollte, die sich zur Avantgarde der geistigen Katastrophe des Menschen auserkoren fühlen.

LILA Dazu kann ich nichts sagen. Sonst wäre ich auch nicht in der Lage, den Tisch zu decken... Scusi! Entschuldigung... also, wir sollten wohl besser das Thema wechseln.

UNBEKANNTER Gut, aber bitte keine Politik. Politik finde ich zum Kotzen.

LILA Ich auch. Einverstanden: weder Ungeheuer, noch Politiker.

UNBEKANNTER Reden wir doch über uns, über unsere Angelegenheiten, in dieser Stunde der Intimität vor Tagesanbruch.

LILA Jetzt bilden Sie sich bloss nichts ein.

UNBEKANNTER *(stell sich ahnungslos)* Wer? Ich?

LILA Ja, genau Sie: was wollen Sie den mit Ihren plumpen Andeutungen erreichen?

UNBEKANNTER: Gar nichts, ich schwör's. *(Ironisch)* Ich bin eine ernsthafte Person.

LILA Hören Sie: Sie sind für miche in x-beliebiger Gast, der hier seinen Kaffee trinkt.

UNBEKANNTER Den hab ich aber immer noch nicht bekommen. Und ausserdem werde ich hier unter Strafandrohung ausgebeutet: arbeite, Sklave!, keine Widerrede... sehen Sie mal, ich hab schon zwei Tische fertig: Sie warden doch sicher beim Chef ein gutes Wort für mich einlegen, damit er mich einstellt, nicht?

LILA Ich bin hier die Chefin.

UNBEKANNTER Aha! Dann ist das Ihr Gasthaus... na schön! Eine gute Partie!

LILA Von meiner Familie lebt keiner mehr, ich habe weder Verwandte, noch Freunde. Ich bin ganz allein auf der Welt. Und mir geht's gut dabei. Nur nachts krieg ich's manchmal ein bisschen mit der Angst, aber ansonsten komme ich ausgezeichnet zurecht. Sogar mit der Steuererklärung. Ich brauche niemanden, noch nicht mal einen Steuerberater.

UNBEKANNTER Sie sind sehr tüchtig, wirklich. Aber... verzeihen Sie meine Neugierde, Sie sind noch so jung... Ihre Familie? Sind Sie Waise? Ein Unglück?

LILA Interessiert Sie das?

UNBEKANNTER Lassen Sie mich raten, ich bitte Sie: einer von diesen dummen Verkehrsunfällen, vermutlich wegen erhöhter Geschwindigkeit, vielleicht auch noch zuwenig Luft in den Reifen. Hab ich Recht?

LILA Woher wissen Sie das?

UNBEKANNTER Ich hab greaten, mit Hilfe der Statistik Verkehrsunfälle sind heute tatsächlich die häufigste Todesursache – und ich habe ins Schwarze getroffen.

LILA *(ironisch)* Bravo!

UNBEKANNTER Wieso war eigentlich so wenig Luft in den Reifen? Bestimmt nicht us Nachlässigkeit des lieben Verstorbenen: es stimmt doch, dass Ihr Vater äusserst penibel war und bei jedem Tanken del Luftdruck prüfen liess?

LILA Hören Sie auf! Sie stecken Ihre Nase dauernd in Dinge, die Sie nichts angehen!

UNBEKANNTER Und Ihre Adoptiveltern, die sich so sehr ein kleines Mädchen gewünscht hatten, aber selbst keine Kinder haben konnten – und hier kommt Ihr Auftritt, mit blonden Zöpfen, versteht sich! – sind die nicht auch durch tragische Umstände ums Leben gekommen? Eine undichte Gasleitung?

LILA Tragische Umstände, genau.

UNBEKANNTER Und Ihr Verlobter, ist er nicht bei einem Bergunfall umgekommen, und zwar einen Tag, nachdem er Sie entjungfert hatte. Ist der wirklich abgestürzt?

LILA *(aufbrausend)* Was wollen Sie von mir?

UNBEKANNTER Nichts, gar nichts. Sie brauchen sich nicht aufzuregen. Ich will damit nur sagen, dass Sie ganz einfach Pech gehabt haben, sehr viel Pech, vielleicht ein bisschen zu viel; aber dass Sie trotz des Unglücks, von dem Sie verfolgt werden, und obwohl Sie so entsetzliche Schicksalsschläge abgekriegt haben, sich wieder hochgerappelt haben, sich hier gans allein durchschlagen. Wir haben es heute sogar mit einem echten Profi zu tun, einer richtigen Unternehmerin, einem Genie der Marktwirtschaft! Tüchtig!

LILA Wir, wer wir?

UNBEKANNTER Pluralis majestatis.

LILA Na gut, Ihre Majestät mögen siche bequemen, ich mach jetzt Kaffee.

UNBEKANNTER Na, das wird aber auch Zeit! Und die Croissants?

LILA Eins nach dem anderen, ich bitte Sie!

(Schickt sich an, zur Theke zu gehen, stolpert aber über den Koffer).

UNBEKANNTER Vorsicht!

LILA Merda! Jetzt hätte ich mir beinahe den Hals gebrochen. Wie sind Sie nur auf die Idee gekommen, den Koffer hier abzustellen. Ich bring ihn in die Garderobe, hier steht er im Weg... *(will ihn nehmen)*

UNBEKANNTER *(mit einer nervösen Bewegung)* Rühren Sie ihn nich an!

LILA Mein Gott, ist der schwer.

UNBEKANNTER Bitte gehen Sie vorsichtig damit um... sachte...

LILA Ich fass ihn ja gar nicht an... schaffen Sie ihn doch selbst weg, wenn Sie dazu in der Lage sind.

UNBEKANNTER *(stellt den Koffer under den Tisch)* So, jetzt steht er nicht mehr im Weg.

LILA Sind da Steine drin? Der wiegt mindstens einen Zentner.

UNBEKANNTER Genau, Steine. Wie haben Sie das erraten?

LILA Wollen Sie mich auf den Arm nehmen?

UNBEKANNTER Sie haben mit den Steinen angefangen.

LILA Ja, aber nicht im Ernst.

UNBEKANNTER Wenn ich Ihnen jetzt erzählen würde, dass ich ein Geologe bin und in diesem Koffer eine Sammlung von Felsproben habe, würden Sie mir das abnehmen?

LILA Nein.

UNBEKANNTER *(lachend)* Da täten Sie auch gut dran. Nein, Steine sind da nicht drin!

LILA Was denn sonst?

UNBEKANNTER Gallium. Wissen Sie, was das ist?

LILA Nee! Ich kenn nur die Gallier.

UNBEKANNTER Gallium ist eine neue Metallegierung. Aud den Militärlabors der ehemaligen Sowjetunion. Gallium ist ein Superstromleiter, glaube ich.

LILA Und jemand, der so etwas gefährliches, geheimnisvolles transportiert, der verirrt sich hierher in dieses von Gott und dem Teufel verlassene Bergnest?

UNBEKANNTER Vom Teufel ja nun bestimmt nicht. Der vergisst nie jemanden oder etwas.

LILA Wissen Sie eigentlich, dass Sie ein komischer Typ sind?

UNBEKANNTER Wirklich? Hab ich ein Ohrfeigengesicht?

LILA Um diese Zeit, in der Dämmerung, sind Sie eine ziemlich ungewöhnliche Erscheinung, das können Sie nicht leugnen, ich habe jemanden wie Sie hier in der Gegend noch nie gesehen, Sie werden doch nicht etwa...

UNBEKANNTER Das Ungeheuer? Warum nicht? *(lacht)*

LILA Sie brauchen nicht gleich beleidigt zu sein... hm!

UNBEKANNTER Um Gottes Willen! Ich bin nicht der Typ, der gleich einschnappt, im Gegenteil...

LILA Im Gegenteil, es gefällt Ihnen sogar.

UNBEKANNTER Genau! Aber ich würde gern von Ihnen hören, was Sie von mir halten, ganz unvoreingenommen: wer bin ich?

LILA Woher soll ich das wissen?

UNBEKANNTER Ein Ungeheuer, na gut. Aber das wäre zu einfach.

LILA Wieso denn?

UNBEKANNTER Weil doch alle Fremden, wohl oder über, ein bisschen seltsam wirken. Und ein Ungeheuer ist doch etwas, was nicht in die Norm passt, eben seltsam wirkt, nicht wahr? Ein bisschen finster, merkwürdig, oder, wenn wir es ganz klar ausdrücken wollen, abstossend. Ist das nicht genau der Eindruck, den ich, ohne mein Zutun, auf Sie mache?

LILA Ich weiss nicht.

UNBEKANNTER Los, reden Sie. Ganz offen. Ich bin nicht nachtragend, mich interessiert nur Ihre unvoreingenommene Meinung, auch wenn sie vielleicht ein bisschen oberflächlich ist!

LILA Ich sag es Ihnen noch einmal: ich weiss es nicht. Ich kenne Sie viel zu wenig.

UNBEKANNTER Wozu müssen Sie mich kennen? Sehen Sie mich nicht? Hören Sie mich nicht?

LILA *(ärgerlich)* Aber was reden Sie da?

UNBEKANNTER *(zweideutig)* Nichts, gar nichts...

LILA Na, endlich.

UNBEKANNTER Oder alles.

LILA Fangen Sie schon wieder an?

UNBEKANNTER Ich würde wirklich gern wissen, was Sie von mir halten... Geben Sie sich doch mal ein bisschen Mühe!

LILA Na gut, wenn Sie unbedingt wollen: von Ihren Augen geht eine seltsame Ausstrahlung aus, sie sind wie entzündet.

UNBEKANNTER Meine Augen, entzündet? Sind Sie sicher?

LILA Ja: sie ziehen mich an und gleichzeitig stossen sie mich ab, wie ein Leuchtturm, der die Nähe eines Hafens anzeigt, aber auch ein gefährliches Riff.

UNBEKANNTER Hört, hört: wie ein Dichter reden wir plötzlich daher! In Bildern! In Metaphern sogar!

LILA Hören Sie, ich kann mich nicht besser ausdrücken.

UNBEKANNTER Ich kann Ihnen gern ein paar Worte leihen, wenn Sie wollen, das habe ich bisher ja auch getan.

LILA Sie...? Dass ich nicht lache.

UNBEKANNTER Lachen Sie nur.

LILA Sie sind verrückt!

UNBEKANNTER Ja, vollkommen. Aber Sie sind nicht aufrichtig.

LILA Was wollen Sie noch wissen?

UNBEKANNTER Du hast wohl keine Lust, mir dein Herz ganz zu öffnen, du miese kleine Hure!?

Er packt ihren Arm und drückt ihn, dass er wehtut. Mit einem Ruck reisst sie sich los.

LILA Lech mich doch am Arsch!

Er stürzt sich erneut auf sie und bedrängt sie.

UNBEKANNTER Ich mag solche Schimpfworte, das erregt mich!

LILA Holen Sie sich gefälligst woanders einen runter! Und lassen Sie mich in Ruhe!

UNBEKANNTER Noch nicht. Erst will ich, dass du schreist.

LILA Sie tun mir weh.

UNBEKANNTER Oh, das tut mir aber leid!

LILA Sie haben so lange Fingernägel, Sie kratzen mich ja ganz blutig.

UNBEKANNTER Daran ist nur dein Fleisch schuld: es ist so weich.

LILA Um Gottes Willen!

Beim Wort "Gott" lässt er sie augenblicklich los.

UNBEKANNTER Entschuldigung, ich hab es nicht ernstgemeint, es war nur ein Scherz.

LILA Schöner Scherz. Sie haben mir fast den Arm gebrochen.

UNBEKANNTER Aber nein, das ist doch nur ein Kratzer... in Ordnung, ich werde meiner Maniküre sagen, sie soll mir die Krallen stutzen!

LILA Sie können Ihrer Maniküre von mir ausrichten, dass sie Sie zur Hölle schicken soll. *(Zu sich)* So ein Arschloch!

UNBEKANNTER Ich werd's ausrichten.

LILA Versuchen Sie nicht noch mal, mich anzurühren.

UNBEKANNTER Gut.

LILA Eigentlich sollte ich die Polizei rufen, sie haben mich ja regelrecht angegriffen!

UNBEKANNTER Nur ein bisschen, ein kleines bisschen.

LILA Wieso, Sie wären wohl noch weiter gegangen? Ihnen reichen wohl die Wunden noch nicht, die Sie auf meinem Arm zurückgelassen haben? Schauen Sie sich das mal an!

UNBEKANNTER Nehmen Sie es nicht so ernst. Das war nur ein Aufblitzen von Wahnsinn. Ich geb's ja zu, ich hätte mich beherrschen sollen, ich hätte nicht die Kontrolle verlieren dürfen, aber ein bisschen Schuld haben auch Sie...

LILA Ich?

UNBEKANNTER Ja, es ist Ihr Duft.

LILA Aber ich habe heute noch gar kein Parfüm aufgelegt.

UNBEKANNTER Es ist der Geruch ihres Körpers, verstehn Sie?

LILA Nein, das möchte ich lieber nicht verstehen.

UNBEKANNTER Sie riechen nach Fleisch... nach frishem Fleisch!

LILA Hören Sie, von jetzt an halten Sie Abstand. Bitte! Mindestens drei Schritte... *(zählt)*... verstanden?

UNBEKANNTER Intesi... versprochen!

LILA Also, wie Sie mich angeschaut haben! Sie hätten sich sehen sollen: erweiterte Pupillen und einen Blutstau hätten Sie, wie...

UNBEKANNTER Ein Tier?

LILA Genau. Woher...?

UNBEKANNTER.... wisse ich das?

LILA Sie machen mir Angst.

UNBEKANNTER Na, endlich!

LILA Ach so! Das finden Sie wohl lustig?! Gut zu wissen. Man sollte sich davor hüten, jedem Dahergelaufenen über den Weg zu trauen.

UNBEKANNTER Hören Sie: es tut mir leid, wenn ich Sie erschreckt habe. Im Ernst!

LILA Und Sie glauben, dass Sie so billig davonkommen? Einfach mit 'ner Entschuldigung?

UNBEKANNTER Warum nicht? Im Grunde ist doch nichts passiert... nicht wirklich, meine ich.

LILA Und die Kratzer? Die hab ich wohl geträumt?

UNBEKANNTER Natürlich nicht.

LILA Sehen Sie? Es stimmt! Es ist wirklich etwas passiert, unbestreitbar...

UNBEKANNTER Eine Katze, die nicht im Arm gehalten werden wollte, mit ihren Krallen... das ist alles!

LILA Und diese Katze wären Sie?

UNBEKANNTER Warum nicht? Ich wäre gern eine Katze!

LILA Und ich soll wohl die Maus sein. Was?

UNBEKANNTER Nette Idee. Da bin ich gar nicht drauf gekommen. Ein Glück, dass Sie da sind!

LILA Sie werden noch im Gefängnis landen.

UNBEKANNTER Aber wo sind die Zeugen, die Beweise...

LILA Mein Wort gilt wohl nichts?

UNBEKANNTER Und das gynäkologische Gutachten? Die DNS Analyse?

LILA Ich muss mich wohl erst von Ihnen vergewaltigen lassen, um mein Recht zu bekommen?

UNBEKANNTER Dura lex sed lex!

LILA Sie kommen sich wohl sehr schlau vor? Sie wissen immer, wie man durchkommt. Sie kennen alle juristischen Tricks, um sich vor den Folgen zu drücken. Männer wie Sie müsste man schon als Kinder kastrieren! Oder ersäufen, vierteilen... Mistkerle!

UNBEKANNTER Jetzt übertreiben Sie aber! Da spricht das Ungeheuer aus Ihnen, wissen Sie das? Das in Ihnen nistet! Passen Sie bloss auf, dass Sie es nicht reizen! Denn wenn es erst mal ausbricht... dann gute Nacht!

LILA Das Ungeheuer, ich? Und Sie? Wer sind Sie überhaupt? Was haben Sie im Koffer? Nadeln, Ketten, Schlachterhaken... mein Gott, was rede ich da?

UNBEKANNTER Wieso interessiert Sie das? Weibliche Neugier?

LILA Haben Sie denn 'was zu verbergen?

UNBEKANNTER Und wenn ich Ihnen jetzt gestehen würde, dass da eine zerstückelte Frauenleiche drin ist? Was würden Sie dann machen? Um Hilfe rufen?

LILA Das möchte ich sehen!

UNBEKANNTER Wir sind hier völlig isoliert, noch dazu am Waldrand. Der Wind würde Ihre Stimme beiseite fegen wie... nichts... *(geht auf sie zu)*

LILA *(erschrocken)* Aber, Sie meinen das im Ernst!?

UNBEKANNTER Es ist doch völlig gleichgültig, ob ich die Wahrheit sage oder mir das ausdenke! Ausserdem, ist es nicht genau das, was du von mir wolltest?

LILA Ich?

UNBEKANNTER Ja Sie, genau Sie: mit Ihrer krankhaft provozierenden Art.

LILA Ich, krankhaft? Sie sind krankhaft!

UNBEKANNTER Hab ich Sie etwa gefragt, was Sie im Kühlschrank haben? Nein. Also ist mein Verhalten nicht krankhaft. Sie könnten neben dem Kalbsgulasch die Leiche eines Säuglings liegen haben, was weiss ich denn schon über Ihr Vorleben?

LILA Jetzt steigt der Druck an.

UNBEKANNTER Mir auch. Und zwar ziemlich heftig! Und daran sind nur Sie schuld und Ihre unterschwellige Boshaftigkeit. Ansteckend ist das, wissen Sie?

LILA Ich rede von der Kaffeemaschine. Da steigt der Druck, dio mio. In fünf Minuten kann ich Ihnen Ihren verdammten Kaffee machen. *(Drastisch)* Und basta! Dann gehen Sie wieder dahin, wo Sie hergekommen sind, verschwinden auf Nimmerwiedersehen. Haben wir uns verstanden?

UNBEKANNTER Wem sagen Sie das: ich kann es gar nicht abwarten, hier wegzukommen.

LILA Fünf Minuten, nur noch fünf Minuten.

UNBEKANNTER Eine Ewigkeit.

LILA Ach was, das ist doch gar nichts.

UNBEKANNTER Dreihundert Sekunden, wenn man es genau nimmt.

LILA Und das nennen Sie Ewigkeit?

UNBEKANNTER Die Wahrnehmung der Zeit ist etwas subjeltives. Manchmal scheint sie ganz schnell zu vergehen, manchmal überhaupt nicht. Jedenfalls vergeht sie nicht immer gleich schnell. Und vor allem nicht in der gleichen Richtung: mal geht sie vorwärts, mal rückwärts, es kommt ganz darauf an. Das nennt man die Richtung der Zeit. Sie folgt nämlich der Evolution des Universums, je nach dem, ob sie in die Zukunft oder in die Vergangenheit, projiziert ist. Die Theorie der Wiederkehr des Immergleichen, zum Beispiel... Nietzsche! Ein Wunder! Ein paar Umdrehungen weite, und schon ist der

Übermensch da, ich meine natürlich den Mann mit Schwanz und Eiern... schwindelerregend!

LILA Wenn Sie glauben, dass Sie mich damit beeindrucken, dann müssen Sie miche für ganz schön blöd halten. Ich bin zwar ein einfaches Mädchen vom Land, gut, aber innerlich, tief in mir drin, da ist... ist...

UNBEKANNTER Ein Dämon?

LILA *(erschrickt)* Der Teufel!?

UNBEKANNTER Wenn Sie darauf bestehen...

LILA Nein, Sie bestehen mir ein bisschen zu sehr darauf? Sie haben gemerkt, dass ich Angst vor Ihnen habe und machen sich einen Spass drauss, mich zu schikanieren. Sie sind ein Sadist, ein Wahnsinniger, ein Ungeheuer!

UNBEKANNTER Vielleicht, weil ich lange Fingernägel habe?

LILA *(drohend)* Die hab ich auch! Ich kann mich ganz gut behaupten, da täuschen Sie sich mal nicht!

UNBEKANNTER Es wird ja behauptet, dass der Teufel ursprünglich eine Frau war und dass ihm die Eier erst später nachgewachsen sind, sozusagen als Schabernack der Natur. Dabei soll es sich um die sogenannte beschwanzte Frau handeln, oder, weniger ordinär, wie es unser Freund Freud ausgedrückt hat, um die phallische Frau. Als ob Sie, mit Verlaub! Eine Klitoris von der Grösse eines Penis hätten. Der Herr der Hölle und der Finsternis ist also nichts anderes als ein umgestülpter Schwanz. Die klassische Schlange, die sich in den Schwanz beisst... *(lacht)*

LILA L'astuto serpente... Die listige Schlange!

UNBEKANNTER Ja, Mozart *(singt die Arie der "Zauberflöte")*... Glauben Sie an den Teufel?

LILA Daran zu glauben wäre lächerlich, heutzutage.

UNBEKANNTER Aber nicht dran zu glauben kann gefährlich sein... sehr gefährlich.

LILA Ihrer Ansicht nach, gibt es ihn?

UNBEKANNTER Meiner Ansicht nach gibt es irgendwo so etwas. Ich kann Ihnen nicht sagen, wo, aber...

LILA Vielleicht im Zentum der Erde... wie Ihr Metall... wie hiess das noch?

UNBEKANNTER Gallium. Aber Gallium ist kein Metall, sondern eine Legierung. Und das est ein ganz schöner Unterschied. Metall findet man nämlich in der Natur, Legierungen dagegen nicht: die muss man erst bilden, das heisst die Schöpfung ihrer selbst entziehen und sie dann neu erschaffen, wie der Teufel, wie die Hölle, die ja aus nichts als Elementen im Urzustand besteht, der Dschungel unseres Geistes, in dem unsere Phantasie manchmal ein bisschen wild herumspintisiert und dabei die menschlichen Grenzen überschreitet... uch langweile Sie?

LILA Dio mio!, Sie sprechen in Rätseln.

UNBEKANNTER Ja, ja, stimmt zuweilen wirkt das, was ich sage, ein wenig mysteriös, Signorina.

LILA Hört man denn, dass meine Muttersprache Italienisch ist? Mein Deutsch hinkt manchmal ein bisschen, ich weiss.

UNBEKANNTER Sie sprechen hervorragend Deutsch. Und Sie denken auch deutsch: genau wie Faust.

LILA Was meinen Sie damit?

UNBEKANNTER Damit meine ich, dass die Deutschen immer eine seltsame, etwas krankhafte Sympathie für das Böse gezeigt haben, über das ja vor der Gotik eigentlich nur gelacht wurde, geben wir es ruhig zu. Haben sie schon Vergil gelesen? In der Schule vielleicht...

LILA Vielleicht... aber ich glaube nicht...

UNBEKANNTER Also gut, jedenfalls sagt Vergil über die Hölle, wenn mich mein Gedächnis nicht täuscht, ungefähr: *Glücklich derjenige, der die Gesetze der Natur durchdringt, unnütze Vorurteile und Schrecken hinter sich lässt, den Styge, den Acheron, usw...* Aber ich langweile Sie!

LILA Ich kann jetzt sowieso nicht mehr schlagen. Und zu welchem Schluss kommt Ihr Vergil?

UNBEKANNTER *Die Türen und das Reich des Pluto, die Schicksalsschwelle und der fürchterliche Zerberus, das sind leere Worte, Kindermärchen, ein lästiges Traumgesicht.*

LILA Kindermärchen also. Ein lästiges Traumgesicht... es kommt mir so vor, als hätte ich Sie irgendwo schon einmal gesehen, als hätte ich Ihre Stimme schon mal gehört, als ob Ihr Gesicht und Ihre Worte etwas in mir zum Klingen bringen vielleicht ist es ja nur eine Ausgeburt meiner Ängste – also ob Sie die Inkarnation von irgendetwas sind, was mir wirklich zutiefst Angst macht.

UNBEKANNTER Was macht ihnen denn zutiefst Angst? Los, sprechen Sie es aus: ich platze vor Neugier!

LILA Der Tod vielleicht... nein, eigentlich mehr der Schmerz.

UNBEKANNTER Und die Sexualität, *jener heftig süsse Dominator der Tiegen meines Geistes, jenes furchtbare, doch s teure Geschenk des Himmels*, wie Leopardi es ausdrückt, sie macht Ihnen keine Angst?

LILA Ich finde, Sie gehen zu weit.

UNBEKANNTER Verzeihung, aber... Sie reagieren ziemlich gereizt! Das ist verdächtig, wissen Sie das?

LILA Panik, das ist nur die Panik.

UNBEKANNTER Unsinn, Sie brauchen keine Angst zu haben. Ich bin gar nicht so schlimm wie ich aussehe.

LILA Es ist beinahe so, alsob Sie die dunkelsten, mir selbst unbekannten Seiten jenes Unbewussten kennen würden, das mich immer wieder mit diesen Bildern vergewaltigt, die ich nicht sehen möchte... ich kann es nicht besser erklären.

UNBEKANNTER   Sie erklären das aber sehr gut. Wissen Sie: einem Kenner...

LILA   Ihre Physiognomie, jedenfalls, ist mir nicht neu; Ihre Stimme, die kommt mir vor, als ob es meine eigene wäre. *(zögert)* Seltsam... *(schaut ihn an)* haben wir uns irgendwo schon einmal gesehen?

UNBEKANNTER   Im Traum, vielleicht. Warum nicht? *(mit obszönem Beiklang)* Ich liebe es, in die Träume von Mädchen wie Sie einzudringen! Ein Genuss!

LILA   Sie spielen mit dem Feuer.

UNBEKANNTER   Sie auch.

LILA   *(nach einer spannungsvollen Pause)* Dann sollten wir über solche Dinge eigentlich keine Witze machen.

UNBEKANNTER   Da haben Sie recht. Träume, vor allem, wenn es sich um Alpträume bei Vollmond handelt, erforschen riskante Bereiche, off limits. Zutritt für Unbefugte verboten. Stimmt's? Privatgelände!

LILA   *(lacht)* Achtung, bissiger Hund.

UNBEKANNTER   Ein Hund mit drei Köpfen, richtig! Wie sind Sie jetzt darauf gekommen?

LILA   *(harmlos)* Auf die drei Köpfe? *(Scherzhaft)* Wau, wau!

UNBEKANNTER   *(im gleichen Ton)* Genau! Wau, wau!, macht Plutos Hund, der den Eingang zur Hölle bewacht. Wau, wau! Wau, wau!

LILA   *(verschluckt sich)* Wau... wa...

Der Unbekannte beginnt, auf allen vieren herumzuspringen wie ein Hund.

UNBEKANNTER   Wau, wau! Wau, wau! Wau, wau!

LILA   *(erschrocken)* Genug... genug jetzt! Hören Sie auf! Es ist genug! Basta!

UNBEKANNTER   Das Gemeine an den Träumen ist immer, dass sie sich wie durch eine magische oder fast-nur-fast höllische Kraft konkretisieren.

LILA   Lei è un sadico, ecco!

UNBEKANNTER   Was haben Sie eigentlich gegen mich?

LILA   Nichts... oder doch!, Sie sollen hier nicht den tollgewordenen Hund spielen. Nicht so echt, Sie sehen ja schon richtig aus wie ein wildegewordener Hund.

UNBEKANNTER   Nein, nur ein schwarzes Pudelchen: das reicht, das ist mehr als genug.

LILA   Ein Pudel!

UNBEKANNTER   Na gut, ein kleines bisschen mephistophelisch.

LILA   Ich bitte Sie, fangen Sie nicht wieder mit diesen *arkanischen* Andeutungen an... *(verwundert über sich selbst)* Komisches Wort... was ist denn das, *arkanisch?*

UNBEKANNTER Sie haben es doch gesagt!

LILA Ich habe es gesagt, ja, aber ich weiss überhaupt nicht, was es bedeutet.

UNBEKANNTER Nun sieh mal einer an! Wie kommt das bloss... ich habe aber Ihre Stimme gehört...

LILA Ich bin ein einfaches Mädchen, ich kenne solche Ausdrücke nicht... auf deutsch noch dazu... wo meine Muttersprache doch Italienisch ist... nein, nein, ich kann mit das nicht ausgedacht haben!

UNBEKANNTER Wer denn sonst? Der Teufel?

LILA Sie haben mir das ins Ohr gesetzt oder in den Mund gelegt.

UNBEKANNTER Wie soll ich das denn zuwege gebracht haben?

Sie will hinausgehen aber die Tür ist geschlossen.

LILA Weiss ich nicht. Sie sind ansteckend. Sie haben mich in diesen dialektischen Hinterhalt gelockt... sehen Sie, schon wieder ein Wort, das nicht von mir ist... und aus diesem Hinterhalt komme ich nicht mehr raus... Hilfe! Ich bin die Gefangene eines Ungeheuers.

UNBEKANNTER Innerlich oder äusserlich? Real oder imaginär? Konkret oder fantasmagorisch? Man muss es anfassen, um es zu glauben...

LILA Nein, rühren Sie mich nicht an!

UNBEKANNTER Sie haben wirklich den Teufel im Leib.

LILA Aber ich mach da nicht mit! Bei dem Spiel mach ich nicht mit, Sie Bastard!

UNBERKANNTER Sie werden schon mitmachen! Tun Sie doch nicht so spröde, Sie sind ja genau wie Margerita... *(er blickt sie an, als wolle er sie hypnotisieren, ihr Gesicht scheint von einem geheimnisvollen Licht erleuchtet)*

LILA Wer ist denn Margerita?

UNBEKANNTER Eine alte Bekannte von mir. Eine der zahllosen Freundinnen, die ich überall habe. Ein Seemann hat eine Braut in jedem Hafen, das ist ja bekannt. Doch die arme Margerita ist leider von uns gegangen: für immer verloren, tot und begraben! Schade für sie...

LILA *(erschrocken)* Woran ist sie denn gestorben?

UNBEKANNTER An einer schlimmen Krankheit: Liebe!... Im Sinne von Beischlaf, das heisst, sie hat gerade gevögelt, gebumst, kopuliert (hat sich ficken lassen), kurzum, sie hat ihr Fleisch mit dem eines Ungeheuers vereinigt.

LILA Eines Ungeheuers?

UNBEKANNTER Ja! In Fleisch und Blut (vielleicht mehr Blut als Fleisch!) Ein alter Knacker, der sich als Jüngling verkleidet hatte, mit einem so grosse Schwanz *(zeigt die Grösse an)* und so einem kleinen Herzen... *(zeigt, wie klein)* Verstehen Sie, was ich meine?

LILA Und sie hat dieses Arschloch geliebt?

UNBEKANNTER Entweder hasst man ein Ungeheuer oder man liebt es: einen Mittelweg gibt es nicht. Oder beides: aber total, bis zur Selbstaufgabe oder Verzweiflung, oder bis zur Erlösung des Ungeheuer – die ist aber immer ziemlich unwahrscheinlich. Denn wenn man erst einmal sehr tief gefallen ist, kommt man nur schwer wieder hoch.

LILA Sie sehen mich gerade so an, als ob Sie das Ungeheuer wären?

UNBEKANNTER Achten Sie einfach nicht drauf.

LILA Sie haben mich fast geblendet... und ich soll nicht drauf achten?

UNBEKANNTER Das wae nur der Widerschein des Mondes, der immer mal wieder hinter den Nachtwolken auftaucht, die der Wing vor sich hertreibt.

LILA *(ironisch)* Wie poetisch Sie sind! Gleich kommt mir das Kotzen.

UNBEKANNTER Was sein muss, muss sein... ausserdem, meine Liebe, heutzutage geht alles so drunter und drüber, als ob gar nicht mehr existierte, und doch... Sie verstehen mich? *(zweideutig)*

LILA Oh nein!

UNBEKANNTER Oh doch! Deswegen brauchen wir nämlich die Poesie! Nur sie ist noch in der Lage, das Wesentliche in all seinen Nuancen festzuhalten, und die Dinge zu sublimieren. Damit das Chaos, in dem wir alle stecken, nicht zur Dreigroschenorgie abwirtschaftet, bei der die Erregung gerade dreimal für einen müden Orgasmus reicht, so kümmerlich wie der Nieser eines kleinen Jungen beim Popeln.

LILA Si vergogni! Sie sollten sich schämen!

UNBEKANNTER Zum Glück gibt es die Poesie. Damit ist das gute Gewissen gerettet, das Gehör in Ordnung, und die Zunge schlägt nicht dauernd an den schmerzenden Zahn. Mit einer gigantischen verbalen Onanie löst sich das alles in eitles Wohlgefallen auf. Zufrieden?

LILA Das kann Ihnen doch egal sein: mit Ihnen spreche ich überhaupt nicht mehr. Sie sind mir zu ordinär...

UNBEKANNTER Sie brauchen nichts zu befürchten: gleich wird es Tag. Und alles hat ein Ende.

LILA Wirklich?

UNBEKANNTER Ja, ja, Sie werden sehen: die bösen Träume lösen sich in Nichts auf.

LILA Und Sie machen sich wieder auf die Reise? Da werde ich aber aufatmen.

UNBEKANNTER Für Sie bin ich wohl ein richtiger Alptraum, danke, keine Ursach. Jedenfall: wenn die Sonne aufgeht, (wenn sie aufgeht) werde ich mich verdünnisieren. Ich verspreche es Ihnen. Und was ich verspreche, halte ich.

LILA Wenn sie aufgeht?

UNBEKANNTER Das ist nur eine Hypothese.

LILA In dem Sinne, dass sie vielleicht nicht aufgehen könnte?

UNBEKANNTER Unsinn, halten Sie mich für einen Idioten? Glauben Sie, ich weiss nicht, dass die Sonne früher oder später unbedingt aufgehen muss, so wie sie es seit hunderten von Millionen Jahren tut?

LILA Was wollen Sie also damit sagen?

UNBEKANNTER Dass einer von uns beiden das Aufgehen der Sonne nicht mehr erleben könnte. Der Gedanke ist Ihnen wohl noch gar nicht gekommen?

LILA Aber wenn es doch nur noch wenige Minuten sind... *(ihr kommt ein entsetzlicher Zweifel)* Oder Sie vielleicht in Mörder?

UNBEKANNTER Meine Liebe!, der schlimmste Mörder, unser schlimmster Feind, ist das Schicksal. Alles wird vom Schicksal bestimmt. Ich hab damit gar nichts zu tun. Ich gehorche lediglich. Gehorche und kämpfe. Manches verstehe ich nicht ganz, aber ich passe mich an. Kurzum: wenn ich sterben muss, dann muss ich eben sterben. Und das gleiche gilt für Sie.

LILA Für mich?

UNBEKANNTER Natürlich: wenn zum Beispiel das Schicksal entschieden hat, dass Sie in zehn Sekunden sterben werden nehmen wir mal an, an einem Herzschlag, was können Sie schon dagegen tun? Rebellieren? Kämpfen? Versuchen Sie's doch mal! Los, zeigen Sie's mir... winden Sie sich, wackeln Sie mit dem Hintern, gehen Sie aus sich raus: dreschen Sie los, verhauen Sie mich, los, hierher, ich bin das Schicksal, kratzen Sie mich, versuchen Sie, mir zu widerstehen! Sehen Sie, es geht nicht?

LILA Ich soll sterben? In zehn Sekunden?

UNBEKANNTER.... zehn, neun, (da können Sie mal sehen, wie in gewissen Momenten die Zeit davonfliegt!)... sechs, fünf... (was ist schon eine Sekunde? Scheinbar gar nichts, und doch kommen jede Sekunde Millionen, Milliarden von Mikroorganismen zur Welt und sterben wieder!)... drei, zwei, eins, null! Sind Sie in Ordnung?

LILA Ich glaube, ja... Ich hoffe!

UNBEKANNTER Dann hat das Schicksal noch nicht über Ihr Los entschieden. Im übrigen man auch das Gegenteil nicht herbeizwingen. Weil nämlich die Parzen, die in der Unterwelt am Leben der Menschen spinnen, einfach ihre Productionszeit einhalten müssen: es sind nur drei für das gesamte Menschengeschlecht! Das verstehen Sie sicher!

LILA Ich würde Ihnen gern eine in Ihre widerliche Fresse schlagen.

UNBEKANNTER Nur zu, machen Sie sich über mich lustig. Oder hätten Sie es lieber, wenn ich verschwinde, so wie der Traum beim Erwachen: einmal die Augen gerieben, eine Tasse Kaffee... ach ja,... wa macht eigentlich der Kaffee?

LILA Kommt sofort. Wenn Sie endlich aufhören zu quatschen?

UNBEKANNTER Ich bis eben, zu Ihrem Unglück, kein Traum. Vielleicht ein Märchenwesen, aber aud Fleisch und Blut, kein Traum...

LILA Mein Gott, ich ertrage Sie nicht mehr!

UNBEKANNTER *(nachgiebig)* Ich bitte Sie, sprechen Sie seinen Namen nicht so leichtfertig aus. Ein bisschen mehr Respekt, wenn ich bitten darf! Wenn schon nicht für Ihn, dann wenigstens für mich!

LILA *(wie besessen)* Manchmal glaube ich, in dem, was Sie sagen, einen Schimmer von Wahrheit zu erkennen, doch dann entgleitet mir wieder alles, ich verliere mich und weiss nicht, was icht tun soll, um mich wieder zu fangen...

UNBEKANNTER Das sollten Sie aber wissen. Denken Sie mal darüber nach...

LILA Ich weiss nicht. Es kommt darauf an, worüber!

UNBEKANNTER Über das, was sich da in Ihrem Hirn so bewegt: und was gelegentlich aus den Abgründen Ihres Unbewussten hochkommt wie eine unterirdische Welle, die an der Küste Ihres Ichs zerschellt und dabei Tropfen heissen Lavas in die Gegend spritzt.

LILA Dabei ist Ihre Psy... Psyche (schon wieder so ein Wort, das ich far nicht kenne) ist viel kaputter als meine!

UNBEKANNTER Total kaputt, ich geb's zu. Wenn Sie versuchen würde, die Knoten meiner verknäulten Seele zu lösen, würden Sie sich hoffnungslos verstricken und mit in die Tiefe gezogen werden, in genau jenen gigantischen Wirbel, in dem Sie gerade eben im Traum... diese Bestie gesehen haben!

LILA Diese verfluchte Bestie' Sie verdammter Kerl!

UNBEKANNTER Glauben Sie mir, ein bisschen Selbstkontrolle täte Ihnen ganz gut – hoffentlich befolgen Sie diesen Rat. Man sollte das eigene Ich unter Verschluss halten wie in einem Kloster.

LILA Oder wie den Inhalt Ihres Koffers. Es würde mich wirklich interessieren...

UNBEKANNTER Nein, machen Sie den nicht auf, machen Sie den nie auf: sie sollten diesen Koffer betrachten wie Ihre Seele: was da drin ist, könnte Sie bei Tageslicht vernichten.

LILA Davvero?

UNBEKANNTER Sie ahnen ja nicht, wieviele unangenehme Überraschungen da zum Vorschein kämen...

LILA Aus dem Koffer? Eine Metallegierung, haben Sie gesagt, hergestellt in einem von diesen blöden Militärlabors, wo sich Leute ungeheuerliche, unvorstellbare Sachen ausdenken...

UNBEKANNTER Schon gut, schon gut...

LILA Oder ist da noch was anderes?

UNBEKANNTER Ihr Kopf scheint eine regelrechte Fabrik für Explosivstoffe zu sein. Da reicht ein Funke, um eine Kettenreaktion mit katastrophalen Auswirkungen auszulösen. Eine richtige Pandorabüchse, glauben Sie mir.

LILA Sie wollen mich wohl schon wieder in Angst und Schrecken versetzen.

UNBEKANNTER Ich kann Sie nur inständig bitten, sich nicht in Angst und Schrecken versetzen zu lassen. Es lohnt sich nicht. Wir sitzen auf der Atombombe? Na und? Solange sie nicht explodiert, können wir es ruhig miteinander treiben, wenn wir Lust dazu haben. Das Ungeheuer in uns? Es reicht, dass es sich in einer Ecke zusammenkauert und uns mit seinem Gejaule nicht auf den Wecker geht. Was ist überhaupt, letzten Endes, die Existenz? Doch nur ein Splitter, der, losgelöst, für den Bruchteil eines Augenblicks in der Nacht der Zeiten umherirrt. Wozu sich das Leben ruinieren, es ist ohnehin kurz genug. Denken Sie einfach nicht mehr dran.

LILA Woran soll ich nicht mehr denken?

UNBEKANNTER Wie, woran? An das Ungeheuer natürlich!

LILA Mal brüllt es, mal heult es wie eine ausgehungerte Hyäne, manchmal fletscht es die Zähne, als ob es jeden Augenblick losschlagen wolle: bisschen schwierig, nicht daran zu denken!

UNBEKANNTER Stellen Sie sich vor, Ihr Geist sei wie mein Koffer, ja? Das heisst leer, solange wir nicht – ich in meinen Koffer und sie in Ihr Hirn – etwas hineintun. Können Sie mir folgen?

LILA Vielleicht... vielleicht bin ich dem ganzen nicht gewachsen... ich bin nur ein böses, ein ungezogenes Kind... weiter nichts... was verlange Sie von mir? Wie können Sie annehmen, dass ich da mitkomme, mit einem... mit einem...

UNBEKANNTER Mit einem Teufel?

LILA Ja, ja, Verzeihung.

UNBEKANNTER Nicht nötig. Jeder sieht die Dinge auf seine Weise. Und wenn Sie mich unbedingt für den Teufel halten wollen, na gut, dann tu ich Ihnen eben den Gefallen. Zufrieden?

LILA Ich wünschte, ich hätte Sie nie kennengelernt, ich wünschte, Sie hätten sich weit weg von hier verirrt, Sie hätten das Licht nicht gesehen und deshalb auch nicht gewusst, dass ich gerade am Aufmachen war, ich wünschte, die Jäger kämen zum Frühstück...

UNBEKANNTER Sie vergessen eins in Ihre blöden Litanei. *(Imitiert ihre Stimme)* Ich wünschte, dass es das Ungeheuer nicht gäbe oder dass es wenigstens nicht solche Untaten begangen hätte. Richtig?

LILA Sie wollen wohl, dass ich vor Angst sterbe?

UNBEKANNTER Ach, Sie haben Angst?

LILA Und ob! Angst vor mir selbst. Davor, was ich getan habe oder was ich tun könnte oder was ich tun werde, ich weiss, dass ich es am Ende tun werde. Deshalb tobt diese Angst in mir und will heraus, wie der Schaum aus einer Bierflasche, die geschüttelt worden ist und alles drumherum nassspritzt!

UNBEKANNTER Das sind Symptome des Übels, das Sie in sich ausbrüten. An der Wurzel sitzt das Ungeheuer. Statt zu wissen, sollten Sie lieber intuitiv reagieren, denn das volle, das vollständige Bewusstsein von sich selbst kann einen auch – fst unvermeidlich ist das – in abgrunditiefe Verzweiflung stürzen. Es ist sicher nicht einfach, unbewusst zu handeln, intuitiv zu sein, aber immer noch möglich. Verstehen, ohne wirklich zu verstehen... um, aufgepasst!, das Tier, das wir selbst sind, zu zerstören, ohne gleichzeitig um nichts und wieder nichts unsere Seele in Stücke zu hauen. Sie werden mich fragen: wie? Gut, dafür bin ich ja da. Lassen Sie mich einen Augenblick nachdenken, dann werden Sie sehen!

LILA *(nach einer kurzen Pause)* Sie stellen sich gerade eine nackte Frau, vor? Nicht? Das bin ich! Ich liebkose mich, obwohl ich es gar nicht will, so ein Schweinkram! Was tue ich da in Ihrer Phantasie?

UNBEKANNTER Jeder konzentriert sich auf seine Weise. Der eine raucht eine Zigarette, der andere... also, mischen Sie sich nicht in meine erotischen Phantasien ein. Ich werde wohl dei Freiheit haben...

LILA Aber wie ist es nur möglich, dass ich in Sie hineinblicken kann! Oder in mich?

UNBEKANNTER Ruhe!

LILA Mein Gott! Sie denken in mir! Sie denken für mich in mir!

UNBEKANNTER Ruuuhee!

Er ist um Konzentration bemüht. Doch hat dieser Versuch eine ganze Reihe von seltsamen Nebeneffekten der paranormalen Art, z.B. Geräusche, ein merkwürdiges Leuchten, Bolder, die blitzschnell auf den Wänden eerscheinen, Schatten, schliesslich die Projektion einer brutalen Kopulation zweier Monster, bei der ein scheussliches kleines Ungeheuer gezeugt wird.

UNBEKANNTER Haben Sie das gesehen? Gehört? Wahrgenommen? Hat es Ihnen gefallen?

LILA Und ich soll... diese Abscheulichkeiten... in... mir?

UNBEKANNTER Es ist noch viel schlimmer: ich habe nur ganz en passant ein paar verstreute Brocken zusammengetragen. Sagen wir: das Beste aus Ihrer Produktion. Goethe hätte tausend Seiten dafür gebraucht (so lange wie für seinen Homunculus!), ich dagegen interessiere mich mehr für das Ausgefallene: nur wenige Worte, ich lasse die Fakten sprechen. Denn man hat ja schon manchmal Lust zu lesen, aber es muss doch in Rahmen bleiben, nicht wahr...

LILA Hilflos fühle ich mich mir selbst ausgeliefert...

UNBEKANNTER Und deshalb weinen Sie? Übertreiben Sie nicht ein bisschen? Es stimmt zwar, dass schlimmste Übel von uns selbst ausgeht, aber es gibt für alles ein Mittel, glauben Sie nicht?

LILA Nein, das glaube ich nicht.

UNBEKANNTER Sie brauchen nicht zu verzweifeln. Im Grunde ist Ihr Inneres auch nicht finsterer oder barbarischer als das von Ihresgleichen. Wenn man ein bisschen gräbt, stösst man bei jedem Menschen irgendwann auf die Steinzeit, sieh mal einer an! Ich frage mich, wieso? Habt Ihr nicht Riesenfortschritte gemacht in... wieviele Jahre sind es eigentlich?, also, ich kann sie jetzt nicht zählen, in vielleicht dreitausend Jahren Geschichte? Und trotzdem seid ihr so primitiv geblieben wie Höhlenmenschen.

LILA Ich nicht! Ich nicht, jedenfalls ist mir bis heute nicht der Gedanke gekommen, das ich so sein soll wie Sie es beschreiben.

UNBEKANNTER Wäre es vielleicht besser gewesen, wenn Sie weiter ohne dieses Bewusstsein geblieben wären, so wie die "drei Äffchen" aus dem Märchen? Wenn das Ich nicht hört, was das Es sagt, und das Es nicht sieht, was das Gewissen tut, und das Gewissen zu dem schweigt, was die beiden anderen tun, dann geht es uns besser als im Paradies, das können Sie mir glauben.

LILA Ich habe furchtbare Angst. Hören Sie auf!

UNBEKANNTER Aber es sind Ihre angeborenen Ängste, die solche Gedanken hervorbringen – und die wiederum konkretisieren sich in Bildern, werden zu Fleisch und bahnen dann der Fleischeslust den Weg (ob wir wollen oder nicht, wir landen immer wieder beim Fleisch, das zwar schwach sein mag, aber so gut!), jetzt habe ich den Faden verloren, was wollte ich sagen...?

LILA Meine angeborenen Ängste...

UNBEKANNTER Ach ja, richtig. Im Laufe der Nacht sind diese Ängste zu Ungeheuern geworden, die sich wie riesige Schatten auf die Wände Ihres Ichs projiziert haben. So wie eine Ameise, die durch die Linse eines Projektors läuft: auf der Leinwand erscheint dann ein prähistorisches Ungeheuer, eine infernalische Kreatur, und in Ihrer Einfalt werden Sie denken, dem Teufel persönlich begegnet zu sein! Doch in Wirklichkeit, na? Was war es?

LILA Nichts.

UNBEKANNTER Genau: nichts! Das gleiche gilt für die Alpträuyme, die im Schlaff fst unerträglich wirken und die man beim Aufwachen am liebsten aus dem Hirn auslöschen möchte. Aber was sind sie denn in Wirklichkeit, doch nur ein winziger Bruchteil unseres nächtlichen Nirwana. Und für die paar Zehntelsekunden, in denen unser Hirn eine seltsame Wendung nimmt, sollen wir uns das Leben zur Hölle machen, nein, da werden die Flügel eingezogen, und der Asphalt brennt schon, noch bevor wir auf's Gaspedale gedrückt haben.

LILA Ich weiss es nicht... ich weiss nicht, was ich machen soll!

UNBEKANNTER Ich hab es doch gerade gesagt: nichts. Lassen Sie die flüchtigen Schatten ruhen, das sind Luftgespinste des Unendlichen, abstrakte Bilder am bleiernen Himmel der Seele, die dich manchmal schon in der Wiege ersticken wollen (ja, ja, ich bin auch mal ein Kind gewesen. Und ich kann mich genau an die Todesangst jener Zeiten erinnern, als ich mich noch im vorbewussten, im "tierischen" Stadium befand, als das Gewissen als solches noch nicht angeknipst und die Seele noch ein leerer Behälter war); und andere Bilder wiederum können dich in himmlische Sphären versetzen, in den geistigen Rausch eines inner Sublimationsprozesses. Mit unseren Visionen ist es ein wenig wie mit dem Wein, der mit den Jahren reifer wird, der sich vom Most in Nektar verwandelt, der göttlich ist und dämonisch zugleich, weil es Gott nicht ohne seinen Gegenspieler, den Dämon geben kann. Und umgekehrt.

LILA Wenn er nur nicht zu Essig wird, dieser Wein.

UNBEKANNTER Das liegt nur an uns, das ist doch der Punkt.

LILA Jetzt erklären Sie mir mal, wie Sie es anstellen, in meine Hirnwindungen zu gelangen.

UNBEKANNTER Oh, nein, das ist nicht so, wofür halten Sie mich? Erstens kann ich das gar nicht. Und zweitens, warum sollte ich das tun?

LILA *(aggressiv)* Also, dann verstehe ich nicht, was hier los ist.

UNBEKANNTER Sie denken nur das weiter, was ich sage. Sie stellen sich das im gleichen Moment vor, in dem ich es ausspreche und glauben deshalb, dass ich Ihnen die Ideen absauge, wie ein Vampir oder ein Blutegel *(versucht, sie auf den Hals zu küssen),* und dann gibt es einen Knutschfleck...

LILA *(entwindet sich ihm)* Und wie erklären Sie sich das?

UNBEKANNTER Ich erkläre mir gar nichts: ich sage doch nur ganz triviale, banale, selbstverständliche Dinge. Sie denken nur, dass Sie das denken, was ich denke und dass ich das denke, was Sie denken. Aber nur, weil ich ziemlich allgemeingültige Gedanken ausspreche. UNIVERSELL nennt man so was! Das heisst, gültig für die gesamte Menschheit.

LILA Sie haben es gut.

UNBEKANNTER Sie können ganz beruhigt sein. Ich bin bei weitem nicht so dialibosch wie ich aussehe.

LILA Kann sein... Sie hinken aber!

UNBEKANNTER Ich? Wirklich? Das habe ich noch gar nicht gemerkt. Ich werde mir mal die Hufe kontrollieren lassen,

LILA Ausserdem ist Ihr linker Fuss grösser als der rechte: Ihnen platzt ja der Schuh.

UNBEKANNTER Das ist der Fuss, mit dem ich immer auf's Gaspedal trete: vielleicht bin ich in letzter Zeit ein bisschen zuviel Auto gefahren... *(zieht sich den Schuh aus, ein monströser Fuss kommt zum Vorschein)*

LILA Wo andere einen Fuss haben, Sie einen Ziegenhuf!

UNBEKANNTER Na und? *(Zieht sich rasch den Schuh wieder an)* Sie sind ganz schön rassistisch. Sie haben wohl was gegen Leute, die ein bisschen anders sind? Gucken Sie doch mal in den Spiegel: Sie haben auch ein hässliches Muttermal auf dem Hals. Der guten Manieren wegen habe ich bischer so getan, als ob ich es nicht sehe. Machen wir doch folgendes: wenn Sie bein Dermatologen Ihr Muttermal untersuchen lassen, gehe ich zum Schuhmacher!

LILA Machen Sie sich nur lustig über mich: ich habe mich wahrscheinlich geirrt.

UNBEKANNTER Ja, es ist ja auch noch ziemlich dunkel... Und die Phantasie hat Ihnen einen Schabernack gespielt. Sie sehen aber auch überall Ungeheuer, das scheint eine fixe Idee von Ihnen zu sein! Dabei habe ich mich doch bis jetzt ziemlich wie ein Kavalier benommen (abgesehen von den Kratzern auf dem Arm, das war ein kleiner Rückfall ins Animalische, wie er mich von Zerit zu Zeit befällt), obwohl ich die Situation hier durchaus dazu ausnutzen könnte, um meine niederen Gelüste zu befriegen. Wenn mir welche kommen, heisst das, aber es ist nicht gesagt, dass mir keine kommen. Ich glaube aber, dass ich sie eigentlich ganz gut unter Kontrolle habe. Oder etwa nicht?

LILA *(geht nervös zum Fenster)* Wo nur die Sonne bleibt! Diese Nacht ist so kalt und dauert eine Ewigkeit!

Hinter ihrem Rücken und von ihr unbemerkt, schüttet der Unbekannte schnell zwei Flaschen Grappa in sich hinein und stopft sich den Mund mit allem möglichen Essbaren voll, war er findet, klaut ein bisschen Kleingeld aus der Kasse, bohrt sich in der Nase, klebt die Popel under die Theke, dann furzt und niest er ausgiebig. Währenddessen trommelt LILA nervös uf der Scheibe des Fensters herum.

UNBEKANNTER Wenn Sie erlauben: Ewigkeit ist eine abstrakte Grösse, wieder mal so ein zweideutiges Produkt des menschlichen Gesistes, der in seiner Begrenztheit und Zufälligkeit ad hoc hypothetisch eine nichtexistente Unendlichkeit annimmt. Als ob die Unendlichkeit eine einfache Abfolge von geometrischen (oder mathematischen) Punkten sei, ein Goldesel, der unaufhörlich Geld kackt! So ist es aber nicht! Es ist ein grosser Fehler, die Ewigkeit nur quantitativ und nicht qualitativ zu bewerten. Ewig ist der Augenblick, nicht alle Augenblicke zusammengenommen. Die Unendlichkeit zu erreichen bedeutet, zum Augenblick, zum Moment, wie Faust, zu sagen: "Oh Augenblick, verweile!" und nicht stattdessen: "Oh Langeweile, vergeh so schnell due kannst!". Nehmen Sie mich, zum Beispiel, auch ich bin hier vorbeigekommen und, von einer unwiderstehlichen Kraft angezogen – der Lust auf einen Kaffee – habe ich angehalten. Und jetzt warte ich schon eine Ewigkeit darauf!

LILA Wo kommen Sie eigentlich her?

UNBEKANNTER Wollen Sie das wirklich wissen? *(anzüglich)* Ich komme von einem Ort, den Sie nicht kennen... und ich bin ganz sicher, dass Sie ihn auch nicht kennenlernen wollen. Also... hören Sie auf. Das ist besser. Besser für Sie!

LILA Auf der anderen Seite der Grenze?

UNBEKANNTER Viel weiter.

LILA Ziemlich geheimnisvoll!

UNBEKANNTER Was ist das Leben schon ohne Geheimnis?

LILA Gar nichts. Da heben Sie recht.

UNBEKANNTER Genau wie ein Essen ohne Salz... Jetzt muss ich aber pinkeln... Verzeihung! Wo ist das Klo?

LILA Ganz nach hinten durch und dann links... Warten Sie, es ist abgeschlossen. Ich muss Ihnen den Schlüssel geben... verdammt... *(wühlt in einer Schublade herum)* wo hab ich ihn nur hingetan?

UNBEKANNTER Beeilen Sie sich, ich bin ein bisschen schwach auf der Blasé.

LILA Ich kann ihn nicht finden... *(sucht)* wir schliessen die Toilette immer ab, damit sich nicht irgendwelche Fixer dort ihren Schuss setzen... die Drogen sind leider inzwischen auch bis hierher vorgedrungen... arme Kerle sind das!

UNBEKANNTER Also, mir sind sie scheissegal!

LILA Ich hab ihn gefunden...

UNBEKANNTER *(reisst ihr den Schlüssel aus der Hand)* Geben Sie schon her... *(geht in die falsche Richtung)*

LILA Links, habe ich gesagt, sinistra! Sind Sie taub?

UNBEKANNTER *(rüttelt nervös an der Türklinke)* Verdammt nochmal, jetzt bin ich in der Küche gelandet... ich gehe immer nach dem Geruch, wissen Sie? In dieser Wirtschaft stinkt es aus der Küche mehr als aus dem Klo.

LILA *(alleingeblieben)* Allein mit diesem Wahnsinnigen! Was der alles redet... brr, ich habe eine richtige Gänsehaut! (blickt forschend durch das Fenster) Und ausgerechnet heute kommt keiner, noch nicht einmal der mit dem Kaffee "wie immer" (mit einem Schuss Cognac, ber... pssst!, das darf man am frühen Morgen nicht so laut sagen). Sonst klopft der um die Zeit immer ans Fenster und lässt sich das Tablett nach draussen reichen, damit er sich nicht die Jacke ausziehen und den Hund anbinden muss (hier lasse ich diese sabbernden Köter nämlich nicht rein) das Ungeheuer... das fehlte uns gerade noch, das Ungeheuer! Dabei gehen die Geschäfte auch so schon schlecht genug.

Die Tür der Toilette wird aufgerissen. Lila bemerkt das nicht und schaut weiter aus dem Fenster. Sie wartet, dass jemand kommt. Der Unbekannter versucht zu urinieren. Das Geräusch des Pinkelns wird immer lauter, "diabolischer!", am Ende klingt es wie ein Wasserfall. Die Wasserspülung erzeugt einen graunhaften Lärm. Lila ärgert sich über diesen Krach.

LILA Der bleibt aber lange da drin... vielleicht ist ihm schlecht?

UNBEKANNTER Ist es schon Tag?

LILA Noch nicht... *(zu sich)* seltsam... *(zu ihm)* ist etwas?

UNBEKANNTER Mir geht's ausgezeichnet, Sie brauchen sich keine Sorgen zu machen. Ich hab nur so viele Knöpfe zuzumachen... mein Anzug ist ein bisschen altmodisch... eine Art Rüstung, manch einem kommt et wie eine Kostümierung vor, aber mir gefällt. Ausserdem ist er bequem... nur nicht, wenn man den Pillermann rausholen will! Aber Sie haben solche Probleme ja nicht... rein jetzt, du Bestie!
LILA Mit wem streiten Sie denn?
UNBEKANNTER Mit einem Freund.

Aus der Kloschüssel steigt ein seltsamer roter Dampf, der allmählich die ganze Toilette einnebelt. Das Ganze ist von seltsamen Geräuschen begleitet: Gewimmer, Geheul, Geschrei, dazu eine "höllische" Beleuchtung. Plötzlich dreht der Unbekannter sich um und zeigt seine wahrhafte Teufelsgestalt: er hat einen Eselskopf mit bluttriefenden Hörnern.

UNBEKANNTER Ich bin die dunkle Seite des Lichts, ich hebe den Blick auf zu Gott und scheue mich nicht, ihm die nackte Wahrheit zu sagen. Dem Gott, der der Menschheit sieben Plagen auferlegte, dem Gott, der Abraham das unmenschliche Opfer seines erstgeborenen Sohnes abverlangte, dem Gott, der seine eigene Kreatur, Fleisch seines Geistes, zum Tod am Kreuze zwang und der, um der Sucht nach Ewigkeit Einhalt zu gebieten, dem Menschen nur eine einzige Erbschaft hinterliess: den Tod, im Tausch mit einem Leben im Jenseits das es nicht gibt, denn nicht einmal das Diesseits existiert, und ihr haltet ihn immer noch für den Ewigen Vater? Nun gut, denn jener Gott bin ich, Baphomet, und es gibt keinen anderen Gott neben mir! Es ist die reine Verarschung, den Menschen glauben zu machen, es gäbe ein Wesen jenseits von Gut und Böse, die endgültige Wahl zu haben, als liege die Entscheidung bei ihm.
Oh, Mensch, was bist du für ein armer Tor, einen enzigen Biss nur hat die Schlange dir zugestanden: als du dich auf dieses gefährliche Spiel eingelassen hast mit demselben Schöpfer, der dich gerade so wie ein Spielzeug in den Garten der Welt gesetzt hat, um ab und zu eine Kegelpartie zu machen, unnütz hast du das Leben dir schwer gemacht.
Ich, ich, ich, ich allein bin dein Gott!
Und es gibt keinen anderen Gott neben mir!

(Mit einem Lächeln) Gezeichnet: Baphomet!

Wie ein Echo hört man das Geheul der Wölfe, unter denen man deutlich eine Stimme heraushört.

DIE KLAGE DES EINSAMEN WOLFES

Der Mensch ist des Menschen Wolf,
kein anderes Tier ist schlimmer als er.
Von Abfall muss ich mich nähren,
während er auf alles schiesst, was fliegen kann.
Nach seinem Bilde hat ihn Gott erschaffen,
doch später erst das wahre Wesen
seiner Seele enthüllt: er hat sich in den Teufel
verwandelt, von dem er glaubte, er sei anders als er selbst.
Doch welche Ungeheuer sind im Dunkel verborgen,
die nicht Produkte seiner Phantasie sind?
Die Schatten auf den Mauern sind der pure Wahnsinn,
die die Wirklichkeit in Wahn verwandelt.
Nimm dich in acht, LILA,
vor dem schrecklichen Ungeheuer,
das in dir versteckt ist,
mit allen Kräften musst du es bekämpfen,
wenn du nicht besessen werden willst.

LILA *(der das Wolfsgeheul auf die Nerven geht)* Verdammte Köter! Die haben mir gerade noch gefehlt, wo ich sowieso schon vor Angst fast vergehe! Wenn es draussen friert, nähern sie sich den bewohnten Gebieten und suchen zwischen den Abfällen nach Fressbarem. Das sind keine Wölfe mehr, Schakale sind das geworden, widerliche Geschöpfe, entartet, Zombies, schlüpfriger und unberechenbarer als Schlangen! Und je mehr Hunger sie haben, desto frecher werden sie, richtig unverschämt, sie fordern sogar die Jäger heraus und versuchen, in die Häuser einzudringen... manchmal nehmen sie sogar Menschengestalt an, uns zwar so, dass man sie in der Dunkelheit kaum erkennen kann, mit ihren langen Zähnen und haarigen Ohren... dem da traue ich auch nicht über den Weg. Was der redet! Und was der für ein finsteres Gesicht hat! Und wen er ein Wolf ist, ich meine, das Ungeheuer? Wer weiss, was der wirklich im Koffer hat... *(zieht den Koffer ins Licht)* Meine Güte, der wiegt bestimmt einen Zentner! Aber nicht doch, Lila, hör auf mit deinen Phantastereien, was du für hässlicht Gedanken hast! Was soll schon drin sein... ein Gelehrter wird er sein, und das sind seine Bücher... gut, aber warum lässt er sie dann nicht im Auto? Und die Geschichte mit diesem Gallier oder wie das heisst, Gallium! Das glaub ich sowieso nicht! Ich bin doch nicht blöd! *(plötzlich kommt ihr ein Zweifel)* Und wenn er doch das Ungeheuer ist, und da ist wirklich eine Leiche drin, die zerstückelte Leiche seines letzten Opfers? Nein, das kann nicht sein... dann müsster er voller Blut sein...? Santo Dio! Ich muss das unbedingt wissen. Weil, wenn er ein Ungeheuer, ein richtiges Ungeheuer wäre, eine Art Wolf, dann könnte ich sein nächstes Opfer sein. Wer weiss, was dem in den Sinn kommt... ausserdem, was ist schon dabei, wenn ich mal einen Blick hineinwerfe, nur um mich zu vergewissern, mit wem ich es zu tun habe... aber du musst schnell machen, Lila, schnell... bevor er zurückkommt...

Hinter ihr kommt der Unbekannter heraus, wieder normal. Er schaut stumm und ohne sich bemerkbar zu machen, mit zufriedenem Grinsen der Szene zu, fast, als ob es ihm recht wäre, dass Lila in seinen Sachen herumwühlt. LILA lässt die beiden Schlösser aufschnappen und murmelt:

LILA Strano, der ist offen...

Dann macht sie ganz langsam den Koffer auf, als befürchte sie, dass irgendetwas Schreckliches herausspringen könnte. Ganz langsam hebt sie den Deckel hoch. Ihr Gesicht wird von einem seltsamen blutroten Licht aus dem Koffer beleuchtet, aus dem sich auch stinkende, farbige Dämpfe erheben. Lila verharrt einen Augenblick und betrachtet entsetzt den Inhalt des Koffers. Mit einem Schlag und einem Schrei klappt sie ihn wieder zu.

LILA Neeeiiin!
UNBEKANNTER Na?! Hat Ihnen das Spektakel gefallen, mein Fräulein? Was hattest du denn gehofft, darin zu finden? Blumen vielleicht?
LILA Sein Blick...! Wieso hab ich das nicht gleich begriffen, wer sich hinter solch schmutzigen Reden verbirgt... das Ungeheuer, der Wahnsinnige! La Bestia!
UNBEKANNTER Sprechen Sie es ruhig aus: der Phychopath! Ich bin nicht so schnell beleidigt.
LILA Rühren Sie mich nicht an, kommen Sie nicht näher! Hilfe!
UNBEKANNTER Deine Schuld. Du hast es selbst gewollt. Musstest du unbedingt deine Nase in meinen Koffer stecken? Jetzt ist es, als hättest du da, wo dein Gewissen noch wie ein Verschluss funktionierte, den Deckel heruntergenommen: pumm, und der Sekt, der Nektar der Götter und der Dämonen ist rausgeschäumt, weil du ihn eigenhändig geschüttelt hast. Dabei hast du dir die Händchen schmutzig gemacht, wie mit dem Samen des Ungeheuers. Und jetzt kannst du es geniessen.
LILA Widerlich!
UNBEKANNTER Pumm, pumm: schau nur hinein, schau! *(Zwingt sie, in den Koffer hineinzuschauen)*
LILA Nein, lass mich in Ruhe, ich bin nicht böse, ich bin kein Ungeheuer! Bestiaccia!
UNBEKANNTER Bleib so, es ist schön! Bleib so, es ist schön! *(lacht)*

Der Unbekannter holt aus dem Koffer ein komplette Sexshopmusterkollektion, zieht sich einige Stücke an, zwingt Lila, sie anzufassen usw. In der Zwischenzeit steigt aus der Kaffeemaschine ein dichter Dampf, in dem die Szene langsam verschwindet.

UNBEKANNTER Die Psyche ist eine Dampfmaschine: wenn alle Ventile verstopft sind, besteht das Risiko, dass sie früher oder später kaputtgeht. Und du bist kaputtgegangen!

LILA Das ist nicht wahr!

UNBEKANNTER Ach, ein? Und dieser Phallus aus weichem Gummi... hast du davon nicht heute Nacht geträumt, als du unter der Bettdecke das Übliche tatest?

LILA Schluss, ich bitte dich!

(Singt eintönig vor sich hin, während die ganze Bühne sich mit Dampf verhüllt).

Der Traum meiner bösen
Gedanken kennt die Qual,
die mich im tiefsten bedrängt.
Wenn ich allein bleibe,
habe ich Angst vor
meiner dunkeln Seite.

Schnelle Blitzlichter, die Baphomet und seine Erscheinung als Ungeheuer beleuchten. Dann, unter Lilas verzweifelten Schreien und seinem Gelächter, wird es dunkel.

OFFENER BRIEF AN EIN BELIEBIGES UNGEHEUER

Lila liest: Liebes Ungeheuer,

unsägliches Leid, massloser Schmerz erfüllen mich, und um mich herum ist nichts als qualvolles Schweigen. Noch immer warte ich auf das Zeichen, das mir deine Hilferufe trotz allem zu versprechen schienen, um mit dir in Verbindung zu treten.

Ich frage mich, wie du es aushältst, mit den Gespenstern deiner grausamen Vergangenheit zu leben, mit dem Schuldgefühl, das dich ganz sicher verfolgt. Ich frage mich, ob und wie du die Ängste und Qualen überwindest, die dich zweifellos bedrängen, denn Reste von Menschlichkeit habe ich auch in dir entdecken können. Du hast mich in meinem Innersten verletzt, meine aufrichtigste Liebe mit Füssen getreten, und ich frage mich ohne Unterlass: warum?

In einem Alptraum ohne Ende frage ich mich immer wieder: "Wie sehr hat er gelitten"? Versuche mich zu erinnern: "Was hat er gesagt? Was hat er geschrien? Was hat er gebrüllt?", als du ihn gefoltert hast? Und als deine Augen ihn trafen, wie war da sein Blick?... vorwurfsvoll, entsetzt, bestürzt? Oder einfach überrascht über so vien unerwartete Grausamkeit? Sag es mir, irgendwie, und sag mir auch, was du empfindest, was du fühlst, wie due weiterleben kannst, als sei nichts gewesen, wie du weiter unter die Leute gehen kannst, zu Freunden, wie due weiter arbeiten kannst, dich weiter vergnügen kannst mit der Erinnerung an eine solche Untat, mit dem Bild des armen Opfers vor Augen, das du so töricht deinen egoistischen Trieben geopfert hast? Ich möchte dir in die Augen sehen und versuchen zu verstehen ja, verstehen!, was du jetzt empfindest, ob du das Bedürfnis hast, dich von dieser Tat, die dein Leben zeichnet, zu befreien, ob die Bedeutung deines Scheiterns in der Intimität, der Zwecklosigkeit Deines Handelns dich quälen, so wie mich die Wirklichkeit des Todes heimsucht.

Hilf mir wenigstens, zu begreifen, lass mich fühlen, dass es nicht wahr ist, dass du ein "Ungeheuer" bist. Du bist nur ein einsamer Mensch, der trotz des Bösen, das er tut, und auch aus anderen Gründen, gemeinsam mit mir leidet: weil wir in unserer Menschlichkeit beleidigt worden sind.

Versuche, so zu handeln, dass das Schweigen nicht zur Zerstörung jeglichen Gefühls führt.   Ein Ungeheuer namens LILA

KURZER AUFTRITT BAPHOMETS
(angezogen wie ein Show-Master, führt er ein paar lächerliche Zauberkunststücke vor, dazu Jahrmarktsmusik)

Rate mal, rate mal.
was ist dieses, was ist jenes?
Spitz die Ohren,
auch wenn es dir lächerlich erscheint,
oft Gehörtes noch einmal zu hören.

Also...
Mal ist es ein Gegeimnis, das der menschliche Gesit zu verstehen glaubt, doch dem Frevler bleibt sein Sinn vorenthalten, und wenn er es auf der Suche nach sich selbst zu fassen glaubt, rieselt es ihm durch die Finger wie Sand.

Was ist das? Was ist das?
Was ist das?
Drei Sekunden Zeit
gibt's für die Antwort
oder zur Hölle steigst
du mit mir herab.

Eins, zwei... drei?

Wie bitte? Lächerlich!

Ihr habt es nicht erraten?
Es ist das Unendliche!
Na gut, na gut, na gut!
Versuchen wir es noch einmal.

Was ist das für ein Ding,
das da ist, wenn es weg ist?

Wieder nichts? Das kann doch nicht wahr sein?
Habt ihr's wirklich nicht erraten? Na, der Finger von einem Papagallo, der im
Bus einer Frau an den Hintern fasst.

Na gut, na gut, na gut?
Zwei zu Nulla für mich.

Ich hol euch später ab,
wenn ich mit meinem Spiel zuende bin,
erst gehe ich einen Kaffee trinken. *(geht)*

Die Szene wird zum Inneren einer Gefängniszelle. Das Fenster im Hintergrund ist geblieben, aber mit schweren Gitter versehen. Es ist Nacht: durch das Fenster sieht man einen übertrieben riesigen Mond, der fast lebendig wirkt. Lila sitzt auf einer Pritsche, an die Wand gelehnt, die Knie angezogen, die Arme darumgeschlungen, der Blick ist starr. Sie singt.

LILA

Die Leere meiner bösen
Gedanken kennt jede Qual,
die mich im tiefsten bedrängt.
Wenn ich allein bleibe,
habe ich Angst
vor meiner dunklen Seite.

Pötzlich beginnt der Mond sich zu verwandeln zu Baphomet: dem Teufel.

BAPHOMET-MOND Hallo, LILA!
LILA Hallo, Mond!
BAPHOMET-MOND Wie geht's dir?
LILA Wie immer. Schlecht. Ich bin so deprimiert.
BAPHOMET-MOND Ich seh's. Aber warum nur, das Leben ist doch schön!
LILA Ich bin böse. Für mich ist das Leben nicht schön. Ein Alptraum.

BAPHOMET-MOND Las dich nicht so hängen! Würdest du gern da rauskommen? Wir könnten auf den Jahrmarkt gehen... in die Gesiterbahn, zum Beispiel. Das wäre doch toll! Das wäre ein Spass!
LILA Nein. Du willst nur, dass ich noch mehr leide.
BAPHOMET-MOND Aber nein, ich möchte dir helfen, dich auf andere Gedanken bringen, glaub mir, eine Erklärung suchen, eine Lösung, einen Ausweg, ich möchte deine höllischen Schmerzen lindern...
LILA Habt Mitleid! Helft mir, ich will nicht noch einmal von vorne anfangen, ich will nicht wieder Böses tun, behaltet mich hier drin und schliesst fest ab... und dann werft den Schlüssel weg. Und du, geh weg, du Untier! Gettverdammtes!
BAPHOMET-MOND Wenn due nicht zu mir kommst, dann komm ich eben zu dir. Bis bald! So einfach kommt man nicht von sich los, von dem Dämon in uns, und solange man lebt, wird man die Grenzen des Gewissens versuchen auszuweiten. Lila, bis bald! Das ist das Schicksal...

Der Mond kehrt zu seiner ursprünglichen Gestalt zurück. Ganz plötzlich steht Lila auf, geht zum Spiegel und zieht Grimassen, sie kneift sich und gibt sich Ohrfeigen.

LILA Wer bist du, he? Wer bist du? Ungeheuer? Oder Person? Tier oder Mensch? Verstehst du? Hörst du mich? Hörst du mich? *(ohrfeigt sich hysterisch)* Ich rede mit dir, mein Kind! *(mit Kinderstimme)* Mama, Mama, was ist das Rote da, Blut? *(mit Erwachsenenstimme)* Wie oft habe ich dir schon gesagt, dass du dich da nicht anfassen sollst! Fass dich dort nie wieder an, anfassen ist schlecht, das ist der Satan! *(geht aufs Bett zurück und weint)*

Es werden Schritte laut. Jemand hantiert mit einem dicken Schlüsselbund. Wie in einem Alptraum schnappt das Schloss nach zahlreichen Drehungen des Schlüssels auf. Das Quetschen der Türangel beim Öffnen der Tür ist extrem laut, fast so, dass es wehtut (jedes Geräusch muss verstärkt werden, hat eine psychologische Funktion).
Baphomet tritt ein (alias der Unbekannte, mit der Maske des Teufels).

UNBEKANNTER Guten Abend, mein Fräulein.
LILA Du?
UNBEKANNTER Zu deinem Unglück, aber auch ein wenig zu meinem, bin ich in Deinen Hirnmechanismen gefangen. Ich möchte so gern heraus, einen kleinen Spaziergang machen, etwas frische Luft schnappen, statt andauernd diese übelriechende stinkende Luft dieser Kloake einzuatmen, aber ich kann nicht: ich bin dein Gefangener.
LILA Nein, ich bin deine Gefangene.

UNBEKANNTER Was soll ich dazu sagen? Ich bin Dein Geschöpf und damit basta. Das ist die Wahrheit. Ob du willst oder nicht!

LILA Beweise es mir doch.

UNBEKANNTER Ich existiere nur, wenn du mich denkst. Wenn ich aus deinen Gedanken verschwinde, bin ich weg. Es hängt alles nur von dir ab, Lila, auch das Böse, das durch mich repräsentiert wird. Gegen meinen Willen. Satan existiert, das ja, aber im Menschen, der sein Schöpfer ist. Und du hast mich aus dem Nichts geschaffen: du Mörderin! Schau mich doch an, wie hässlich ich bin, monströs, widerlich: aber du hast mich nach deinem Ebenbild geform, du Ungeheuer!

Sie singt ihr Klagelied und hält sich dabei die Ohren zu.

LILA

Die Last meiner bösen
Gedanken kennt die Qual,
die mich im tiefsten bedrängt.
Wenn ich allein bleibe,
habe ich Angst
vor meiner dunklen Seite.

Sie ist wie vom Teufel besessen, von epileptischen Zuckungen befallen.

UNBEKANNTER Es ist Zeit: mit einem Schlag ist ihr Abstieg in ihn Inneres abgeschlossen: die Seele ist an ihrem Ziel im Reich des Dunkeln angelangt. Jetzt, jetzt! Sie ist bereit zum letzten Sprung in ihre Hölle, in der das Unbezähmbare tobt, und endlich kann sie ohne Hindernisse ihre tierischen Anteile ausleben *(zu ihr gewendet)*. Betrachte dich im Spiegel, Lila, jetzt bist du endlich du selbst, jetzt erkenne ich dich.

LILA *(betrachtet sich im Spiegel und sieht, dass sie sich in ein Ungeheuer verwandelt hat)* Neeeiiin!

BAPHOMET *(bringt eine Apparatur für Elektroschocks auf die Bühne. Beim Sprechen schnallt er Lila an und befestig die Kabel an ihrem Kopf und Körper)* Wenn man sich selbst Schaden zufügt, gibt es keine Rettung: weil man sich freiwillig in einer geistigen Hölle einschliesst. Vielleicht muss man von der Krankheit geheilt werden, Mensch zu sein. Man müsste schon bei der Geburt verdammt sein, nur für die Schuld, geboren zu sein! Glücklich diejenigen, die nie das Licht der Welt erblickt haben, die nicht sind, die nicht waren und die nicht sein werden: sie werden keine schmerzlichen Erinnerungen, keine Enttäuschungen und keine Ängste haben. Nichts! Eine unerreichbare Ruhe! Unerschütterlich über den Dingen stehen. In jenem Nichts gibt es weder Gott, noch Sünde, nur

unermesslich viel nie gelebte Zeit. Abstrakt, unbekannt, sinnentleert. Verstehst du? Nein? Macht nichts. Steigen wir hinab, Lila, immer weiter hinunter, ins Dunkel deines Bewusstseins: wir sind schon fast am Boden angelangt, dort, we das helle Licht der Vernunft sich im Schein eines dunklen Lichtes verliert, in der Nacht aller Zeiten. Hier verlierst du jegliche Ahnung von dir selbst... *(einschmeichelnd, seine Stimme entfernt sich immer mehr und es wird allmählich dunkler)* Adieu, Lila, adieu... *(Er verpasst ihr einen Stromstoss, Lila zuckt zusammen. Als er die Voltzahl verdoppelt, wird Lila stocksteif wie eine zum Tode Verurteilte auf dem eklektrischen Stuhl).*
(Dunkel)

LETZTER AUFTRITT BAPHOMETS *(Epilog)*
Baphomet, auf dem Thron der Unterwelt, liest in einem alten Buch, während Lila, inzwischen zur Teufelin geworden, zu seinen Füssen obszöne Dinge treibt.

BAPHOMET *(liest) Mehr als allen anderen wäre der Mensch, der sich ja als Meisterwerk Gottes betrachtet, in der Lage, den Beweis für die Unfähigkeit und Arglist des angeblichen Schöpfers anzutreten. In diesem sensiblen, intelligenten, denkenden Wesen, das sich für den Gegenstand der göttlichen Auserwählung hält, und das sich Gott wie sein Ebenbild vorstellt, sehen wir nichts als eine schwächliche, defekte, anfällige Maschine. Wäre es nicht also besser, eine Maschine ohne Seele zu sein, statt ein abergläubischer Unruhegeist, der unter dem Joch seines Gottes und angesichts der unendlichen Qualen, die ihn in seinem zukünftigen Leben erwarten zittert?*
Was meinst du dazu, Lila? Hat der gute alte Spinoza recht?
Gibt es ein zukünftiges Leben? Gibt es eine Hoffnunf für den Menschen? Un wenn ja, welche?
LILA Miauuu!
BAPHOMET Gut, Lila. Du hast wirklich alles verstanden! Besser als Spinoza!
LILA Miauuu!
BAPHOMET Wau, wau!

Sie umklammern sich, küssen sich. Sie sind jetzt nur noch von einem Punkrtreflektor beleuchtet. Baphomet hebt den Blick, und mit verlegenem Lächeln zwinkert er dem Publikum zu. Dann drückt er auf einen Knopf und küsst Lila erneut.
Auf die beiden fällt ein kleiner Vorhang mit den Worten.

DUNKEL
Auf den Bühnenhintergrund werden Bilder von Ungeheuern aller Art und Dimensionen projiziert.

DIE GRUBE

Surreal-Satire in 3 Akten mit einem Finale

"Die Einheit einer Ordnung, die auf die Wiederkehr des Analogen setzt, selbst wenn es nur analoge semantische Momente sind, die wiederkehren, ist die Einheit einer Tätigkeit, die zu sich selbst zurückkehrt und wieder neu sondiert; der Schwerpunkt liegt nicht auf dem wiederkehrenden Sinn, sondern auf der Wiederkehr der Tätigkeit der Bewegung – innerlich wie äußerlich, der Seele und des Körpers – die diese Bewegung generiert hat". (Bachtin, Ästhetik und Roman)

Personen:

Ori *und* Capo

Charaktere der handelnden Personen:

Ori

Von bescheidenem Wesen, sehr geerdet, dabei nicht ohne Humor- und Geistesblitze.
Erträgt nur mühsam die Bedingtheit seiner Existenz. In seinem Verhalten ist der gesamte kosmische Pessimismus der subalternen Klassen versammelt, die sich einzig und allein mit dem Gedanken trösten, dass es noch schlimmer kommen könnte, viel schlimmer. Um sich von seinem euphemistisch als „Arbeit" bezeichneten Zustand der Knechtschaft zu befreien, träumt er davon, bei einer Quizsendung im Fernsehen alle Fragen zu beantworten, wofür er sich eine Bildung aus angelerntem Wissen erworben hat, die er ständig auf dem neuesten Stand zu halten sucht.

Capo

Abgehoben und hochnäsig, wirkt er wie eine Marionette, die sich auf Kommando in Bewegung setzt und spricht.
Er ist ständig auf der Kippe, kurz davor hinzufallen, als sei der Boden unter seinen Füßen permanent unsicher, provisorisch. Seine Macht ist darauf beschränkt, Ori zu kommandieren, aber dieser kleinen Macht bedient er sich, um seinen Untergebenen einer ganzen Reihe von kleinen Schikanen auszusetzen, die er mit Argumenten rechtfertigt, die wie aus dem Lehrbuch klingen, deren Bedeutung er aber selbst nicht ganz versteht.

ERSTER AKT

Ein Haufen Erde im Zentrum der Bühne. Ein paar Schilder mit der Aufschrift „Bauarbeiten".
In der Grube, die sich hinter dem Erdhaufen verbirgt, ist jemand emsig am Schaufeln.
Plötzlich ist ein harter Schlag zu hören, als sei die Schaufel auf ein Hindernis gestoßen. Aus dem Innern der Grube:

EINE STIMME He, ich habe was Hartes gerammt!
Ori reckt seinen Kopf aus der Grube. Er trägt einen Bergmannshelm mit angeschalteter Lampe.
ORI Au weiah, wir sind auf Grund gestoßen, tatsächlich! *(in Erwartung einer Antwort, die nicht kommt)* Verstanden? Wir sind versehentlich auf Grund gestoßen... auf Grund, verdammt nochmal! Das ist noch nie passiert... ausgerechnet mir musste das passieren! Ein Horrortag ist das...! *(versucht noch einmal, sich an jemandem unten in der Grube zu wenden)* Das scheint aber offenbar keinen zu jucken... Ja, ja, natürlich habe ich darauf bestanden... Ich versuche mal, eine Signalrakete abzuschießen, ok?.... aber ob die das mitkriegen... *(pflanzt eine kleine Rakete in der Erde, zündet die Lunte, wartet angespannt und hält sich dabei die Ohren zu, es passiert aber nichts)* Kein Knall? Kein Bumm? Was für eine Scheißrakete ist das denn...!
Der Capo kommt rein.
CAPO Was hast du hier herumzuknallen, Ori? Lässt du dich von einer Rakete verarschen?
ORI Das ist der Capo, Leute!
CAPO Na, was ist denn, Ori?
ORI Es ist passiert, Capo.
CAPO Was denn?
ORI Wir sind aus Versehen auf Grund gestoßen.
CAPO Zur Hölle mit dir.
ORI Jetzt legen Sie sich nicht mit mir an, Capo.
CAPO Mit wem soll ich mich denn sonst anlegen?
ORI Also, schließlich ist *sie* es doch, ich meine, es ist die Grube, die sich auf Grund stoßen lässt...
CAPO Die Grube lässt sich auf Grund stoßen und du verplemperst deine Zeit mit Feuerwerk?
ORI Feuer, ach, woher denn?! Das ist eine Notfallrakete. Sie müsste "knallen", um Aufmerksamkeit zu erregen, verstehen Sie? Stattdessen macht sie einen Scheißdreck...
CAPO Mit Vulgärsprache kommt man hier nicht weiter.

ORI   Entschuldigung, Capo, ich wollte doch nur sagen, sie ist nicht losgegangen.

CAPO Hör mal zu: ich beobachte dich schon eine ganze Weile, hast du das eigentlich bemerkt? Und du gefällst mir nicht, Ori, oder nein, eigentlich ist es nicht so, dass du mir nicht gefällst: aber du bist imstande, ein stinknormales Notfalldingsbumms... oh je! Jetzt fange ich auch schon an, so zu reden!?... also eine Signalrakete, die ausschließlich für Notfälle vorgesehen ist, als pyrotechnischen Flugkörper zur Unterhaltung des Publikums einzusetzen.

ORI   Das ist aber ein echter Notfall, kein Entertainment.

CAPO Mal abgesehen davon, dass sie, wenn sie eine echte Notfallsignalrakete wäre, bei einem echten Notfall auch hätte losgehen müssen... oder hast du kein Vertrauen in unsere Notfallausrüstung?

ORI   Um Himmels willen, Capo! Ich wollte unsere allseits gerühmte Effizienz keineswegs in Frage stellen, aber...

CAPO   Na, dann hören wir doch mal: aus welchem Grund hättest du um Notfallhilfe bitten sollen, Ori?

ORI   Aus welchem Grund? Weil wir auf Grund gestoßen sind, Capo.

CAPO Das hast du bereits gesagt.

ORI   Gucken Sie doch mal in die Grube, Capo: dann sehen Sie das Desaster.

CAPO *(blickt hinein)* Ja, ich sehe es... schönes Schlamassel. Bist du sicher, dass das das der Grund ist?

ORI   Verdammt nochmal! Das ist hart wie Stein. Hören Sie doch mal hin... Los, Leute, lasst den Capo den Grund hören.

Drei harte Schläge sind zu hören.

CAPO   Scheint tatsächlich der Grund zu sein. Aber das wundert mich gar nicht... ich meine, nicht allzu sehr. Wenn man gräbt und gräbt, dann muss man ja früher oder später dort ankommen, nicht wahr?

ORI   Dafür sind wir ja hier!

CAPO Tiefer als so konnten wir nicht gehen, oder?

ORI   Ich würde sagen, nein. Wenn man auf Grund stößt, gibt es nicht allzu viel Grund zur Freude. Es wird jetzt für die Jungs auch schwierig, wieder hochzusteigen.

CAPO Tiefer fallen kann man aber auch nicht mehr.

ORI   Vorausgesetzt, da ist kein doppelter Boden.

CAPO Quatsch.

ORI   Na, dann eben Quatsch... wenn Sie das sagen!

CAPO Mal was anderes, sieht man was da unten?

ORI   Finster wie in grauer Vorzeit.

CAPO Kein Schimmer? Sicher?

ORI   Das hätten wir gemerkt. Ein Schimmer, auch nur der Hauch von einem Schimmer, der wäre da unten bestimmt nicht unbemerkt geblieben, Capo.

CAPO Und wenn sich einer gezeigt hätte, dann hättet ihr sofort Abhilfe geschaffen, nicht wahr, Ori?

ORI Ja, Capo.

CAPO Pass gut auf! Es darf keinen Schimmer geben.

ORI Zu Befehl, Capo!

CAPO Gut, so gefällst du mir. Gehorsam und diszipliniert.

ORI Haben Sie noch weitere Befehle, Capo?

CAPO Keine Ahnung! Sollte ich welche haben?

ORI Ich würde sagen, ja. Ein respektgebietender Capo hat immer Befehle in petto, vor allem unter solch schwierigen Umständen.

CAPO Was verstehst du denn schon von den Umständen, du Knallkopf!?

ORI Ich mache keine Umstände, Capo. Aber...

CAPO Du meinst doch nicht etwa Aufstände, oder?

ORI Aufstände sind immer gegen die Umstände gerichtet. Das sagt die Logik.

CAPO Bösen Zungen solltest du kein Gehör schenken. Die Logik ist oft und gern trügerisch, sie erscheint anders als sie ist: also widersprüchlich, besonders in diesen düsteren Zeiten.

ORI Was soll ich also machen?!

CAPO Deine Arbeit. Das heißt: Du gehorchst und damit hat sich's.

ORI Wem soll ich gehorchen?

CAPO Den Befehlen, Knallkopf!

ORI Welchen Befehlen denn? Es ist eine ganze Weile her, dass hier die letzten angekommen sind!

CAPO Für den Augenblick gilt der Befehl, die Ordnung aufrecht zu erhalten. Dann wird man sehen. Wie das Sprichwort sagt: Alles zu seiner Zeit. Oder soll ich glauben, dass du es eilig hast mit dem Wechsel?

ORI Wenn es nach mir ginge, Capo!.... Wissen Sie, wo ich die Befehle hingeschickt hätte?

CAPO Ruhe!

ORI Darf ich wenigstens fluchen?

CAPO Ich frage mich, warum. Darf man wissen, worüber du dich aufregst?

ORI Über alles ein bisschen, Capo.

CAPO Findest du es schön, dich zu beklagen?

ORI Nein, Capo, bestimmt nicht.

CAPO Du siehst also, dass ich Recht habe?

ORI Sie haben immer Recht, Capo. Aber...

CAPO Wo liegt das Problem?

ORI Wenn man auf Grund gestoßen ist, fängt man an, sich zu fragen: und was machen wir jetzt, kratzen wir uns am Bauch? Neue Befehle kommen keine... Und man weiß nicht, was man machen soll... Und man fragt sich: und wenn sie überhaupt nicht kommen?... Wie lange sollen wir uns denn noch am Bauch kratzen?

CAPO Schluss jetzt! Keine Wenns und Abers. Die Befehle werden kommen. Ob sie pünktlich kommen, das kann ich dir nicht garantieren, aber *dass* sie kommen, da gibt es keinen Zweifel. Garantiert!....

ORI Wenn *Sie* das sagen!

CAPO Du bist skeptisch, Ori?

ORI Sie wissen doch, wie das ist! In einer anderen Situation hätte ich auf Befehle sogar verzichtet. Als es noch eine Menge zu graben gab, zum Beispiel, da hörte man nur einen einzigen Befehl: "Grab, grab!". Aber jetzt, wo wir auf Grund gestoßen sind und nicht mehr wissen, ob wir morgen weiter graben können, jetzt, wo wir unverzüglich Befehle brauchen, Gewissheiten, die unsere Zukunft betreffen, jetzt sind wir dem „es heißt..." ausgeliefert, was als konkreter Schlüssel für die Interpretation der Gegenwart nun einmal nicht sonderlich geeignet ist. Finden Sie das richtig?

CAPO Dann hättest du ja vorher gehorchen können, als es hier noch was zu graben und infolgedessen auch Befehle gab. Jetzt, wo es keine mehr gibt, würdest du gerne gehorchen. Aber jetzt ist es zu spät. Fick dich! Und viel Spaß dabei!

ORI Dann kann ich aber auch auf den Capo gut und gern verzichten!

CAPO Auf mich verzichten? Bist du verrückt geworden? Ich werde hier verdammt gebraucht!

ORI Eben nicht.

CAPO Ah, ah! Vorsicht!

ORI Man braucht keinen Capo, wenn der Capo keine Befehle mehr zu geben hat. Wenn Sie nämlich nicht befehlen, kann ich nicht gehorchen und dann sind Sie auch nicht mehr mein Capo. Sie sind also nichts, nicht einmal ein guter Freund, ein Bekannter oder ein Nachbar: nichts, haben Sie verstanden, Capo? Gar nichts. Njet! Nisba! Ein Kackhaufen in Rente!

CAPO Wenn du so denkst, bist du entlassen.

ORI Oh, schön! Und aus welchem Grund?

CAPO Gehorsamsverweigerung.

ORI Gehorsams...was!?

CAPO Das heißt, du weigerst dich zu gehorchen.

ORI Nein. *Sie* weigern sich doch, Befehle zu geben.

CAPO Einverstanden: der Befehl ist, keinem Befehl zu gehorchen, weil es keine weiteren Befehle gibt. Ist das ok so? Bist du jetzt zufrieden?

ORI Oh nein! Das wäre zu bequem.

CAPO Du willst aber auch nur gehorchen, wenn es dir in den Kram passt. Und das ist nicht richtig, Ori, weil sich die Gesellschaft nicht mehr den Luxus leisten kann, dir zu Diensten zu sein, deine Launen zu befriedigen und deine Patzer auszubügeln.

ORI Ist denn da wenigstens jemand über Ihnen, der imstande ist, Befehle zu geben?

CAPO Das hoffe ich sehr, um Himmels willen! Jetzt, wo ihr... das heißt, wo wir – wir sitzen ja nun im selben Boot – also, wo wir auf Grund gestoßen sind, warte auch ich in einem gewissen Sinne auf Befehle; und du kannst mir glauben, dass die Situation auch für mich ziemlich unangenehm ist. Wir sollten versuchen, uns ein wenig zusammenzureißen, ok?

ORI Mag sein... *(setzt sich, mit der Brotbox auf den Knien)* Glauben Sie an Befehle, Capo?

CAPO Du stellst vielleicht bescheuerte Fragen!

ORI Na ja, vielleicht hätten wir nicht auf Grund stoßen sollen, vielleicht hätten wir vorher Halt machen müssen. Das denke ich, ja.

CAPO Hat dir etwa jemand die Schaufel in die Hand gedrückt und gesagt "damit stößt du jetzt auf den Grund"?

ORI Nein.

CAPO Was hattet du für Befehle?

ORI Graben, graben, graben.

CAPO Und du hast gegraben?

ORI Und wie! Fühlen Sie mal, was ich für Schwielen habe! Wenn ich nach dem Pinkeln meinen Pimmel in die Hand nehme, um ihn abzuschütteln, dann ist das fast so, als hätte ich ihn zwischen zwei Fingern von einem Schmirgelhandschuh!

CAPO Siehst du? *Du* bist es doch, der aus Ungeschicklichkeit oder Übereifer auf Grund gestoßen ist und der sich damit blöderweise diesen Schmirgelhandschuh zugelegt hat... ich meine, die Schwielen an den Händen. Gib zu, dass du es übertrieben hast, Ori?

ORI Wenn Sie mich graben lassen wie einen Maulwurf, ohne jeden Widerruf des Befehls, dann ist doch klar, dass ich früher oder später auf Grund stoßen muss.

CAPO Und warum ist dir das schon früher als später passiert?

ORI Weil es keine Erde mehr unter meinen Füßen gab, Capo.

CAPO Und das konntest du nicht rechtzeitig erkennen, *bevor* es keine mehr gab?

ORI Ich habe es erst bemerkt, als ich auf Grund gestoßen bin. Zu spät.

CAPO Konntest du ihn nicht einfach nur oberflächlich streifen, diesen Scheiß... grund?

ORI Also, hören Sie mal, Capo, versuchen Sie nicht, sich rauszureden: wenn wir an dem Punkt angekommen sind, dann ist das bestimmt nicht meine Schuld.

CAPO Meine auch nicht.

ORI Mag sein.... *(fängt mit seinem Mittagsimbiss an)*

CAPO Was isst du da?

ORI Ein klitzekleines Brötchen, Capo.

CAPO Das kannst du so klein reden, wie du willst!! Ist es denn überhaupt schon Zeit für das Mittagessen?

ORI Genau zwölf Uhr, Capo.

CAPO Meine Uhr geht nach. Sei froh, dass sich mein Magen pünktlich meldet, Ori, sonst hättest du dir eine Abmahnung eingehandelt. Jetzt ist es aber mein Magen, der deine Aufmerksamkeit anmahnt. Hörst du das?

ORI *(zu sich)* Zum Teufel mit dem, warum bringt der sich nie seine eigene Brotbox mit... Möchten Sie vielleicht etwas abhaben?

CAPO Wenn du darauf bestehst... Einmal beißen, nur aus Höflichkeit... *(verschlingt in einem Biss Oris gesamte Brotzeit)*

ORI Die Befehle sind Ihnen abhanden gekommen, der Appetit aber nicht. Stimmt's, Capo?

CAPO Der niemals. Weißt du übrigens, dass du mir eigentlich dankbar sein solltest?

ORI Ach ja? Gut, dass Sie mich darauf aufmerksam machen! Ich hätte das gar nicht gemerkt.

CAPO Dein Brötchen war nicht so besonders: ich habe dir die Verlegenheit erspart, es essen zu müssen, nur um keinen Ärger mit deiner Frau zu kriegen. Es hatte einen seltsamen Beigeschmack, den ich mir gar nicht erklären kann.

ORI Ich kann mir nicht einmal seinen Geschmack erklären, weil ich es gar nicht probiert habe.

CAPO Vom Geschmack her war es gar nicht schlecht... das muss ich zugeben. Wenn du das nächste Mal nachts arbeitest, kann ich bei deiner reizenden Gattin doch mal vorbeigehen und ihr meine Komplimente machen. Was dagegen?

ORI *Den* Nachgeschmack werden Sie zu spüren bekommen.

CAPO Oh, du wunderbarer Nachgeschmack, was würde ich nicht alles für dich tun?! *(deutet mit den Händen weibliche Körperformen an)* Das ist eine Feststellung, Ori, mein Lieber, keine Frage. Nichts für ungut.

ORI Wollen Sie damit auf etwas Bestimmtes hinaus?

CAPO Nein, absolut nicht, war nur ein Scherz. *(gähnt)* Und jetzt lass mich in Ruhe... Aaaah!.... *(streckt sich aus)* Ich bin sowas von schläfrig, schläfriger kann man gar nicht sein!

ORI Wie bitte? Sie bringen es fertig, sich schlafen zu legen?

CAPO Was ist denn dabei? Würdest du dir an meiner Stelle etwa keine „kleine Auszeit" gönnen, hä?

ORI Mag sein...

CAPO Hör zu, Ori: mit diesem seltsamen Ausdruck, den deine Schnauze immer wieder absondert, gehst du mir echt auf den Geist. Was zum Teufel... soll dieses "mag sein" heißen?

ORI Nichts für ungut, Capo: wenn Sie sagen, dass Sie sich eine „kleine Auszeit" gönnen, dann sage ich eben: mag sein, dass es eine „kleine Auszeit" ist. Das ist alles.

CAPO Gemeint ist aber, dass es das nicht ist?

ORI Genau, in meinen Augen versuchen Sie nur, Zeit zu gewinnen, in Ermangelung von Befehlen, ja!

CAPO Ich wiederhole es noch einmal: der Befehl lautet, auf Befehle zu warten. Verstanden?

ORI Dann warten wir eben!

CAPO Ich warte. Du steigst in die Grube und machst dich wieder an die Arbeit. Egal, welche. Marsch!

ORI Einverstanden... *(steigt bis zur Hüfte in die Grube)*

CAPO *(nach einer Pause)* Was machst du da?

ORI Pinkeln, Capo.

CAPO In die Grube?

ORI Wohin denn sonst?

CAPO Du benimmst dich wie ein Hinterwäldler, Ori.... und ich dachte, Ori sei eine Kurzform von Orest! Jetzt verstehe ich, woher dein Name kommt: von Orin. Du bist abscheulich!

ORI Weshalb, müssen Sie denn nie, Capo?

CAPO Nicht in die Grube, Ori. Nicht in die Grube!

ORI Was ist denn mit der Grube, dass man nicht reinpinkeln darf?

CAPO Es ist doch unsere Grube, verstehst du?! Ein bisschen Respekt, verdammt! Mag sein, dass sie nicht unsere Wiege ist, aber sehr wahrscheinlich unser Grab.

ORI Sie haben es aber auch mit dem "mag sein", Capo?!

CAPO Es ist ja auch meine Aufgabe, mir ernsthafte Fragen zu stellen. Meine schon.

ORI Auf Ihre Fragen pinkle ich.

CAPO Diesmal poliere ich dir die Fresse, Ori. Das ist nämlich keine einfache Gehorsamsverweigerung, das ist im wahrsten Sinne Frechheit! Ganz abgesehen davon, dass man die Grube nicht schänden darf und glaubt, damit auch noch ungestraft davonzukommen: pinkle gefälligst in die Hose!

ORI He, Capo, sehen Sie doch mal, was da ans Licht gekommen ist, als ich in Ihre Grube uriniert habe!

CAPO Versuch nicht, das Thema zu wechseln. Komm raus da unten und schlag dich wie ein Mann. *(steht auf und geht in Boxerhaltung)*

ORI Können Sie Maschine schreiben, Capo?

CAPO Was für eine Maschine?

ORI Schreibmaschine. Die wird in grauer Vorzeit irgendein Journalist dort reingeworfen haben, als er von der Zeitung zum Fernsehen gewechselt ist.

CAPO Keine Mutmaßungen, Ori. Möglich, das sich in der Grube sogar noch ein Fernseher findet. Das bedeutet nicht das Ende der Zivilisation.

ORI Oder ein Kühlschrank. Das heißt aber noch nicht, dass er auch voll ist.

CAPO *(mit Blick auf die Schreibmaschine)* Funktioniert sie?

ORI Sehen Sie doch mal nach. *(überreicht ihm die Schreibmaschine)*

CAPO Klatschnass, das Gerät. Zur Hölle mit dir, Ori!

ORI Seien Sie geduldig. Das trocknet.

CAPO Du hast recht: es ist tatsächlich eine Schreibmaschine.

ORI Und wozu braucht man die?

CAPO Dummkopf: wie der Name schon sagt: zum Schreiben.

ORI Und ich habe da draufgepinkelt.

CAPO Aus Versehen, hoffe ich.

ORI Ich musste aber pinkeln, nicht schreiben. Und auch nicht lesen. Ich lese nur auf dem Klo, Capo, wenn ich brutal von der Notdurft übermannt werde.

CAPO Du brauchst ja nur daran zu denken, wie du gräbst, Ori: wie in der Altsteinzeit. Du stellst deine primären Bedürfnisse über die intellektuellen... Klopapier ist dir eindeutig lieber als bedrucktes Papier....

ORI Hygiene ist doch ein Punkt zugunsten unserer Zivilisation, oder?

CAPO Die Zivilisation ist aber mit der Erfindung der Schrift entstanden, du Riesenarschloch, nicht mit dem Klopapier!

ORI Dann habe ich also ein prähistorisches Fundstück zutage gebracht. Was kann das wert sein?

CAPO Mach dir keine Illusionen. Dieses Gerät ist Eigentum der Gruben-Leitung. Also... Finger weg!

ORI Ich habe es aber gefunden!

CAPO Was in der Grube gefunden wird, gehört zur Grube. Mach jetzt keinen Ärger.

ORI Verdammte Grube!

CAPO Sie hat dir sehr lange Arbeit gegeben, sie hat dir eine Schreibmaschine gegeben, mit der du dich intellektuell frei ausdrücken kannst, und du erlaubst dir, sie zu behandeln wie den letzten Dreck? Pinkelst sogar hinein?

ORI Die Arbeit ist steckengeblieben, weil die Grube fertig ist; und die Schreibmaschine hat sich die Gruben-Leitung unter den Nagel gerissen, obwohl hier gar nichts geleitet wird, weil es keine Befehle mehr gibt. Und was die Meinungsfreiheit angeht... vergiss es, das ist besser!

CAPO Ich werde dir jetzt ein paar Befehle schriftlich aufsetzen, von denen du eine Gänsehaut kriegst, du Blödmann!

ORI Was für Befehle?

CAPO Was weiß ich... die, die eintreffen werden, vielleicht.

ORI Und wenn sie mit der Post kommen, also schon geschrieben sind?

CAPO Dann schreibe ich sie eben nochmal.

ORI Doppelte Arbeit?

CAPO Wenn sie aber mündlich kommen oder telefonisch, jedenfalls von oben, dann muss sie auf jeden Fall jemand aufschreiben, also schwarz auf weiß niederlegen, weil Befehle alle schwarz auf weiß vorliegen müssen. Und ich, der ich ein ausgeprägtes Pflichtgefühl habe, setze sie eben schon vorher schwarz auf weiß. Was dagegen?

ORI Wer weiß, wie die Befehle der Zukunft ankommen werden, ob es dann noch ein Blatt Papier im Brief- umschlag gibt und einen Postboten, der ihn überbringt oder ob sie nur noch über ein Handy laufen werden, das wir alle in der Tasche tragen, um stets erreichbar zu sein, stets verfügbar.

CAPO Du hast zu viel Phantasie, Ori.

ORI Und Sie handeln unüberlegt, Capo.

CAPO Das Urteil überlassen wir der Nachwelt.

ORI Ich bezweifle aber, dass von Ihren schriftlich aufgesetzten Befehlen für die Nachwelt etwas übrigbleibt, wenn Sie kein Blatt Papier einziehen.

CAPO Nanu, stimmt: ich habe ohne Papier auf die Rolle geschrieben. Witzig!

ORI *(überrascht)* Ich habe also recht, Capo? Das wäre das erste Mal, dass mir so etwas mehr oder weniger offiziös bescheinigt wird.

CAPO Das darf dich nicht überraschen. Mein Motto ist nämlich: gebt dem Kaiser, was des Kaisers ist... und Ori natürlich, was Oris ist.

ORI Danke, Capo.

CAPO Pflicht, Ori, Pflicht und Schuldigkeit. Auch weil es verdammt kontraproduktiv sein kann, zu drastisch gegen die Regeln zu verstoßen.

ORI Aus Ihrem Mund klingt das seltsam.

CAPO Denk nach: wenn du die Ausschachtung extrem überzogen hättest, um Zeit zu gewinnen, dann wäre jetzt noch eine Grube zu Ende zu graben. Und wir hätten beide einen Vorteil. Oder?

ORI Wenn ich mich nicht beeilt hätte, Capo, hätten Sie mich entlassen. Oder?

CAPO Wenn du aber nur so getan hättest, als ob du dich beeilst, dann hätte ich nur so getan, als würde ich dich entlassen und dich ein bisschen auf Hartz IV gesetzt, und dann hätten wir irgendwo anders wieder angefangen zu graben, ohne das allzu auffällig zu tun. Eine Baustelle hier, eine da... Wir hätten den Schein gewahrt, wir hätten uns strikt an die üblichen Verfahren gehalten.

ORI Stattdessen?

CAPO Stattdessen hast du das Ganze verdammt ernst genommen: aus einer x-beliebigen Ausschachtung, aus einem simplen Aushub hast du eine nicht mehr auffüllbare Grube gemacht, die Gefahr läuft, uns unter dem Gewicht unserer gegenseitigen zivilen, strafrechtlichen und vielleicht sogar politischen Verantwortung zu begraben.

ORI   Ich wiederhole: der Befehl war, eine Grube auszuheben und ich habe sie ausgehoben.

CAPO Du hast aber Spaß am Ausheben bekommen. Und bist auf Grund gestoßen. Deshalb bleibt mir nichts weiter übrig als dich zu entlassen. Tut mir leid.

ORI   Wenn Sie mich nicht wenigstens auf Hartz IV setzen, können Sie mich gleich in einen Sarg legen.

CAPO Lass dich niemals unterkriegen, Ori. Und viel Glück!

ORI   Ich appelliere an Ihr Verantwortungsgefühl.

CAPO Es ist zwecklos, vollkommen zwecklos: das Erdloch ist fertig und neue Befehle kommen nicht. Ich weiß nicht einmal, was aus *mir* wird. Glaub mir: ich bin nicht untätig gewesen, ich habe versucht, Arbeit zu erfinden, mir selbst Befehle zu geben, ohne bemerkenswertes Ergebnis allerdings. Deshalb bleibt uns nichts anderes übrig als die Zelte hier abzubrechen... und du suchst dir eine neue Beschäftigung.

ORI   Und was werden Sie tun?

CAPO Ich bleibe hier, an vorderster Front und bewache die Grube.

ORI   Und wenn wir sie einfach wieder zumachen? Haben Sie diese Möglichkeit schon bedacht?

CAPO Die ganze Mühe aufzuwenden, sie zu graben, nur um sie jetzt wieder zuzumachen?

ORI   So, offen, stellt sie eine Gefahr dar: es könnte jemand hineinfallen und sich das Genick brechen.

CAPO Auch das ist richtig.

ORI   Die Verantwortung würde in dem Fall komplett auf die Bauleitung zurückfallen, Capo. Das heißt, auf Sie. Auf Sie könnten erhebliche Unannehmlichkeiten zukommen, glauben Sie mir. Vielleicht sogar ziemlich ernsthafte Konsequenzen.

CAPO Für meinen Geschmack fängst du an, ein bisschen zu oft Recht zu haben, Ori.

ORI   Das nennt man „aus der Not eine Tugend machen", Capo.

CAPO Na klar, wenn ich hier zu bestimmen hätte, würde ich Anordnungen, also Befehle in diesem Sinne geben. Leider ist aber meine Rolle begrenzt: ich kann doch nicht die Hierarchie aushebeln. Wirklich nicht. Glaube ich wenigstens...

ORI   Das wäre aber das Vernünftigste, was man im Augenblick tun kann.

CAPO Ich wette, dass jeder andere Baustellenleiter unsere Ansicht teilen würde.

ORI   Nicht "würde", Capo: wird, zweifellos muss es heißen „wird".

CAPO Ja, ja… aber die Verantwortung kann ich nicht übernehmen, sie ist zu groß für mich… die Befehle vorwegzunehmen… daran ist gar nicht zu denken. Wenn ich nur wüsste, wer das Kommando hat, dann könnte ich eine Dienstanweisung beantragen!

ORI Also dann: was beabsichtigen Sie zu tun?

CAPO Noch ein bisschen abwarten. Dann wird man sehen. Abwarten, Tee trinken. Einverstanden? Es ist aber klar, dass dein Lohn in der Zwischenzeit ausgesetzt ist.

ORI Was soll ich dazu sagen, Capo: danke!

CAPO Keine Ursache. Aber nur nicht den Mut verlieren. Der Befehl wird rechtzeitig kommen, darauf kannst du zählen.

ORI Hauptsache, der Befehl lautet nicht auf Entlassung.

CAPO Das wäre aber lustig! Eine echte Verarschung! Ha, ha, ha!

ORI Na ja, besser, man denkt nicht allzu viel darüber nach. Wie man so sagt: so lange der Laden läuft…

CAPO Lass ihn laufen, Ori!

Sie setzen sich an den Rand der Grube. Ori zündet sich eine Zigarette an, die er umgehend an den Capo weiterreicht.

ORI Schön hier. Finden Sie nicht?

CAPO Wenn nur die Grube nicht wäre, die die Luft verpestet und mit den fauligen Ausdünstungen ihrer ekelerregenden Güllen alle krank macht… puh, einfach widerwärtig!

ORI Mir gefällt in diesem Panorama aber gerade die Grube.

CAPO Ich verstehe dich nicht, Ori. Das heißt, ich verstehe, dass du die Grube brauchst, um deine armselige irdische Existenz zu fristen, mit all diesen Erdmassen, die du zu schaufeln hast, um die berüchtigten Monatsraten abzuzahlen. Aber so weit zu gehen, die Grube als ideales Panorama zu betrachten, das ist doch ein bisschen übertrieben, weißt du?

ORI Ich weiß. Leider eine Berufskrankheit. Ich könnte fast sagen, in der Grube bin ich geboren und in der Grube werde ich wahrscheinlich auch krepieren. Je größer die Probleme des Lebens werden, desto tiefer scheint die Grube zu werden, für mich bleibt es aber immer dieselbe Grube meiner Kindheit, eine dunkle, furchterregende Grube ohne einen Schimmer von Licht, ein schwarzes Loch, eine Höhle, auf deren Grund sich die Schatten einer unerreichbaren höheren Realität anzeichnen…

CAPO Unerreichbar für die Genügsamen: für die, die sie, wie du, gar nicht erreichen *wollen*, Ori. So bleibt man eben auf dem Grund der Höhle.

ORI Mit Befehlen kennen Sie sich ja besser aus als ich, Capo: jeden Spalt, jeden Fluchtweg dichtmachen, jede Möglichkeit verhindern, die Flügel beschneiden, die Treppenstufen absägen, die Beine abhauen und graben, graben, graben… Ich habe nie eine andere Wahl gehabt…

CAPO Das ist traurig, Ori.

ORI Ich gebe zu, insgeheim habe ich ein wenig Hoffnung gehegt. Wie oft habe ich mir gesagt: du wirst schon sehen, die Grube dient dazu, eine solide Basis, die Fundamente der Zukunft zu legen.

CAPO Daran zweifle ich, Ori.

ORI Ich auch, Capo. War ja nur eine Idee.

CAPO Eine sinnlose Idee. Glaub mir: ich bin älter und habe mehr Erfahrung damit als du: ich habe sehr viele Gruben gesehen und wenige, sogar sehr wenige Fundamente. Es wird Pessimismus sein, aber so ist es leider, Ori.

ORI Mag sein, Capo!

CAPO Was sein wird, wird sein, Ori.

Der Capo fängt wieder an zu rauchen. Ori wischt sich den Schweiß ab, putzt sich die Nase und ein paar Tränchen ab. Plötzlich wird das Schweigen von einer gebieterischen Stimme unterbrochen, die abgehackt aus einem Lautsprecher ertönt.

ZACK-ZACK!

Beide springen auf.

ORI Haben Sie das gehört, Capo?

CAPO Und ob. Mir wäre fast das Trommelfell geplatzt!

ORI War das ein Befehl?

CAPO Das weiß ich nicht.

ORI Mir kam es vor wie ein Befehl.

CAPO Mir kam es auch vor wie ein Befehl. Aber in letzter Konsequenz kann man das nie wissen. Wenn wir jetzt gehorchen und es war gar kein Befehl, wie stehen wir dann da, was? Und wenn dann der offizielle Befehl kommt, nach allen Regeln der Kunst?

ORI Aber Sie, Capo, können *Sie* das nicht unterscheiden?

CAPO Einen Befehl vom anderen schon. Aber einen Befehl als Befehl zu erkennen... das ist schwieriger. Ich will sagen: in einem gewissen Sinne erkennt man Befehle sofort, das ist richtig. Wenn einem gesagt wird, man soll eine Sache machen oder nicht... etc. etc. Also, dann weiß man sofort, was zu tun oder nicht zu tun ist.

ORI Gut.

CAPO Aber ich muss zugeben, ich bin jetzt ein bisschen unsicher, was zu tun ist, ich bin mir über den Inhalt dieses Befehls nicht sicher, vorausgesetzt, es hat sich überhaupt um einen Befehl gehandelt. Und ein Befehl, der einen der Unsicherheit überlässt, ist vielleicht gar kein richtiger Befehl.

ORI Was dann?

CAPO Das ist doch genau der Punkt. Vielleicht ja: wenn es ein Befehl ist, der "ZACK-ZACK!" heißt, dann wäre es schlecht für uns, wenn wir nicht loslegen. Auf jeden Fall ist es aber kein Befehl, wie es sich gehört, und verfassungsgemäß darf man einem formal nicht eindeutigen Befehl ungehorsam sein.

ORI Was tun wir also?

CAPO Lass mich nachdenken.

ORI *(nach einer Pause)* Entschuldigen Sie, Capo, wozu braucht man Befehle?

CAPO Zum Gehorchen. Da heißt, ein Befehl wird gegeben, damit ihn jemand ausführt.

ORI Elementar.

CAPO Warum fragst du mich dann, wenn du es schon weißt?

ORI Das ist die Qual der Wahl, Capo: loslegen oder nicht loslegen?

CAPO Ich wiederhole: wenn es ein Befehl wäre, hätten wir kein Problem, im einen oder anderen Sinn zu entscheiden.

ORI Rechts oder links?

CAPO Das hat doch nichts mit Sinn zu tun, das sind Richtungen, übrigens auch politische. Und hier taucht auch der erste logische Einwand auf. Wenn man die Mitte verlässt und die Grube aufgibt, weißt du, was dann passiert? Das wäre der Anfang der Herrschaft der Unordnung, jedenfalls alles andere als Ordnung! Und ein Befehl, der zur Unordnung führt, muss eben von einem geeigneten Gegenbefehl ausbalanciert werden. Klar?

ORI Dann legen wir also nicht los?

CAPO Nein, wir legen nicht los. Wir können nicht loslegen, weil wir, wenn wir loslegen, zwar dem Befehl gehorchen, aber im Hinblick auf den Gegenbefehl, der mit Sicherheit kommen wird (und dafür kannst du die Hand ins Feuer legen), fahrlässig handeln.

ORI Sind Sie da sicher?

CAPO Glaub mir.

ORI Dann also einverstanden: wir gehen nirgendwo hin?

CAPO Nein. Wir bleiben in der Mitte und warten auf genauere Befehle hinsichtlich der Grube. Die immer eine furchterregende Grube bleiben wird. Punkt!

ORI Wenn Sie das sagen.

CAPO Zigarette?

ORI Nein, danke, ich habe meine eigenen.

CAPO Ach so, genau, gib mir eine davon, wenn es dir nichts ausmacht.

ORI Das war ja klar!

Sie setzen sich wieder und rauchen. Aus der Grube springt plötzlich ein bunter Ball heraus.

CAPO Guck mal, Ori, die Grube hat eine Kugel ausgespuckt.

ORI   Das ist doch mal was! *(dribbelt ein bisschen mit dem Ball und schießt ihn dann wieder ins Loch)* Olé!

Er hat sich noch nicht ganz umgedreht, da schießt der Ball schon wieder aus der Grube heraus.

ORI   Die Grube spielt mit, Capo. Olè! *(schießt den Ball wieder in die Grube)*
CAPO Sie will dich nur von den echten Problemen ablenken, Ori. Fall nicht drauf rein.
ORI   Wenn sie glaubt, ich lasse mich mit ein paar Ballwechseln ködern, irrt sie sich gewaltig. Wenn ich meine Situation vergessen soll, muss sie sich schon was anderes einfallen lassen. Sie glaubt wohl, sie kann mir das Leben mit Quiz, Soap Operas und Fußball erträglicher machen? Na klar, immer noch besser als ein Tritt in den Arsch. Aber um die Realität aus dem Blick zu verlieren, dazu reicht das nicht...
Aus der Grube dringt eine kräftiger Furz:
Prrrrrrr!
CAPO Das musste ja kommen. Du hast die Grube behandelt wie ein öffentliches Klo und jetzt kriegst du die Quittung: sie behandelt dich wie einen Idioten!
ORI   Ach ja? Ich habe aber noch mehr auf Lager! *(Zieht sich die Hose herunter und hockt sich an den Rand der Grube)* Richtig, Capo?
CAPO Du bist abstoßend, Ori. Zigarette!
ORI   *(zieht die Hose wieder hoch, guckt in seine Zigarettenpackung)* Es ist die letzte, Capo.
CAPO Eine weniger, Ori. Eines Tages wirst du mir dankbar sein...
*Sie setzen sich und fangen wieder an zu rauchen. Plötzlich erneut die **STIMME:***

ZACK-ZACK!

ORI   Legen wir los, Capo?
CAPO Ich habe doch schon gesagt, das tun wir nicht, Ori. Ich bitte dich nachdrücklich darum, nicht weiter zu insistieren.
ORI   Ich bin es nicht, der *insistiziert*.
CAPO Oh je, glückliche Unwissenheit! Ich weiß ja, dass du nicht insistierst. Aber wo wir uns gerade auf eine Vorgehensweise geeinigt hatten, können wir sie doch nicht gleich wieder umwerfen, aus Denkfaulheit oder weil wir befürchten, irgendjemandem in die Quere zu kommen. Um Himmels willen! Wir haben Übereinstimmung darüber erzielt, dass der Befehl einfach und klar sein muss, ohne Halbheiten oder Grauzonen, wenn er als echter Befehl gelten soll. Richtig?

ORI Sehr richtig.

CAPO Dann können wir doch nicht beim zweiten "ZACK-ZACK!" aufspringen, ohne vorher zu einer Erklärung genötigt zu sein, warum wir nicht schon beim ersten "ZACK-ZACK!" losgelegt haben, stimmt's!

ORI Richtig, warum haben wir nicht gleich losgelegt?

CAPO Weil es nichts zum Loslegen gab. Zumindest haben wir uns in diesem Sinne entschieden. Und jetzt müssen wir uns an diese Interpretation halten, wenn wir nicht in einen schweren Konflikt mit unserem vorhergehenden Verhalten geraten wollen, denn das wäre in der Tat irreparabel unerklärlich... ich weiß nicht, ob ich mich klar ausdrücke.

ORI Halbwegs, Capo.

CAPO So kapieren sie vielleicht, dass die Befehle, die sie uns gegeben haben, unsinnig waren.

ORI Mit Ihrer Erlaubnis, aber: über Befehle diskutiert man nicht.

CAPO Aha, jetzt fängst du wohl schon an, dir was einzubilden? Hast du vergessen, wer hier drin der Capo ist? Ich bin der, der entscheidet, was tatsächliche Befehle sind und was nicht... welche also noch der Erläuterung bedürfen oder welche sogar ganz krass nicht umsetzbar oder kontraproduktiv sind.

ORI Hauptsache, mir wird hinterher nicht vorgehalten, dass ich es gewesen bin, der nicht aufspringen wollte.

CAPO Bist du etwa aufgesprungen? Nein. Was willst du dann? Jedenfalls bist du ungehorsam gewesen.

ORI Auf Ihre unmissverständliche Empfehlung hin.

CAPO Und wenn ich dir sage, du sollst dich in den Fluss werfen, was machst du dann? Du wirfst dich hinein?

ORI Jetzt verstehe ich: Sie wollen mich auf frischer Tat ertappen. Sie springen auf, raten mir aber, nicht zu springen und ich werde dann von allen für arbeitsscheu gehalten. Darauf falle ich aber nicht herein, Capo! Ich springe noch vor Ihnen auf.

CAPO Dann springe ich auch auf, du Witzbold.

Sie bereiten sich zum Sprung vor. Aus der Grube weht eine rote Fahne.

CAPO *(der sofort innehält)* Was ist das denn, du Halunke?!

ORI Das Signal für einen Fehlstart, vielleicht.

CAPO Dann sage *ich* es dir: das ist eine rote Fahne.

ORI Rot? Die ist doch allenfalls rosa, Capo, ein etwas kräftiges Rosa, stimmt, aber... nein, nicht rot! Die rote Fahne hätte es niemals gewagt, zu wehen.

CAPO Die ist doch roter als dein unverschämtes Gesicht. Jetzt sind wir wirklich auf den Grund gestoßen. Ori. Schande!

ORI   Vielleicht herrscht in der Grube auch starker Seegang und deshalb wird die rote Fahne der Hafenbehörde gehisst, um die Gefahr des hohen Wellengangs zu signalisieren.

CAPO Verarschen kann ich mich alleine. Das ist nicht die Fahne des starken Seegangs: das ist die rote Fahne der Internationale. Scheiße, diesmal sage ich es ohne Umschweife, ich bin wirklich stinksauer. Und wenn ich rot sehe, dann bin ich angriffslustig wie ein Torero in der Stierkampfarena...

ORI   *(gebärdet sich wie ein Torero)* Olé, Capo, olé.

CAPO *(greift ihn an)* Keine Ausreden, Ori: wir haben es hier mit einem historischen Anachronismus zu tun, für den du direkt verantwortlich bist. Gib's zu! *(hält inne, um erst einmal Luft zu holen)* Ich wundere mich über dich. Ich dachte, der Kommunismus sei tot und begraben und diese Grube sein Grab.

ORI   Stattdessen ist er wieder hochgekommen.

Aus der Grube schießt jetzt auch noch eine schwarze Fahne.

CAPO   Mir scheint, dass aus dieser Kloake ein paar Dinge zu viel wieder hochkommen. Kannst du sie bitte entsorgen!?

ORI   Zu Befehl, Capo. *(steigt in die Grube)*

CAPO Und morgen bringst du zwei Päckchen Zigaretten mit.

ORI   Warum zwei?

CAPO Eins für dich und eins für mich.

ORI   Vielen Dank für den Hinweis. Ich werde dran denken.

CAPO Sehr gut. *(pfeift ein bisschen)* Bist du fertig? Also, wie lange brauchst du, um den Kommunismus endgültig zu begraben?

ORI   Er leistet Widerstand, Capo. In seinem Innersten ist er nicht bereit, unter die Erde zu gehen. Er unternimmt sogar Versuche, sich mit der Marktwirtschaft zu arrangieren.

CAPO Beschissene Grube!

ORI   Und ich stecke bis zum Hals mit drin, Capo.

CAPO Man muss mit der Zeit gehen! Es ist schon viel, wenn du die Grube ausheben kannst. Ob es sich dabei aber um eine Mine handelt, ein Ölbohrloch oder ein Grab, das sind Tatbestände, die dich nichts angehen sollten. Wichtig ist doch nur, dass du dein Brot verdienst mit Graben, Graben und nochmals Graben.

ORI   Ein Grab, jederzeit gern. Aber eine Kloake nicht, das verweigere ich. Verdammte Scheiße, das habe ich nicht verdient! Ich habe ein respektables Alter und einen Großvater, der sogar in der Resistenza war!

CAPO Partisan?

ORI   Nein, Säufer. Er ist fünfmal wegen Störungen und Widerstand gegen die Staatsgewalt verhaftet worden. *(setzt einen Fuß aus der Grube)*

CAPO   Was tust du da? Wer hat dir gesagt, dass du aus der Grube rauskommen sollst?

ORI   Ich bin fertig, Capo. Wenn Sie also nichts dagegen haben und vor allem, wenn Sie keine neuen Befehle haben...

CAPO   Nein, im Augenblick habe ich keine neuen Befehle... *(inspiziert die Grube)* Gut, gut, tüchtig...

ORI   Zufrieden, Capo? Habe ich den Kommunismus so begraben, wie es sich gehört?

CAPO   Du hast nur deine Pflicht getan, Ori. Nichts Spektakuläres. Bilde dir bloß nichts ein.

ORI   Da Sie keine neuen Befehle haben und mein Lohn ausgesetzt ist, würde ich auch mit dem Schweiß auf meiner Stirn ganz gern eine kleine Pause machen. Mit Verlaub!

CAPO   Vorsicht, Ori. Die Tatsache, dass ich keine Befehle habe, rechtfertigt nicht deinen Absenteismus, deine Unverschämtheit, deinen geringen Pflichteifer.

ORI   Eifer entwickle ich, wo ich kann, Capo. Vorausgesetzt, ich muss nicht, wie üblich, zusehen, wie ich zurechtkomme!

CAPO   Du lachst dich ins Fäustchen, das sehe ich dir an, du Bastard!

ORI   Das sind keine Fäustchen, das sind Pranken: es wird hart gearbeitet in so einer Grube.

CAPO   Das kann ich nicht erkennen. Das werden wir aber auf jeden Fall sehen, wenn die Befehle eintreffen. An deiner Stelle würde ich den Atem anhalten. Wer weiß, was sie von dir wollen.

ORI   Was sollen sie schon wollen? Mich eine neue Grube graben lassen.

CAPO   Oder noch ein Massengrab! Das werden wir sehen...

ORI   Dann werden wir es eben sehen!

CAPO   Ich werde es sehen, du wirst unten in der Grube stehen und deine Pflicht tun.

ORI   Und das wäre?

CAPO   Im Augenblick weiß ich es nicht, Ori. Aber bald werde ich es wissen.

ORI   Einen Capo zu haben und keine Befehle, das ist das Schlimmste, was jemandem, der im Leben etwas Besseres zu tun hat, widerfahren kann.

CAPO   Warum?

ORI   Weil man gehorchen muss, ohne zu wissen, wem oder was. Und das Leben geht weiter, ohne irgendetwas Konkretes...

CAPO   So lange gehorchst du mir. Das ist deine Aufgabe im Leben.

ORI   Sie sind kein Befehl, Capo.

CAPO   Pass auf, ohne einen Capo kann man keinem Befehl gehorchen.

ORI   Aber ohne Befehl kann man auch keinem Capo gehorchen.

CAPO   Wer sagt denn, dass ich keinen habe?

ORI   Ich dachte, ich hätte mich klar ausgedrückt: wenn Sie einen hätten, hätten Sie ihn schon weitergegeben.

CAPO Das Problem ist, dass du immer das Haar in der Suppe suchst.

ORI Das Problem ist, dass ich Recht habe.

CAPO Ja, ja, aber immer mit der Ruhe, ja? Mir seeehr viel Ruhe, haben wir uns verstanden? Für meinen Geschmack findest du nämlich ein bisschen zu viel Gefallen daran, dich auf die andere Seite der Barrikaden zu schlagen. Recht haben zu wollen. Bleib, wo du hingehörst, verstanden?! Platz! Und sieh zu, dass ich nicht ärgerlich werde... *(Ori hockt sich hin wie ein Hund)* So ist es besser, seeehr viel besser!

ORI Wau-wau.

CAPO Bist du verrückt geworden?

ORI Wenn ich "Platz!" machen soll wie ein Hund, kann ich auch gleich bellen... Warum werfen Sie mir keinen Knochen zu!

CAPO Warte auf die Befehle, heiliger Himmel. Wenn dir gesagt wird, dass du mit allem, was dazugehört, einen Hund spielen sollst, dann bist du berechtigt, mit allem, was dazugehört, einen Hund zu spielen. Auch mit dem Schwanz zu wedeln und dem, der dich am Schwanz zieht, ordentlich Zunder zu geben.

ORI Auch das Bein zu heben?

CAPO In angemessener Entfernung von der Grube, ja.

ORI Ist das ein Befehl, Capo?

CAPO Ach, fick dich doch, Ori.

ORI Sind Sie etwa sauer auf mich?

CAPO Du hast mich in eine schwierige Situation gebracht, Blödmann. "Au weiah, wir sind auf Grund gestoßen, haben Sie weitere Befehle?". Wo soll ich die denn hernehmen, die Befehle? Vollidiot! Mit deinem dämlichen Verhalten hast du meine Rolle in Frage gestellt, du hast meine *leadership* ins Wanken gebracht. Das hättest du nicht tun sollen, Ori, du hättest mich nicht nach Befehlen fragen sollen, die nicht kommen. Ich habe sie nicht, die Befehle, hast du verstanden? Ich habe sie nicht! Und ich weiß nicht, wie ich aus dieser – gelinde gesagt – unerfreulichen Situation wieder rauskommen soll. Die für mich außerdem auch noch frustrierend ist, was glaubst du denn?

ORI Armer Capo!

CAPO Ich bin es müde, der Capo zu sein.

ORI Sie sind es müde zu befehlen und ich zu gehorchen. Wir sind quitt, Capo.

CAPO Ja, wir sind quitt, Ori.

Nach einer kurzen Pause donnert erneut die STIMME:

ZACK-ZACK!

ORI Verdammt, wir hätten nicht so entspannt sein dürfen. Vorausschauen, auf alles gefasst sein.

CAPO Die lassen ein bisschen locker und ziehen dann auf einmal die Zügel mit unerhörter Kraft wieder an. Bastarde!

ORI Genau! Kaum fängt man an, ein bisschen gesunde Anarchie, autonomes Chaos zu genießen, da springt aus der Unordnung plötzlich der Befehl zum Loslegen. Finden Sie das richtig?

CAPO Nein, Ori, die Sache mit dem „ZACK-ZACK!" geht mir auch auf die Eier, ich kriege eine richtige Gänsehaut davon.

ORI Ich mach das nicht.

CAPO Ich auch nicht.

Erneut donnert die Stimme los, diesmal lauter:

ZACK-ZACK!

ORI Verflucht! Diesmal machen sie wirklich ernst, Capo!

CAPO Ja, echt! Es sieht ganz so aus, als ob die da oben, sehr weit oben, ganz da oben anfangen, die Dinge im großen Stil zu machen. Wurde aber auch Zeit! *Man hört den Knall eines Peitschenhiebs.*

ORI Ich habe Angst, Capo.

CAPO Hoch mit dir, Ori, hoch! *(fängt an, auf der Stelle zu laufen, ohne sich fortzubewegen, weicht sogar langsam in Richtung Grube zurück)*

ORI Was tun Sie, Capo, Sie laufen verkehrt herum!?

CAPO Nein, Ori, ich versuche, mich der Anziehungskraft entgegenzusetzen, die von nichts geringerem als der Grube ausgeht. Es gelingt mir aber nicht! Beeindruckend, wieviele Kilotonnen ein solches Loch zu produzieren imstande ist! Wir kriechen ihm geradewegs in den Arsch, Ori! Merkst du das nicht?

ORI Jetzt spüre ich sie auch. Ich versuche zu laufen, Capo, schauen wir mal, was dann passiert... *(auch er versucht zu laufen, bewegt sich aber rückwärts auf die Grube zu)*

CAPO Wir sind gerade dabei, uns in einer neuen Disziplin zu spezialisieren: Hundertmeterlauf rückwärts.

ORI Was heißt hier hundert Meter? In wenigen Zentimetern werden wir von der Grube verschlungen!

CAPO Lauf, Ori, lauf.

ORI Halten Sie sich nicht an mir fest, Capo... Sie ziehen mich aus!

CAPO Unter der Erde wirst du keine Kleider mehr brauchen, Ori.

ORI Verdammt, meine Schuhsohle hat sich komplett abgescheuert, die Fußsohlen reiben sich schon am Boden. Das brennnnnt vielleicht!

CAPO Hilfe, Ori!

ORI   Wir stürzen ab, Capo! Es ist eine Blamage, aber so ist es, leider.

CAPO   Du kannst mich mal, Ori! Hattest du nicht behauptet, dass man nicht mehr tiefer fallen kann, wenn man erst einmal am Grund angekommen ist?

ORI   Ich?

CAPO   Ja, du, genau: ich erinnere mich sehr gut daran.

ORI   Kann sein, ich sage so viel, wenn der Tag lang ist.

CAPO   Du Vollidiot! Wenn ich gewusst hätte, wie die Dinge wirklich stehen, hätte ich ein paar Befehle gegeben, die Abhilfe schaffen, was weiß ich? Hätte ein paar Matratzen auf dem Grund auslegen lassen, um den Aufprall abzuschwächen.

ORI   Wie stehen am Abgrund, Capo.

CAPO   Wirf du dich zuerst hinein. *(stößt ihn in die Grube)*

ORI   Aaaaaah! *(verschwindet in der Grube)*

CAPO   So lernt er wenigstens, die Löcher größer zu machen als er selbst ist! *(aus der Grube schnellt Oris Hand hervor, ergreift Capo am Handgelenk und zieht ihn ebenfalls hinunter)* Aaaaah!

VIDEO- UND AUDIO-UNTERBRECHUNG
DER INTERNAZIONALEN VERBINDUNG

WIR BEDAUERN DIE UNTERBRECHUNG

DIE AUFFÜHRUNG WIRD SO SCHNELL WIE MÖGLICH FORTGESETZT

Nach einigen Augenblicken der Stille kommen aus der Grube zunächst ferne, dann immer eindeutigere Geräusche, die darauf hinweisen, dass offenbar die Arbeit wieder aufgenommen wurde.

CAPOS STIMME   He, ich habe was Hartes gerammt!

Der Capo reckt seinen Kopf aus der Grube. Er trägt einen Bergmannshelm mit angeschalteter Lampe.

CAPO   Au weiah, wir sind auf Grund gestoßen, tatsächlich! *(in Erwartung einer Antwort, die nicht kommt)* Verstanden? Wir sind versehentlich auf Grund gestoßen... auf Grund, verdammt nochmal! Das ist noch nie passiert... ausgerechnet mir musste das passieren! Ein Horrortag ist das...! *(versucht noch einmal, sich an jemanden unten in der Grube zu wenden)* Das scheint aber offenbar keinen zu jucken... Ja, ja, natürlich habe ich darauf bestanden... Ich versuche mal, eine Signalrakete abzuschießen, ok?.... aber ob die das mitkriegen... *(pflanzt eine kleine Rakete in der Erde, zündet die Lunte, wartet angespannt und hält sich dabei die*

Ohren zu, es passiert aber nichts) Kein Knall?   Kein Bumm? Was für eine Scheißrakete ist das denn...!

Ori kommt herein.

ORI   Was hast du hier herumzuknallen, Capo? Lässt dich von einer Rakete verarschen?

CAPO Das ist Ori, Leute!

ORI   Na, was ist denn, Capo ?

CAPO Es ist passiert, Ori.

ORI   Was denn?

CAPO Wir sind aus Versehen auf Grund gestoßen.

ORI   Zur Hölle mit dir.

CAPO Jetzt legen Sie sich nicht mit mir an, Ori.

ORI   Mit wem sollte ich mich denn sonst anlegen?

CAPO Also, schließlich ist *sie* es doch, ich meine, es ist die Grube, die sich auf Grund stoßen lässt...

ORI   Die Grube lässt sich auf Grund stoßen und du verplemperst deine Zeit mit Feuerwerk?

CAPO   Feuer, ach, woher denn?! Das ist eine Notfallrakete. Sie müsste "knallen", um Aufmerksamkeit zu erregen, verstehen Sie? Stattdessen macht sie einen Scheißdreck...

ORI   Mit Vulgärsprache kommt man hier nicht weiter.

CAPO   Entschuldigung, Ori, ich wollte doch nur sagen, sie ist nicht losgegangen.

ORI   Hör mal zu: ich beobachte dich schon eine ganze Weile, hast du das eigentlich bemerkt? Und du gefällst mir nicht, Capo, nein, eigentlich ist es nicht so, dass du mir nicht gefällst: aber du bist imstande, ein stinknormales Notfalldingsbumms... oh je! Jetzt fange ich auch schon an, so zu reden!?... also eine Signalrakete, die ausschließlich für Notfälle vorgesehen ist, als pyrotechnischen Flugkörper zur Unterhaltung des Publikums einzusetzen.

CAPO Das ist aber ein echter Notfall, kein Entertainment.

ORI   Mal abgesehen davon, dass sie, wenn sie eine echte Notfallsignalrakete wäre, bei einem echten Notfall auch hätte losgehen müssen... oder hast du kein Vertrauen in unsere Notfallausrüstung?

CAPO Um Himmels willen, Ori! Ich wollte unsere allseits gerühmte Effizienz keineswegs in Frage stellen, aber...

ORI   Na, dann hören wir doch mal: aus welchem Grund hättest du um Notfallhilfe bitten sollen, Capo?

CAPO Aus welchem Grund? Weil wir auf Grund gestoßen sind, Ori.

ORI   Das hast du bereits gesagt.

CAPO Gucken Sie doch mal ins Loch, Ori: dann sehen Sie das Desaster.

ORI *(blickt hinein)* Ja, ich sehe es... schönes Schlamassel. Bist du sicher, dass das der Grund ist?

CAPO Verdammt nochmal! Das ist hart wie Stein. Hör doch mal hin... Los, Leute, lasst Ori den Grund hören.

Drei harte Schläge sind zu hören.

ORI Scheint tatsächlich der Grund zu sein. Aber das wundert mich gar nicht... ich meine, nicht allzu sehr. Wenn man gräbt und gräbt, dann muss man ja früher oder später dort ankommen, nicht wahr?

CAPO Dafür sind wir ja hier.

ORI Tiefer als so konnten wir konnten wir nicht gehen, oder?

CAPO Ich würde sagen, nein. Wenn man auf Grund stößt, gibt es nicht allzu viel Grund zur Freude. Es wird jetzt für die Jungs auch schwierig, wieder hochzusteigen.

ORI Tiefer fallen kann man aber auch nicht mehr.

CAPO Vorausgesetzt, da ist kein doppelter Boden.

ORI Quatsch.

CAPO Na, dann eben Quatsch... Wenn Sie das sagen!

ORI Mal was anderes, sieht man was da unten?

CAPO Finster wie in grauer Vorzeit.

ORI Kein Schimmer? Sicher?

CAPO Das hätten wir bemerkt. Ein Schimmer, auch nur der Hauch von einem Schimmer, der wäre da unten bestimmt nicht unbemerkt geblieben.

ORI Und wenn sich einer gezeigt hätte, hättet ihr sofort Abhilfe geschaffen, nicht wahr, Capo?

CAPO Ja, Ori.

ORI Pass gut auf. Es darf keinen Schimmer geben.

CAPO Zu Befehl, Ori!

ORI Gut, so gefällst du mir. Gehorsam und diszipliniert.

CAPO Haben Sie noch weitere Befehle, Ori?

Hinter ihnen erhebt sich ein riesiger Schatten.

ORI Keine Ahnung! Sollte ich welche haben?

CAPO Jetzt hast du das Kommando, Ori.

ORI Das ist schnell gesagt "du hast das Kommando", Capo.

CAPO Das sagst du mir?

ORI Aber... Was ist das denn für eine Vogelscheuche?

CAPO Nie vorher gesehen.

ORI Sieht bedrohlich aus.

CAPO Ach ja?

ORI Mit diesem Knüppel in der Faust verspricht sie nichts Gutes.

CAPO Das ist kein Knüppel, Ori, du Dummkopf. Das ist ein Stock, siehst du das nicht?

ORI   Sie will uns mit Stockschlägen traktieren.

CAPO Nicht wirklich, das ist ein Zauberstab.

ORI   Und wozu braucht sie einen Zauberstab?

CAPO Um Wunder zu vollbringen, Ori. Um die Grube zu füllen, sie will das bewirken, woran wir elend gescheitert sind.

ORI   Capo, du hast wohl Tomaten auf den Augen: das ist eindeutig ein Knüppel. Und meines Erachtens ist er auch noch hart...

CAPO Ori, du Blödmann: siehst Knüppel sogar da, wo die Knüppel Zauberstäbe sind.

ORI   Sieht so aus, als würde sie gleich einen Befehl erlassen.

CAPO Armer Ori, für dich ist doch schon ein guter *Rat* wie ein Befehl.

ORI   Mit dem Einkaufs*rat*geber fängt es an, mit dem Verwaltungs*rat* geht es weiter und es endet es mit dem Minister*rat* und dem Kriegs*rat*, Capo. Ich kenne die Geschichte.

CAPO Du bist und bleibst ein Pessimist... und auch ein bisschen Defätist, weißt du?

ORI   Achtung, Capo: sie ist gerade dabei, einen bindenden Rat zu erteilen!

CAPO Was ist das? Du meinst einen versteckten Befehl? Was für einen Befehl?

Die Stimme bricht über Bühne herein wie eine gigantische Explosion:

CRACK-CRACK!

CAPO He, hat die gesagt "ZACK-ZACK!" oder „CRACK-CRACK!"? Ich habe es nicht richtig verstanden. Wo bist du abgeblieben, Ori? Lass mich nicht allein, bist du in die Grube gefallen? Ori, darf man erfahren, ob sie "ZACK-ZACK!" oder „CRACK-CRACK!" gesagt hat? Was machen wir? "ZACK-ZACK!" oder „CRACK-CRACK!"? Ich komm dich besuchen, Ori, mein Freund...

Der Capo steigt langsam in die Grube, die sich in der Zwischenzeit in einen höllischen Vulkan verwandelt hat und anfängt Feuer zu speien. Vorhang.

ZWEITER AKT

Ori macht den letzten Spatenstich und trocknet sich dann mit einem bunten Taschentuch den Schweiß von der Stirn, nachdem er vorher kräftig hineingeschneuzt hat. Dann setzt er sich in aller Ruhe hin und zieht eine Schachtel Zigaretten heraus.

ORI   Getan ist getan!

Ori will sich die Zigarette gerade anzünden, da erscheint der Capo. Grantig.

CAPO Also, was ist hier los?

ORI   Nichts, Capo.

CAPO Was heißt das, nichts?

ORI   Nichts ist los, Capo.

CAPO Das weiß ich, Ori, das sehe ich. Oder besser: ich sehe dich. In der Tat, du tust nichts, du machst es dir gemütlich. Außerdem bin ich gegen das Rauchen.

ORI   Selbst an der frischen Luft.?

CAPO   Die frische Luft interessiert doch keine Sau: nicht während der Arbeitszeit!

ORI   Nur eine winzige Zigarettenpause, Capo.

CAPO   Zigaretten-Pause? Du hast dir schon die Cappuccino-Pause, die Aperitiv-Pause, die Mittags-Pause, die Kaffee-Pause und die Kaffeelikör-Pause gegönnt. Dabei ist die Zigarettenpause noch gar nicht berücksichtigt.

ORI   Ich gestatte sie mir trotzdem.

CAPO Im Gegenzug verzichtest du aber auf die Snack-Pause, stimmt's?

ORI   Einverstanden, die werde ich überspringen. Es ist ja sowieso nichts mehr zu tun.

CAPO Was hast du gesagt, Ori?

ORI   Dass ich gerade eben mit dem Aushub der Grube fertig geworden bin: guck mal, was für ein Loch.

CAPO Fertig?

ORI   Fer-tig.

CAPO   Wie naiv du doch bist, Ori.

ORI   Warum, Capo?

CAPO   Weil man mit dem Aushub einer Grube nie fertig wird: je mehr man gräbt, desto mehr wird sie so, wie sie sein sollte: tief.

ORI   Also, ich bin fertig damit.

CAPO Seit wann?

ORI   Seit Kurzem.

CAPO Hättest du mir nicht Bescheid sagen können?

ORI   Das hätte ich unmittelbar nach der Zigarette auch getan.

CAPO Auf deiner Prioritätenliste rangiere ich also hinter der Zigaret-tenpause?

ORI   Wenn es darum geht, sogar hinter der Kaffeepause.

CAPO   Lassen wir das. Was hältst du davon, hinunterzusteigen und sie in Augenschein zu nehmen?

ORI   Wenn Sie darauf bestehen: treten Sie näher.

CAPO   Nach dir, Ori, ich folge dir auf dem Fuße...

ORI   Nein. Nicht auf dem Fuße. Sie sind wohl verrückt!

CAPO   Ori, hör auf, mir zu widersprechen. Du weißt, dass das für dich von Nachteil ist. Steig in die Grube. Das ist ein Befehl. Und wenn ich dir einen Befehl gebe, musst du gehorchen, ob du willst oder nicht. Und zwar auf dem Fuße. Also sofort, umgehend, unverzüglich und ohne mit der Wimper zu zucken. Verstanden?

ORI   Sie zuerst, Capo. Bitte sehr.

CAPO   Aber! Wieso denn ich zuerst?

ORI   Sie haben den Vortritt. "Capo" ist doch ein Synonym für den, "der immer zuerst kommt"? Dementsprechend müssen Sie sich verhalten.

CAPO   Der zuerst kommt, nicht der, der zuerst in die Grube steigt. Informier dich! So steht es in meiner Bauordnung und in deinem Einstellungsvertrag: Ori steigt immer als erster runter...

ORI   Und natürlich auch als letzter wieder rauf.

CAPO   Richtig. Siehst du, dass du auch etwas weißt. Jetzt präg dir auch ein, was es heißt, Capo zu sein. Eine Plackerei, Ori, unbeschreiblich.

ORI   Kann ich mir vorstellen. Ich weiß leider nur, was es heißt, Ori zu sein, verdammter Mist!

CAPO   Wirklich? Und was heißt es, deiner Ansicht nach, Ori zu sein? Los, nur Mut! Erleuchte mich doch. Überrasche mich, wenn du dazu fähig bist, mit etwas Intelligentem, was dir erklärt, wer du bist und mir, weshalb du in der Grube arbeitest.

ORI   Ori kommt von Orest, Capo. Ich wette, dass Sie das nicht wussten.

CAPO   Kommt es nicht von Orin? Bist du ganz sicher?

ORI   Nein, Capo. Ori kommt von Orest und nicht von Orin. Da bin ich wirklich ganz sicher, verflucht!

CAPO   Seltsam. Vom Geruch her würde man andere Schlüsse ziehen... du stinkst nach Latrine, Ori. Wie lange hast du dich im Betriebsklo eingeschlossen, um da deinen Kram zu machen?

ORI   Genau die Zeit, die man braucht, um die "Rätsel-Woche" zu lesen – und für den Fall, dass ich mal einen Anruf von einer Quizsendung im Fernsehen kriege, habe ich mir gemerkt, dass Orest der Sohn von Agamemnon und Klytämnestra ist...

CAPO   Sag bloß! Genau dazu sind öffentliche Toiletten ja auch da: um das Volk zu bilden, das davon träumt, durch die Teilnahme an einem ordinären Quiz sämtliche Alltagsprobleme zu lösen, so wie du. Du tust mit leid, Ori, Orest oder Orin, wie auch immer man dich nennen mag.

ORI   Ori kommt von Orest, Capo. Das war der Bruder von Elektra…

CAPO   Dann hättest du aber Elektriker werden sollen, Ori, und nicht Baustellen-Allrounder. Man weiß doch nie, womit man einen wie dich beauftragen soll: Elektro? Wasser? Gas? Maurerarbeiten? Gartenbau? Du kannst doch nur Gruben ausheben, Ori. Das ist die bittere Wahrheit über deine existentielle Kondition, dein überflüssiges Dasein. Oh Mann!

ORI   Entschuldigen Sie, Capo, was verstehen Sie unter "existentieller Kondition"?

CAPO   Ich rede über dich, du Dummkopf, über dein Leben. Verstehst du das nicht?

ORI   Was ist denn so interessant an meinem Leben, dass Sie sich dauernd daran aufhängen?

CAPO   Eben nichts. Aber es gibt etwas an dir, was ich nicht so einfach schlucken kann, Ori.

ORI   Dass ich mich weigere, als erster runterzusteigen, Capo?

CAPO   Auch. Aber ich meinte dabei insbesondere deine berufliche Unzuverlässigkeit.

ORI   Zum Beispiel?

CAPO   Die Tatsache, dass du mit Ach und Krach von allem ein bisschen kannst, aber nichts richtig gut. Also, du arrangierst dich, so gut es geht, nicht nur in deinem Leben, sondern auch in deinem Beruf. Ein Desaster! Eine Katastrophe! Du bist ein Pfuscher!

ORI   Wer, ich?

CAPO   Ja, Ori, genau du. Du eignest dir völlig unsystematisch, hier und dort, ein paar Kenntnisse an, in der Hoffnung, bei einem Millionenquiz die richtige Antwort zu geben oder mit einem ebenso lauten wie simplen Hammerschlag ein gravierendes technisches Problem zu lösen. Was allerdings deine Arbeitsleistung von vornherein beeinträchtigt. Weil du nämlich, wenn du die Schaufel benutzt, besser mit der Hacke bist. Wenn du die Hacke benutzt, bist du besser mit dem Spaten. Und wenn du dann auf die saublöde Idee kommst, für eine ebenso zufällige wie notwendige Reparatur einen armseligen Schraubenzieher in die Hand zu nehmen, dann zeigt sich, dass du nur mit der Handsäge Spitze bist. Du hebst Gruben aus, dabei bist du selbst ein unaufhaltsamer Erdrutsch. Finde dich also damit ab, vergiss Orest – der ist wirklich nichts für dich –, deine Schwester Orina…

ORI   Elektra! Nach dem Fall von Troja wurde sie von Zeus in einen Kometen verwandelt…

CAPO   Dem Fall von Troja! Etwas Besseres kann man von deiner Schwester auch nicht erwarten, Ori.

ORI   Aber Capo…

CAPO Nichts aber! Entschließ dich, als erster in diese verdammte Grube runterzusteigen, den Aushub hast du ja mit exzessiver Verbissenheit gerade abgeschlossen. Tut mir leid, dass ich dich daran erinnern muss!

ORI Exzessiv?

CAPO Schäm dich, Ori. Das macht man nicht. Im Endeffekt ist das im gemeinsamen Interesse: in deinem, dass du schaufelst und in meinem, dass ich dir den Befehl zum Schaufeln gebe. Es ist peinlich, dass ich dir ständig den Arsch retten muss, damit mir aufgrund deiner menschlichen wie beruflichen Beschränktheit nicht selbst der Arsch auf Grund geht! Und wie stehe ich bei der Grubenleitung da, wenn du mal wieder eine ganze Grube aushebst, wo gerade mal ein kleines Loch in den Asphalt genügt hätte, um zwei winzige Abflussrohe durchzuleiten? Weil es sich nämlich um eine Kanalisation handelt, Ori, Orest oder Orin, wie auch immer, nicht um einen unterirdischen Tempel für irgendeine deiner okkulten Gottheiten der Arbeitswelt.

ORI Amen!

CAPO Geh, steig in Frieden in die Grube, Ori. Für den Augenblick habe ich dich, glaube ich, ausreichend zugetextet. Was ist los? Reicht es dir noch nicht? Warum siehst du mich an wie ein wandelndes Fragezeichen? Mein Gott, bist du ein harter Knochen, härter als der Grund der Grube.

ORI Erlauben Sie mir ein Wort, Capo?

CAPO So lange es nur eins ist.

ORI Es ist das Privileg eines respektgebietenden Capos, bis zum Beweis des Gegenteils ein gutes Beispiel zu geben.

CAPO Was willst du damit sagen?

ORI Sind Sie sicher, ein respektgebietender Capo zu sein?

CAPO Natürlich lasse ich mich respektieren. Das fehlte noch, dass ich mich nicht respektieren lasse.

ORI Dann gehen Sie doch mit gutem Beispiel voran, wie es die bewährteste Gepflogenheit einer jeder guten Praxis vorschreibt.

CAPO Wie denn?

ORI Schlicht und einfach: indem Sie vor mir in die Grube hinabsteigen.

CAPO In deinen Augen wäre das "ein gutes Beispiel geben"?

ORI Oh ja.

CAPO Armer Ori, wie naiv du bist. Sieh mal, die Dinge sind nicht so einfach wie du glaubst. Es ist ja nicht so, dass ich einen Rückzieher mache. Ich würde mit Vergnügen vor dir runtersteigen, und sei es nur, um dir zu zeigen, dass ich keine Angst vor der Dunkelheit habe. Es ist eher die Verantwortung, weil ich für dich in meiner Eigenschaft als dein erster Ansprechpartner in einem Maße unentbehrlich bin, dass ich besser kühlen Kopf bewahre. Verstehst du? Es ist nur zu deinem Wohl, wenn ich nicht als erster runtersteige. Dafür solltest du mir dankbar sein. Nun ja, in einem Herzen aus Stein wie deinem ist die Dankbarkeit leider nicht heimisch… Nach dir, Ori.

ORI   Keine Angst, Boss. Einen toten Capo kann man problemlos ersetzen. Gehen Sie nur, gehen Sie voraus, nach Ihnen… Um mich machen Sie sich mal keine Sorgen: was auch immer geschieht, ich kann übergangsweise sehr gut ohne Capo auskommen. Im Übrigen ist der einzige Befehl, den Sie mir bislang in der Lage waren zu geben, inzwischen mehr als monoton: graben, graben, graben und nochmals graben. Sie haben nicht einmal gemerkt, dass wird kurz davor waren, auf Grund zu stoßen!

CAPO   Deine Provokation nehme ich an. Aber denk mal nach. So wie man einen Capo wie mich ersetzen kann, kann man erst recht einen Totengräber wie dich ersetzen. Wie du siehst, hat uns deine Dickköpfigkeit in eine Sackgasse gebracht. Zufrieden?

ORI   Das heißt?

CAPO   Eine ebenso unangenehme wie gefährliche Situation des Stillstands am Rande der Grube. Jeden Moment könnte uns die Erde unter den Füßen wegrutschen. Und mit wem wollen wir uns dann anlegen? Ich weiß nicht, wie du das siehst, aber notgedrungen müsste ich mich als erstes mit *dir* anlegen.

ORI   Wieso denn?

CAPO   Weil es zu meinen Aufgaben gehört, die Grube zu inspizieren so wie es erklärtermaßen zu deinen Aufgaben gehört, mir für die Inspektion den Weg zu bahnen. Ob dir das nun passt oder nicht!

ORI   Dann machen wir doch Kopf oder Zahl, wer als erster hinabsteigt?

CAPO Das fällt mir im Traum nicht ein. Ich habe nicht die Absicht, meine Entscheidungen von den Absonderlichkeiten dieses Falles abhängig zu machen. Und noch weniger vom Spiel des Zufalls. Außerdem muss ich annehmen, dass du, der du den Aushub ausgeführt hast, wenn du nicht vorangehen willst, deiner eigenen Arbeit nicht über den Weg traust. Hast du nach meinen Anweisungen gearbeitet, Ori?

ORI   Na klar!

CAPO Du hast dir doch nicht irgendetwas Seltsames einfallen lassen?

ORI   Mir etwas einfallen lassen? Warum sollte ich das tun!?

CAPO Gut! Dann kannst du mir dein gutes Gewissen demonstrieren, indem du die Vorhut machst.

ORI   Nein, nein, und nochmals nein. Ich habe Angst vor dem Nichts, Capo.

CAPO So tief wirst du doch nicht gegraben haben, hoffe ich. Beim Nichts wirst du doch nicht angekommen sein. Also: Du steigst jetzt unverzüglich in die Grube! Ich wiederhole: das ist ein Befehl, nicht der gute Rat eines Freundes, der insgeheim vielleicht ein Interesse hat, dich für eine Weile aus der Schusslinie zu bringen, um in der Zwischenzeit ein bisschen Spaß mit deiner Frau zu haben.…

ORI Was hat meine Frau damit zu tun, Capo!?

CAPO Sie hat etwas damit zu tun, bei Gott! Ich will ja nicht, dass du dich aufführst wie dein Namensvetter, der griechischer Held, das wäre zu viel verlangt! Und auch nicht wie der Mann, der du nicht bist. Sondern nur wie der gute Arbeiter, der am Abend zu seiner Frau nach Hause kommt, die tagsüber ein bisschen Spaß mit jemand anderem gehabt hat, um sich dann mit einem Küsschen auf die Stirn und den Resten vom Mittagessen abspeisen zu lassen.

ORI Das sind reine Behauptungen, ohne jedes Fundament: ich esse abends gar keine Reste, eher koche ich mir selber etwas.

CAPO Hol die Eier aus der Hose, Ori. Sonst bist du geliefert! Dann entlasse ich dich nämlich und deine Frau hebt dir nicht einmal mehr die Reste auf. Und du weißt, was ich mit Reste meine!

ORI Verdammte Grube.

CAPO Keine Ausreden, Ori. Die Befehlskette ist hierarchisch, seit die Welt besteht. Der Capo befiehlt und die einfachen Arbeiter wie du...

ORI Verarschen Sie.

CAPO Genau, siehst du? Den Kehrreim kennst du.

ORI (*Ori blickt in das Loch und weicht schaudernd zurück*) Scheißwelt!

CAPO Leg dich nicht mit der Welt an, Ori, die hat dir noch nie etwas wirklich Schlimmes angetan.

ORI Noch nichts? Schöner Trost… Wer weiß, was sie mir noch antun wird, die Welt, um ihr Werk der Zerstörung eines Menschen zu vollenden. Mein ganzes Leben lang hat sie sich gegen mich verschworen. Nie ein Funken Hoffnung, kein Schimmer einer leuchtenden Zukunft. Wissen Sie, was für mich das Morgen ist?

CAPO Ich kann es mir vorstellen. Die nächste Ratenzahlung.

ORI Oder die Telefonrechnung.

CAPO Wie banal!

ORI Die Kunst besteht darin, sie tatsächlich zum fälligen Termin zu bezahlen. Ich könnte mich sonst wohin treten, ich bin ständig knapp bei Kasse!

CAPO Nicht schimpfen. Alles in allem ist da doch niemand, der dich wirklich fertig macht. Die Welt hat nämlich beschlossen, dir nur eine erste kleine Kostprobe ihrer Gemeinheit zu geben. Noch wirst du mit dem Florett bearbeitet, die echten Bomben kriegst du später auf die Rübe!

ORI Ich schimpfe nicht: ich verfluche lediglich den Tag, an dem ich geboren wurde.

CAPO Das hättest du dir eher überlegen sollen. Jetzt ist es zu spät.

ORI Das weiß ich leider. Ich muss runter in die Grube.

CAPO Haben wir uns endlich entschlossen?

ORI Haben *wir*, Capo? Sie sagen das in der Mehrzahl?

CAPO Klammer dich nicht an diese syntaktischen Feinheiten, Ori. Sie könnten das nicht unerhebliche Gewicht deiner fetten Dummheit auch nicht abstützen. Vielmehr solltest du dafür sorgen, dass die Strickleiter gut befestigt ist, pass bloß auf! Ich möchte nämlich nicht, dass du dir beim Runtersteigen weh tust, Ori. Weil ich in dem Fall nämlich nicht umhin käme, das "mea culpa, mea culpa, mea maxima culpa" zu zitieren. Geh schon: du hast den Segen der Firma und mein ganzes menschliches und professionelles Verständnis. Was willst du mehr? He, was willst du? Warum stehst du so still und reglos wie einer dieser Masten von der Schwester deines Namensvetters, wie heißt er noch, Orest...

ORI Elektra?

CAPO Eigentlich wollte ich Strommast sagen. Aber Elektra scheint mir für das Konzept des Mastes noch zutreffender. Bravo, Ori, du machst Fortschritte. Aber beweg dich, bleib nicht stehen, Mensch!

ORI Ich bestehe darauf: meine einzige Schuld ist die, auf die Welt gekommen zu sein.

CAPO Was für ein Quatsch! Ich bin doch auch auf die Welt gekommen. Und wie ich Milliarden von Menschen, die sich mehr oder weniger berechtigt mit denen anlegen, die sie auf die Welt gebracht haben. Die selbst, und ich spreche von unseren lieben Eltern, zum eigenen Unglück und unseres hier angekommen sind und dieses Tal der Tränen betreten haben, das beschönigend „Gesicht der Erde“ genannt wird. Das aber nichts ist als eine Karnevalsmaske, hinter der ein tentakelartiges Monstrum sein furchterregendes Aussehen zu verbergen sucht.

ORI Lassen Sie es im Nebel des Undefinierbaren nicht mit den Flügeln schlagen. Nur Mut, nennen Sie das Monstrum beim Namen und Vornamen.

CAPO Ja, und willst du auch die Adresse und die Telefonnummer?!

ORI Das Leben an sich ist schon abstoßend genug: erinnern Sie mich nicht auch noch an die Telefonrechnung, Capo! Ich bitte Sie, die ist schon überfällig.

CAPO Wirklich? Das Leben ist grässlich und das Telefon teuer? Da gebe ich dir natürlich recht, Ori. Füge aber hinzu: *cui prodest?* Das heißt, was nutzt es, sich so damit herumzuschlagen?

ORI Es nutzt, es nutzt... mein Bedarf ist gedeckt und wenn der Bedarf erst mal so gedeckt ist wie bei mir...

CAPO Dein Bedarf ist gedeckt? Da muss ich aber lachen. Wie das denn!?

ORI Im weitesten Sinne, Capo.

CAPO Ah! Auf jeden Fall musst du dir darüber im Klaren sein, dass du mit deinen berechtigten, aber allzu willkürlichen Klagen nichts Neues sagst. Weil, wie heißt das noch? geteiltes Leid halbes Leid ist. Du solltest dich also mit deiner Existenz abfinden, genau wie es alle anderen tun müssen, ich an erster... ach, lassen wir das!!! Finde dich also ab und lass mich mit diesem Blödsinn in

Ruhe. Der geht vorbei, sobald es dir gelingt, einen tröstlichen Schluck an der Quelle des Lebens nehmen...

ORI   Hört sich einfach an! Aber das Gefühl ist zu stark, als dass es mit einem Glas Wasser aus dieser Quelle oder einem Aperitiv in der Bar zu sedieren wäre.

CAPO Willst du lieber einen Schlag auf den Kopf?

ORI   Den können Sie mir ruhig geben, dann ist das Bild meiner Niederlage vollkommen.

CAPO Nur nicht den Mut verlieren. Ich hoffe, dass meine kleine Predigt deinen mutlosen (und entmutigenden, glaub mir) Seelenzustand wieder ein bisschen aufgerichtet hat, auf dass du jetzt, ich will nicht sagen erleichtert, aber zumindest geistig entlastet in die Grube steigen kannst.

ORI   Langsam, langsam, ihre Wortspiele fangen an, mich zu ermüden.

CAPO Spiele, nennst du das? Nun gut, wenn du es wissen willst, ich fange nämlich an, von deiner geistigen Armut bzw. deinem absoluten Mangel an Geist ermüdet zu sein. Weißt du, für einen Capo wie mich ist es nämlich sehr unbefriedigend, einen traurigen und gehörnten Miesepeter wie dich zu befehligen.

ORI   Gehörnt und geprügelt, Capo. Da haben Sie wirklich Recht!

CAPO Wie du willst, Ori. Kein Problem. Viel Spaß in der Grube!

ORI   Auch Ihnen viel Spaß in der Grube, Capo.

Musik. Dunkel.

DRITTER AKT

Das Innere einer Grube. Audio: unheimliche Hintergrundgeräusche. Aus der Höhe steigt Ori auf einer Strickleiter herab.

CAPO Wie weit sind wir, Ori?

ORI   Ich bin noch beim Abstieg.

CAPO Dann beeil dich. Worauf wartest du? Wir haben nicht mehr den ganzen Tag vor uns.

ORI   Bin ich eigentlich versichert, Capo?

CAPO Du gehst mir auf den Geist, Ori. Steig runter. Ich kann dein Bedürfnis nach Absicherung und Sozialmaßnahmen verstehen. Aber was zu viel ist, ist zu viel.

ORI   Wenn ich mir aber das Genick breche, dann habe *ich* ein Problem mit dem Geist. Für immer!

CAPO Hast du den Helm auf? Ja? Dann ist alles in Ordnung. Was auch immer geschieht, es kann statistisch nicht als ein weiterer Fall von grober Fahrlässigkeit betrachtet werden, sondern nur als ganz banaler Arbeitsunfall, von denen es jeden Tag in der Berichterstattung nur so wimmelt. Lass dich nicht von dem erschrecken, was auf anderen Baustellen passiert: hier befehle ich.

ORI   Genau das ist es ja, was mir Sorgen macht, Capo.

CAPO Wenn ich dir sage, dass dir nichts passieren wird, dann dürfte dir theoretisch nichts passieren. Glaub mir.

ORI Dann erzählen Sie das doch meinen Gläubigern. Wenn *die* Vertrauen haben…

CAPO Wie lange du brauchst!

ORI Nicht ich, die Strickleiter ist so irrsinnig lang. Wenn man sie trägt...

CAPO Sie ist immer länger geworden, weil du immer mehr Erde ausgehoben hast.

ORI Außerdem habe ich zu viele Gläubiger, Capo. Für mich wäre es eigentlich von Vorteil, wenn ich mich für immer hier unten verstecken würde.

CAPO Red keinen Blödsinn. Dann kämen die Gläubiger zu mir, um sich zu erkundigen, wo du abgeblieben bist.

ORI Würden Sie es ihnen denn sagen? Würden Sie mich verraten? Antworten Sie: lassen Sie mich nicht im Ungewissen.

CAPO Ich habe dich eingestellt, also hast du mir gegenüber eine Dankesschuld.

ORI Was soll das heißen?

CAPO Es heißt, dass auch ich einer deiner Gläubiger bin, mein Lieber. Wo willst du dich da verstecken?

ORI Ich schulde Ihnen aber kein Geld.

CAPO Das war eine Hyperbel, Ori.

ORI Besser, ich frage Sie nicht, was eine Hyperbel ist: ich habe da ein ziemlich übles Vorgefühl.

Ori beginnt mit dem Abstieg.

CAPO Deine linguistischen Zweifel kannst du dir gerne bewahren. Aber… wenn du zum Punkt kommst, pfeifst du.

ORI Zum Punkt?

CAPO Das ist so eine Redensart, du Esel. Kennst du keine Redensarten? Ist dir das in der Schule nicht beigebracht worden?

ORI Nun ja, nicht alle.

CAPO Es ist ja schon gut, dass du meine Sprache verstehst.

ORI Es ist keine Frage der Sprache, Capo, sondern der Ausdrucksweise. Wir sind nicht auf der gleichen Wellenlänge, deshalb haben wir Mühe, uns über verbale Kommunikation zu verständigen. Also, wir benutzen unterschiedliche, wenn auch ähnliche Ausdruckskodizes. Ich spreche wie Ori und Sie wie Capo.

CAPO Das ist aber nicht auf deinem Mist gewachsen, Ori. Das hast du bestimmt bei einer deiner Gewerkschaftsversammlungen gehört. Du musst aber wissen, dass es sich dort nur um Sprechblasen handelt, die auf Wirkung angelegt sind, deren Bedeutung man aber nicht wirklich versteht. Mit denen bist du aufgehetzt worden, um deine ohnehin schon kümmerlichen Ideen noch mehr durcheinander zu bringen.

ORI   Eigentlich haben aber Sie mich mit Ihren blöden "Punkt" viel mehr durcheinander gebracht.

CAPO Blöd? Das notiere ich mir… (schreibt in ein Notizbuch) Jedenfalls, zu deiner Information, will ich Folgendes sagen: sobald du am Grund ankommst, am Gipfel deines Abstiegs, also am Punkt, dann pfeifst du. Hast du jetzt verstanden? Ein ganz einfacher Pfiff. Pfiff! Grund und Pfiff! Klar?

ORI   So ein Schäfer-Pfiff?

CAPO Irgendein Pfiff, du Sauhund!

ORI   Pfiff… Hund. Verstanden.

CAPO Du hast einen verdammten Scheißdreck verstanden, Ori. Für mich sollst du pfeifen, nicht für den Hund. Und nicht mal für die Sau. Für mich, haben wir uns verstanden?

ORI   Verstanden.

CAPO Das wurde aber auch Zeit. *(zu sich)* Um den mental in die Gänge zu kriegen, braucht man manchmal einen Abschleppwagen. Wie ich mich über den ärgere, wenn er so ist! Schlimmer als ein Maultier!

Ori kommt auf dem Grund an. Sieht sich ängstlich um.

ORI   (zu sich) Ich hab's ja gesagt, wenn man dem Capo glaubt, wird man nur verarscht.

CAPO Also?

Ori versucht, einen kräftigen Pfiff auszustoßen, was ihm aber nicht gelingt. Also beginnt er, leise zu pfeifen. Nach einigen Augenblicken ist der Capo des Wartens überdrüssig und protestiert.

CAPO Meine Güte, Ori, bist du inzwischen auf diesem beschissenen Grund angekommen, ja oder nein?

ORI   Ja, Capo, ich bin angekommen.

CAPO Warum pfeifst du nicht, wie vereinbart?

ORI   Ich kriege den Schäferpfiff nicht hin, weil mir vor Panik die Lippen zittern. Um aber trotzdem gewissenhaft Ihrem Befehle zu gehorchen, habe ich angefangen zu pfeifen wie… wie ein Rotkehlchen. Verzeihen Sie den poetischen Ausdruck.

CAPO Rotkehlchen zwitschern, die pfeifen nicht, du großer Romantiker!

ORI   Was ist denn der Unterschied?

CAPO Zwischen einem Schäferpfiff und dem Zwitschern eines Rotkehlchens ist ein himmelweiter Unterschied, Ori. Glaubst du denn, dass so ein zarter Lockruf bis hier oben durchdringt? Weißt du, warum die Rotkehlchen Rotkehlchen heißen? Weil sie, wenn sie ihren sexuellen Lockruf ausstoßen, vor Scham erröten. Und du? Du schämst dich gar nicht, sie so schamlos zu imitieren? Pass nur auf, die Lust darauf, mich zu verarschen, werde ich dir schon austreiben…

ORI Ich habe aber gar keinen sexuellen Lockruf ausgestoßen, ich wollte Sie nur rufen.

CAPO Das fehlte noch, dass du meine Aufmerksamkeit mit einem ordinären sexuellen Lockruf erregen wolltest, vielleicht sogar in der Hoffnung, dass ich anbeiße und dir dann auch zuzwitschere. Komm nur nicht auf komische Ideen, verstanden!

ORI Verflucht seien alle Capos und die, die sie uns vor die *Nase* gesetzt haben.

CAPO Das habe ich sehr wohl gehört: und darüber werde ich Bericht erstatten. Du hast gesagt, alle Capos sind eine *Blase*.

ORI Ich habe gesagt „vor die Nase", nicht „Blase", Capo. Auch Sie werden doch von jemandem eingestellt worden sein… Und mit dem lege ich mich an, mit dem, der Sie mir vor die Nase gesetzt hat, bestimmt nicht mit meinem direkten Vorgesetzten.

CAPO Siehst du, wie dumm du bist? Ich stehe nicht über dir, weil ich dir von jemandem vor die Nase gesetzt wurde, sondern weil du unter mir abgestiegen bist.

ORI In die Grube?

CAPO Genau.

ORI Na ja, ich bin nicht freiwillig abgestiegen.

CAPO Habe ich dich vielleicht hinuntergestoßen? Nein, Ori, ich habe dich durch den Gebrauch der Intelligenz, auf der meine Autorität beruht, einfach davon überzeugt. Durch meine Überlegenheit.

ORI Ich habe mich doch nur auf Ihre Funktion bezogen, Capo. Nicht auf Ihre aktuelle Vormachtstellung.

CAPO Was dich aber nicht davon entbindet, dass du, wenn du mich rufen sollst und nicht imstande bist zu pfeifen, deine Stimme gebrauchen könntest.

ORI *Sie* haben mir doch gesagt, dass ich pfeifen soll.

CAPO Wenn ich dir also sage, dass du dich in die Grube werfen sollst, was tust du dann, wirfst du dich hinein?

ORI Capo, ich komme jetzt wieder nach oben und haue Ihnen eine rein!

CAPO Nein, Ori, du bleibst unten, es ist nicht notwendig, dass du wieder hoch kommst. Du brauchst mir nichts zu demonstrieren. Vermeide Kraftakte jeder Art, zum Beispiel ohne Genehmigung aus der Grube rauszusteigen, denn das könntest du bitter bereuen. Notfalls komme ich selbst runter, um mich auf dein Niveau zu begeben.

ORI Dann beeilen Sie sich aber mit dem Runterkommen: es ist fast Mittagspause.

CAPO Denkst du immer nur ans Essen, Ori?

ORI Wenn es Zeit ist, ja.

CAPO Halt mir die Strickleiter, Ori. Das ist ein unumstößlicher Befehl.

Der Capo beginnt mit dem Abstieg.

ORI Einverstanden. Mir hat beim Hinuntersteigen aber niemand die Strickleiter gehalten. Ich habe dermaßen das Gefühl gehabt, in der Luft zu hängen, dass ich an meinem Klassenbewusstsein gezweifelt habe. Und ein Arbeiter ohne Klassenbewusstsein ist wie ein Akrobat im luftleeren Raum.

CAPO Wir machen es so: wenn wir wieder hochsteigen, steige zuerst ich hoch. Dann sind wir quitt. Und den Vorschriften ist genüge getan. Ist dein Klassenbewusstsein damit zufriedengestellt?

ORI Schöne Vorschrift: die muss von einem Capo wie Ihnen erlassen worden sein.

CAPO Was willst du damit sagen? Dass sie nicht neutral genug ist?

ORI Ich will damit sagen, dass es — wie auch immer man es dreht und wendet — immer wir sind, die verarscht werden.

CAPO Hör auf, dich zu beklagen, Ori. Stochere nicht dauernd in der Grube herum mit dieser Quengelei, die stinkt nach überholten ideologischen Arsenalen. Im Übrigen ist diese Nummer mit dem Klassenbewusstsein ohnehin ein Märchen, an das keiner mehr glaubt. Du doch auch nicht. Arbeiter wie du sind inzwischen völlig verbürgerlicht, sie haben sich mit Sack und Pack in der Grube eingenistet und behaupten, sich da wohlzufühlen.

ORI Die Glücklichen!

CAPO Fühlst du dich denn nicht wohl in der Grube, Ori?

ORI Ich weiß es nicht: ich muss es erst austesten.

CAPO Deshalb sind wir ja hier: um die Grube zu inspizieren, sie zu testen und abzusegnen. Einwände?

ORI Nein. Noch nicht.

CAPO Besser so.

ORI Aber…

CAPO Ah ah! Wage es nur nicht, verstanden?!

ORI Vergessen Sie es, Capo.

Der Capo kommt bei Ori auf dem Grund der Grube an…

CAPO Das ist also der Grund der Grube.

ORI Punkt.

CAPO Punkt, was? Bist du bescheuert?

ORI *Sie* dürfen wohl Punkt sagen und ich nicht?

CAPO Ach was, Punkt und Punkt! Gib mir lieber ein Update, du Vollidiot!

ORI   Wie bitte?

CAPO Habe ich dich zur Vorerkundung heruntergeschickt oder nicht?

ORI   Wenn *Sie* das sagen.

CAPO Und was hast du dabei entdeckt, du Trottel?

ORI   Dass es keine gute Idee war, in die Grube zu steigen.

CAPO Wir hatten keine Wahl. Außerdem ist es hier unten doch gar nicht so schlecht. Findest du nicht?

ORI   Na ja, man sieht nichts…

CAPO Schade: ich hätte gern einmal gesehen, wie eine Grube von innen aussieht.

ORI   Kann ich wieder nach oben?

CAPO Warum die Eile? Hast du etwas zu verbergen?

ORI   Wer? Ich?

CAPO Du fürchtest wohl, ich könnte herausfinden, dass du den Aushub der Grube schlampig und Hals über Kopf ausgeführt hast?

ORI   Das Loch ist da, Sie haben es komplett vor Augen. In der Länge und in der Breite.

CAPO Aber du sagst doch selbst, dass man nichts sieht!

ORI   Genau, man kann nicht bis ganz ans Ende sehen. Was wollen Sie mehr!?

CAPO Loch ist schnell gesagt. Aber Loch ist nicht Loch. Zum Beispiel…. Ori?

Aus dem Inneren der Grube dringen ominöse Geräusche.

ORI   Ja, Capo?

CAPO Was sind das für Geräusche?

ORI   Das weiß ich nicht, Capo. Vielleicht eine Verstopfung.

CAPO Eine Verstopfung? Der Gru-be?

ORI   Bammel?

CAPO Nein. Vorsicht.

ORI   Nun ja, jetzt werden Sie verstehen, warum ich nicht als erster runter wollte.

CAPO Und weshalb hast du mich als zweiter runtersteigen lassen?

ORI   Weil Sie der Capo sind und sich deshalb mit eigenen Augen davon überzeugen müssen, was in der Grube los ist.

CAPO Die Grube gehört zu meinem Kompetenzbereich, soweit es den Ablauf der Bauarbeiten, den Einsatz des Personals, die Schichten betrifft. Das Innere der Grube dagegen ist dein Werk, fällt also in deinen direkten Verantwortungsbereich. Wenn die Grube nämlich plötzlich einstürzen sollte — und wir drücken natürlich fest die Daumen, dass das nicht passiert —, wer,

glaubst du, muss dann herhalten? Ich, der ich dir vertraut habe oder du, der du
mein ganzes Vertrauen besessen hast?

ORI   Was weiß ich?!

CAPO   Du kommst mir vor wie ein höhlenbewohnender Urmensch: du bist
wirklich das Abbild dieser verdammten Grube, ach, weiß du, was? Ihr seid wie
füreinander gemacht!

Aus den Eingeweiden der Grube züngeln Flammen.

ORI   Gestatten Sie mir eine Frage, Capo?

CAPO   Eigentlich dürfte ich in diesem entscheidenden Augenblick meiner
Existenz nur Antworten entgegennehmen, aber wenn es unbedingt notwendig
ist… raus damit.

ORI   Glauben Sie, dass es eine gute Idee gewesen ist, Capo?

CAPO   Was denn Ori? Ich hasse es, auf eine Frage mit einer weiteren Frage
antworten zu müssen: dann hast du dich entweder schlecht ausgedrückt oder
ich habe nicht richtig verstanden. Was wolltest du sagen?

ORI   Ich wollte fragen, ob es in Ihren Augen eine gute Idee war, in die
Grube zu steigen.

CAPO   Wenn du, der du die Grube eigenhändig ausgehoben hast, das nicht
weißt!? Du müsstest sie kennen wie deine Westentasche.

ORI   Ich habe nur zu dem Unternehmen beigetragen. Allein hätte ich das nie
geschafft. Meine Kenntnis der Grube beschränkt sich ausschließlich auf die
Phase der Erdarbeiten. Aber die Konstruktion einer solchen Grube wird ja
nicht auf gut Glück in Angriff genommen: Ausgangspunkt ist ein präzises
Projekt, ein Zweck, eine Idee, die ich selbstverständlich in ihrer Komplexität
nicht erfassen kann. Ich habe lediglich bis aufs i-Tüpfelchen Ihre Anweisungen
ausgeführt. Sie haben mir gesagt, ich soll graben und ich habe gegraben. Wie
ein Besessener.

CAPO   Na ja, jetzt wird dir wenigstens darüber klar, dass du ein bisschen
übertrieben hast.

ORI   Ein bisschen?

CAPO   Na klar! Du hast deine Aufgabe gewissenhaft erfüllt, das ist richtig und
dafür verdienst du eine Belobigung. Aber…

ORI   Aber?

CAPO   Du bist schneller fertig geworden als vorgesehen und hast mich damit
in Schwierigkeiten gebracht. Scheiße!

ORI   Tut mir leid.

CAPO   Was soll die Gruben-Leitung mit einer vorzeitig fertiggestellten Grube
anfangen?

ORI   Welche Frist war für die Fertigstellung vorgesehen, Capo?

CAPO Was weiß ich! Das ist mir nie gesagt worden.

ORI Was soll das heißen? Ihnen als Capo und ist nie offiziell mitgeteilt worden, wann die Abnahme der Grube stattfinden sollte?

CAPO Ich bin nicht der absolute Capo, Ori, ich bin nur *dein* Capo. Ein kleiner Capo. Ich geb die Sachen einfach weiter. Das ist meine Aufgabe. Zum Beispiel: sagt Ori, er soll graben. Sagt ihm, er soll aufhören…

ORI Dass ich aufhören soll, hat mir, ehrlich gesagt, nie jemand mitgeteilt. Vielleicht ist es vergessen worden. Und ich habe weitergegraben, beharrlich, Tag und Nacht, und dabei sogar meine ehelichen Pflichten vernachlässigt.

CAPO Deine Schuld, Ori, wenn sich die Baugrube in ein Monstrum verwandelt und deine Frau dir derweil Hörner aufsetzt.

ORI Das ist nichts Neues, Capo.

CAPO Klar. Du hast übertrieben. Maßlose Hingabe an die Pflicht kann genauso kontraproduktiv sein wie vierundzwanzig Stunden am Tag Liebe machen, sieben Tage die Woche.

ORI Ich dachte, ich tue das Richtige. Mich vor Ihnen ins rechte Licht zu setzen.…

CAPO Und das ist dir gelungen, Ori, und wie es dir gelungen ist. Es war ein solches Vergnügen, ein pyrotechnisches Spektakel, dich graben zu sehen, dass ich mir gesagt habe: der Mann hat die Schaufel im Blut. Dabei habe ich versäumt, dir mitzuteilen, dass es an der Zeit war aufzuhören.

ORI Ich habe mir die Hände blutig gescheuert für nichts!

CAPO Oberflächliche Abschürfungen. Sieh dir lieber mal an, was du mit der Grube angestellt hast. Eine weitere dicke Narbe, die unserer geschundenen Erdrinde zugefügt wurde. Die hat durch die Konsumgesellschaft eigentlich schon mehr als genug erlitten. Und dir unzivilisiertem Menschen hat eine einfache Grube *sui generis* wohl nicht gereicht?

ORI Wenn Sie wüssten, was das für ein Kraftakt war, dann würden Sie diese Grube nicht so in zwei Worten liquidieren! *Sui generis?* Sehen Sie sich doch mal an, wie tief sie ist.

CAPO Ich habe es dir ja schon gesagt, Ori. Du hättest es bequemer angehen sollen, ja, mit leichter Hand. Hättest ab und zu eine schöne Zigarette rauchen und um Genehmigung bitten können, deine Gattin zum Tierarzt zu begleiten… dann hätten sich die Arbeiten in die Länge gezogen, ich wäre hier weiter der Capo geblieben und du hättest unter meiner Aufsicht weiter in der Erde gebuddelt. Wo war denn da das Problem?

ORI Gebuddelt?

CAPO Na ja! Es war doch gar keine Eile geboten. Das Problem ist nur, sobald man dir eine Schaufel in die Hand drückt, bist du nicht mehr zu halten. Dann denkst du nur noch ans Schaufeln. Und vor lauter Schaufeln bist du auf den Grund geraten, ohne auch nur den geringsten Gedanken an die katastrophalen

Folgen dieses ebenso noblen wie kontraproduktiven Pflichtbewusstseins zu verschwenden.

ORI Mir kommen die Tränen, Capo.

CAPO Das sollte dir eine Lehre sein, falls es nochmal eine Grube auszuheben gilt.

ORI Noch eine Grube? Nein, Capo, für heute habe ich meinen Beitrag geleistet. Stopp, wegen Urlaubs geschlossen.

CAPO Wenn ich dir also das nächste Mal sage, dass du graben sollst, wirst du das großzügig auslegen, mit leichtem Herzen an die Sache herangehen, du wirst dir nicht mehr die Hände abschürfen und vor allem wirst du nicht vorzeitig auf Grund stoßen. Weißt du, eigentlich sollte man versuchen, überhaupt nicht auf dem Grund anzukommen, dann kann man die Baustelle ständig am Laufen halten. Als „offene Baustelle", *work in progress*, wie die Amerikaner das nennen. Auf dass ich dir weiter befehlen kann zu graben und du gehorsam und unbeirrbar weiter graben kannst.

ORI Unbeirrbar, Capo?

CAPO Ich wollte dich nicht etwa beleidigen, ok?

ORI Ich bin doch gar nicht beleidigt! Wegen so was: das ist doch absurd! Unbeirrbar ist das mindeste…

CAPO Es freut mich, dass du deine Fehler einsiehst. Abbitte leistest.

ORI Der Fehler ist, dass ich keinen Notausgang gegraben habe.

CAPO Armer Ori, du solltest keine Hintertüren suchen, wo keine vorgesehen sind. Sie können auch gar nicht da sein, denn wenn es sie gäbe, dann wäre es keine Grube mehr, sondern ein Luna Park. Apropos, bist du schon mal in einer Geisterbahn gewesen?

ORI Mit meiner Frau. Wir haben die Flitterwochen dort verbracht, Capo.

CAPO Ehrlich gesagt, ich verstehe deine existentielle Situation als Arbeiter, immer am Rande des Abgrunds bzw. der Grube, die drohende Arbeitslosigkeit mit allen Konsequenzen für dich und die Familie, die so ein Zustand mit sich bringt: Ansehensverlust, Bedrohung der persönlichen Identität, das Gefühl innerer Lehre, die soziale und menschliche Isolation, die Flaute im Bett, die Furcht vor nachlassender Fortpflanzungsfähigkeit…

ORI Was heißt Flaute im Bett?

CAPO Das heißt, deine Frau droht dir, dass sie sich von dir nicht mehr vögeln lässt, wenn du deinen Job in der Grube verlierst. Du musst aber lernen, gute Miene zum bösen Spiel zu machen. Die Karriere als Ehemann und Vater solltest du von deinem Status als beschränkter Arbeiter absolut getrennt halten. Das Privatleben darfst du nicht mit der beruflichen Situation vermischen, das Heilige mit dem Profanen… Du solltest einen Schnitt machen, Ori!

ORI Es ist nicht einfach, auf Distanz zum eigenen Unglück zu gehen. Man bleibt psychologisch immer involviert und von dem Milieu konditioniert, das einen umgibt und natürlich von der Ehefrau, die bei jeder neuen Telefonrechnung aufschreit.

CAPO Wenn es darum geht, dann gehört auch die Grube zu deiner Umgebung. Ich habe aber nicht den Eindruck, dass du die Absicht hast, sie sehr ernst zu nehmen.

ORI Sie beeinflusst mich negativ, Capo. Ich würde sie so gerne wieder auffüllen! Ich würde Tag und Nacht umsonst arbeiten, wenn Sie mir – es muss ja nicht gleich ein Befehl sein, aber vielleicht eine inoffizielle Genehmigung in dieser Richtung geben könnten. Ihre bloße Existenz ist eine Beleidigung meiner Intelligenz – ich weiß, das ist gravierend, es ist aber die Wahrheit.

CAPO Entschuldige, Ori, aber worüber sprichst du?

ORI Von meiner…. Lassen wir das, Capo! Das können Sie nicht verstehen.

CAPO *(leise)* Das kann ich nicht verstehen, du Unglücksrabe?! Glaubst du, ich sehe nicht, was da in der Grube ist, nämlich nichts? Glaubst du, dass die bloße Idee der Grube meinen menschlichen und beruflichen Ehrgeiz zufriedenstellt? Aber natürlich, selbstverständlich! Als junger Mensch reißt man sich den Arsch auf, um zu studieren, man macht ein gutes Examen, gründet eine Familie, erzieht die Kinder, schreibt sie ihrerseits in der Schule und bei der Gymnastik ein, Pausensnack und Zahlung des Wochentarifs inbegriffen, nur um hier ein verdammtes Loch in die Erde zu buddeln, in dem nichts drin ist? Schöne Perspektive! Oh nein, mein Lieber, die Dinge liegen anders. Die Grube unter den Füßen öffnet sich ganz langsam und allmählich: am Anfang siehst du nur den Sternenhimmel, ab und zu vielleicht von einer Wolke verdüstert, aber nichts Ernstes, versteht sich. Wolken lösen sich früher oder später auf und dann erstrahlen wieder die Sterne, zu denen du dich dann mit neuer Kraft hingezogen fühlst. Ideale, Hoffnungen, Träume…Illusionen! Ja, dumme und leere Illusionen. Weil du ganz plötzlich aus dem Vollrausch erwachst. Und wo bist du? Da, in einer Grube, in der du vor lauter Dunkelheit nur mit Mühe ein Minimum jenes Himmels wahrnehmen kannst, den du in der Jugend bewundert hast. Nimm mich zum Beispiel. Ich habe Luft- und Raumfahrttechnik studiert, ich wollte Raketen auf die entferntesten Planeten schicken und stattdessen, sieh doch, wohin mich mein Abstieg führt… in deine schmutzige Grube.

ORI Ist das eine vertrauliche Mitteilung, Capo?

CAPO Ich hoffe nur, dass du sie nicht aufgezeichnet hast. Kein Wort darüber, Ori. Das war keine offizielle Stellungnahme, nur ein persönlicher Gefühlsausbruch, der absolut unter uns bleiben muss.

ORI Ich denke jedenfalls genauso.

CAPO Dann verstehst du also, warum ich dir weder den Befehl und noch weniger eine inoffizielle Genehmigung erteilen kann, die Grube wieder zuzuschütten? Die Grube ist inzwischen eine nicht konvertierbare Tatsache.

Ich habe dir gesagt, dass du sie ausheben sollst. Du hast sie ausgehoben. Und jetzt ist sie da.

ORI   Wenn etwas schief geht, ist es einfach, die Verantwortung auf einem armen, unschuldigen Arbeiter abzuladen,

CAPO Du beklagst dich? Bist nicht zufrieden? Zu deinem Unglück und auch ein wenig zu meinem sehe ich keine Alternativen. Die Realität richtet sich nicht nach unseren persönlichen Wünschen oder Seelenzuständen. Es braucht mehr, Ori, viel mehr, um diese scheußliche Grube wieder zuzuschütten, die hier durch die Schuld deiner Schaufel entstanden ist: man bräuchte…

ORI   Einen Gegenbefehl, Capo. Der würde reichen.

CAPO Das heißt?

ORI   Genau wie der Befehl, der mir zuvor befohlen hat zu graben, müsste der Gegenbefehl mir jetzt befehlen, sie einfach wieder zuzuschütten. Also schütten statt schaufeln.

CAPO Und wer autorisiert mich, dir diesen Befehl zu geben, du Schwachkopf? Einen Befehl kann man sich nicht alleine zusammenbasteln. Dafür gibt es ein vorgeschriebenes Verfahren. Er geht von Hand zu Hand, von Mund zu Mund und muss das richtige Ohr erreichen.

ORI   Sie brauchen nur „Zuschütten!" zu sagen und die Sache ist gelaufen.

CAPO Das kann ich nicht. Ich habe Angst. Und selbst wenn ich es könnte und keine Angst hätte, würde ich es nicht tun. Warum? Weil an die Stelle der Grube etwas noch viel Monströseres treten könne.

ORI   Schlimmer als die Grube?

CAPO Da gibt es keine Gewissheit. Es gibt kein Limit für das Schlimmere, Ori. Und wenn sie dann erst einmal zugeschüttet ist, was machen wir dann? Gehen wir nach Hause, ohne Arbeit und ohne Lohn?

ORI   Aber nein! Dann hebe ich denen zum Akkordlohn eine neue, kleinere aus, wenn Sie wollen.

CAPO Warum sollen wir sie zuschütten, wenn du sie gerade erst ausgehoben hast? Und warum sollen wir sie wieder ausheben, wenn du sie gerade erst zugeschüttet hast. Ich verstehe den Sinn von so viel Aufwand nicht: wir würden jedes Mal wieder am Anfang stehen.

ORI   Aber nein, hören Sie auf mich! Wir machen viele kleine Löcher, Capo. Und wenn Sie zufällig gefragt werden: "Sei ihr am Graben?", dann können Sie mit Gelassenheit und professionell ruhigem Gewissen antworten: "Ja, wir sind am Graben! Und wie wir am Graben sind!"

CAPO Wenn ich aber gefragt werde "Was grabt ihr denn da?", wenn man also Einzelheiten wissen will, was sage ich ihnen dann, hä? Dass die vorige Grube schlecht gegraben war und dass wir in die Hände spucken, um Abhilfe zu schaffen und deshalb eine neue ausheben? Nein, Ori, lass uns gut darüber nachdenken, bevor wir irreversibel handeln und damit alle bisherigen, in vielen

Jahren anständiger Karriere erreichten Resultate aufs Spiel setzen. Die Grube bleibt, wie sie ist, jedenfalls für den Augenblick. Wenn der richtige Moment gekommen ist, wird man sehen, was daraus zu machen ist. Vielleicht ein Schwimmbad, wer weiß. Apropos Schwimmbad, beweg dich, ich muss pinkeln. Die Assoziationen spielen mir immer hässliche Streiche.

ORI   Wenn wir aber jetzt nicht die historische Entscheidung treffen, sie zuzuschütten, kommen wir aus der Nummer nicht mehr raus. Sie wird sich immer mehr erweitern. Sie wird uns in ihren Mäandern und Hohlräumen versacken lassen, die jetzt noch von einem solide aussehenden Grund bedeckt sind, der sich aber bald als schlammig und sumpfig erweisen wird, also… nicht ausreichend, um dem Gewicht unserer Gewissen standzuhalten.

Der Capo hat fertiggepinkelt. Er macht sich die Hose zu, während Ori versucht, seine schmutzigen Schuhe sauberzukriegen.

CAPO Ah! Das Gewissen! Du glaubst, deins ist schmutzig?? Deshalb macht dir die Grube auch so viel Angst! Einverstanden, diese hier schlägt alle ihre Vorgängerinnen an Dummheit und Mangel an Werten. Sie ist eine Horror-Grube geworden, deren tieferen Sinn man nur unter großen Schwierigkeiten versteht. Es war aber Schicksal, Ori, dass sie dir so geraten ist. Weil du die Grube wirklich im Blut hast, oder besser: im Kopf. Deshalb verachtest du sie auch so: weil du sie seit deiner Geburt in dir trägst. Du hast die Grube im Herzen, Ori, merk dir das.

ORI   Genau, sie erinnert mich an die Grube, aus der heraus ich geboren wurde. Das erklärt vielleicht auch meinen Hass, meinen Abscheu: sie hat mich zur Geburt gezwungen, sie hat mich in dieses grässliche Leben gestoßen, sie hat mich in eine Welt geworfen, in der ich eine noch größere, abscheulichere und feindseligere Grube gefunden habe als die, der ich gegen meinem Willen entsprungen bin.

CAPO Echt? So sehr berührt die Grube dein Imaginäres? Tritt deine tiefsten Ängste los? Wühlt deine verborgensten Traumstadien so auf, das sie sich in der absolutesten zerebralen Masturbation entladen?

ORI Wie bitte?

CAPO Ich erklär's dir. In diesem Sinne würde die Grube in deinem kindlichen Unbewussten die große Vagina repräsentieren, die dich geboren hat und von der du, so der kaum verhüllter Wunsch, gern wieder aufgesogen werden würdest. Öffne dich, Ori, öffne mir dein Herz: ist es so? Sei ehrlich. Hier unten hört uns sowieso niemand, sprich leise, wie bei einer Beichte.

ORI   Ich sage nur, dass diese Grube besser hätte gelingen können. Deshalb muss sie wieder zugeschüttet und ganz neu gemacht werden, Capo!!!

CAPO Neu gemacht! Warum willst du sie neu machen?

ORI Weil hier die Fundamente fehlen.

CAPO Was verstehst du denn schon von Fundamenten?

ORI Ich gehe der Nase nach, Capo. Treffe aber immer den Nagel auf den Kopf.

CAPO Du hast den Verdacht, dass die Grube ohne Fundamente ist?

ORI Ja.

CAPO Aber meines Wissens hast *du* sie ausgehoben.

ORI Ich habe sie nur ausgehoben, keine Fundamente gelegt.

CAPO Was ist deine operative Funktion? Antworte bitte, du armes Würstchen.

ORI Graben.

CAPO Und du hast gegraben?

ORI Und ob ich gegraben habe.

CAPO Wenn du dich jetzt über den von dir eigenhändig durchgeführten Aushub beklagst, können wir ja mal nachsehen, ob und wie du gegraben hast. Fangen wir damit an, die Grube auszumessen… Genau deshalb sind wir ja hier: um zu inspizieren, zu kontrollieren, auszumessen und das zu melden.

ORI Wem?

CAPO Den Zuständigen.

ORI Und wie wollen Sie das machen, diese Meldung an Ihre Vorgesetzten, wenn Sie sich nicht erst wieder von jemandem hochziehen lassen?

CAPO Kompliment, mein Lieber, gute Frage.

ORI Und die Antwort?

CAPO Verdammt! Mach dir keinen Kopf wegen meinen Problemen, sofern sie dich nicht direkt und persönlich angehen… Das ist doch absurd: Fundamente einziehen in eine Grube, die doch, wie schon der Name zu verstehen gibt, nicht anders als ohne Fundamente sein kann! Bedrohlich, brüchig, unstabil und immer nahe dran, alle und alles zu verschlingen. Sonst hieße sie ja auch nicht Grube, sondern Hotelzimmer oder Restaurant oder Diskothek oder gar Pizzeria. Dann wäre sie ein Ort des Zeitvertreibs und nicht des Todes und des Leids, wie sie es in der Realität offenbar ist. Der Grube einen Sinn zu geben, das wäre so, als wenn man deinen Fürzen einen Sinn geben wollte, Ori. Die sind heiße Luft, genau wie deine kleinen agitatorischen Reden eines Arbeiters, dem nie etwas in den Kram passt: die Schaufel ist zu kurz, die Schubkarre zu schwer, die Ziegel zu windschief, das Holz zu morsch und die Grube immer zu tief. Bleib stehen, Ori, keine Bewegung…

ORI Haben Sie eine Schlange gesehen? Oh Gott, ich werde dasselbe Ende nehmen wie der arme Orest, der starb auch durch den Biss einer Schl…

CAPO Es reicht jetzt mit diesem Orest, Ori. Da ist keine Schlange. Du sollst nur die Landmarke für meine Messungen sein.

ORI Ich soll die Landmarke sein? Welche Ehre!

CAPO Das kommt dir seltsam vor, aber so ist es. Es gibt immer ein erstes Mal im Leben. Aber mach dir keine Illusionen: gleichzeitig wird es auch das letzte Mal sein, dass du meine Landmarke bist.

ORI Was soll ich tun?

CAPO Du weißt nicht, was man als Landmarke zu tun hat, du Knallkopf? Du musst einfach stehen bleiben. Wenn ich „Stillgestanden!" sage. Hast du als Kind nie „Flaggenerobern" gespielt? Du bist jetzt die Flagge.

ORI Ich?

CAPO Ja, du. Eins, zwei, drei…

Der Capo zählt die Schritte. An einem bestimmten Punkt bleibt er erschöpft stehen.

ORI Zufrieden?

CAPO Mein Gott, sie ist wirklich immens, riesig, katastrophisch. Ich bin völlig durchgeschwitzt. Wieviele Schritte habe ich gezählt? Tausend? Zweitausend? Dabei bin ich nicht einmal bei der Hälfte angekommen! Wozu soll das gut sein?

ORI Jetzt kommen ausgerechnet Sie und fragen mich das? Wo ich Sie schon die ganze Zeit um eine Erläuterungen zum Sinn und Zweck dieser Grube bitte.

CAPO Du hast mehr direkte Erfahrung als ich, deshalb bitte ich *dich* um eine Erklärung. Und sei es nur eine ganz persönliche Meinung, die man unter Umständen mit einkalkulieren könnte…

ORI Aber ich…

CAPO Ich habe dir lediglich befohlen, die Grube auszuheben. Du hast gegraben. Ich verstehe deinen legitimen Einwand: ich habe dir gerade Vorwürfe gemacht, weil du die Notwendigkeit angesprochen hast, der Grube einen Sinn, ein Fundament zu geben. Und jetzt spüre ich plötzlich ebenfalls das Bedürfnis, irgendeine logische Erklärung zu finden, Details zum Projekt als Ganzes in Erfahrung zu bringen. Nun gut! Die Wahrheit ist, dass ich meine Meinung nicht geändert habe. Ich will nur nicht, dass du unserem Wunsch, etwas zu verstehen, so viel Publicity einräumst. Dies, um dich – und indirekt auch mich – nicht schlecht dastehen zu lassen. Wie? – könnten sie von oben fragen – ihr habt so viel gegraben und habt so viele Befehle zum Graben gegeben, ohne auch nur das Geringste über den Sinn und Zweck des Aushubs zu wissen? Verstehst du das?

ORI Ich habe einen guten Grund für meine Strapazen: man nennt es Lohn, Capo. Aber Sie, wissen Sie denn, warum Sie mir den Befehl zum Graben gegeben haben? Nur wegen dem Gehalt? Oder gibt es noch einen anderen Grund?

CAPO Woher soll ich das wissen? Glaubst du, ich weiß, wie und warum ich einen Befehl erhalte, den ich dir erteilen soll? Niemand sagt mir etwas, Ori. Die Losung ist: Graben!, und entsprechend befehle ich dir zu graben. Was für dich ein abstrakter Befehl ist, ist es auch für mich. Nur dass du dir während der Umsetzung über das Motiv, das Ziel, den Sinn und Zweck des Auftrags klar werden kannst. Also, warum dir aufgetragen wird zu graben. Für dich ist das doch einfach, dir irgendwie einen Reim darauf zu machen. Du gräbst ein schwarzes Loch und nach und nach, während du vorankommst und bohrst, verstehst du das Warum und Weshalb. Zumindest ist die Grube, das Loch, die Öffnung oder was immer es auch sei, ein nicht entfremdetes Produkt deiner Arbeit und gibt dir außerdem mit Ach und Krach das, was du zum Leben brauchst. Aber für mich ist es anders, denn es ist nicht meine Grube: das Grundstück, auf dem sie ausgehoben wird, gehört nicht mir, ich bin nicht der Besitzer des leeren Raums, der mit ihr entstanden ist und ich kann auch nicht behaupten, dass ich mich, wie du, durch seine Konstruktion irgendwie realisiert habe. Sie ist mir gleichgültig, sie bleibt mir fremd, anonym. Es ist nur eine dumme, leere Grube, ohne Gewicht oder Sinn, und wenn ich nicht dein Capo wäre, wäre ich der Capo von irgendjemand anderem, der – was weiß ich? – mit der Konstruktion einer Rakete zur Venus beschäftigt ist.

ORI   Sehr gute Wahl, Capo.

CAPO   Seltsam: das ist der erste Planet, der mir in den Sinn gekommen ist. Wer weiß, warum?

ORI   Der Sinn der Grube ist der, nicht im eigentlichen Sinne einen Sinn zu haben.

Pause, verwirrtes Nachdenken.

CAPO Ori, du verblüffst mich.

ORI   Danke, Capo.

CAPO Du brauchst mir nicht zu danken. Denn du verblüffst mich, ja, aber nicht so, wie du glaubst.

ORI   Das heißt?

CAPO Negativ, das heißt, du machst mich wütend. Und weißt du auch, warum? Weil du lauter dummes Zeug redest, aber mit einer solchen Ernsthaftigkeit, dass es zwar wirkt, als ginge es um ernsthafte Dinge, die aber von jemandem gesagt werden, der sonst nur ordinäre Witze erzählt. Erklär mir doch mal deinen neuesten Geistesblitz, demzufolge der Sinn der Grube sein soll, dass sie gar keinen Sinn hat. Willst du mich verarschen?

ORI   Ihrer Ansicht nach hat eine Grube also einen Sinn?

CAPO Nein, um Gottes Willen, nein, natürlich hat sie keinen!

ORI   Welchen Sinn hat es also, sie gegraben zu haben?

CAPO Keinen.

ORI   Dann stimmen Sie also mit mir überein, dass der Sinn der Grube der ist, keinen Sinn zu haben.

CAPO Warum hast du sie dann gegraben?

ORI Warum haben Sie mir gesagt, dass ich sie graben soll?

CAPO Und warum hast du dich dann nicht geweigert, sie zu graben? Weil es dir gelegen kam, nicht wahr?! Weiter zu graben und den Lohn einzustreichen.

ORI Und Sie, warum haben Sie sich nicht geweigert, mir den Befehl zum Graben zu geben? Weil es Ihnen gelegen kam, oder was?! Mir weiter Befehle zu geben wie ein Gott vom hohen Sockel aus.

CAPO Hör zu, ich habe die Überzeugung gewonnen, dass du, noch bevor du weiteren Schaden anrichten kannst, direkt an deinem Arbeitsplatz erwürgt werden solltest. Ja, Sir! Ich trete ganz offiziell für deine physische Eliminierung von der Grube ein. Das fällt im Übrigen in die betriebliche Fürsorge zur Unversehrtheit und geistigen Gesundheit der Angestellten, die natürlich wie du auf der Suche nach einem definitiven Sinn sind, den man der Grube geben könnte. Die aber, selbst wenn sie ihn nirgends finden, die Grube nicht mit dem Defätismus eines permanent mit dem Patronat und der Gewerkschaft im Clinch liegenden Arbeiters verunglimpfen. Vielmehr zeigen sie ihr Missfallen schweigend, vielleicht durch einem Hungerstreik, der niemandem wehtut, nicht einmal dem, der ihn macht. Im Gegenteil!

ORI Capo, Sie erwürgen mich.

CAPO Ja, Ori, ich erwürge dich. Möge deine Seele in Frieden ruhen.

ORI Gerade jetzt, wo sich ein Sinn offenbart?

CAPO Ein Sinn? Für wen? Für dich oder für mich?

ORI Für alle beide, glaube ich.

EIN GONG.

CAPO Und das wäre ein Sinn, deiner Meinung nach?

ORI Vielleicht kein guter Sinn, aber...

CAPO Und da soll ich dich nicht erwürgen?

ORI Ganz bestimmt ist es aber ein Beweis.

CAPO Ein Beweis? Wofür?

ORI Ein Beweis dafür, dass es einen Sinn *gibt*. Einen obskuren, vielleicht unverständlichen Sinn, einverstanden, aber es gibt ihn.

CAPO Ich habe die Nase voll von deinen philosophischen Minimalkenntnissen, mit denen du hoffst, beim Quiz zu gewinnen.

ORI Ganz ruhig, Capo. Die Philosophie, auch die von einem einfachen Arbeiter wie mir, hat ihre klare Funktion.

CAPO Was für eine, Ori? Sag es mir, bevor ich dein Todesurteil vollstrecke.

ORI Dem einen Sinn zu geben, was, wie die Grube, dem Anschein nach keinen hat.

CAPO Jetzt bist du dran.

ORI Ohne Philosophie kann man die Phänomene nicht in ihrer Essenz interpretieren, Capo. So ist es.

CAPO Essenz? Darf man wissen, wovon du sprichst?

ORI Von einem Sinn.

CAPO Weißt du, was ich dir sage? Ich erwürge dich nicht mehr. Ja, du hast richtig verstanden, ich verzichte darauf, dir den Hals umzudrehen wie einem Huhn. Du bist nämlich der lebende Beweis für die extremste Form menschlicher Hirnrissigkeit. Warum soll ich dir also den Hals umdrehen? Ich sollte dich besser ausstellen, wie eins von diesen scheußlichen und befremdlichen Fundstücken aus der Grube. Findest du nicht?

ORI Die Grube ist das Produkt meiner Arbeit, nicht ich bin das Produkt der Grube. Obwohl…

CAPO Oh Gott! Es gibt noch ein obwohl!

ORI Obwohl theoretisch (!) der Sinn, der Zweck der Grube sowohl für mich als auch für Sie zuerst da sein müsste.

CAPO Für mich? Wie kannst du es wagen?!

ORI Das liegt in der Logik der Dinge selbst. Wenn sie nicht schon fix und fertig da wäre, die genaue Vorstellung von der Grube, dann könnte es doch niemandem in den Sinn kommen, sie ausheben zu lassen. Das klingt komisch, aber so ist es.

CAPO Ori, ich habe noch einmal darüber nachgedacht: ich tendiere dazu, dich trotzdem zu erwürgen.

ORI Ganz ruhig, Capo, nehmen Sie es doch auch mal mit Philosophie: sie hilft, die Dinge zu interpretieren, wie sie wirklich sind. Oder wie sie nicht sind. Oder wie sie waren und nicht mehr sind. Wollen Sie ein konkretes Beispiel?

CAPO Her mit dem konkreten Beispiel.

ORI Die Strickleiter.

CAPO Was ist damit?

ORI Verschwunden.

CAPO Wie, verschwunden?

ORI Sie ist nicht mehr da. Die muss jemand weggenommen haben, ohne uns was zu sagen. Aus Spaß oder weil ihnen nicht klar war, dass wir hier unten sind.

CAPO Du hättest besser aufpassen sollen! Das gibt's doch nicht! Mit all deinem dummen Literatursalon-Gequatsche, bei dem ich Blödmann auch noch mitgemacht habe!

ORI Ich versuche nur, mich nützlich zu machen, Capo.

CAPO Ich hätte dich sofort umbringen sollen! Du hast es sogar geschafft, mir in einem Anfall von geistiger Krise eine Mini-Beichte meiner verborgensten Ängste zu entlocken. Mir war doch nicht klar, dass die echte Gefahr gar nicht von der Grube ausgeht. Nein, Ori, die echte Gefahr bist du, der du Gruben gräbst. Ein armer Teufel reicht dir den Finger und du nimmst den ganzen Arm…

ORI   Und jemand anderes nimmt sich die Strickleiter.

CAPO   Wenn ich deinen Theoremen keine Beachtung geschenkt hätte, dann wäre die Strickleiter vielleicht gar nicht verschwunden und wir hätten wieder an die Oberfläche steigen können. Das wird jetzt alles verdammt kompliziert. Einen schönen Schlamassel hast du angerichtet! Das Verschwinden der Strickleiter! Jetzt hat uns deine Philosophie definitiv aus der Welt herauskatapultiert. Wir sind von allem abgeschnitten, Ori, und haben nun, von der Grube verschlungen, kein Existenzrecht mehr. Glaub mir!

ORI   Sie vielleicht. Ich schon.

CAPO   Du? Welches denn?

ORI   Überleben, Capo.

CAPO   Unter diesen Bedingungen?

ORI   Immer, wo auch immer und auf jeden Fall: Überleben ist mein Motto, den Karren aus dem Dreck ziehen ist mein Beruf. Und wissen Sie, was ich tue? Ich überlebe und versuche, mit dem Karren weiterzuziehen.

CAPO   Das erscheint mir, offen gestanden, die Philosophie eines einfachen und erfolgreichen Lebens. Ich gratuliere, Ori. Ich wette, ich habe dich persönlich eingestellt. Wer sonst, außer mir, hätte die ebenso ungeschliffene wie pragmatische Genialität eines Esels wie dir erfassen können?

ORI   Eigentlich wollten Sie mich entlassen. Mich sogar physisch liquidieren.

CAPO   Tatsächlich, so weit war es gekommen? Weshalb eigentlich?

ORI   Weil ich aus Versehen auf den Grund der Grube gestoßen sein soll. Wissen Sie das nicht mehr?

CAPO   Das ist Schnee vom gestern. Inzwischen habe ich doch festgestellt, dass du nicht komplett schwachsinnig bist, sondern dass in dir – inmitten eines Meeres von intellektuellem Sumpf, das muss man schon sagen! – auch eine kleine Dosis von kristallklarem gesundem Menschenverstand funkelt.

ORI   Danke, Capo! Danke… Wenn *Sie* das sagen, ist das eine enorme berufliche Anerkennung. Selbst ein einfacher Arbeiter wie ich braucht ab und zu ein Schulterklopfen und eine Lohnerhöhung.

CAPO   Klopfen so viel du willst. Was die Lohnerhöhung angeht, darüber sprechen wir noch einmal, wenn du mich aus der Grube, die du gegraben hast, wieder rausgeholt hast.

EIN GONG.

ORI   Wollen wir um Hilfe rufen?

CAPO   Irgendjemand schlägt einen Gong und du willst gleich um Hilfe rufen?

ORI   Ich will so schnell wie möglich raus aus diesem Loch, Capo, aus dieser schrecklichen existentiellen Situation, bevor uns eine nicht mehr abnehmbare Grabplatte draufgesetzt wird.

CAPO Das ist noch nicht der Moment, über Gräber zu sprechen. Einverstanden, Ori?

ORI Sehr einverstanden, Capo.

CAPO Wollen wir ein paar Regeln aufstellen, Ori, denn wir werden wohl noch eine ganze Weile hier drin bleiben müssen?

ORI Ja, stellen wir ein paar Regeln auf, Capo.

CAPO Gruben-Regel Nummer eins, der zufolge nicht über Gräber gesprochen werden darf, wird also einstimmig angenommen.

ORI Schöne Einstimmigkeit: wir sind ja nur zu zweit!

CAPO Ori, es ist ein historischer, epochaler, ja biblischer Sachverhalt, wenn man mit jemandem einer Meinung ist, vor allem, mit jemandem, der nicht man selbst ist….

ORI Kommen wir zu Regel Nummer zwei, wenn es recht ist. Ich kann es gar nicht abwarten, selbst ein Gesetz zu erlassen.

CAPO Was hast du mit Gesetzen zu tun?

ORI Eine Regel, die niemandem weh tut. Die Basisregel der Demokratie.

CAPO Wer hat denn behauptet, dass wir uns in einer Demokratie befinden?

ORI Tun wir das nicht?

CAPO Wir könnten es durchaus sein, es ist aber noch nicht festgelegt worden.

ORI Und wer legt das fest?

CAPO Ich.

ORI Und wer legt fest, dass Sie das festlegen?

CAPO Ich.

ORI Und ich?

NOCH EIN GONG, STÄRKER ALS DER VORHERGEHENDE.

ORI Vielleicht will uns jemand da oben mitteilen, dass es Zeit zum Mittagessen ist.

CAPO Gut, wenn die das sagen, habe ich kein Problem damit, es meinerseits zu bekräftigen: Mittagspause. Hol die Brotbox raus, Ori.

ORI Die habe ich oben gelassen, Capo.

CAPO Wie bitte? Du lässt mich die Mittagspause ankündigen und hast nichts zu essen da?

ORI Es war einfach nur eine Idee, Capo.

CAPO Sehr gut, jetzt essen wir uns an deinen verdammten Ideen satt!

Es regnet Schinken und Bratwürste von oben.

ORI Wenigstens lässt die Gruben-Kantine nichts zu wünschen übrig.

CAPO Der Philosoph Benedetto Croce erklärt die Unergründlichkeit der Realität, indem er Ideen mit unerreichbar herabhängenden Salamis vergleicht, von denen man nur den Duft wahrnimmt.

ORI Es handelt sich um einfache Wurst, Capo, nicht um echte Ideale.

CAPO Kann eine Bratwurst deiner Ansicht nach kein Ideal enthalten? Wenn du wirklich ein dreckiger Materialist sein willst, dann sei es wenigstens im historischen Sinne, Ori.

ORI Warum historisch, Capo?

CAPO Weil du im Herabfallen einer Bratwurst nicht nur eine fallende Bratwurst sehen solltest! Ist dir denn nicht klar, dass das Herabfallen einer Bratwurst mit seinen Bedingungen und seinen Hintergründen ein weitaus komplexeres Phänomen ist als es auf den ersten Blick zu sein scheint?

ORI Es regnet Bratwürste zur Mittagszeit, als seien es abstrakte Ideale, und Sie beklagen sich?

CAPO Und wenn es weder Ideale noch leibhaftige Bratwürste wären?

ORI Was sollen sie sonst sein?

CAPO Es könnten unsere Werte sein, Ori, die fallen.

ORI Glauben Sie mir, es sind Bratwürste.

CAPO Besser so.

ORI Kann gut sein, dass ich nichts als ein in Platons Höhle eingesperrter Schatten bin, aus der die Strickleiter entfernt wurde, mit der man wieder in die reale Welt hätte hinaussteigen können, ich habe aber eine solche Grube im Magen, dass ich nicht umhin komme, eine Salami als das anzusehen, was sie zu sein scheint.

CAPO Diesmal hast du völlig recht, Ori.

ORI Danke, Capo. Guten Appetit.

CAPO Vorher erweisen wir der Realität aber eine ergebene und demütige Ehre. Bete mit mir, Ori.

ORI Oh Mann, so ein Bohai für ein bisschen Schinken.

CAPO Ruhe. Lass uns beten.

ORI Dann beten wir eben!

Der Capo wirft einen kurzen Blick auf ihn und betet dann sehr schnell, ohne dass seine Worte zu verstehen sind.

CAPO ..... bla bla bla, fertig.

ORI Amen. Und jetzt wird endlich gegessen.

Ori und Capo essen.

CAPO Ich vertraue dir ein Geheimnis an, Ori. Aber du musst es für dich behalten. Ich möchte nicht, dass meine Gehaltsabrechnung durch eine Behauptung kompromittiert wird, die sich meinen gegenwärtigen Glückszustand mit vollem Bauch verdankt. Ich möchte nicht, dass die Direktion erfährt, dass ich deine Völlerei gutgeheißen habe: ich verachte die Realität, die mich umgibt. Die Welt kommt mir vor wie eine schlecht gemalte, zerrissene und vom Wind geblähte Bühnenkulisse für eine Nonsense-Bühne.

Diese Bühnenkulisse würde ich gern durchbrechen, Ori, auf die andere Seite fallen, sehen, was hinter der Bühne der Welt ist. Habe ich vielleicht etwas zu Vorhersehbares gesagt, um dir einen Applaus zu entreißen?

ORI Capo, würden Sie bitte den Tisch abdecken?

CAPO Das soll eine Bitte sein?

ORI Na ja, ich habe den Tisch ja schon gedeckt.

CAPO Soll ich vielleicht auch das Geschirr spülen?

ORI Ja. Ich trockne es dann ab.

CAPO Gibt es denn in dieser verdammten Grube keine Spülmaschine?

Von oben fällt plötzlich eine Spülmaschine herab.

ORI Hast du gesehen? Es ist schon wieder passiert. Irgendjemand hat sich seiner alten Spülmaschine entledigt. Wer weiß, ob sie noch funktioniert.

CAPO Und worüber beklagst du dich?

ORI Ich finde die Angelegenheit ein bisschen deprimierend, das ist es.

CAPO Weil ich das Geschirr nicht mehr zu spülen brauche? Du neidischer Bastard. Wenn mir das Schicksal zu Hilfe eilt, ärgerst du dich krank. Das Gift spritzt dir aus allen Poren, Ori. Beherrsch dich.

ORI Es ist nicht das Schicksal, das Ihnen zu Hilfe eilt, Capo. Und es ist auch kein Gift, was ist spritze. Ich fürchte, irgendjemand hält unsere Grube für eine ordinäre Müllhalde und pinkelt von oben ein.

CAPO So ein Schwein!

ORI Ich habe so sehr geschuftet, in der Illusion, etwas Nützliches zu schaffen: eine Grube voller symbolischer, metaphysischer Bedeutungen. Und plötzlich werde ich mit der Tatsache konfrontiert, dass ich nichts als eine gigantische Mülldeponie hergestellt habe. Alles andere als Metaphern! Ideale! Nur Abfall, Unrat, Essensreste, Würmer und Kanalratten… wie wir!

CAPO Wie du. Wage es nicht, die von mir repräsentierte Autorität mit deinem ideologischen und moralischen Müll zu vermischen.

ORI Ihnen vergeht wohl nie die Lust, den Capo zu spielen?

CAPO Warum sollte sie mir auch vergehen, um Himmels willen? Capo zu spielen ist sehr befriedigend.

ORI Auch graben kann befriedigend sein.

CAPO Ich habe nicht die geringste Absicht, dir den Beruf streitig zu machen, Ori, keine Sorge.

PLÖTZLICHER GONG.

ORI Da ist er wieder. Der gewohnte Gongschlag, der sich nicht eindeutig zuordnen lässt.

CAPO Das war ein Ordnungsruf, Ori.

ORI Was für eine Ordnung?

CAPO Die Geschäftsordnung. Der Gong sagt einem, wie, wann und warum die Mittagspause beendet zu sein hat.

ORI   Die Mittagspause ist beendet? Wirklich?

CAPO Leider ja.

ORI   Schade.

CAPO Tröste dich mit diesem einfachen, aber sachgemäßen Gedanken: nur was beginnt, kann auch enden.

ORI   Schöner Trost.

CAPO Ich sehe keinen anderen.

ORI   Ich auch nicht.

CAPO Dann machen wir uns an die Arbeit.

ORI   Welche Arbeit?

CAPO Wie, welche Arbeit?

ORI   Ja, Capo, Sie haben sehr gut verstanden: was soll ich tun?

CAPO Du weißt nicht, was du tun sollst?

ORI   Ich nicht. Wissen *Sie* wenigstens, was sie mich machen lassen sollen?

CAPO Zum Teufel mit dir, Ori!

ORI   Warum schlagen Sie mich? Was habe ich getan?

CAPO Nichts! Das ist ja das Problem.

ORI   Ihnen ist es so wichtig, Befehle zu geben, zu kommandieren! Aber wenn es gilt, diese Autorität auszuüben, von der Sie behaupten, Sie wurde Ihnen direkt von oben aufgetragen – wie weit oben, das wüsste ich übrigens nur zu gern! – dann wissen Sie nie, was Sie befehlen sollen.

CAPO Wenn ich nicht befehle, weigerst du dich zu gehorchen: stimmt doch, oder etwa nicht, du dreckiger Verräter?

ORI   Es ist ja nicht so, dass ich mich weigere… also, wie soll ich denn gehorchen, wenn ich gar ich nicht weiß, was ich tun soll.

CAPO Tatsache ist, dass du nicht von alleine begreifst, was zu tun ist.

ORI   Ich werde nicht für das Begreifen bezahlt.

CAPO Wofür denn?

ORI   Um zu graben.

CAPO Und, gräbst du?

ORI   Im Moment nicht.

CAPO Siehst du, du bist arbeitsscheu!

ÜBERRASCHENDER GONG.

ORI   Ist er immer noch sauer auf uns, Capo?

CAPO Ja, Ori. Er will, dass du dich ganz allgemein an die Arbeit machst und dass ich dich in dieser Richtung anleite.

ORI   Allgemein?

CAPO Also: erfinde etwas, tu so, als ob du arbeitest. Sonst bringst du auch mich als deinen Capo in Schwierigkeiten. "Du hättest ihn besser kontrollieren müssen!", "Du hättest doch merken müssen, was er da anrichtet!", ich kann es schon hören, was die da oben sagen.

ORI Wer?

CAPO Meine Vorgesetzten.

ORI Sie sind also nicht der Vorgesetzte?

CAPO Was dich betrifft, bin ich das, ja. Es gibt aber, was mich betrifft, noch weitere Vorgesetzte.

ORI Dann sind Sie also nicht so vorgesetzt, wie Sie zu sein vorgeben.

CAPO Du tust mir leid, Ori. Wenn wir in dieser verdammten Grube versackt sind, mein Lieber, dann aufgrund deiner Oberflächlichkeit und deines chronischen Mangels an geistiger Tiefe und menschlicher Solidarität. Außerdem hast du nicht den geringsten Respekt für die Autorität, die diese Dienstkleidung repräsentiert. Die Eingeweide der Erde, in die du mich durch deine Ungeschicklichkeit hineingezogen hast, wobei du dir sogar noch die Strickleiter hast klauen lassen, mit der wir wieder in die Höhen der Realität hätten aufsteigen können, sind schlicht und einfach das Symbol des Nichts, das du in dir hast. Aber ich bin das alles leid, die Grube, dich, deine Frau, Orest mitsamt seiner Schwester…

Von oben fällt ein Heizofen herab.

ORI Entschuldigung, Capo, hatten Sie elektrisch oder Gas gesagt?

CAPO Ich habe gesagt, dass ich es leid bin, Ori. Ich kann mich nicht erinnern, an irgendeinem Punkt einem Heizofen erwähnt zu haben. Das wüsste ich, verdammter Mist!

ORI Die haben uns aber einen Heizofen geliefert.

CAPO *(hysterisch)* Den brauchen wir nicht, den habe ich nicht bestellt: sie können ihn gerne wieder abholen.

ORI Wenn sie ihn in die Grube geworfen haben, ist das doch nur, weil sie nicht wussten, was sie damit noch anfangen sollten. Sonst hätten sie ihn bestimmt behalten. Kann man immer gebrauchen, einen Heizofen…

CAPO Es tut mir leid, dir das zu sagen, Ori, aber diese Grube hast du wirklich schlampig gegraben. Von außen sieht sie aus wie eine Mülldeponie und von innen genauso. Es ist deine Schuld, wenn sie ihren ganzen Ramsch hier reinwerfen, dich inbegriffen. Was mich betrifft, heiliger Himmel! Ich kann es kaum erwarten, hier wieder rauszukommen. Es ist ein verdammter Schacht ohne Grund und ohne auch nur den Ansatz von einem Ausgang.

ORI Wollen wir jetzt um Hilfe rufen?

CAPO Ach, nein, das nun auch wieder nicht! Hilfe, ich? Niemals! Du leidest an Minderwertigkeitskomplexen, Ori. Wenn ich aber aus einem Loch aussteigen muss, aus einer ekelhaften Grube, in die ich mehr oder weniger unfreiwillig hineingeraten bin, muss das ausschließlich durch den Einsatz meiner eigenen Kräfte und meiner beruflichen und unternehmerischen Fähigkeiten schaffen.

Ich kann mich nicht in Frage stellen, mich so weit erniedrigen, Hilfe oder Beistand anzunehmen oder auf hypothetische Wunder hoffen, um aus der Tiefe, in die ich gefallen bin, wieder hochzukommen. Ich komme mit eigenen Kräften wieder hoch. Das solltest du wissen!

ORI Wie denn?

CAPO Nimm die Schaufel und grab. (wird weiter von Unrat und Abfällen getroffen, die in die Grube hineinfallen) Beeil dich, bevor wir von Müll und Dreck begraben werden, verdammt!

ORI Haben Sie nicht gerade gesagt, Sie wollen aus eigenen Kräften wieder hochkommen?

CAPO Genau.

ORI Warum soll dann ich graben?

CAPO Du willst doch auch wieder hochkommen, oder etwa nicht?

ORI Aber wenn ich grabe, gehe ich doch genau in die entgegengesetzte Richtung meiner eigenen Wiederauferstehung. Wenn ich grabe, gehe ich doch noch tiefer runter statt mich nach oben zu bewegen.

CAPO Tu, was ich sage. Keine Sperenzchen, komm ja nicht auf dumme Gedanken. Pass nur auf, ich notiere mir das.

ORI Und was wollen Sie damit erreichen?

CAPO Die andere Seite, du Banause.

ORI Von was?

CAPO Von der Grube. Irgendwo müssen wir doch wieder herauskommen.

ORI Früher oder später werden wir sowieso in der Hölle landen!

CAPO In Geografie bist du schwach, Ori. Seit die Welt existiert, muss man nämlich, um in die Hölle zu gelangen, erst einmal sterben. Das kannst du mir glauben.

ORI Besser nicht, Capo.

CAPO Hör zu. Wenn du, wie ich, Ingenieurwesen studiert hättest, wäre dir ganz sicher das Prinzip der kommunizierenden Röhren bekannt. Da du aber theorieabstinent bist, erkläre ich es dir mit einem praktischen Beispiel. Hast du eine Vorstellung, was passiert, wenn jemand Dosenbohnen isst?

ORI Ich habe eine Vorstellung, Capo.

CAPO Auf der einen Seite schluckt er Gemüse, auf der anderen treten Abgase aus.

ORI Ich bin kein Abgas. Und auch kein Gemüse.

CAPO Aber du entleerst, wie der Großteil, ja fast die Gesamtheit der Menschen, deinen Darm. Korrekt?

ORI Das kann ich nicht leugnen.

CAPO Deshalb bist du sicher mit mir einer Meinung, dass alles, was reinkommt, irgendwie die Möglichkeit haben muss, wieder rauskommen. Oder nicht? Und wenn es uns nicht gelingt, von da, wo wir eingestiegen sind, also vom Eingang der Grube, wegzukommen und wieder neu zu erstehen wie Phönix aus der Asche, dann kommen wir aus ihrem Hinterteil bestimmt genauso wieder heraus, wie die Dosenbohnen, von denen ich dir eben erzählt habe. Hast du das Konzept verstanden?

ORI Nein, Capo. Der Vergleich überzeugt mich nicht.

CAPO Niemand will dich überzeugen. Halt die Klappe und grab. Das ist ein Befehl.

ORI Wenn Sie mir unumstößlich den Befehl zum Graben geben, grabe ich nur, weil ich es muss. Das heißt, Sie überzeugen mich nicht, sondern zwingen mich, es zu tun.

CAPO Bravo, Ori, so gefällst du mir: gehorsam wie ein Arbeiter, der weiß, wo sein Platz ist.

ORI Ja, schon gut, aber früher oder später muss etwas passieren. Ich weiß nicht, was. Ich sage nur, dass etwas passieren wird.

CAPO Es ist noch nicht aller Tage Abend, Ori.

Wehmütig fängt Ori wieder an zu graben. Argwöhnisch beäugt der Capo seine Arbeit.

ORI Capo?

CAPO Ja, Ori? Was gibt's? Was ist los? Bist du schon auf die andere Seite der Grube durchgestoßen?

ORI Kann ich was sagen?

CAPO Nur wenn du etwas Ernsthaftes oder Intelligentes sagst.

ORI Ich muss einen fahren lassen.

CAPO Und das soll etwas Ernsthaftes oder Intelligentes sein? Schäm dich!

ORI Ich muss aber trotzdem.

CAPO Dann ist das doch ein Scheiß, Ori, kein einfacher Furz. Es tut mir leid, aber du wirst ihn zurückhalten müssen, zumindest, bis wir hier raus sind. Eine Grube ist nämlich kein gut durchlüfteter Ort, er verfügt. ja nur über einen Eingang Deshalb lasse ich dich ja einen Ausgang graben, um auch dir zu ermöglichen, dich in völliger geistiger Freiheit auszudrücken. Also beeil dich, arbeite! In deinem eigenen Interesse. Ar-bei-te!

ORI Ich arbeite, zum Donnerwetter!

CAPO Gut, das ist fein. Musst du aber auch!

ORI Seien Sie ehrlich, Capo: auf welcher Seite stehen Sie eigentlich, auf meiner oder der der Grube?

CAPO Ich muss mich über dich wundern, Ori. Was soll das heißen, auf welcher Seite stehe ich? Ich bin überparteilich, Ori. Das heißt, ich stehe auf beiden Seiten. Ich gebe mal dir ein bisschen Recht und mal der Grube ein bisschen. Du musst einfach begreifen, dass die Wahrheit nicht nur auf einer Seite steht. Du beklagst dich, dass die Grube zu tief ist und die Grube beklagt sich, dass du sie zu weit ausgeschachtet hast. Wer weiß denn schon, wo das Halbheiten sind und wo berechtigte Gründe. Ich komme dir vielleicht vor wie ein feiger Opportunist, Ori, dabei bin ich nur vorausschauend: ich spreche schlecht über dich bei der Grube und mache die Grube mies, wenn ich mit dir zusammen bin, das ist alles. Ich vollziehe also eine Gratwanderung, am Rande des Abgrunds. Ständig im Spiel!

ORI   Ich gratuliere zu dieser Akrobatik!

CAPO Das meinst du ironisch. Aber sieh mal: das Ergebnis, Ori, ist eindeutig: ich bin weiter am Befehlen und du bist weiter am Graben, du bleibst eben der Penner, der du schon immer warst.

ORI   Darf ich wenigstens denken, während ich grabe?

CAPO Kann ich dir das verbieten? Nein? Na dann… va' pensiero, flieg dahin, Gedanke!

Ori gräbt weiter. Audio: Oris Gedanken.

ORI S GEDANKEN PRRRR!

CAPO Was erlaubst du dir Ori? Ich habe dir doch gesagt, dass man in der Grube nicht furzen soll!

ORI   Sie haben gesagt "flieg dahin, Gedanke" und mein Gedanke ist abgegangen… geflogen wie die Luft.

CAPO Dann denk an was anderes. Geht das nicht?

ORI   Ich will es versuchen.

Ori gräbt weiter.

CAPO Es riecht immer noch durchdringend nach Gas.

ORI   Durchdringend, Capo?

CAPO Das ist eine Verharmlosung. Ich hätte "stinkt" sagen sollen, wollte dich aber nicht offen bloßstellen, Ori. Beherrsch dich!

ORI   Verharmlosung soll heißen, dass ich den Gestank erzeugt habe?

CAPO Hören wir auf damit. Bist du inzwischen wenigstens auf der anderen Seite der Grube angekommen? Dann wird hier nach der Fertigstellung des zweiten Loches ein bisschen durchgelüftet. Frische Luft kann man hier drin gut gebrauchen, und wie!

ORI   Ich bin noch nicht fertig, Capo. Der Grund der Grube ist sehr hart, ich kann ihn mit der Schaufel nur schrammen.

CAPO Warum hast du keinen Presslufthammer mitgebracht?

ORI   Ich hatte das Gefühl, das wäre übertrieben, Capo.

CAPO Um so schlimmer für dich. Dann wärest du schneller fertig geworden. Was du heute kannst besorgen, das verschiebe nicht auf morgen, Ori.

ORI   Ich habe keine Zeit zu verlieren. Haben Sie wenigstens gut geschlafen?

CAPO Ich weiß es nicht. Ich hatte ein merkwürdiges Gefühl. Im Schlaf habe ich – du wirst es nicht glauben und ich habe Mühe, es mir selbst einzugestehen –, ich habe Angst gehabt. Ja, Ori, das hast du ganz richtig verstanden: einen Augenblick habe ich Angst vor dem Tod gehabt. Ich schäme mich, es dir zu sagen…

ORI Sie müssen sich nicht schämen. Wahrscheinlich dient uns die Angst vor dem Tod dazu, uns lebendig zu fühlen. Vielleicht ist das der Sinn, der Zweck der Grube: die Angst.

CAPO Vielleicht hast du Recht: die Dunkelheit der Grube, ihr seltsames Grollen, ihr Knacken, wie bei einem Skelett, das in die Brüche geht. Kommst du vielleicht aus irgendeiner Katakombe, Ori?

ORI Nein, Capo. Das ist nicht das Knacken eines menschlichen Skeletts.

CAPO Mein Gott, was denn sonst?

ORI Es ist das Knacken des Skeletts der Grube, Capo.

CAPO Skelett der Grube? Ori, du Pfuscher, was hast du ausgegraben, als ich mir einige Augenblicke sehr verdienter Ruhe gegönnt habe?

ORI Nichts, Capo.

CAPO Wie, nichts, Ori? Das ist ein echtes Getöse.

ORI Ich habe eine unangenehme Nachricht für Sie. Die Grube bricht ein.

CAPO Bricht ein? Die Grube? Scheiße, das ist ein Albtraum, Ori, und du bist mein Henker.

ORI Addio, Capo. Die Grube ist am Kollabieren.

CAPO Addio, Ori. Wenn du in der anderen Welt angekommen bist, lässt du dich bei mir aber nicht mehr blicken. Verstanden?

Ori führt einen letzten Schlag mit der Schaufel aus und provoziert damit den Zusammenbruch der Grube. Ein schreckliches Getöse. Dunkel.

FINALE

Als sich der Staub gelegt hat, ist die Grube nicht mehr da. Ori und Capo, halb begraben unter den Trümmern, kommen langsam wieder zu sich und jammern.

CAPO Zum Donnerwetter mit dir, Ori, schau doch mal, was du angerichtet hast! Das wirst du mir büßen, du Bastard.

ORI Erst sagen Sie "grab!" zu mir, dann korrigieren Sie sich und erteilen mir eine Rüge: "warum hast du gegraben?". Erst bezeichnen Sie mich als Faulenzer und Drückberger, nur um mir einen Augenblick später vorzuwerfen, aus purem Geltungsbedürfnis und nur für eine Lohnerhöhung, allzu pflichttreu den Anweisungen gefolgt zu sein. Ständig schieben Sie mir also den Schwarzen

Peter zu, ohne mir die Möglichkeit einzuräumen, entweder bis zum bitteren Ende meine Pflicht zu tun oder gar nicht. Schönes Chaos!

CAPO Wenn man seine Pflicht schlecht tut, ist es so, als würde man sie gar nicht tun. Die Wahrheit ist doch, dass du ein verdammter Pfuscher bist. Ok, du hast eine Grube in die Grube gegraben, wie es dir ausdrücklich aufgetragen wurde. Aber hast du sie auch abgestützt?

ORI   Ich habe nicht daran gedacht, sie abzustützen, weil sie mir abstrakt, surreal genug erschien, um sich von selbst auf den Beinen zu halten.

CAPO Sie hat sich aber nicht auf den Beinen gehalten, du Dickschädel. Weil auch Metaphern solide Fundamente brauchen. Wer soll sie ihnen denn geben, diese Fundamente: du, der du gräbst oder ich, der ich dir befehle zu graben? Deine Grube war keinen Sargnagel wert, sie ist wie ein Kartenhaus zusammengebrochen. Jetzt bleibt dir nichts anderes übrig als alles noch einmal von vorn zu beginnen und eine neue auszuheben.

ORI   Eine reicht nicht?

CAPO   Sie hätte gereicht, klar, wenn du sie nicht herausgefordert hättest, indem du sie zum Symbol deiner existentiellen Situation erhoben hast. Du hast ihren Traumaspekt ans Licht gebracht, von dem nicht einmal sie selbst wusste, dass sie ihn überhaupt hatte. Aber jetzt, wo der Traum sich in einen Albtraum verwandelt hat und der Albtraum in eine Katastrophe von planetarischen Dimensionen, muss die Grube, um sie zu der ihr angemessenen Dimension eines Bauwerks von öffentlichem Nutzen zurückzuführen, noch einmal ausgehoben werden. So wie du sie zur menschlichen Metapher zurechtgestutzt hast, nutzt sie niemandem! Graben, Ori, graben und noch einmal graben.

ORI   Und was machen Sie, während ich grabe, Capo?

CAPO   Ich denke darüber nach, was du in der Post-Grubenzeit tun kannst, Ori. Für den Fall, dass es eine Post-Grubenzeit gibt. Versuche ja, dir das zu verdienen.

ORI Ich werde mein Bestes tun, Capo. Ich habe schon angefangen zu graben.

CAPO Bravo, Ori. So gefällst du mir. Wenn du schweigend gräbst.

ORI   Danke für das Zitat, Capo.

CAPO Bitte, Ori. Nichts zu danken. Pack zu.

Wehmütig fängt Ori wieder an zu graben. Musik. Es wird langsam dunkel.

HOLY MONEY

Personen:

Mr. Chomsky, 75 jahre alt

Cheryll, 28 jahre alt

Erster Akt
Innenraum eines bezaubernden Cottages in Vermont. In der Rückwand ein bodentiefes Fenster. Hausherr ist Mr. Chomsky, ein reicher alter Geschäftsmann, der sich auf dem Gipfel seines Erfolges in dieses idyllische Ambiente zurückgezogen hat.

ERSTE SZENE
Mr. Chomsky ist gerade dabei, in der Kochnische den Brunch vorzubereiten, stellt sich dabei aber nicht sonderlich geschickt an.

MR. CHOMSKY: Ich muss laut denken, auch beim Kochen.... sonst vergesse ich alles. - Was darf ich nicht vergessen? Ach ja, ich darf nicht vergessen, laut zu denken, damit ich nicht vergesse.... was? Damit ich *was* nicht vergesse, Mist?! - *(zuckt die Schultern)* Na ja, es wird mir schon wieder einfallen, früher oder später.... *(er schlägt sich an den Kopf, weil ihm plötzlich einfällt....)* Die Eier! Die darf ich nicht vergessen.... ich muss unbedingt Eier kaufen, weil das die letzten sind.... Verfluchtes Alter, das einem die Hirnneuronen plattrollt wie ein Kompressor! - Deshalb darf ich auch nicht vergessen, laut zu denken: In enem gewissen Alter fliegen einem die Gedanken weg wie nichts, wenn man sie nicht ausspricht. Es sind ja die *gehörten* Töne, die in der Hirnrinde versinken wie eine heiße Klinge in der Butter.... Die Wahrheit, mein Alter, ist doch: du bist verblödet.... zum Glück kann man vom Gürtel abwärts Abhilfe schaffen. Diese kleinen hellblauen Zauberpillen öffnen einem das Tor zum Paradies der Sinne.... vom Gürtel aufwärts dagegen ist die Katastrophe unvermeidlich.... andauernd vergesse ich alles.... apropos, was mache ich eigentlich hier in der Küche? - Ich Idiot, was soll ich in der Küche schon machen, natürlich den Brunch, mit den letzten Eiern, die im Kühlschrank noch aufzutreiben sind, weil ich vergessen habe, welche zu kaufen. - Ich darf nicht vergessen, warum ich in der Küche bin.... natürlich bin ich in der Küche, um zu kochen.... oder zu braten.... aber was? Eier.... genau.... Ich darf sie aber nicht auf dem Herd vergessen.... am besten stelle ich mir den Küchenwecker.... wenn der klingelt, denke ich wieder daran, dass ich nicht vergessen darf.... was eigentlich? - Wieviel Uhr es ist, verdammt?! Die Uhrzeit zu vergessen, wäre eine Katastrophe.... warum? Vielleicht, weil ich etwas auf der Herdplatte habe.... natürlich, die Eier.... mit dem Wecker fühle ich mich aber sicher.... ein Sprung unter die Dusche.... drrring, der Wecker klingelt.... das heißt, ich muss mich anziehen.... Nein, Idiot, die Eier sind fertig, ich ziehe mich erst an, wenn ich den Herd ausgemacht habe.... Wecker - Eier-auf-dem-Herd. Verstanden? Wecker - Eier-auf-dem-Herd....

Er geht hinaus, wobei er das Promemoria ständig vor sich hersagt.
Man hört das Rauschen des Wassers in der Dusche, dazu die Stimme von Mr. Chomsky, der singt.
Der Wecker klingelt, aber Mr. Chomsky hört ihn nicht, er singt unbeirrt weiter.
Langsam füllt sich die Bühne mit Rauch.
Da erscheint Cheryll am Fenster, wie eine junge Managerin aus Manhattan gekleidet. Sie klopft an die Scheibe. Keine Antwort. Sie klopft ein zweites Mal.

CHERYLL: Mr. Chomsky? - Hallo, ist jemand zu Hause?

Sie klopft heftiger, dadurch öffnet sich die Fenstertür von selbst, während Mr. Chomsky im Bademantel durch den Raum eilt, zum Herd,, wo sich eine dicke Rauchschwade gebildet hat. Diese Situation lässt Cheryll vor Schreck erstarren. Sie bleibt mit (zum Klopfen) erhobener Faust in der plötzlich offenen Tür stehen.

MR. CHOMSKY: Heiliger Himmel, die Eier sind ja völlig verbrannt. Der verdammte Wecker hat nicht gekingelt.... oder ich habe ihn nicht gehört.... ich habe ihn in der Küche gelassen, verdammt! Statt ihn ins Bad mitzunehmen....

Nimmt die rauchende Pfanne vom Herd und bemerkt endlich Cheryll, die wie paralysiert noch immer mit erhobener Faust in der offenen Tür steht.

MR. CHOMSKY: Was machen Sie denn hier, sie stehen ja da wie zur Salzsäule erstarrt. Oder wie ein Affe, der sich eine Banane in den.... ach, lassen wir das.
CHERYLL: Mr. Chomsky?
MR. CHOMSKY: Nehmen Sie die Faust runter, ich bin nicht Karl Marx, im Gegenteil.... und falls es noch nicht bis zu Ihnen durchgedrungen ist, die Berliner Mauer ist inzwischen gefallen.... wann war das eigentlich, voriges Jahr oder vor zehn Jahren?
CHERYLL: *(kommt wieder zur Besinnung)* Sorry, Mr. Chomsky...

MR. CHOMSKY: Hören Sie auf, sich zu entschuldigen.... das Rührei ist jedenfalls fertig....

CHERYLL: Das muss ein Missverständnis sein, Mr. Chomsky.

MR. CHOMSKY: Sie nennen das Missverständnis, wenn ein Brand ausbricht?

CHERYLL: Ich wollte Sie nicht mit dem kommunistischen Gruß provozieren.

MR. CHOMSKY: Das würde auch gerade noch fehlen, Frau.... ?

CHERYLL: Cheryll... Cheryll Shannon von Daniel & Black Investment... *(streckt die Hand aus, um ihn zu begrüßen)*

MR. CHOMSKY: Zum Henker mit den Förmlichkeiten.... helfen Sie mir lieber, das Fenster aufzumachen, wenn Sie nicht geräuchert werden wollen!

CHERYLL: Oh, ja, natürlich, Mr. Chomsky.

MR. CHOMSKY: Lüften Sie, lüften Sie!

CHERYLL: Ich bin ja dabei.... was haben Sie denn in der Pfanne gehabt, das so einen Rauch macht?

MR. CHOMSKY: Ich weiß es nicht, ich kann mich nicht erinnern....

CHERYLL: Wahrscheinlich Eier mit Speck.

MR. CHOMSKY: Woraus schließen Sie das?

CHERYLL: Aus dem üblen Geruch.

MR. CHOMSKY: Sie sollten Marktanalystin werden, wissen Sie? Sie haben eine ausgezeichnete Witterung, richtig gut.

CHERYLL: Das bin ich auch.

MR. CHOMSKY: Was?

CHERYLL: Marktanalystin.

MR. CHOMSKY: Wirklich?

CHERYLL: Wie ich Ihnen gerade sagte, ich komme von Daniel & Black Investment.

MR. CHOMSKY: Das haben Sie mir gesagt? - Entschuldigen Sie, ich bin ein bisschen zerstreut, aber vom Gürtel abwärts weiß ich noch genau, wie es funktioniert.

CHERYLL: Bitte?

MR. CHOMSKY: Der Magen, ich trage die Hosen auf altmodische Art, mit hohem Schritt.... Reiten Sie, Frau....?

CHERYLL: Cheryll. Nein, ich reite nicht.

MR. CHOMSKY: Spielen Sie Golf?

CHERYLL: Auch nicht. Aber ich spiele Tennis. Spielen Sie Tennis, Mr. Chomsky?

MR. CHOMSKY: Was für eine Frage, natürlich spiele ich.... *(hat eine Gedächtnislücke)* Was? Poker? Was haben Sie gesagt?

CHERYLL: Der Magen.... Sie sprachen über Ihren Magen.

MR. CHOMSKY: Ach ja, richtig. Der Magen funktioniert, wenn man etwas hineintut. Deshalb habe ich ja auch gekocht. Weil ich Hunger hatte.

CHERYLL: Es tut mir Leid, dass ich Sie zur Mittagszeit störe, aber....

MR. CHOMSKY: Wieso, wieviel Uhr ist es denn?

CHERYLL: Zeit für den Brunch.

MR. CHOMSKY: Das hatte ich ganz vergessen.

CHERYLL: Aber Sie waren doch am Kochen.

MR. CHOMSKY: *(irritiert)* Ich hasse es, wenn man mir widerspricht, Frau.... wie heißen Sie?

CHERYLL: Cheryll.

MR. CHOMSKY: Wollen Sie eine Klage an den Hals?

CHERYLL: Natürlich nicht.

MR. CHOMSKY: Dann machen Sie augenblicklich das verdammte Fenster zu, Sie wollen wohl, dass ich mir eine Lungen-entzündung hole? Wissen Sie eigentlich, wie kalt es draußen ist?

CHERYLL: Zwanzig Grad, Mr. Chomsky.

MR. CHOMSKY: Unter Null?

CHERYLL: Aber wir sind doch mitten im Frühling.

MR. CHOMSKY: Mittendrin? Wirklich?

CHERYLL: *(lacht)* Ja, wirklich.

MR. CHOMSKY: Auf jeden Fall macht man im Hause anderer Leute nicht einfach das Fenster auf, ohne vorher zu fragen.

CHERYLL: Sie haben mich doch selbst gebeten, das Fenster aufzumachen, Mr. Chomsky.

MR. CHOMSKY: Ach! - Und wozu?

CHERYLL: Wegen dem Rauch.

MR. CHOMSKY: Wo Rauch ist, da muss auch Feuer sein. War ich vielleicht am Kochen?

CHERYLL: Genau.

MR. CHOMSKY: Und alles ist verbrannt?

CHERYLL: Leider ja.

MR. CHOMSKY: Jetzt erinnere ich mich. Die Eier, der Wecker, der Rauch.... ein Desaster.... ist das Haus in Flammen aufgegangen?

CHERYLL: Nichts Schlimmes, Mr. Chomsky, nur die Bratpfanne ist zum Wegwerfen.

MR. CHOMSKY: Die Bratpfanne zum Wegwerfen? Und ich soll eine neue kaufen? Kann ich mir das leisten?

CHERYLL: Sie sind Multimilliardär, Mr. Chomsky.... außerdem gehört Ihnen, unter anderem, auch eine Bratpfannen-fabrik.

MR. CHOMSKY: Das ändert die Situation. - Ich kann also so viele Bratpfannen verbrennen, wie ich will? Was meinen Sie, Cheryll?

CHERYLL: Meinen Namen haben Sie sich ja auch merken können.... nehmen Sie mich vielleicht auf den Arm?

MR. CHOMSKY: Ja und nein: Ein bisschen *bin* ich so und ein bisschen *tue* ich so. Entschuldige, Cheryll, ich habe deine Geduld auf die Probe gestellt.... ich bin nicht so blöd wie ich scheine.... ein bisschen vergesslich, ja, wegen des Alters, aber die wichtigen Dinge, die behalte ich, deinen Namen zum Beispiel.

CHERYLL: Ach ja? Wie heiße ich denn?

MR. CHOMSKY: Dein Name, dein wunderschöner Name ist.... ist.... Cheryll!

CHERYLL: Cheryll, und weiter?

MR. CHOMSKY: Da verlangst du ein bisschen zu viel von meinem Gedächtnis.

CHERYLL: Cheryll Shannon von Daniel & Black Investment.

MR. CHOMSKY: Hör auf mit dem Erzengel Daniel und diesem Heiligen der drei Könige Samuel Black, der versteht doch von Investitionen so viel wie ein Besoffener am Steuer einer gerade geklauten Sonderanfertigung.... Wenn ich dich noch nicht mit Flintenschüssen in die Flucht geschlagen habe, ist das nur, weil du Cheryll bist, der Rest ist scheißegal, entschuldige diesen rauhbeinigen Ausdruck von einem armen alten Trottel, der manchmal nicht weiß, was er sagt, der aber jedenfalls immer - ich wiederhole: immer - sagt, was er denkt. - Wollen wir einen Vertrag abschließen, Cheryll?

CHERYLL: Deshalb bin ich ja hier.

MR. CHOMSKY: Von jetzt an sagst auch du nur noch das, was du wirklich denkst. Und wenn ich *wirklich* sage, dann meine ich auch *wirklich*.

CHERYLL: Einverstanden, Mr. Chomsky.

MR. CHOMSKY: Wer war das noch, der geschrieben hat, dass, was man sagt, nichts ist als der Schatten dessen, was man denkt, und was man denkt, nicht einmal der Schatten unserer Seele und die Seele nicht einmal der Schatten eines Schattens?

CHERYLL: *(schüchtern)* Shakespeare?

MR. CHOMSKY: Bestimmt nicht das „Wall Street Journal"!

CHERYLL: Da kennen Sie sich allerdings besser aus als der Teufel.

MR. CHOMSKY: Ich kenne mich aus, ja.... ich kenne mich aus, aber ich kann mich nicht mehr an alles erinnern, *das* ist das Problem. Mir entfleucht ständig etwas durch den Dienstboteneingang des Hirns.

CHERYLL: Nachricht erhalten, Mr. Chomsky.... *(Cheryll schließt die Tür, lässt aber das Fenster offen)* Zufrieden?

MR. CHOMSKY: Manchmal tue ich so, als sei ich ein Dummkopf, aus reinem Selbstmitleid.... beziehungsweise ich stelle mich dümmer als ich bin, nur um mich dann als viel weniger verkalkt zu erweisen als ich scheine.... ein Trick, mit dem ich Glaubwürdigkeit zurückgewinne in den Augen der Leute, die denken dann nämlich: Na ja, eigentlich ist dieser arme alte Mann ja gar nicht so dumm wie er aussieht. Oder wie man in der Socker-Sprache zu sagen pflegt, ich rette mich in den Corner...!

CHERYLL: Aber nein, Mr. Chomsky, Sie kamen mir auch vorhin nicht so vor.... ein bisschen zerstreut vielleicht, aber jedenfalls immer ein ganzer Mann!

MR. CHOMSKY: Ich muss dich an unseren Vertrag erinnnern, Cheryll. Willst du so schnell vertragsbrüchig werden? Du weißt doch, du darfst immer nur sagen, was du denkst! Sonst werde ich nämlich böse, weißt du.

CHERYLL: Ist es ok, wenn ich Ihnen sage, dass Sie ein altes Schlitzohr sind?

MR. CHOMSKY: Wenn du das wirklich über mich denkst....

CHERYLL: Wirklich.

MR. CHOMSKY: Dann ist es ok.... im Gegenteil, es ist super: Altes Schlitzohr hat noch niemand zu mir gesagt. Vor dir hat noch niemand den Mut gehabt, das zu mir zu sagen. Ich habe schon Leute wegen viel geringerer Frechheiten auf Millionen von Dollar verklagt.

CHERYLL: *(besorgt)* Ich hoffe, dass....

MR. CHOMSKY: Keine Angst, ich kann dich ja gar nicht verklagen: Nach dem mündlichen Vertrag zwischen uns, wonach wir immer nur das sagen dürfen, was wir wirklich denken, wäre die vertragsbrüchige Partei ja *ich. Ich* würde den Prozess verlieren und *du* könntest Gegenklage erheben und mir damit die letzte Unterhose vom Leib reißen. Meine Verfrorener-Opa-Wollunterhose, damit wir uns verstehen!

CHERYLL: Sie sind also nicht nur ein altes Schlitzohr, sondern auch noch ein alter Fuchs.

MR. CHOMSKY: Sehr gut, sehr gut. Ich habe den Eindruck, wir schaffen gerade die Voraussetzungen für eine vorzügliche Zusammen-arbeit. Wenn man einen guten Tag schon am Morgen erkennt.... dann wird man einen guten Abend doch spätestens beim Sonnenuntergang erkennen. Richtig?

CHERYLL: Und ob! Außerdem ist es ein echtes Vergnügen, mit Ihnen zu verhandeln: Sie lassen sich sogar beschimpfen, ohne beleidigt zu sein.

MR. CHOMSKY: Im Gegenteil. Ich gestehe, dass die Beleidigungen eines jungen Mädchens wie du in einem gewissen Alter sogar Freude machen.

CHERYLL: So lange Sie zufrieden sind....

Kurzes Schweigen.

MR. CHOMSKY: Jetzt gehen wir zu Phase zwei über.... einverstanden?

Mr. Chomsky streckt die Hand nach Cherylls Schenkel aus, die ihn ein bisschen machen lässt und dann die freche Hand beiseite schiebt.

CHERYLL: Ich weiß nicht, Mr. Chomsky. Ich weiß nicht einmal, was es mit Phase eins auf sich hat.

MR. CHOMSKY: Dann erkläre ich es dir. Phase eins: Man öffnet die Fenster, um den Rauch heraus- und die frische Luft hereinzulassen. Phase zwei: Man macht die Fenster wieder zu, damit keine Fliegen hereinkommen. Klar?

CHERYLL: *(schließt die Fenster)* Völlig klar. Ich hätte das auf Anhieb begreifen müssen. Aber von häuslicher Ökonomie verstehe ich nichts.

MR. CHOMSKY: Was heißt hier häuslich, Mädchen! Was haben sie dir bei Daniel & Black denn beigebracht, wo man auf das Überfahren von Fußgängern und das Merchandising von abgelaufenen Präservativen spezialisiert ist!? Die gesamte Ökonomie des Marktes funktioniert doch so. Wenn sich der Markt überhitzt und inflationäre Effekte produziert und dabei mehr Rauch als Braten produziert, um im Bild zu bleiben, müssen Maßnahmen ergriffen werden. In unserem Fall macht man die Fenster auf. Wenn der Rauch aber erst einmal draußen und was vom Braten noch zu retten war, gerettet ist, macht man die Fenster wieder zu, krempelt die Ärmel auf und kocht ein neues Mittagessen, in der Hoffnung, dass es nicht auch noch verbrennt. Ist das klar?

CHERYLL: Ganz klar.

MR. CHOMSKY: Wollen wir uns wieder vertragen, Cheryll.

CHERYLL: Wir haben uns doch gar nicht gestritten.

MR. CHOMSKY: Aber nur, weil du mit mir nicht streiten willst und kannst. Wenn ich dein Vater oder (oh je!) dein Großvater wäre, dann hättest du doch schon vor einer ganzen Weile zu mir gesagt: Leck mich...!

CHERYLL: Im Rahmen unseres Vertrages könnte ich aber sagen: leck mich....! Ohne dass Sie beleidigt sein drüften.

MR. CHOMSKY: Vertrag? Ach, du liebe Zeit! Welches Vertrages?

CHERYLL: Dass wir immer nur sagen, was wir wirklich denken... jetzt sagen Sie nicht, dass Sie das vergessen haben!?

MR. CHOMSKY: Verba volant, carta canta, wie es auf Lateinisch heißt. Was bedeutet....

CHERYLL: Ich kann Latein, in Harvard wurde ich mit römischem Recht gepiesackt.

MR. CHOMSKY: Dein Wort gegen meins, Cheryll. - Wie wollen wir es halten?

CHERYLL: Das soll wohl die Zwischenprüfung sein?

MR. CHOMSKY: Studiert ihr sowas schon im ersten Jahr? Zu meiner Zeit gab es da nur das Naturgesetz des Dschungels. Damals brauchte man ein dickes Fell, um zu überleben, heute ist alles viel leichter....

CHERYLL: Wieso?

MR. CHOMSKY: Weil es Computer, Handys und das Internet gibt, während früher alles von Intuition und Improvisation abhing, der Fähigkeit des Einzelnen, seinem Überlebensinstinkt einzusetzen.... heute geht man den Dingen entweder gemeinsam auf den Grund oder man schwimmt gemeinsam an der Oberfläche.... ihr seid doch alle miteinander vernetzt.... in einer bestialischen Orgie virtueller Finanz - apropos, wo wir gerade von Orgien reden....

CHERYLL: Mr. Chomsky!

MR. CHOMSKY: Bitte keine Vorhaltungen, bevor du noch meine wahren Absichten kennst. Weil wir nämlich gerade von Orgien reden, also Fleischeslüsten, ist mir wieder eingefallen, dass ich noch nicht zu Mittag gegessen habe.... Und du?

CHERYLL: Nein, ich habe auch noch keine Orgie gefeiert, also Mittag gegessen.

MR. CHOMSKY: Dann könnten wir doch gemeinsam ein orgiastisches Mittagessen zu uns nehmen. Du bist bestimmt völlig ausgehungert....

CHERYLL: Ich bin heute Morgen ziemlich früh von Manhattan aufgebrochen, weil ich nicht in den Verkehr geraten wollte.... natürlich bin ich dann doch hineingeraten. Inzwischen haben wir in New York ja den ganzen Tag Rush Hour... In der Fifth Avenue haben irgendwelche Immi-granten für die Greencard demonstriert, in der Sechsten Straße wurde ein Film mit Nicole Kidman gedreht, beim Filmfestival von Tribeca wird gerade der Film eines neuen italienischen Regisseurs gezeigt, der hunderte von Leuten mitgebracht hat, die alle in Big Apple herumspazieren....

MR. CHOMSKY: Tut mir Leid, aber meine Kenntnisse des italienischen Kinos hören bei Sophia Loren und Marcello Mastroianni auf.

CHERYLL: Ich mag auch die Spaghetti-Western.

MR. CHOMSKY: Weil du Hunger hast....

CHERYLL: Oh, ja, einen Bärenhunger.

MR. CHOMSKY: Dann tanz mit den Bären oder den Wölfen oder besser mir altem einsamen Wolf!

CHERYLL: Sie haben aber wirklich die Faszination des grauen Wolfs...

MR. CHOMSKY: Das hast du gut erkannt, die Faszination der sauberen, unverfälschten Natur! Im übrigen genieße ich totale Freiheit, ich habe keine festen Uhrzeiten: Ich esse, trinke und schlafe, wann ich will. Das heißt ich esse, wenn ich Hunger habe...

CHERYLL: Dass Sie sich das erlauben können, Sie Glücklicher!

MR. CHOMSKY: Das ist ein Lebensentwurf, nicht nur eine Frage des Geldes... Man muss nur auf ein bisschen Luxus, ein paar Bequemlich-keiten verzichten, sich an eine spartanische Existenz gewöhnen...

CHERYLL: Hören Sie auf mit Sparta, mir reicht die Hölle, in der ich lebe: New York City! Kennen Sie das Lied „Life in New York is not easy"...?

MR. CHOMSKY: Kenne ich! In Big Apple hockt ihr doch nur noch am Schreibtisch, und wenn ihr euren Viertelstunden-Lunch überspringt, könnt ihr das beim Nachmittagskaffee nicht wieder aufholen, weil ihr dauernd am Rennen seid, wie die Besessenen, bis euch der Stecker rausgezogen wird. Am Times Square zieht aber heute überhaupt niemand mehr den Stecker raus, die Büros sind die ganze Nacht erleuchtet, keine Zeit mehr für eine ganz normale Mahlzeit.... die wenigen Momente der Freiheit, die euch bleiben, braucht ihr für euren Kurzschlaf, sonst explodiert ihr....

CHERYLL: Genau so ist es, sie malen da ein grausames, aber realistisches Bild. Manche Kollegen bleiben dabei aber auf der Strecke: Autounfall durch Minutenschlaf, stressbedingter Herzinfarkt, Selbstmord und immer mehr Fälle von „Burn out"....

MR. CHOMSKY: Neue Krankheit?

CHERYLL: Eher eine obskures Leiden als eine Krankheit im klassischen Sinn des Wortes. Jemand fällt hin und kann nicht wieder aufstehen. Öffnet die Augen, spricht, nimmt wahr, kann sich aber nicht mehr bewegen.... eine Art cerebrales Black out aufgrund verschiedener Faktoren.... beruflicher Stress, Angst vor Verlust des Arbeitsplatzes, privater Stress, Existenzangst.... wenn einer „ausgebrannt" ist, ist er am Ende. Wie es das Wort schon sagt: verbrannt, das heißt nicht mehr zu retten. Am Arsch!

MR. CHOMSKY: Mein Motto ist deshalb: besser bescheißen als beschissen werden.

CHERYLL: Leicht gesagt.

MR. CHOMSKY: Wenn man jemanden bescheißen will, braucht man nur den richtigen Rohstoff, mein Schätzchen. Einen schönen jungen Körper wie deinen zum Beispiel kann man - im metaphorischen Sinne natürlich - als Matratze benutzen.

CHERYLL: Wir sprachen eigentlich über ernste Dinge, Mr. Chomsky.

MR. CHOMSKY: Apropos „Burn out" wollte ich sagen, dass ich auch brenne.... ich glühe.... ich bin ein einziger Brand.... lösch mich!

CHERYLL: Das ist das Herz, Sie haben Hitzewallungen.

MR. CHOMSKY: Ein bisschen das Herz und ein bisschen der Dings, wie heißt er noch.... der Schwanz! Die sind einander in Sympathie verbunden.

CHERYLL: Der Nervus sympathicus ist aber woanders.

MR. CHOMSKY: Ja, der ist aber auch nicht unsympathisch, im Gegenteil.

CHERYLL: Sie machen Witze darüber, aber für Leute, die in den Burn-out-Zustand geraten, ist das finsterste Nacht.... wer einen Infarkt überlebt, kann ja nach und nach seine Arbeit wieder aufnehmen. Wer aber vom „Burn out" getroffen wird, geht nach Florida und lässt sich von der Sonne therapieren, wenn er genug Geld hat, oder er endet in einer Unterführung der Penn Station im Pappkarton. Wenn man aber sowieso nichts machen kann, sollte man sich lieber gleich erschießen, das geht schneller.... ist doch besser, man macht Schluss, bevor einen der „blinding flash" trifft.

MR. CHOMSKY: Da habe ich meine Zweifel. Ich erzähle dir mal eine Geschichte. Einmal, vor vielen Jahren, als ich noch in vorderster Linie stand, hatte ich plötzlich das Bedürfnis nach einem Break. Ich habe mir also eine so genannte Denkpause genommen. Ich bin in einen Zug gestiegen und nach New Jersey gefahren.

CHERYLL: Hübscher Ort.

MR. CHOMSKY: Am Strand von New Jersey sah ich einen Obdachlosen, der mit einer Flasche Whisky griffbereit neben sich in der Sonne lag. Ich ging zu ihm und fragte: „Warum gehst du nicht arbeiten?" Und mit alkoholverklebtem Mund, aber äußerst hellem Verstand hat er mir mit einer Frage geantwortet (übrigens eine bewährte Technik zur Manipulation von Gesprächen, musst mal drauf achten): „Warum soll ich denn arbeiten gehen?" Und ich habe ich ihm eine zweite Frage gestellt: „Willst du denn kein Geld verdienen?" Und er: „Was soll ich denn mit Geld?" - „Willst du nicht irgendwann in Pension gehen?" - „In Pension, wozu?" fragte er zurück. Da habe ich den Fehler begangen, von den Fragen zu den Behauptungen überzugehen: „Du lieber Himmel, um dein Leben zu genießen!" Und er ließ sich natürlich die Gelegenheit nicht entgehen, mir eine nette kleine Lektion zu erteilen: „Aber ich genieße doch das Leben, auch ohne zu arbeiten." Das war das einzige Gespräch, bei dem ich meinem Gegenüber Recht geben musste.

CHERYLL: *(ironisch)* Solange es also Leben gibt, gibt es Hoffnung.

MR. CHOMSKY: Es ist keine Frage der Hoffnung, sondern der Lebensqualität. Damals beschloss ich, mich hier bei Vermont aufs Land zurückzuziehen.

CHERYLL: Um Schafe zu zählen und Eier zu verbrennen?

MR.CHOMSKY: Und als rüstiger Gockel den Hühnern hinterherzu-jagen, wenn du gestattest.

CHERYLL: Das ist alles?

MR. CHOMSKY: Und das Gedächtnis zu verlieren, stimmt. Aber vielleicht ist es gerade das, was ich tun wollte. Das Gedächtnis verlieren, die Erinnerung an das, was ich gewesen bin.

CHERYLL: Ihr Vermögen haben Sie aber durch das Landleben nicht verloren, im Gegenteil, Sie haben es im Laufe weniger Jahre vervielfacht....

MR. CHOMSKY: In der Tat, das einzige, was ich nicht verloren habe, ist der Spürsinn, der sechste Sinn für das Geschäft....

CHERYLL: Und was für ein Spürsinn! Nach dem Newsweek-Ranking sind Sie der zehntreichste Mann der USA.

MR. CHOMSKY: Unter den Hungrigen bin ich aber weltweit an der Spitze. Wenn du also gestattest, werde ich mich jetzt wieder in der Küche produzieren.... sind Eier mit Speck ok für dich?

CHERYLL: Für die Gesundheit sind Eier und Speck eigentlich eine mörderische Verbindung. Proteine und schlechtes Cholesterin...

MR. CHOMSKY: Schlechter als ich? Das glaube ich nicht. Außerdem ist es ja bestimmt kein Drama, wenn dein Verhältnis zur Waage ausnahmsweise mal einen Blackout hat. Was mich betrifft, so wird es nicht das Cholesterin sein, das mich ins Jenseits befördert.

CHERYLL: Ok, ich mache eine Ausnahme.

MR. CHOMSKY: Eine Ausnahme mit Rührei! Eier sind übrigens in allen Kulturen der Welt das Symbol der Fruchtbarkeit, der Zeugung und der dazugehörigen.... Paarung.

CHERYLL: Es ist wohl besser, ich tue so, als hätte ich diese politisch absolut unkorrekte Bemerkung nicht verstanden, Mr. Chomsky.

MR. CHOMSKY: Richtig, wir sollten das Leben genießen und es nicht unnötig komplizieren. Also....

CHERYLL: Also?

MR. CHOMSKY: Was? Ach, ja! Ich muss das Essen bestellen. Eier mit Speck für zwei, Baptiste! - Baptiste? Wo ist der Butler? - Ach, ich habe ganz vergessen, dass er heute seinen freien Tag hat. Deshalb habe ich ja auch versucht, mir den Brunch selbst zu machen.... na ja, wenn man etwas richtig Gutes essen will, muss man es sich sowieso selber machen.

CHERYLL: Wenn ich an die bisherigen Versuche denke, würde ich das nicht sagen.

MR. CHOMSKY: Das ist doch genau der Punkt, liebe Cheryll. Präzedenzfälle braucht man, sie sind nötig, um Erfahrung zu sammeln, und die liefert uns das notwendige Knowhow für unser Unternehmen... sowohl in der Vorbereitungsphase als auch im Management selbst. „Welche Unternehmens?" wirst du mich fragen...

CHERYLL: Ich hätte das jetzt nicht gefragt, denke aber, Sie werden mir es mir auch so erzählen.

MR. CHOMSKY: Sei nicht beleidigt. Ihr jungen Leute glaubt immer, alles ganz genau zu wissen. Ihr seid ja auch in der glücklichen Lage, euch mit vielen Dingen auszu-kennen. Zum Beispiel seid ihr imstande, diese kleinen Monster da zu betätigen, wie heißen die noch....?

CHERYLL: PC.

MR. CHOMSKY: *(erschrocken)* Pizza?

CHERYLL: *(lacht amüsiert)* Nein! Sie denken aber auch immer nur ans Essen, Mr. Chomsky? Ich meine Personal Computer.

MR. CHOMSKY: Wunderbar: Dir gelingt es, diese beiden Konsonanten PC so auszusprechen, als wenn ich go-fuck sagen würde.... nur ist mein Ausdruck ordinär und deiner hochtechnologisch. Ich streiche jedenfalls die Segel vor der Logik dieser seelenlosen Transistor-Ungeheuer. Ich will damit sagen, dass ihr jungen Leute in der Lage seid, schwierige Dinge zu bewältigen, aber....

CHERYLL: Ich wette, dieses vieldeutige „aber" ist weit mehr als eine einfache Feststellung. Es stellt eine gesamte Weltanschauung mit den dazugehörigen Auswirkungen auf den Generationenkonflikt in Frage.

MR. CHOMSKY: Na gut, aber lass dir wenigstens sagen, dass ihr jungen Leute nicht mehr fähig seid, die kleinen Dinge des Lebens zu sehen. Die Details. Weißt du, welcher Industrielle in der gesamten Wirtschafts-geschichte das meiste Geld gemacht hat? Der Erfinder des Zahnstochers. Das ist die Wahrheit. Da liegt der Hase im Pfeffer.... ich meine, hier stolpert ihr komplizierten jungen Leute unserer modernen Zeiten.

CHERYLL: Da bin ich aber gespannt.

MR. CHOMSKY: Wer würde leugnen, dass ihr die allgemeine Lage großartig beherrscht,. Aber ihr stolpert über einen Strohhalm, wenn es darum geht, Probleme zu analysieren, die von geringerer Bedeutung erscheinen. Die sind aber die Basis eines jeden Business. Ein Business ist ohnehin um so profitabler, je einfacher es daherkommt: „Das Elementare, Watson!" hat Sherlock Holmes immer wieder zu seinem Assistenten gesagt, wenn der sich beim Analysieren eines Problems wieder mal in einem ebenso abstrakten wie abwegigen Labyrinth verfing....

CHERYLL: Ganz im Gegensatz zu dem großen Detektiv, der immer ins Schwarze traf.

MR. CHOMSKY: Ins Schwarze, genau. Und hier sind wir wieder bei den Eiern. Wenn du gelernt haben wirst, sie richtig zuzubereiten, dann wirst du auch wissen, wie du sie so verkaufst, dass du noch zusätzlich daran verdienst....

CHERYLL: Ach, deine Restaurantkette hatte ich ganz vergessen: Da lassen Sie wohl die Eier auf dem Herd verbrennen, um herauszufinden, wie man sie besser verkauft.

MR. CHOMSKY: Ich lasse die Eier verbrennen, weil ich noch nicht herausgefunden habe, wie ich es besser machen kann. Wenn ich das aber herausgefunden habe, dann sage ich es meinen Köchen, die kochen nämlich so lausig, dass mir in Scharen die Kundschaft davonläuft.

CHERYLL: Sie haben also durchaus die Absicht, es mit dem Eier-Projekt noch einmal zu versuchen?

MR. CHOMSKY: Ich bin nicht der Typ, der bei jeder Schwierigkeit gleich aufgibt.

CHERYLL: Voraussetzung ist aber, dass Sie eine Ersatz-Pfanne haben: Diese hier ist jetzt nämlich canzerogen.

MR. CHOMSKY: Du unterschätzt mich, Cheryll, hast du vergessen, dass ich der größte Teflon-Töpfe-Aktionär bin?

Öffnet einen Schrank und zeigt auf eine komplette Batterie von Töpfen und Pfannen. Cheryll öffnet ihrerseits den Kühlschrank, als wolle sie ihn herausfordern.

CHERYLL: Der Teufel macht die Töpfe, aber nicht die Deckel.

MR. CHOMSKY: Was zum Teufel willst du damit sagen, Cheryll?

CHERYLL: Dass der Kühlschrank leer ist.... Sie haben vergessen, Eier zu kaufen.

MR. CHOMSKY: Wie ich dir schon gebeichtet hatte, bin ich mit fortgeschrittenem Alter ein wenig vergesslich geworden. - Im übrigen muss man im Business auch aus negativen Erfahrungen lernen, das heißt in unserem Fall, aus verbrannten Eiern.

CHERYLL: Wie denn?

MR. CHOMSKY: Du bist vielleicht naiv: indem man sie recycelt!

CHERYLL: Verbrannte Eier recyceln? Also, nein, die esse ich nicht.

MR. CHOMSKY: Man soll sie nicht essen, man soll sie nur wieder in den Produktionszyklus integrieren.

CHERYLL: Integrieren.... wie denn, die sind doch ekelhaft.

MR. CHOMSKY: Du enttäuschst mich. - Was ist deiner Meinung nach im Rauch von verbrannten Eiern enthalten?

CHERYLL: Vielleicht frittierte Luft?

MR. CHOMSKY: Was heißt hier vielleicht. Natürlich enthält der Rauch frittierte Luft. Woraus aber besteht frittierte Luft? Aus Molekülen, die den Duft bilden, der sich auf der Straße ausbreitet und das Hungerhormon aktiviert, automatisch, immer wenn die Botschaft der olfaktiven Papillen zu den empfangs-bereiten Neuronen der potentiellen Kunden ausgesen-det wird.

CHERYLL: Kann ja sein... ich will es auch gar nicht leugnen, aber der Gestank von verbrannten Eiern löst doch einfach nur Brechreiz aus.

MR. CHOMSKY: Auch bei mir löst er Brechreiz aus. Wenn da nicht - abrakadabra - die Konditionierung durch die Werbung wäre. Wir Verbraucher wissen alle, dass Eier mit Speck ungesund sind, weil sie schlechten Cholesterin enthalten, wir riechen den ekelerregenden Gestank, wenn sie verbrennen....

CHERYLL: Auf mich wirkt das nicht wie eine tolle Publicity.

MR. CHOMSKY: Hast du dich nie gefragt, ob nicht gerade dieses „Ungesunde", Brechreiz Auslösende das Erfolgsgeheimnis von Eiern mit

Speck ist?.... der Gestank und das Bewusstsein des schlechten Choleste-rins verwandeln ein scheußliches, verbranntes Gericht in eine Art „verbo-tene Frucht", die auf den menschlichen Geist eine makabre Anziehungs-kraft hat und immer haarscharf am Rande der Selbstzerstörung verläuft, wobei auch Freuds Prinzip der Entropie ein Faktor ist.

CHERYLL: Sie meinen den Drang eines jeden Organismus, den pränatalen Ruhestatus wiederherzustellent: das Nichts, den Tod....

MR. CHOMSKY: Gut! Da höre ich doch den typischen Harvard-Stil heraus.

CHERYLL: Ihnen zufolge müsste die Promotion eines Produktes also immer auch eine Art Publicity für den Selbstmord sein?

MR. CHOMSKY: Verkaufen Zeitungen gute Nachrichten? Mit einer Fabrik für schlechte Nachrichten würde ich Geld machen wie Heu.... aber leider...

CHERYLL: Leider?

MR. CHOMSKY: Geld wie Heu, säckeweise, waggonweise, habe ich schon so viel gemacht, dass es mir inzwischen zu den Ohren rauskommt. Ich finde keinen Genuss daran, noch mehr Geld zu machen. Vielleicht wäre es sogar amüsant, zur Abwechslung mal ein bisschen Geld zu verlieren, vielleicht sogar alles, nur um wieder bei Null anzufangen und sich Schlag auf Schlag wieder hochzurappeln. Es gibt für alles ein Heilmittel, außer für den Tod. Sogar für das American Breakfast, wenn in der Vorratskammer die Eier fehlen.... merk dir das!

CHERYLL: Wollen Sie Rührei mit Speck ohne Eier machen? Was für ein Rührei ist das denn?

MR. CHOMSKY: Ein Sakrileg! Nichts und niemandem wird es gelingen, mich dazu zu bringen, die heilige Verbindung zwischen dem Speck und dem Ei zu zerstören. Nein, man muss einkaufen gehen.... würdest du mich mit deinem Auto zum Superstore bringen?

CHERYLL: Eigentlich bin ich gekommen, um über Geschäfte zu reden.

MR. CHOMSKY: Wir sprechen nachher darüber, wenn es dir recht ist. Im übrigen ist es heute ja dein Job, mir das Okay für eine 10 Millionen-Dollar-Investition zu entreißen....für mich Peanuts, nicht aber für dich. Das wird dir schon ein Abendessen mit dem alten Milliardär wert sein, den du rupfen sollst.

CHERYLL: Rupfen? - Was sagen Sie da?

MR. CHOMSKY: Rupfen, rupfen. Macht aber nichts. Vielleicht lasse ich mich ja rupfen. Aber nicht, bevor ich dir nicht erklärt habe, wie die Dinge auf der Welt laufen, auch um in deinen schönen Augen nicht als kompletter Idiot dazustehen.... das heißt natürlich, dass du mir ein bisschen von deiner kostbaren New Yorker Zeit zugestehen musst.

CHERYLL: Einverstanden, um Ihnen eine Freude zu machen, werde ich mal abschalten.

MR. CHOMSKY: *(frohlockend)* Wie schön ist es doch, mit einem Mädchen einkaufen zu gehen .... *(reibt sich die Hände)* Meine Wirkung auf Frauen hat offenbar noch nicht nachgelassen....

CHERYLL: Vielleicht hat das etwas mit Ihrem.... Bankkonto zu tun, Mr.Chomsky?

MR. CHOMSKY: Tatsächlich, mein Bankkonto ist ein erstklassiges sexuelles und auch sentimentales Argument. Es überzeugt mehr als das heimtückische Metall von Cupidos Pfeil.

CHERYLL: Kommt darauf an.

MR. CHOMSKY: Gar nicht mal so sehr. Und wie immer sage ich das aus eigener Erfahrung. - Jetzt ziehe ich mich aber an und dann gehen wir. Du kannst am Hinterausgang auf mich warten....

CHERYLL: Ich sag's Ihnen gleich: Mein Auto ist kein Cadillac und total unordentlich, ein Chaos.

MR. CHOMSKY: Chaos? Ich liebe das Chaos... ich bin gleich wieder da.

CHERYLL: Sie sind wirklich nicht zu retten, Mr. Chomsky.

MR. CHOMSKY: Nicht zu retten schon, aber ohne Tadel.

CHERYLL: Scheinbar ohne Tadel. Aber vielleicht nutzen Sie das ein bisschen zu sehr aus.

MR. CHOMSKY: Ich weiß, Cheryll. Ich in reich und mächtig. Und ich nutze das aus. Noblesse oblige.... das ist übrigens kein Latein....

CHERYLL: Ich kann Französisch: Ich habe drei Jahre an der Pariser Börse gearbeitet.

MR. CHOMSKY: Was ist denn so los in Paris? Wird da immer noch Revolution gespielt?

CHERYLL: In den Vorstädten werden Autos verbrannt und Barrikaden errichtet.

MR. CHOMSKY: Und im Zentrum? Was passiert da Schönes?

CHERYLL: Nichts besonderes. Man trinkt Champagner und isst Austern. Wie immer....

MR.CHOMSKY: Und das nennst du nichts besonders? Kleines Dummchen.

Mr. Chomsky zieht sich zurück, Cheryll geht hinaus.

ZWEITE SZENE

Das Telefon klingelt. Niemand antwortet. Der Anrufbeantworter startet.

MR. CHOMSKYS STIMME

Ich bin nicht da, oder falls ich da bin, will ich nicht antworten. Warum nicht? Weil Sie mir auf die Nerven gehen. Ich brauche nichts und niemanden, am allerwenigsten Einkaufstipps oder Angebote für Geldanlagen. Früher oder später wird die Welt sowieso einen Furz abfeuern und ihren letzten Atemzug aushauchen. Deshalb kümmern *Sie* sich um Ihren Kram und *ich* kümmere mich um meinen. Verstanden? Fahren Sie zur Hölle! *(Pause)* Wenn Sie aber partout nicht darauf verzichten können, hinterlassen Sie eine Nachricht .... hoffen Sie aber nicht darauf, dass ich zurückrufe.... weder heute noch irgendwann.

UNBEKANNTE STIMME:
Guten Tag, Mr. Chomsky. Ich bin Samuel Black von Daniel & Black Investment. Ich rufe an, um Sie über einen bedauerlichen Zwischenfall zu informieren. Mrs. Cheryll Shannon hatte auf dem Weg zu dem Termin bei Ihnen im Cottage eine Panne. Sie kann daher auf keinen Fall vor morgen bei Ihnen sein. Sie wird sich mit Ihnen in Verbindung setzen, um einen neuen Termin zu vereinbaren. Ich bitte um Entschuldigung....

STIMME MR. CHOMSKY: Time out, leckt mich am Arsch.

DRITTE SZENE

Ein Wagen fährt vor. Man hört das Geräusch der zuklappenden Türen.
Cheryll kommt mit Mr. Chomsky herein, der große Tüten mit Vorräten hereinträgt.

MR. CHOMSKY: Zu dieser Jahreszeit ist der Lachs vorzüglich. Ein bisschen teuer zwar, zum Teufel! 30 Dollar pro Kilo. Aber für dich scheue ich keine Kosten, auch weil die Lachszucht - dreimal darfst du raten - natürlich zu meinem Besitz gehört. Und daher 60 Prozent dessen, was ich ausgegeben habe, wieder in meine Taschen fließt. Ich esse also gewissermaßen auf eigene Kosten, verstehst du? Und werde auch noch reich dabei! Die Wunder des Kapitalismus... Wo waren wir stehen geblieben?

CHERYLL: Die Lachspreise....

MR. CHOMSKY: Ach ja, also die sind in die Höhe geschnellt, es ist ist ein schlechtes Jahr für den Fischfang.... weißt du, die Abholzung der Wälder, die Umweltverschmutzung.... *(kichert)*

CHERYLL: Aber, das ist doch schlimm, Mr. Chomsky! Was gibt's da zu lachen?

MR. CHOMSKY: Es ist ein schlechtes Jahr für den Fischfang, aber nicht für mich.

CHERYLL: Na klar, die Lachsfabrik gehört ja Ihnen!

MR. CHOMSKY: Genau! Die armen Fischer fangen die Lachse, aber ich konfektioniere und verkaufe sie. Sie sterben vor Hunger und ich mache mir ein schönes Risotto!

CHERYLL: Oh, fein, phantastisch!

MR. CHOMSKY: Genau.... sage ich ja. Und dabei habe ich noch nicht einmal berechnet, dass ich, wie ich dir schon sagte, am Lachs, den ich verkaufe, wenn ich ihn kaufe, noch verdiene und damit die Ausgaben für Eier und Speck schon wieder raushabe, verstehst du? Also....

CHERYLL: Lassen Sie mich nicht zappeln, ich hänge an ihren Lippen. - Also?

MR. CHOMSKY: Also.... können wir sehr gut das Rührei überspringen und uns für ein schönes Risotto entscheiden, die Kosten kriege ich sowieso wieder rein.... Hast du Lust?

Kleine Pause.

CHERYLL: Für ein Risotto braucht man Zeit, Mr. Chomsky.

MR. CHOMSKY: Komm, zier dich nicht. Immerhin handelt es sich um ein Arbeitsessen. Du wirst mir sämtliche Risiken der von Black & Daniel vorgeschlagenen Investition erläutern....

CHERYLL: Daniel & Black, um genau zu sein.

MR. CHOMSKY: Entschuldigung. Ich verwerchsle das immer mit Black & Decker, dieser Firma, die Geräte für Heimwerker produziert, von der ich übrigens 25 Prozent des Aktienkapitals besitze. Hier dagegen handelt es sich um den Erzengel Daniel und um Samuel Black, zwei absolute Profis im Ausplündern ihres Nächsten....

CHERYLL: Was wir Ihnen vorschlagen, ist ein optimales Geschäft, Mr. Chomsky.

MR. CHOMSKY: Vielleicht, vielleicht aber auch nicht. Du musst mich überzeugen. Oder sagen wir: überreden. Du bist am Zug.

CHERYLL: Am Zug?

MR. CHOMSKY: Du hast den ersten Zug. Das kann zum Beispiel das Akzeptieren meiner Einladung zum Abendessen sein. Und dann nutzt du den vertraulichen Ton, die angenehme Atmosphäre des Candellight-Dinners, um mich durcheinanderzubringen.

CHERYLL: Ich will Sie aber gar nicht durcheinanderbringen.

MR.CHOMSKY: Ich dagegen wünsche mir, dass du mich durcheinanderbringst. Wie wollen wir es halten? - Zehn Millionen Dollar.... das Spiel lohnt sich doch, findest du nicht?

CHERYLL: Bis zu den Kerzen kann ich Ihnen noch folgen, die Spiele-Metapher dagegen erschließt sich mir nicht.

MR. CHOMSKY: Die Alten werden wieder zu Kindern.... und Kinder spielen nun mal gern. Hast du keine Lust, mit einem armen Milliardär zu spielen?

CHERYLL: Armer Milliardär, das ist schön!

MR. CHOMSKY: Ein Oxymoron, als ob man sagen würde „abgründiger Gipfel" oder „kochendes Eis", eine poetische Lizenz zur Beschreibung meines inneren und äußeren Zustands.

CHERYLL: Außen reich und innen unglücklich?

MR. CHOMSKY: Nein. Ich würde sagen, innen jung, ein Löwenherz in pectore.... außen altersschwach wie eine vom Blitz getroffene Eiche.

CHERYLL: Man muss nur imstande sein, das Wesen der Dinge zu erfassen.... und der Menschen, natürlich.

MR. CHOMSKY: Und du hast diese Gabe, das Wesen der Dinge .... und der Menschen, natürlich, zu erfassen?

CHERYLL: In gewisser Weise, ja. Ich bin eine gute Finanzanalystin, Mr. Chomsky.

MR. CHOMSKY: Und ich bin ein geschickter Linguist *(züngelt)*.

CHERYLL: Keine Zoten bitte, seien Sie nett.

MR. CHOMSKY: Keine Zweideutigkeiten, keine ordninären Ausdrücke. Ich bin ein altmodischer Typ, politically correct, ein Gentleman, das sollte keine sexuelle Anspielung sein. Es sollte dir lediglich zu verstehen geben, dass deine dialektische und analytische, also linguistische Geschicklichkeit heute Abend an einem harten Knochen auf die Probe gestellt wird. Sehr hart.... alt, aber hart.

*Mr. Chomsky nähert sich ihr in zweideutiger Weise, hat aber immer noch die Einkaufs-
tüten im Arm.*

CHERYLL: *(peinlich berührt)* Sie tropfen mir da etwas auf den Fuß, Mr. Chomsk! - Oh, mein Gott, wie peinlich!

MR. CHOMSKY: Was zum Teufel....? Das bin nicht *ich*, der tropft! Ich bin zwar alt und verblödet, aber so weit geht das noch nicht....

CHERYLL: Ich weiß nicht.... ich sehe nur, dass es etwas weißes, klebriges ist.

MR. CHOMSKY: Das Eis, verdammter Mist, es schmilzt! Zum Glück ist es Vanille und nicht Schokolade, sonst hättest du mich auch noch für inkontinent gehalten. Frühreif noch und noch, aber nicht inkontinent, eher bringe ich mich eigenhändig um, genau wie Dr. Seltsam. Ich stelle das sofort ins Eisfach, sonst haben wir Vanille-Soße zum Nachtisch statt halbgefrorenes Torroncino.

Mr. Chomsky sortiert die Einkäufe in den Kühlschrank.

CHERYLL: Hast du irgendwo Papiertaschentücher?

MR. CHOMSKY: Natürlich.... auf dem Wohnzimmertisch, neben dem Telefon.

CHERYLL: Danke. *(Wischt ihren Schuh ab)*

MR. CHOMSKY: Kannst du mal nachsehen, ob es Anrufe auf dem Anrufbeantworter gibt?

CHERYLL: Ja, der blinkt .... da ist ein Anruf drauf.

MR. CHOMSKY: Bitte drück den grünen Knopf, damit ich ihn abhören kann.... den *grünen* Knopf, wenn ich bitten darf, nicht den roten, sonst wird er gelöscht....

Cheryll drückt den falschen Knopf und zu hören ist das Rascheln des zurückspulenden Bandes.

CHERYLL: Oh Gott, ich hab den falschen gedrückt.

MR. CHOMSKY: Hast du den roten Knopf gedrückt?

CHERYLL: Ich fürchte, ja. Nicht böse sein, Mr. Chomsky.

MR. CHOMSKY: Ist mir auch schon passiert. Die Knöpfe liegen zu dicht beieinander, sie lassen sich nicht gut unterscheiden. Wenn diese Dinger nicht von meiner eigenen Firma fabriziert worden wären, hätte ich die schon auf Schadenersatz verklagt.

CHERYLL: Kann man da was machen? Kann man den Anruf irgendwie zurückholen?

MR. CHOMSKY: Nein, kann man nicht. Die zweite Spezialität dieses Gerätes ist, dass es keinen einzigen Anruf archiviert, nicht einmal den letzten. Jetzt ist er gelöscht. Macht nichts. Die rufen bestimmt nochmal an, wenn es wichtig war....

CHERYLL: Wie dumm von mir. - Wo Sie mir doch klar gesagt hatten, dass ich den grünen Knopf drücken sollte und nicht den roten....

MR. CHOMSKY: Farbenblind?

CHERYLL: Ich bin ein bisschen zerstreut.... eigentlich passiert mir so etwas nie.... wer weiß, wo ich heute meine Gedanken habe.... alles Ihre Schuld, Mr. Chomsky.

MR. CHOMSKY: Meine?

CHERYLL: Sie verdrehen mir den Kopf mit Ihrem galanten Gerede.

MR. CHOMSKY: *(in sehr vertraulichem Ton)* Ariel.

Pause.

CHERYLL: Haben Sie einen Hund? Der scheint aber nicht zu hören. Der kommt gar nicht, wenn Sie ihn rufen.

MR. CHOMSKY: Ariel ist *mein* Name. Ich habe und rufe keinen Hund. Ich wollte dich lediglich darum bitten, mich beim Vornamen zu nennen.

CHERYLL: Ist gut, Mr. Chomsky.

MR. CHOMSKY: Ariel! Wie der Geist aus Shakespeares „Sturm“.

CHERYLL: *(verlegen)* Ist gut.... Ariel!

MR. CHOMSKY: Du sollst aber wissen, dass ich den Kampf um die Liebe nicht so einfach mit einem Seufzer preisgebe, wie es eine andere berühmte Persönlichkeit getan hat, die meinen Namen trägt. Wenn ich bei der Frau, die ich begehre, auf Widerstand stoße, dann gebe ich nicht auf, ich werde beharrlich..... und erobere!

CHERYLL: Ich weiß nicht, was ich sagen soll.

MR. CHOMSKY: Sag nichts: lass dich begehren, lass mich seufzen, lass dich erobern....

CHERYLL: Hör mal, Ariel, wir wollen nichts überstürzen. Oder?

MR. CHOMSKY: Ist ja süß! Wenn du jetzt gesagt hättest, dass *ich* es ein wenig überstürze, wäre ich beleidigt. Du hast aber den Plural benutzt, du hast „wir“ gesagt und damit explizit deine emotionale Verwicklung zugegeben.

CHERYLL: Emotional ist ein bisschen zu viel gesagt, aber eine gewisse Sympathie für dich kann ich nicht verhehlen.

MR. CHOMSKY: Meinst du das ernst oder bluffst du?

CHERYLL: Warum sollte ich bluffen?

MR. CHOMSKY: Um mich in deine Falle zu locken.

CHERYLL: Keine Falle, Ariel. Die Investition ist gut und ich bin sauber.... professionell gesprochen. - Oder sehe ich nicht so aus? Was mache ich für einen Eindruck auf dich?

MR. CHOMSKY: Dann ist das mein großer Tag. Ein Super-Geschäft, überbracht von einem Engel wie dir, der mich mit Gold und süßen Melodien überhäuft. Ein Wunder!

CHERYLL: Vielleicht ist es besser, wenn ich den Mund halte. Ich spüre da einen Zynismus oder sogar Sarkasmus in deinen Worten....

MR. CHOMSKY: Das Leben hat mich zynisch gemacht und die Erfahrung sarkastisch. Inzwischen bin ich eben so, ein jähzorniger, cholerischer, ein bisschen verblödeter Alter, dem ein kleiner Tick Viagra genügt, um sich in die verlorene Zeit zurückzuversetzen.

CHERYLL: Wie trostlos.

MR. CHOMSKY: Es ist doch die Realität, die trostlos ist. Ich bin doch nur ein Teil dieser realen Welt, die sehr viele Nachteile, aber auch ein paar Vorzüge hat.

CHERYLL: Zum Beispiel?

MR. CHOMSKY: Zum Beispiel ist sie keine Betrügerin. Philosophin schon, aber sie verarscht dich nicht. Sie weiß, was sie von dir will und wie sie dich darum bitten muss: mit harter Mine, ohne Stammeln, ohne Lügengeschichten. Du kannst ja gerne gegen die Realität protestieren, du kannst ihr sagen, dass sie ein bisschen sanfter mit dir umgehen soll. Die Realität ist, was sie ist, das ist ihre Natur, sie kann nichts dagegen tun, dass sie sich manchmal oder sogar öfter als unangenehm erweist. Mit Geld kann man diese Pille ein wenig versüßen, aber die Krankheit der vergehenden Zeit ist nicht zu heilen. Die Realität ist der Spiegel, in dem du dich rasierst und in dem du auf dem Grund deiner Augen das Nichts erkennst, das unaufhaltsam vorrückt wie in Michael Endes Roman. Sein Name „Ende" ist ein ganzes Programm.

CHERYLL: Das ist ja zum Herzerweichen, du wirkst so verwundbar!

MR. CHOMSKY: Auch in meiner alten Brust klopft ein glühendes Herz.

CHERYLL: Wie romantisch du bist.

MR. CHOMSKY: Irre ich mich.... oder bist du rot geworden?....

CHERYLL: Ich weiß nicht.... bei solchen Reden....

MR. CHOMSKY: Oder bin ich es vielleicht, der Feuer sieht, wo nur ein schüchternes Streicholz glüht? A propos Streichholz, du solltest wissen, dass eine Liebesnacht mit mir zwar ein Sturm der Leidenschaft ist, der muss aber ein bisschen unterstützt werden.... selbstlos, bei vollständiger Beteiligung von Geist und Körper, einzig und allein, um nicht Methusalem zur Verzweiflung zu bringen, den Meister der Weisheit, der einen erotischen Weg zur höchsten Vollendung.... des Abends sucht. - Empfindest du Mitleid für mich, Mitgefühl oder.... was empfindest du wirklich für mich?

CHERYLL: Eine gewisse Sympathie?

MR. CHOMSKY: Das ist ja schon etwas. Oder besser, das ist viel und ich bin dir dankbar dafür. Wenn ich mich im Spiegel betrachte, erwische ich mich manchmal dabei, wie ich plötzlich einen Schrei des Entsetzens ausstoße. Wie uns dieses verdammte Alter reduziert, und da hilft keine Medizin, nicht einmal für viel Geld. Man kann es ein bisschen aufhalten, das schon, aber es ist doch nur ein Aufschub des Rendez-vous' mit dem Schicksal, oh weh! (*Kurzes Schweigen.*)

CHERYLL: Armer alter Ariel.

MR. CHOMSKY: Armer Milliardär, da stimmst du mir also zu?

CHERYLL: Ganz arm!

MR. CHOMSKY: Wie auch immer, wir sollten es nicht übertreiben. Vor allem sollten wir den Kopf nicht verbinden, bevor er überhaupt verletzt ist. Wie das Sprichwort sagt, so lange es Leben gibt, gibt es Hoffnung, und auch humpelnd kommt man vorwärts, vorwärts, bis zur Eroberung....

CHERYLL: Eroberung wovon?

MR.CHOMSKY: Der Zeit, die zu leben bleibt, Cheryll. Je intensiver man sie lebt, desto mehr bleibt zu leben. Wie Faust, der den Augenblick extremen Genusses verewigen wollte: „Augenblick, verweile doch!" (*Kurzes Schweigen*)

Kommen wir zu uns zurück.... Siehst du, wieder ein Zeichen von Alter.... ich kann mich nicht erinnern, worüber wir sprachen.

CHERYLL: Wir sprachen von der Zeit, die dir zu leben bleibt, Ariel, und davon, was du damit noch anfangen willst.

MR. CHOMSKY: Seit wann duzen wir uns eigentlich, ich und... Sie?

CHERYLL: Seit kurzem.... *du* hast mich darum gebeten, erinnerst du dich nicht?

MR. CHOMSKY: Nein, leider erinnere ich mich an nichts von dem, was vor einem Augenblick passiert ist. Das Gedächtnis spielt einem ziemliche Streiche. Aus dem Nichts kommen plötzlich uralte Kindheits-Episoden wieder hoch, weden aber von der Gegenwart wegwischt.... als ob jemand ununterbrochen den roten Knopf des Anrufbeantworters drückt und alle kürzlich aufgezeichneten Gespräche löscht.

CHERYLL: Wenn Sie wollen, sage ich wieder Mr. Chomsky zu Ihnen.

MR. CHOMSKY: Nein, nein, um Gottes Willen. Es ist gut so, du kannst mich ruhig Ariel nennen und duzen. - Weshalb bist du hier?

CHERYLL: Ich bin hier im Auftrag von.... weißt du das noch?

MR. CHOMSKY: Von Black & Decker? *(Lacht)*

CHERYLL: Witzbold, du nimmst mich auf den Arm.

MR. CHOMSKY: Ach was, das ist nur ein Flash, der intermittierend in die lange Welle des Gedankens hineinfunkt und auf dem weiten Strand der Erinnerung von Zeit zu Zeit ein mehr oder weniger sperriges Relikt an Land spült. Amnesie ist auch eine Methode, um sich das Gewissen zu entlasten. Wer nicht weiß oder sich nicht erinnert, kann ruhig schlafen....

CHERYLL: Du kannst aber ruhig schlafen?

MR. CHOMSKY: Leider nein, denn je mehr die Kurzzeiterinnerungen verblassen, desto mehr kommt säckeweise die Scheiße wieder hoch, die man glaubt, lange hinter sich gelassen zu haben. Die gehen nicht unter und stinken weiter, wie eine offene Müllhalde.

Langes Schweigen.

CHERYLL: Vielleicht ist es besser, wenn ich gehe....

MR. CHOMSKY: Und das Candellight-Dinner?

CHERYLL: Das hast du nicht vergessen?

MR. CHOMSKY: Keine falschen Hoffnungen.... ich wäre ja blöd, wenn ich ein Candellight-Dinner mit dir vergessen würde. Ich habe mir einen Knoten ins Taschentuch gemacht.... so schnell wirst du mich nicht wieder los. Ich habe aber vergessen, Kerzen zu kaufen. Ich glaube aber, ich habe noch einen Vorrat unten im Keller. Warte hier auf mich, tu mir den Gefallen, geh nicht weg, oder besser: Beweg dich nicht, bleib, wo du bist.... ich bin gleich wieder da....

Geht hinaus. In der Zwischenzeit zieht Cheryll die Vorhänge vor das Fenster. Dann zieht sie eine rote Spraydose aus der Tasche und schreibt in riesengroßen Lettern auf den Vorhang:

**SAVE THE WORLD
KILL A CAPITALIST!**

Zweiter Akt

Es geht da weiter, wo der erste Akt aufgehört hatte. Cheryll steht da wie versteinert da, mit einer Pistole in der Hand, die Pop-Art-Bilder sind durch Graffiti verunstaltet. Dramatische Bühnenmusik. Mr. Chomsky kommt mit einem Paket Kerzen in der Hand zurück. Zunächst bemerkt er gar nichts.

MR. CHOMSKY: Da sind die Kerzen, zum Glück war noch ein Päckchen da. Möchtest du ein bisschen Musik hören? Mozart vielleicht? Dann mache ich das Essen, du deckst den Tisch und....

Will mit einem Telekommando ein CD spielen, bemerkt plötzlich die Schrift und bleibt verblüfft mit ausgestrecktem Arm stehen. Cheryll zielt mit der Pistole auf ihn.

CHERYLL: Es gibt etwas Neues, Mr. Chomsky.
MR. CHOMSKY: Soll das ein Scherz sein?
CHERYLL: Nein, ein Akt der Liebe.
MR. CHOMSKY: Nennt man Vandalismus jetzt „Akt der Liebe". - Bist du irgendwie sauer auf mich? Bist du eifersüchtig auf meinen Plüschkater? Willst du mir etwas heimzahlen? Darf man erfahren, was es mit diesem „Akt der Liebe" auf sich hat?
CHERYLL: Es handelt sich um ein Akt der Liebe nicht dir gegenüber, du eitler Greis, sondern für die Welt und die Menschheit.
MR. CHOMSKY: Ich gehöre auch zur Welt und zur Menschheit.
CHERYLL: Du denkst an die Menschheit nur, wenn es dir passt, und nur, wenn du deinen Arsch retten willst.
MR. CHOMSKY: Ich mich retten? Wovor denn?
CHERYLL: Schau mal genau hin: Save the world....
MR. CHOMSKY: Kill a capitalist.... ein neuer Slogan der No-Glob-Generation? Bisschen makaber, aber effektvoll, unter einem bestimmten Gesichtspunkt. Er bringt den schwelenden Unmut zum Ausdruck. Aber du, mein Fräulein, bist kein Kind mehr!
CHERYLL: Das offizielle Alter zählt nicht. Wenn man jung ist, empfindet man ja nur intuitiv das Unbehagen an einem nicht funktionierenden System - oder besser, das zwar ausgezeichnet funktioniert, aber nur für ein paar wenige.

131

Dann wird man selbst vom System verschlungen wie von einem Höllenstrudel und - mit der naiven Illusion, man könne dabeisein, ohne sich die Hände schmutzigzumachen - lässt man sich überzeugen, dass es keine Alternative gibt, dass die Dinge der Welt eben „so" laufen. Eines Tages aber merkt man, dass das alles nur eine Seifenblase ist, ein riesiger Betrug, der auf der inakzeptablen betrügerischen Konvention beruht, dass ein Stück gedrucktes Papier einen Wert hat, nur weil eine Zahl darauf steht. - Weißt du, wer der Erfinder des Papiergeldes war?

MR. CHOMSKY: Der Teufel wahrscheinlich.

CHERYLL: Die moderne Ökonomie ist die teuflische Erfindung von jemandem, der sich die Zerstörung der Welt und der menschlichen Art zum Ziel gesetzt hat. Das ist die Wahrheit.

MR. CHOMSKY: Hast du das an der Uni gelernt? Ich hoffe, nicht in Harvard! Die werden sonst von mir hören. Wenn die inzwischen Anhänger des Postkommunismus sind, entziehe ich denen meine testamentarische Schenkung.

CHERYLL: Gewisse Dinge lernt man nicht aus Büchern, sondern durch das Leben. Nur die Erfahrung bringt einen zur Einsicht, dass das, was man studiert hat, nicht nur unnütz ist, sondern schädlich, wenn nicht tragisch.... Ich musste also erst mit eigenen Augen die Leiden der Menschheit sehen, selbst die Tränen von tausend Müttern weinen, um mir darüber klar zu werden, dass ich alles falsch gemacht hatte.

MR. CHOMSKY: Nun gut.... was bezweckst du damit?

CHERYLL: Ich habe es dort hingeschrieben: save the world.

MR. CHOMSKY: Ich verstehe.... du willst, dass ich mein Geld in eine Spraydosenfabrik investiere? Warum nicht, ich lebe ohnehin nur noch ein paar Jahre, und das Kyoto-Protokoll ist mir egal.

CHERYLL: Typisch für euch Superreiche. Alle wie Faust, der krepiert wie ein echter Kapitalist: indem er sich mit den eigenen Händen das Grab schaufelt.

MR. CHOMSKY: Sind wir also wieder bei Faust, meinem Faksimile.

CHERYLL: Du glaubst wohl, nur du bist zu gelehrten Zitaten fähig?

MR. CHOMSKY: Das erste große Opfer des Geld-Gottes und seines Erfinders Mephistopheles! Faust, der mit der Illusion stirbt, die Welt retten zu können! In gewisser Weise ähnelt sein Schicksal dem meinen. Ich will auch die Welt retten.

CHERYLL: Willst du sie retten oder kaufen?

MR. CHOMSKY: Wenn ich in ein Unternehmen eintrete, tue ich das, um es zum Funktionieren zu bringen, nicht um es zu liquidieren. Lieber rette *ich* sie, ich, diese ekelhafte Welt, vor dem Untergang und.... vor....

CHERYLL: Die Welt retten? Wovor denn? Vor dem Kommunismus? Dem Islamismus? Oder, ja, sehr richtig: dem Terrorismus? Perfekt: Ihr rettet die

Welt vor dem islamischen Terrorismus.... und wie? Indem ihr sie selber terrorisiert.... zerstört....

MR. CHOMSKY: .... vor extremen Übeln....

CHERYLL: Aber nicht, wenn die Heilmittel schlimmer sind als die Übel. Und vor allem nicht, wenn die Übel von euch selbst geschaffen wurden, um eure Heilmittel zur Anwendung zu bringen.

MR. CHOMSKY: Aha, jetzt sind wir bei den Verschwörungstheorien angekommen. - Für dich ist es wohl nicht Unsinn zu behaupten, dass der 11. September kein unvorhersehbarer terroristischer Akt war, sondern eine vom CIA orchestrierte Inszenierung?

CHERYLL: An der Debatte beteilige ich mich nicht.

MR. CHOMSKY: Aha, gut, daran beteiligst du dich nicht.

CHERYLL: Ich sage nur, dass der Terrorismus eurem System in die Hände spielt, das doch von der Angst der Leute am Leben gehakten wird, die sonst rebellieren und nicht mehr mitmachen würden. Und an dem Punkt ist es mir doch egal, ob der Massenterrorismus das Werk einer Sekte oder von religiösen Fanatikern ist.... ich sage nur, dass euch dieser Terrorismus gelegen kommt, ihr macht sehr gute Geschäfte damit: Der Energiepreis wird künstlich in die Höhe getrieben, der Profit steigt.... und von der Wall Street bis London City, von der Mailänder Börse bis zu den megagalaktischen Yachten der arabischen Scheichs, eurer Verbündeten, seid ihr euch doch alle einig. Ihr seid alle auf der gleichen Seite, ihr seid alle Terroristen. Von den Kirchen über die Synagogen bis zu den Moscheen hört man nur ein Gebet, das Gebet eures einzigen Gottes: Holy money, der Geld-Gott! Der große und einzige Gott des Terrorismus!

MR. CHOMSKY: Ich ein Terrorist? Und du schreibst solche Sachen?

CHERYLL: Ich schreibe sie, weil ich daran glaube.... das ist aber kein Terrorismus.

MR. CHOMSKY: Ach, nein. Was dann?

CHERYLL: Das Gegenteil von Terrorismus. Und wie ich dir schon sagte, ein Akt der Liebe für die Menschheit. Der Terrorismus trifft doch blind, in die Masse hinein. Den Terroristen interessiert es nicht zu erfahren, ob die, die durch seine Aktion getötet werden, irgend eine Verantwortung haben, ihn interessiert nur, Angst zu verbreiten und mit der Angst das System von Ungerechtigkeit, das die Welt regiert, zu perpetuieren.

MR. CHOMSKY: Zu perpetuieren?

CHERYLL: Nach einer präzisen, von der Kommandobrücke gewollten Strategie, die die Welt beherrscht und sagt, was wann und wo zu geschehen hat.... ob ein Krieg nötig ist oder ob man die Leute lieber mit falschen Nachrichten über unwahrscheinliche Epidemien terrorisieren soll.

MR. CHOMSKY: Und wer soll zu dieser Kommandobrücke gehören? Die Staatschefs?

CHERYLL: Die Staatschefs sind Marionetten, deren Fäden von dem gezogen wird, der die ökonomische Macht hat.

MR. CHOMSKY: Der Teufel wahrscheinlich.

CHERYLL: Ja, wahrscheinlich.

MR. CHOMSKY: Und der Teufel wäre ich?

CHERYLL: Dein Reichtum ist diabolisch.

MR. CHOMSKY: Willst du mich.... *deshalb* eliminieren?

CHERYLL: Es würde mir nicht Leid tun, den Abzug zu drücken, du würdest niemandem fehlen.

MR. CHOMSKY: Doch, meinem Butler, der würde nämlich seinen Arbeitsplatz verlieren. Das wäre die einzige Konsequenz deines schlimmen Aktes. Wenn du alle Kapitalisten tötest, gibt es keine Arbeitsplätze mehr für Butler, so ist das!

CHERYLL: Oder es gäbe gar keine Butler mehr.... auch keine Diener.

MR. CHOMSKY: Genau, es gäbe nichts mehr. Man würde zur Steinzeit zurückkehren. - *(Kurzes Schweigen)* Du willst mich also ins Jenseits befördern?

CHERYLL: Ich habe dir schon gesagt, ich bin keine Terroristin, ich will niemanden umbringen. Was ich mache, ist eine demonstrative, eine erzieherische Aktion. Ich erziehe *einen*, um alle zu retten.

MR. CHOMSKY: Du willst mir also den Popo versohlen?

CHERYLL: Das hättest du wohl gerne, was? Oh nein, keine SadoMaso-Sitzung, sondern eine schöner Schluck Wahrheit als bittere Medizin.

MR. CHOMSKY: Und was willst du mit deiner Wahrheit erreichen?

CHERYLL: Den Leuten bewusst machen, dass man nein sagen kann, dass man sich widersetzen kann, dass man von der Krankheit, die alle gleich macht, und das vielleicht schlimmer als in den kommunistischen Regimes, geheilt werden kann: alle sind Verbraucher, alle sind gleich vor dem Altar des Profitgottes.

MR. CHOMSKY: Du verdrehst die Tatsachen: *Wir* sind die Verteidiger des Individualismus, unser ökonomisches System basiert auf dem Prinzip des persönlichen Besitzes und der individuellen Unternehmens-Freiheit.

CHERYLL: Du sprichst über eine Welt, die nicht mehr existiert. Der alte Kapitalismus ist von den Holdings abgelöst worden, die keine Grenzen haben und keinem religiösen oder ideologischen Glauben anhängen.... die Gurus des westlichen Konsumismus haben sich mit den Restbeständen des weltweiten Kommunismus verbündet.... . Weißt du, was es bedeutet, wenn zwei Milliarden Chinesen vom Fahrrad steigen und den Motor ihres neuen Kleinwagens anwerfen, Symbol des neuen kommunistischen Konsumismus, der so clever ist, das Bild Mao Tse Tungs auf die Coca Cola Flasche zu setzen?

MR. CHOMSKY: Und der Treibhauseffekt? Die globale Katastrophe?

CHERYLL: Darauf kannst du wetten.

MR. CHOMSKY: Na, dann erfinden wir eben eine lokale Katastrophe, um die Zahl der Chinesen.... die Auto fahren.... ein bisschen zu reduzieren. Wir lassen nur die am Leben, die weiter Fahrrad fahren, zufrieden? Ich kann in meinen Labors ein Virus produzieren lassen, das Chinesen im Kleinwagen befällt.... sitzender Chinese tot, Pedalen-tretender Chinese lebendig.

CHERYLL: Auch Faust benutzte den Plural: wir werden tun, wir werden sagen, wir werden produzieren....

MR. CHOMSKY: Aber am Ende von Goethes Werk werden alle durch göttliches Eingreifen gerettet, Welt inklusive. Das Happy End des Konsumismus. Findest du, dass das wenig ist?

CHERYLL: Deiner Meinung nach sollten wir also auf den göttlichen Eingriff warten?

MR. CHOMSKY: Das ist ja schon einmal geschehen, mit Jesus, der Erlösung.... es wird wieder passieren, das hoffe ich. Na ja, die Zukunft wird es zeigen.

Angespanntes Schweigen. Das Rauschen der Bäume. Das Schnattern der vorbeischwimmenden Enten. Die Natur lässt von sich hören, als ein Protestgeschrei.

CHERYLL: Ich warte aber nicht länger.

MR. CHOMSKY: Was machst du dann? Bringst mich um oder nicht? Wie gedenkst du, das Problem zu lösen?

CHERYLL: Mit Mord löst man keine Probleme, man verschärft sie sogar noch. Wenn ich dich umbringen würde, würde ich eine Repression auslösen, die Leute würden es nicht begreifen, du wärest der Märtyrer, das Opfer einer armen Irren oder noch schlimmer, einer mörderischen Terroristin. Vor den Augen der Welt sollst aber *du* der Verrückte sein. *Du* bist der Mörder. Ich brauche dich weder zu verurteilen noch zu verdammen, und noch viel weniger brauche ich das das Urteil zu vollstrecken. Alle wissen, auf welcher Seite die Wahrheit ist....

MR. CHOMSKY: Ich wette, auf deiner.

CHERYLL: Auf der Seite der Menschlichkeit.

MR. CHOMSKY: Nimm dich nicht zu wichtig, Mädchen. Weder bist du noch repräsentierst du die Menschlichkeit.

CHERYLL: Ich bin kein Mädchen mehr. Ich könnte schon Kinder haben. Denen möchte ich aber, mit deiner Erlaubnis, eine Zukunft bieten.

MR. CHOMSKY: Erlaubnis erteilt, Mama. Man muss den Kleinen nur ihr Breichen geben.... Pass aber auf, dass nicht eins das andere aus dem Nest wirft, weil es sich den Bauch alleine vollschlagen will.

CHERYLL: Ich werde sie zur Solidarität erziehen.

MR. CHOMSKY: Weises Vorhaben. Aber die Natur wird mit ihren Gesetzen stärker sein als deine Erziehung.

CHERYLL: Wie kannst du so etwas sagen, du kennst mich nicht. Du kennst nicht die Kraft, die in mir steckt.

MR. CHOMSKY: Oh, und ob ich sie kenne! Du bist eine schreckliche Nervensäge, das bist du, mit deinen absurden Predigten über die Welt, die nicht richtig läuft und darüber, wie sie laufen sollte. Die Welt läuft wie sie läuft, man es muss nur zur Kenntnis nehmen, ohne einzugreifen. Kannst du vielleicht die Umlaufbahn des Planeten um die Sonne ändern? Kannst du vielleicht der Sonne befehlen, das sie die Kraft ihrer Strahlen abschwächen soll? Nein, meine Liebe, das kannst du nicht, so wie du dem Kapitalismus nicht sagen kannst, dass er aufhören soll, Geld zu machen. Die Natur ist wie sie ist, die Natur - und nicht nur die des Menschen - ist ökonomisch, numerisch, sie hält sich streng an die Urinstinkte und die Machtverhältnisse. Die kannst du nicht ändern. Mors tua vita mea: finde dich damit ab.

CHERYLL: Dann ist es wirklich wahr, *du* bist der Terrorist!

MR. CHOMSKY: Ich habe lediglich die Tatsache festgestellt, dass das Recht des Stärkeren ein Naturgesetz ist.

CHERYLL: Die Natur reguliert sich aber selbst, zum Beispiel ließ sie die Dinosaurier aussterben, als die anderen Arten zu stark wurden.

MR. CHOMSKY: Und *ich* soll wohl der Dinosaurier aus dem Märchen sein? Hamster-Kapitalist? Reichtum als Raub? Lauter vorgefasste Ideen. Paläokommunistische Vorurteile über den Ursprung des Reichtums....

CHERYLL: Wie clever von dir, des Begriff Paläo-Kommunismus zu benutzen, weil ihr mit den chinesischen Neo-Kommunisten ja ganz gute Geschäfte macht! Außerdem sind das keine vorgefasste Ideen....

MR. CHOMSKY: Natürlich sind sie das, weil du alles Gute auf der einen Seite, deiner Seite, siehst, und alles Schlechte auf der anderen Seite, meiner Seite.

CHERYLL: Mach dich nicht lächerlich.... erspar mir die Liste der Verbrechen des Kapitalismus.

MR. CHOMSKY: Und um zu sparen kommst du ausgerechnet in mein Haus, das Haus eines Scheißkapitalisten? Nur Mut, schieß doch.... aber du musst schon Dum-Dum-Geschosse nehmen, mit explosivem Sprengkopf, meine Haut ist nämlich so dick wie bei einem Elefanten....

CHERYLL: Es fängt mit dem Genozid an den Indianern Amerikas an und endet bei der Deportation der Sklaven.... und das wird alles bis heute unter dem Deckel gehalten, als ob es nie passiert wäre. Ich erzähl dir mal was: Ich war bei einem Abendessen in Montreal, einem dieser zahllosen langweiligen Geschäftsessen, die ich mir einverleiben musste, bevor ich den Tisch für immer umkippt habe. Mit einer Gruppe von Industriellen aus Quebec und einigen US-

Investoren. Um einen makabren Witz zu machen, fing einer von ihnen an, von der blutigen Nacht in San Lorenzo zu erzählen, bei der die Franzosen die Engländer am Flussufer gestoppt haben. Da fingen die Anglophonen an zu höhnen: *Wir* waren zuerst in Nordamerika, - nein, *wir* - ja, aber *wir* haben euch eine schöne Abreibung verpasst.... an einem bestimmten Punkt konnte ich nicht mehr und bin explodiert: Verzeihung, und die von euch ausgerotteten Rothäute? Waren die nicht schon vor euch da, ihr Arschlöcher? - Eisiges Schweigen, Grabesstille: Ich hatte ein Tabu gebrochen: den mörderischen Ursprung des modernen Kapitalismus beim Namen genannt. Und wenn ich mörderisch sage, denke ich an ein Konzentrat aus hundert, tausend Hitlern zusammengenommen.... ganze Völker, die ausgerottet, ein ganzer Kontinent, der sterilisiert wurde, ein Genozid, der Jahrhunderte gedauert hat und noch nicht zu Ende ist.... - Und weißt du, wie es ausgegangen ist? Am Tag danach wurde ich vom Büro angerufen, von Samuel Black persönlich.

MR. CHOMSKY: Dem heiligen König der Daniel & Black Investment?

CHERYLL: Genau der. Und er sagt zu mir in seinem New Yorker afro-amerikanischen Slang - armer arschkriechender, blankgeputzter Sklave - „Mrs, Sie sind gefeuert. Suchen Sie sich doch 'n Job bei einem Indianerstamm!" - Zum Kotzen!

MR. CHOMSKY: Und das hat bei dir die Idee der Vendetta ausgelöst...

CHERYLL: Es hat eher was mit Wahrheit zu tun....

MR. CHOMSKY: Entwicklung ist meiner Ansicht nach die einzige Garantie für Freiheit.

CHERYLL: Freiheit?

MR. CHOMSKY: Genau. Wenn die „Torte" der Wirtschaft aufhört zu wachsen, dann werden die Regressionen keine Grenzen mehr haben und alles verschlingen, was du konsolidiert und nicht mehr hinterfragbar glaubtest: Freiheit, Demokratie und Wohlstand. Ohne Entwicklung gibt es nicht einmal mehr die Bewahrung des bereits Existierenden, nur den totalen Verlust unserer Zivilisation. Und auch wenn dir viele ihrer Aspekte nicht gefallen, es ist die einzige, die wir dir anbieten können. Die Alternative zu Burka und Beschneidung....

CHERYLL: Deine Zivilisation ist eine der Atombomben auf Hiroshima und Nagasaki, vergiss das nicht.

MR. CHOMSKY: Was habe ich mit der Atombombe zu tun? Du kannst mich ja gern für sämtliche Übel der Welt verantwortlich machen, aber mit der Atombombe habe ich nichts zu tun.... die multiplen Atomsprengkopfraketen sind zwar Produkte einer Fabrik, von der ich ein Aktienpaket besitze, aber nicht die Mehrheit, ich schwör's! - He, da möchte ich dich mal sehen, mit der Mehrheit der Aktien! Nur für kurze Zeit, ja.

CHERYLL: Dann hast du also ein *einigermaßen* gutes Gewissen?

MR. CHOMSKY: Das Gewissen, das Gewissen! Wenn *ich* die Bomben nicht baue, dann baut sie jemand anders. Und dann? Was ändert das? Nichts ändert das.

CHERYLL: Hör zu! Ich habe dir jede Menge Argumente gegen den Kapitalismus vorgebracht. Es kommt mir nicht so vor, als ob du imstande gewesen wärest, auch nur eines davon zu widerlegen. Wenn dir die Instrumente und der Wille fehlen, das zu begreifen, dann ist es nicht meine Schuld. Wenn man in der eigenen Idee befangen bleibt, bedeutet das nicht, dass andere nicht Antworten gegeben hätten....

MR. CHOMSKY: Die Antworten, die du bis jetzt gegeben hast, sind „Nicht-Antworten", in dem Sinne, dass sie die gestellten Probleme nicht lösen: Sie umkreisen sie.

CHERYLL: Du willst, dass ich meine Ohnmacht gegenüber den Problemen der Welt eingestehe? Sei's drum: Ich bin ohnmächtig. Ohnmächtig, ja.... ich bleibe aber nicht mit verschränkten Armen stehen: Ich tue, was ich kann. Ich habe keine Lösungen parat, ich habe keine Allheilmittel. Ich bringe nur zum Ausdruck, dass man sie solchen Leuten wie Dir ins Gesicht schleudern muss. Man muss Staub aufwirbeln und damit auch anderen ein Beispiel geben.... ich gehe vollkommen auf in meiner Rolle als Funken, genau, ich bin nichts als der Funke eines in der Luft liegenden Protestes, der sich nicht mehr an Ideologien von rechts oder links festklammert, sondern nur anstrebt, sich zu entzünden und auszubreiten wie ein Flächenbrand.

MR. CHOMSKY: Willst du die Wahrheit wissen? Du legst dich mit mir an, weil ich reich bin. Das ist keine Vendetta, auch keine absolute Wahrheit, das ist Neid.

CHERYLL: Neid worauf? In meinen Augen ist Reichtum natürlich eine Sünde. Wie Jesus sagte: „Es ist leichter, dass ein Kamel durch ein Nadelöhr gehe, als dass ein Reicher ins Reich Gottes komme."

MR. CHOMSKY: Das war eine Metapher. Verdrehe nicht die Worte unseres Herrn, wie es dir gerade in den Kram passt!

CHERYLL: Als er die Händler aus dem Tempel jagte, waren das Taten, nicht Worte.

MR. CHOMSKY: Hör mich an, ich werde dich nicht auf Schadenersatz verklagen, du bist jung, hübsch, das Leben lächelt dir zu, ich werde dafür sorgen, dass es dir für immer zulächelt.... hör auf mit diesem Irrsinn.

CHERYLL: Der Irrsinn ist die Gesellschaft, die es einem wie dir gestattet hat, so zu werden, wie du bist.

MR. CHOMSKY: Dann reg dich über die Gesellschaft auf, ich habe vom System nur profitiert, wie viele andere auch.

CHERYLL: Dann ändern wir das System. Und wie? Indem wir ein gutes Beispiel geben. Individuell. Ich bin nur der Anfang.

MR. CHOMSKY: Großes Wort, das System ändern. Wodurch willst du es denn ersetzen? Durch ein anderes, noch systematischeres System? Durch ein Supersystem? Wir haben gesehen, was dabei herausgekommen ist!.... Die Sowjetunion, China.... schöne Systeme!

CHERYLL: Ich sagte schon, dass ich keine Lösungen, keine perfekten Systeme, keine besseren Welten vorzuschlagen oder vorzuschreiben habe, geschweige denn den realen Sozialismus, der sich zum besten Alliierten des Kapitalismus gemausert hat.

MR. CHOMSKY: Was willst du dann? Was willst du machen?

CHERYLL: Nichts, und mit diesem „nichts" meine ich „alles". Das ist ein seltsames Paradox, das weiß ich, wie das von Achilles und der Schildkröte, die er nie überholen konnte. Aber in dieser historischen Phase der Menschheit gibt es keine vollkommenen Welten, für die man sich auf dem Altar der Ideologie opfert. Ich kämpfe für mich, damit ich mich besser fühle. Damit ich mich im Spiegel ansehen und zu mir sagen kann: So gefällst du mir, jetzt bist du schön.... Bin ich egoistisch? Ja, aber mein Egoismus ist eine Quelle des Heils. Warum ich das tue? Weil es edel ist, sauber, anständig, lobenswert.... Verstehst du? Schluss mit den Abstraktionen, Schluss mit den Utopien, Schluss mit den neuen Welten. Ich bin eine konkrete Person, in Harvard ausgebildet, mit Master und Doktor in Ökonomie.... Ich lese Marx auf Deutsch, Proudhon auf Französisch und Vico auf Italienisch.... Ich kann dir sagen, dass ihre Analysen ein alter Hut sind, muffige utopistische Arsenale einer Welt, die sich nur ändert, wenn sie sich der Tatsache bewusst wird, dass der Mensch von Natur aus individualistisch ist und dass die Revolte, wenn sie wirksam sein will, seinen egoistischen Individualismus befriedigen muss: sie muss schön sein, einzigartig, um.... ewig zu sein! Die ewige Revolte!

MR. CHOMSKY: Da haben wir ja eine neue Kategorie: die individualistische Revolution!

CHERYLL: Sicher, die Revolution macht man doch vor allem für sich selbst. Am Anfang ist alles konfus, dann aber fängt man an, bewusster zu werden. Man findet Gefallen an seiner Kondition als Rebell, das ist doch der Knackpunkt. Je radikaler der Bruch, um so besser. Wir sind doch alle vollkommen imprägniert von den Konventionen traditioneller Verhaltensweisen. Alle unsere Handlungen sind davon bestimmt. Wenn es einem aber gelingt, sie hinter sich zu lassen, sie zu durchbrechen, eine außergewöhnliche Aktion zu vollbringen, dann fühlt man sich stark, potent. Einmal nicht dominiert, kommt die wahre Natur zum Vorschein.

MR.CHOMSKY: Und die Welt, die vor diesem mörderischen Kapitalismus gerettet werden soll?

CHERYLL: Die Welt kommt danach. Zuerst muss nämlich die innere Feder hochschnellen, ein gesunder Narzismus entwickelt werden, dann kann man an den Rest denken, an die Probleme, die sozialen Ungerechtigkeiten.

MR. CHOMSKY: Demnach werden Kapitalisten und Individualisten also von einer identischen Form des bürgerlichem Individualismus gesteuert.

CHERYLL: Mit dem einen Unterschied, dass mein Individualismus sich in positiver, konstruktiver Weise auf die Welt bezieht, während deiner versucht, sich des Universums zu bemächtigen, und es, wenn das nicht gelingt, zu zerstören.

MR. CHOMSKY: Noch ein Paradox?

CHERYLL: Bis jetzt sind die Idealisten, die Theoretiker, die Propheten einer neuen Welt so beschrieben worden, als seien sie abstrakte, abstruse, von der Realität abgelöste Personen. Fremdkörper in einer offenbar unwandelbaren Welt. Für immer festgelegt durch die rigiden Regeln der Ökonomie. Jetzt ist es plötzlich, als ob sich die Rollen umgekehrt hätten. Ihr Verteidiger der Marktwirtschaft klettert an den Spiegeln hoch, um das Offensichtliche zu verbergen: Euer System ist dabei, die Welt zu zerstören. Während wir Idealisten uns in konkrete, pragmatische Personen verwandelt haben, die fähig sind, die Dinge so zu sehen wie sie sind, die Probleme zur Kenntnis zu nehmen und Handlungen zu vollziehen, die symbolisch sein mögen, aber signifikant sind für eine neue Sensibilität.

MR. CHOMSKY: Symbolische Aktionen wie zum Beispiel, mir das Haus vollzuschmieren und mich als Geisel zu nehmen? Du hättest mit mir ins Bett gehen können und damit hättest du mit Sicherheit etwas für dich und deinen Nächsten, also mich, nützlicheres getan. - A propos, ich habe ganz vergessen zu fragen: Hältst du mich eigentlich als Geisel? Ist die Pistole geladen? Wärest du imstande mich.... zu erschießen wie einen Hund?

CHERYLL: Fordere mich nicht heraus. Du hast anscheinend immer noch nicht verstanden, dass du nicht irgendeine Idiotin vor dir hast, sondern eine Gigantin, die dir ebenbürtig ist und fähig, sich dir zu widersetzen! Du willst sehen, ob die Pistole geladen ist.... der Finger, den ich auf dich gerichtet habe, reicht dir wohl noch nicht? *(Schweigen.)*

MR. CHOMSKY: Nein, der reicht mir nicht.

CHERYLL: Wie du willst.... hier ist die Pistole. *(Cheryll holt hinter ihrem Rücken eine Pistole hervor)* Zufrieden?

MR. CHOMSKY: Kannst du das Schrottding überhaupt bedienen?

CHERYLL: *(steckt die Pistole wieder hinter ihren Rücken)* Ich würde dir nicht raten, mich auf die Probe zu stellen.

MR. CHOMSKY: Und wenn ich auch bewaffnet wäre?

CHERYLL: Ariel, du bist vergesslich. Selbst wenn ich befürchten müsste, dass du irgendwo eine Waffe hast, würdest du dich doch gar nicht daran erinnern, wo du sie versteckt hast.

MR. CHOMSKY: Ok, ok! Ich bin ein alter Trottel. Du willst mich erniedrigen? Na gut, das ist dir gelungen. Du bist eine Frau und du hältst mich schon ohne Pistole ziemlich in Schach.... aber wer zum Teufel bist du? Die Pik-Dame?

CHERYLL: Ich wette, als Herzdame hätte ich dir gefallen. Aber so ist es nicht gelaufen, weder Herz noch Blumen...

CHOMSKY: Dafür Vergeltung. Was du hier machst, ist doch einfach Vergeltung oder, wie ich schon sagte: Vendetta.... du bist entlassen worden und sauer auf deinem Chef, wie ein Hund, der tagelang nichts frisst und dann den ersten anfällt, der vorbeikommt.

CHERYLL: Ich lecke dem Chef nicht die Hand. Ich habe sie nie geleckt, noch nicht einmal, als sie mir zu essen gab und ich abgefüllt wurde bis zur Halskrause. Ich habe auf alles verzichtet, auf Wohlstand, auf die Sicherheit einer No-limit-Kredtitkarte, weil *ich* mich limitiert fühlte.... und ohnmächtig. Ich habe mich gefragt: Willst du so weitermachen, dich von einem System auspressen lassen, das dich wegwerfen wird wie eine Zitrone, sobald der Saft aufgebraucht ist, oder willst du deinem Leben einen Sinn geben, indem du diese Fäden abschneidest, mit denen du hin- und herbewegt wirst wie eine Marionette. Hast du Woody Allens Film „The purple rose of Cairo" gesehen? Irgendwann fühlt sich der Protagonist des Films als Gefangener seiner bürgerlichen Rolle. Er steigt aber nicht nur aus seiner Rolle, sondern tatsächlich aus der Leinwand heraus, verwandelt sich in einen Mann aus Fleisch und Blut, fängt an zu leiden und zu lieben wie eine echte Person. Genauso, nachdem ich lange genug versucht hatte, eine Existenz vor mir zu rechtferigen, die überflüssig und konstruiert war, habe auch ich beschlossen, die Konventionen zu brechen, aus dem Chor auszutreten, ein menschliches Wesen zu werden, das sich an den Dramen der Menscheit beteiligt.... Nachdem ich als Zuschauer am Drama teilgenommen hatte, habe ich verstanden, dass ich eingreife musste, um das Drehbuch zu verändern. Ich bin auf die Bühne zurückgekehrt und habe mir gesagt: Du kannst dir deine Rolle selbst schreiben. Du kannst etwas tun, um den Plot des Films zu ändern.... um auf das Ende Einfluss zu nehmen.

MR. CHOMSKY: Das Bühnenbild willst du anscheinend auch noch gestalten. Für die Serie „Do it yourself" von und mit Cheryll Shannon, oder wie zum Teufel du heißt, Regie ebenfalls von der Autorin.

CHERYLL: Ich verstehe deinen Einwand: Wie soll man mit einer isolierten Aktion die Welt verändern, wobei man auch noch riskiert, als arme Irre durchzugehen? - Ich weiß es nicht, aber ich versuch's.

MR. CHOMSKY: Vielleicht habe ich es dir schon gesagt, auf jeden Fall sage ich es dir noch einmal: Warum tun wir uns nicht zusammen? Du willst etwas Gutes tun? Ich helfe dir, ich habe jede Menge Geld zur Verfügung, du brauchst mir nur zu sagen, wie und wo.... Hilf mir.... rette mich! Nutze diesen Augeblick meiner Schwäche.

CHERYLL: Nein. Ich glaube nicht, dass wir beide uns je verständigen könnten. Ich verfolge die Ethik des Wächters und du die des Gewinns. Ich versuche, die Welt vor Leuten wie du zu schützen, die sie an sich reißen wollen. Wir sind zwei entgegengesetzte Ufer, wehe, wenn wir uns in der Mitte treffen würden. Das wäre, als ob das Wasser einer kristallklaren Quelle sich mit dem Schmutzwasser der Industrie-Abwässer kontaminieren würde.

MR. CHOMSKY: Natürlich bin ich in dem Fall das Abwasser. - Touché.... Weißt du, was ich dir sage? Mein alter Hamstermagen macht sich bemerkbar. Ich habe Hunger. Nach deiner Optik ist es an der Zeit, dass die Welt sich verändert, aber für mich ist es Zeit zum Abendessen. *(Setzt sich an den Tisch)* Willst du mitessen? - Nein? Dein Problem.... Wer allein isst, erstickt, wer aber in deiner Gesellschaft isst, fürchte ich, wird von selbst erwürgt.... Reich mir die Butter....

CHERYLL: Nimm sie dir doch selbst, ich bin nicht dein Dienstmädchen. Die Sklaverei ist abgeschafft und die Frauen haben das Wahlrecht.

MR. CHOMSKY: Ah, seit kurzem?

CHERYLL: Hör auf, den Trottel zu markieren

MR. CHOMSKY: Schlechte Laune! *(Fängt gierig an zu essen).*

CHERYLL: Ich empfange keine Befehle von dir, u.a. deswegen, weil ich zufällig ein Messer im Ärmel habe.

MR. CHOMSKY: Dann bist du also eine Halsabschneiderin, kein Engel. Selbst der Racheengel aus dem alten Testament benutzt nicht das Schurken-Messer und auch nicht die Räuberpistole, sondern das funkelnde Schwert der Gerechtigkeit.

CHERYLL: Tut mir Leid, dass ich in Zivilkleidung aufgetreten bin, im Sonntagskostüm.... beim nächsten Mal werde ich mich gleich als Samurai verkleiden. Oder als Ritter der Tafelrunde auf der Suche nach dem heiligen Gral und der absoluten Wahrheit.

MR. CHOMSKY: Die Wahrheit ist doch, dass sich die Mittelmäßigen an meinem Reichtum stören, weil sie nicht wissen, was sie mit ihrer eigenen Existenz anfangen sollen, und auf alle neidisch sind, die in irgendeinem Bereich aufsteigen. Z.B. wurde John Lennon von einem Bettler umgebracht, der auf den Erfolg eines großen Mannes neidisch war.

CHERYLL: Du solltest Steine nicht mit Diamanten verwechseln. Du bist nicht John Lennon. *Er* hat den Mut gehabt, das auszusprechen, was er dachte,.

MR. CHOMSKY: Zum Beispiel?

CHERYLL: *(summt „Imagine")* Stell dir eine Welt ohne Gott vor und ohne Teufel, eine Welt ohne Hölle und Paradies...

MR. CHOMSKY: Was wäre das für eine Welt? Eine Welt ohne Hoffnung.... auf den ersten Preis.

CHERYLL: Das Leben ist kein Preisausschreiben.

MR. CHOMSKY: Ist gut, ich bin vielleicht nicht wie John Lennon. Ich bin aber ein großer Unternehmer, der ein unvorstellbares Vermögen gemacht hat. Dieser Reichtum ist natürlich die Frucht meiner Qualitäten und meiner unternehmerischen Fähigkeiten, meiner Intelligenz....

CHERYLL: Natürlich? Ist es vielleicht natürlich, Millionen von Kindern sterben zu lassen, um Geschäfte zu machen? - Ich will jetzt nicht konkrete Beispiele aufzählen, die jeder kennt, aber die sogenannte „Natürlichkeit" des unmäßigen Reichtums finde ich lächerlich. Das ist ein echter Witz, den ihr uns da erzählt.

MR. CHOMSKY: Du wirst nie das zustandebringen, was ich geschafft habe....

CHERYLL: Das will ich auch gar nicht. Im Gegenteil, ich bekämpfe das, was du aufgebaut hast.

MR. CHOMSKY: Wir sind also die Protagonisten des ewigen Kampfes Gut gegen Böse. Du auf der Seite des Guten und ich, ohne Ausweichmöglichkeit, auf der Seite des Bösen. Als ob ich einen faustischen Pakt mit dem Teufel geschlossen hätte, um der Magnat zu werden, der ich bin, das Finanzgenie, ich!

CHERYLL: Ich bin abergläubisch, bin aber überzeugt, dass in jedem übertriebenen Reichtum der Teufel seine Finger im Spiel hat.

MR. CHOMSKY: In deinen Worten spüre ich den Geist der Inquisition. Mein Vermögen ist nicht das Ergebnis eines Paktes mit Beelzebub, sondern meiner....

CHERYLL: Meiner, meiner, meiner! Kannst du nichts anderes sagen?

MR. CHOMSKY: Zum Beispiel?

CHERYLL: Unserer, unserer, unserer.

Ein kurzes Schweigen, Mr. Chomsky isst und trinkt weiter.

MR. CHOMSKY: Deiner Ansicht nach ist Eigentum also Raub?

CHERYLL: Ja. Der Besitz des Wassers, das der Menschheit dazu verhelfen könnte, den Durst zu stillen, ist ein Verbrechen.

MR. CHOMSKY: Und wenn ich dir sagen würde, dass ich in gewisser Weise auch Teil der Wächter-Ethik bin? Wenn ich nämlich meinen Besitz nicht mit einem Stacheldrahtzaun verschlossen hätte, wären die Jäger gekommen, um das Wild zu töten. Hier z.B. hat mein Status als Eigentümer dazu gedient, Umweltzerstörung zu verhindern.

CHERYLL: Kindliche Rechtfertigung eines obsoleten ökonomischen Systems.

MR. CHOMSKY: Der Kapitalismus obsolet?

Cheryll nimmt eine Zeitung, die auf dem Tischchen herumliegt, blättert darin herum und findet sofort, was sie sucht.

CHERYLL: Lies mal hier. Die haben einen Zug ohne Lokführer erfunden, er wird von einem Roboter gefahren.

MR. CHOMSKY: Und worüber beklagst du dich?

CHERYLL: Die Leute haben keine Arbeit mehr, weil die Arbeitswelt inzwischen automatisiert ist. Die Produktion braucht keine Menschen mehr, nur noch Roboter und Sklaven.

MR. CHOMSKY: Und das heißt?

CHERYLL: Es heißt, dass der Kapitalismus in der Krise ist: Wer kauft den etwas, wenn niemand mehr etwas verdient?.... Weißt du, was Karl Marx über den Kapitalismus gesagt hat?

MR. CHOMSKY: Der hat bebstimmt kein gutes Haar drangelassen.

CHERYLL: Er hat gesagt, dass man ihn nicht einmal bekämpfen muss, weil er früher oder später sowieso untergeht. Durch die Wucht der sich vervielfachenden Profite gerät er irgendwann an einen Punkt ohne Wiederkehr, wie eine Supernova, die in einem schwarzen Loch kollabiert. Er verschlingt sich selbst. Das Kapital hat keinen Namen mehr. Es hat keine Ideologie mehr, außer der des astronomischen Profits. Es hat nicht einmal mehr ein Vaterland, außer dem der Steuerparadiese... Der Kapitalismus ist wie ein Computerspiel, virtuell, eine gigantisches elektronisches Monopoli auf dem großen Welttheater.

MR. CHOMSKY: Du hast Recht: Die Globalisierung ist dermaßen fortgeschritten, dass zum Beispiel die Fabrik, in der die „No-Global"-T-Shirts produziert werden und die mit der Aufschrift „Hasta la victoria siempre" oder mit dem schönen Antlitz des romantischen Helden Che Guevara, also.... diese Textilfabrik hat ihren Sitz in Indonesien, profitiert von der Ausbeutung Minderjähriger und - hör gut zu - gehört mir. Ihr Idealisten kauft euch die T-Shirts, bereichert mich und ich lache mir ins Fäustchen.

CHERYLL: Der Mensch in der Marcuse-Falle. Die Einverleibung und ökonomische Ausbeutung des antikapitalistischen Protests durch den Kapitalismus.

MR. CHOMSKY: Und das ist gut so.... nehmen wir die Prophezeiungen des Herrn Marx mal als pures Gold - entschuldige diese ketzerische Verknüpfung. Was hätte es denn für einen Sinn, den ohnehin Untergang des Kapitalisten zu befördern? Der ist doch sowieso nicht aufzuhaltem. Lass mich in Frieden sterben, an einer Verdauungsstörung, auf eigene Rechnung, in meinem Bett, zum Teufel! Aus Altersschwäche, es fehlt ja nicht mehr viel, oder? In dem historischen Moment, in dem das Morgengrauen der Zukunft anbricht. Der Zukunft!

CHERYLL: Die Zukunft ist nur ein schwarzes Loch. Ich lebe in der Gegenwart. Deinem bulimischen Carpe diem, deinem egoistischer Raff-Raff-Slogan setze ich eine anorexische, einfache existentielle Empfehlung entgegen: Sieh zu, dass dein Leben einen Sinn hat, heute, in dem Moment, in dem du lebst.

MR. CHOMSKY: Ich gebe zu, dass du philosophisch wohlpräpariert bist, aber genauso leichtgäubig bist du auch.... abgesehen einmal von der Pistole, dem Finger am Abzug oder wie man das nennen soll.

CHERYLL: Das heißt?

MR. CHOMSKY: Wie soll man aus dieser Form des Kapitalismus ohne Kapitalisten herauskommen, das heißt ohne die Menschen, die - wie sich in China gezeigt hat - auch in den kommunistischen Regimen perfekt funktionieren?

CHERYLL: *Du* bist der Koch: Hast du irgendein Rezept? Ich habe keines, ich habe nur die praktische Aktion.... Wie ich schon sagte, das Ergebnis zählt nicht, es zählt der symbolische Wert der Geste, dass man sich lebendig fühlt, indem man ein Beispiel gibt, dass man den Funken springen lässt, der den Motor startet....

MR. CHOMSKY: .... oder den Brand aufflammen lässt, wie den meiner Eier mit Schinken, den wir gerade noch haben löschen können, bevor das Haus in Flammen aufing.... *(kriegt beim Essen einen Hustenanfall)*

Schweigen, während dem Mr. Chomsky nervös weiterisst.

CHERYLL: Das Morgengrauen der Zukunft werden wir nie erblicken, weder ich noch du. Die Zukunft ist etwas unerreichbares, konfuses. Man lässt sie besser von unserem Schirm verschwinden, schafft sie offiziell ab. Übrigens haben, als die Humanisten an das Morgen dachten, Menschen wie du die Gegenwart irreversibel zerstört, als sie durch die planetarischen Katastrophe auch die Zukunft vergiftet und mit Hypotheken belastet haben.

MR.CHOMSKY: Du kannst abschaffen, was du willst: das Morgengrauen, den Tau, die Champs Élisées und die siebzig Jungfrauen - weißt du, was *ich* inzwischen mache? Ich genieße das Leben, so lange ich kann.

CHERYLL: Rüpelhaftes Benehmen und Mampfen wie ein Schwein, das wäre in deinen Augen also „das Leben genießen"?

MR. CHOMSKY: Es ist vielleicht nicht das Maximum.... aber es ist eine Art, den Gedanken an den Tod zu vertreiben.

CHERYLL: Du gestehst dem Leben eine zu große Wichtigkeit zu, deshalb fürchtest du den Tod so sehr.

MR. CHOMSKY: Das Leben ist schön, deshalb gestehe ich ihm Wichtigkeit zu. Es gibt die Töne, die Farben, die Formen.... es gibt die Frauen.... du bist eine davon....

CHERYLL: Und es gibt das Geld.

MR. CHOMSKY: Das Geld zählt nicht.

CHERYLL: Das sagst ausgerechnet du!

MR. CHOMSKY: Ich weiß, es ist ein Widerspruch, wenn man ein reicher Kapitalist ist und gleichzeitig behauptet, Geld sei nicht wichtig oder nicht alles.... zuerst kommt der Genuss und dann der ganze Rest. Aber um das Leben in vollen Zügen genießen zu können, ja, da kommt wieder das Geld ins Spiel. Ohne Geld kann man nichts machen, geschweige denn genießen.... weil Zeit Geld ist: Nur Geld gewährt die Möglichkeit, Zeit füt den Genuss, Freude, Ekstase zu haben.

CHERYLL: Der Genuss wäre also etwas für wenige Auserwählte, eine Art Oligarchie des Sublimen, ein Club der Genießer.... armer alter Irrer!

MR. CHOMSKY: Nicht weich werden. Ich bin inzischen fast am Punkt ohne Wiederkehr angekommen.... weißt du, wenn das Flugzeug auf der Piste an Geschwindigkeit gewonnen hat und nicht mehr bremsen kann vor dem Abheben, oder wenn die Stromschnellen eines Gebirgsbaches in der Nähe der Kaskaden zu stark werden als dass man ihnen noch entgegenwirken könnte? Es kommt ein Moment, in dem man die echten Werte spürt, die echten Prioritäten. Und dieser Moment ist für mich gekommen.

CHERYLL: Krokodilstränen oder historische Ankündigung?

MR. CHOMSKY: Ich packe nur den Stier bei den Hörnern. Ich werde platzen - da es ja festgelegt ist, dass ich platzen werde - indem ich mich mit Essen vollstopfe.... Ah, ah, ah! *(lacht)*

CHERYLL: Bist du nie satt?

MR. CHOMSKY: Berufskrankheit, ma cherie! Ich bin auf dem Gipfel der kapitalistischen Nahrungskette.

CHERYLL: Dann könnte die magische Formel im Umkippen der Pyramide bestehen. Du ziehst den Karren und die anderen brechen in Jubel aus.

MR. CHOMSKY: Pyramiden sind dafür geschaffen, so dazustehen, wie sie sind, wenn du sie umdrehst, stürzen sie zusammen.

CHERYLL: Dann wird eben auf einem Haufen Trümmern getanzt.

MR. CHOMSKY: Es wird immer Leute geben, die lange Finger machen und ein paar Stücke mitgehen lassen, um sich ein Häuschen zu bauen, und zwar zum Schaden der anderen, indem sie vom gemeinsamen Eigentum profitieren.

CHERYLL: Und wir werden ihnen die Hand abhacken.

MR. CHOMSKY: Wer wir?

CHERYLL: Ich, du, er... wir. Alle, die sich des Problems annehmen wollen.

MR. CHOMSKY: Und wenn alle lange Finger machen?

CHERYLL: Dann schneiden wir alle Hände ab.

MR. CHOMSKY: Nicht einmal die französische Revolution hat es geschafft, alle Köpfe abzuschneiden.... am Ende gebar der Berg als Kaiser ein Mäuschen.

CHERYLL: Aber dieses Mäuschen hat die Ideale der Freiheit verbreitet....

MR. CHOMSKY: Liberté, fraternité, égalité....

CHERYLL: Es gibt keine Freiheit ohne Gleichheit. Das Wasser gehört allen, weil alle Durst haben, die Erde gehört allen, weil alle Hunger haben und sich alle ernähren müssen.... das nennt man natürlichen Besitz und das schränkt dein Konzept von Privatbesitz ein.

MR. CHOMSKY: Aber der Hunger kann kleiner oder größer sein, bei mir zum Beispiel ist er sehr groß, das grenzt schon an Gefräßigkeit.... das ist meine Natur, was soll ich tun, ich bin nun mal so. Du kannst dich ja mit Mutter Natur anlegen!

CHERYLL: Du bist so, weil deine Natur nicht erzogen worden ist.

MR. CHOMSKY: Danke, Frau Lehrerin, aber.... bevor du mich umbringst.... ich bin gegen ideologische, politische und moralische Heilmethoden resistent.... *(hustet heftig und isst dabei. Langes Schweigen. Dann gießt Mr. Chomsky Champagner in zwei Gläser und reicht eins davon Cheryll.)* Wollen wir anstoßen?

CHERYLL: Ich weiß nicht, ob ich Lust habe, mit dir anzustoßen. Worauf willst du denn anstoßen?

MR. CHOMSKY: Auf die Liebe.

CHERYLL: Deine Liebe ist eine Einbahnstraße: Du liebst nur das Geld.

MR. CHOMSKY: Vielleicht irrst du dich.... *(hustet wieder)*. Vielleicht bin ich noch fähig, etwas zu empfinden.... vielleicht dank Viagra.

CHERYLL: Das ist eine fixe Idee! Ist es möglich, dass für euch Männer der Sex das einizige Vergnügen des Lebens ist?

MR. CHOMSKY: Nicht das einzige, aber.... das wichtigste.

CHERYLL: In der Tat sind die monotheistischen Religionen Ausdruck der chauvinistischen sexuellen Aggressivität der Männer und der Raffgier des Kapitalismus.

MR. CHOMSKY: Gott schütze uns vor dem Feminismus der Siebzigerjahre. Den erträgt doch niemand mehr!

CHERYLL: In den matriarchalischen Gesellschaften waren die verehrten Gottheiten alle positiv, die Natur, die Mutter Erde.... dann seid ihr an die Macht gekommen und habt aus Gott - seit Zeus - einen simplen Ejakulator gemacht, sogar die Zeugung des Sohnes habt ihr heilig gesprochen. Dabei haben selbst Hunde Sperma! Der Kampf um das Samenvergießen hat aber Kriege ausgelöst, die sich auf euer ökonomisches System gründen. In den Höhen des Himmels habt ihr ein Monster geschaffen, und dieses Monster heißt: Geld-Gott.

MR. CHOMSKY: Dann lass uns doch auf den Geld-Gott anstoßen.... Holy Money.

CHERYLL: Nein, nieder mit dem Geld-Gott.... Tod dem Geld-Gott.

MR. CHOMSKY: *(mit Leidensmiene)* Ich nehme dich beim Wort....

CHERYLL: Geht es dir nicht gut?

MR. CHOMSKY: Weißt du, was eine echte Revolution wäre?

CHERYLL: Wenn du anfängst, von Revolution zu reden, muss die Situation sehr ernst sein.

MR. CHOMSKY: Meine Idee von Revolution unterscheidet sich von deiner.

CHERYLL: Das hoffe ich sehr.

MR. CHOMSKY: Das Leben müsste andersherum gelebt werden. Zuerst müsste man sterben, dann hätte man schon mal trickreich das Trauma umgangen. Dann wacht man in einem Krankenhaus auf und freut sich über die Tatsache, dass es einem jeden Tag besser geht. Dann wird man entlassen, weil es einem gut geht, und das erste, was man tut, ist, sich die Pension von der Bank zu holen und auf den Kopf zu hauen. Mit der Zeit nehmen die Kräfte zu, der körperliche Zustand verbessert sich, die Falten verschwinden. Dann fängt man an zu arbeiten, und gleich am ersten Tag kriegt man eine goldene Uhr geschenkt. Man arbeitet vierzig Jahre lang, bis man so jung ist, dass man den Rückzug aus dem Arbeitsleben angemessen genießen kann. Dann geht man von Party zu Party, trinkt, spielt, hat Sex und bereitet sich auf das Studium vor. Dann beginnt die Schule, man spielt mit den Freunden, ohne Verpflichtung und Verantwortung, bis man ein Baby ist. Wenn man klein genug ist, kriecht man in einen Ort hinein, den man inzwischen ziemlich gut kennt: die Möse.

CHERYLL: Ariel, es fehlt dir zwar an Puste, aber nicht an Phantasie!

MR. CHOMSKY: Die letzten neun Monate verbringt man ruhig und entspannt schwimmend, in einem geheizten Raum mit Room Service und sehr viel Zuwendung, ohne dass einem irgend jemand auf den Wecker geht. Und am Ende verlässt man diese Welt mit einem Orgasmus.

CHERYLL: Der finale Orgasmus.... du bist so blass geworden, als ob dir ein Geist erschienen wäre.

MR. CHOMSKY: Ich *bin* der Geist. Ich habe Diabetes. Ich habe kein Insulin im Haus, und eigentlich müsste ich eine strenge Diät einhalten. Jetzt habe ich mich aber so vollgefressen, dass ich in Kürze in ein diabetisches Koma fallen werde. Ich bin am Arsch. Hilf mir, ich muss mich aufs Sofa legen.

Cheryll hilft ihm dabei, sich auf das Sofa zu legen, die Pistole legt sie auf dem Tischchen ab.

CHERYLL: Warum hast du das getan?

MR. CHOMSKY: Um dir den Spaß zu verderben, mich zu killen. Am Ende hättest du es doch getan, gib's zu. Deswegen bist du doch hier, oder nicht? Um die Welt zu rächen, das sind doch nicht nur Geschichten! Nun gut, jetzt habe ich dir den Spaß vedorben und dabei sogar noch ein gutes Essen und nette Gesellschaft genossen, obwohl sie ein kleines bisschen nervtötend war....

CHERYLL: Wenn *du* das sagst, ist das für mich ein Kompliment.

MR. CHOMSKY: Das hast du verdient, ich sage es dir ganz im Ernst. Du hast was drauf, du hast mich reingelegt.... und mich hereinzulegen, ist nicht so einfach. Die Qualitäten des Gegners sollte man stets anerkennen. Mehr noch.... und das mögen meine letzten Worte sein.... Wenn ich eine Tochter gehabt hätte, hätte sie so sein sollen wie du. Du bist ein richtiges Miststück, ganz der Vater.

CHERYLL: Ich schätze diese Selbstkritik am Ende deiner Tage.

MR. CHOMSKY: Du kannst mir jetzt deinen Namen sagen, deinen richtigen Namen.

CHERYLL: Mein Name ist „Niemand", was auch „Alles" bedeutet.

MR. CHOMSKY: Hört sich an wie der gesetzliche Vertreters des Verwaltungsrates der Menschheit....

CHERYLL: Selbst im erhabenen Moment des Sterbens maßt sich der ausrangierte Dynosaurier noch Werturteile an.

MR. CHOMSKY: Bitte. Ein Kuss.... *(hält ihr die Stirn hin)* Wie ein alter Vater.... damit ich friedlich sterben kann.... in Frieden, nicht mit mir selbst, vielleicht auch nicht mit der Welt, aber wenigstens mit dir, jetzt, wo meine Zeit gekommen ist....

CHERYLL: *(knallt ihm einen Kuss auf die Stirn)* Ja, wie bei einem alten Vater.

MR. CHOMSKY: Ich werde dir aber keinen Dollar hinterlassen.

CHERYLL: *(lächelt spöttisch)* Fick dich.

Der sterbende Mr. Chomsky nimmt sich die Pistole. Cheryll bemerkt es nicht, nimmt ihre Jacke und ihre Tasche und öffnet, ohne sich umzudrehen, mit dem Rücken zu Mr. Chomsky, die Tür. Der allerdings ist alles andere als tot und drückt ihr die Pistole ins Kreuz.

MR. CHOMSKY: Cheryll, Überraschung.... ich bin nicht tot. Wieder auferstanden. Ich bin nämlich unsterblich, ich bin der Geld-Gott, Holy Money. Ich bin ich.... und niemand außer mir....

Ein Schuss. Dunkel. Dramatische Musik, die dann in die 60er Jahre-Melodie von „Home sweet home" übergeht.

Finale *Nach einigen Momenten der Dunkelheit ist die Bühne wieder in Licht getaucht, mit einigen kleinen Veränderungen. Es stehen ein paar Vasen mit Blumen da, als ob eine*

*weiblicher Hand Mr. Chomskys Cottage ein bisschen neues Leben eingehaucht hätte. Die
Bilder mit den hässlichen Aufschriften sind eingerahmt wie Erinnerungen an ein bürgerliches
Familienleben. In einer Ecke sitzt Mr. Chomsky auf dem Sessel, mit einer Decke über den
Beinen, auf dem Kopf trägt er ein lustiges Wollhütchen, und in seinem Mund steckt ein
Thermometer. Er ist sichtlich verärgert und versucht, mit der Zunge das Thermometer hin-
und herzuschieben, begreift aber nicht, was es ist.*

MR. CHOMSKY: Rose.... Rose! Was tue ich hier, in diesem Haus? Wo bin
ich? Vor allem: *Wer* bin ich? Warum hast du mir dieses Ding in den Mund
gesteckt.... zum Donnerwetter! Ist das was zu essen oder zum Lutschen? Ich
beiß jetzt rein.... wie heißt du noch? Ach ja, wie eine Blume.... wie die Rose....
Rose! *(Cheryll kommt herein, sie trägt ein auffallendes Kleid.)*

CHERYLL: *(also Rose)* Jetzt tust du wieder so, als seist du ein alter Trottel
auf. Du bist nicht so dumm, dass du nicht weißt, wer du bist und wie du heißt.

MR.CHOMSKY: *(bezieht sich auf das Thermometer)* Ist das zum Essen?

CHERYLL: Bist du verrückt? Willst du enden wie ein Quecksilber-
Thunfisch? Das ist das Thermometer, zum Fiebermessen, Schatz.

MR. CHOMSKY: Ich dachte, es wäre ein Löffel.

CHERYLL: Das benutzt man, um Fieber zu messen und damit du ein
bisschen den Mund hältst. Mund zu.

MR. CHOMSKY: Es geht nicht, es ist riesig.

CHERYLL: Du hast kein normales Fieber, du hast das Goldfieber, Liebster.
Du brauchst ein Riesenthermometer.

MR. CHOMSKY: Mein Gott, mir ist nicht nach Scherzen zumute!

CHERYLL: Lutsch und sei ruhig, bitte. Ich muss mich jetzt mal kurz um
Afrika kümmern.

MR. CHOMSKY: Afrika?

CHERYLL: Genau. Wir versuchen doch gerade, Afrika zu retten, Liebster.

MR. CHOMSKY: Deswegen habe ich dich aber nicht geheiratet.

CHERYLL: Weswegen hast du mich denn geheiratet?

MR. CHOMSKY: Um Sex zu haben, stinknormalen Sex.

CHERYLL: Sex kannst du mit der Haushälterin haben. Die kriegt extra das
Doppelte, damit du sie anfassen kannst - *nachdem* du Afrika gerettet hast.

MR. CHOMSKY: Mein Gott, übertreibst du nicht ein bisschen? Wir haben
doch schon St. George gerettet?

CHERYLL: St. George ist ein kleines Schäferdorf. Da haben wir aber nur
eine Viehtränke gebaut.

MR. CHOMSKY: Und was gibt's Neues von.... wie heißt das noch....
Wasweißich!

CHERYLL: Ich kenne kein Wasweißich.

MR. CHOMSKY: Du weißt ganz genau, was ich meine.

CHERYLL: Ich weiß, du meinst das Hospiz für die Pazifik-Perlenfischer. Oder war es der Fußballplatz für die Kinder in Tibet ....

MR. CHOMSKY: Scheiße, den Everest haben wir aber noch nicht dem Erdboden gleichgemacht?

CHERYLL: Lauter Kleinkram, das Hauptproblem bleibt noch zu lösen.

MR. CHOMSKY: Und das wäre?

CHERYLL: Afrika.

MR. CHOMSKY: Dieses riesige grüne Dreieck zwischen Atlantik und Indischem Ozean?

CHERYLL: Stimmt, Afrika ist ein kleines bisschen größer als unsere früheren Projekte. Wenn wir aber alle unsere Ressourcen einsetzen...

MR. CHOMSKY: Was kostet uns das Afrika-Projekt?

CHERYLL: Alles, Liebster.

MR. CHOMSKY: Was? Wie groß ist das denn, dieses Scheiß-Afrika?

CHERYLL: Oh, nicht so groß, keine Sorge.

MR. CHOMSKY: Wie groß?

CHERYLL: *(Handbewegung: ungefähr)* Ein Fünftel der Erdoberfläche.

MR. CHOMSKY: Ein fünftel? Shit!

CHERYLL: Wir haben aber noch jede Menge Geld.

MR. CHOMSKY: Das ist eine gute Nachricht.

CHERYLL: Kommt darauf an.... für das Afrika-Projekt müssen wir Opfer bringen.

MR. CHOMSKY: Das heißt?

CHERYLL: Nichts Besonderes.... ein paar Bilder verkaufen, vielleicht alle, eine Hypothek auf das Haus aufnehmen.... wir werden die nackten Wände einfach mit allen Hypotheken tapezieren, die wir zur Rettung der Welt kriegen können.... findest du das nicht schön?

MR. CHOMSKY: Ach, du liebe Zeit, dann müssen wir am Ende noch unsere Unterhosen einsetzen....?

CHERYLL: Keine Sorge, mein Lieber, niemand wird dir die Windel vom Hintern reißen!

MR. CHOMSKY: Ich habe eher den Eindruck, dass mir jemand etwas in den Hintern steckt....

CHERYLL: Das ist das Thermometer. Hast du dir selbst reingesteckt.... typisch: kindliche Regression, anale Phase. Alte Leute werden eben wieder zu Kindern.

MR. CHOMSKY: Verdammte Scheiße, wozu habe ich dich eigentlich geheiratet? Ich weiß es nicht mehr?.... Damit du mein Geld ausgibst? Um mir das Thermometer in den Hintern zu stecken?

CHERYLL: In Wirklichkeit hast Du auf mich geschossen. Mit meiner Pistole. Die war aber blind geladen, weil ich dir kein Leid zufügen wollte. Ich wollte dir nur eine Lehre erteilen. Also, von Gewissensbissen geplagt...

MR. CHOMSKY: Gewissensbisse? Ich habe nicht die geringsten Gewissensbisse. Ich habe noch nicht einmal mehr eine Prothese....

CHERYLL: Die habe ich dir im Schlaf rausgenommen, damit du dich nicht in die Zunge beißt. In was würdest du denn sonst reinbeißen, Liebster?

MR.CHOMSKY: In eine Titte, einen Mops, eine Brust, eine Wassermelone....

CHERYLL: Im Augenblick musst du dich mit dem Thermometer begnügen.

MR. CHOMSKY: Das Thermometer stecke ich mir jetzt wirklich in den Hintern.

CHERYLL: Tu's doch, *du* musst es dir ja morgen wieder in den Mund stecken.

MR. CHOMSKY: Du legst mich doch jedes Mal wieder herein. Seit du in dieses Haus gekommen bist, hast du mich in einer Tour hereingelegt. Ich war ein knallharter Kapitalist, ein skrupelloser Finanzhai!.... Jetzt bin ich ein Knirps und muss um das monatliche Taschengeld betteln. Du hast mich umgedreht wie eine Socke. In deinen Händen bin zu einem.... a propos, wie heiße ich eigentlich? Wo bin ich? Im Krankenhaus? Bei mir zu Hause? Und wer bist du? Meine Krankenschwester? Kann ich mir das alles überhaupt leisten? Nage ich am Hungertuch? Kann ich mit dem Trost sterben, dass mein Leben scheußlich war und deshalb in aller Ruhe von der Bildfläche verschwinden?

CHERYLL: Wenn du so tust, als seist du ein armer Mann, bist richtig süß. Du machst das doch nur, um mich glücklich zu machen!

Das Telefon klingelt. Der Anrufbeantworter startet, man hört die Stimme von Cheryll-Rose

CHERYLL STIMME: Wir sind nicht da oder, falls wir da sind, wollen wir nicht antworten. Warum nicht? Wollen Sie wissen, warum? Weil Sie uns auf die Nerven gehen. Wir brauchen nichts und niemanden, am allerwenigsten Einkaufs-Tipps oder Angebote für Geldanlagen. Früher oder später wird die Welt sowieso ein Furz abfeuern und ihren letzten Atemzug aushauchen. Deshalb kümmern *Sie* sich um Ihren Kram und *wir* kümmern uns um unseren. Verstanden? Fahren Sie zur Hölle! *(Pause)* Wenn Sie aber partout nicht darauf verzichten können, hinterlassen Sie eine Nachricht.... hoffen Sie aber nicht darauf, dass wir zurückrufen.... weder heute noch irgendwann. Küsschen!

LORELEY UND NYX

(Personae morbose)
ein deutsches Lusttrauma
in zwei Teilen

Personen:

1 – DIE KUBISTIN   und LORELEY
schön, jung, sportlich, von Beruf Diskotheken-Kubistin (Animateurtänzerinnen, die auf Würfeln = Kuben tanzen); sie ist eine eher aktive als passive Subkuba von
2 – DER NIHILIST   und DER SCHWARZE MANN (erscheint auch als Zigeuner)
Leichenblaß, widerwärtig, schmiedet im Verborgenen ein Komplott und kommt, der Strategie einer Spinne folgend, zum Vorschein, um sich am Fleisch seiner Opfer zu nähren.
3 – IRGENDEIN ICH
Ein zufällig hineingeratener Christenmensch, unschuldiges (?) Opferlamm der niedrigsten menschlichen Triebe. Aber wo hört die Schuldlosigkeit auf und fängt die Gewissenlosigkeit an? Zum Sündenbock wird man schon geboren.

Mit Videokamera aufgenomme Szene: RAJA, ein Roma-Kind
Einige mit Tonband aufgenommene Stimmen: Zuschauer, Rechtsextremisten, Kinderchor usw.

Credit line:
Prolog erster Teil: Clemens Brentano
Brief einer Sirene: La Motte-Fouque (Udine)
Nietzsche-Zitat: Also sprach Zarathustra (erster Teil)
Epilog: Melodie: Wien, 1774; Strophe I von Ignaz Franz, 1719-1790; Strophe 2-5 von Karl von Greyerz, 1870-1949.

Ante-factum

Das Rauschen eines Flusses. Loreley auf ihrem Fels.

LORELEY *Zu Bacharach am Theine*
Wohnt eine Zauberin,
Sie war so schön und feine
Und riß viel Herzen hin.

Und brachte viel zu schanden
Der Männer rings umher,
Aus ihren Liebsbanden
War keine Rettung mehr.

"Bitte laßt mich sterben,
Ich bin des Lebens müd,
Weil jeder muß verderben,
Der meine Augen sieht.

Die Augen sind zwei Flammen,
Mein Arm ein Zauberstab
O legt mich in die Flammen!
O brechet mir den Stab!

Ich darf nicht länger leben,
Ich liebe keinen mehr
Den Tod sollt Ihr mir geben,
Drum kam ich zu Euch her.

Die Augen sanft und wilde,
Die Wangen rot und weiß,
Die Worte still un milde
Das ist mein Zauberkreis.

Ich selbst muß drinn verderben,
Das Herz tut mir so weh,
Vor Schmerzen möcht ich sterben,
Wenn ich mein Bildnis she". (Abentrot, dann Dunkel)

Prolog
(im Dunkeln)

EIN SCHREI IM DUNKELN Was tun Sie? Haben Sie den Verstand verloren?
FRAUENSTIMME Kümmern Sie sich um Ihren Kram!
SEINE STIMME Was tun Sie denn da?
FRAUENSTIMME Lassen Sie mich!
SEINE STIMME Halten Sie sich fest!
FRAUENSTIMME Was soll das, ich kann doch wohl selbst über mein Leben entscheiden, oder?
SEINE STIMME Aber ich bitte Sie!
IHRE STIMME Lassen Sie mich jetzt?
SEINE STIMME Himmel, ziehen Sie sich hoch!
IHRE STIMME Nein! Gehen Sie, lassen Sie mich in Ruhe! Ich will sterben!
ER Ich kann Sie nicht länger halten...
SIE Wollen Sie jetzt endlich locker lassen?
ER Nein... Sie werden mich noch mitziehen!
SIE Idiot!... Umso schlimmer für Sie!
ER Aaaaaaah!
SIE Aaaaaaaah!

Man hört zwei Körper ins waaser fallen.

Nicht weit liegt das Zigeunerlager, wo ein Feuer angezündet wird. Etwas Rauch kommt aus einer Pfanne. Jemand singt ein melancholisches Roma-Lied. Es ist kalt. Der Familienchef kommt herein.

Io no visto nada de nada, nichts. Jemand geschrien. So: aaaaaah! Und Plumpf in Wasser. Fertig. Ich sofort Polizia rufen. Noi no droga. No problem mit Polizia. Sofort gekommen und gefragt: wer? Wer geschrien? Ich nicht gesehen. Nur gehört. Visto niente. Sentito. Hatte Angst für Kinder. Leute böse mit unsere Kinder. Sie geben Spielzeug mit Bombe drin. Kinder verlieren Ände, morire! Io non volere male nessuno. Perché? Warum? Warum machen das? Polizia no cattiva, Menschen cattivi. Gestern Puppe hat jemand geschenkt. Ich gesehen und schrie: no tocar! Nicht berühren. Bomba ist im pozzo, im Brunnen explodiert. Böse Menschen keine Mut mir zu reden. Porco Dio, geflucht! Sie weg rasch mit Auto, wrooom! Nicht gesehen Schild. Meine Auge schwach. Immer schwächer mit Jahren. Herz, corazòn ist aber immer gut. Ich sage: Messer für böse Menschen imme bereit. Pistole no haber. Pistole keine. Pistole gut für cacasotto, für Hosenscheißer. Ich töte oder sterbe als Mann, Uomo.

Capito? Noi via. Domani wir weg, fort, lontano, wo Sonne scheint und Kinder
spielen, felici. Kennst du das Land wo die Zitronen blühen? *(lacht)* Ha ha ha!
Das großer Mann geschrieben. Auf ihn! Trinken Sie Glas Wein mit mir? Bitte,
por favor. Ich muy contiento de bere con voi. Sie nicht böse mit Kinder. Oder?
Kinder unschuldig. Sie simpatisch, schöne Kravatte. Salute! Zum Wohl! Und
keine Angst für portafogli, ich schon alle geklaut! Scherzo!

Erster Teil

Erste Szene
Man hört einen Schlüssel mehrmals im Schloß einer Sicherheitstür umdrehen. Vor dem
Publikum öffnet sich die Türe, die anfangs nur einen schmalen Streifen Licht durchläßt, das
beim vollständigen Öffnen der Türe beinahe blendet. Im Lichtrahmen bemerkt man zwei
menschliche Umrisse, deren in Richtung Publikum projezierte Schatten lang und monströs
wirken. Beim Schließen der Türe verschwindet der Effekt, und die Bühne wird in ein diffuses
Licht getaucht.
Wir befinden uns in einer merkwürdigen Umgebung, eine jener für Wohnzwecke
instandgesetzten Fabriken, die früher am Rande der Großstädte betrieben wurden (Basel?
Köln? Düsseldorf?): ein einziger weitläufiger, modern eingerischteter Raum. In der Rückwand
ein großes Fenster mit zugezogenem schwarzem Vorhang, der einen etwas düsteren Eindruck
erweckt. Ein ausgegangener Kamin links hinten, vor dem ein mit der Rückenlehne dem
Publikum zugewandter, majestätischer Lehnstuhl steht, eine Art Thron für wer weiß wen.
Rechts einige Trainingsgeräte wie in einer Sporthalle: Sandsäcke, Sprungbock, Heimräder,
Ringe, Taue und eine komplette Bodybuilding-Ausrüstung.
Ich vergaß: Die Kubistin und Irgendein Ich sind gerade in diese Szenerie eingetreten. Sie sind
völlig durchnäßt. Er — oder besser das Ich -, vielleicht noch unter Schock, sieht sich um. Die
Kubistin hingegen, die bei sich zu Hause ist, bewegt sich sicher und öffnet als erstes den
schwarzen Fenstervorhang. Jetzt versteht man den Zweck der Vorhanges: ein blinkendes rotes
Reklamischild an der Fassade des gegenüberligenden Gebäudes erzeugt eine nahezu
infernalische Stimmung.

DIE KUBISTIN: Bitte, nehmen Sie Platz.
ICH: Platz, ich? Danke, aber... ich bin naß, völlig durchnäßt. Ich tropfe auf
den Parkett. Ich möchte Ihren schönen Holzboden nicht beschädigen... sehen
Sie den See... Schrecklich! Wenn Sie mir ein Turch, einen Lappen, irgend etwas
geben, wische ich gleich auf, bevor Flecken bleiben.
DIE KUBISTIN: Es ist meine Schuld, Sie können nichts dafür. Ich sollte
mich schämen.

ICH: Machen wir keine Tragödie daraus. Was geschehen ist, ist geschehen. Wie sagt man? Ende gut, alles gut... *(niest)* Ich was schon erkältet... und jetzt... *(niest)*

DIE KUBISTIN: Ziehen Sie sich aus.

ICH: Wer, ich?

DIE KUBISTIN: Aber ja, glauben Sie, ich habe noch nie einen Mann in Unterhosen gesehen? Daß Sie das erste Abenteuer meines Laben sind? Knöpfen Sie sich auf!

ICH: *(verlegen, zieht sich die Hose aus)* Nur... ich bin kein Adonis.

DIE KUBISTIN: Es muß nicht immer Kaviar sein!... Schön brav, geben Sie mir auch das Hemd. Übrigens verdanke ich Ihnen mein Leben, glaube ich...

ICH: *(knöpft das Hemd auf)* Sie wirken nicht sehr überzeugt.

DIE KUBISTIN: Stimmt: das bin ich nicht. Meine Dankbarkeit ist tatsächlich rein förmlich. Oder sagen wir: angebracht *(Sie öffnet ein Bügelbrett).*

ICH: Sie werden Ihre guten Gründe haben: ich möchte nicht in sie dringen.

DIE KUBISTIN: Stimmt, die habe ich.

ICH: *(gibt ihr das Hemd)* Umso besser. Ich meine: daß Sie gute Gründe haben.

DIE KUBISTIN: Aber ich habe nicht die geringste Absicht, Sie Ihnen anzuvertrauen. Das geht nur mich was an.

ICH: Ich verstehe ihre Verfassung ganz genau.

DIE KUBISTIN: *(plötzlich aufgeregt, erhebt das Bügeleisen gegen ihn)* Gar nichts verstehen Sie! Sie verstehen einen Scheiß...

ICH: Warum regen Sie sich plötzlich so auf? Was habe ich falsch gemacht?

DIE KUBISTIN: Noch nichts.

ICH: Noch nichts... Was?

DIE KUBISTIN: *(hysterisch)* Ist das ein Verhör? Wenn Sie Stufe drei anwenden wollen, mich ohrfeigen und mir die Kleider vom Leib reißen: bitte, bedienen Sie sich! Aber Vorsicht vor den Krallen: ich kratze!

ICH: He!... ich habe gar nichts gefragt.

DIE KUBISTIN: Nein, aber Sie hatten einen fragenden Blick.

ICH: Ich, fragend?

DIE KUBISTIN: Forschend, um genauer zu sein.

ICH: Na, schön! Ich habe mein Leben riskiert. Ich möchte, wenn Sie erlauben, das Motiv wissen.

DIE KUBISTIN: Das ganze Universum strebt der Unordnung zu. Zufrieden?

ICH: Meinen Sie etwa, ein normaler Mensch, der alle Sinne beisammen hat, übersteigt die Brüstung und wirft sich ins Leere, ohne Motiv, ohne Grund... irgendeinen?

DIE KUBISTIN: Kein Motiv, sage ich, und keine Begründung. Und was die Normalität betrifft... daß ich nicht lache!

ICH: Leugnen Sie die Absurdität dieser unmotivierten und irrationalen Handlung?

DIE KUBISTIN: Bitte! *(bügelnd)* Das Motiv besteht darin, keine Motive zu haben, keine Begründungen zu haben. In der unerträglichen Leichtigkeit des Seins... *(Er: Ja ja...)* Sich ungewöhnlich trocken anfühlen, allzu verletzlich, deprimiert, verwirrt, lustlos, machtlos, ängstlich, verunsichert, unfähig, selbst etwas auf die Beine zu stellen oder sich zu zeigen, wie man ist. Zu schwach, uninspiriert, abgekämpft, feige, überflüssig, schamhaft, schmutzig, häßlich, schuldbewußt, geistig minderbemittelt, steif... *(Sie merkt, daß er gähnt. Er: Verzeihung! Dann ist sie wieder aggressiv)* Oder man hat ständig eine Wut im Bauch, könnte durchdrehen, ist dabei aber steckengeblieben, unkreativ und bedrückt. Man zweifelt, jammert, zieht nichts durch, überläßt anderen die kreativen Aufgaben, kuscht vor Autoritätspersonen, sucht sich Partner, Chefs, Freunde, die einem die Lebenskraft absaugen, ist defensiv, zickig...

ICH: Eine schöne Bescherung!

DIE KUBISTIN: Und Sie, Superman? Haben Sie ihre "gute Gründe" schon vergessen?

ICH: Sollte ich Gründe haben? Wozu?

DIE KUBISTIN: Zum Teufel! *(lacht)*

ICH: *(nach eisigem Schweigen)* Bis die Kleider trocknen und ich störe Sie nicht weiter. Ich will ihre Gastfreundschaft nicht strapazieren.

DIE KUBISTIN: Sie stören nicht. Ich bin bald so weit. *(gibt ihm das Hemd)*

ICH: Hören Sie auf, Theater zu spielen: Sie ertragen mich nicht. Sie halten mich für ahnungslos, naiv, einen armen Trottel, der sogar zögert, sich vor einem schönen Mädchen auszuziehen!

DIE KUBISTIN: Genau.

ICH: *(beleidigt)* Es ist spät: ich nehme meine Sachen und... Gute Nacht!

DIE KUBISTIN: *(hält ihn zurück)* Nein, warten Sie, gehen Sie nicht.

ICH: Jetzt sage ich: lassen Sie mich... los!

DIE KUBISTIN: *(süß und falsch)* Ich bitte Sie, seien Sie nicht beleidigt: ich bin gräßlich, ich weiß. Aber Sie müssen eines verstehen. Ich habe Sie nicht ausgewählt. Aufeinmal fand ich mich im Leeren... von Ihnen umarmt, ohne Sie jemals zuvor gesehen zu haben. Klar, daß ich Sie ein wenig abtaste, um zu sehen, von wem ich mich retten ließ.

ICH: Ach so! Sie haben sich also retten lassen!?

DIE KUBISTIN: In gewisser Weise.

ICH: Absichtlich?

DIE KUBISTIN: Was dagegen?

ICH: Und wenn ich Ihnen nicht zu Hilfe gekommen wäre? Wenn ich nur geschrien hätte? Wie hätten Sie allein das Ufer erreicht, wenn...?

DIE KUBISTIN: Wenn, wenn, wenn: wieviele wenn, mein lieber Freund.

ICH: Einverstanden: es war, wie es war. Schwamm drüber und sprechen wir nicht mehr davon. *(nach einer Weile)* Aber... Sie werden sich erkälten: gehen Sie sich umziehen.

DIE KUBISTIN: Gehen, wohin? Ich kann es sehr gut hier machen.

ICH: Wollen Sie sich vor mir ausziehen?

DIE KUBISTIN: Warum nicht? Ich bin ziemlich gut gebaut.

ICH: He, Sirene! Führen Sie mich nicht in Versuchung.

DIE KUBISTIN: Warum, würden Sie sich versuchen lassen?

ICH: Und Sie? Wären Sie dabei? Oder reden Sie erst groß und kneifen dann?

DIE KUBISTIN: *(beginnt sich auszuziehen)* Wenn Sie nicht zusehen wollen, drehen Sie sich um, oder schließen Sie einfach die Augen.

ICH: Die Augen schließen, gut*: (sich umwendend)* ein striptease ohne Musik ist sowieso eine miserable Show.

DIE KUBISTIN: Hier haben Sie die Begleitung. *(Sie öffnet das Fenster, man hört eine Zigeunermusik)* Eine wunderschöne Zigeunermusik... *(Sie tanzt)* Wollen Sie mit mir tanzen? Eins-zwei-drei-vier! Los, machen Sie nicht die Mumie! Loreley ist für Sie wieder da! *(Sie singt und belästigt ihn)*
Loreley,
Loreley,
Loreley...

ICH: Tun sie mir den Gefallen! Ich habe jetzt keine Lust zu spielen! Hören Sie auf... Aufhören!

DIE KUBISTIN: *(schließt das Fenster)* Ich verdanke Ihnen das Leben. D. h. für mich stellen Sie eine Art Vater dar, einen zweiten Erzeuger. Einen Adoptivvater, oder noch besser, einen adoptierten Vater. Und vor meinem Vater habe ich mich nie geschämt wegen... gar nichts! Finden Sie's krankhaft? *(Sie zieht sich weiter aus)*

ICH: Zumindest hoffe ich, daß Sie damit aufgehört haben, als Sie kein kleines Mädchen mehr waren... als die Entwicklung...

DIE KUBISTIN: Als die Entwicklung mir Titten und Haare auf gem sogenannten Venushügel hat wachsen lassen? Versuchen Sie doch, in eine andere Richtung zu schauen, versuchen Sie's doch!

ICH: Muß ich mich jetzt als Ihr Opfer betrachten? Oder ein schnelles Abenteuer? Eine weitere Kerbe? Na dann bin ich es aber, der nicht mitmacht, der sich zurückzieht: ich will ganz und gar nicht ein Ihnen ausgeliefertes Objekt sein: *(mit Nachdruck)* ich bin mein!

DIE KUBISTIN: Gestehen Sie zumindest: war ich es wert, gerettet zu werden? Hätte mein weiches, zartes Fleisch es verdient, als Futter für die Würmer zu enden? Fassen Sie mich an! Können Sie sich meinen Körper von Verwesung zersetzt vorstellen?

ICH: Das ist Besessenheit: eine krankhafte Besessenheit.

DIE KUBISTIN: Schluß jetzt! Ich werde Ihnen nicht erlauben, mehr zu sagen... *(bedeckt sich mit dem weißen Leintuch, mit dem das Sofa vor Staub geschützt war)* Das Gästebad ist am Ende des Korridors. Im Schränkchen finden Sie ein Paar Hausschuhe und einen Haartrockner. Sie können nach dem Duschen den weißen Bademantel benutzen.

ICH: Danke, aber... Sicher, daß Ihnen keine Flausen in den Kopf steigen?

DIE KUBISTIN: Wollen Sie mich überwachen, während ich Pipi mache? Spanner oder Liebhader von Golden Shower?

ICH: Blöd, mich um Sie zu sorgen. Wirklich blöd!

DIE KUBISTIN: Beleidigt für so wenig? Oder habe ich den Finger auf eine Wunde gelegt?

ICH: Kümmern Sie sich um ihren eigenen Kram.

DIE KUBISTIN: So wie Sie das getan haben, als ich Sie bat, einen Bogen um mich zu machen, mich gehen zu lassen, weil ich sterben wollte? Ich, die ich mich zuvor um meine Angelegenheiten kümmern wollte und Ihretwegen nicht konnte, sollte mich jetzt Ihrer Meinung nach nicht in Ihre einmischen! Finden Sie das richtig?

ICH: Ich weiß nicht, was richtig ist. Ist es richtig zu trinken, wenn man Durst hat? Ficken, wenn man Lust hat? Sterben, wenn man es satt hat? Beherrscht unser Geist den Leib, oder ist unser Körper, aud Fleisch und Blut mit seinen Trieben un Launen, derjenige der das Gewissen und die Seele — falls wir eine haben! — in seiner Macht hat?

DIE KUBISTIN: *(mit Ironie)* Wir sind alle ausgelieferte Objekte einer ungeheueren Macht: Marionetten ohne eigenen inneren Willen?

ICH: Genau.

DIE KUBISTIN: Habe ich mich vielleicht von einem Superman aus Blätterteig retten laßen?

ICH: Ja! Ich habe Sie gerettet, aber...

DIE KUBISTIN: Weiter, weiter.

ICH: .... aber ich bin kein Held, kein Superman. Oder besser gesagt: ich bin nur ein Held per Zufall. Der Zufall ist denn ihr Retten, nicht ich. Ich war nur zufällig dort. Ich bin nur zufälling hier. Ich lebe einfach per Zufall...

DIE KUBISTIN: Trozdem... *(nachdenklich)* Auf der Brücke haben Sie nicht lockergelassen. Im Gegenteil, Sie haben meinen Arm solange festgehalten, bis Sie mit mir in den Abgrund gestürzt sind. Und dabei haben Sie auf die Todesgefahr und mein wiederholtes "Verpiß dich" gepfiffen. Held per Zufall, aber immerhin — und Gott sei Dank! — ein Held!

ICH: Ich habe gehandelt, ohne nachzudenken, das ist alles. Und außerdem, Abgrund: die reinste Übertreibung!

DIE KUBISTIN: Ohne sich um die Stromschnellen zu kümmern, die an dieser Stelle des Flusses äußerst gefährlich sind!

ICH: Stromschnellen? Habe ich nichteinmal bemerkt.

DIE KUBISTIN: Tun Sie nicht so bescheiden! Sie haben für mich dem Tod getrotzt. Geben Sie das ein für alle Mal zu.

ICH: *(verlegen)* Es wird mir erst jetzt bewußt. Jetzt, wo die Gefahr vorbei ist! Immerhin: ich bin froh, Sie gerettet zu haben.

DIE KUBISTIN: *(lacht)* Danke sehr!

ICH: Ach so? Sie lachen miche aus? *(irritiert)* Jetzt verstehe ich... Sie wenden mit Fremden wie mir die Strategie der Spinne an: Sie weben ihr Netz und versuchen, jemanden darin zu fangen. Ist man einmal in Ihrer Gewalt... Zack, versuchen Sie, Ihren Fuß draufzustellen, wie auf eine Abstreifmatte. Die Nachtnummer und ein paar Krokodilstränen sind Teil der Vorstellung!

DIE KUBISTIN: Bravo! Und wie beurteilen Sie dieses animalische Theaterspiel?

ICH: Ich beurteile überhaupt nichts... das fehlte noch! Jeder hat was hinter den Kulissen. Aber jetzt möchte ich endlich duschen gehen. Daß Frauen immer soviel reden, reden... *(geht)*

DIE KUBISTIN: He, Kater! Diesmal hast du eine Maus gefunden, die größer ist als du.

STIMME DES ICH: Ich war nicht auf der Jagd, Frau Maus.

DIE KUBISTIN: Aber ich, Herr Kater! *(geht)*

Zweite Szene

Ein Roma-Kind spielt und singt ein fremdsprachiges Kinderlied.

Ein Mann mit schwarzem Lederanzug kommt herein. Er nähert sich dem Kind, als wolle er es ohrefeigen. Das Kind weint.

SCHWARZER MANN: *(es liebkosend, mit falscher Freundlichkeit)* Ach nein, mein süßes Kind. Weine nicht. Ich bin nicht böse mit dir. Verstehst du mich?

DAS KIND: *(leise)* Ja...

SCHWARZER MANN: Nur keine Angst. Ich bin dein Freund. Wie heißt du?

DAS KIND: Raja.

SCHWARZER MANN: Hast du Angst vor mir?

DAS KIND: Nein.

SCHWARZER MANN: Wie alt bist du?

DAS KIND: *(zeigt sechs Finger)*

SCHWARZER MANN: Gehst du in die Schule?

DAS KIND: No intiendo.

SCHWARZER MANN: Bist du ein kleiner Dieb?

DAS KIND: No compriendo.

SCHWARZER MANN: Hat dein Vater dir schon erzählt, du sollst keine Puppe als Geschenk annehmen?

DAS KIND: *(entsetzt)* Puppe no, nada!

SCHWARZER MANN: Aber ich möchte dir keine Puppe schenken. Du bist ein Junge, nicht wahr?

DAS KIND: *(stolz)* Claro!

SCHWARZER MANN: Aber du besitzt noch keine Handwaffe... keine Pistole, oder?

DAS KIND: Nein.

SCHWARZER MANN: Willst du eine Kanone haben? Eine echte? Nur für dich?

DAS KIND: Nein.

SCHWARZER MANN: Du Könntest sie deinen Freunden zeigen. Willst du Chef werden?

DAS KIND: Capo? Ja: capo, ja! Chef!

SCHWARZER MANN: Hier, deine Pistole. Wie sagt man?

DAS KIND: Danke schön.

SCHWARZER MANN: Brav: du kannst unsere Sprach schon gut. Bald wirst du ein Mann, bald willst du in unsere Gesellschaft eindringen, *(heiter)* du kleine miese Ratte! Unser Chef werden, sogar unser Führer. Deine schmutzigen Diebesfinger sollen dir einer nach dem andern abgerissen werden.

DAS KIND: *(mit der Pistole spielend)* Bum-bum! Jo no compriendo bien. *(ab)*

SCHWARZER MANN: Bum-bum, nur bum-bum... spiel weiter, mein süßes Kind! *(Er tritt einige Schritte zurück, und liest während das Kind hinter den Kulissen mit der Pistole spielt)* "Meine erste Reaktion für jenes Insekt, groß wie ein Punkt, das auf meinem Tisch kroch, war mitleidig: es zerquetschen! Dann beschloß ich, es in seiner Verirrung fortleben zu lassen. Wozu es befreien? Allerdings hätte ich zu gern gewußt, wohin es ging!" *(schlägt das Buch zu)* Ich liebe die *Erstickten Gedanken* von Cioran. By by baby! *(Geht ab)*

DAS KIND: Bum-Bum...

Eine Explosion.

Dritte Szene

*Vom ins Dämmerlicht getauchten, mit der Lehne zum Publikum gerichteten Lehnstuhl, bemerkt man den Widerschein eines angezündeten Steichholzes, eine Rauchschwade läßt erkennen, daß **DER NIHILIST:**   sich eine Zigarette angezündet hat. Neben dem Lehstuhl, auf dem Boden, steht ein Telefon, das mit einem Anrufbeantworter verbunden ist. Das Telefon klingelt drei Mal, dann schaltet sich der Anrufbeantworter mit der Stimme des NIHILISTEN ein.*

DER NIHILIST: Hier ist der automatische Anrufbeantworter der von ihnen gewählten Nummer. Wir sind derzeit leider nicht zu erreichen. Sie können nach dem Signalton eine Nachricht hinterlassen oder ein Fax senden... prrr, sprechen Sie jetzt.

EINE STIMME *(hinterläßt einen furchtbaren Schmerzensschrei)* Aaaaaaah!

DER NIHILIST: Ihre Nachricht wurde aufgenommen. Sie werden so bald wie möglich zurückgerufen. Danke.

ICH *kommt im weißen Bademantel herein.*

ICH: Alles in Ordnung? Ich habe etwas gehört, ich weiß nicht genau, was... so etwas wie einen unmenschlichen Schrei... geht es Ihnen gut? Keine dummen Witze, klar?... Antworten Sie schon! Wo sind Sie?

DIE KUBISTIN: *(kommt herein, trägt eine rosarote Gummibadekappe, es scheint als hätte sie sich den Schädel rasiert)* He! Was ist los? Wieso schreien Sie?

ICH: *(verlegen)* Mir schien... vielleicht habe ich mich geirrt, oder vielleicht kam es von draußen...

DIE KUBISTIN: Vielleicht war es das Zischen des Wassers in der Leitung. Manchmal macht es das, wenn die Heizungsrohre unter Druck stehen.

ICH: Oder habe ich noch etwas Wasser im Ohr? Und das Sausen kam mir vor wie ein Schrei... alles o.k.? Aber *(Er bemerkt, daß sie scheindar kahl vor ihm steht)*... Ihre Haare...

DIE KUBISTIN: *(provozierend)* Beunruhigt Sie irgendetwas? Meine Badekappe?

ICH: Nein! Was sollte mich beunruhigen? *(Er schaut sich ratlos um)* Es scheint mir alles in Ordnung, alles normal. Oder etwa nicht?

DIE KUBISTIN: Normal? Sind Sie da wirklich sicher? Auch mein Benehmen kommt ihnen normal vor?

ICH: Sagen Sie es mir, ob es normal ist, oder nicht.

DIE KUBISTIN: *(nach einer Pause)* Nein.

ICH: Also gut! Wenn Sie nicht davon sprechen wollen, es steht Ihnen frei: ich zwinge Sie ja nicht.

DIE KUBISTIN: Nicht, daß ich nicht will; ich kann einfach nicht, ich kann wirklich nicht... was würde geschehen, wenn ich Ihnen die Wahrheit sagen sollte?

ICH: Was könnte denn schon geschehen? Ehrlichgesagt, mir scheint, es ist genug vorgefallen, zumindest für heute Nacht. Sie, die Sie sich von der Brücke stürzen, ich, der hinter Ihnen her fällt...

DIE KUBISTIN: Es fällt nie genug vor.

ICH: Bitte?

DIE KUBISTIN: Der Schein trügt.

ICH: *(ironisch)* Großartig!

DIE KUBISTIN: Ich bin nicht so intelligent wie Sie. Ein Held! Nein, sehen Sie, für mich besteht die Notwendigkeit, von der Oberfläche auszugehen, von den einfachsten und selbstverständlichsten Dingen, um zum Kern zu gelangen, zur Essenz, zu den Wurzeln dessen, was ich zu sein fühle.

ICH: Wollen Sie den Kern aus einer Zwiebel schälen?

DIE KUBISTIN: Schon gut. Man muß es trotzdem am eigenen Leib erfahren. Sich hineinwühlen und suchen, suchen... das Skalpell tief hineingraben, ohne Furcht, sich weh zu tun.

ICH: Was suchen?

DIE KUBISTIN: Die Wahrheit!: sie kommt oft plötzlich und unerwartet. Wie ein Peitschenhieb mitten in's Gesicht. Und sie tut weh!

ICH: Peitschen Sie ruhig: ich werde auch die andere Wange hinhalten.

DIE KUBISTIN: Sie werden sich erschrecken. Der Schein trügt!

ICH: Was für ein Schein?

DIE KUBISTIN: Auf der Brücke... Haben Sie da mich oder habe ich Sie gerettet? Antoworten Sie, ohne was zu verschweigen und kein doppeltes Spiel.

ICH: Ist ja heiter, der pure Irrsinn! Sie sollen mich gerettet haben?!

DIE KUBISTIN: Empört? Oder vielmehr: irritiert? Vergessen Sie die scheinbare Wirklichkeit der Tatsachen. Wie ich gesagt habe: der Schein trügt.

ICH: Lassen Sie mich überlegen... aber ja, sicher! War es etwa nicht ich, der schrie "halten Sie sich fest" und Sie, die mir antworteten "lassen Sie mich, ich will sterben, kümmern Sie sich um ihren Kran"? Mehr oder weniger mit diesen Worten...

DIE KUBISTIN: Scheinbar ja.

ICH: Scheinbar? Gut: ich fordere Sie heraus, das Gegenteil zu beweisen. Wenn es Ihnen gelingt, werde ich mich mit Vergnügen zu Ihrer Theorie des Scheins bekehren.

DIE KUBISTIN: Es ist alles aufgenommen... wenn Sie meinen, es sei notwendig...

ICH: Wirklich alles?

DIE KUBISTIN: Wird es Ihnen schwer fallen, sich selbst zu glauben, Ihren eigenen Ohren, Ihren eigenen... Worten!? *(zieht aus der Tasche des Bademantels eine Tonbandkassette)* Unmöglich? Unwahrscheinlich? Sie werden's hören. *(Sie legt die Kassette in einen Rekorder ein. Rauschen, Schritte, das Dröhnen eines davonbrausenden Autos, das Geräusch eines Flusses)*

ICH: Das war Ihr ganzes "alles"?

DIE KUBISTIN: Geduld. Warum die Dinge unbedingt überstürzen, wenn es dann wir sind, die abstürzen müssen?

ICH: Aber wer reißt wen mit sich? *(Sie hören aufmerksam das Band an)*

STIMME DER KUBISTIN: Was tun Sie? Haben Sie den Verstand verloren?

STIMME VON ICH: Kümmern Sie sich um ihren Kram!

STIMME DER KUBISTIN: Was tun Sie denn da?

STIMME VON ICH: Lassen Sie mich!

STIMME DER KUBISTIN: Halten Sie sich fest!

STIMME VON ICH: Was soll das, ich kann doch selbst über mein Leben entscheiden, oder?

STIMME DER KUBISTIN: Aber ich bitte Sie!

STIMME VON ICH: Lassen Sie mich jetzt?

STIMME DER KUBISTIN: Himmel, ziehen Sie sich hoch!

STIMME VON ICH: Nein! Gehen Sie, lassen Sie mich in Ruhe! Ich will sterben!

STIMME DER KUBISTIN: Ich kann Sie nicht länger halten...

STIMME VON ICH: Wollen Sie jetzt endlich locker lassen?

STIMME DER KUBISTIN: Nein... Sie werden mich noch mitziehen!

STIMME VON ICH: Idiotin!... Umso schlimmer für Sie!

STIMME DER KUBISTIN: Aaaaaaaah!

STIMME VON ICH: Aaaaaaaah!

Man hört zwei Körper ins Wasser fallen.

DIE KUBISTIN: *(nach einer angespannten Pause)* Ende der Aufnahme.

ICH: Aber da ist absurd, vollkommen verrückt.

DIE KUBISTIN: Wollen Sie vielleicht die Evidenz leugnen?

ICH: Es handelt sich nicht darum, zu leugnen, sondern darum, die Wahrheit der Tatsachen, so wie sie vorgefallen sind, wiederherzustellen. Sonst wären es keine Tatsachen, sondern Hypothesen oder Möglichkeiten.

DIE KUBISTIN: Stimmen Sie mit mir überein, Herr Philosoph, daß der Schein trügt, und daß die Dinge oft komplexer sind, als sie scheinen? Ich veerstehe Ihre Einwände: ich sage nicht Neues...

ICH: Eben.

DIE KUBISTIN: Trotzdem, auch das Selbstverständliche, wie banal es auch sein mag, kann dazu dienen, schwierigere, komplexere und heikle Aspekte gewisser Situationen am Rande des Paradoxen, so wie unsere, zu verstehen.

ICH: Paradox?

DIE KUBISTIN: Genau.

ICH: Welche Rolle spiele ich, verzeihen Sie, in Ihrem Pa-ra-dox?

DIE KUBISTIN: He! Willst du bei mir die Jungfrau spielen?

ICH: Willst du mich etwa entjungfern?

DIE KUBISTIN: Alles hängt von den Standpunktern ab.

ICH: Standpunkte?

DIE KUBISTIN: Oh ja! Wer bei der Szene dabeigewesen wäre, ich an Ihren Arm geklammert und Sie, der mich festhält und dabei auf mich einredet, von dem ungesunden Vorhaben abzulassen... ich habe gesagt, ungesund, sind wir uns einig?

ICH: Völlig einig.

DIE KUBISTIN: Also: der zufällige Beobachter dieser atemberaubenden Szene hätte daraus sicherlich geschlossen, daß Sie; ja: eben du versuchst, mich zu retten und nicht umgekehrt, ich Sie. Oder dich.

ICH: Und er hätte sicher gut daran getan, einen ähnlichen Schluß zu ziehen, da ja alles genau so passiert ist.

DIE KUBISTIN: Sie verteidigen lediglich Ihren Standpunkt. Weil Sie gerne hätten, daß die Dinge sich genau so, oder, bessergesagt, NUR so verhielten.

ICH: Und wie verhalten sie sich sonst, deiner Meinung nach? Oder Ihrer Meinung nach?

DIE KUBISTIN: Als ob der Gedanke, jener Gedanke – und du weißt, wovon ich spreche – die nie gekommen wäre.

ICH: Suizid, ich?

DIE KUBISTIN: Nur daß dein Ich nie den Mut fans, es sich selbst einzugestehen, dieses obszöne Angebot in aller Konsequenz voranzutreiben, bis zur endgültigen Verwirklichung, vielleicht war zwar der Wille da, aber nicht die absolute Notwendigkeit, die innere Kraft.

ICH: Impotent, angesichts was?

DIE KUBISTIN: Genau darauf wartetest du: auf jemanden, der die Entscheidung für dich träfe, statt deiner, der den ersten Schritt ins Leere täte und dich, gegen deinen Willen, in den Abgrund mitrisse. Bekenne!

ICH: *(gereizt)* No comment.

DIE KUBISTIN: Eine sonderbare Machenschaft deines Seins gegen dich selbst. Bekenne!

ICH: Ich habe keinen Kommentar.

DIE KUBISTIN: Eine wunderbare und erregende Tollheit. Bekenne!

ICH: Laß mich in Ruhe!

DIE KUBISTIN: Laß mich Ruhe sterben!

ICH: Das Wort "sterben" habe ich nicht ausgesprochen.

DIE KUBISTIN: Ich habe es aber gehört. Ganz deutlich.

ICH: Du willste mich nur fertigmachen!

DIE KUBISTIN: Angst, dem Geheimnis in's Fleisch zu schneiden?

ICH: Nur einen Blick von jener Brücke habe ich geworden... *(als hätte er den Abgrund vor sich)* unter deren Bögen der Wind Strudel und Stromschnellen erzeugt, auf denen man sogar gehen oder fliegen zu können glaubt.

DIE KUBISTIN: Da kommt es ans Licht: es genügt das erste Zugeständnis, der erste Sprung in die Tiefen des Ichs und... *(hinter ihm, will ihn stoßen)*

ICH: *(sich umwendend)* Kann ich pinkeln gehen?
DIE KUBISTIN: Du hast mich unterbrochen.
ICH: Entschuldige *(geht)*.

Die Kubistin löst ihr Haar. Aus der Tasche des Bademantels zieht sie einen Lippenstift, und nachdem sie sich die Lippen dunkelrot nachgezogen hat, bemalt sie auch ihr Gesicht mit seltsamen Zeichen. Dann geht sie in den Teil des Raumes, wo die Sportgeräte stehen. Sie hebt lustlos ein Gewicht auf. Sie geht weiter zum Sandsack und schlägt in Gedanken hinein. Die Fausthiebe, werden immer wütender und heftiger. In diesem Kampf setzt sie tapfer ihren ganzen Körper ein, als ob sie um's Leben kämpfte.

Vierte Szene
DER NIHILIST *tritt aus dem Dämmerlicht.*

DER NIHILIST: Es ist an mir einzugreifen, um die Szene mit einem meiner. Lieblings*drinks*, dem sogenannten *Siebenten Himmel* zu verflüssigen! Eine Bombe, bei der ich immer Mühe habe, mir die Formel ins Gedächtnis zu rufen. Also... *(geht zur Bar und beginnt, einen Cocktail zu mixen)* Um etwas sehr Starkes zu mixen, muß ich mich auf irgendein absolutes und unumstößliches Konzept konzentrieren. Was ist Absolutes in einem Cock-tail? Ich würde sagen, der Vodka. Und was ist Absolutes in der Existenz des Menschen? Das, was immer verfliegt, das einzige, was er nie besitzen kann: die Ewigkeit. Gut. Trotzdem, so wie es möglich ist, den starken Geschmack des Vodkas mit einem Schuß Curaçao zu neutralisieren, damit kein Alkoholgeschmack am Gaumen zurückbleibt, könnte ich der Ewigkeit lästig sein, indem ich sie mit dem Relativitätsgedanken verdünne. Und ordentlich mit dem Shakespeare shaken!...
DIE KUBISTIN: Mit dem Shaker!
DER NIHILIST: Oh ja!... Man verliert sich in den Nebeln des Geistes ebensoleicht wie in den Alkoholschwanden! Die Ewigkeit ist eine Abstraktion des Geistes, der in seiner unendlichen Begrenztheit sich in das Unendliche projezieren möchte... bla bla bla... *(wirft mit der Meisterschaft eines Barkeepers den Shaker in die Luft und fängt ihn wieder)* Als ob das Unendliche, die andauernde Ewigkeit, eine einfache Abfolge von erreichbaren und überwindbaren Punkten wäre... bla bla bla... *(nimmt zwei Gläser aus der Bar und läßt sie in die Luft fliegen, eines zerbricht vielleicht; egal, er versucht es, vor sich hinpfeifend, nocheinmal)* Hoppla! Aber kann man alle Augenblicke der Zeit zusammenfassen und so die Grenzen der Zeit selbst überschreiten? Kann man alle Granzen auf Null stellen, den Stachldraht der Zeit übersteigen, indem man einfach alle ihre Elemente, eines nach dem anderen verbraucht? *(gießt langsam den Inhalt des Shakers in die beiden Gläser)* Wäre die Zeit auch eine zu leerende, bis zum Boden, bis auf den letzten Tropfen auszutrinkende Flasche, so wird doch immer danach die leere Flasche

zurückbleiben, der Behälter, den ich von neuem werde auffüllen müssen. Und womit werde ich sie anfüllen können, diese Flasche, wenn nicht wieder mit Zeit, vielleicht mit einer verkehrten Zeit, und immer so fort, immer wieder die Sanduhr umdrehen, endlos, oder zumindes bis ich Zeit haben werde, die ich in der Zeitflasche zusammenpferchen kann, die jedesmal beim Auslaufenlassen leer wird, jedoch meinen Wunsch nach Ewigkeit unerfüllt läßt? *(leert den letzten Tropfen aus dem Shaker und tritt in den Schatten zurück)*.

Fünfte Szene

ICH:	*(kommt herein)* War da jemand? Ich habe deutlich eine Stimme gehört.
DIE KUBISTIN:	Ich sprach mit mir selbst. Verboten?
ICH:	Es war nicht Ihre Stimme.
DER KUBISTIN: Wenn ich mit mir selbst spreche, ist es, als spräche ich mit jemand anderem. Ich verändere den Klang, um mir besser Gehör zu verschaffen. Als wäre es die verinnerlichte Stimme des Vaters. So wie: Vater unser im Himmel...
ICH:	*(bemerkt, daß der Shaker keer ist)* Alles klar: Sie vertragen das Trinken nicht.
DIE KUBISTIN:	*(reicht ihm ein Glas)* Sag du zu mir. Prost.
ICH:	*(trinkt)* Eine sehr voraussehbare und etwas verspätete Frage: wie heißt du?
DIE KUBISTIN:	Rate.
ICH:	Das ist kein gewöhnlicher Name! *(trinkt)*
DIE KUBISTIN:	Ich heiße nicht Rate. Du, Dummerchen, sollst raten, wie ich heiße. Rate, rate -... Himinglaefa? Dufa? Hadda? Uner? Hroenn? Bylizia? Bara? Kolga? Wir alle sind Töchter des Meeresgottes Aegir und seiner Schwester Ran. Wie Undine und Loreley.
ICH:	*(rülpst)* Ups! Ich glaube, ich habe zu viel getrunken.
DIE KUBISTIN:	Dreht sich dir alles im Kopf? Zu viel Cok im Cock-tail?
ICH:	Ist es nicht die Erde, die sich dreht^ Ups!
DIE KUBISTIN:	Richtig.
ICH:	In die falsche Richtung: ich muß gleich kotzen.
DIE KUBISTIN:	Mir wäre lieber, du fällst in Ohnmacht: so rette ich die Polstermöbel.
ICH:	Vielleicht bringen mich gerade die Polstermöbel zum Kotzen. Du hast einen Geschmack!
DIE KUBISTIN:	Bereue!
ICH:	Was?
DIE KUBISTIN:	Deine Sünden.
ICH:	Himmel! Mir kommt auch das gestrige Abendessen hoch.

DIE KUBISTIN: Bist du kitzlig? Killekillekille!

ICH: Längst nich mehr. Ich bin offiziel tot und unter einem Meter Erde begraben. Nur meine Magensäfte regen sich weiter im Jenseits: sind sie etwa untersblich?

DIE KUBISTIN: *(gibt ihm einen Nasenstüber)* Du schläfst ein, und ich stürze mich in einem plötzlichen Anfall aus dem Fenster und brülle deinen Namen, als wäre es der Name meines Vergewaltigers und Mörders: ich könnte dir las Leben ruinieren.

ICH: Erstens: ich habe dich noch nicht vergewaltigt. Zweitens: ich bin nicht dein Mörder. Drittens: du weißt meinen Namen nicht. Viertens: ich erinnere mich nicht an ihn.

DIE KUBISTIN: Du erinnerst dich nicht? Strafe.

ICH: Schon wieder kitzeln? Gnade!

DIE KUBISTIN: Schätchen: ich sehe mich gezwungen, überzeugendere Methoden anzuwenden! (mit einem Feuerzeug) Hast du kalte Füße... Soll ich sie dir mit einem Flammenwerfer wärmen?

ICH: Ich habe sie mir gerade gewaschen, der Gestank kommt vom verbrannten Fleisch.

DIE KUBISTIN: Verarschst du mich? Glaubst du, ich wäre dazu nicht fähig? *(verbrennt ihn)* Los! Leere deinen inneren Sack endlich aus. Endlich!

ICH: Schon geschehen: auf den Teppich.

DIE KUBISTIN: Ich meine den Abfall der Seele, nicht des Magens.

ICH: Einverstanden... Was möchtest du wissen?

DIE KUBISTIN: Wer bist du? Wiederhole mit mir: ich bin...

ICH: Ich bin... *(gähnt)*

DIE KUBISTIN: Ein Selbstmörder.

ICH: Was?

DIE KUBISTIN: Du hast es gesagt: ich bin ein Selbstmörder. Ich brauche keinen Ohrenarzt: ich höre ausgezeichnet. Du hast es gesagt! Es ist raus! Es ist raus! Raus, endlich!

ICH: Ich habe nichts dergleichen gesagt. Ich schwöre!

DIE KUBISTIN: Sieh dich vor mit schwören: es ist alles aufgenommen.

ICH: Stell sich einer vor.

DIE KUBISTIN: Angst vor dir selbst?

ICH: Das fehlte noch! Ich kann soetwas absolut nicht gesagt haben, auch wenn ich ein wenig daneben bin, ich werde doch noch wissen, was ich sage... oder?

AUFGENOMMENE STIMME VON ICH: Ich bin ein Selbstmörder.

DIE KUBISTIN: Hör doch, hör!

ICH: Das war nicht ich. Sicher!

DIE KUBISTIN: Du dementierst deine eigene Rede?

ICH: Ach was, Rede! Bestenfalls irgendein Gerede...

DIE KUBISTIN: Soll ich wiederholen?

AUFGENOMMENE STIMME VON **ICH:** Ich bin ein Selbstmörder.

ICH: Ich möchte sterben... Ach, nein! Ich möchte schlafen, wollte ich sagen. Hexe! Was hast du mir zu trinken gegeben?

DIE KUBISTIN: Rate.

ICH: Ein schöner Name.

DIE KUBISTIN: Ich hab' dir schon gesagt, daß ich nicht Rate heiße.

ICH: Vergessen.

DIE KUBISTIN: Relax.

ICH: Ich wette, du heißt auch nicht Relax! Was für ein kompliziertes Leben!

DIE KUBISTIN: Ruhig. Jetzt wird endlich alles klar: als ob jemand in dir drinnen das Licht angezündet hätte: du bist ein Vögelchen!

ICH: *(genervt)* Piep-piep.

DIE KUBISTIN: Du fühlst dich klar... klar... glasklar im Kopf *(geht)*.

ICH: .... immer klarer, fast durchsichtig... Leicht, immer leichter: eine Feder! *(steht auf)* Gehe ich? *(schwankt)* Nein, ich fliege! Ich bin ein Vögelchen mit goldenen Flügeln... *(findet die Tür verschlossen, geht zum Fenster, allerdings gelingt es ihm nicht, es zu öffnen)* Laßt mich fliegen, ihr Hunde! Öffnet den Käfig! *(nimmt einen Stuhl und wirft ihn heftig gegen das Fenster, das allerdings nicht bricht, da es aus stoßfestem Glas besteht)* Ihr habt mich in die Enge getrieben... Schweine!

Sechste Szene

Die Kubistin trägt jetzt ein hautenges schwarzes Lederkleid. Die hat eine lederne Sadomaso-Maske auf, mit der sie einem Monster ähnlich sieht. Sie schwingt eine Domina-Peitsche.

DIE KUBISTIN: Man dominiert oder man wird dominiert: leck mir die Stiefel.

ICH: Was noch, Herrin?

DIE KUBISTIN: Nicht so frech. Ich kommandiere. Und du?

ICH: Ich gehorche.

STIMME DES NIHILISTEN *(im Verborgenen)* Frag ihn, was er an jenem Ort um jene Zeit gemacht hat.

DIE KUBISTIN: *(zum ICH)* Antworte: was hast du an jenem Ort um jene Zeit gemacht?

ICH: Welcher Ort? Welche Zeit?

DIE KUBISTIN: Auf die Frage die Antwort: welcher Ord? Welche Zeit?

STIMME DES NIHILISTEN *(im Schatten)* Auf der Brücke, traurigerweise bekannt mit dem Namen... rate!

DIE KUBISTIN: *(zu ICH mit dem x-ten Peitschenschlag)* Rate!

ICH: Schluß mit den Ratespielen. Ich habe ein perfektes Alibi.

DIE KUBISTIN: *(zum NIHILISTEN in Schatten)* Er hat gesagt: Schluß mit den Ratespielen. Und fügt hinzu: ich habe ein perfektes Alibi.

STIMME DES NIHILISTEN *(im Schatten)* Frag ihn, ob er wußte, daß jene Brücke betrüblicherweise durch den Namen Selbstmörderbrücke bekannt ist.

DIE KUBISTIN: *(w.o.)* Sagt dir der Name nichts: Selbstmörderbrücke?

ICH: Ich spreche nicht mit den Brücken.

STIMME DES NIHILISTEN *(im Schatten)* Lügner! Peitsch ihn!

DIE KUBISTIN: *(schlägt ihn)* Lügner! Ich habe ihn gepeitscht...

STIMME DES NIHILISTEN *(im Verborgenen)* Mach du weiter.

DIE KUBISTIN: Ich mache weiter: 23 Uhr 58 des letzten Monatstags. Sagen dir die Uhrzeit und das Datum nichts? Antworte!

ICH: Nein, haben mir noch nie etwas gesagt. Ich schwöre es.

DER NIHILIST: *(im Verborgenen)* Meineid!

DER KUBISTIN *(w.o.)* Meineid!

DER NIHILIST: *(im Verborgenen)* Von jener Brücke springen im Schnitt fünf Personen/Monat. Und bis 23 Uhr 58 des letzten Tages dieses Monats haben sich erst vier, von der Selbstmörderbrücke springend, das Leben genommen.

DIE KUBISTIN: Und auf der Brücke waren nur ich und du: was hast du dort gemacht?

ICH: Scheiße! Ich bin keine Person/Monat...

DIE KUBISTIN: Er sagt, er ist keine Person/Monat. Und fügt hinzu: Scheiße!

DER NIHILIST: Das sagt er!

DIE KUBISTIN: *(zu ICH)* Er sagt, daß du das sagst.

ICH: Und wer ist er?

DER NIHILIST: Keine Geschichten: was hast du auf der Brücke gemacht?

DIE KUBISTIN: Hast du gehört? Antworte!

ICH: Und was hattest du dort zu suchen?

DIE KUBISTIN: Dasselbe, was du dort machen wolltest, Villidiot! *(schlägt ihn)* Bekenne!

ICH: Ich wußte, daß irgendjemand sich hinunterstürzen würde und ich wartete darauf, ihn retten zu können. Ich bin unschuldig! Ich bin kein Selbstmörder!

DIE KUBISTIN: Lüg' nicht! Ich war es doch, die ihren Selbstmord inszeniert hat, um deinen zu verhindern: ich bin vor deinen Augen über die Brüstung gestiegen, so hast du eingegriffen und auf dein Verhaben verzichtet, um mich von meinem abzubringen. Ist es so, oder ist es nicht so? Ist es so, oder ist es nicht so?

ICH: Deine Platte ist hängengeblieben.

DIE KUBISTIN: Umso schlimmer für dich.

DER NIHILIST: *(im Verborgenen)* Frag ihn, warum. Warum hat er es getan?

DIE KUBISTIN: Warum? Warum hast du es getan?

ICH: Aus Liebe, oder wegen Geld. Oder vielleicht, weil ich zuwenig vögelte. O.K.?

DIE KUBISTIN: Haben dir meine Zärtlichkeiten nicht genügt? Willst du mehr davon? He, hörst du mich...? *(bemerkt, daß ICH tief schläft, er schnarcht)* Er ist eingeschlafen... Er hat nicht die verborgenen Gründe für seine Handlung aufdecken wollen. Seine Geheimnisse hat er sich in das flüchtige Grab des Schlafen mitgenommen.

DER NIHILIST: Keine übertriebenen Abstraktionen! Und außerdem ist es nur der Schlaf einer Fliege: er zerschlägt sich beim ersten störenden Geräusch, beim ersten Luftdruckwechsel im Trommelfell. Es genügt ein hundert Watt Baß, um ihn wie Lazarus in der Diskothek zu erwecken. Los!

Es spielt laute Diskomusik. Die Kubistin führt ihre Nummer vor und tanzt dabei immer sinnlicher. Diskolicht.

DER NIHILIST: Berühr dich, berühr dich... die Beine, den Busen... tu so, als wolltest du dich ausziehen... Gut, so... Als ob!, ich hab' nur gesagt: als ob! Die Geste ist umso erotischer, je weniger realistisch sie ist...

DIE KUBISTIN: Erotisch wie der Selbstmord!

DER NIHILIST: *(im Verborgenen)* Tanze, winde dich, orgastisch!

DIE KUBISTIN: Orgasmus?

DER NIHILIST: Orgasmus, warum nicht? *(tastet sie ab)* Auf die Knie, aud die Knie! Tanze oral, beweg rythmisch den Kopf, wie um den Mund zu begleiten... steh jetzt wieder auf, so, biete dich ganz zum Anblick an... seitlich, vorne, die Schenkel...

DIE KUBISTIN: Findest du, so kommt es gut...

DER NIHILIST: Sanft und pervers? Ja! Es fehlt wenig zum Finale... ah!

Die Musik hört plötzlich auf.

ICH: Wer hat geschrien?

DER NIHILIST: Lazarus, steh auf und geh.

ICH: Wer hat gesprochen?

DIE KUBISTIN: *(zieht sich schnell den Bademantel an)* Niemand. Du bist eingeschlafen wie ein Kind.

ICH: Wirklich... Ich hab sogar von dir geträumt.

DIE KUBISTIN: Ein erotischer Traum, hoffe ich.

ICH: Leider nicht: es war ein Alptraum.

DIE KUBISTIN: Und was hab ich da gemacht, in einem Alptraum? Das paßt nicht zu mir.

ICH: Du hattest eine Peitsche, due schlungst mich... ja, ja, lach du nur!

DIE KUBISTIN: Ich bin keine Sadistin.

ICH: Die Spuren deiner Peitschenhiebe: schlagende Beweise gegen dich.

DIE KUBISTIN: Es ist wahr: meine Nägel sind ein bißchen lang. Paß auf, ich kratze. Katerchen! Schau dich an...

ICH: Im Spiegel?

DIE KUBISTIN: Nein: auf dem Bildschirm. Was sagst du dazu?

Siebente Szene
Auf dem Bildschirm erscheinen die Kubistin und **ICH**, *nackt, auf einem großen Bett. Sie sind in einer ziemlich freizügigen Sexszene miteinander beschäftigt.*

ICH: Sowas!

DIE KUBISTIN: Das sind wir.

ICH: Er sieht mir nicht ähnlich.

DIE KUBISTIN: Wahrscheinlich ist er nicht so ein Trottel wie du!

Stöhnen und Seufzen.

ICH: Bin ich so lächerlich, wenn ich...?

DIE KUBISTIN: Schämst du dich?

ICH: Ein wenig.

DIE KUBISTIN: Da haben wir's... diese angeekelte Grimasse dir gegenüber, als ob du dich mit mir beschmutzt hättest. Das ertrage ich nicht.

ICH: Entschuldige... Ich wollte dich nicht beleidigen.

Filmdialog: mit Mikrofonen von den beiden echten, sichtbaren Schauspielern gesprochen, währenddessen die Pornoszene auf dem Bildschirm weitergeht. Der Kontrast zwischen "gehobenem" Dialog und der vulgären Szene muß evident sein.

DIE KUBISTIN: *Bist du wach?*

ICH: *Ich dachte...*

DIE KUBISTIN: *Woran?*

ICH: *Daß ich dir vielleicht nicht genügt habe.*

DIE KUBISTIN: *(küßt ihn) Dummkopf!*

ICH: *Hör mal...*

DIE KUBISTIN: *Ja?*

ICH: *Wärst du erstaunt, wenn in ein paar Tagen jemand kommen würden, um dir zu sagen...*

DIE KUBISTIN: *Was?*

ICH: *Daß ich mich umgebracht habe?*

DIE KUBISTIN: *Vielleicht nicht, ich wäre nicht erstaunt.*

ICH: *Aber es wird nicht geschehen!*

DIE KUBISTIN: *Besser so.*

ICH: *Ich schwör's dir.*

DIE KUBISTIN: *Ich glaube dir, du mußt nicht schwören.*

ICH: *Ohne ein Motiv, sich nur so umbringen, als Sport...*

DIE KUBISTIN: *Als Sport?*

ICH: *Aus Liebe, schon eher...*

DIE KUBISTIN: *Dann versprich mir, mich nicht zu lieben, mich nie zu lieben.*

ICH: *Warum sollte ich so etwas versprechen?*

DIE KUBISTIN: *Ich will dir kein Leid zufügen, nicht dieses. Denn dann würde ich mich schuldig fühlen, ich wüßte nicht mehr, wie ich leben soll.*

ICH: *Gut, versprochen: ich werde mich nie deinetwegen umbringen.*

DIE KUBISTIN: *Ist das wahr? Du gibst mir dein Wort? Du wirst mich nie lieben?*

ICH: *(küßt sie) Nie und nimmer!*

DIE KUBISTIN: *Sag ehrlich: wie findest du mich?*

ICH: *Schön... Ein bißchen traurig, das ja, aber schön.*

DIE KUBISTIN: *Sag's mir nocheinmal... Ach, wenn du wüßtest, wie sehr ich das brauche, daß du mir das sagst.*

ICH: *Aber ich habe dir versprechen müssen. Dich nicht zu lieben.*

DIE KUBISTIN: *Du mußt nur lügen, wenn du sagst, daß du mich liebst. Tief drinnen darfst du mich nicht lieben. Bist du dazu nicht fähig?*

ICH: *Also: ich bin in deine Augen verliebt. Wie leicht das ist und schrecklich! Zwei Augen, all das Licht der Sonne in ihrem Blick, und das ganze Geheimnis der Welt!*

DIE KUBISTIN: *Lügner! Aber wenn schon sonst nichts, vielleicht gefalle ich dir... Sag, fühlst du auch meine Lippen wie einen Strahl denken, der sich auf deine erogenen Zonen legt?*

ICH: *(genießt mit geschlossenen Augen den verbotenen Kuß) Wie du einen dazu bringen kannst, dich zu lieben. Und wie du mich zum Leben bringst, während die Lust durch jede Ader fließt und nach einem Weg ins Freie sucht.*

DIE KUBISTIN: *(verglüht an seinem Körper) Nacht ohne Wiederkehr! Grenzloses Entzücken!*

ICH: *Sieh mich, ich bitte dich, in diesem Moment nicht an!*

DIE KUBISTIN: *Dein Herz schlägt wild in der Extase der Sinne.*

ICH: Ah! Wonne ohne Wiederkehr.
DIE KUBISTIN: Ich hätte dich zurückhalten wollen, wieder mit diesen meinen Händen berühren wollen.
ICH: Hättest du's gern nocheinmal?
DIE KUBISTIN: Es ist eine ausweglose Verdammnis... Andere Männer habe ich kaltblütig gefoltert, aber an dir, ich schwöre es, möchte ich mich nicht für das rächen, was ich von diesem Gespenst immer weiter ertragen muß...

Der Film wird unterbrochen.

ICH: Welches Gespenst? Von wem hast du da gesprochen?
DIE KUBISTIN: *(außer sich, als würde sie weiter eine Rolle spielen)* Ich möchte nicht die Ursache für deine Sühne sein. Mich einer Art Ehebruch mit diesem unsichtbaren Schatten beugen müssen!
ICH: Was sagst du? Welcher Schatten?
DIE KUBISTIN: Und du Dummkopf! Du läßt dich deinerseits vom Absurden umgarnen! Und jetzt, siehst du? Es gibt keine Rettung mehr, man ist zerstört, vernichtet.

Der Film geht weiter.

ICH: Ich mag dich, wie du bist, überspannt und widersprüchlich, einzigartig und banal, so abwesend und anwesend. Ich mag dein Gesicht, deine Stimme, die unbewußt grausame, böse Dinge sagt. Ich mag die Zeit, die vergeht, während du hier mit mir bist. Ich beurteile dich nicht, ich spüre dich. Ich spüre dich wie eine wertvolle Sache im Licht des Lebens, eine Sache, die ich nicht besitze, über die ich keine Macht habe, aber die hier ist, vor mir...
DIE KUBISTIN: Du solltest zuerst wissen, wer ich wirklich bin.
ICH: Diese unfaßliche Süße, die in deinen Worten ist, macht mich zunichte...
ICH: als Zuschauer ist wütend.

ICH: Stop! Hör auf, Trottel! Dieser Idiot kann absolut nicht ich sein. Ich weigere mich! Besser, ich gehe! *(geht)*
DIE KUBISTIN: Wohin gehst du? *(geht ihm nach)* Komm sofort hierher zurück... Wir sind noch nicht fertig mit dir! Er hat sich in's Bad eingeschlossen...
DER NIHILIST: Er wird sich einen runterholen gegangen sein: bei dem, was er gesehen hat, hat er wahrscheinlich soviel Lust, daß er selbst seine Großmutter befriedigen könnte!
DIE KUBISTIN: Widerling. *(geht)*
DER NIHILIST: Wie zartfühlend du bist, arschwackelnde Kubistin! *(nimmt sich zu trinken)* Auf dich!, unbekannter Erforscher des Dunkels der

wagt, vorzudringen in des Ich verborgendste Höhlen auf der Suche nach neuen Reizen und starken Gefühlen um dir ins Klo eingeschlossen dann einen runterzuholen. O.k., bringt auch mich nicht zum Lachen.

Macht das Fenster weit auf. Der Großstadtlärm dringt herauf: Verkehr, Hupen, eine Sirene verliert sich in der Nacht. Immer lauter das Stimmengewirr einer anonymen Masse, die sich wahllos bewegt, und deren Schatten man auf dem Bildschirm sieht. Er lehnt sich hinaus und rufr: Wie winzig, unbedeutend, grau und müde ihr seid! Auf eure Ameisenköpfchen hätte ich lust die Blasé auszuleeren! *(Schließt das Fenster; die Geräusche werden schwächer; und dann den schwarzen Vorhang; die Geräusche hören auf).*

Pause

Kommentare unzufriedener Zuschauer, eventuell im Foyer und WC vorzuspielen.

1 – Eine Bühne, die früher den Rang einer Weltbühne besass und diesem Ruf gerecht wurde durch unvergessliche Abende, darf sich nicht die Hände beschmutzen mit einem Bernard, der Schweinereien schreibt. Eine Bühne, auf welcher ein "Nathan der Weise" dargeboten wurde und damit einem ergriffenen Publikum unvergesslich bleibt, muss sich bewusst sein, was sie ihren Zuschauern schuldig ist; was hingegen dieser Herr Bernard bringt, ist beleidigens und kann nur mit einem "Pfui Teufel!" kommentiert werden.

2 – Worin besteht der Unterschied zwischen dem Besucher eines Pornokinos und dem Besucher des Schauspielhauses? Jener weiss, was er zu erwarten hat; dieser freut sich auf eine gediegene Vorstellung in gehobener Ambiance. Spätestens bei der Lektüre des Programmhefts beginnt der letztere allerdings zu ahnen, auf welch erbärmliches Niveau die einst reputierte Sprechbühne gesunken ist; er fragt sich ersthaft, wo denn der Unterschied geblieben ist.

3 – Die jetzige Spielzeit der Stadtbühne steht unter dem Motto "Lust". Dies merkt der zuschauer recht bald. Goethes Tasso erscheint im Adamkostüm und Shakespeares rektal mit Pfauenfedern geschmückter Bleichnwang strotzt zusätzlich mit einer Sex-shop-Prothese. Wie lange noch wird solches Gebaren dem Stammpublikum zugemutet? Das Schauspielhaus rechtfertig sich mit dem Hinweis, dass die Zuschauerfrequenz dank dem neuen Kinzept aufwärts tendiere. Die zuständigen Stellen des Schauspielhauses täten wahrscheinlich gut daran, ihre eigenwillige Kulturpolitik nochmals zu überdenken, bevor es zu spät ist!

4 – Um beim Publikum anzukommen, muss "Kunst", offenbar nach Ansicht des Intendanten, unter der Gürtellinie angesiedelt werden. Jede Gesellschaft soll schiesslich – in Abwandlung eines bekannten Bonmots – das "Theater" bekommen, das sie verdient. Quo vadis, Schauspielhaus?

5 – Wer Pornographie in Wort und Bild sucht, dem sei zunächst das 4 seitige Programmheft empfohlen. Bezeichnend für die bewusste Provokation sind die

abschliessenden Worte des Autors auf der vierten Umschlagseite: "Es gibt keine bessere Reklame als den Aufschrei eines Spiessers: Er möge mir bis ans Ende erhalten bleiben". Der Verdacht ist nicht von der Hand zu weisen, dass das Schauspielhaus in einem Verzweiflungsakt ein neues Zielpublikum erschliessen und damit die bedenklich gelichteten Reihen seines Theaters füllen will.

6 – Sofern bei einer Aufführung lediglich fünf Prozent der Besucher – immerhin mehrere Dutzend "Spiesser" – das widerliche Schauspiel aus Protest verlassen, so wertet dies die Direktion des Hauses als Erfolg!

Zweiter Teil

Erste Szene

Nebel. Dunkel. Die Sirene eines Schiffes. Der Rheinfels.

LORELEY: *(singt)* O tiefe Nacht der Seele
und der ewigen Einsamkeit,
fern hört man eine Sirene
singend in der Dunkelheit.

Wir, weder Fisch, noch Vogel,
Beneiden dich, o Menschenheit!
Kein Blut fließt in unser'n Venen,
Kein Gottesatem wird uns beleben.

Wir tanzen in den Tiefen
Tod suchend in den Strömen,
Wiederspiegelnd andere Welten:
Wahrheit und Lüge sind uns're Felsen.

O tiefe Nacht der Seele
und der ewigen Einsamkeit,
fern hört man eine Sirene
singend in der Dunkelheit.

Wir beneiden dich, o Menschenheit!
Du fühlst die schöne Wärme
der Berührung und der Liebe;
nur das Sterben ist unsere Ziel.

Tanzend, singen, schwimmend
kämpfen wir für unser Wesen
und zu uns in Wassertiefen
locken wir das Menschenleben.

Fällt einer in unsere Macht,
Kann er sich nicht mehr befreien,
Für ihn kommt die dunkle Nacht:
in die Sehnsucht will er vergehen.

Die Stimme der Sirene bloß
ist nicht zum Horchen wert?
In dien weiches Herz stoß
sie ihr weibliches Schwert.

In Deutschland sind wir daheim,
am Ufer des gold'nen Rheins
wo steht der einsame Fels,
welcher an uns erinnern läßt.

Wenn du in Winternächten
nicht nur Wind jammern hörst,
denk, daß hoch über'm Rhein
weit auch die arme Loreley.

O tiefe Nacht der Seele
und der ewigen Einsamkeit,
fern hört man eine Sirene
singend in der Dunkelheit.

Wenn du in Winternächten
nicht nur Wind jammern hörst,
denk, daß hoch über'm Rhein
weint auch die arme Loreley.

Loreley!
Loreley!
Loreley!

Zweite Szene
Brief einer Sirene an ihr Opfer.

DIE KUBISTIN: Du sollst wissen, mein süßer Liebling, daß es in den Elementen Wesen gibt, die fast aussehen wie ihr und sich doch nur selten vor euch blicken lassen. In den Flammen glitzern und spielen die wunderlichen Salamander, in der tiefen Erde hausen die dürren, tückischen Gnomen, durch die Wälder streifen die Waldwesen, die der Luft angehören, und in den Seen und Strömen und Bächen lebt der Wassergeister ausgebreitetes Geschlecht.
Du sollst wissen, mein süßer Liebling, daß wir und unsergleichen mit Geist und Leib vergehen: keine Spur von uns zurückbleibt. Und wenn ihr andern dermaleinst zu einem reinern Leben erwacht, sind wir geblieben, wo Sand und Funk' und Wind und Welle blieb. Darum haben wir auch keine Seelen; das Element bewegt uns, gehorcht uns oft, solange wir leben, zerstäubt uns immer, sobald wir sterben.
Eine Seele aber kann unsersgleichen nur durch den innigsten Verein der Liebmit einem eures Geschlechtes gewinnen. Nun binn ich beseelt, dir dank' ich die Seele, o du unaussprechlich Geliebter, und dier werd' ich es danken, wenn du mich nicht mein ganzes Leben hindurch elend machst. Denn was soll aus mir werden, wenn du mich scheuest und mich verstößest? Durch Trug aber möcht' ich dich nicht behalten. Und willst du mich verstoßen. So tu es nun, so geh allein ans Ufer zurück. Ich tauche mich in diesem Bach, der mein Oheim ist, und... sterbe!
Deine Undine.
Diskomusik. Sie tanzt immer frenetischer bis zur Ohnmacht.

Ein Deutsches Lusttrauma
Aus dem Schatten erscheint der NIHILIST.

NIHILIST: Mein Name ist Nix. Nix wie Nichts. Und ich bin ein Nihilist, d.h. ich bin Nichts, ich existiere nicht. Oder, umgekehrt, herrscher der Tiefen, ich bewege mich auf den Schattenseiten des Menchnlebens. Und ich, Nix wie Nichts, bewundere Nietzsche als den grössten Nihilisten aller Zeiten! Selbstverständlich müssten wir sein Werk in Begleitung einer angebrachten Musik lesen. Zum Beispiel, zum Beispiel... *(sucht ein CD)* Ja, genau!, das Bravourstück des "Wallkürenritts"! Ich habe immer davon geträumt, auf der Bühne als "Walküre zu erscheinen...
Er verkleidet sich als Walküre und spielt eine groteske Pantomime des "Walkürenritts".

Dritte Szene
Zigeuner Musik.
Plötzlich ein Schrei. Die Musik hört auf. Der Vater tritt auf. Er trägt den armen Körper von Raja. Der Vater hat sich mit dem Blut des Sohnes beschmutzt. Das Kind wird auf einen Tisch gelegt.

DER FAMILIENVATER: Beten wir alle zusammen! Preghiamo insieme...
Dio grande e misericordioso
la nuova nascita del tuo unico Figlio
nella nostra carne mortale
ci liberi dalla schiavitù antica
che ci tiene sotto il giogo del peccato...
Jemand schreit: Rache!
DER FAMILIENVATER: Es wird eine lange notte sein.

Man hört Rechtsradikale Slogans.
Irgendwo entsteht ein Brand.

Vierte Szene
*Wenn die Bühne wieder hell wird, befindet sich **ICH:**   bei den Sportgeräten. Er ist am Bodybuildinggerät. Er führt erschöpfende Übengen durch, stöhnt unter den Gewichten, die rhythmisch zu heben und zu senken sind. Die Szene wird vom NIHILISTEN im Verborgenen verfolgt, dessen Arm, sich im Licht rhythmisch auf und ab bewegend, das Tempo anzugeben scheint. Er liest in einem Buch:*

DER NIHILIST: "Der Mensch ist ein Seil, geknüpft zwischen Tier und Übermensch, ein Seil über einem Abgrunde.
Ein gefährliches Zurückblicken, ein gefährliches Schaudern und Stehenbleiben.
Was groß ist am Menschen, das ist, daß er eine Brücke und kein Zweck ist: was geliebt werden kann am Mensch, das ist, daß er ein Übergang und Untergang ist.
Ich liebe die großen Verachtenden, weil sie die großen Verehrenden sind und Pfeile der Sehnsucht nach dem andern Ufer.
Ich liebe Die, welche nicht erst hinter den Sternen einen Grund suchen, unterzugehen und Opfer zu sein: sondern die sich der Erde opfern, daß die Erde einst des Übermenschen werde. Ich liebe Den, welcher lebt, damit er erkenne, und welcher erkennen will, damit einst der Übermensch lebe. Und so will er seinen Untergang". Also sprach Zarathustra!

Fünfte Szene
Die KUBISTIN kommt herein. Sie trägt einen engen schwarzen Sport-Zweiteiler. Sie geht zum Lehnstuhl, möchte etwas zum NIHILISTEN sagen, der ihr jedoch zu schweigen deutet.

DER NIHILIST: Bum-bum, bum-bum: immer schneller sein Herz, Kriegstrommel, das ihm fast in der Brust zerspringt.

DIE KUBISTIN: Hörst du dich gerne wie ein Gespenst reden?

DER NIHILIST: Vielleicht ist es eine Alterserscheinung. Oder vielleicht eine ansteckende Krankheit, die sich erst auf neurologischer Ebene von Zelle zu Zelle überträgt, und dann die anderen Organe erreicht, bis sie schließlich, wie einen vom Regen zerfressenen und vermoderten Stamm, das Glied innerlich faulig werden läßt. Während der übrige Körper – mit deiner Erlaubnis – sich vorbereitet, seine Leibspezialität zu empfangen und hervorzubringen: nach verwestem Fleisch hungernde Würmer.

DIE KUBISTIN: Willst du, daß ich probiere?

DER NIHILIST: Die Verzweiflung ist beim Sponsor nicht gern gesehen. Ein sensationeller Spot: gib die Hoffnung auf!

DIE KUBISTIN: Er würde nicht funktionieren.

DER NIHILIST: Jedoch, die Verzweiflung steckt drinnen, ein inneres Stimmchen summt gedämpft wie eine Stechmücke, die um den Gesäßmuskel kreist, bis...

DIE KUBISTIN: Aua!

DER NIHILIST: .... sie sticht!

DIE KUBISTIN: Du greifst mich mit deinen Schweißhänden an, du hauchst mir deine innerliche Verwüstung ins Gesicht: wie kann ich nur dein Übel ertragen? Und doch bedeutet es für mich etwas, wenn auch Negatives, doch: etwas!

DER NIHILIST: Nein! Geh lieber tanzen und dich mit Gleichaltrigen vergnügen. Geh!

DIE KUBISTIN: Lieber bringe ich mich um, als mich mit Leere zu füllen. Besser deine Fäulnis als das Nichts, das absolute Null. Deine Morbidität, gleichermaßen irrwitzig und kindisch, hat mich verstehen lassen, daß ich, um zu leben, auch wenn ich es nicht will, es tun muß, ich sagte MUSS: die Beine für deinen Finger breitmachen und das Absurde in mich eindringen lassen.

DER NIHILIST: Absurd, mein Finger? Nein, nein: er ist konkret, aus Fleisch und Blut. Vielleicht täuscht dich der Gummihandschuh, der ihn kalt und fremd macht, wie einen Gedanken, der den Kopf nicht erreicht, bis er nicht in dir drinnen, tief drinnen ist. Hineingerammt!

DIE KUBISTIN: In's Nichts?

DER NIHILIST: Nenne es nicht beim Namen! Nenne es nicht unbedacht beim Namen! Mädchen: das Nichts kann man nicht aussprechen, nennen, sonst verschwindet es und wird zu einem Loch im Verstand, zu einem absoluten Nullpunkt, ohne Rückkehr, der, indem er ist, ist und nicht ist...

DIE KUBISTIN: Wie, bitte?

DER NIHILIST .... auftaucht und verschwindet wie der Schatten beim Verlöschem einer Kerze, sich jedoch – aufgepaßt! – in seiner Auslöschung, um in Form von Worten wiederzuerscheinen, im Geiste materialisiert und in einer mega-geil-aktischen zerebralen Onanie seinen Höhenflug in die Sphäre des Seins antritt.

DIE KUBISTIN: Weiter... nicht mit dem Finger! Sprich weiter vom Nichts, sprich weiter von dem, von dem... ja!... von dem man nicht sprechen kann.

DER NIHILIST: An das man auch nicht denken kann. Das Nichts denkt man nicht , weil ein Gedankem der das Nichts denkt, nicht wie ein Gedanke ist, der nichts, also etwas, das in seiner Abwesenheit da ist, denkt.

DIE KUBISTIN: Zu kompliziert für mich.

DER NIHILIST: Mein armes Kind!, das Leben ist es, das zu kompliziert ist, in seiner stumpfsinnigen Nutzlosigkeit sozusagen eine Katastrophe, leer, schwer zu füllen und in Würde zu beenden. Warum sich also so viele wurmstichige Gedanken machen? Lebe es wenigstens du, die du kannst - und wie! – physisch, mit deinem Körper aus – wie ich hoffe! – Fleisch und Blut, der nicht wie ein Gespenst entwischt, wenn du ihn zart mit Fingern berührst, mit denen ich gerade in der Nase gebohrt und mich zwischen den Zehen gekrazt habe! *(lacht)* Ah Ah ah!

DIE KUBISTIN: Ist ja ekelhaft! Warum tust du mir das an!? Warum?

DER NIHILIST: Man dominiert oder wird dominiert. Das solltest du wissen.

DIE KUBISTIN: Danke für die Lektion.

DER NIHILIST: Setz es mit deinem schönen neuen Spielzeug in die Praxis um: schau nach, was drinnen ist, Mädchen! Schließe den Kreis, der teuflisch unsere beiden gequälten Seelen verbindet.

ICH: hört plötzlich mit den Übungen auf, er jammert.

Die Kubistin geht zu ihm zu den Sporttgeräten. Sie benimmt sich wie ein kleines Mädchen.

DIE KUBISTIN: Weißt du, daß du mein neues Spielzeug bist?

ICH: Ich bin kein Spielzeug, umsoweniger dein Spielzeug.

DIE KUBISTIN: Du muß mit mir spielen. Klar?

ICH: Ich muß? Was muß ich spielen?

DIE KUBISTIN: *(reicht ihm ein Paar Boxhandschuhe)* Boxen!

ICH: Aber du bist nur ein Mädchen, du kannst nicht mit mir boxen. Das wäre unsportlich.

DIE KUBISTIN: Are you ready? *(zieht sich die Handschuhe an)* Wehr dich!

ICH: Laß dich nicht zerquetschen, du Laus!

DIE KUBISTIN: *(auf dem Kamin steht ein gongähnlicher Ziergegenstand, auf den sie jetzt schlägt)* In Deckung!

ICH: Also du meinst es wirklich ernst... du bist ein schlimmes Mädchen!

DIE KUBISTIN: Man dominiert oder wird dominiert.

ICH: Seit wann liest man Nietzsche im Kindergarten?

DIE KUBISTIN: *(schlägt ihn)* Man liest ihn nicht: man praktiziert ihn.

ICH: Du hast mir weh getan.

DIE KUBISTIN: Steh deinen Mann. Zeig deine Eier, Spielzeug, wenn du welche hast. Komm schon, komm! *(schlägt ihn wieder)*

ICH: Irgendwo müßte ich sie haben, aber ich weiß nicht mehr, wo.

DIE KUBISTIN: Ich zeig dir, wo sie sind.

ICH: Was soll das? Das sind echte Faustschläge, verbotene! Das ist kein Spiel mehr! Halt!

DIE KUBISTIN: Es ist ein fingiertes Spiel, also eine schrecklich ernste Sache.

ICH: Na gut, ich habe genug eingesteckt. Deine Zärtlichkeiten haben mich ein blaues Auge und heftige Rippenschmerzen gekostet. Match over!

DIE KUBISTIN: Shit!

ICH: Ich hasse dich nicht genug. Hast du verstanden?

DIE KUBISTIN: *(mit einem eins zwei k.o. Schlag)* Ich kümmere mich schon darum, daß ich gehaßt werde... Hoch mit dir, you bastard, come on: ich will dich fertig machen...

DER NIHILIST *schlägt den Gong.*

DER NIHILIST: Ende der ersten Runde!

DIE KUBISTIN: Der Gong hat ihn gerettet, alle haben's gesehen: der Gong.

DER NIHILIST: Shut up! Geh in deine Ecke und sei still.

DIE KUBISTIN: In der zweiten Runde bist du tot.

DER NIHILIST: *(hilft **ICH:**, aufzustehen)* Dein Glück, daß die Glocke geläutet hat. Sie ist eine hemmungslose Bestie.

ICH: Habe ich bemerkt... *(droht, umzufallen, DER NIHILIST stützt ihn)*

DIE KUBISTIN: I want you!

DER NIHILIST: Du hast dich auf den Teppich legen lassen wie ein Dilettant.

ICH: Wenigstens ein fliegender Teppich?

DER NIHILIST: Von einer Frau!

ICH: Ist sie wenigstens hübsch?

DIE KUBISTIN: Er ist fertig, Schiedsrichter. Total fertig!

DER NIHILIST: Hör zu! Es ist ein sehr harter Kampft. Geht an die Grenzen deiner körperlichen Kräfte. Trotzdem, es ist noch nicht vorbei. Mut: du kannst es noch schaffen, nichts ist verloren. Ich geb dir nur einen Rat... einen freundschaftlichen Rat: laß dich nicht unerwartet im Kampf erwischen, O.K.? Komm den Schlägen zuvor, rechts-links, und beweg den Oberkörper. Aufwärtshaken, eins-zwei, rechts-links. Und...

ICH: Und?

DER NIHILIST: Blick auf die Titten: ich will sie anschwellen sehen, bis Milch aus den Brustwarzen spritzt. Ich bitte dich! Boxen ist nicht Weibersache. Drück sie ihr aus wie Furunkel voll Eiter!

ICH: *(erholt sich langsam wieder)* Der ist ja verrückt!

DER NIHILIST: Ich möchte ehrlichgesagt nicht, daß du als das Weib dastehst. He! Versuche würdig das Geschlecht zu vertreten, dem du angehörst. Oder irre ich mich?

ICH: Eine einfache Frage, die eine synthetische Antwort verdient: wer, Teufel, bist du?

DER NIHILIST: Dein zweites Ich. Ich bin dabei, dir Tips zu geben, eine Auseinandersetzung in Ordnung zu bringen, wo's für dich schlecht steht. Aber die noch nicht völlig verloren ist. Der Mensch, Spielzeug, hofft, solang er lebt. Vorausgesetzt, daß ein Spielzeug wie du stolz darauf sein kann, zu leben. Denn wenn du lebst gibt das Schmerzen Verstanden?

ICH: Nein.

DER NIHILIST: Besser so. Weißt, du, ich bin von Natur aus ein wenig nihilistisch und meine, daß man im Grunde besser lebt, ohne zu wissen.

ICH: Was?

DIE KUBISTIN: Es geht wieder los. Auf! *(schlägt den Gong)*

DER NIHILIST: Der Gong der Len zweite Runde, Junge. Hai rein.

ICH: Ich kann nicht mehr, meine Nase blutet, ich hab ein geschwollenes Auge, eine geplatzte Lippe, ich halte mich nicht mehr auf den Beinen...

DER NIHILIST: Benimm dich wie ein Mann! Wir haben Eintritt bezahlt, um dein offenes und blutendes Fleisch zu sehen.

ICH: *(verzweifelt)* Ich bin von einer Brücke gefallen, ich bin vergewaltigt worden, mit Drogen vollgepumpt, gepeitscht, ausgesaugt, gekratzt, ausgehölt und geschlagen... Wo bin ich?

DER NIHILIST: Wo? Im Lebensring, wo immer der Stärkere siegt. Wo man leidet, um ans Ende dieses schmutzigen Wettlaufes gegen die Zeit zu gelangen, die noch zu leben bleibt. Wo Gott sich aus dem Staub gemacht hat, um nicht öffentlich über seine eigene Schöpfung zu erröten. Wo die Stille des Todes in den Schmerzensschreien widerhallt, in den Seufzern einer mit den Zähnen den Leiden des Martyriums entrissenen sinnlichen Lust. Wo du bist?

Ich sag es dir, wo du bist: in einem Jammertal, in dem das einzige Gesetz lautet: man dominiert...

DIE KUBISTIN: Oder man wird dominiert!

DER NIHILIST: Das Gesetz des Stärkeren triumphiert immer. Und du, Schwacher, wirst in Stille das Opfer und dein Schicksals annehmen.

ICH: *(Die Kubistin und der Nihilist nützen seine Verwirrung aus, um ihm die Handgelenke am Gerät festzubinden)* Ich schreie aber: wer bist du? Oder: was seid ihr? Wehrwöfle, die sich als monströse Menschen verkleidet haben?

DER NIHILIST: *(lachend)* Ich bin einer, der im Verborgenen ein Komplott schmiedet. Oder im Dunkeln. Oder noch besser in der Leere seiner eigenen Existenz, eine Leere, die sich mit allem füllt. Der Lust aus der Folter preßt, der Blut aus den Exkrementen der Hämorrhoiden zieht, den strohgelben Sonnenreflex aus dem Urin, den dein Vater mit dem Samen des Heiligen Geistes, der dich gezeugt hat, in deine Mutter hineingepißt hat: ich bin die leichte Brise des letzten Atemzuges, der über die Welt ausbricht wie die Schlagwelle einer zerstörerischen Atomexplosion. Ich bin Ich, bin mein Ich und du, sag mir, bist du bereit? Bist du bereit, das Wort von einem Gott, der

ICH: heißt, zu empfangen?

ICH: Wer gibt euch das Recht, mir das anzutun?

DIE KUBISTIN: Das älteste Gesetz der Welt: jenes, das sagt...

ICH: Ich weiß: man dominiert oder man wird dominiert.

DIE KUBISTIN: Du bist der Sündenbock.

DER NIHILIST: Das Lamm Gottes, das hinwegnimmt die Sünden der Welt.

DIE KUBISTIN: Hinwegnimmt oder hinwegschwemmt?

DER NIHILIST: Wieviele ungelöste und unlösbare Fragen gibt es auf der Welt. Und was für eine Welt! Du wirst nie das *Warum* deines Nichts-seins wissen, Kreatur eines höheren Willens, der, wie er dich erschafft, dich zerstören kann, wie er dich zeugt, indem er Organe und Glieder im Mutterschoß zusammenschließt, dich zergliedern und in den anfänglichen Brei des unbestimmten Fötus zurückverwandeln kann.

DIE KUBISTIN: Überlaß ihn mir. Ich will ihn wiegen, ihm ein Schlaflied singen mit dem Gekreisch meiner Nägelchen und meiner Zähnchen, die an seinen Weichteilen knabbern.

ICH: Ich verliere viel Blut...

DER NIHILIST: Du büßt deine Sünden. Nein: deine Ursünde: jene, geboren zu sein. Du hättest darauf verzichten können. In der Schwangerschaft krepieren. Deine Mutter hätte weniger gelitten, und auch du hättest dir das Himmelreich verdient, ohne dich zu sehr zu quälen.

DER NIHILIST: *zieth sich in den Schatten zurück. Der Schatten breitet sich von der Ecke des Lehnstuhls, unbestimmt, wie ein leben – und lichtverschlingender Polyp aus. Auch die Sportecke ist jetzt in einem Dämmerlicht beinahe nicht auszumachen.*

ICH: Ah! Wo bist du, Nichts!

DER NIHILIST: Hast du Angst vor einer so schönen und jungen Sirene?

DIE KUBISTIN: Der Schmerz ist das ABC des Lebens: das, was mit den Geburtswehen gegeben ist, wird unter Schmerz weggerissen wie ein eingewachsener Nagel, damit er stärker als zuvor nachwächst. Es ist das Geheimnis der Auferstehung und der Erlösung des Fleisches, das danach strebt, zu leiden.

ICH: Ich glaube dir nicht... ich glaube dir nicht mehr!

DIE KUBISTIN: Vorsicht! Es ist ein absolut bestialisches, riesiges **ICH** , das gleich vor dir auftauchen wird. Eine Art Gott ohne Anzeichen von Heiligkeit. Der wahre Schöpfer. Ungezogener als seine eigenen Kreaturen! *(lacht hysterisch auf)* Da ist et, er kommt, er kommt, sei froh! Es ist er, es ist er: es ist... **ICH!**

Wenn die Kubistin das Wort "Ich" ausspricht, beginnt rine Zirkusmusik und man sieht bunte Lichter auf dem Hintergrund eines mit chinesischem Schattenspiel erzeugten Pferdereigens. Eine seltsame Figur gebärdet sich auf der Bühne. Sie trägt einen Zylinder auf dem Kopf und bewegt eine Peitsche, die er wiederholt in Richtung des **ICH** *knallen läßt. Er trägt einen schwarzen Arbeitsanzung auf dem er einen enormen, mit Riemen befestigten Phallus und Karnevalsbrüste trägt.*

DER NIHILIST: Treten Sie ein, treten Sie ein, meine Damen und Herren: der Spektakel der Schöpfung beginnt gleich! Wilde Tiere, Schlangen menschen, Akrobaten, die im Leeren voltigieren, mit dem Risiko, sich am Boden zu zerschmettern, der Löwenkäfig, der Dompteur den Kopf im Rachen der wütenden Bestie eingeklemmt, der Clown, der über sich selbst stolpert und der Pistolenschuß am Schluß. Treten Sie ein, treten Sie ein Herrschaften: der Zirkus beginnt gleich... Das Leben ist ein Zirkus, ein bestialischer Zirkus... Treten Sie ein, Herrschaften, der bestialischste Zirkus der Welt beginnt gleich... Treten Sie ein... in den Ringelreihen der Vorsehung... wer stehen bleibt, ist verloren!
Es wird langsam dunkel.

Sechste Szene
Kneipe. Man singt nostalgische Lieder wie "In München steht ein Hofbräuhaus" oder "Warum ist es am Rhein so schön?".
Der schwarze Mann tritt auf. Alle klatschen und schreien rhythmisch "Rede! Rede!". Der schwarze Mann steigt auf einen Tisch der als Podium dient.

SCHWARZER MANN: "Der Mensch ist ein Seil, geknüpft zwischen Tier und Übermensch, ein Seil über einem Abgrunde". Also, Kameraden, sprach Zarathustra! *(Applaus)* Kameraden, ich sage euch hier – und falls ich es schon gesagt habe, wiederhole ich es – daß jeder, der unsere Ideale mit angeblichen metaphysischen Pseudokräften bedroht, am Ende nur gegen sich selbst kämpft, denn ich bin mathematisch, mathematisch sage ich, sicher, daß der sogenannte Heilige Vater nicht existiert, nie existiert hart und daß er nur eine kolossale Lüge darstellt. *(Applaus)* Wollt Ihr die eindeutige, definitive Demonstration, daß es im Himmel keinen Gott gibt, hören? *(Alle: Ja!)* Also, gut... Ich wende mich an dich, Gottvater, und fordere dich heraus: Gott, wenn es dich gibt, hast du von diesem Moment an zehn Sekunden, um mich durch einem Blitz zu erschlagen, hier und jetzt.

STIMMEN Eins, zwei, drei, vier, fünf, sechs...

SCHWARZER MANN: Gott, ich warte!

STIMMEN Sieben, acht...

SCHWARZER MANN: He, Gott! Hast du mich vielleicht nicht gehört?

STIMMEN Neun, zehn! *(Jubeln)*

SCHWARZER MANN: Kameraden, habt ihr einen einzigen, ich sage, einen einzigen Blitzstrahl vom Himmel gesehen, oder hat sich in der Erde eine Schlucht geöffnet um die Flammen der Hölle zu speien?

STIMMEN: Nein!

SCHWARZER MANN: "Ich liebe Die, welche nicht erst hinter den Sternen einen Grund suchen, unterzugehen und Opfer zu sein: sondern die sich der Erde opfern, daß die Erde einst des Übermenschen werde. Ich liebe Den, welcher lebt, damit er erkenne, und welcher erkennen will, damit einst der Übermensch lebe. Und so will er seinen Untergang". Also, Kameraden!, sprach Zarathustra.

Applaus
Siebente Szene
Rheinufer vor dem Loreleifelsen. Der Nihilist und die Kubistin haben den Leichnam von
ICH: *, in einem weißen blutrot befleckten Leinturch eingewickelt, bis dorthin getragen. Sie zelebrieren eine schwarze Messe mit Kerzen und magischen Symbolen.*

DIE KUBISTIN: Wenn die Wirklichkeit meiner Fantasien vom sechsten Sinn des Bewußtseins, das in mir die Alarmglocken läutet, in Zweifel gezogen wird, dann kann alles sein und nicht sein, erscheinen und verschwinden, sich in die eine oder andere Sache verwandeln, menschliches Aussehen annehmen, um sich dann auszubluten, sich in Grabesstille aufzulösen, um dann aufzuerstehen, wie der Körper Christi in der Hostie.

DER NIHILIST: Zynisches Wühlen in den Körpern, sie für den Zerfall bestimmt betrachten, sie auslöschen, sodaß nichts übrig bleibt. Ein theologisches Problem: werden die Körper, wenn sie am Tag des Jüngsten Gerichts auferstehen, die für die Befriedigung der Leidenschaft abgeordneten Organe haben? Oder werden wir bei der Auferstehung alle Eunuchen sein, verfehlte Frauen, wieder zugenähte Schamen, zergliederte und den Wachhunden der Unterwelt als Fraß vorgeworfene Glieder?
Sie werfen den Leichnam ins Wasser. Stille. Man hört die Sirene eines Schiffes.
DER NIHILIST: Warum weinst du, Loreley?
DIE KUBISTIN: Ich weine nicht, ich kann nicht weinen.
DER NIHILIST: Umso besser für dich... *(Er berührt ihr Gesicht)* Tränen? Bist du ein Mensch geworden?
DIE KUBISTIN: Nein! Nein! Nein! Ein Mensch will ich nicht sein!
DER NIHILIST: Bald werden wir sehen, was für ein Wesen du bist. Los, gehen wir!
DIE KUBISTIN: Ich habe ihn so geliebt...
DER NIHILIST: Auch das nächste Arschloch wirst du lieben!
DIE KUBISTIN: *(mit Genuß)* Und töten!
DER NIHILIST: Selbstverständlich! *(Er lacht. Sie gehen weg)*

Achte Szene
Leere Wohnung. Die Polizei macht eine Durchsuchung. Die Blitzlichter werden immer mehr, beleuchten verschidene Einzelheiten auf der Bühne. Im Radio eine Durchsage:

NEUESTE NACHRICHTEN: Der Körper eines Mannes von etwa 29 Jahren wurde im Schlamm des seichten Flußwassers in der Nähe des Loreleifelsens gefunden. Die Autopsie hat jedoch ergeben, daß es sich nicht um einen Selbstmord handelt, da der Mann, bevor er hinuntergeworfen wurde, mit einem Nylonstrumpf erwürgt worden war. Zahlreiche Verletzungen und Blutergüsse, Spuren von durch Zigaretten verursachten Brandwunden, lassen annehmen, daß der Mann einer bestialischen Dolter unterzogen wurde. Aus einigen Augenzeugenberichten war es möglich, den Tatort des Mordes zu eruieren: eine verlassene Fabrik in der Nähe der Brücke. Im Laufe einer nächtlichen Dunrchsuchung sollen einige Folterwerkzeuge, eine Sado-maso Ausrüstung, pornografisches Material, Videokassetten mit den Aufnahmen zahlreicher grausamer Delikte gefunden worden sein. Ein Mann un eine junge Frau, wahrscheinlich seine Komplizin, werden mit großem Einsatz gesucht. Die Polizei hat zwei Täterbeschreibungen verbreitet. Für mögliche Informationen und Hinweise bitten wir Sie, sich unter folgender

Telefonnummer beim lokalen Pollizeiamt zu melden. Und jetzt weitere Meldungen. Bonn...

Die Lautsprecher-Stimme verschwindet langsam. Jetzt ist die Bühne wieder dunkel. Plötzlich: zwei Stimmen im Dunkeln.

EIN SCHREI IM DUNKELN Was tun Sie? Haben Sie den Verstand verloren?
FRAUENSTIMME Kümmern Sie sich um ihren Kram?
SEINE STIMME Was tun Sie denn da?
FRAUENSTIMME Lassen Sie mich!
SEINE STIMME Halten Sie sich fest!
FRAUENSTIMME Was soll das, ich kann doch wohl selbst über mein Leben entscheiden, oder?
SEINE STIMME Aber ich bitte Sie!
IHRE STIMME Lassen Sie mich jetzt?
SEINE STIMME Himmel, ziehen Sie sich hoch!
IHRE STIMME Nein! Gegeb Sie, lassen Sie mich in Ruhe! Ich will sterben!
ER Ich kann Sie nicht länger halten...
SIE Wollen Sie jetzt endlich locker lassen?
ER Nein... Sie werden mich noch mitziehen!
SIE Idiot!... Umso schlimmer für Sie!
ER Aaaaaaaah!
SIE Aaaaaaaah!
Man hört zwei Körper ins Wasser fallen.

Neunte Szene
Aber es ist noch nicht zu Ende, denn... Nach einigen Augenblicken hört man einen Schlüssel, der eine Tür öffnet. Vor dem Publikum öffnet sich die Tür, die einen blendenden Lichtstreifen durchläßt. Im Lichtrahmen bemerkt man zwei Umrisse. Das Geräusch der Tür, die schwer zufällt.
Es beginnt eine Pferdezirkusmusik und man sieht bunte Lichter auf dem Hintergrund eines mit chinesischem Schattenspiel dargestellten Pferdereigens.

DER NIHILIST: Treten Sie ein, treten Sie ein, meine Damen und Herren: der Spektakel der Schöpfung beginnt gleich! Wilde Tiere, Schlangenmenschen, Akrobaten, die im Leeren voltigieren, mit dem Risiko, sich am Boden zu zerschmettern, der Löwenkäfig, der Dompteur den Kopf im Rachen der wütenden Bestie eingeklemmt, der Clown, der über sich selbst stolpert und der Pistolenschuß am Schluß. Treten Sie ein, treten Sie ein Herrschaften: der Zirkus beginnt gleich... Das Leben ist ein Zirkus, ein bestialischer Zirkus... Treten Sie ein, Herrschaften, der bestialischste Zirkus der Welt beginnt gleich... Treten Sie ein... in den Ringelreihen der Vorsehung... wer stehen bleibt, ist verloren! Treten Sie ein meine Herrschaften!

Dunkel.

Epilog
Raja, das Roma-kind, erscheint. Es ist bleich und trägt einen weißen Rock. Es hat keine Hände mehr, als ob die Explosion sie abgerissen hätte. Die Verbände färben sich langsam rot.

Großer Gott, wir loben dich.
Herr, wir preisen deine Stärke
Vor dir beugt der Erdkreis sich
Und bewundert deine Werke.
Wie du warst vor aller Zeit,
So bleibst du in Ewigkeit.

Ausgezogen

(Taken to the cleaner)

Personen:

Richy, Rentner über sechzig
Dyane, seine Frau
Bill, ihr Stiefsohn
Kitty, eine junge Nachbarin
Jane, Billies Frau

Bühnenbild: Wohnzimmer mit Einbauküche im Einfamilienhaus von Richy. Es befindet sich in einem bessergestellten Vorort von NY.

„Taken to the cleaner" ist eine englische Redewendung und bedeutet wörtlich übersetzt „jemanden in die Wäscherei bringen", wobei man die betreffende Person vorher ausziehen muss, auch und vor allem finanziell. Umgangssprachlich spricht man auch davon, „jemanden bis aufs Hemd auszuziehen".
Die Idee zu dieser Tragikomödie mit sozialkritischem Hintergrund kam mir im Zug, als ich im November 2008 von New York nach Stony Brook fuhr, wo ich an der Universität als Gast einer Tagung über mein Theater referierte.
Ich war an der Penn Station in einen „No pick up train" gestiegen, so werden die Züge außerhalb der Spitzenzeiten bezeichnet. Ich saß allein im Abteil, als an bei der Jamaica Station ein völlig überarbeiteter junger Manager in übereilter Hast zustieg. Er erinnerte mich an den Hauptdarsteller in „Tod eines Handlungsreisenden".
Und er hatte sich noch gar nicht hingesetzt und seinen Papierkram hingelegt, der ihn rund um die Uhr begleitet, als schon sein Handy zu läuten begann.
Er hebt ab und antwortet höflich und leise. Ich mische mich nicht in seine Angelegenheiten, denn meine Englischkenntnisse sind bescheiden, daher starre

ich weiter auf die weiße Seite meines Notizbuches und kann es einfach nicht fassen, dass mir seit Tagen keine dramaturgische Idee in den Sinn kommt. Ich möchte hier vorausschicken, dass ich nur auf Reisen gute Einfälle habe und meistens funktioniert das in den Vereinigten Staaten und vor allem in New York ganz gut.

Plötzlich brüllt der junge Manager neben mir ins Handy: „I've no time to take money to people that have nothing!". Ich weiß nicht, wie genau meine Übertragung ist, aber das klang mehr oder weniger wie: „Ich habe keine Zeit, bei Leuten etwas einzutreiben, die gar nichts haben!".

Und das war der Satz, auf den ich gewartet hatte, denn er war die Initialzündung für einen kreativen Prozess. Wie ein Geistesblitz fuhr er bei mir ein und ich notierte ich die ganze Geschichte. Als ich nach etwa einer Stunde in Stony Brook ausstieg, stand bereits das Konzept. Es handelt sich bei der Geschichte um einen Adoptivsohn eines italo-amerikanischen Ehepaars, der seine Eltern besucht, um mit ihnen gemeinsam Halloween zu feiern. Er hatte anscheinend ihre Alterspension gesichert, indem er ihr Vermögen in Hypotheken und Investitionsfonds anlegte. Doch während des Essens bekommt er einen Anruf: seine Eltern haben alles verloren und er muss ihr Haus zwangsversteigern....

1. SZENE

Morgen. Richy, soeben aufgestanden.

RICHY: Scheißkopfweh.... sie sagt, dass man laut reden muss, damit man die Schmerzen im Schädel nicht spürt... nicht einmal spürt? Leicht gesagt! Wegen meiner Frau habe ich die ganze Nacht kein Auge zugetan, sie hat geschnarcht wie ein wild gewordener Stier... damit wenigstens ein bisschen schlafen konnte, musste ich mir die Ohren verstöpseln, worauf der Blutdruck in den Schläfen angestiegen ist....... Mein Gott, einen Stöpsel konnte ich herausziehen, aber der andere ist hinein gerutscht... hoffentlich verschließt mir der nicht irgendeine Hauptarterie... Nichts zu machen, er geht nicht heraus, ich muss es mit einer Pinzette probieren... aber zuvor brauche ich einen ordentlichen Kaffee, damit ich überhaupt die Augen auf bekomme, sonst könnte es passieren, dass ich mir die Pinzette ins Arschloch statt ins Ohrloch stecke... Und wie sie schnarcht. Auf einem Ohr höre ich sie, auf dem anderen nicht... (dreht mehrmals den Kopf mit) rechts schon... links nicht... (die Katze miaut). Komisch, wie die schnarcht, aber es klingt wie eine miauende Katze... (die Katze miaut weiter). Nein, klingt nicht nur so, es ist die Katze, sie will was zum Fressen haben... Ja, Mieze, ich hab schon verstanden, wart noch ein bisschen... schon gut, ich mach ja schon, lass mich aber zuvor das Wohnzimmer und die Küche aufräumen, ich stolpere noch über das Gerümpel, das da herumliegt.... und mir dreht sich alles im Schädel. Nicht nur, dass ich die ganze Nacht wegen der Nasentrompete meiner lieben besseren Hälfte nicht geschlafen hätte, ich glaube, ich hatte auch einen ziemlichen Rausch. Ja, so geht's, wenn man bei laufendem Fernsehen feiert. Man reißt ein paar Flaschen Wein auf, eine pro Kopf, und das Kopfweh ist garantiert. Und alles nur wegen der Sulfite, die die Lebertätigkeit hemmen und dadurch den Alkoholabbau verlangsamen. *(Hebt zwei Flaschen auf)*. Und das, was ist das? Was für ein scheiß Wein war in diesen Flaschen? Whisky – Zum Teufel, wir waren derart blau, dass wir das Etikett verwechselt haben, ich und meine Konsortin. In der Meinung einen leichten Weißen zu leeren, haben wir ein paar Flaschen Scotch vernichtet. Jetzt begreife ich, warum ich heute einen Brummschädel habe, warum meine Alte so geschnarcht hat, dass man glauben möchte, eine Dudelsackparade zöge auf. Und dieser scheiß Stöpsel der mir schon fast bis ins Hirn gedrungen ist... Hurenscheiße, komm heraus oder ich schwöre dir, dass ich dich beim Arschloch heraushole... elender Scheißstöpsel....

(er regt sich wie ein Blöder auf, während die Katze noch lauter miaut und schließlich aufschreit, weil ihr Richy bei seinen wilden Versuchen, den Stöpsel zu entfernen, auf den Schwanz gestiegen ist.) Sei still, du Vieh, du schlaue Katze, du bekommst schon noch dein Futter, aber zuerst muss ich diesen scheiß Stöpsel aus irgendeinem Loch herausbringen...

DYANES STIMME VON NEBENAN: Was soll der Lärm?

RICHY: Nichts, nichts, reg dich nicht auf...

DYANES STIMME VON NEBENAN: Was heißt reg dich nicht auf? Du hast mich geweckt, du Idiot!

RICHY: Mach dir keine Sorgen und schnarch weiter!

DYANES STIMME VON NEBENAN: Ich schnarche nicht, ich habe höcstens meine Art laut zu atmen, dummer alter Bastard!

RICHY: Ja, meine Liebe, ich liebe dich auch...!

DYANES STIMME VON NEBENAN: Komm schon, gib der Katze was zu fressen, du weißt doch, dass sie in der Familienhitparade einen Platz vor dir ist.

RICHY: Ein Glück, dass wir keine Schweine haben!

DYANES STIMME VON NEBENAN: Du täuscht dich, wir haben eines und zwar dich!

RICHY: Danke für das Kompliment! Und du Schweinekatze, hau ab! Verschwinde!

DYANES STIMME VON NEBENAN: Beleidige doch nicht unser Kätzchen!

RICHY: Ich beleidige sie nicht. Sie ist hier diejenige, die spinnt. Sie wollte was zu fressen, ich hab ihr was gegeben und jetzt will sie es nicht mehr, stattdessen will sie hinaus. Und sobald sie draußen ist, will sie wieder herein und was zu fressen haben, aber jetzt wird sie nichts fressen, weil sie bestimmt vorher hinaus will... Katze raus, Katze rein... aus, ein!

Dyane ist soeben aufgestanden und kommt herein. Sie ist noch im Nachthemd und gähnt.

DYANE: Na und? Sie stiehlt sich gern was aus dem Fressnapf der Nachbarkatze. Was ist darn so schlecht?

RICHY: Er nutzt es aus, weil er so schwul wie sein Besitzer ist.

DYANE: Er ist kastriert, nicht schwul.

RICHY: Der Kater oder der Besitzer?

DYANE: Ich verstehe nicht, warum es dich ärgert, wenn sich unsere Mieze ihren Keks irgendwo reinhängt! Du wolltest ihn kastrieren lassen.

RICHY: Meine Katze kastrieren? Niemals! Ich will, dass sie das Leben rundum genießt.

DYANE: Rundum? Dann willst du also wirklich, dass er schwul ist.

RICHY: Sagen wir horizontal, gut? Aber bis der sich dann über die Nachbarkatze hermachen kann... ist ein weiter Weg.

DYANE: Eine kastrierte Katze riecht nicht mehr männlich, ihre männlichen Attribute duften nicht mehr so wie bei euch Männchen.

RICHY: Meiner riecht nicht. Scheibe, er riecht nach gar nichts.

DYANE: Er riecht nach nichts, weil du ihn nicht riechst! Das sag ich dir! Und du hast dich daran gewöhnt...

RICHY: Seinen rieche ich aber.

DYANE: Du bist oder besser solltest ein feiner Herr sein, der sich jeden Tag gründlich duscht, wohingegen er ein Tier ist. Und er riecht so, wie er riechen muss: nach wildem Tier und in seinem Falle eben nach Kater.

RICHY: Du bist immer auf der Seite dieses Flohsacks. Aber ich schwöre dir, sobald er eines natürlichen Todes stirbt, werde ich ihn braten und aus dem Pelz mache ich mir einen Bettvorleger. Und mit dem Säckchen, das seine kleinen Hoden umschließt, mache ich mir einen Talisman, den man sich um den Hals hängen kann.

DYANE: In Wahrheit kannst du seine Katzennatur nicht ausstehen.

RICHY: Was zum Kuckuck verstehst du unter „Katzennatur"?

DYANE: Seinen unabhängigen Geist.

RICHY: Ein Hoch auf unseren unabhängigen Kater, nieder mit der schwulen Nachbarkatze!

DYANE: Hör jetzt auf, sei so gut... in meinem Kopf dreht sich alles, das ist mir unerklärlich.

RICHY: Soll ich es dir erklären, liebe zahnlose Alte?

DYANE: Wie willst du mir das erklären, lieber vertrottelter Alter?

RICHY: Sagt dir das Wort Whisky was?

DYANE: Meinst du, dass der Weißwein von gestern...

RICHY: Es war ein hochgradig alkoholisches Getränk. Ich glaube, ich habe ein paar falsche Flaschen aufgemacht.

DYANE: Wetten, dass du das absichtlich gemacht hast.

RICHY: Wozu hätte ich dich betrunken machen sollen?

DYANE: Um mich ins Bett zu bringen.

RICHY: Das mache ich seit vierzig Jahren täglich, ohne Hochprozentiges.

DYANE: Ja, aber dieses Mal habe ich mit beiden Augen dein erregtes Glied gesehen, das so aufrecht stand wie die Fackel in der Hand der Freiheitsstatue.

RICHY: Ohne falsche Bescheidenheit: ich bin eben männlicher als der Kater.

DYANE: Sicher männlicher als die kastrierte Nachbarkatze.

RICHY: Das raffe ich nicht!

Das Telefon läutet.

DYANE: Geh du hin, ich mache Kaffee.

RICHY: Hallo, wer spricht? Hallo Meister...! *(flüsternd)* Es ist der Hexenmeister von Wall Street!

DYANE: Bill? - Gib ihn mir!

RICHY: Mutter will dir etwas sagen, ich gebe sie dir... was weiß ich, was sie will, du weißt ja, wie Mütter sind, zieh dir das warme Unterhemd an, schwitz nicht zu viel, usw. usw... kommst du zum Mittagessen? Wunderbar. - Weißwein? Wie viel du willst, aber der Likör für den Kaffee ist aus, bringst du einen mit? - Gut, bis später.

DYANE: Hast du schon aufgelegt? Ich habe dich doch gebeten, mich sprechen zu lassen.

RICHY: Er hatte es eilig, er war unterwegs, er kommt dann zum Mittagessen.

DYANE: Er hätte mir kurz guten Tag sagen können. Ich bin immerhin seine Mutter.

RICHY: Jungen sind nun mal so.

DYANE: Aber ich bin immerhin seine Mutter.

RICHY: Er war gut zu uns. Er hat unsere Ersparnisse in Sicherheit gebracht, er hat uns zum Kauf dieses netten Häuschens verholfen...

DYANE: Ich weiß, aber...

RICHY: Du bist immerhin seine Mutter. Das habe ich schon verstanden!

Stille.

DYANE: Als wir beschlossen, ein Kind zu adoptieren, weil wir wegen dieser schlimmen Mittelmeerkrankheit keine haben konnten...

RICHY: Die Mittelmeeranämie ist eine Krankheit, sondern eine erbliche Dysfunktion.

DYANE: Nun, als wir darauf verzichten mussten, ein leibliches Kind zu bekommen, war es für mich sehr schwierig, den Gedanken zu akzeptieren, einen Platz in meinem Herzen für ein bereits fertiges Kind zu finden, das man wie eine Puppe in einem Geschäft kauft und das man in der Folge lieb gewinnt. Aber dann, als ich zum ersten Mal seine sonnenklaren, leuchtenden Äuglein sah, die vor Freude strahlten, da war ich gerührt, habe ihn ins Herz geschlossen und...

RICHY: Ich hingegen hab ihn zum Spiel mitgenommen.

DYANE: Ich erinnere mich, wie du ihn zum ersten Mal mit ins Stadion genommen hast... denn es hat geregnet und du hast den Schirm verloren.

RICHY: Ich habe ihn nicht verloren, ich verliere nie was... ich habe ihn auf diesen scheiß Schiedsrichter geworfen.

DYANE: Du hättest dabei jemanden treffen können

RICHY: Den Schiedsrichter hätte ich frontal treffen sollen! Mitten ins Gesicht, in die Augen, diesen Scheißkerl!

DYANE: Du bist dem Kind nicht mit gutem Beispiel vorausgegangen.

RICHY: Aber danach hast du mir verboten, ihn wieder zu Spielen mitzunehmen.

DYANE: Richtig, aufgrund deines miesen Charakters.

RICHY: Aber ich bin mit Bill trotzdem gegangen... heimlich, wir gaben vor, in den Park zu gehen, aber nachdem wir um die Ecke waren, liefen wir schnell ins Stadion. - Wir haben dich für dumm verkauft! Was haben wir gelacht!

DYANE: Mich für dumm gehalten? Einen Scheiß habt ihr! Ich tat so, als hätte ich nichts gemerkt, um euch den Spaß nicht zu verderben... im Übrigen war das abendliche Glück in seinen schlauen Äuglein, die mich anblickten, als ob sie sagen wollten „ich habe dich ausgetrickst" Grund genug, mich noch mehr vom Geist der Mutterliebe durchdringen zu lassen, den ich leider mit der Zeit immer mehr nach innen richten musste...

RICHY: Nun, wir sind für alles entschädigt worden.

DYANE: Samt Zinsen.

RICHY: Richtig, du hast es auf den Punkt gebracht, samt Zinsen.

DYANE: Und wir sind eine glückliche Familie.

RICHY: Definitiv glücklich. Aber jetzt ziehen wir uns um, denn wir müssen bald mit dem Kochen beginnen.

DYANE: Grillen oder garen?

RICHY: Gegartes mag ich gar nicht. Es regnet, bei dem Wetter kann man im Garten nicht grillen. Kochen wir doch Spaghetti für ihn.

DYANE: Na gut, dann gibt es Spaghetti.

Beide Arm in Arm ab.

2. SZENE

Bill tritt ein, denn er hat den Schlüssel. Er geht zur Bar, um sich nervös etwas einzuschenken. Da läutet sein Handy.

BILL: Hallo? Ja, ich bin es... ich bin hingegangen... sicher bin ich hingegangen. Die Dinge stehen so... nichts, sie haben gar nichts... denen können wir nicht einmal den Kühlschrank wegnehmen... alles verpfändet, mit Hypotheken belegt, verschuldet... Noch einmal hingehen?! - Sag mal, spinnst du? - Nein, da gehe ich nicht mehr hin. Hör zu, ich will meine Zeit nicht damit verschwenden, zu Leuten zu gehen, die so arm wie eine Kirchenmaus sind. Das sind die Fahrtkosten und die Mühe nicht wert. Gewiss, ich bin dein bester

Eintreiber und dein Mann bin ich obendrein. Und aus eben diesem Grund solltest du mir konkretere und einträglichere Aufträge geben und meine Fähigkeiten nicht für verzweifelte und entmutigende Unternehmen verschwenden... Dann renne ich nur mit dem Kopf gegen die Wand, Scheiße! - Das hast du nicht verstanden? Dann versuche ich, es dir zu erklären. Vor dem Börsenkrach hatten die Leute noch den einen oder anderen Notgroschen unter der Matte oder in der Matratze, da reichte es, wenn man sie mit der Drohung erschreckte, einen Wechsel einzuziehen und in der Folge die Immobilie zu belasten, schon rückten sie wie von Zauberhand geleitet mit dem Geld heraus. Stell dir vor, man nannte mich den Zauberer von Wall Street! Nun aber ist außer ein paar lockeren Bodenfließen oder aufgeschlitzten Matratzen nichts mehr übrig geblieben: es gibt nichts mehr zu holen... *(Pause)* Weißt du was sie tun, wenn ich ihnen die Zahlungsaufforderungen unter die Nase halte? Sie fangen zu lachen an und sagen: lassen Sie mir die da, mein Klopapier ist aus, ich brauche das, um mir den Arsch auszuwischen! Siehst du, mit meinen Vordrucken wischen sie sich den Arsch aus. Und selbst wenn ich ihnen wie ein Gangster Ohrfeigen verpassen würden, könnte ich damit keinen Wurm aus dem Loch holen, ich schwör's dir. So sieht es aus, was soll ich machen?! - Daher bitte ich dich, setzt dich an den Computer such mir was besseres aus, vielleicht einen Schuldner, dem ich ordentlich an den Kragen gehen kann, ok? Ja, ich warte auf deinen Anruf, mittlerweile arbeitet man ohnehin bereits auch bei Nacht und am Sonntag, Herrgottnochmal! Und sag deinen Freundchen in der Wall Street, dass sie mit ihrem Scheiß den Bogen überspannt haben... am Ende haben sie sich selbst an den Galgen gebracht, diese Scheißkerle!

Während er auflegt...

3. SZENE

...treten Richy und Dyane wieder ein.

RICHY: Der Wundersohn ist da.
BILL: Hör auf damit, Pa, ich bin heute nicht in Stimmung.
RICHY: Bist du in Hundescheiße gestiegen?
DYANE: Lass den Jungen doch in Ruhe!
RICHY: So arm ist er dann doch auch wieder nicht, er hat die Tochter des Hauptaktionärs der First Manhattan Bank geheiratet! Sie haben ihn als Kreditrateneintreiber eingesetzt, aber früher oder später wird er Generaldirektor. Stimmt's?

DYANE: Vorläufig aber muss er seiner Frau und seinem Schwiegervater bzw. dem stellvertretenden Präsidenten und Präsidenten der Finanzgruppe Rechenschaft ablegen.

RICHY: Er wird selbständig Karriere machen, da bin ich mir sicher. Unser Sohn ist viel zu gescheit, für mich ist er ein Wundersohn. Seine Ratschläge und das, was er uns nahe legt, wie wir unsere Ersparnisse anlegen sollen, sind einfach wundervoll.

DYANE: Das stimmt, mein Sohn. Ohne deine Anleitung hätten wir es niemals geschafft, zu einem Häuschen in einer derart feinen Wohngegend zu kommen und den Wagen, der jetzt draußen in der Garage parkt hätten wir auch nicht...

RICHY: Und den Plasmafernseher.

DYANE: Und den restlichen Luxus, in dem wir unsere alten Tage bequem verbringen können.

BILL: Komm schon, Mama, ich habe nichts, aber auch gar nichts Besonderes gemacht, ich habe euch lediglich ein paar Tipps gegeben...

RICHY: Nur ein paar Tipps? Ich bekomme es immer noch nicht auf die Reihe, wie wir dazu kommen all die Gaben Gottes zu genießen, ohne auch nur einen einzigen Dollar dafür bezahlt zu haben.

BILL: Ich habe es nicht so hinbekommen, dass ihr nichts dafür bezahlt, ihr bezahlt nur kleinweise, in Raten, dank Zahlungserleichterungen....

RICHY: Mit Null Zuschlägen...

DYANE: ....es ist ein Wunder.

RICHY: und wir sind die, an denen es geschehen ist.

BILL: Aber nein, das ist so üblich. Denn die Finanzierung erfolgt durch einen Fond, in den ihr den Notgroschen aus eurer Abfidung investiert habt.
Wenn der Fond steigt, zahlen sich die Zinsen ab, das ist alles. Mathematik ist nicht Ansichtssache.

DYANE: Mag sein, aber ich verstehe nichts davon.

RICHY: Du nicht, sicher nicht... Aber zum Glück versteht er etwas davon. - Du kennst dich ja aus, Bill, nicht wahr? - Aber verzeih meine Unwissenheit, etwas musst du auch mir erklären. Wer verdient eigentlich daran, wenn er mir Geld dafür leiht, dass ich ihm meinerseits Geld geliehen habe, für das ich aber Zinsen bekomme, wenn ich die anfallenden Zinsen nicht zahle?

BILL: Wer dabei verdient! - Was denkst du lange darüber nach? In eurem Alter und mit eurer, sagen wir einmal gelinde gesagt, zurückgebliebenen Einstellung, kann man gewisse Dinge einfach nicht verstehen.

RICHY: Schon gut, aber es muss doch eine Logik geben.

BILL: Also, wenn euch bisher die Möglichkeit eingeräumt wurde, zinsenfrei in Raten zu zahlen, wird das wohl bedeuten, dass jemand dabei verdient hat... oder füher oder später daran verdienen wird.

DYANE: Und wann?

BILL: Komm schon, Mama, wie heißt es so schön? Zum Sterben und beim Zahlen kann man sich immer Zeit lassen.

DYANE: Ich gebe auf, diese Dinge werde ich nie verstehen. - Mir scheint, ich träume.

BILL: Die Kraft der Träume? Es ist ein Monsterunternehmen, aber es ist möglich, wenn es mit Intuition gepaart ist.

DYANE: Gott segne dich, mein Sohn.

BILL: *(blauäugig)* Es gibt Menschen, die mit hohen Zielen auf die Welt kommen und alles tun, um sie zu erreichen. Diese Menschen werden von Gott geliebt... Die Träume wissen, wie wichtig sie für uns Menschen sind...

RICHY: Ich hingegen möchte dorthin gelangen, aber dazu musst du mir verraten, wie das geht.

DYANE: Nun, während ihr Männer von euren Geschäften sprecht, setze ich schon mal das Wasser für die Nudeln auf.

BILL: *(zum Vater)* Es ist so: wenn du Roulette spielst, verlierst du am Ende alles. Aber wenn du wettest, dass du alles beim Roulette verlierst... gewinnst du, verstanden?

Stille.

RICHY: Zu behaupten, dass ich verstanden habe, wäre zu viel gesagt.

BILL: Überlass das mir und zerbrich dir nicht den Kopf. Wegen nichts.

RICHY: Eine hervorragende Idee, wie mir scheinen will.

DYANE: Was für eine Soße wollt ihr zu den Nudeln?

BILL: Carbonara.

RICHY: Knoblauch, Olivenöl und Pfefferschote.

DYANE: Leider, ich habe nur Matriciana. Was wollt ihr?

BILL und **RICHY:** *(zusammen, als ob sie es zum x-ten Mal sagen würden)* Na dann, Matriciana.

DYANE: Bravo, gut gewählt.

RICHY: Dann können wir ja kurz eine Zigarre anrauchen.

DYANE: Nein, nein, ihr kennt die Regeln. Geraucht wird nur im Garten.

RICHY: Aber draußen ist es schweinekalt.

DYANE: Im Garten, habe ich gesagt! Ich will keinen Zigarrenrauch im Haus!

RICHY: Komm Bill, wir machen ein paar Züge auf der Veranda.

Bill und Richy treten ab. Während Dyane geschäftig in der Küche hantiert, hört man...

4. SZENE

JANE: *(am Handy)* Entschuldige, ich kann jetzt nicht reden... ich rufe dich zurück, sobald ich kann... gut, Liebling, bis später... tschüss, tschüs, Küsschen! - *(bemerkt, dass sie alle ansehen)* Verzeihen Sie die Störung, ich wollte nicht... *(ihr Handy läutet erneut)* Eine Sekunde nur, ich höre gleich auf... Hallo? Ach du bist es, - klar habe ich etwas Gutes für dich gefunden. Sicheres Geld. Du brauchst bloß kein schlechtes Gewissen zu haben... Gewissensbisse, also...da kann ich nur sagen, dass du dumm bist, wenn du welche hast, heutzutage gibt es keinen Platz für Gewissensbisse, Gefühle und ähnlichen Scheiß. Was zählt sind die Zahlen, verstehst du? Richtiges Geld, das zählt, weißt du. – Nein, nein, zurück kannst du nicht mehr, Scheiße! Auch deshalb nicht, weil das kein gut gemeinter Rat ist,   Hurenscheiße, das ist ein Befehl! Weißt du, wie die Befehlskette abläuft? Natürlich weißt du das, aber ich werde dir die Erinnerung daran ein wenig auffrischen, wenn es dir nichts ausmacht. Die Befehlskette funktioniert so: Der Chef, also ich, hat eine Idee. Der VR, der Verwaltungssrat entwickelt die Idee und wandelt sie in einen Vorschlag um. Der Vorschlag wandert zu den Mitarbeitern und wird zum Projekt. Das Projekt wird von den Geschäftsführern getragen, indem sie ein Programm daraus machen. Und am Ende erreicht dich dieses Programm in Form eines Firmenbefehls. Das heißt, um keine Missverständnisse aufkommen zu lassen, zugreifen oder liegen lassen, sein oder nicht sein, entweder das eine oder das andere. Was das bedeutet? Das bedeutet, dass du dir zu schaffen machen musst, wenn du nicht auf einer Parkbank landen willst, um bei einer miesen Flasche Whisky deine Wut und Verzweiflung als ehemaliger Angestellter runter zu spülen. Ist das klar? *(sie beendet das Gespräch, aber das Handy läutet noch immer, daher geht sie hinaus, während...)*

5. SZENE

...während Kitty zur Tür herein kommt.

KITTY: Frau Farmer, sind Sie in der Küche?
DYANE: Komm doch herein, Kitty, ich gebe gerade die Nudeln ins Wasser...
KITTY: Störe ich?
DYANE: Aber nein, du bist immer willkommen. Bist du unsere kleine Kitty oder nicht?
KITTY: Unsere... von wem?

DYANE: Des ganzen Viertels, meine Liebe. Wir haben dich alle gern, das weißt du doch! Außerdem haben wir zugesehen, wie du mit unseren Jungs groß geworden bist, oh, wie dich diese Jungs immer geärgert haben...

KITTY: Wenn sie wüssten, was ich alles einstecken musste... aber ich habe auch ordentlich ausgeteilt.

DYANE: Aber nur aus Notwehr. Sie lachten dich aus, weil du noch einen Schnuller hattest, und du... zack, eins auf die Nase... wie unserem Bill, dem hast du sie gebrochen, wenn ich mich recht erinnere.

KITTY: Weil mich Bill mehr als alle anderen aufregte... er ging mir mehr auf die Nerven als jeder andere Bub... mag sein, weil ich ihn bewunderte, daher konnte mich sein Necken doppelt so stark verletzen.

DYANE: Sind wir uns doch ehrlich, du hattest eine Schwäche für ihn.

KITTY: Und wie... hübsch, groß, ein Kerl, intelligent obendrein... Aber jetzt hat er, ehrlich gesagt, ein paar Kilo zu viel...

DYANE: Ach, die Zeit eilt für alle dahin. Und er – der Arme! - hat zwischen Frau und Büro keine Zeit mehr, um sich um seinen Körper zu kümmern, etwa in Fitnesscenter. Aber im Kopf ist er so frisch geblieben wie eine Rose... er ist ein Finanzgenie, weißt du das?

KITTY: Wirklich?

DYANE: Oh ja, Jane, seine Frau ist denn auch seine Chefin, sie hat förmlich ein Auge auf ihn geworfen.

KITTY: Auch ich habe ein Auge auf sie geworfen... das heißt auf ihn, aber in einer anderer Hinsicht.

DYANE: Pass auf Kitty, mach dir keine falschen Illusionen: Bill ist mit Jane glücklich verheiratet.

KITTY: Gut für ihn.

DYANE: Und du?

KITTY: Was denn?

DYANE: Wann wirst du heiraten?

KITTY: Nie.

DYANE: Recht hast du. Wozu brauchen wir Männer? - Damit wir Falten bekommen? Siehst du, dazu brauchen wir sie!

KITTY: Das finde ich auch! Es ist besser, wenn man keine hat.

DYANE: Gar keine vielleicht nicht, was meinst du?

KITTY: Oh, bringen sie mich nicht in Verlegenheit, Frau Farmer! Das ist für mich eine heikle Angelegenheit.

DYANE: Ich weiß, ich weiß, ihr wart alle in meinen Bill verliebt... aber jetzt müsst ihr vernünftig werden, Bill ist nicht mehr zu haben. Bleibst du zum Essen bei uns?

KITTY: Oh nein, Frau Farmer, danke vielmals für die Einladung...

DYANE: Mach keine Umstände, es kostet mich nichts, ein paar Nudeln mehr zu kochen.

KITTY: Nein ehrlich... ich war gerade selbst beim Kochen... für eine... für einen Gast.

DYANE: Was kochst du Gutes?

KITTY: Spaghetti.

DYANE: Du auch? Dann ist das jetzt modern.

KITTY: Nun, Sie wissen ja, wie das ist... sie sind einfach in der Zubereitung und kosten nicht viel.

DYANE: Richtig, du stellst nur das Wasser hin und wenn die Nudeln al dente sind, seihst du sie ab, um sie mit irgendeiner Fertigsoße zu mischen.

KITTY: Richtig, sie sind in fünf Minuten fertig und so lecker.

DYANE: Bill mag sie sehr.

KITTY: Ich habe gesehen, wie er mit ihrem Mann im Garten herumging.

DYANE: Und sie haben immer beide eine Zigarre im Mund, wenn sie zusammen sind.

KITTY: Ja wirklich, es sah so aus als ob ihnen eine Rauchwolke folgte.

DYANE: Dass sie mir nur nicht ins Haus kommen, mit dieser verflixten Rauchwolke.

KITTY: Der Rauch folgt dem Wind, Frau Farmer.

DYANE: Tja, der Wind ist unberechenbar wie ein Tänzer, er konzentriert oder löst auf, bildet Nebel oder Wolken voller Regen und Gewitter...

KITTY: Rauchen schadet der Gesundheit.

DYANE: Der Geldtasche, meine Kleine.

KITTY: Man sagt doch: Zigarren sind Geld, das in Rauch aufgeht.

DYANE: Aber am Rauchen verdient jemand viel Geld, nicht wahr?

KITTY: Wer tüchtig ist, macht aus allem Geld.

DYANE: Darin ist mein Bill ein Meister, unvergleichlich.

KITTY: Ihr Bill! Schade, dass er verheiratet ist!

DYANE: Ach Kitty, mach dir keine Sorgen, auch du wirst deine große Liebe finden, den richtigen Menschen und vielleicht... mit Geld, das kann einer guten Ehe nie schaden. Stimmt's?

KITTY: Da haben Sie vollkommen Recht, Frau Farmer!

DYANE: (kostet die Nudeln) Hart...

KITTY: Oh ja, das sind harte Zeiten.

DYANE: Ich meinte die Nudeln, Kitty. Die Zeiten mögen für andere wohl hart sein, aber wir haben ja unseren Billiboy, der dafür sorgt, dass alles am rechten Platz ist.

KITTY: Und so könnt ich auch in wirtschaftlich bewegten Zeiten ruhig bleiben, dank eures „Billyboys“.

DYANE: Vollkommen ruhig, warum nicht? Unsere Ersparnisse sind in Sicherheit. Wie in einer Sparkasse.

Stille.

KITTY: Ich bin gekommen, um etwas zu fragen, aber ich weiß nicht, ob...
DYANE: Aber sicher, Bill wird dir jeden Rat dieser Welt geben, falls du deine Ersparnisse investieren möchtest.
KITTY: Meine Ersparnisse?
DYANE: Gleichgültig, wie viel oder wie wenig es ist.
KITTY: Eigentlich, Frau Farmer....
DYANE: Sorglose Jugend! Ihr lebt auf Kosten der Kreditkarte und dann, wenn die monatliche Abrechnung kommt, wisst ihr nicht, an welchen Heiligen ihr euch wenden sollt.
KITTY: Aber nein, machen Sie sich keine Sorgen, ich bin nicht gekommen, um Sie um Geld zu bitten. Ich wollte mit ihnen wegen des Hausverkaufs reden.
DYANE: Noch einmal: wenn du dein Haus verkaufen willst, musst du dich an Bill wenden.
KITTY: Aber ich meine nicht verkaufen, sondern kaufen.
DYANE: Ach ja? Gut für dich, in diesen schwierigen Zeiten, kann man beste Geschäfte machen.
KITTY: Richtig, deshalb wollte ich Sie fragen, wie sehr man sich in Ihrem Haus wohlfühlen kann.
DYANE: Wir fühlen uns hier sehr wohl, kleine Kitty. Die Umgebung kennst du selbst, da du nicht weit von hier wohnst. Warum fragst du danach?
KITTY: Also, und Sie haben auch keine, wie sagt man dazu, „Leichen im Keller"?
DYANE: Mädchen, also sag mal, was nimmst du dir da heraus? Wir und Leichen im Keller, wo wir doch Rentner sind, die außer, um Händchen haltend einzukaufen oder in die Kirche zu gehen, um den Herrn zu loben, das Haus nicht verlassen?
KITTY: Aber doch nicht ihr, ich meinte das Haus, ich wollte nur wissen, ob es undichte Rohre, alte Elektroinstallationen, wasserdurchlässige Mauern oder Decken gibt... ich meinte die „Leichen im Keller," die die Immobilie betreffen, in der ihr lebt.
DYANE: In der wir leben und sterben werden, wenn die Zeit gekommen ist. - Ich verstehe nicht worauf du hinaus willst, Mädchen!
KITTY: Wie, Sie geben ihr das Haus nicht her?
DYANE: Ich koche gerade Nudeln für meinen Sohn, Schätzchen. Ich muss aufpassen, dass sie mir wegen dir nicht verkochen.

KITTY: Dann bitte ich um Verzeihung, Frau Farmer. Vielleicht habe ich die Adresse nicht richtig verstanden. Ich habe etwas durcheinander gebracht.

DYANE: Welche Adresse?

KITTY: Ihre. Es geht das Gerücht um, dass Sie gezwungen sind, das Haus zu verkaufen.

DYANE: Davon kann keine Rede sein. Unser Haus wird nicht angerührt. Keine Frage, nach all dem, was Bill dafür in Bewegung gesetzt hat, um uns den Kauf zu ermöglichen, würde er das niemals zulassen.

KITTY: *(ungläubig)* Bill würde das nicht zulassen? Dann muss wirklich ein Irrtum vorliegen.

DYANE: Das möchte ich meinen. Und jetzt muss ich die Nudeln abseihen, wenn du gestattest.

KITTY: Aber ja. Verzeihen sie, dass ich Sie gestört habe, Frau Farmer, ich hätte die Sachlage deutlicher erklären sollen.

DYANE: Die Sachlage und die Dachfrage, dummes Ding.

KITTY: Es ist wirklich unverzeihlich.

DYANE: *(zu sich, während sie das Nudelwasser abgießt)* Wir, gezwungen, das Haus zu verkaufen, ausgerechnet wir, die glücklichen Eltern eines Sohnes, der von Freunden und Verwandten Zauberer von Wall Street genannt wird! - *(zu Kitty)* Wenn du etwas wieder gut machen willst, dann sei so lieb und ruf Bill und meinen Mann zum Essen.

KITTY: Ja, gern, Auf Wiedersehen, Frau Farmer.

DYANE: Auf Wiedersehen, meine Liebe... (zu sich) Dieses Dummerchen!

KITTY: Allenfalls, sollten sie es sich anders überlegen...

DYANE: (mit funkelnden Augen) Du bist immer noch da?

KITTY: Ich gehe schon.

Kitty geht ab, während Dyane leise schimpfend das Essen aufträgt.

DYANE: Wir und gezwungen zu verkaufen. Seit wann! Die Häuser anderer zum Verkauf freigeben, ohne dass es die rechtmäßigen Eigentümer wissen! Das ist ja verrückt, wie nicht von dieser Welt... Dinge, die noch kein Mensch je gesehen oder gehört hat. Besser, wenn ich Bill von dieser Geschichte erst gar nichts sage, sonst bekommt er das noch in den falschen Schlund und anstatt einen Teller herrliche Nudeln zu essen, springt er auf und schimpft mit dem Mädchen, um herauszufinden, wer ihr diese eigenartigen Vorstellungen, die auf unsere Kosten gehen, in den Kopf gesetzt hat. - Alles Neid, weil es uns gut geht und weil wir glücklich sind. Dem Herrn sei dank für dieses Essen...

Sie beginnt das Essen auszuteilen, während...

6. SZENE

… Bill und Richy eintreten.

BILL: Was wollte die kleine Kitty?

RICHY: Klein? Die hat einen Busen wie eine Achterbahn!

DYANE: Eine Knoblauchzehe wollte sie... *(blickt ihren Mann strafend an)* die kleine Kitty.

BILL: Wo sie doch eine Knoblauchallergie hat, das weiß doch das ganze Viertel!

RICHY: Ach ja, eine Knoblauchallergie.

DYANE: Dann wollte sie eine Zwiebel.

BILL: Aber du hast eine Zwiebelallergie, Ma. Wir haben doch nie Zwiebeln daheim, das weiß Kitty sehr gwohl.

DYANE: Nun, sie wollte... sie wollte etwas Basilikum aus dem Garten.

BILL: Aber es ist doch Winter, da gibt es keinen.

DYANE: Dann wollte sie eben Petersilie.

BILL: Tiefgefrorene?

DYANE: Gut, ich sag es euch: sie wollte die gute Petersilie, die man in jede Suppe gibt.

RICHY: Du bist die Petersilie, lieber Sohn. Dich wollte sie sehen, sonst gar nichts.

BILL: Sie hätte da bleiben können und mir zumindest guten Tag wünschen. Als sie uns am Zaun lehnen sah, rief sie nur, zu Tisch, es ist angerichtet und lief davon.

DYANE: Sie ist ein sehr schüchternes Mädchen, das weißt du doch.

BILL: Seit wann? Sie ist so hintertrieben wie ein Fuchs.

RICHY: Offensichtlich ist sie in dich verknallt und wenn sie dich sieht wird sie rot und will sich nicht sehen lassen mit ihrem Gesicht, das so rot ist, als hätte sie es an einen Affenarsch gerieben. Affenärsche sind doch knallrot, nicht?

DYANE: Ja, mein lieber, aber sie färben nicht ab. Dein Vergleich hinkt. Aber regt euch nicht auf, das sind Sachen, die man von Frau zu Frau bespricht.

RICHY: Das ist es, wir werden sie bald mit einem riesigen Bauch sehen. Das wirst doch nicht du gewesen sein, he?

DYANE: Red keinen Blödsinn daher, Bill ist glücklich verheiratet.

RICHY: Wenn kein Mann außerehelich was anstellen würde, ginge die Geburtenrate um die Hälfte zurück.

DYANE: Ja, aber Bill ist mit der Geschäftsinhaberin verheiratet, er muss sich hüten fremd zu gehen.

RICHY: Lieber Sohn, es tut mir leid für dich, aber du musst die Leine kurz halten. Lass ihn die Zähne fletschen und knurren, lass ihn ziehen und zerren, aber sieh zu, dass er dir nicht auskommt und sich im Wald verirrt... das könnte zu einer ungewollten Überraschung führen! Verstehst du, was ich meine?

DYANE: Das versteht man sehr gut. Aber es handelt sich nicht um Bäuche und Störche im Anflug. Die kleine Kitty wollte nur eine Information bezüglich einer Immobilie, wegen eines Hauses, das hier in der Nähe verkauft wird.

BILL: Wird hier in der Nähe ein Haus verkauft? Das wusste ich nicht.

DYANE: Ich auch nicht. Ich glaube ja auch, dass es sich um einen Fehler, ein Missverständnis handelt. Hier in der Nähe wird gar kein Haus verkauft. Aber jetzt setzt euch endlich hin, die Nudeln werden kalt. Fühlt euch wie zuhause...

RICHY: Aber wir sind doch zuhause!

DYANE: Ich meinte ja nur.

RICHY: Eigenartig! Meine Liebe, diesmal glaube ich, dass du wirklich Blödsinn geredet hast.

DYANE: Schon möglich, ich rede viel, wenn der Tag lang ist.

RICHY: Also diesmal hast du aber ordentlich übertrieben: wir sollten uns fühlen, als ob wir zuhause wären! Scheibe, wir sind doch schon zuhause, nicht wahr Bill?

BILL: Ja Pa...

DYANE: Wenn ihr euch nicht gleich hinsetzt, leere ich euch den Inhalt der Teller über den Kopf!

RICHY: Beruhige dich, ich sitze ja schon, ich musste mich aufgrund meines Alters anstrengen, aber ich habe es geschafft, mich hinzusetzen.

DYANE: Und jetzt iss!

RICHY: Aber...

DYANE: Sei still und iss, das ist ein Befehl!

BILL: Komm Pa, ärgere sie nicht, du kennst sie doch, sie fährt wegen irgendeiner Dummheit hoch, aber dann beruhigt sie sich wieder. Reize sie nicht!

DYANE: Iss auch du und sei still!

BILL: Ich esse ja schon!

Sie essen ohne zu reden. Plötzlich fängt Dyane herzlich zu lachen an.

RICHY: Warum lachst du? Kitzeln dich die Nudeln im Hals?

DYANE: Ich musste nur denken, dass ich wirklich verrückt bin, mich wegen... wegen nichts... wegen einer Rauchschwade, eines Schattens aufzuregen, der beim ersten Windhauch dahin ist.

BILL: Rauch... Wind... Schatten... wovon sprichst du?

RICHY: Die dumme kleine Kitty hat mir bestimmt irgendeine Bosheit in den Mund gelegt.

DYANE: Dir, Pa? Aber dich sieht sie nicht einmal an! Sie schaut durch dich hindurch, als ob du nicht da wärest, sexuell, versteht sich.

RICHY: Warum sieht sie mich nicht einmal?

DYANE: Weil sie dich nicht einmal anschaut, Alter!

RICHY: Sei du still, denn du bist auch nicht mehr taufrisch.

DYANE: Aber ich bin kein einsamer Kauz mit Marotten.

RICHY: Was für Marotten?

DYANE: Diese kleinen Huren, die dich auf der Straße aufhalten: „Guten Tag, Herr Farmer, was hören Sie von Bill?"

RICHY: Was soll schon schlecht daran sein, wenn sie mich nach Bill fragen?

DYANE: Das Schlechte daran ist, dass du glaubst, dass sie mit dir ins Gespräch kommen wollen. - Aber sie wollen tatsächlich nur was von Bill hören.

RICHY: Ja, sicher... aber wenn sie mich umschwärmen wie die Bienen den Honig, mit ihren wohlgeformten Arschbacken, den schlanken Beinen und im Sommer, wenn ihre Röckchen kürzer sind als ihre T-Shirts...

DYANE: Pass auf, wenn du mich ärgern willst, sag ich dir's gleich: das schaffst du nicht.

RICHY: Wirklich?

DYANE: Klar, weil ich genau weiß, das du das machst, um mich auf den Arm zu nehmen. Ich spiel dir eine Eifersuchtsszene vor und du freust dich, dass du mir noch was wert bist. Aber weißt du, was ich jetzt mache? Ich zahle es dir heim und verarsche dich, indem ich deinen machohaften Anspielungen die kalte Schulter zeige. Du bist ja schon so alt, dass es einen Lastwagen bräuchte um das wegzuschaffen. Du brauchst nicht zu hoffen, dass mich deine Hirnwichsereien noch anmachen.

RICHY: Warum machst du dann ein langes Gesicht?

DYANE: Ich mache kein langes Gesicht, mein Lieber. Ich lache doch... nicht wahr, Bill?

BILL: Sie lächelt, Pa, zwar mit leicht verdecktem Sarkasmus, aber... sie lächelt tatsächlich.

RICHY: Sie lächelt unter den Haaren auf den Zähnen, die sie sich nie rassiert... und wenn du sie schnarchen hören könntest, deine Mutter – noch schlimmer als ihre Mutter, deine Großmutter! - Erinnerst du dich daran, als sie noch lebte? Mit ihrer Kreissäge hielt sie die ganze Familie wach... *(ahmt überspitzt das Schnarchen der Großmutter nach)*

DYANE: Dein Vater bringt mich nur zum Lachen.

BILL: Du bringst sie nur zum Lachen, Pa.

RICHY: So lass sie lachen, denn wie heißt es im Sprichwort: wer zuletzt lacht, lacht am besten.

BILL: Jetzt machst du ein langes Gesicht.

DYANE: Während ich wie eine Hyäne lache: ha, ha, ha.

RICHY: Sehr gut, dir werde ich es noch zeigen.

DYANE: Was ist das, eine körperliche Bedrohung oder ein erotischer Vorschlag? Denn das Eine kommt dem Anderen gleich, bei so einem unsensiblen Wesen wie du, bei der Elefantenhaut. Aber jetzt lass uns das Thema wechseln, ich mag nicht mehr an Kitty denken.

BILL: Und ich habe geglaubt, es ginge um Pa.

DYANE: An deinen Vater zu denken ist ein bedeutet so viel wie Kopfschmerzen und Ratlosigkeit. Daher denke ich nicht daran, ihn zum Gegenstand zum machen, geschweige denn zum Gesprächsthema.

RICHY: Ganz meinerseits, samt Zulagen. Apropos Zulagen, mein Sohn... von deinen Erklärungen bezüglich der Globalisierung der Gewinne habe ich nicht allzu viel verstanden. Wenn die Gewinne in einem einzigen Topf akkumuliert werden, endet es damit, dass daraus alle entstehenden Kosten gedeckt werden, als ob die Summe des ausgegebenen Geldes höher wäre als das eingegangene Geld.

BILL: Die jährliche Summe, nicht die Endsumme. Habe ich mich klar ausgedrückt? Schau, die Hochfinanz gleicht einer Pokerpartie, bei der Trumpf immer verdoppelt. Der Spieler glaubt, sich ins Verderben zu stürzen, wenn er immer verliert, aber eben dadurch erhöht sich die Chance, seinen Gewinn zu verdoppeln, zu verdreifachen, oder zu vervierfachen.

RICHY: Einverstanden, aber zu einem gewissen Zeitpunkt wird er die Karten auf den Tisch legen müssen.

BILL: Aber die Karten auf den Tisch zu legen ist für niemanden opportun. Und weißt du warum? Weil es immer der Haufen ist, der dahin fault und zum Himmel stinkt wie der Kadaver eines räudigen Hundes.

DYANE: Darf ich bitten, wir sind bei Tisch und ich dulde diese ekelerregenden Gespräche nicht.

BILL: Dann betrachten wir zum Beispiel Baseball. Es ist, als ob der Ball von einer, der Anziehungskraft entgegengesetzten Kraft angezogen würde und nicht mehr auf den Boden fiele, während unter auf dem Feld alle weiterlaufen und die Hände zum Himmel strecken, um den ausschlaggebenden Punkt für den Sieg zu erringen. Und weißt du warum der Ball nie herunter fallen wird? Das weißt du nicht? Wegen des einen Gesetzes in der Wirtschaft, das da lautet: „wenn er fällt, endet das Spiel" - der Schiedsrichter pfeift den Schluss und was geschehen ist, ist geschehen.

Pause.

RICHY: Habe ich dich nach Harvard gehen lassen, um so einen Scheiß zu lernen?

BILL: Dass ich nicht lache, Pa! Erst sagst du, dass du nichts davon verstehst und dann, wenn ich es dir anhand eines kleinen Beispiels erklären und die ganze Sache vereinfachen will, ist es für deinen scharfen Geschäfts- und Wirtschaftssinn zu oberflächlich. Aber wenn du bereits alles weißt und dich mit dem Märchen vom Weihnachtsmann nicht zufrieden gibst, frage ich mich, warum du dir die Geschenke nicht selbst besorgst.

DYANE: Ich könnte dir ein rotes Gewand nähen und einen Bart aus Watte basteln, die Falten und den Bauch hast du ja bereits.

BILL: Nur müsste anstelle des verpackten Christstollens raschelndes Geld liegen. Komm, verkleide dich in einen Weihnachtsmann und zeig mir, wie man es schafft, den hohen Lebensstandard der Leute zu halten.

Pause.

RICHY: Bravo, ihr beiden, da habt ihr euch wieder einmal verbündet, um mich auf den Arm zu nehmen. Von ihr, meiner Frau, akzeptiere ich es nicht, aber von dir akzeptiere ich, ohne mit der Wimper zu zucken, dass du mich bezüglich dieser Themen für dumm verkaufst.

DYANE: Wir wissen doch alle, dass du keine Leuchte bist!

RICHY: Ich erinnere mich noch, wie mich der Physikprofessor als Gymnasiast über die Relativitätstheorie befragte. Ich antwortete ihm, das wir uns selbst begegnen, wenn wir schneller sind als das Licht... oder so ähnlich.

DYANE: Oder so ähnlich!

RICHY: *(besänftigend)* Weißt du, was ich dir sage, Bill? Wenn die Relativitätstheorie wahr ist, warum soll dann nicht auch dein Scheiß wahr sein?

BILL: Eben, es ist alles relativ. Und das was du „meinen Scheiß" nennst, ist kein so großer Scheiß, solange die Meinung herrscht, dass er richtig und fundiert ist. - Entschuldigt, mein Handy läutet...

RICHY: Es läutet? Ich höre nichts... bin ich jetzt auch noch taub geworden, ganz abgesehen davon, dass ich bescheuert bin?

DYANE: Bescheuert bist du wirklich, aber taub bist du noch nicht: er hat auf „Vibrieren" geschalten, deshalb hast du nichts gehört.

RICHY: Oh, ich verstehe, er vibriert ihm... ganz der Vater.

DYANE: Schade, dass dich niemand anruft.

RICHY: Frau, heut bist du aber wirklich mit dem linken Bein zuerst aus dem Bett gestiegen.

DYANE: Linkisch machen mich deine boshaften Bemerkungen.

BILL: Könnt ihr denn nicht einen Augenblick still sein? Man kann nichts hören... *(dem Telefon zugewandt)* Also, was sagtest du?... Endlich jemand den man so richtig filzen kann, sehr gut! Sicher, ich habe keine Skrupel... heraus mit dem Namen... Familie... *(immer noch ohne zu realisieren)* Adresse?... brauch ich mir doch nicht aufschreiben, mein Gedächtnis ist in Ordnung, im Gegensatz zu deinem, das noch vom Sniefen am Samstagabend lädiert ist... Natürlich sniefe ich auch, aber ich höre spätestens am Sonntagmorgen damit auf, während du am Samstag beginnst, um am Freitagabend damit aufzuhören anstatt von Freitagabend bis Samstag, wie es so üblich ist... und außerdem sag ich dir, dass du mit diesem Scheiß aufhören sollst, denn wenn uns jemand abhört, ist das scheiße und nochmals scheiße... Gut, auch sie ziehen sich Kokain rein..., aber gibst du mir jetzt diese verdammte Adresse oder nicht?... Garden Street 18 Staten Island.... Wie? Wiederholung? Nein, ich habe überhaupt nicht genau verstanden, einen Scheiß habe ich.... *(er hört hin, dann in unterwürfigem Tonfall)* Ok, ok, ich sehe zu, was sich machen lässt... Aber bist du dir sicher, das es wirklich so ist?.. ok, lass uns später darüber reden... ja, tschüss, bis später... *(er legt auf. Er sieht besorgt aus.)*

RICHY: Schlechte Nachricht?

BILL: Nein, nein... *(aber er ist besorgt)*

DYANE: Ich ahne etwas... wer war das?

BILL: Nichts, niemand.

RICHY: Wie denn? Da war doch was, zum Teufel! Du bist so blass geworden, als ob du einen Geist gesehen hättest.

DYANE: Wenn schon hätte er ihn gehört, er hat ja telefoniert.

BILL: Schon gut, schon gut, ich sage es: ich habe ein Problem bei der Arbeit. Aber... lassen wir das, lassen wir uns doch nicht die Laune verderben!

DYANE: Ich bitte dich, Bill! Verstecke nichts vor uns... das verdienen wir uns nicht. Wenn du noch Geld brauchst...

RICHY: Nur langsam, Frau, wir haben doch alles investiert... und er hat uns das geraten.

DYANE: Ich habe noch ein wenig Geld auf der Seite, für alle Fälle... es ist nicht viel, aber wenn es dir helfen kann, gehört es dir... und außerdem können wir immer noch die eine oder andere Anleihe oder Aktie verkaufen, ich habe gehört, dass es auf der Börse nicht so gut bestellt ist...

RICHY: Und du willst ausgerechnet jetzt verkaufen, wo es schlecht bestellt ist? Da zahlen wir ja nur drauf, das ist wenig, aber sicher... ich werde keine Finanzgröße sein, aber das versteht sogar so ein Schafskopf wie ich.

Stille.

BILL: Seid so gut und hört auf, euch Sorgen um mich zu machen.

DYANE: Aber mein lieber Sohn, um wen sollen wir besorgt sein, wenn nicht um dich?

RICHY: Außerdem, hast du dich so sehr um uns gekümmert...

BILL: Papa, das ist das dritte oder vierte Mal, dass du das sagst.

RICHY: Werde doch nicht gleich wütend, ich werde es nicht mehr sagen, wenn du es nicht magst, dass wir uns erkenntlich zeigen, vielleicht willst du nur nicht, dass wir uns dir gegenüber verpflichtet fühlen.

BILL: Ja, das ist es, ihr dürft euch mir gegenüber auf keinen Fall verpflichtet fühlen.

DYANE: Ich sehe schon: du hast mit deiner Frau gestritten.

RICHY: Ist das wahr, Bill? Habt ihr wieder gestritten?

BILL: Ein bisschen.

RICHY: Du wirst ihr doch nicht eine aufs Maul gegeben haben!

DYANE: Was redest du da? Blödmann! Der Frau einen Fauststoß versetzen... man hätte ihn bereits unter Arrest gestellt und ihr Anwalt hätte bereits Scheidungsklage wegen schweren Vergehens eingereicht. - Keine Boxkämpfe, Bill?

BILL: Nein, sei unbesorgt, Mama.

RICHY: Wenn er uns Papa und Mama nennt anstatt nur Pa und Ma, dann hat er was am Herzen.

DYANE: Bill hat mit Jane wahrscheinlich nur eine Diskussion gehabt. Außerdem wird man sich in einer respektablen Ehe entweder anschreien, so wie wir das machen, oder unter der Decke bum-bum machen.

RICHY: Auch wir machen bum-bum... mindestens ein Mal im Monat, wenn ich dich daran erinnern darf.

DYANE: Das darfst du und überhaupt... wir könnten die andere Seite weiter ausbauen und öfters mal... wenn ich dich erinnern darf.

RICHY: Frau, ich wünsche mir nichts mehr als das.

Sie geben sich einen zärtlichen Kuss.

BILL: Es freut mich sehr zu sehen, wie einig ihr euch seid und wie sehr ihr euch liebt. Euer Glück, denkt daran, was immer auch geschehen mag, ist auch immer ein bisschen mein Glück.

RICHY: Hör mal Bill, was zum Teufel bedeutet dieses „bisschen", das du ständig wiederholst wie ein Affe? Hast du mit deiner Süßen gestritten? Ein bisschen. - Es freut dich, uns glücklich zu sehen? - Ein bisschen...

DYANE: Nur „ein bisschen"? Du solltest zu hundert Prozent glücklich sein, und absolut glücklich zu sehen... und erkenntlich. Deshalb nennt dich Papa... Pa nennt dich „Wundersohn"!

BILL: Erscheint es euch nicht übertrieben, mir eine derartige Verantwortung aufzubürden?

RICHY: Bitte lass das, es ist ein unzumutbarer biblischer Vergleich... aber gewiss, ein Wunder an guten Ratschlägen, ansonsten hätten besagte Tipps, wie wir investieren...

BILL: Das habt ihr mir bereits gesagt.

RICHY: Und wir könnten uns nicht im Entferntesten all diese Gottesgaben leisten. Sieh dich einmal um... was siehst du? Ledersofa, Samtsessel, Schaukelstuhl auf dem Balkon, damit man im Sommer den Sonnenuntergang genießen kann, Plasmafernseher im Wohnzimmer, Kühlschrank, Tiefkühltruhe mit Ausmaßen, die sonst nur in der Gastronomie üblich sind, Klimaanlage, Luxuswagen, der vor dem Haus steht... reicht dir das?

BILL: Ich würde sagen schon.

DYANE: Und das alles, und ich wiederhole es auch auf die Gefahr hin langweilig zu sein, ohne einen einzigen Cent auszugeben!

BILL: Gut für euch.

Stille.

RICHY: Was beunruhigt dich dann?

BILL: Was sollte mich beunruhigen?

RICHY: Wenn du das nicht selbst weißt!

DYANE: Komm schon Bill, was macht dir so große Sorgen? Sag es uns im Vertrauen, wir sind doch deine Eltern.

BILL: Adoptiveltern... ich weiß, dass ihr das seid.

RICHY: Was soll das? Hat es in deinem Leben denn je einen Augenblick gegeben, wo wir dir nicht das Gefühl gegeben hätten, dass du unser leiblicher Sohn bist?

BILL: Papa, Mama, Ich kann mich nicht als euer leiblicher Sohn fühlen...

RICHY: Warum nicht?

BILL: Weil ich das ganz einfach nicht bin. Ich liebe euch, darüber besteht kein Zweifel, aber...

DYANE: Aber was?

BILL: Darüber will ich nicht reden.

RICHY: Aber du musst es, den du hast deiner Mutter Tränen in die Augen getrieben. - Na los, heraus damit, Junge!

Stille.

BILL: Mit euren Investitionen gibt es Probleme.

RICHY: Was sagt du da? Ist unser Geld denn nicht gut investiert?

BILL: Aber ja doch, investiert ist es gut! Glaubt ihr denn, dass ich ein Betrüger bin? Wir haben euer Geld in einen hervorragenden Fond investiert, einen sicheren, garantierten Fond, der euch zwei Jahre lang einen Wohlstand beschert hat, den ihr euch niemals hättet leisten können.
RICHY: Ausgezeichnet.
BILL: Aber dann...
DYANE: Was dann?
BILL: Aber dann ist etwas unermessliches passiert.
RICHY: Wie... unermesslich? - Haben wir am Ende alles verloren?
DYANE: Aber was sagst du da, du alter Dummkopf! *(zu Bill)* Bill, sag deinem Vater, dass er einen Scheiß daher redet.
BILL: Das kann ich nicht.
RICHY: Weißt du, warum er das nicht kann? Weil ich die Wahrheit gesagt habe: wir haben alles verloren. Sie haben uns bis aufs Hemd ausgezogen.

Langes Schweigen.

DYANE: Selbst wenn! Unsere Rente reicht zum Leben, wenn die Ersparnisse dahin sind, kann man auch nichts machen, aber das Haus, ein Dach über dem Kopf, haben wir und das kann uns keiner wegnehmen...
BILL: Das Problem liegt darin, dass sich die Kreditraten durch die Rendite aus dem Investitionsfond abzahlten. Ihr habt ein Problem, denn mit eurer Minirente könnt ihr die Hypothek nicht bezahlen... das Problem, um es einmal klarzustellen, besteht darin, dass ihr ruiniert seid.

Weitere Pause, langes Schweigen.

RICHY: Kennst du das Lied von Leonard Cohen: „Pay my money down or go in jail?
DYANE: Bist du verrückt? Unser Sohn im Gefängnis? Niemals, eher lebe ich dafür unter einer Brücke.
RICHY: Und das wirst du auch machen, alles nur wegen diesem Schurken! Oh, aber ich mache da nicht mit, ich werde nicht bei dir unter der Brücke sein, ich habe nicht im Sinn, die letzten Jahre meines Lebens wie ein Hungerleider dahin zu darben. Und deshalb, mein lieber Adoptivsohn, pack die Zahnbürste, das Pigiama und etwas zum Lesen ein... das wird nötig sein, um unsere Ersparnisse zu retten, denn du wirst für den Fehler irgendwie büßen müssen.
BILL: Wenn das alles nur so einfach wäre! Glaub mir, ich ginge liebend gern ins Gefängnis!
RICHY: Dann geh! Worauf wartest du noch, pack deine Sachen!
DYANE: Richy!

BILL: Aber ich habe doch gar nichts gemacht.

RICHY: Wenn unser Geld dahin ist, wirst du wohl etwas dazu beigetragen haben!

BILL: Ich habe nicht die Fäden gezogen.

RICHY: Aber wir... wir sind ausgezogen. Wegen dir. Ich zeig dich an, wenn du es nicht selbst tust.

BILL: So lasst euch doch erklären...

RICHY: Du hast schon genug erklärt.

DYANE: Lass ihn doch ausreden, hören wir uns doch an, was er zu sagen hat.

BILL: Es ist nicht so einfach, euch Dinge zu erklären, die nicht einmal für mich viel Sinn machen. Dennoch müssen wir der Realität ins Auge blicken. Und die Realität ist folgende: Ihr habt eine gewisse Anzahl an Anteilen eines garantierten Investitionsfonds bei der ersten Handelsbank von Manhattan gezeichnet.

RICHY: Richtig. Deswegen haben wir dir auch den Spitznamen „der Zauberer von Wall Street" verpasst! Weil du uns mit unserem übergroßen gleichwie dummen Ehrgeiz mit verspäteter Einsicht zu nichts weniger als zu Aktionären bei der Lehman&Brothers Financial Bank gemacht hast. Zu Weinachten bekommen wir sogar eine Glückwunschkarte fürs Neue Jahr.

BILL: Heuer werden sie euch keine Karte mehr schicke, da kannst du dir sicher sein.

RICHY: Warum?

BILL: Weil sie zu Weihnachten keinen Christstollen mehr essen werden, die Herrn von der Wall Street. Ich bin am Rande des Bankrotts, weil ich so viele Weihnachtsbillets an Kleinaktionäre, wie ihr es seid, verschickt habe.

RICHY: Ok, ich werde auf die Weihnachtskarte verzichten und sie auf den Christstollen: wir werden uns den Gürtel enger schnallen, aber wir werden es schaffen, selbst wenn wir einen Strick um den Hals haben.

BILL: Das ist jetzt aber nicht dein Ernst!

RICHY: Aber sicher, das ist mein voller Ernst. Außerdem verwende ich ihre Weihnachtsbillets und ihre monatlichen Kontoabrechnungen ohnehin nur, um den Rost des Grillers zu reinigen.

BILL: Nur dass sie diesmal auch dich durch den Rost fallen gelassen haben.

RICHY: Und dich nicht?

BILL: Mich nicht, natürlich nicht, denn ich bin der Vorsitzende einer anderen Gesellschaft, deren Vizepräsidentin meine Frau ist, was wiederum bedeutet, dass ich einen Eisenpanzer um mich habe.

DYANE: Gut zu wissen.

RICHY: Pass auf, mein Patensohn, wer einen Eisenpanzer trägt, geht schneller unter als jemand, der nur ein Holzschild hat.

BILL: Da habe ich es aber wirklich mit zwei Narren zu tun! Ihr geht zu Recht unter, ohne dass euch jemand eine Rettungsinsel zuwirft.

RICHY: Oder ein Seil, damit wir uns am höchsten Ast erhängen können.

BILL: Vielleicht klappt es, wenn ich euch die Situation anhand eines praktischen Beispiels erkläre. - Mama, antworte du zuerst: wem gehört dieses Glas?

DYANE: Wem soll das gehören, wenn es nach dir geht? Es gehört uns dreien, weil wir bis auf Widerruf eine Familie sind.

RICHY: Das hast du richtig gesagt, Frau, bis auf Widerruf. Denn der Widerrufe liegen hier so viele vor, wie eine Katze Flöhe haben kann.

BILL: Lass mich ausreden, Papa.

RICHY: Ich werde dich noch bitten, mich mit Herr Farmer anzusprechen, mir reißt gleich der Geduldsfaden.

BILL: Das Glas gehört euch, weil ihr es mit eurem Geld gekauft habt.

RICHY: Das wäre ja noch schöner! Soll es uns gehören, wenn es mit fremdem Geld bezahlt hätten?

BILL: Aber wenn ich jetzt daraus Wein trinke, könnt ihr mir sagen, wem es gehört?

DYANE: Der Wein oder das Glas?

BILL: Beides.

RICHY: Der Wein gehört dir, weil du ihn geschlürft hast und das Glas gehört dem Unterfertigten... ich war ja so dumm und habe es zulassen, dass du dich auf meine Kosten ansäufst und ich stehe da, die Flasche ist leer und meine Frau blickt streng, das ist für einen armen Teufel wie mich das Letzte.

BILL: So funktioniert die Wirtschaft: es gibt den Jäger und die Beute. Ist doch ganz einfach, nicht?

RICHY: Und wenn es einen gibt, den es an den Arsch geht, dann bin ich es.

DYANE: Aber du bist nicht unser Jäger, du bist unser Sohn.

BILL: Ändert sich deiner Meinung nach etwas dadurch? Nein, auch ich bin wütend, ich könnte vor Wut von einem Moment auf den anderen wie eine Bombe in die Luft gehen...

RICHY: Warum tust du es nicht? Dann gehst du uns ein für allemal nicht mehr auf den Sack!

BILL: Aber ich bin nicht das Problem, und euer Problem ist es schon gar nicht. Es sind die, die uns regiert haben, sie haben es übersehen, es sind diejenigen, die uns verwaltet haben, sie haben es überhört, und die, die uns getäuscht und schließlich betrogen haben...

RICHY: Aber ich bremse dich aus, weil ich eine Lösung habe: ich kremple die Ärmel hoch, werfe mich wieder auf den Arbeitsmarkt und zahle nach und nach alle Schulden ab, die man mir aufgehalst hat.

BILL: Vergiss es.

RICHY: Warum sollte ich?

BILL: Weil du das ganz einfach nicht kannst.

RICHY: Warum sollte ich das nicht können?

BILL: Du kannst die Schulden nicht bezahlen, weil dir die Zeit dazu fehlt: du bist zu alt, um das herein zu holen. Dir fehlt die Zeit, um aus der Verschuldung herauszukommen – folglich wird dir niemand mehr Vertrauen schenken… keiner wird glauben, dass du ein derart hoffnungsloses Unterfangen bewältigen kannst.

RICHY: Aber was sollen wir dann tun, mein Sohn?

BILL: Ich müsst die Koffer packen. - Es tut mir leid, aber das ist beinharte Realität.

Schweigen.

RICHY: Frau, ich verbiete dir von nun an strengstens, ihn Sohn zu nennen… diesen Hurensohn.

DYANE: Hör auf, Richy!

RICHY: Wir haben eine Schlangenbrut gezüchtet… einen Stock bräuchte es, aber nicht, weil ich alt bin, sondern um ihm damit den Schädel einzuschlagen, ich sollte diese Giftschlange zertreten!

BILL: Papa, ich bitte dich, tu das nicht, es ist nicht meine Schuld, wie oft muss ich das noch sagen, Gott im Himmel! Ich schwöre dir, es hätte nicht so… so… vor die Huren gehen sollen!

RICHY: Du hättest mich weniger gekostet, wenn ich sie dir bezahlt hätte, deine Huren!

BILL: Ich bin verzweifelt! Ich dachte, ich hätte euch ein schönes Alter beschert… aber jetzt… sieh uns an, wo wir gelandet sind.

DYANE: Sohn, sag du es mir: wo werden wir landen?

Pause. Bill schweigt.

RICHY: Ich sag dir wo: unter der Brücke, und zwar wegen ihm.

Weitere Pause, langes Schweigen.

DYANE: Vielleicht reden wir schon von der Asche, bevor es gebrannt hat… vielleicht ist die Krise nur vorübergehend… vielleicht geht es bei der Börse schon morgen wieder aufwärts und unser Geld wird wieder was wert.

RICHY: Vielleicht bekommt der Teufel anstelle der Hörner einen Heiligenschein!

DYANE: Warum nicht? Alles ist möglich, man soll die Hoffnung nie aufgeben.

RICHY: Deine Hoffnung kannst du begraben. - Die Haie aus der Wall Street fressen alles auf, sogar das Inventar. Zuerst haben sie unser Geld angeknabbert und vorgetäuscht, im Nu das Fünffache daraus zu machen wie König Midas, dann haben sie unsere Ersparnisse angegriffen – aber es war ihnen nicht genug, uns auf die Straße zu setzen – nun verleiben sie sich nun auch noch das Allgemeingut ein, um sich den sogenannten „Aufschwung" finanzieren zu lassen. Und in ihrer Unersättlichkeit nehmen sie uns noch das letzte Hemd weg!

DYANE: Und was bedeutet das?

RICHY: Frau, das heißt, dass sie uns am Arsch haben. – Stimmt's Bill? Warum erklärst du ihr das nicht?

BILL: Was gibt es da groß zu erklären? Man muss nur zur Kenntnis nehmen...

DYANE: Gibt es denn keinen Weg, wie man irgendwie... irgendwie... ?

RICHY: Seinen Arsch retten könnte?

BILL: Leider ist die Lage kompliziert... sie werden eure Güter konfiszieren... alles verpfänden...

RICHY: Ohne mir nichts, dir nichts die Güter konfiszieren... einen Scheiß werden sie machen, ohne dass es ihnen weh tun wird.

BILL: *(besorgt)* Was willst du machen?

DYANE: Mann, mach keine Dummheiten!

RICHY: Vorerst mache ich gar nichts. Ich kenne die Gesetzeslage. Sie müssen mich darüber verständigen. Und ich will, dass sie hierher kommen. Ich werde tun, als ob ich nicht da wäre – ich verbarrikadiere mich im Haus – öffne niemandem die Tür – hebe das Telefon nicht ab...

BILL: Und was willst du damit erreichen?

RICHY: Ich erreiche damit, dass der Gerichtsbeamte den Verständigungsbefehl nicht ausführen kann. Nur zu, Frau, wenn aus dem Spiel Ernst wird, beginnen die Ernsthaften zu spielen! Beeil dich, hilf mir, alles, Fenster und Türen, zu verschließen und zu verbarrikadieren.

In heller Aufregung beginnen sie, sich im Haus zu verbarrikadieren, während sich Bill in aller Gemütsruhe eine Zigarre anzündet, als ob das alles nichts mit ihm zu tun hätte.

DYANE: Komm, löschen wir auch alle Lichter, damit keiner glaubt, dass wir zuhause sind! So werden sie unverrichteter Dinge wieder gehen müssen, diese Bastarde.

BILL: Glaubst du wirklich, dass es was nutzt, wenn sie dich nicht zuhause antreffen?

RICHY: Auf der Wirtschaftsuniversität in Harvard haben sie dir nur zwei Dinge beigebracht, die gleichermaßen unnütz wie gemeingefährlich sind: einen Scheiß zu reden und einen Scheiß zu machen.

BILL: Aber eure scheinbare Abwesenheit bewahrt euch nicht davor, dass alles verpfändet wird.

RICHY: Die Taktik besteht darin: wir werden uns hier herinnen verstecken, Vorräte gibt es im Keller genug. Wir können herinnen eine zeitlang durchhalten. Der Gerichtsbeamte wird es irgendwann auch leid sein und auf die Verfügung schreiben: Empfänger nicht auffindbar. Unzustellbar.

DYANE: So, jetzt ist alles geschlossen.

RICHY: Hast du auch alles gut dicht gemacht? Dass ja kein Lichtstrahl durchkommt, denn wenn sie ahnen, dass wir zuhause sind, ist es aus.

DYANE: Mein Gott, es ist so dunkel wie in einem Grab. Wie weit ist es mit uns gekommen, wegen.... *(zögert, als ob es ein Geständnis wäre)* deines Sohnes!

RICHY: Jetzt ist er plötzlich mein Sohn, der Verstoßene! - Hauptsache, dass der Gerichtsbeamte nicht herein kommt.

BILL: Tsè! Es ist nicht der Mühe wert, wenn es keine gesetzlichen Konsequenzen hat.

RICHY: Nein, also entschuldige! Hast du was gesagt oder gibst du nur Laute von dir wie die Fliegen, die es zur traurigen Berühmtheit geschafft haben?

BILL: Ihr seid so geistreich, dass es peinlich ist. Und ich soll euer Sohn sein?

DYANE: Hör dir an, wie er spricht, wie ein ein Mann von Welt! Der Zauberer von...

RICHY: Du hast Recht, Mama: Der Zauberer von Wall Street hat gesprochen, er, dem es nicht reichte, den Hasen im Zylinder verschwinden zu lassen, nein, er musste ihn auch noch mit Haut und Haar auffressen.

DYANE: Und ich nannte ihn Wundersohn!

RICHY: Jetzt muss ich Fliegenlaute von mir geben: Tsè! Tsè!

DYANE: Bill, sag die Wahrheit. Wolltest du uns etwa reinlegen?

BILL: *(nun selbst verzweifelt)* Mama! Wie hätte ich das können! Ich liebe euch... es ist passiert... Punkt.

Bill schluchzt. Pause.

DYANE: Hörst du das? Er ist ehrlich.

RICHY: Vielleicht, vielleicht auch nicht... und außerdem, was habe ich von seiner Ehrlichkeit?

BILL: Ich hatte für alles vorgesehen, alles vorausberechnet, jede Eventualität berechnet und ausgewertet, jedes Risiko, ich hatte einen perfekten Tilgungsplan erstellt...

RICHY: Eben, am Ende wird uns der Tote in dieser ganzen Geschichte noch entkommen.

DYANE: Der Tote? Was sagst du da? Wer?

RICHY: Der Gerichtsbeamte, wenn er versucht, die Tür aufzubrechen, um gegen unseren Willen hier einzudringen...

Richy zieht einen Revolver aus der Tasche...
... Aber Bill fällt das nicht auf, weil er sich umgedreht hat, als ob er die Szene verlassen wollte.

DYANE: Richy, ich bitte dich!

RICHY: Mach keine Umstände, Frau. Die Verfassung gesteht mir das Recht auf Verteidigung meiner Person und meines Eigentums zu.

BILL: Papa, red keinen Schwachsinn.

RICHY: Schwachsinn? Du wagst es?

DYANE: Nur damit du es weißt, dein Vater redet keinen Schwachsinn.

BILL: Der Gerichtsbeamte muss das Haus gar nicht betreten, es reicht dass er die Pfändungsmitteilung einem engen Verwandten übermittelt... einem Stiefsohn, zum Beispiel.

Verblüfftes Schweigen.

DYANE: Bill, was hast du getan?!

RICHY: Dann bist du... dieser Bastart, der mir das Dach über dem Kopf wegnimmt?!

BILL: Ja, leider: das bin ich. Ich bin gezwungen... Ich habe euch das Haus über die Gewährung des Kredits beschafft, aber leider bin gezwungen, es euch im Namen der Gesellschaft, die die Hypothek aufgekauft hat, wieder wegzunehmen. Ich tue das wohlgemerkt gegen meinen Willen, Gott ist mein Zeuge, aber ich habe wirklich keine andere Wahl.- Papa, gib mir die Hausschlüssel.

Bill dreht sich langsam um und da bemerkt er die Pistole in der Hand seines Vaters.

RICHY: Eher platziere ich eine Kugel zwischen deine Hörner, du Teufel! Der bist du, nichts anderes!

BILL: Papa!

Zeitgleich zum ersten Schuss...
...geht das Licht aus...
...dann folgen zwei weitere Schüsse.

7. SZENE

Sobald das Licht wieder angeht, ist die Wohnung leer, alles scheint in Ordnung zu sein, als ob jemand aufgeräumt hätte.
Durch die Fenster dringt helles Sonnenlicht, man hört Vogelgezwitscher, Stimmen von Jugendlichen und Kindern aus dem Viertel, die auf der Straße spielen und das Bellen von Hunden, die auf der Wiese spielen.
Ein Auto hält an, man hört, wie die Türen zugeschlagen werden.
Dann wird der Schlüssel ins Schloss gesteckt und die Tür geöffnet. Im Türrahmen erscheint Jane, Bills Frau (die in der vorhergehenden Szene telefoniert hatte).
Jane spricht mit jemanden, der bei ihr ist, man sieht aber noch nicht, wer es ist.

JANE: Schatz, geh in die Garage und sieh nach. Die Schlüssel sollten am Brett hängen... versuch das Auto zu starten, wenn du sie findest. Das Auto ist lange gestanden, es kann sein, dass die Batterie leer ist...

Jane geht im Haus herum als ob sie es kontrollieren würde. Man hört, wie der Motor in der Garage anspringt, dann aber abstirbt.

JANE: Sie ist leer, das galt es zu beweisen... wir werden ein Elektroauto oder einen Abschleppwagen rufen müssen.

Nun erscheint die Person, die Jane begleitet. Es ist Kitty, das Mädchen, das wir bereits im Dialog mit Dyane kennen gelernt hatten.

KITTY: Es braucht kein beschissenes Elektroauto. Im Auto habe ich Kabel, mit denen wir es anspringen lassen können.
JANE: Weißt du wie das geht?
KITTY: Sicher, das schwarze Kabel wird an den positiven Pol angeschlossen, das rote an den negativen... und brumm: ab in die Kutsche, die Fahrt geht los!
JANE: Bist du sicher, dass es nicht umgekehrt ist? Ich habe gehört, dass man die alles ruinieren kann, wenn man die Kabel vertauscht.
KITTY: Die Kabel? Vertrau mir, ich verstehe was vom Verkabeln.
JANE: Nicht schlecht, kleine Kitty!
KITTY: Klein? Einen Scheiß! Alle sehen in mir die Kleine und glauben, ich sei es immer noch. Kitty, die Kleine mit dem putzigen Kindernamen. Dabei habe ich Kräfte zum Bäume ausreißen und Schwanz abbeißen.

JANE: Bravo, sogar der Reim ist gelungen.

KITTY: Schau her, was für Muskeln deine kleine Kitty hat.

JANE: Das trifft sich gut, wir brauchen einen Klempner, einen Mauerer...

KITTY: Und keine gute Liebhaberin?

JANE: Dann betrachte dich als fix angestellt.

KITTY: Wie fix?

Sie lachen. Sie blicken sich hingebungsvoll an, als ob sie sich gleich küssen würden.

JANE: Nein, ich bitte dich.... ich mag's nicht hier machen. Nicht jetzt.

KITTY: Warum nicht? Wir könnten eine Initiation machen, die Räume mit dem Saphomythos einweihen.

JANE: Entschuldige, aber ich kann's nicht... auf dem Teppichboden sind noch die Blutspritzer, das erschreckt mich. - Ich weiß, ich bin etwas empfindlich... ein wenig zu weiblich.

KITTY: Eine von uns muss das ja auch sein. Die Hosen kann nur eine anhaben.

JANE: *(wechselt das Thema)* Natürlich, die Möbel... raus damit. Alles weg, ich kann diesen Geruch nach Alter, Tod und Kampfer nicht ausstehen. Wir lassen Möbel, Bilder und Teppiche wegbringen... streichen die Wände neu. Magst du Erbsengrün?

KITTY: Erbsengrün – nein danke. Ich mag lieber grelles Rosa!

JANE: Wir lassen das gesamte Mobiliar abmontieren und verbrennen, einverstanden?

KITTY: Die Küche ist aber schon eingerichtet. Wozu sollen wir Geld ausgeben? Das ist es nicht wert. Wir sind mittlerweile ein Paar und müssen darauf achten, vernünftig zu haushalten.

JANE: Nein, sie gefällt mir nicht... sie ist zu dunkel. Sie kommt mir vor wie die Grabkammer von Tut-ench-amun.

KITTY: Wie du willst, schließlich wirst du in der Küche stehen, während ich das Auto in der Garage repariere oder im Garten grille, wenn ein schöner Sonntag ist, den wir zusammen verbringen können.

JANE: Und am Montag bringst du die Kinder zur Schule.

KITTY: Welche Kinder? Davon war nie die Rede.

JANE: Nun, dann reden wir eben jetzt darüber. Wir werden zwei, drei Kinder adoptieren, damit wir eine richtige Familie sind.

KITTY: Auch Bill, dein.... dein Ex Mann war adoptiert. Schau welches Ende er genommen hat, der Arme.

JANE: Und was willst du damit sagen?

KITTY: Passen wir bloß auf, wen wir adoptieren... und was wir sie studieren lassen.

JANE: Jedenfalls nicht an der Wirtschaftsuniversität von Harvard.

KITTY: Harvard nicht, - damit bin ich hundertprozentig einverstanden.

JANE: Und keine Spielchen auf der Börse, insbesondere mit dem Geld von Mama-Mama, also von dir und von Mama-Papa, also von mir.

KITTY: Da man gesehen hat, wie so etwas endet, geht man lieber kein Risiko ein.

JANE: Außerdem hat die typisch amerikanische Familie ausgedient und muss ihren Platz neuen Gesellschaftsstrukturen überlassen, neuen Verbindungen, neuen Bündnissen und Verflechtungen in finanzieller und, wenn es dir nichts nichts ausmacht, in emotionaler Hinsicht.

KITTY: Vergiss nicht, auch in sexueller Hinsicht.

JANE: Wie könnte ich das vergessen, Liebling? Habe ich dir denn nicht den Platz meines Mannes zugewiesen?

KITTY: In deinem Herzen und in deiner Finanzgesellschaft, vielen Dank — es lebt sich gut hinter einem Schreibtisch mit Ausblick auf die Skyline von Manhattan. - Scheiße, hat das Arschloch so wenig verdient? Pass auf, früher oder später klopfe ich bei dir an und verlange Gehaltserhöhung.

JANE: Die Erhöhung musst du dir verdienen.

KITTY: Ich küsse dich überall... verdiene ich sie mir?

JANE: Überall... überall?

KITTY: Wo liegt das Problem?

JANE: Entschuldige, ich bin neu auf dem Gebiet und stelle dumme Fragen.

KITTY: Wir waren alle einmal neu auf diesem Gebiet, als wir uns das erste Mal verliebten. Das hängt damit zusammen, dass wir uns gegenüber dem schwachen Geschlecht nicht verteidigen können... im Gegenteil, je mehr Antikörper und Abwehr wir gegen die Männer, das sogenannte starke Geschlecht, entwickeln, desto mehr fühlen wir uns unserem eigenen Geschlecht ausgeliefert. Es ist ganz normal, uns im Gedanken weiterhin zu verteidigen, das folgt einer gewissen Logik.

JANE: Aber jetzt hat sich die Welt, zumindest für mich, verändert. Und damit ist auch die alte Logik im Arsch.

KITTY: Und wie! Ein schreckliches Szenario.

JANE: Es tut mir leid, dass ich dich daran erinnert habe.

KITTY: Von Zeit zu Zeit erlebe ich die Szene wieder. Ich habe dir das nie erzählt, weil ich glaubte, dass ich es nicht schaffe...

JANE: Erzähl es mir, wenn du meinst, dass es dir Erleichterung verschafft, darüber zu reden.

KITTY: Ich war in meinem Zimmer, von dem man direkt hierher in den Garten sehen kann... ich schminkte mich gerade, weil wir beide verabredet hatten, dass wir uns am üblichen Ort treffen. Ich war soeben drüben im Nachbarhaus gewesen, eigentlich nur, um sicher zu gehen, dass dein Mann zum

Essen bei seinen alten Eltern bleibt, bei Frau und Herrn Farmer... du weißt ja, man kann nicht vorsichtig genug sein und ich wollte auf keinen Fall riskieren, dass er uns im Bett überrascht... selbstverständlich mehr wegen dir als wegen mir! Ich habe mehr oder weniger nur mit Frau Farmer gesprochen... Sie wußte nichts über die Wirtschaftslage und von der drohenden Zwangsversteigerung der Immobilie...

JANE: Und dann?

KITTY: Plötzlich hörte ich drei Schüsse: bum, bum, bum! Ich bin sehr erschrocken und habe mir gesagt: er wird doch hoffentlich nicht wegen mir mit Jane streiten! - Ich lief, um nachzusehen, was los war und sah sie alle drei am Boden liegen, genau hier, wo die Flecken sind... Brr, es läuft mir noch kalt über den Rücken!

JANE: Du Arme. - Und dann?

KITTY: Und dann... Also, die beiden Alten waren mausetot, ihre Schädel waren zertrümmert, während Bill noch am Leben war... er rief: „Kitty, ruf 111, Kitty, die Rettung, ich sterbe!"

JANE: Und was hast du gemacht?

KITTY: Ich habe langsam, in aller Ruhe, die Rettung verständigt, jedoch in aller Seelenruhe.

JANE: Vielleicht etwas zu langsam, denn er ist draufgegangen.

KITTY: Bill, habe ich zu ihm gesagt, indem ich ihm in die Augen sah, die langsam erloschen, ich habe in deinetwegen sehr gelitten, wegen dir habe ich sogar an Selbstmord gedacht. Ich habe dich so sehr geliebt, aber du hast mich nicht einmal angesehen, für dich existierte ich nicht... Für dich war ich ein Dummerchen, weil ich die Aufnahmeprüfung für Harvard nicht geschafft habe... Und jetzt, siehst du mich? Bedeute ich dir plötzlich etwas? Und was? Die Rettung? Die beschissene Rettung? Sprich Bill, sprich, stirb jetzt nicht im schönsten Flehen weg, Bill... gib mir einmal das Gefühl, wichtig für dich zu sein! - Leck mich am Arsch, Bastard!

JANE: Bill gab niemandem das Gefühl, wichtig zu sein. Vielleicht fühlte er sich nicht einmal sich selbst gegenüber wichtig.

KITTY: Und als sein Atem schwer wurde, schrie ich ihm in die Fresse: ich vögle deine Frau!

JANE: Und er?

KITTY: Er... seine letzten Worte...

JANE: Was? Das möchte ich unbedingt wissen.

KITTY: Wirklich?

JANE: Ja, wirklich.

KITTY: Nun, er sagte bloß: Arschloch!

Stille.

JANE: Meinte er dich oder mich?

KITTY: Ich denke er meinte uns beide. Und er hatte damit nicht ganz unrecht, denn wir haben uns schließlich das Haus unter den Nagel gerissen.

JANE: Wir sind wirklich Arschlöcher! Aber merk dir eines... wehe, wenn du mich verrätst!

KITTY: Du weißt, dass mir die anderen egal sind.

JANE: Das sagte Bill auch... und er betrog mich nach Strich und Faden.

KITTY: Aber auch du hast ihn mit mir betrogen... nur mit mir, hoffentlich.

JANE: Du bist meine erste Frau, ich schwör's dir. Die erste und letzte Frau meines Lebens.

KITTY: Es tut mir leid, aber ich kann nicht dasselbe über meine Vergangenheit sagen. Ich habe diverse Fingerabdrücke auf meiner Pistole. Ich will, dass du das weißt, weil wenn du es später erfährst, ärgerst du dich und wirst sagen, dass ich dir nicht alles gesagt habe oder dass ich nicht ehrlich und loyal genug mit dir war.

JANE: Ich weiß deine Ehrlichkeit zu schätzen... außerdem gibt es mir ein gutes Gefühl, dass du mir vertraust, aber nur, wenn deine Seitensprünge eine Erinnerung an früher bleiben.

KITTY: Das verspreche ich dir.

JANE: Von nun an wird geradeaus gegangen.

KITTY: Werde ich machen, ich gehe geradeaus.

JANE: Ok. Und jetzt lass uns hinaus gehen... Komm! Wollen wir mal sehen, was wir im Garten alles ändern.

KITTY: Ich möchte für den Sommer ein Vordach neben dem Schwimmbecken bauen, damit wir vor den neugierigen Blicken der Nachbarn geschützt sind, wenn wir in der Sonne liegen...

JANE: und vor den Blicken der Nachbarinnen!

Sie lachen. Gehen ab. Scherzen darüber, was sie im Garten alles machen, während...

8. SZENE

... während drei Schatten das Haus betreten; sie sind als Putzmannschaft erkennbar und tragen Staubschutzmasken. Leise beginnen sie, Möbel zu verschieben und mit dem Dampfreiniger Vorhänge und Teppiche zu säubern.

ERSTER CLEANER: Putzt überall, macht alles sauber. Das Haus muss so rein wie ein Spiegel sein, ein Abbild der Seele, in der sich das eigene Bild spiegelt. Und diese Möbel... raus damit... raus mit den Teppichen... alles raus... desinfiziert, desinfiziert den Boden... Dieses Haus ist mit einer schlimmen

Krankheit infiziert, wir müssen diese Keime ausrotten: denn der Tod durchdringt alles und verbreitet sich wie ein Ölteppich, wie eine schreckliche Epidemie: er ist bösartig, ansteckend, schmutzig und virulent.

ZWEITER CLEANER: Die Blutflecken wollen nicht verschwinden, ganz und gar nicht, die sind selbst hartnäckiger als der Tod. Das Blut klebt am Boden und hinterlässt unauslöschliche Spuren. Nachdem es eingetrocknet ist, scheint es mit Nägeln am Boden fixiert zu sein, wie Christus am Kreuz, dem man eine Lanze ins Brustbein stieß.

ZWEITER CLEANER: Es wird nicht einfach sein, sie für immer zu löschen, sie werden nicht einfach so aus der Erinnerung verschwinden. Das Blut hinterlässt hartnäckige Flecken. So sehr man sich bemüht, sie wegzuwischen, sie werden immer wieder wie ein runder Schatten auftauchen, der in der Sonne sichtbar wird.

Jane kommt herein und ist verblüfft, die Putzmannschaft bei der Arbeit zu sehen.

JANE: Wer sind Sie? Wer hat Sie gerufen? Wie sind Sie herein gekommen?

ZWEITER CLEANER: Wir sind von der Reinigungsfirma. Wir wurden von Ihrem Mann beauftragt. Er hat uns die Schlüssel für den Hintereingang an die übliche Stelle gelegt, er hat gesagt...

JANE: Mein Mann? Und was wissen Sie von der „üblichen Stelle"? Wie konnten Sie das herausfinden?

ZWEITER CLEANER: Am Telefon hat er gesagt, „an der üblichen Stelle" und ich wusste, dass die übliche Stelle nur dort sein konnte, unter dem Blumentopf, denn die „übliche Stelle" ist fast immer unter dem Blumentopf... aber jetzt, wo ich daran denke, fällt mir ein, dass Ihr Mann am Telefon eine eigenartige Stimme hatte...

ERSTER CLEANER: Wie eine Frau... oder eine kastrierte Katze. Ohne Sie beleidigen zu wollen, bestimmt hatte Ihr Mann eine raue Stimme. Derzeit geht die Grippe um.

JANE: Ja, vielleicht... kann ich euch erklären, aber vielleicht besser nicht, lassen wir das.

ERSTER CLEANER: Können wir mit unserer Arbeit fortfahren?

JANE: Gewiss. - Aber Sie... ihr Blick... mir scheint... wer sind Sie eigentlich? Mir kommt vor, dass ich mich an Sie erinnere, dass ich Sie schon irgendwo gesehen habe... aber wo? Etwas an Ihnen ist mir vertraut. Trotzdem sehen wir uns zum ersten Mal, wenn ich mich nicht irre... Warum bringen sie mich durcheinander? Sagen Sie doch was, reden Sie, antworten Sie, Scheiße, ich hab Sie was gefragt!

ERSTER CLEANER: Ich bitte um Verzeihung, ich bin vom Land, mein Vater ist daran schuld, er hat mir keine Manieren beigebracht, gestatten Sie, dass ich mich vorstelle... *(er nimmt die Staubschutzmaske ab)*

JANE: Bill! Bist du denn nicht gestorben? Oh, mein Gott, wie geschieht mir?

ERSTER CLEANER: Eigentlich heiße ich Jeff, glaube ich zumindest...

ZWEITER CLEANER: Das ist mein Adoptivsohn, wir sind ein Familienunternehmen... *(nimmt die Staubschutzmaske ab)*

JANE: Herr Farmer! Sind Sie nicht tot? Sie hatten sich doch umgebracht, nachdem Sie die anderen erschossen hatten!

ZWEITER CLEANER: Farmer? Aber nein! Sehen Sie mich doch an, ich bin nicht diejenige, für die Sie mich halten. *(Nimmt sich die Staubschutzmaske ab, Jane bekommt einen Schwindelanfall)* Fühlen Sie sich nicht wohl?

JANE: Frau Farmer, mein Gott!? Aber waren Sie nicht alle tot? Warum sind Sie zurückgekehrt?

ERSTER CLEANER: Sie sind in Ohnmacht gefallen, nachdem sie entsetzt „Frau Farmer!" ausgerufen haben.

ZWEITER CLEANER: Legen wir sie aufs Sofa!

ZWEITER CLEANER: Frischluft, sie muss atmen... *(beugt sich über sie)*

ZWEITER CLEANER: Sie ist nicht ertrunken, sie braucht keine Mund zu Mund Beatmung. - Warum knöpfst du ihre Bluse auf? Du weißt doch, dass du hier nicht tun und lassen kannst, was du willst.

ZWEITER CLEANER: Nur weil sich der Stoff, aus dem die Träume sind, nicht mit dem Realen verbindet!

Kitty tritt ein.

KITTY: Was ist hier los? Ich habe einen Schrei gehört.- Was tun Sie da... was erlauben Sie sich? Finger weg, rühren Sie sie nicht an.

ZWEITER CLEANER: Es ist nicht so, wie es es aussieht. Ihrer Schwester... ihrer Freundin ist schlecht geworden... Nichts Schlimmes, es geht ihr schon wieder besser.

ERSTER CLEANER: Sie hat uns mit anderen verwechselt. Sie ist ohnmächtig geworden. - Wer ist Bill?

KITTY: Leider hat meine Frau eine schwierige Zeit hinter sich. Sie steht noch unter Schock.

ZWEITER CLEANER: Sie wären also der Mann... mit der Stimme wie eine kastrierte Katze... am Telefon klangen Sie wie eine Schwuchtel... aber anscheinend Sie sind wirklich weiblich.

ZWEITER CLEANER: Das heißt: eine Frau, - sehen Sie's ihm nach, er ist ungezogen.

KITTY: Wir sind erst seit kurzem verheiratet... nachdem sie Witwe geworden war. Bill war ihr erster Mann... gewaltsamer Tod... - Haben Sie was dagegen einzuwenden?

ZWEITER CLEANER: Um Himmels Willen, wir sind doch nur Reinigungskräfte, wir mischen uns nicht ein.

ERSTER CLEANER: Wie soll ich sagen? Wir sind nur für die äußeren Aufräumarbeiten zuständig, für die inneren, um das Gewissen zu erleichtern, wird es einen Seelenklempner brauchen oder einen Exorzisten.

KITTY: Worauf warten Sie? Machen Sie alles sauber! Nur zu, an die Arbeit.

ZWEITER CLEANER: Ja Madame, wir machen schon.

ERSTER CLEANER: Das heißt: ja, Monsieur, Monsieur-Madame.

Die drei setzen sich die Staubschutzmasken wieder auf und putzen weiter.

JANE: Hast du das gesehen? Sie sind es, ganz ohne dem geringsten Zweifel. Die Toten sind zurückgekehrt, um uns zu quälen... um uns schlecht Gewissen zu machen... um Salz auf die Wunden zu streuen...

KITTY: Du hast halluziniert wie Lady Macbeth. Erinnerst du dich, als wir im Theater waren und uns die Tragödie von Shakespeare anzusahen? Die Arme konnte nicht aufhören, sich die blutbefleckten Hände zu waschen und dabei brüllte sie...

JANE: „und jene tragen unsre Schuld!"

KITTY: Sssst, schließ dein köstliches Mündchen. Jetzt bin ich bei dir. Denk nicht an wiederkehrende Tote oder solche, die nie ganz gestorben sind! Das Leben besteht nur aus Molekülen und Atomen, die erst zerfallen, wenn man den Stecker zieht. Unter der rohen Materie der Dinge, die uns umgeben, gibt es nichts, was wir uns nicht aneignen könnten, wenn wir es wirklich wollten, wir brauchen nur die Hand danach auszustrecken.

JANE: Was ist mit dir, willst du mich?

KITTY: Küss mich, Idiotin!

(Sie küssen sich, die Reinigungskräfte sprühen Dampf, das Bühnenbild vernebelt.)

ENDE

MISS SARAH SAMPSON

Personen:

Miss Sarah Sampson, eine hübsche Frau um die Fünfzig

David, ein ca. zwanzigjähriger Hotelangestellter, Gepächträger

Die Szene
spielt in einem vornehmen Hotelzimmer in Manhattan

ERSTER AKT

1. SZENE

Das elektronische Schloss wird entriegelt und die Tür springt auf.

DAVID: Bitte, kommen Sie herein. Ich zeige Ihnen das Zimmer.
SARAH: *(schickt sich an, die Tasche zu öffnen, um das Trinkgeld für den jungen Mann herauszunehmen)*
DAVID: Den Koffer stelle ich in den Kasten... und wo soll ich Ihnen das hinstellen?
SARAH: Das können sie mir geben, danke. *(wieder sucht sie nach dem Trinkgeld, aber der junge Mann kommt ihr gerade noch zuvor).*
DAVID: Das ist das Badezimmer... das Licht ist auf der rechten... Seifen, Parfüms, alles bestens... die Badewanne hat Massagedüsen....
SARAH: Ja, danke.
DAVID: Empfehle ich Ihnen wärmstens... ein heißes Bad ist sehr entspannend.
SARAH: Wenn man nicht wie ein Huhn in die Suppe reinfällt, bestimmt.
DAVID: Gewiss, ich wollte sagen bei Körpertemperatur... *(das ging ein bisschen zu weit, er wechselt das Thema)* Natürlich verfügt auch die Duschkabine über Massagedüsen an den Seitenwänden, falls Sie keine Zeit für ein ausgedehntes Entspannungsbad haben, ist ein entspannendes Duschbad genau das richtige für Zwischendurch, wenn eine Verpflichtung die andere jagt.
SARAH: Mir reichen die Verpflichtungen, die ich bereits hatte.
DAVID: Wir wissen, wir wissen...
SARAH: Wer weiß was?
DAVID: Die Auszeichnung, alle im Hotel sind auf dem Laufenden. Darf ich mir erlauben, Ihnen persönlich im Namen des Personals zu gratulieren?... Verzeihen Sie das sprachliche Durcheinander...tut mir sehr leid.
SARAH: Aber nicht doch! - Jedenfalls, danke *(der junge Mann zieht die Frage des Trinkgelds noch hinaus).*
DAVID: Ich gehe vor. Mit dem elektronischen Schlüssel geht auch das Licht im Zimmer an... Sehen Sie? So... Sie stecken den Schlüssel ins Schloss, drücken ihn gut hinein und...

Ein Augenblick der Anspannung und Unsicherheit zwischen den beiden, dann geht das Licht in der Mitte an.

SARAH: Bumm, gekommen!

DAVID: Wirklich?

SARAH: Der Luster hat wie ein Weihnachtsbaum auf der Fifth Avenue aufgeleuchtet, sehen Sie das nicht mit Ihren strahlend blauen Augen?

DAVID: Verzeihen Sie, ich war von einer Vision geblendet...

SARAH: Sie haben Visionen? Wen haben Sie gesehen, die heilige Maria?

DAVID: Im Gegenteil, wenn man geblendet wird, ist das oft wie ein blendender Blitz, der einen blind macht, kurz darauf sieht man nur Dunkelheit, schwarz, wie mitten im Tunnel oder am Grund eines Brunnens.

SARAH: Sie täten also gut daran, ihre Sehschärfe kontrollieren zu lassen.

DAVID: Es ist keine Frage der Sehschärfe. Es handelt sich vielmehr um eine Symptom einer Seestörung, ein Syndrom, das in eine echte Berufskrankheit ausarten könnte.

SARAH: Bedauerlich.

DAVID: Gegen Ende der Dienstzeit, nachdem man stundenlang im Aufzug auf- und abgefahren ist, weitet sich die Pupille , um sich ans fahle Neonlicht zu gewöhnen. Und wenn man zufällig einer stärkeren Lichtquelle begegnet, sieht man einen Augenblick lang gar nichts mehr.

SARAH: Vom Licht geblendet, aber ein brillanter Gesprächspartner. Bravo! Den Pulitzer Preis fürs Geschichten Erzählen hätten Sie bekommen sollen, nicht ich.

DAVID: Ich weiß...

SARAH: Oh, ein Hoch auf die Bescheidenheit! Verzeihen Sie, dass ich Sie nicht auch für den Nobelpreis vorgeschlagen habe!

DAVID: Verstehen Sie mich bitte nicht falsch, ich sagte nur, dass ich weiß, wie aufdringlich ich bin, wie viel ich rede, mein Problem...

SARAH: Aber sie sind ein Quell von Problemen!... und offensichtlich sind die meisten davon noch ungelöst! Sie wären ein Segen für jeden Seelenklempner!

DAVID: Für unsereins ist eine Therapie zu teuer, ich kann mir keine leisten, Miss Sampson. Mein Therapiemotto lautet: „hilf dir selbst".

SARAH: Und wie?

DAVID: Ich versuche, so viel wie möglich mit anderen zu reden.

SARAH: Wer sich selbst hilft, hilft vielen aber in Ihrem Fall hat diese Selbsthilfe ungewöhnliche Folgen, da Sie allen auf die Eier gehen!

DAVID: Das ist es eben, ich bekomme nur deshalb Probleme, weil ich so gesprächig bin. Ich habe ein derartiges Bedürfnis zu reden, dass ich letztlich nie dazu komme, mich um meine Angelegenheiten zu kümmern... und so sieht es aus als wäre ich einer von denen, die sich nur über Wasser halten, indem sie die Eier anderer ausbrüten.

SARAH: Die Eier anderer, wunderschöne Metapher, gefällt mir, man kann sich darunter etwas vorstellen. Aber jetzt möchte auch ich, meine, wenn Sie gestatten – meine Eier... verstehen Sie? Verzeihen Sie, ich jage Sie nicht zum Teufel, aber...

DAVID: Gewiss, Sie warten schon darauf, dass ich gehe, damit Sie sich ausruhen können.

SARAH: Warm.

DAVID: Und vielleicht nehmen sie gar ein Wannenbad mit Düsenmassage.

SARAH: Heiß. Ihre Intuition hat monströse Ausmaße.

DAVID: Dann zeige ich Ihnen noch blitzschnell das restliche Apartment. Ich beeile mich.

SARAH: *(Enttäuscht, weil sie ihn loswerden will)* Kalt!

DAVID: Hier ist die Fernbedienung für den Fernseher... 112 Inlandskanäle und alles, was sie wollen.

SARAH: *(ärgerlich, weil der junge Mann nicht geht, fängt sie an, ihn zu provozieren)* gibt es denn auch Pornofilme?

DAVID: *(peinlich berührt)* Ja, die gibt es schon, aber...

SARAH: Aber?

DAVID: Das ist nichts für Sie. Das passt nicht zu Ihnen.

SARAH: Entschuldigen Sie, ich wollte Ihnen nicht nahe treten. Meine Zunge ist mindestens so spitz wie meine Feder...

DAVID: Machen sie sich keine Vorwürfe, ich bin den Spott der Kunden gewohnt. Im übrigen ist meine Rolle zugegebenermaßen ziemlich lästig, jedoch unabdingbar für einen ruhigen Aufenthalt, bei dem man sich auch wohl fühlt.

SARAH: Ist das eine Drohung?

DAVID: Wissen Sie, die Hoteldirektion hat uns diesbezüglich genaue Anweisungen gegeben: Lasst euch nicht abbringen, heißt es da, selbst wenn Sie aufdringlich erscheinen. Zeigen Sie den Kunden alles, was sie wissen müssen... denn sonst schlagen sie sich den Kopf am Türrahmen an, weil sie nachts den Lichtschalter nicht finden konnten, als sie aufs WC gehen wollten und dann könnten sie uns belangen.

SARAH: Schon gut, verstanden. Ich bitte Sie nur, diese Hoteldienstleistung schneller zu erledigen... wie Sie es in der Hotelfachschule gelernt haben.

DAVID: Ich tue mein Bestes, damit Ihr Aufenthalt so bequem wie möglich wird.

SARAH: Sie leisten zweifelsohne vollen Einsatz. Und? Was gibt es sonst noch, mein kleiner, pflichtbewusster Soldat mit den dunkelblauen Augen?

DAVID: Ach ja, den Ausblick! Danke, dass Sie mich daran erinnern! Wenn ich das vergessen hätte...

SARAH: Ist das so wichtig?

DAVID: Tatsache ist, dass die meisten Kunden, sagen wir ein Großteil davon, nicht einmal die Vorhänge beiseite zieht... glauben Sie mir, sie verpassen eine herrliche Aussicht. Und das ist wirklich schade, denn gerade die Aussicht rechtfertigt mehr oder weniger die hohen Übernachtungskosten. Ansonsten könnte man ja gleich in einem Motel an der Autobahn übernachten!

SARAH: Ich habe nichts gegen Motels an der Autobahn. Man bekommt die Schlüssel an der Rezeption ohne Umschweife und das war's. Je weniger sie einen zu Gesicht bekommen, desto lieber ist es ihnen.

DAVID: Wenn Sie erlauben, auch der Dienst am Kunden zählt. In den Motels gibt es beispielsweise keinen Room Service. Das rechtfertigt den Preisunterschied... ist das nichts? Man muss doch wissen, wofür man zahlt!

SARAH: Ich würde das Doppelte dafür ausgeben, Sie nicht am Hals zu haben.

DAVID: Es tut mir leid, Miss Sampson, aber auch ich bin Teil des Dienstleistungspakets, Miss Sampson. Ich bin eine dieser sündteuren Komfortleistungen, die das Hotel bietet.

SARAH: Hören Sie auf, sich meinen Kopf zu zerbrechen, meine Kosten übernimmt ohnehin die Organisation des Pulitzer Preises.

DAVID: Sie glückliche!

SARAH: Das Gespräch zieht sich jetzt aber wirklich in die Länge.

DAVID: Gut, dann bin ich eben still.

Kurze Stille.

SARAH: Was ist, sind Sie beleidigt?

DAVID: Aber nein!

SARAH: Warum hat es Ihnen dann die Sprache verschlagen?

DAVID: Weil ich nicht zu aufdringlich sein möchte. Allerdings

SARAH: Oh, my God! Ein „allerdings" gibt es auch noch...

DAVID: Nun, ich muss meine Vorzeigerunde hier, in der Unterkunft noch beenden.

SARAH: Unterkunft?

DAVID: Ja, hier im Apartment.

SARAH: Das ist kein Apartment, Junge: das ist ein einfaches Hotelzimmer.

DAVID: Die genauen Bezeichnungen schreibt mir die Direktion vor. Ich musste ein ganzes Praktikum absolvieren um den Pallaver zu erlernen, den ich Ihnen eben erzählt habe.

SARAH: Man denke an die vergebliche Müh und Plage. Ich meine, hätte es nicht gereicht, mir den elektronischen Schlüssel zu geben und zu warten, bis ich nach jemanden riefe, falls ich zu bescheuert gewesen wäre, ihn allein zu benutzen?

DAVID: Glauben Sie mir, ich weiß, dass ich ein wenig abschweife, aber ein wenig ist das auch Ihretwegen.

SARAH: Wegen mir? Das ist gut!

DAVID: Gewiss, denn anstatt einfach zustimmend zu nicken, durchlöchern sie mich mit Fragen, unterbrechen mich, halten mich von der Arbeit ab, Ihre Einwände - meine Güte - sind verständlich, aber vollkommen unangebracht..

SARAH: Und warum vollkommen unangebracht?

DAVID: Ganz einfach deshalb, weil sie immer und in allem nur Recht haben wollen, doch hier geht es nicht um Recht oder Unrecht, hier ist nur etwas Geduld gefragt. Falls Sie etwas auszusetzen haben, wenden Sie sich bitte an die Direktion. Aber Sie werden sehen, dass Sie keinen Grund zur Klage haben, denn die Unterkunft, das Apartment... nun, das Zimmer, nennen Sie es, wie Sie wollen, ist in bester Ordnung... hoffe ich.

SARAH: Sie hoffen? Sind wir immer noch dort? Am Kap der guten Hoffnung?

DAVID: Ich bitte Sie, lassen Sie mich meine Arbeit tun.

SARAH: Dann beeilen Sie sich!.. Los, los, tun Sie Ihre Arbeit und gehen Sie mir aus dem Weg.

DAVID: Vom Fenster aus sieht man die gesamte Zentrumsskyline.

SARAH: Wie bitte?

DAVID: Die Skyline.

SARAH: Aber warum?...

DAVID: Warum? Weil wir im letzten Stock sind, Miss Sampson. Und oben ist der Roof Garden.

SARAH: Nein, ich wollte Sie fragen, warum Sie das alles tun!

DAVID: Was? Meine Pflicht?

SARAH: Machen Sie das aus Pflichtbewusstsein oder weil es Ihnen gefällt?

DAVID: Ich begreife nicht, was Sie meinen.

SARAH: Bisher musste ich dem dünnen Faden Ihrer Logik folgen. Und sobald ich mich davon entferne, um etwas zu sagen, was der Wahrheit näher kommt, fallen Sie aus den Wolken wie eine Taube, die in die Rotorblätter eines Hubschraubers geraten ist.

DAVID: Taube, Hubschrauber... verstehe ich nicht.

SARAH: Dann werde ich Ihnen das erklären. Ihr Verhalten ist nicht normal... es sieht fast so aus, als ob Sie ins Gespräch kommen wollten... Aber Sie tun, als ob nichts wäre, spielen den Unbedarften...!

DAVID: Das würde ich mir nie erlauben, glauben Sie mir!

SARAH: Bekanntlich sind Frauen in meinemAlter immer ausgehungert... und da Sie ja ein hübscher Jüngling sind – und Sie wissen das genau – egal, denken Sie doch logisch und ziehen Sie selbst den Schluss..

DAVID: Sie liegen völlig falsch, Miss Sampson.

SARAH: Sehen Sie, bei mir zuhause sind zwei und zwei immer noch vier.

DAVID: Auch bei mir zuhause, wenn es das ist. Wir aus Arkansas sind nicht vollkommen bescheuert.

SARAH: Wunderbar, dann sind wir uns ja einig: zwei plus zwei macht immer noch vier und nicht sechs, sei es nun in meiner Heimat Vermont oder in ihrer Heimat, in Arkansas. Vier und nicht sechs, ok?

DAVID: Und auch nicht acht, zumindest nicht hier in New York.

SARAH: Sie nehmen sich aber was heraus, wissen Sie das eigentlich?

DAVID: Was würden Sie an meiner Stelle tun?

SARAH: Wissen Sie eigentlich, was Sie da tun?

DAVID: Ich fasse erneut kurz zusammen, welche Funktion ich habe, dann lasse ich Sie in Ruhe.

SARAH: Hoffentlich, es wäre an der Zeit.

DAVID: Also... ich bringe das Gepäck aufs Zimmer, zeige dies und das, mache meine Inspektionsrunde, sehe nach, ob alles in Ordnung ist, vergewissere mich, ob der Gast mit der Unterkunft zufrieden ist, nehme das Trinkgeld entgegen und gehe hinaus.

SARAH: Ach, ich vergaß, das Trinkgeld... das wollte ich Ihnen schon lange geben, aber Sie lenken mich ja ständig ab... hier bitte... und verduften Sie, danke!

DAVID: Moment, zuerst muss ich Ihnen die Automatik zeigen, die die Vorhänge öffnet und schließt. Hier ist der Schalter für „OFF“ und hier der für „ON“.

SARAH: Das steht dort doch so groß wie auf einem Verkehrsschild, warum vergeuden Sie immer noch meine Zeit? Wollen Sie das Trinkgeld nun nehmen oder nicht?

DAVID: Sehen Sie... tja... es ist so... es muss mir gelingen, Sie ans Fenster zu locken.

SARAH: Und wenn ich gar keine Lust habe, zu Ihnen ans Fenster zu kommen?

DAVID: Kommen Sie doch zum Fenster! Das wäre wirklich nett von Ihnen!

SARAH: *(etwas irritiert lächelnd)* Oh Gott, Sie wollen mich doch nicht hinauswerfen?

DAVID: *(lacht nun auch)* Aber nicht doch! Außerdem sind die Fenster verriegelt. Eine computergesteuerte Klimaanlage sorgt für Frischluft. Sehen Sie? Die Raumtemperatur kann man mit dem Thermostat mit Digitalanzeige verstellen.

SARAH: Warum soll ich also an dieses verfluchte Fenster kommen?

DAVID: Ich denke, ich schulde Ihnen jetzt wirklich eine Erklärung.

SARAH: Das denke ich auch, aber beeilen Sie sich, bevor ich noch um Hilfe rufe.

DAVID: Die Direktive der Direktion lautet, dass man die Tür nicht hinter sich schließen darf, wenn man dem Gast das Zimmer zeigt.

SARAH: Warum?

DAVID: Damit die Kamera im Treppenflur unsere Bewegungen aufnehmen kann.

SARAH: Aus Sicherheitsgründen? Vertraut man Ihnen nicht? Zum Henker!

DAVID: Nein man vertraut uns tatsächlich nicht und all diese Maßnahmen geschehen sicher nicht nur aus Sicherheitsgründen.

SARAH: Aber aus welchen Gründen dann?

DAVID: Um die Trinkgelder zu überprüfen, Miss Sampson.

SARAH: Die Trinkgelder?

DAVID: Das heißt, wir sind verpflichtet, das Trinkgeld mit den Portieren, dem Reinigungspersonal und den Zimmermädchen zu teilen... und auf diese Weise können sie über die Kameras live kontrollieren, wie viel wir einnehmen. Sie wollen ganz einfach nicht, dass wir ein Geheimnis daraus machen.

SARAH: Verzeihen Sie, aber was hat das Fenster damit zu tun? Wollen Sie sich jetzt samt der Kohle aus dem Fenster stürzen, nur um zu vermeiden, Brot und Käse mit ihren Kollegen zu teilen?

DAVID: Auch diesbezüglich bin ich Ihnen eine Erklärung schuldig.

SARAH: Bestimmt... aber befürchten Sie nicht, dass Sie sich mit all diesen Erklärungen, die im übrigen sehr fadenscheinig sind, in Schwierigkeiten bringen? Vielleicht werden Sie abgehört.

DAVID: Absolut nicht

SARAH: Was soll das heißen?

DAVID: Ich wollte damit sagen, dass überhaupt keine Gefahr besteht.

SARAH: Ich meine, haben Sie nicht soeben gesagt, dass wir, wenn die Tür offen steht, sozusagen auf Band verewigt werden?

DAVID: Nein. Um die Privatsphäre nicht zu verletzen, überwacht die Kamera nur den Eingangsbereich des Zimmers bis ans Fußende des Bettes. Hier, neben dem Fenster hingegen, befinden wir uns außerhalb der Reichweite... keiner kann uns beobachten und wenn Sie mir freundlicherweise das Trinkgeld geben wollen, dann ist das hier der geeignete Ort. Und das wollte ich mit all meinen Erklärungen und Gesprächen darlegen... und es tut mir leid, wenn Sie mich missverstanden haben... ich bin ein ordentlicher, anständiger Mensch, Miss Sampson...

SARAH: Aber so nebenbei zweigen Sie ihr Trinkgeld ab, besser gesagt hüten Sie sich davor, ihr Trinkgeld mit den anderen zu teilen.

DAVID: Not macht erfinderisch. Ich brauche es dringend, ich muss mir mein Studium selbst finanzieren.

SARAH: Und danach erzählen Sie überall herum, dass ich Ihnen nichts gegeben habe, stellen mich als Geizhals hin und ich werde dieses Hotel nie wieder betreten können. Am Ende spucken die Zimmermädchen noch in meinen Fruchtsaft! Mein Gott, wie ekelhaft!

DAVID: Machen Sie sich keine Sorgen, ich habe nicht vor, Sie zu verleumden.

SARAH: Wozu dann die ganze Inszenierung?

DAVID: Ich werde nur nicht die ganze Wahrheit sagen.

SARAH: Und zwar?

DAVID: Dass Sie mir das halbe Trinkgeld gegeben haben... Sehen Sie, ich habe hier fünf Dollar für die Gemeinschaftskasse in der Tasche und wenn Sie so freundlich wären, mir zehn Dollar Trinkgeld zu geben, bin ich Ihnen dankbar. Unendlich dankbar. Fünf für mich und fünf, die ich mit den anderen teile... im Übrigen machen es hier herinnen alle so, ich schwöre es Ihnen.

SARAH: Zehn Dollar? Er setzt seine Preise selbst fest, der Schlaumeier!

DAVID: Nur damit wir uns richtig verstehen, Sie müssen nicht! Ich hatte nur beobachtet, wie Sie mir was geben wollten... und wenn Sie mir etwas weniger geben wollten... ich vertraue auf Ihr gutes Herz.

SARAH: Dann müssen Sie aber verhindern, das mir jemand in den Orangensaft spuckt!

DAVID: Absolut!

SARAH: Ja oder nein?

DAVID: Aber natürlich werde ich das! Ansonsten würde das wohl bedeuten, dass ich meine Arbeit nicht gut gemacht habe, dass ich Ihnen nicht nützlich genug war, dass ich mit der Gegenseite kein gewinnbringendes Geschäft abgeschlossen habe.

SARAH: Man höre und staune. Mir scheint Sie haben den Stoff zum Unternehmer.

DAVID: Es ist eine Trägeruniform, Madame, der Stoff ist eher rau und mit der Zeit, wenn man ihn schon zu lange getragen hat, fühlt er sich auf der Haut kratzig an.

SARAH: Wie heißt es doch so schön? Bauernsau, Bauernsau, grob gekleidet, aber schlau.

DAVID: In aller Bescheidenheit, ich arrangiere mich, ich tue mein Bestes, um mich durchzuschlagen.

SARAH: Und zu meiner Verwunderung nach schaffen Sie das sogar wunderbar. Keine Sorge, Sie bekommen Ihre zehn Dollar. Oder machen wir es besser so... (sie kramt in der Handtasche und zieht die Geldtasche heraus) so, hier sind die zehn Dollar für die Gemeinschaftskasse, damit rette ich mein Gesicht und keiner spuckt mir ins Essen. Und das hier, das ist ihr Trinkgeld, zufrieden? Sie können alles für sich behalten.

DAVID: *(ist sprachlos als er die Banknote in Händen hält)* Miss Sampson!

SARAH: Ja? Was gibt es noch?

DAVID: Das sind hundert Dollar!

SARAH: Na und? Ist das angesichts der Krise und der Entwertung des Dollars zu wenig für ein ordentliches Trinkgeld?

DAVID: Zu wenig? Das ist zu viel, das ist außerordentlich viel.

SARAH: Freut mich für dich. Sieh dich vor, dass du dich an die Missstände gewöhnst. So großzügige Kunden wie ich werden immer seltener.

DAVID: Ich weiß gar nicht, wie ich Ihnen danken soll.

SARAH: Ganz einfach, gar nicht. Mach dich auf die Beine und lass mich in Frieden, ich bin müde und will mich vor dem Abendessen etwas ausruhen. Außerdem hast du mich zur Genüge genervt...

DAVID: Hundert Dollar... (schickt sich an zu gehen, während er verwundert auf den Schein schaut, aber er springt zurück) Ach, du Schreck!...

SARAH: Was ist in dich gefahren? Hast du Schluckauf oder hast du beschlossen mich im Sturm zu erobern, um mir den deine Dankbarkeit zu zeigen...

DAVID: Entschuldigen Sie meine unbedachte Reaktion

SARAH: Das hat uns gerade noch gefehlt! - Sprich, wie dir der Schnabel gewachsen ist, Junge. Ich bin in einem Armenviertel von Chicago aufgewachsen und als ich ein Kind war, schlug ich mir auf den Straßen beim Spielen die Knie blutig...

DAVID: Nun, aber haben Sie den Preis gewonnen...

SARAH: Vergiss es.

DAVID: Ich habe Ihren Roman gelesen, in dem es um Chicago vor der Finanzkrise geht.

SARAH: Ich sehe schon, du hast den Hunderter als Gepäckträger einkassiert und nun hoffst du auf einen weiteren, indem du mir Honig ums Maul schmierst. - Pass auf, darauf falle ich nicht herein.

DAVID: Nein, nein... Sie waren äußerst großzügig... Sie verdienten einen Kuss auf die Stirn.

SARAH: Nur auf die Stirn?

DAVID: Könnte sein...

SARAH: Ich könnte deine Mutter sein, danke für deine Aufrichtigkeit.

DAVID: Ich wollte sagen, dass das missverstanden werden könnte... ich bin im Dienst.

SARAH: Ja, aber du bist nicht ein Bodyguard und ich bin keine Zeugin unter Polizeischutz. Danke für deine zuckersüßen abendlichen Lektionen, ich kann mittlerweile allein die Vorhänge zuziehen, allein den Fernseher einschalten und ich weiß auch, wie man das warme Wasser für die Düsenmassage aufdreht. Alleine! Warum hast du dann 'ach du Schreck!' gerufen, anstatt mir aus dem Weg zu gehen?

DAVID: Aus Freude.

SARAH: Worüber?

DAVID: Aus Freude über Ihre Großzügigkeit... ach, wenn nur alle so wären wie Sie!

SARAH: Wenn alle Gäste wie ich wären, könntest du die Chase Manhattan Bank aufkaufen!

DAVID: Im Freudentaumel wollte ich gedankenlos die „risikofreie Zone" der Überwachungskamera verlassen und beinah hätte ich dabei mit dem Schein gewedelt.. ich hätte mich verraten, ich hätte mir eigenhändig Unglück zugefügt, denn sie hätten den Schein gesehen und mich gezwungen, ihn in den Gemeinschaftstopf einzuzahlen. (Er steckt den Schein ein und gibt Miss Sarah die zehn Dollar zurück) Könnten Sie bitte so nett sein, Miss Sampson, und mir das „offizielle" Trinkgeld zu überreichen, sobald ich gut sichtbar bin? Um allenfalls Missverständnisse zu vermeiden, ansonsten könnte ich in den Verdacht geraten.

SARAH: Jesus, jetzt muss ich auch noch was vorspielen! - Bist du bereit?

DAVID: *(beide machen einen Schritt in Richtung Eingang und David wendet sich unterwürfig Miss Sampson zu)* Jetzt können Sie mir das Trinkgeld überreichen, Miss Sampson.

SARAH: Muss ich jetzt auch noch was sagen? Schauspielerin bin ich keine, aber zwei Worte mit verstellter Stimme bekomme auch ich heraus.

DAVID: *(lächelnd)* Brauchen Sie nicht, sie können nicht hören, was wir sagen... natürlich nicht, denn die Tonübertragung wurde abgeschaltet um die Privatsphäre zu wahren. Hatte ich Ihnen das nicht gesagt?

SARAH: Ja... nein... was soll's! Jetzt geh und mach die verfluchte Tür zu... ich fange an, mich hier herinnen unter Beobachtung zu fühlen.

DAVID: Gewiss, ich lasse Sie in Ruhe, Miss Sampson.

SARAH: Danke... wie heißt du überhaupt?

DAVID: David.

SARAH: Ausgezeichnet, David, einen schönen Gruß an deinen Vater.

DAVID: Werde ich ausrichten. (Aber was hat mein Vater damit zu tun?)

SARAH: Nicht deinem leiblichen Vater, sondern deinen Ahnvater, deinem Schöpfer... ja freilich, Michelangelo Buonarotti.

DAVID: In Wirklichkeit heißt mein Vater Frankie.

SARAH: Ich meinte die berühmte Skulptur von Michelangelo... aber vergiss es, was weißt du von Bildhauerei und der Kunst der Reinaissance!

DAVID: Das war nur ein Scherz... und außerdem, Miss Sampson, studiere ich, um meinen Horizont zu erweitern, ich bin nicht wie Sie. Sie wissen schon alles... und vielleicht haben Sie jedes interessante Thema bereits ausgeschöpft...

(Anmerkung: David studiert Architektur und kann auf keinen Fall Michelangelo nicht kennen).

SARAH: Hört, hört! Nun spricht er auch noch von Dingen, die er nicht kennt.

DAVID: *(geht hinaus und macht die Türe zu)* Und vielen Dank noch!

SARAH: Keine Ursache... er ist gegangen, endlich, aahhh, wie befreiend!

2.SZENE

Sarah öffnet den Koffer, nimmt ein Nachthemd heraus und geht mit dem Beautycase ins Badezimmer. Zeitgleich betritt David das Zimmer mittels Passpartout. Er geht zum Bett und legt etwas aufs Kopfkissen. Wiederum zeitgleich geht David hinaus, während Sarah, die sich inzwischen das Nachthemd angezogen hat, aus dem Badezimmer kommt. Sie bleibt kurz stehen, als ob sie die Schritte hörte, die sich immer weiter entfernen. Dann zieht sie ein kleines Diktiergerät aus der Tasche, geht zum Bett und bemerkt etwas auf dem Kopfkissen. Sie nimmt das Schokoladenbonbon und beäugt es misstrauisch.

SARAH: Ein Schokoladenbonbon, vorhin war es nicht da. Mein visuelles Gedächtnis ist so gut wie das von Miss Marple und wie sie führe ich Selbstgespräche und denke laut. Laut denken klärt die Gedanken... und weißt du was ich dir sage, Sarah? Scheiß auf die Diätvorschriften.

Sie packt das Schokoladenbonbon aus und isst es. Kurz bleibt sie regungslos stehen.

Ich hoffe nur, dass kein Zyankali drin war. Es gibt einige Autorinnen, die mit mir rivalisieren und imstande wären, irgendeinen Hilfsarbeiter zu bestechen, damit er mich verriete, indem er mir ein vergiftetes Schokoladenbonbon zukommenen ließe... Nein, nichts, keine eklatanten Nebenwirkungen, das Zyankali hätte sofort gewirkt... ich bin gesund und munter. Ich kann in aller Seelenruhe zu mir sagen: heute wird nicht gestorben.

Sie zieht das Diktiergerät aus dem Täschchen und beginnt zu diktieren.

Schneeweiße Wolken, es regnet Flocken von beachtlicher Konsistenz, völlig wild durcheinander.
Auf dem Boden bilden tausende dieser nassen Sternchen einen weißen Teppich in vielfältiger Form. Schnee in Eis gekleidet, von tausend Kristallen gefärbt, auf den Dächern der Häuser versammelt er kleine Schwalbennester zwischen Dachrinnen sanft angeschmiegt. Siehst du sie, die Poesie einer verschneiten Landschaft? Eine leise Herausforderung der Zeit, der wir uns nicht entziehen

können. In unseren Häusern akzeptieren wir fraglos... Seltsame Unbeweglichkeit, Auszeit des Mutes, abgewehrt oder willkommen geheißen.

Sie unterbricht das Diktat, steht auf, holt sich ein Whiskyfläschchen aus dem Kühlschrank und gießt den Inhalt in ein Glas. Daran nippend geht sie zum Bett zurück und fährt mit dem Diktieren fort.

Nun, es ist wie das Schiff meiner Träume. Ich gehe mit dem Blick und meinen Bedürfnissen an Land und fühle mich geborgen, während ich aus tausend Gucklöchern die Welt betrachte.
Himmel und die begegnen und entgegnen sich im lieblichen Auf und Ab und suchen ihre Grenzen. Die beschneiten Hügel lassen sich von der fahlen Wintersonne streicheln, Wolken spielen fangen, eilen den Träumen voraus. Fast scheint es, als ob kein Platz für das Alltagsleben wäre, doch liegt es eben in diesem Zusammenrücken, in dieser scheinbaren Verschlafenheit, die man sucht und bei der man die Zeit findet, sich schiebend, drückend kennen zu lernen, wobei man so manches Mal die Seele des anderen berührt. Und eben diese Begegnungen wecken den Mut, sich mitzuteilen.

Sie unterbricht, steht auf und tritt wiederholt den Gang zum Kühlschrank an. Mit einem weiteren Glas geht sie zum Bett zurück und nimmt das Diktieren wieder auf.

Alles schweigt unter der leichten weißen Decke, die die verschlafene und immer noch erschöpfte Stadt umgibt. „Hat die Sonne heute keine Lust aufzugehen? Ist die Sonne heute etwa müde? Und wenn man den Gründen noch einen Tag lang nachginge und einen weiteren, müsste sie uns dann immer noch scheinen?"
Der linke Arm liebkost die in Schatten gehüllte Stadt, der rechte hingegen bewegt sich ein wenig fort, gleichsam, um meinen Blick in die Weite zu schicken.... diese Wolke birgt vielleicht die Antwort, der Lichtstrahl ist auf sie gerichtet, das ist ihr Auftritt, sie lebt!

Sie trinkt alles in einem Zug aus.

In dichten Flocken fällt der Schnee. Er will sich auf meine Stadt legen, die erwartungsvoll der Decke harrt, die sie bedeckt, solange es der Himmel will. Die Wolken sind silbern, Spiegeln gleich, die uns tagsüber reflektieren und nachts zuhören. Der Schnee weiß die unangenehmen Dinge zu verbergen und die schönen zu beleben. Er erhellt dunkle Fenster und dämpft blendende Lichter. Alles liegt in Harmonie und Reinheit, wie verzaubert.

Wieder steht sie auf und geht zum Kühlschrank, aber sie sieht, dass die Whiskyfläschchen ausgegangen sind. Daher nimmt sie das Telefon und wartet kurz:

Rezeption? Hier spricht Miss Sampson... warten Sie... ich kann mich nicht an meine Zimmernummer erinnern... ach, die brauchen Sie gar nicht, um so besser. Hören Sie, könnten Sie mir eine Flasche Bourbon schicken? Gleichgültig von welcher Marke, danke, Hauptsache, dass Sie mir keinen Diesel für Kraftfahrzeuge schicken. Nein, kein Eis. Ich bitte Sie, ich schreibe gerade,... und bitte sehr: heute noch, danke!

Sie geht zum Bett zurück und diktiert weiter.

Ich folge dem Werdegang einer Schneeflocke. Das gleicht der dahinfließenden Zeit, während der wir versuchen zu entscheiden, was wir mit ihr anfangen. Sie spricht zu mir und sagt: „ sehne dich nicht danach, anzukommen, denn du wirst nie wissen, was das Schicksal für dich bereit hält. Sieh mich an, ich weiß nicht, wohin ich mich legen werde. Um heiter zu sein, musst du die Grenzen deiner Möglichkeiten kennen und dich lieben, wie du bist. Ich lausche verzaubert, während sie sich vor meinen Augen satt und groß wie eine Pfefferminzpastille zeigt. Ihre Botschaft ist klar. Oh... wie gut ich durchatmen kann!
Jenseits des Wolkenkreises entdecke ich zwei in Seide gebettete Liebende. Ihre Sprachen kennen sich nicht, aber ihre Seelen begegnen sich.
Der Geschmack ihrer Haut treibt den jungen Liebhaber zu unbekannten Horizonten, betört vom brennenden Geruch einer Liebe, die alle Zeit überdauert... Scheiße!

Sie unterbricht die Arbeit.

Scheißdreck. Alles verfluchter Mist. Wortgeschwafel einer einsamen und nicht einmal richtig besoffenen Frau. So ziemlich das Letzte, was es auf diesem beschissenen Planeten geben kann.

Sie nimmt das Telefon zur Hand: Wollt ihr euch beeilen mit dieser beschissenen Flasche Bourbon?

Sie schaltet den Fernseher exakt in dem Augenblick ein, als Bilder von Sarah gesendet werden, wie sie bei ihrer Ankunft am Flughafen interviewt wird.

SPRECHER: Soeben ist hier, im Big Apple, die berühmte Schriftstellerin Miss Sarah Sampson eingetroffen, um den diesjährigen Pulitzer Preis in Empfang zu nehmen,. Als Schriftstellerin des Jahres hat sie den Preis für ihre Novellensammlung „Worte von Frauen" verdient.

Sarah ist eingeschlafen.

3. SZENE

Im Fernseher läuft das Interview mit Sarah.

INTERVIEWERIN: Miss Sampson, Sie sind vor einigen Jahren mit einem Roman groß rausgekommen, der im sozialen Bereich angesiedelt war. Es ging um das Leben eines Mädchens vor und nach der Finanzkrise im November 2008 in einem Armenviertel in Detroit...
SARAH: Chicago, Süße!
INTERVIEWERIN: Chicago, richtig. Es scheint, als ob sie nun mit dem sehr persönlich gehaltenen Buch „Worte von Frauen" das Metier gewechselt hätten, indem Sie ganz persönliche Töne anschlagen... und der Erfolg hat nicht auf sich warten lassen.
SARAH: Wo bleibt Ihre Frage?
INTERVIEWERIN: Haben Sie Ihr Engagement aufgegeben, weil man über die Gefühle mehr Leser erreichen kann?
SARAH: Die Liebe ist ein allumfassendes Thema, das sich der Literatur nicht entziehen kann. Ich habe meine Engagement nicht fallen lassen, aber ich habe mich ganz einfach einer neuen Front zugewandt, vom Klassenkampf zum Kampf der Geschlechter. Ich wollte darstellen, wie wir Frauen, das so genannte schwache Geschlecht, trotz all unserer Besessenheit und Naivität, die tragende Stütze der Gesellschaft sind, jene, die buchstäblich den Karren ziehen, indem sie den Mut aufbringen, auch in schwierigen Situationen ihr Herz sprechen zu lassen. Man kann sagen, dass die Arbeiterklasse und die Situation der Frau Synonyme für Ausbeutung sind. Es ist kein Zufall, dass der erste Stein bei Revolutionen immer von Frauenhand geworfen wird... Können Sie sich eine Welt ohne Arbeiter und ohne Frauen vorstellen?
INTERVIEWERIN: Ich nicht.
SARAH: Und auch nicht ihr Mann, befürchte ich.
INTERVIEWERIN: Befürchte ich auch. Der Pulitzer Preis ist mit einer hohen Summe dotiert, dazu kommen noch diverse Millionen, die über den weltweiten Verkauf der Autorenrechte hereinkommen. Da drängt sich die Frage auf, ob Geld glücklich macht.
SARAH: Ich habe dem Geld nie großen Wert beigemessen. *(Sie lacht).* Ganz anders als mein Vater... wie der hinter dem Geld her war... er hätte was

dafür gegeben, mich arm und bedürftig zu sehen, als Opfer meiner...
Gleichgültigkeit gegenüber dem Geld...als ob ich mich über dieses greifbare
Ganze erhaben fühlte. Für ihn hingegen war es... Macht, das Messer im Ärmel...
gegen alle gerichtet... *(sie lacht)*... auch gegen mich. Dennoch fehlt mir
heutzutage sein äußerst krankhafter Hass, ausgerechnet heute, wo er zu mir
sagen müsste... Aber nein... mit seinem zynischen Lächeln auf den Lippen hätte
er sich darauf beschränkt zu bemerken: „Nette Plakette... ist sie aus Silber?...
So schlecht wie es dir geht, kannst du dir immer noch überlegen, sie zu
verkaufen...". Armer Papa! Der Tod hat dir zumindest die Aufregung des
Pulitzer Preises erspart.
INTERVIEWERIN: Unser Dank geht an Miss Sarah Sampson, der Autorin
des Romans „Worte von Frauen". Sie wird morgen den prestigeträchtigen
Pulitzer Preis in Empfang nehmen. Das war Annah Riskoff für CNN New
York und damit gebe ich zurück ins Studio.

An die Sendung schließt eine Werbepause. Sarah schläft weiter.

*Man hört es klopfen. Einmal, ein zweites Mal. Sarah hört es nicht. Die Tür springt auf.
David späht herein.*

DAVID: Miss Sampson?... Erlauben Sie?... Gestatten?

*David hat die Hoteluniform abgelegt und trägt jetzt Jeans, Hemd und Sweatshirt. Er hält
einen Strauß Fresien in der Hand und ein Plateau, auf dem er eine Flasche Bourbon
jongliert.*

*David stellt das Plateau ab und schaltet mit der freien Hand den Fernseher aus. Sarah
schrickt aus dem Schlaf.*

SARAH: Wer bist du? Was willst du?
DAVID: Ich bin's, Miss Sampson.
SARAH: Wer ich?
DAVID: David, der Gepäckträger.
SARAH: Ich hatte dich nicht erkannt.
DAVID: Ja, ich habe mich umgezogen, weil ich Dienstschluss habe.
SARAH: Was machst du dann in meinem Zimmer?
DAVID: Nichts...
SARAH: Wie, nichts? Wolltest du was stehlen oder noch schlimmer...?
DAVID: Nein, lassen Sie mich erklären.
SARAH: Ich gebe dir zehn Sekunden, dann rufe ich bei der Rezeption an.
DAVID: Ich habe den Anruf gehört.

SARAH: Vom allmächtigen Gott? Bist du Priester geworden? Schade, gestern warst du so ein süßer junger Mann.

DAVID: Sie belieben zu scherzen.

SARAH: Ich wüsste jetzt lieber, was du willst. Hoffentlich nichts allzu Gewalttätiges, wie mich mit dem Telefonkabel zu erwürgen.

DAVID: Es ist ein Schnurlostelefon.

SARAH: Das war vielleicht altmodisch! - Dann könntest du mich an den Vorhangschnüren erhängen... Nein, auch die sind ferngesteuert. Kann man einem mit der Fernbedienung des Fernsehers den Schädel einschlagen?

DAVID: Vielleicht im übertragenen Sinne...

SARAH: Sollte ich deiner Meinung nach also um Hilfe rufen?

DAVID: Das haben Sie bereits getan.

SARAH: Wann?

DAVID: Als Sie die Flasche Bourbon bestellt haben. Bestand nicht darin Ihre Bitte um Hilfe?

SARAH: Wovon sprichst du eigentlich?

DAVID: Sie wissen gar nicht, wie viele Menschen sich an die Flasche klammern, um sich über Wasser zu halten.

SARAH: Auch du hältst dich nicht zurück, was die Metaphern betrifft.

DAVID: Diesmal ist es die pure Wahrheit. Die Einsamkeit lässt keine Metaphern zu.

SARAH: Wer bist du eigentlich? Der Gepäckträger des Hotels oder mein personifiziertes Gewissen wie die sprechende Grille von Pinocchio?

DAVID: Das überlasse ich Ihnen.

SARAH: Wenn ich dein grünes Sweatshirt ansehe, denke ich eher an die Grille. Außerdem hörst du nicht auf, um mich herum zu springen. Es ist eine Belästigung, aber ein wenig irritiert es mich auch.

DAVID: Hören Sie: ich hörte Ihren Anruf als ich gehen wollte. (Mit verstellter Stimme nachäffend) Scheiße! Eine Flasche Bourbon, sofort.

SARAH: Habe ich „Scheiße" gesagt? Das heißt, ich war... ich bin scheißwütend! Bin ich immer, wenn ich mich zurückziehe. Na und? Darf man in diesem...Hotel nicht fluchen... vergessen wir's, ich will dir nichts Beleidigendes zu Ohren kommen lassen.

DAVID: Ich bin da nicht so, Miss Sampson. Es blieb mir nichts anderes übrig, denn, die Angestellten aller Etagen waren irgendwo, sie hatten zu tun. Sie haben noch einmal nachgesetzt und dabei sogar die Stimme erhoben. Beinah wäre der jungen Frau an der Rezeption das Trommelfell eingerissen. Und da habe ich meine Dienste angeboten, damit Sie nicht länger warten müssen.

SARAH: Und nur um mir diese beschissene Flasche zu bringen, hast du so lange gebraucht?

DAVID: Bitte um Verzeihung. Ich bin kurz weggegangen um das hier zu holen...*(zeigt auf die Blumen)*

SARAH: Blumen?

DAVID: Fresien, herrlich duftend.

SARAH: Für wen sind die?

DAVID: Für Sie, Miss Sampson.

SARAH: Für mich? Lächerlich, ich hasse Blumen, da muss ich immer an den Tod denken.

DAVID: Ich verstehe, die intensiven Düfte wecken Erinnerungen.... vielleicht unangenehme Momente... ich wollte nicht... tut mir leid.

SARAH: Schon gut, Hauptsache, dass ich noch nicht gestorben bin!

DAVID: Ihrer kräftigen Stimme nach zu schließen, ganz und gar nicht.

SARAH: Etwas fortgeschritteneren Alters, aber immer adrett, wenn du nichts dagegen hast.

DAVID: Und warum sollte ich was dagegen haben? Sie selbst reden immer vom wunden Punkt, was das fortgeschrittene Alter betrifft, aber das ist nicht wahr... überhaupt nicht, ganz im Gegenteil! Wahrscheinlich sind Sie keine zwanzig Jahre älter als sich.

SARAH: Du bist gnädig, es sind wohl mehr als dreißig.

DAVID: Immer noch nicht viel.

SARAH: Wenig? Eine ganze Ecke, ich könnte deine Mutter sein.

DAVID: Aber Sie sind nicht meine Mutter.

SARAH: Ich könnte sogar die Großmutter deiner Kinder sein.

DAVID: Ich habe keine Kinder.

SARAH: Eben, weil du viel zu jung bist.

DAVID: Messen Sie meinen Reifheitsgrad nicht anhand meines Äußeren.

SARAH: Viel zu jung, viel zu jung... leider.

DAVID: Was die Fresien betrifft...

SARAH: Bring sie zurück und lass meinerseits wärmsten Dank der Direktion ausrichten, die mir die Blumen schicken ließ.

DAVID: Um die Wahrheit zu sagen, hat sie Ihnen nicht die Direktion geschickt.

SARAH: Ach Nicht? Wer dann? Ein heimlicher Bewunderer?... Du!

DAVID: Da ich nicht wußte, wie ich Ihnen danken soll, sind mir die Blumen eingefallen.

SARAH: Wofür bedanken? Zum Henker!

DAVID: Für das Trinkgeld. Hundert Dollar Trinkgeld! Ich kann mir die Unterlagen für die Prüfung leisten. Ich studiere Architektur an der Stony Brook Universität... diese Bücher sind für einen wie mich ziemlich teuer.

SARAH: Und was hast du für die Blumen ausgegeben?

DAVID: Nichts...

SARAH: Sprich oder ich bringe dich um. Wie viel?

DAVID: .... nicht viel... keine Sorge, aber da Sie Blumen hassen, bringe ich sie dem Verkäufer zurück und lasse mir das Geld geben. Die Flasche steht dort neben dem Fernseher. - Wenn Sie nichts anderes brauchen, Miss Sampson, dann würde ich jetzt gehen... was mache ich auch schon hier, Sie brauchen meine Gesellschaft nicht.

SARAH: Warte.

DAVID: Bitte?

SARAH: Ich will andere Blumen.

DAVID: Aber Miss Sampson...

SARAH: Wer hat gesagt, dass ich sie hasse?

DAVID: Das hatten Sie mir eben erzählt.

SARAH: So ein Scheiß, gibst du mir denn in allem recht?

DAVID: Sollte ich das nicht?

SARAH: Ich hasse Blumen, die mir andere schenken, nicht deine, deine kommen von Herzen. Nimm das Geld und kauf mir noch einen Strauß. *(Sie überreicht ihm ein paar Geldscheine, die sie, ohne hinzusehen, aus der Geldtasche zieht.)*

DAVID: Was? Fünfhundert Dollar? Damit kann ich ja den halben Laden kaufen!

SARAH: Den Laden brauche ich nicht, ich will nur eine einzige einzelne Rose.

DAVID: Und wo finde ich eine Rose für fünfhundert Dollar?

SARAH: Nimm einfach irgendeine!

DAVID: Aber für irgendeine Rose ist das zu viel Geld.

SARAH: Macht nichts, behalte den Rest.

DAVID: Aber...

SARAH: Bist du taub? Ich habe gesagt, der Rest ist Trinkgeld. Mach mich nicht wütend. Nimm dich in Acht, denn ich werde gefährlich, wenn ich in Rage komme, ich werde zur Furie, schrecklicher als Medea und Medusa zusammen! Ich springe die Leute an und zerkratze ihnen das Gesicht wie eine.... Katze.

DAVID: Das glaube ich nicht, Sie sind liebenswürdig, Sie kommen mir nicht wie ein wildes Tier vor oder eine... Katze.

SARAH: Sprich es nur aus, das macht mir nichts, eine räudige Katze.

DAVID: Eine räudige Katze würde sich anders verhalten als Sie... Sie sind durch und durch und in jeder Hinsicht eine Dame , ehrlich!

SARAH: Bemitleide mich nicht, in Wirklichkeit falle ich nicht einmal als räudige Katze auf... vor mir kann einem vielmehr angst und bange werden.

DAVID: Sie tun sich nichts Gutes, wenn Sie so von sich reden. Ihr Verhalten ist alles andere als tierisch. Der Überlebenstrieb wilder Tiere äußert sich anders.

Ihrer ist ein Selbstzerstörungstrieb, der oft bei sensiblen Persönlichkeiten, Künstlern und Schriftstellern anzutreffen ist… glauben Sie mir!

SARAH: Ich stelle mir jetzt schon die Sprüche meines Verlegers für mein nächstes Buch vor: „Meine Damen und Herren, wenn der Erzähler der Gepäckträger Ihres Hotels ist, so denken Sie daran, wie großartig seine Werke sind!"

Kurze Pause.

DAVID: Es ist 23:30, Miss Sampson.

SARAH: Und worüber sorgst du dich, bist du das Aschenputtel?

DAVID: Ich wohne in der Vorstadt.

SARAH: Wie weit in der Vorstadt?

DAVID: Ziemlich weit draußen, ich verpasse noch den letzten Zug von der Penn Station.

SARAH: Und worauf wartest du? - Lass ihn davon fahren! - Hier sind weitere zweihundert Dollar für die damit verbundenen Unannehmlichkeiten.

DAVID: Ich mache Sie darauf aufmerksam, dass das insgesamt schon siebenhundert Dollar sind, Miss Sampson.

SARAH: Hm…, kostet es jetzt so viel, wenn man Sex in New York haben will?
Schei…terhaufen, sind die Preise gestiegen? Das kann sich mit Fug und Recht Inflation nennen.

DAVID: Scherz beiseite, Sie haben mir soeben fünfhundert Dollar gegeben… und zusammen mit diesen zweihundert Dollars sind wir bei siebenhundert.

SARAH: Reicht das nicht?

DAVID: Ganz im Gegenteil, das ist eindeutig zu viel!… Es ist zu viel! Das ist übertrieben. Ihnen geht es nicht besonders gut, Sie fühlen sich deprimiert und, das will ich nicht ausnutzen.

SARAH: Dann sagen wir so: die ersten fünfhundert Dollar sind für die Blumen, die weiteren zweihundert Dollar für die Unannehmlichkeiten und die Spesen und mit dem hier… zähl es selbst… kannst du machen, was du willst. - Ok?

DAVID: Noch mehr Geld? Nein, Miss Sampson, das kann ich nicht annehmen, wirklich nicht.

SARAH: Warum nicht, Dummkopf? Du bist Student, du brauchst das Geld, damit du dir die Kurse bezahlen kannst, die Bücher… Ich verdiene so viel, dass ich gar nicht mehr weiß wohin mit der Kohle

DAVID: Ja, aber…

SARAH: Ja aber was?

DAVID: Ich habe die Tür offen lassen.

SARAH: Und?

DAVID: Man beobachtet uns... die Gangkamera... die Gemeinschaftskasse mit dem Trinkgeld, das mit dem übrigen Personal.... erinnern Sie sich?

SARAH: Ok... *(Sarah geht zur Tür und spricht in die Videokamera)* Der junge Mann bleibt jetzt bei mir, leckt mich am Arsch... *(schlägt die Tür zu)*.

DAVID: Was tun Sie da?

SARAH: Hattest du nicht gesagt, dass die Tonaufnahme abgeschaltet ist, um die Privatsphäre zu wahren? Vielleicht können sie anhand der Lippenbewegungen herausfinden, was wir reden!... *(lacht)*

DAVID: Selbst wenn es so wäre, - vielleicht sagen sie nur, dass sie nicht abhören, und in Wirklichkeit tun sie es trotzdem, man kann ja nie wissen – wir dürfen jedenfalls auf gar keinen Fall die Tür hinter unserem Rücken schließen. Sie sagen, dass Sie uns von der Rezeption aus ständig im Auge behalten. Es ist nicht erlaubt, mit Kunden bei geschlossener Tür im Zimmer zu sein, insbesondere nicht mit Kundinnen.

SARAH: Und mit räudigen Katzen?

DAVID: Ich bitte Sie, Miss Sampson, tun Sie mir den Gefallen. Ansonsten bin ich ruiniert, vielleicht konnte man an Ihren Lippen ablesen, was sie gesagt haben! Es wäre nicht verwunderlich, aber da gibt's nichts zu lachen.

SARAH: Soviel ich verstanden habe, bist du nicht mehr im Dienst.

DAVID: Richtig.

SARAH: Dann kannst du das Trinkgeld behalten und die Tür hinter dir zuschlagen, denn was du außerhalb deiner Dienstzeiten bekommst, wandert nicht in den gemeinsamen Topf. Ich habe in Havard Bürgerliches Recht studiert und weiß, wie das mit dem Trinkgeld abläuft.

DAVID: Sie sind sehr schlau, Miss Sampson, aber ich befürchte, dass die Situation, in die ich geraten bin, meinen Arbeitsplatz ernsthaft in Gefahr bringt. Ich bin mir sogar sicher... ich habe eine Vorahnung...

SARAH: Umso mehr kannst du das Trinkgeld behalten.

DAVID: Freilich, aber was soll ich tun, wenn das Geld aufgebraucht ist? Bevor ich mit dem Master beginnen und das Stipendium bekommen kann, muss ich mich noch gut sechs Monate durchschlagen. Sie wissen gar nicht, wie schwierig es für einen jungen Menschen heutzutage ist, eine Arbeit zu finden, selbst so einen Scheißjob wie den hier.

SARAH: Und du weiß nicht, wie schwer es ist, einen wacheren jungen Menschen zu finden..., wie dich.

DAVID: Ich kann nicht klagen: wacker und gesund.

SARAH: Schlagfertig, intelligent, ein kleiner Klugscheißer, aber wiff... eine nette Gesellschaft für Körper und Geist, also. - Du bist mein!

DAVID: Ein Klugscheißer, aber arbeitslos seit heute Abend. Verflucht, dass ich die Idee mit den Blumen hatte. Ich stecke in der Klemme... so ein Schlamassel! Verflucht, worauf habe ich mich eingelassen!

SARAH: Keine Sorge, wird sogleich in Ordnung gebracht.

DAVID: Und wie?

SARAH: Hast du 's immer noch nicht kapiert? - Ich stelle dich an.

DAVID: Wozu?

SARAH: Musst du denn notwendigerweise was tun?

DAVID: Das möchte ich meinen!

SARAH: Was kannst du alles?

DAVID: Skizzieren, spritzen...

SARAH: Ehrlich? Ins Gesicht?

DAVID: Nicht spritzen im wörtlichen Sinn, Miss Sampson...

SARAH: Ach, nein? Schade! - wie dann? Ich hoffe dass du nicht von der anderen Seite bist, Junge, du wirst doch hoffentlich nicht schwul sein!

DAVID: Kunstskizzen, ich kann ziemlich gut zeichnen, freihändig.

SARAH: Mit freier Hand skizzieren? Wie viel Energie und Rohstoffe verpuffen da im All!

DAVID: Miss Sampson!

SARAH: Nenn mich Sarah, Schatz.

DAVID: Ich weiß nicht, ob ich das kann.

SARAH: Versuch's , David...

Mit geschlossenen Augen posiert Sarah, als ob sie einen Kuss erwartete.

DAVID: Ok, ich versuche es... Sarah!

Peinliche Stille. Sarah öffnet enttäuscht die Augen.

SARAH: Pardon, was passiert?

DAVID: Weiß ich nicht, was passiert?

SARAH: Mit Verlaub! Ich stelle hier die Fragen.

DAVID: Wie Sie wünschen.

SARAH: Solltest du es nicht versuchen?

DAVID: Ich habe es ja versucht!

SARAH: Ich habe nichts gespürt.

DAVID: Ich schwöre, dass ich es gemacht habe. Ich habe es versucht... wirklich!

SARAH: Was hast du versucht?

DAVID: Sie beim Vornamen zu nennen... Sarah!

SARAH: Ohh, wie peinlich, ich habe da ernsthaft an einen anderen Versuch gedacht, einen andere Art Versuch... einen konkreteren, körperlichen, um nicht zu sagen leiblichen Annäherungsversuch.

DAVID: Stellen Sie sich einmal vor, wie peinlich es mir ist, die berühmte Miss Sarah Sampson, beim Taufnamen zu nennen, Empfängerin des Pulitzer Preises, Anwärterin auf den Nobel Preis...

SARAH: Nicht doch... wenn du mir weitere Dollar abknüpfen willst, musst du dich mit einem Scheck zufrieden geben, ich habe kein Bargeld mehr.

DAVID: Aber ich mag keine Schecks. Ich will kein Geld von Ihnen... Gott ist mein Zeuge, dass ich es gegen meinen Willen angenommen habe, aber morgen gibt es Blumen... ich überschütte Sie mit Blumen, Miss...

SARAH: Sag Du zu mir.

DAVID: Nein, Sarah, also das geht nicht.

SARAH: Bitte, bitte, bitte...

DAVID: Das ist wirklich zu viel verlangt, das kommt mir nicht über die Lippen. Mit einem Pulitzer Preis auf du und du! Scherz beiseite! Ich bin ein einfacher Laufbursche in diesem Hotel...

SARAH: Technikstudent.

DAVID: Architektur.

SARAH: Tut nichts zur Sache, Hauptsache, der Balken steht...

DAVID: Wieder eine Ihrer Anzüglichkeiten?

SARAH: Wie süß, du bist krebsrot geworden... zugegeben, mein Humor ist nicht von der feinen angelsächsischen Art... höchstens angelsexisch... verstehst du das Wortspiel? Nein, gar nicht, egal. *(halblaut zu sich)* Wiff ist er ja, aber Humor hat er keinen!...

Das Telefon läutet. Sarah antwortet.

DAVID: Ich wette, dass sie mir jetzt einen Strick daraus drehen, sie schleifen dort unten schon die Messer, um mich zu skalpieren und kopfüber bei lebendigen Leibe zu vierteilen.

SARAH: Es ist die Rezeption, der Direktor will mit dir sprechen.

DAVID: Ich wusste es, ich hätte darauf schwören können... Hallo? Ja, Herr Direktor... weiß ich, Herr Direktor... nein, Herr Direktor... aber Herr Direktor... hören Sie... also... lassen Sie mich ausreden... wollen Sie mich nun erklären lassen oder nicht!... Arschloch! Ich bin nicht im Dienst, es handelt sich folglich nicht um Trinkgeld, sondern um ein Geschenk, ein Akt... demokratischer Natur... oder besser: freiwilliger... Wie? Ich bin entlassen? Ich flehe Sie an, Herr Direktor, Sie wissen, dass ich, verflucht noch mal, auf diese Arbeit angewiesen bin... ich muss mein Studium beenden... Sie ziehen mir noch den Teppich unter den Füßen weg... natürlich kratzt das keinen... in diesem Land weiß man ja, dass euch die Jugend so was von egal ist, ihr schickt sie zum Sterben in den Irak oder nach Afganistan, aber auf das Recht auf Arbeit gebt ihr einen Dreck... natürlich hatte ich eine Arbeit... was heißt, ich habe sie verspielt?... Ich bin nicht daran schuld, das war die Dame... ja, dieses Luder... *(zu Sarah)* Pardon Madame, nur eine Redensart, pour parlez...beschissener Kapitalist! *(zu Sarah)* Habe ich nicht zu Ihnen gesagt, Miss Sampson, sondern zu diesem Gehörnten... ja, Sie haben richtig gehört, Herr Direktor, gehörnt! Mein Gott, es wissen doch alle, dass ihre Frau dem Liftboy aus Puerto Rico den Schwanz lutscht, und dem Koch und dem Personalchef und jedem dahergelaufenen... klar, auch mir, bin ich dumm, dass ich mir das entgehen lasse?... Natürlich, mit dem Mund, denken Sie an mich, wenn Sie ihr einen Kuss zur guten Nacht auf die Lippen drücken!... Ach, Sie entlassen mich gleich doppelt, wie?... zuerst mit einem Arschtritt und dann noch ohne Abfertigung, bei dem speziellen Verkehr, den ich mit Ihrer Frau hatte, hätte ich nicht geglaubt, dass ich von Ihnen als überflüssig bezeichnet werde, im übrigen war ich derjenige, der sie mit Samenflüssigkeit voll pumpte! (zu Sarah) Entschuldigen Sie, aber wenn es darauf ankommt...(am Telefon) Und wissen Sie, was ich Ihnen jetzt sage? Sie sind ein Speichellecker, der sich von beschissenen Kapitalisten in den Arsch ficken lässt... Ihre Zunge ist ein Graus, und Ihr Hals ist braun vor lauter Arsch kriechen... ach ficken Sie sich doch ins Knie... Ich habe bereits gefickt und ich habe Ihnen auch schon gesagt, mit wem: mit Ihrer lieben Gefährtin!

SARAH: Bravo, das nenne ich mir eine klare Aussage, reinen Wein einschenken und den Arsch einen Arsch heißen, ordinär, gewiss, aber in aller Deutlichkeit. - Und was sagt er dazu? Was hat er entgegenzuhalten? Gibt er zurück? Wird er ausfällig? Droht er? Wirft er mit Beleidigungen um sich? Also, was macht er?

DAVID: Er schreit herum, dass er den Sicherheitsdienst holt, um mich hinauswerfen zu lassen und dass er mich nicht einmal mehr in der Nähe des Hotels sehen will. Dass er mich verhaften und einsperren lässt und dafür sorgen wird, den Zellenschlüssel verschwinden zu lassen und dass ich mit dem ersten schwarzen Arschficker, der ihm in Harlem über den Weg läuft, eingesperrt werde.

SARAH: Fürchtest du dich nicht?

DAVID: Vor den Negern nicht? Sie gehen nur den WHKs an den Arsch.

SARAH: Wofür steht WHK?

DAVID: Weiß, hetero und katholisch. Ich bin ein WHJ, weiß, hetero und Jude... ich heiße ja auch David... und die Neger gehen den Juden nicht an den Arsch. Hoffe ich jedenfalls, zumindest nicht meuchlerisch, wenn man sich beispielsweise bückt und einen Schuh zubindet. *(Am Telefon)* Haben Sie das gehört, Herr Direktor, Ihr schwarzer Brasilianer schlägt zumindest nicht hinter dem Rücken zu wie Sie bei mir armen Werkstudenten... Achtung, schwarzes

Riesending, warnt er mich, bevor er rangeht... selbst Ihr Arschficker hat mehr Einfühlungsvermögen und Mitleid als Sie.

SARAH: Ich höre, wie jemand am anderen Ende der Leitung schallend lacht. Ich glaube nicht, dass er dich wirklich ernst nimmt.

DAVID: Ganz im Gegenteil. - Das ist kein Lachen, das ist ein hysterischer Anfall. Er schreit den Sicherheitsdienst an, dass sie mich mit Gewalt von hier wegschaffen sollen, tot oder lebendig.

SARAH: Gib ihn mir.

DAVID: Nein, nein, das schaffe ich schon, machen Sie sich keine Mühe.

SARAH: Das zieht sich nun schon etwas in die Länge, na los, gib her.

DAVID: Mischen Sie sich nicht ein, Miss Sampson... d.h. misch dich nicht ein, Sarah, ich kann mich ganz gut selbst aus der Affäre ziehen.

SARAH: Bist du dir da wirklich sicher?

DAVID: Ich werde wegen Rufschädigung nur sechs Monate im Gefängnis sitzen, da finde ich mein Auslangen auf Staatskosten, danach beginne ich mit dem Masterstudium. Das ist mein einziger Ausweg, glauben Sie mir. Warten Sie, ich kann Ihnen noch vier weitere Lösungen aufzählen. Allerdings besteht die Gefahr, dass ich nur drei Monate bekomme... und wie überbrücke ich dann die Zeit, bis ich das Stipendium bekomme? *(Am Telefon)* Herr Direktor, sind Sie noch dran? Sie zeichnen meine Stimme auf? Sehr gut... hören Sie gut zu, was war das noch? Wie, Sie können nicht einmal einen Rülpser von einem Furz unterscheiden? Bastard! *(zu Sarah)* Ich habe ihn Bastard genannt.

SARAH: Bravo!

DAVID: Idiot... (zu Sarah) ich habe ihn Idiot genannt.

SARAH: Brilliant.

DAVID: Dann zeichnen Sie auch das auf...

SARAH: Jetzt gib ihn mir.... ich habe genug!

DAVID: Ich bin noch nicht fertig mit ihm.

SARAH: Menschenskind, ich habe gesagt, dass du ihn mir geben sollst!

DAVID: Ok, wie Sie wünschen... d.h. Wie du willst, Miss Sampson... Sarah. *(Gibt Sarah den Hörer).*

SARAH: Guten Abend, Herr Direktor, hier Miss Sarah Sampson... Pulitzer Preis... erinnern Sie sich... klar tun Sie das... nun gut, der junge Mann, David, hat versucht, mich zu vergewaltigen... Nicht, dass Sie die Polizei rufen müssten, das Problem liegt vielmehr darin, dass Sie uns kurz vor dem Koitus unterbrochen haben. Coitus interruptus orgasmus corruptos, wie der Lateiner sagt. Besoffen? Gewiss, warum nicht? Hat es denn seit der Einführung des Pulitzer Preises jemals einen nüchternen Autor gegeben? Der Pulitzer Preis hat mehr Erbrechen und schlechte Magensäfte produziert als Johnny Walker und Ballantines zusammen. Hurenscheiße, den vögle ich, Ihr Weichei, die ganze Nacht, wenn ich will. Ihre Frau kommt dran und ich nicht? Wollen Sie mich etwa diskriminieren? - Und außerdem haben Sie da nicht mitzureden. Warum nicht? Das kann ich Ihnen gleich sagen... weil ich ihn sogleich angestellt habe, als Sie ihn entlassen haben. Wie viel haben Sie ihm in der Woche gegeben? Tausend? Und ich gebe ihm auch tausend, aber pro Tag, besser gesagt pro Nacht. Was dagegen einzuwenden? Ist es Ihnen lieber, dass ich mich an die Zeitungen wende und sage, dass sie in dieser Bruchbude von einem Hotel die Gewinnerinnen des Pulitzer Preises verärgern, weil sie ihnen verwehren, was sie Ihren männlichen Kollegen sehr wohl und in überreichem Ausmaß gewähren? Zum Beispiel? Zum Beispiel sich volllaufen zu lassen und sich die Flittchen ins Bett zu holen, die Sie abgerichtet haben, die Kreditarten der unglückseligen Gäste auszusaugen? Sie möchten mit meinem Anwalt sprechen? - Nicht nötig, ich wusste es. - Ja, wunderbar, rufen Sie nochmals den Sicherheitsdienst und setzen Sie David, den jungen Mann, auf meine Hotelrechnung. Gute Nacht!

Pause.

DAVID: Wenn ich auch nur eine geringfügige Chance hatte, irgendeinen Job in einem anderen Hotel hier im Zentrum zu finden, so ist nun auch diese Chance im Arsch. Dieser Bastard schickt sicher schon diffamierende Emails samt Foto an seine Kollegen und an jedes Unternehmen in New York, sogar in die berühmt-berüchtigte Bronx. Sie werden mich nicht einmal als verkleideten Schwarzen, Juden, Schlitzaugen oder Italiener nehmen... Apropos, wie sieht die Verkleidung eines Italiener aus? Pizza und Mandoline? Ich könnte immerhin als Verkleidungskünstler im Central Park auftreten!
SARAH: Jetzt bist du bei mir angestellt. Du brauchst dich nicht zu verkleiden.
DAVID: Großartig! - Ich brauche mich nicht einmal als Frau zu verkleiden, um auf den Strich zu gehen, um den nötigsten Unterhalt zu verdienen und meine Grundbedürfnisse, beginnend bei Hunger und Durst, zu befriedigen.
SARAH: Eben, du brauchst dich um nichts mehr zu sorgen.
DAVID: Und was willst du als Gegenleistung von mir?
SARAH: Hör zu du kleiner Idiot, hör mir genau zu. Ich habe dich angestellt, weil ich Mitleid mit dir hatte. Du warst wie ein nasses Küken... ein soeben hingeschissenes Häufchen.

Stille.

DAVID: Ok, ich gehe jetzt.
SARAH: Warum, bist du beleidigt?
DAVID: Ich lasse mich von dir nicht auf den Arm nehmen... Ich mag ein Niemand sein, aber ich habe meine Würde.

SARAH: Da hör ihn einer an! Für tausend Dollar am Tag, kannst du dir deine Würde in den Arsch stecken.

DAVID: Das ist auch wieder wahr.

SARAH: Nun denn? Was machst du? Worauf wartest du? Gehst du nicht mehr?

DAVID: Nein. Vorläufig nicht. Danach werden wir sehen, wie es weitergeht. Aber früher oder später werde ich gehen. Das schwöre ich dir. Zuerst bringe ich noch ein paar Dinge in Ordnung, begleiche da und dort meine Schulden und dann... gehe ich. Ich mach 'ne Fliege. Du wirst mich nie wieder sehen!

SARAH: Menschenskind, seitdem wir uns kennen hast du dich noch nicht einmal hingesetzt und schon denkst du ans Weggehen?

DAVID: Willst du denn, dass ich bleibe?

SARAH: Klar will ich das, sonst würde ich nicht dieses Theater aufführen – und hätte nicht die Unsumme von... wieviel war war das gleich?... Nein, sags mir nicht, denken wir lieber erst gar nicht lange darüber nach... abgesehen davon, wie viel du mich kostest, spüre ich, dass ich dich brauche. Geld habe ich wie Heu...

DAVID: Was fehlt dir dann?

SARAH: Geld ist nicht alles.

DAVID: Das ist eine Binsenweisheit, mit Geld kannst du alles kaufen und... alle.

SARAH: Auch dich?

DAVID: Gewiss! Auch mich.

SARAH: Na dann, hipp, hipp, hurra für den Großverdiener, wir haben festgestellt, dass Geld doch für etwas taugt! Halleluija – Nun, was tust du? Bleibst du? Hast du dich vom schnöden Mammon überzeugen lassen?

DAVID: Vielleicht.

SARAH: Nun, darf ich noch hoffen?

DAVID: Je nach dem.

SARAH: Je nach dem und wie weiter? Geld hast du bereits bekommen, allenfalls eine gebührende Vorauszahlung.

DAVID: Du hast ja gesagt, dass man mit Geld alles kaufen kann, aber ich bin nicht alles.

SARAH: Sprich Klartext, Kindchen, du hast es - zumindest vorläufig – nicht mit einer an Demenz erkrankten Frau zu tun. Du wirst noch ein paar Jährchen warten müssen, bevor du meine Hände vor Parkinson zittern siehst.

DAVID: Gut ich bleibe, aber nur unter einer Bedingung sine qua non.

SARAH: Sieh einer an, nun lässt er sich auch noch den Lateiner raushängen. Und wie lautet die... conditio sine qua non?

DAVID: Du musst dir immer ganz klar, ja, sonnenklar vor Augen halten...

SARAH: Was?

DAVID: Dass du mir Respekt entgegenbringen musst.

SARAH: Da verlangst du, wie mir scheinen will, nicht die Welt, gegenseitiger Respekt sollte selbstverständlich sein.

DAVID: Ja, das meine ich auch.

SARAH: Warum reden wir dann davon?

DAVID: Vorsicht ich besser als Nachsicht. Ich verlange keine Extrawürstchen, mir reicht ein gepflegter Umgangston und dass ich nicht wie ein Fußabstreifer behandelt werde, das ist alles, denn das kann ich einfach nicht ausstehen.

SARAH: Für tausend Dollar pro Nacht werde ich dich aber schon ein wenig strapazieren dürfen.

DAVID: Ein bisschen schon.

SARAH: Nur ein bisschen? Wie viel ist das?

DAVID: Was weiß ich, ich bin jung, unerfahren und kenne meine Grenzen nicht.

SARAH: Du könntest keine haben.

DAVID: Jeder hat Grenzen.

SARAH: Ich nicht, ich glaube nicht, dass ich welche habe, ich kann beispielsweise grenzenlos lieben.

DAVID: Dann bist du gefährlich, denn so grenzenlos du lieben kannst, so grenzenlos kannst du auch hassen.

SARAH: Jüngling, ich meinte lieben wie es im Buche steht: Sex haben.

DAVID: Zeig mir, was du unter „Sex haben" verstehst.

SARAH: Küsschen auf den Hals.

DAVID: Ist das alles? Ich komme noch zum Sex wie die Jungfrau zum Kind.

SARAH: Küsschen auf die Lippen.

DAVID: Du schmeckst nach Whisky.

SARAH: Und du schmeckst nach Mann, diese beiden Gerüche vermählen sich prächtig.

DAVID: Vermählen oder paaren sie sich?

SARAH: Ubi major...

DAVID: ....minor cessat.

SARAH: Oh, ich vergaß, dass sich unter deiner Hoteluniform ein Lateiner verbirgt...

DAVID: Aber nein, ich kenne doch nur die eine oder andere Redewendung.

SARAH: Bei mir ist es auch so ähnlich.

DAVID: Das ist nicht wahr, ich habe dein Curriculum gelesen, man kann es aus dem Internet herunter laden und da steht, dass du drei Sprachen sprichst und dass du aus dem Griechischen und Lateinischen fließend übersetzen kannst.

SARAH: Das willst du mir doch nicht anlasten!

DAVID: Warum sollte ich?

SARAH: Ich will nicht, dass du dich mir gegenüber unterlegen fühlst. Das ist alles.

DAVID: Ich wiederhole meine Frage, warum sollte ich? Ich bin nur dein Lakai, dein Bettvorleger, deine Fußmatte, dein Henkersknecht, dein Boxsack...

SARAH: Darf ich folglich alles von dir verlangen?

DAVID: Ich würde sagen ja, leider.

SARAH: Warum leider? Ich würde sagen zum Glück...

DAVID: Das hängt vom Standpunkt ab.

SARAH: Wenn ich du wäre und du ich?

DAVID: Wer austeilt und wer einsteckt sieht den Boxsport sicher ganz unterschiedlich: für ersteren ist es eine Mutprobe, für letzteren, der ja arm dran ist, ein unerhörter Gewaltakt.

SARAH: So ist eben die Welt: die einen sind oben, die anderen unten. Auch im Bett. Der eine schaut das Kopfkissen an, der andere starrt auf den Plafond.

DAVID: Aber man kann die Position ändern, die Rollen tauschen.

SARAH: Dass ich männlich bin und du weiblich? Eine ziemlich einladende Vorstellung, ich würde fast sagen, eine besonders anregende Idee, wollen wir das spielen?

DAVID: Brems dich ein, der Scheiß ist nichts für mich!

SARAH: Für mich schon, ich mag das.

DAVID: Womöglich erregt es dich.

SARAH: Und wenn schon, was wäre denn so schlimm daran?

DAVID: Woran?

SARAH: Das ich den Mann spiele und du die Frau.

DAVID: Ich bin keine Frau.

SARAH: Na und? Ich bin ja auch kein Mann.

DAVID: Das will ich hoffen.

SARAH: Hoffst du oder bist du dir da sicher? Willst du nachsehen? Ich würde mich vor Lachen verbiegen, wenn dir eine kleine Überraschung in die Hände rutschte. Hast du verstanden, was ich meine? Eine schöne Klitoris, so lang wie die Nase von Ciran von Bergerac!

DAVID: Hör doch auf.

SARAH: Ich denke nicht daran. Außerdem, entschuldige, hatten wir doch gesagt, dass ich alles oder fast alles mit dir machen darf.

DAVID: War nicht auch von tausend Dollar die Rede?

SARAH: Ach ja. Erinnere mich nicht an die Schattenseiten. Es geht mir dabei nicht um die Geldsumme oder die Auslage an und für sich, sondern vielmehr um den Mangel an Spontaneität, der dadurch entsteht.

DAVID: Ich will nur eine Bestätigung, tausend am Tag?

SARAH: Abzüglich der Steuern. Lass mich zumindest die Spesen absetzen.

DAVID: Na gut, du kannst alles von mir verlangen... zumindest fast.

SARAH: Wirklich, gar, gar alles?

DAVID: Außer einer Sache.

SARAH: Was?

DAVID: Arschtritte.

SARAH: Wie?

DAVID: Mir gibt keiner einen Arschtritt.

SARAH: Menschenskind, nicht einmal ich?

DAVID: Nicht einmal du.

SARAH: Nicht einmal, wenn ich zusätzlich dafür bezahle?

DAVID: Nicht einmal dann.

SARAH: Zahle ich dir denn nicht genug?

DAVID: Es ist genug, aber es reicht nicht, dass du mir Arschtritte versetzen kannst. Die versetzt mir keiner. Nicht einmal für eine Million.

SARAH: Und wenn mir zufällig einer auskäme, beispielsweise ungewollt?

DAVID: Dann dann versetze ich dir einen als Rückgabe.

SARAH: Du mir?

DAVID: Und wie! Samt Zinsen.

SARAH: Erkläre mir doch, was verstehst du unter einem Arschtritt?

DAVID: Mich wie ein Tier zu benutzen, wie einen Hengst oder einen Deckstier zum Beispiel oder mich zu erniedrigen. Mich zu benutzen, auszunutzen und mich dann wie einen Fetzen wegzuwerfen. Zu mir zu sagen: geh, nachdem du mit mir im Bett warst.

SARAH: Interessant. Üblicherweise sind solche wie du....

DAVID: Und schon sitzt der erste Arschtritt.

SARAH: Wo?

DAVID: Hier, im Gesicht ist der Fußabdruck.

SARAH: Aber ich habe nicht zugestoßen.

DAVID: Mit dem Fuß nicht, aber mit der Zunge.

SARAH: Wirklich?

DAVID: Hast du nun gesagt oder nicht, üblicherweise sind solche wie du...?

SARAH: Richtig, und was ist so schlimm daran?

DAVID: Schlimm ist, dass du verallgemeinert hast. Du behandelst mich, als wäre ich ein Teil eines wilden Rudels, wohingegen ich ein Individuum mit Bedürfnissen bin, ein Mensch mit Gefühlen und Schwächen. Gut, ich bin jung. Und ich bin arm. Und du bist verflucht erfahren, verflucht schön, verflucht weise, verflucht schlau und verflucht sexy...

SARAH: Und obendrein bin ich so verflucht dumm, dass ich einen Haufen Geld ausgebe, ohne zu bekommen, was ich will.

DAVID: Wie den Scheck, den du mir geben willst, wenn ich mit der Behandlung fertig bin. Bist du erst einmal auf Wolke sieben angelangt, wirst du nie wieder zu uns gewöhnlichen Sterblichen zurückkehren wollen.

SARAH: Das nennst du Behandlung? Alles nur Schall und Rauch.

DAVID: Wo es Rauch gibt, gibt's Essen, das macht hungrig.

SARAH: Du irrst dich, das macht satt.

DAVID: Hast du mich denn schon satt? Gib Acht, es wird noch so enden wie üblich.

SARAH: Und wie endet es üblicherweise?

DAVID: Verführt und betrogen.

SARAH: Für meinen Geschmack redest du zu viel... Junge.

DAVID: Ich bin kein „Junge", ich bin David. Du könntest mich auch beim Namen nennen.

SARAH: Ok, ich werde dich beim Vor- und Zunamen nenne: David, der Vielredner.

DAVID: Ist das eine Verarschung?

SARAH: Ich sage nur, dass du deine Zunge für interessantere Dinge einsetzen könntest.

DAVID: Zum Beispiel?

SARAH: Im Intimbereich zum Beispiel.

Stille.

DAVID: Mein Gott! Du bist Schriftstellerin, hast einen wichtigen Preis gewonnen...

SARAH: Na und? Wenn ich getrunken habe und sage, was ich denke, werde ich unverschämt. Spiel nicht den Gentlemen. Wer weiß über welche Sauereien ihr sprecht, wenn ich unter euch seid und über die Kundinnen sprecht. Und außerdem... hast du damit angefangen, ordinäre Ausdrücke zu gebrauchen. Was du diesem armen Herrn Direktor alles ins Gesicht gesagt hast!

DAVID: Ordinär kann ich werden wann ich will. Aber nicht unterwürfig. Vergiss es, höchstens nützlich, höflich, nichts anderes. Nicht mehr und nicht weniger.

SARAH: Na los, dann mach dich nützlich, erweise dich unterwürfig , zeige deine ordinäre Seite.

DAVID: Man kann sich nicht unterwürfig erweisen. Unterwürfig zu sein ist eine Veranlagung und kein Zustand.

SARAH: Da haben wir wieder den kleinen Klugscheißer. Glaubst du, dass du mit der Sprache besser umgehen kannst als ich?

DAVID: Ich weiß vieles, was du noch lernen solltest, das sind Dinge, die du in deinem Leben als Intellektuelle, wo es fast immer nur um den Kopf und nur selten ums Herz geht, nie lernen konntest.

SARAH: Nur damit du es weißt, ich bin in einem armen Viertel in Chicago aufgewachsen.

DAVID: Erzähl mir keine Geschichten! Das Viertel, in dem du aufgewachsen bist, ist erst durch die große Wirtschaftskrise vom September 2008 arm geworden. Davor war es ein wohlhabendes Viertel, das von namhaften Industriellen und Leuten aus der Finanzwelt bewohnt war. Du warst nie arm, hast nie von der Hand in den Mund, von Trinkgeldern oder faulen Tricks gelebt, du hast ein College besucht und bist anschließend nach Havard gegangen. Du hast als Musterstudentin in einer schönen Suite am Mystic River in Boston gewohnt und sollst - Gerüchten zufolge - sogar mit Clint Estwood gevögelt haben, als er wegen Dreharbeiten in der Stadt war.

SARAH: Wie kannst du diese Details aus meinem Leben kennen?

DAVID: Ich habe da meine Informationsquellen.

SARAH: Ach ja, du bist ein geschickter Internetsurfer.

DAVID: Richtig. Aber ich füge den Informationen, die mich wie Fliegen umschwirren, etwas hinzu, was du nicht hast.

SARAH: Und das wäre?

DAVID: Die Intuition.

SARAH: Pass auf, die Intuition ist vor allem ein weibliches Attribut.

DAVID: Aber dir fehlt sie ganz.

SARAH: Und du bist hingegen ein gewaltig sensibler Mensch?

DAVID: Ich habe nicht von Sensibilität gesprochen.

SARAH: Um Intuitionen zu haben, muss man auch außerordentlich sensibel sein.

DAVID: Das ist nicht gesagt. Die Sensibilität ist keine Gabe, die einen stärkt, sondern kann - ganz im Gegenteil - ein Zustand sein, der einen schwächt.

SARAH: Jedenfalls... fühlst du dich sehr schnell von Worten angegriffen.

DAVID: Mehr noch von den moralischen Arschtritten. Wie die, die du mir versetzt hast und weiterhin unbeirrt versetzt.

SARAH: Nenne es, verflucht noch mal!,wie du willst, es sind nur Worte.

DAVID: Na und? Sind Worte denn keine Steine? Steht denn nicht schon in der Bibel, dass die Zunge mehr anrichten kann als das Schwert?

SARAH: Ich warte immer noch auf diese heilige Zunge… und auch auf das Schwert, wenn du es wissen willst.

DAVID: Vorläufig musst du dich mit Worten begnügen.

SARAH: Ich begnüge mich schon ein ganzes Leben lang mit Worten. Ehrlich gesagt langweilen sie mich schon... Geschwätz, Geschwafel und es kommt nichts Anständiges dabei heraus. Ich hatte gehofft, dass ich dich für weniger intellektuelle Ansprüche angestellt habe, für Bodenständigeres, nicht nur als Schlüsselhilfe... aber lassen wir das mit dem Schlüssel... wessen Herz voll ist, dem geht der Mund über.

DAVID: Oder über, hinüber und dann hinunter.

SARAH: Kompliment zum geglückten Wortspiel... über/hinüber, hinunter, das wäre tatsächlich einen Pulitzer Preis wert!

DAVID: Wie willst du wissen, ob ich nicht auch eines Tages einen Pulitzer Preis gewinnen könnte? Weil du aus meinem derzeitigen Abhängigkeitsverhältnis voreilige Schlüsse ziehst. Nur weil ich noch druckfrisch bin und du schon fast zu den Klassikern zählst?

SARAH: Danke für die zarte Andeutung auf das Alter... ich soll dir Arschtritte versetzt haben... wie auch immer, erkläre mir, was du unter voreiligen Schlussfolgerungen verstehst... in welcher Hinsicht voreilig?

DAVID: Gib mir recht: Vertraue der Intuition, jenem Teil deiner Weiblichkeit, die du noch nicht aus deinem Innersten befreien konntest.

SARAH: Und was könnte mir die Intuition sagen?

DAVID: Beispielsweise wer ich wirklich bin und was ich von dir will.

SARAH: Was kannst du von mir wollen, was über das Geld hinaus geht?

DAVID: Geld macht nicht glücklich.

SARAH: keine Slogans bitte, es verbreitet immerhin Wohlbefinden. Wenn man sich wohl fühlt, kommt man dem Glück schon näher.

DAVID: Richtig, aber es gibt da noch etwas anderes.

SARAH: Sag du mir, was es ist.

DAVID: Oh nein, meine liebe, das musst du erraten.

SARAH: Und wie?

DAVID: Nur um es anzudeuten: indem du mir in die Augen schaust.

SARAH: In die Augen?

DAVID: Ja, geradeaus in die Augen. Was siehst du in meinen Augen?

SARAH: Warte, lass mich genau hinsehen... zwei pralle Eier.

DAVID: Das sind die Pupillen, was siehst du darüber hinaus?

SARAH: Worüber hinaus, über die die prallen Eier?

DAVID: Was findest du jenseits meiner Leiblichkeit in dieser Verpackung interessant, in der mein Dasein eingeschlossen ist?

SARAH: In dir drinnen?

DAVID: Genau.

SARAH: Nicht den Schwanz.

DAVID: Hör auf, du fängst an, langweilig zu werden.

SARAH: Aber in dir ist nichts, man sieht eben keinen Schwanz, es ist alles dunkel. Licht aus, wegen Ferien geschlossen, außer Betrieb - out of order.

DAVID: Wenn du meine Sensibilität in Mitleidenschaft ziehen willst...

SARAH: Reizbarkeit ist das bessere Wort.

DAVID: Nun, siehst du, auch du kannst das mit den Worten.

SARAH: Nicht umsonst habe ich den Pulitzer Preis gewonnen, Junge!

DAVID: Ich hasse es, Junge genannt zu werden.

SARAH: *(herausfordernd)* Ok, Junge, wenn du nicht Junge genannt werden willst, nenne ich dich nicht mehr Junge. Dann nur zu, mein schöner David, schenk mir was zu trinken ein.

DAVID: Gib mir keine Befehle, du Hure.

SARAH: Ist das ein Kompliment?

DAVID: Das kannst du dir in den Arsch stecken.

SARAH: Das könnte auch ein Wunsch sein... oder eine Hoffnung, zu später Stunde doch noch einmal zu Ehren zu kommen.

DAVID: Ah, wie sie miaut, die räudige Katze.

SARAH: Jetzt hör mal, (Verzerrt das mal, sodass ein „miau" hörbar wird) hör miau genau her, bezahle ich dich, ja oder nein? Also musst du machen, was ich sage. Ob du willst oder nicht.

DAVID: Ob ich will oder nicht, mag durchgehen... - Aber immer nur zum Wohlgefallen... abgemacht?

SARAH: Oh, aber sicher doch damit es mir gefällt, wem sonst?

DAVID: Und ich mache dir den Gefallen gern... hier hast du was zu trinken... es ist serviert. - Und was sagt man jetzt als braves Mädchen?

SARAH: Danke. (Sie trinkt).

DAVID: War es so schwierig, ein paar gute Manieren zu erlernen?

SARAH: Danke, dass du mich belehrt hast.

DAVID: Euch Reichen fehlt manchmal die Luftzufuhr zum Hirn. Ihr jappst nach Luft wie Fische an Land, wenn euch jemand einen Gefallen tut oder eine Freundlichkeit erweist, denn ihr seid das nicht gewohnt und folglich seid ihr erstaunt, wenn euch so etwas ganz spontan widerfährt. Alles ist euch verpflichtet, alles wird euch auf dem Silberplateau serviert.

SARAH: Das war nicht freundlich oder höflich.

DAVID: Was war es dann?

SARAH: Ein Dienst.

DAVID: Gut, das war ein Dienst, aber es geht nicht an, dies hervorzuheben.

SARAH: Was willst du damit sagen?

DAVID: Das ich nicht im Sinn habe, dir wie ein Sklave zu dienen. Wie oft muss ich das noch sagen?

SARAH: Und wie hast du im Sinn, mir zu dienen?

DAVID: Weiß ich nicht.

SARAH: Siehst du, du weißt es nicht einmal! Dein Klassenbewusstsein wankt.

DAVID: Mein Klassenbewusstsein war nie ganz stabil... nur jetzt sind meine Vorstellungen darüber durcheinander, was ich nun machen muss.

SARAH: Ich hätte da schon so meine Vorstellungen.

David zieht sich aus.

DAVID: Gut so?
SARAH: Bestens. Du bist strahlend schön... wie der David... von... von... Donatello... Nein, das heißt von Michelangelo.

David legt sich nackt neben sie. Sie beginnen, sich zu liebkosen.

4.SZENE

Anmerkung für die Regie: Man könnte mit entsprechenden Vorsichtsmaßnahmen diverse Lichtstrahlen spielen lassen oder hinter einem Schleier die Sexszene darstellen und dann die folgende Szene anschließen, ohne notwendigerweise einen zeitlichen Abbruch entstehen zu lassen. Sarah schläft, er sitzt am Bett. David nimmt das Diktiergerät vom Nachtkästchen, schaltet es ein und man hört Sarahs **STIMME:**

SARAHs STIMME: Weißliche Wolken vermischen sich mit anderen verschiedenster und fantasievoller Dimensionen. Wie sehr bin ich gelaufen, bevor ich hier her kam!
Ich war barfuß. Die Angst, die einen üblicherweise am Fliehen hindert, hat diesmal die Überhand gewonnen.
Zwei sanft geschlossene Augen... zwei Augen... lassen den köstlichen Traum einer Frau erahnen. Ihre auffallend kindlichen Umrisse verschwimmen, dank der seltsamen Schatten, die sie umschmeicheln, im Dunkel der Nacht.
Ein kristallener Schmetterling fliegt um sie herum. Seine Flügel sind starr geöffnet und bleiben auf Lippenhöhe stehen, als ob er ihr das Reden verwehren wollte.. damit sie nicht zum Schmetterling saget... - Ich bitte dich, flieg nicht weg!

Ich verliere mich im Zauber des Verwobenen, doch versuche ich, den Schmetterling mit meinen Gedanken zu befreien, doch es ist, als wäre er taub.
Die Frau erscheint mir immer unschuldiger, betört, ihr Traum lässt sie gerade noch atmen. Ich versuche, sie mit meinen Wünschen wieder zu beleben. Sie antwortet, dass der Schmetterling nur einen Tag leben kann und ihre Entscheidung lautet, bei ihm zu bleiben. Ich schenke ihr meine Hoffnung. Sie erzählt mir von ihrem Wiedererwachen. Es wird als Stern sein, denn sie ist einen Pakt mit dem Himmel eingegangen.

Die Aufzeichnung bricht ab. Sarah erwacht.

SARAH: Es sind einfache Aufzeichnungen. Nichts Definitives.

DAVID: Das möchte ich hoffen.

SARAH: Danke für die Ermutigung.

DAVID: Ich nenne die Dinge beim Namen, ich bin spontan. Im Übrigen, wozu soll dieses Geraune gut sein? Jeder macht, was er will und was er mag: wenn du gern Ammenmärchen verkaufst... willkommen auf dieser Welt, in der der Betrug das Wesen das Handels ist.

SARAH: Welcher Betrug?

DAVID: Ist die Fiktion in der Literatur denn kein Betrug? Eine Art, die Realität zu versüßen? Den Affen im Zoo Nüsschen zu verkaufen?

SARAH: Aber im Gegensatz zu den Menschenaffen kaufen die menschlichen Affen Bücher.

DAVID: Dann tust du gut daran, ihnen zu geben, was sie verlangen: Scheiße.

SARAH: Und Nüsschen.

DAVID: Mir scheint dass es zwischen den beiden Dingen eine Parallele gibt. Sie kommen beide an der selben Stelle heraus.

SARAH: Aber ich bemühe mich, etwas Neues zu sagen, originell zu sein.

DAVID: Wozu die Mühe? Jeder ist das Original seiner selbst. Es gibt keine gleichförmigen oder gegensätzlichen Kopien von uns, da brauchen wir uns nichts vorzumachen. Es ist nicht unser Doppelgänger, der geboren wird, wächst und stirbt. Wir selbst, ich und du, wir sind dieser gemeine Sterbliche, der sich mit unsicherem Gang, Schritt für Schritt dem Rand des Abgrunds nähert.

SARAH: Ich spreche von Träumen und du antwortest mit Albträumen.

DAVID: Bleiben wir also beim Thema. - Träumst du oft davon, wieder ein kleines Mädchen zu sein?

SARAH: Beinah jede Nacht. Ich sehe meine Sachen wieder, die Dinge, die mir lieb und teuer waren... und es noch immer sind, Die Puppen, die Gesichter aus meiner Umgebung, der Duft der Torte, die sonntags im Ofen gebacken wurde, meine Mutter der im Garten das Gras mäht, den Duft der Blumen... Süßliches Zeug, würdest du dazu sagen.

DAVID: Deine Träume sind wunderschön, wie fantastisch muss deine Kindheit gewesen sein!

SARAH: Nun, Honiglecken war es keines, man hat mir nicht nur Rosen und Blumen gestreut, ganz im Gegenteil, ich sah die Blumen aufgehen, während ich vom Schreck des Lebens gelähmt verharrte und ich wäre noch immer dort wie eine vertrocknete Knospe die kurz vor dem Aufblühen abstirbt... wenn da nicht meine Mutter gewesen wäre. Meine Mutter war die Göttin meiner Träume, sie gab ihnen Nahrung, sie benutzte sie, um atmen zu können und um mich atmen zu lassen. Aber eigentlich zwang sie mich, ihre Träume zu den meinen zu machen und das war nicht...

DAVID: *(indem er sie jäh unterbricht)* Gut, beste Voraussetzungen... Du müsstest diese Träume nur auf eine bewusstere Ebene transferieren.

SARAH: In welcher Hinsicht bewusster?

DAVID: Insofern, als du sie nicht als Träume erlebst, als Rauchwolken des Unterbewusstseins, wie Shakespeare sagt, sondern als das, was sie wirklich sind.

SARAH: Und was sind sie?

DAVID: Erinnerungen. Es ist so, der Traum löst einen Mechanismus aus, der das Eintreten von Nostalgie und Heimweh bewirkt, die Erinnerung hingegen ist ein Erfassen der zeitlichen Dimension eine präzise Einordnung in das ganz persönlich Erlebte...

SARAH: Und wenn das Heil ausgerechnet darin läge? Die zeitliche Dimension außer Acht zu lassen... nicht jedem Atemzug einen präzisen Platz im Leben zuzuordnen... sich hie und da diesen Luxus zu leisten? Und die Träume lebendig zu erhalten?... Unsere... nicht die Träume derer, die wir lieben...

Stille. David sieht Sarah tief in die Augen und nimmt ihre Hand. Sie entzieht sie ihm ruckartig und spricht ihn ihrem ironisch-verarschenden Ton weiter.

SARAH: Weißt du was ich glaube? Du solltest Seelenklempner werden, das meine ich ernst. Du würdest dir eine goldene Nase verdienen.

DAVID: Und ob ich mir eine goldene Nase verdienen werde, gleichgültig, wofür ich mich entscheide, als Banker, Straßenfeger oder...

SARAH: Gleichgültig als was?

DAVID: Gleichgültig... auch, warum nicht?... auch als Schriftsteller.

SARAH: Bescheiden, das Jungchen!

DAVID: Und weißt du, warum ich es schaffen werde, jemand zu werden? Weil bei mir die zwei grundlegenden Voraussetzungen für den Erfolg gegeben sind: Wut und Entschlossenheit.

SARAH: Du hast es also vorne drauf.

DAVID: Darauf kannst du wetten.

SARAH: Beweise es.

DAVID: Vor ein paar Stunden habe ich dein Gepäck ins Zimmer gebracht...

SARAH: Du hast mir Trinkgeld abgeknöpft.

DAVID: Ein saftiges Trinkgeld, wenn schon. - Und jetzt?

SARAH: Was jetzt?

DAVID: Wo bin ich jetzt? Was tue ich?

SARAH: Sag du es mir!

DAVID: Ich bin mit einem Pulitzer Preis im Bett.

SARAH: Bilde dir nichts darauf ein.

DAVID: Als Angestellter fix aufgenommen.

SARAH: Als Teil des Personals? Dann mach dir zu schaffen, Mister Fixangestellter!

DAVID: Ehrlich gesagt scheint mir, dass ich meine Brötchen fürwahr verdient habe.

SARAH: Tatsächlich? Und wie?

DAVID: Nur um von vorne zu beginnen... Du bist eingeschlafen und ich habe dich gestreichelt,... ein wenig, am Kopf, wie...

SARAH: Wie ein Hündchen?

DAVID: *(peinlich berührt)* Ja, das heißt, nein...

SARAH: Beruhige dich... ich weiß, dass ich bin kein Hündchen bin.

DAVID: Gewiss...

SARAH: Mein Körper ist nicht von Haaren bedeckt. Ich lasse meine Zunge beim Klang des sich füllenden Napfs nicht heraushängen. Meine Augen sind nicht blutunterlaufen... das vielleicht schon, aber nur wegen des Whiskys... ich gehe nicht auf allen vieren und vor allem wedle ich nicht mit dem Schwanz, weder hinten noch vorn, wie du mit deinem Rüssel da.

DAVID: Entschuldige, das ist ein konditionierter Reflex. Wenn ich neben einer so schönen Frau wie eben neben dir stehe, dann passiert mir das. Außerdem ist das doch normal, oder nicht?

SARAH: Das hast du gut gesagt: eine Frau. Und ich gebe zu, dass es normal ist, obwohl in Zeiten wie diesen der Begriff Normalität unendlich dehnbar geworden ist...

DAVID: Du willst mir einfach nicht zuhören. Eigentlich habe ich gesagt, „eine schöne Frau“.

SARAH: Innerlich schön, wenn schon, richtig?

DAVID: Ich kenne dich erst seit kurzem, aber ich bin mir sicher, dass es so ist. Schön und gut wie ein reifer Pfirsich: schön anzusehen und wohlschmeckend.

SARAH: Und du hast mich vernascht.

DAVID: Nur eine Kostprobe, man kann nicht von Vernaschen sprechen.

SARAH: Aber die Hauptspeise hast du dir bereits unter den Nagel gerissen.

DAVID: Welche Hauptspeise?

SARAH: Die Spezialität des Hauses.

DAVID: Und das wäre?

SARAH: Kaviar.

DAVID: Und die belegten Brötchen?

SARAH: Das war eine Metapher.

DAVID: Das habe ich sehr wohl verstanden...

SARAH: Weißt du was ich dir sage? Du bist wirklich tüchtig, du verstehst alles und wenn du es mit dem was du weißt, nicht schaffst, fasst du dir ein Herz und triffst dank deiner Intuition ins Schwarze. Ja, du bist tüchtig, aber ich glaube, der Überlebenstrieb des Straßenjungen in dir kommt dir ganz schön zu Hilfe.

DAVID: Ja, es macht mir Spaß, verschlossene Türen zu öffnen...

SARAH: Das bestätigt, was ich gesagt habe, du schickst mich in den April, aber dank deiner Intuition, nicht mit dem Passpartout.

DAVID: Entschuldige, das ist ziemlich peinlich.

SARAH: Auch für mich war es peinlich, als du meine Aufzeichnungen für den nächsten Roman angehört hast.

DAVID: Ich habe das Diktiergerät fälschlicherweise angedreht, ich dachte es gäbe Musik zu hören.

SARAH: Sprechen wir nicht mehr davon, vergiss, was du gehört hast: weibliches Geschwätz. Wir Frauen reden immer zu viel. Wie heißt es doch schon bei Mozart in der Zauberflöte: ein Weib tut wenig, plaudert viel.

DAVID: Was für ein Macho, dieser Mozart!

SARAH: Schlimmer noch, ein Weiberfeind.

DAVID: Ja, ein Frauenfeind.

SARAH: Und du?

DAVID: Ich bin kein Weiberfeind... allenfalls etwas machohaft... aber nicht dein Feind... niemals!

SARAH: Dabei würde ich nicht sagen, dass das, was unter dem Leintuch auf mich zielt, eine Waffe ist.

DAVID: Entschuldige. - Auch das ist ein Problemchen... ein peinliches.

SARAH: Peinlich? Beinhart ist wohl das treffendere Wort. Und außerdem vermittelt auch die Verkleinerungsform eine verzerrte Vorstellung. Wenn schon, dann ist es ein Riesenproblem.

DAVID: Es freut mich, dass ich deine Aufmerksamkeit erregt habe.

SARAH: Mehr als meine Aufmerksamkeit erregst du meine erotische Fantasie. Ich würde sagen, dass du Gefahr läufst, in alle ihre verschlungenen Falten einzudringen.

DAVID: Ja, aber es gibt tatsächlich ein Problem.

SARAH: Nennt man Erektionen jetzt Probleme?

DAVID: Wenn sie um ihrer selbst willen bestehen bleiben, können sie eins werden!

SARAH: Was schlägst du vor?

DAVID: Warum wollen wir nicht Liebe machen?

SARAH: Haben wir doch schon! Oder war das auch ein Traum?

DAVID: Eine blasse Erinnerung. Man müsste sie auffrischen.

SARAH: Du bist wirklich unersättlich.

DAVID: Wie ein ausgehungerter Wolf... hör zu, wie ich den Mond anheule: uuuh!

SARAH: Komm, lass dich lieber noch ein wenig quälen, als dass du mir in den Ohren liegst.

DAVID: Na gut, meine Schuld, wenn ich mit einer so hirngesteuerten und kopflastigen Person wie du ins Bett gehe. Also was ist mit der Folter? - Ich warte... intellektuelle Frau!

SARAH: Wir hören: was gefällt dir an mir am besten?

DAVID: Deine Märchen?

SARAH: Kalt.

DAVID: Deine literarischen Werke?

SARAH: Beschissenes Lügenmaul!

DAVID: Wirklich, mir gefällt, wie du schreibst. Du bist gut.

SARAH: Was weißt du schon! Ich wette, dass du nicht einmal meinen letzten Roman gelesen hast.

DAVID: Nein, ich habe ihn nur in der Buchhandlung durchgeblättert, und jede zweite Seite überflogen.

SARAH: Der perfekte Leser! Was gab es, dass du nur jede zweite Seite lesen wolltest?

DAVID: Das Geschwätz... deine verfluchte Berufung, dich in Träumen zu verirren. Was willst du? Wen sollen deine Hirnmasturbationen interessieren?

SARAH: Und dabei sagt man mir, dass in einer Woche zwei Millionen von diesen Mastrubationsbehelfnissen verkauft worden sind.

DAVID: Weil du jede zweite Seite gut geschrieben hast, wie ich schon erwähnte. Hättest du nur solche geschrieben – stell dir das einmal vor – du hättest mindestens doppelt so viele Exemplare verkauft.

SARAH: Ich weiß nicht, ob mein Verleger damit einverstanden gewesen wäre. Er hat sich nie erlaubt, mir vorzuschlagen, dies oder jenes aus meinem Manuskript zu streichen.

DAVID: Dein Verleger ist ein emeritiertes Arschloch.

SARAH: Beweise es.

DAVID: Gesagt, getan. Während ich mich mit deinem Buch herumspielte, - in Wirklichkeit informierte ich mich über dich, denn ich hatte in den Zeitungen gelesen, dass du hier im Hotel absteigst...

SARAH: Du hast dich also allem Anschein nach darauf vorbereitet, einen Treffer zu landen... aber erzähl weiter.

DAVID: Ja... aber da umschwärmt mich doch glatt eine Buchverkäuferin mit zwei schönen straffen Brüsten und einem drallen Knackarsch und flüstert mir zu: na, Schöner, kaufst du das Buch oder führst du mich heute Abend zum Essen aus? Ich mache hier in zehn Minuten Schluss.

SARAH: Und du?

DAVID: Ich habe mich zum Abendessen einladen lassen. Ich hatte Hunger, verflucht!

SARAH: Und mein Buch? Was war damit?

DAVID: Ich habe es ins Regal zurückgestellt, wo es hingehört. Warum fragst du?

SARAH: Was habe ich dir gesagt? Du hast es nicht einmal gekauft... und hast nur ein paar Zeilen gelesen. Wie kannst du dann beurteilen, was mein Verleger gemacht hat?

DAVID: Mir hat dein Foto auf der Rückseite des Umschlags gereicht.

SARAH: Wie dumm, wirst du dir gedacht haben, wie kann man sich nur so weit aus dem Fenster lehnen. Wer weiß, wie du mich gefunden hast...

Stille.

DAVID: Ganz ehrlich?

SARAH: Ok, ganz ehrlich.

DAVID: Aber du darfst dich nicht ärgern.

SARAH: Ich schwör's dir.

DAVID: Nachdem ich die Kopie deines literarischen Meisterwerks auf dem Regal zurückgelassen und es mit der Verkäuferin nach dem Abendessen krachen gelassen hatte... willst du den Nachtisch in allen Details?

SARAH: Lass das sein, das kann ich mir ganz gut vorstellen. - Aber was hat das mit meinem Foto auf dem Umschlag zu tun?

DAVID: Ganz ehrlich?

SARAH: Haben wir bereits gesagt.

DAVID: Schwöre es noch einmal.

SARAH: Ich schwöre.

DAVID: Und du ärgerst dich nicht? Sicher?

SARAH: Die Zeiten der beschissenen Wutausbrüche sind bei mir schon längst vorbei. Ich habe mich zuletzt geärgert, als ich meinem Mann... genauer, meinem Ex-Mann, mit einer Pfanne auf den Kopf schlug.

DAVID: Was hat er gemacht, dass er sich eine Strafe verdiente, wie sie im Buche steht?

SARAH: Nichts hatte er gemacht. Er hat sein Leben lang nichts gemacht, dieser Feigling!

DAVID: Und du schlägst wegen nichts und wieder nichts mit einer Pfanne auf den Kopf eines wehrlosen Wesens?

SARAH: Auch wegen noch viel weniger, wenn es darum geht.

DAVID: Ich wette, dass er sich Stöpsel in die Ohren gestopft hatte, nur damit er dich nicht hört, wie du über Literatur sprichst.

SARAH: Viel schlimmer. Ich komme wegen des regen Verkehrsaufkommens verspätet nach Hause und finde ihn bereits essend vor, er hat damit begonnen, ohne auf mich zu warten.

DAVID: Ein unsympathisches Verhalten, gewiss. Aber die Strafe mit der Pfanne finde ich übertrieben.

SARAH: Die Pointe kommt aber noch. Ich trotzig und provokant: weißt du, dass ich dich heute betrogen habe, mein Lieber, heute habe ich es mit deinem Stiefbruder getrieben. Und er, an einem Glas Chianti nippend: Hast du Spaß dabei gehabt, meine Liebe? Ist seiner länger als meiner?

DAVID: Au! - Das ist natürlich eine schwere Schuld, dann hat er den Schlag mit der Pfanne nahezu herausgefordert, fast so, als ob er selbst dagegen gerannt wäre und sich dabei die Hörner abgestoßen hätte. Richtig?

SARAH: Als ihm der Chirurg die Wunde nähte, kommentierte er: „Nicht schlecht, der Schlag ihrer Frau hat gesessen! - Aber zurück zu dir, zu meinem Buch und diesem Zuckerpüppchen von einer Verkäuferin.

DAVID: Angesichts der Vorfälle berufe ich mich auf das 5. Amendment: Du sollst nicht Zeugnis ablegen, wenn es dich belasten oder wenn es dir Schläge mit der Pfanne einbringen kann.

SARAH: Ich habe dir aber schon vorher gesagt, dass die Zeit der beschissenen Wutausbrüche aus und vorbei ist. Mittlerweile geben meine Sinne Frieden.

DAVID: Nicht ganz.

SARAH: .... und wenn es nichts anderes ist, dann um des Friedens mit mir selber willen. Schluss mit Männern.

DAVID: Oh! Und was ist mit mir?

SARAH: Du? Du bist doch kein Mann!

DAVID: Ich habe den greifbaren Gegenbeweis an der Hand! Willst du ihn spüren?

SARAH: Ich kenne ihn inzwischen auswendig. Ich meinte, dass du bloß ein Junge bist.

DAVID: Bloß...? Pass auf, das finde ich beleidigend!

SARAH: Also, du bist eine Ausnahme... ein Spiel...

DAVID: Eine Art Vibrator, meinst du also.

SARAH: Ein Vibrator mit Herz und Seele.

DAVID: Danke für die Richtigstellung, trotzdem bleibe ich immer nur ein Vibrator.

SARAH: Das Vokabular und die Technik haben auch vor dem Sex Shop nicht Halt gemacht.

DAVID: Stell dir vor, die Verkäuferin wollte mir gar die Batterien auswechseln.

SARAH: War dir der Saft ausgegangen?

DAVID: Ich habe kein eingebautes Atomkraftwerk. Und außerdem hatte sie gewisse Ansprüche... mach dies und mach das... schieb an... halte zurück... vorne und von hinten...

SARAH: Auch von hinten?

DAVID: Da ich nun mal schon so weit war... ein paar Stöße verwehrt man doch niemanden!

SARAH: So, jetzt rufe ich den Geschäftsleiter der Buchhandlung an und bewirke ihre Entlassung. Nicht wegen dir, musst du wissen. Ich bin nicht eifersüchtig und außerdem sind wir ja gar nicht zusammen... aber sie hätte dir zumindest ein Buch, mein Buch, verkaufen können, aber sie hat es nicht getan, obwohl sie dir ihren schönen Hintern hingehalten hat. Hinterher jedoch muss man sagen, dass es in erster Linie eine Respektlosigkeit mir gegenüber war, da ich die Autorin dieses unverkauften Buches bin und sie zweitens hat sie das Vertrauen des Geschäftsinhabers missbraucht.

DAVID: Die ganze Wahrheit aber ist, dass dein Buch im Gegensatz zu ihr kein Feuer zwischen den Beinen hatte. Das ist es, was dir zu schaffen macht!

Stille.

SARAH: Hör zu, ich muss dir eines sagen: wenn du es darauf angelegt hast, mich scheißwütend zu machen, dann ist dir das tatsächlich gelungen.

DAVID: Ich bin aber nicht derjenige, auf den du wütend sein solltest.

SARAH: Auf wen dann?

DAVID: Auf den Grafiker deines Verlagshauses. Mein Gott, wie kann man nur so ein Foto verwenden! Welcher Unfähige hat es aufgenommen?

SARAH: Mein Ex.

DAVID: Der den Schlag mit der Pfanne abgekommen hat?

SARAH: Ja, genau der. Siehst du nicht ein , dass er sich das verdient hat?

DAVID: Und wie!

SARAH: Dann gibst du mir also recht!

DAVID: Dreifach dumm: erstens, weil er dich fotografiert hat, ohne es zu können, zweitens weil er das Foto behalten und das Original links liegen gelassen hat.

SARAH: Und drittens?

DAVID: Weil er sich die Pfanne überziehen hat lassen, sodass ihm das ganze Omlett in die Augen geronnen ist.

SARAH: Es war kein Omlett, sondern ein Ossobuco.

DAVID: Wie auch immer, es bleibt mir unerklärlich, warum du zugelassen hast, dass so ein schreckliches Foto verwendet wird. Es ist stümperhaft gemacht und vor allem ganz und gar ohne Liebe zum dargestellten Objekt.

SARAH: Danke für die Bezeichnung Objekt. - Leider war der Band, als ich ihm die Pfanne überzog, bereits in Druck. Er hatte so sehr darauf bestanden, dass ich eben dieses Foto verwende...

Stille.

SARAH: Soll das ein Kompliment sein?
DAVID: Es soll keines sein, es ist ein Kompliment. - Ehrlich.
SARAH: Du versuchst nur, mir die Pille zu versüßen.
DAVID: Welche Pille, wovon sprichst du?
SARAH: Die bittere Pille der Wahrheit.
DAVID: Erkläre mir das.
SARAH: Die Wahrheit, die traurige, durchschlagende, absolute und unabwendbare Wahrheit des Spiegels: ich bin alt und habe Falten.
DAVID: Falten können interessant sein.
SARAH: Blödsinn. In Wirklichkeit sind sie dir schon aufgefallen.
DAVID: Ja, aber das hat sich nicht ausgewirkt... negativ ausgewirkt, meine ich. Greif hin, überzeuge dich selbst.
SARAH: Wir irren und schon wieder in einem Sprachgewirr herum.
DAVID: Stört dich das?
SARAH: Nein, ich finde es amüsant. Und eben das stört mich daran.
DAVID: Dass es amüsant ist?
SARAH: Mich stört, dass es mich nicht stört.
DAVID: Dann lehn dich zurück, genieße den Augenblick.
SARAH: Augenblick, bist du so schnell? Vorhin erschien er mir noch eine Ewigkeit... ein süßes Verweilen der Zeit.
DAVID: Ich meinte es metaphorisch. Aber lass es uns nicht übertreiben mit den großen Worten.
SARAH: Aber ja, du hast recht, aus mit Höhenflügen und platonischen Gefühlen, auf dass das gemeine Fleisch endlich seinen zweiten Zweck erfülle.
DAVID: Den zweiten Fick, mit einem zischendem F.
SARAH: Jetzt kommt er mir mit Phonetik, das Dummerchen.
DAVID: Warum nicht, da kommt Freude auf...
SARAH: My God, deine Zunge ist länger und rauer als eine Giraffenzunge!

5. SZENE

Wie bei der 4. Szene:
Anmerkung für die Regie: Man könnte mit entsprechenden Vorsichtsmaßnahmen diverse Lichtstrahlen spielen lassen oder hinter einem Schleier die Sexszene darstellen und dann die

DAVID: Was ist los? Kannst du nicht schlafen? – Stört es dich, wenn ich rauche?-- Stört dich die Zigarette? ---Sag, warum siehst du mich an, als wäre ich ein Zombi? --- Bitte, sag was... willst du etwas trinken? Whisky? Wasser? He, ich rede mit dir!

SARAH: Wer bist du?

DAVID: Ich? Erkennst du mich nicht? Ich bin dein Sexsklave.

SARAH: Scheiße, was tust du in meinem Bett?

DAVID: Der Sexsklave, erinnerst du dich... oder besser die Giraffe mit der langen, rauen Zunge.

SARAH: Mir dreht sich der Kopf... gestern habe ich ein wenig zu tief ins Glas geschaut, um meinen Preis zu feiern, ich bin in Ohnmacht gefallen, vielleicht habe ich die Macht über meine Sinne verloren. Wahrscheinlich hast du mich in diesem Zustand vorgefunden... und davon profitiert.

DAVID: Das ist gut: ich soll von dir profitiert haben?

SARAH: Dem Anschein nach.

DAVID: Der Schein trügt. Wenn schon ist das Gegenteil der Fall: Du hast von mir profitiert! Und wie es dir gefallen hat!

SARAH: Es war sicher so: Bevor ich in Ohnmacht fiel, habe ich um Hilfe gerufen, du warst gerade auf der Etage und bist herbeigeeilt, hast mich auf dem Boden vorgefunden, ausgezogen und ins Bett gelegt. Dann hast du dich selbst ausgezogen, bist unter die Decke geschlüpft und hast dich an mir vergnügt. So ist es gewesen.

DAVID: Und wer hat mir dann einen geblasen?

SARAH: Habe ich dir einen geblasen? Wirklich? Abscheulich!...

DAVID: Du hast mir sogar hineingebissen... willst du den Abdruck deiner spitzen Zähnchen sehen? Oder war die Feder deines Gebisses gebrochen?

SARAH: Schluss! Aus! Ich... ich... weiß nicht, was passiert ist. Ich erinnere mich an nichts.

DAVID: Und ich sage dir, du hast mich sogar angestellt.

SARAH: Warum hätte ich das tun sollen? Bist du nicht schon im Hotel angestellt?

DAVID: Das war einmal: wegen dir bin ich entlassen worden. Jetzt bin ich ein Sarah-Angestellter.

SARAH: Was ich heute Nacht alles gemacht habe!

DAVID: Nun, wir sind den ersten Band über die Kunst des Kamasutra praktisch durchgegangen. Ich oben, du unten, ich auf der einen Seite, du oben, auf der anderen Seite, gegenläufig...

SARAH: Ich soll dich also für eine Nacht angestellt haben.

DAVID: Länger.

SARAH: Zwei Nächte.

DAVID: Länger, viel länger.

SARAH: Scheiße, für wie lange dann?

DAVID: Unbefristet.

SARAH: Wie?

DAVID: Fix eingeplant mit dem mikrigen Gehalt von tausend Dollar.

SARAH: Im Monat? Na ja, vielleicht habe ich ein Geschäft gemacht, wo findet man so einen Mastenträger wie dich?

DAVID: Im Monat? Pro Nacht, mein Schatz.

SARAH: Wie? Was? Pro Nacht? - Mein Gott, du knöpfst mir ja mehr ab als mein Seelenklempner!

DAVID: Ha, jetzt, da deine Gelüste befriedigt sind, tut es dir leid... ich hätte es mir denken können, dass du der Verpflichtung nicht nachkommst. Und dieser Lügengeschichte liegt das Motiv zugrunde: „ich weiß von nichts, ich erinnere mich an nichts"... Leck mich doch am Arsch!

SARAH: Bereits geschehen, zumindest allem Anschein nach. - Wie auch immer, die Frage ist nicht, ob es mir leid tut, sondern ob ich mir das leisten kann. Ich werde mich mit meinem Rechtsanwalt beraten, vielleicht kann ich ja einen Rückzieher machen.

DAVID: Du möchtest also einen Rückzieher machen?

SARAH: Wenn ich könnte? – Nun, da muss ich dich leider enttäuschen, aber die Antwort lautete: ja.

DAVID: Gut, einverstanden, dann betrachten wir die mündliche Vereinbarung als aufgehoben. Lassen wir die Liebe, den Sex und all das beiseite.

SARAH: Mündliche Vereinbarung? - Das heißt... wir haben keinen Vertrag unterschrieben? Das ist eine gute Nachricht. Die erste gute, seitdem ich wach bin.

DAVID: Wir haben uns moralisch betrachtet die Hand gegeben... oder besser, du hast Hand an meinen Eiern angelegt und ich an deinen Brüsten. Darin sind wir uns doch mehr als einig!

SARAH: Mach dir keine Hoffnungen: mein Anwalt wird dich wie ein Ei in die Pfanne schlagen. Es liegen keine rechtlichen Voraussetzungen vor, an die ich mich halten müsste.

DAVID: Ach ja, mit Pfannen kennst du dich aus.

SARAH: Und du weißt, wie man bei Frauen den Schlaumeier spielt, nicht wahr?

David springt aus dem Bett und zieht sich an.

DAVID: Spar dir den Rechtsanwalt. Ich bin der, der sich nicht mehr daran hält.

SARAH: Was zu tun?

DAVID: Bei dir zu bleiben.

SARAH: Und das Geld? Verzichtest du auf die Entlohnung? Ich hatte nicht gehofft...

DAVID: Ich scheiß auf dein Geld. Nimm zurück, was du mir im Voraus gegeben hattest... Ich brauche es nicht, Geld kommt herein und geht hinaus, irgendwie werde ich es in jedem Fall schaffen. Und wenn aus mir was geworden ist und du noch lebst, möglicherweise im Rollstuhl, sabbernd, mit Parkinson im letzten Stadium, dann komme ich, um dir ins Gesicht zu sagen: schau, wen du aus deinem Leben, aus deinem Zimmer, aus deinem Bett geworfen hast! Und wenn du schon vorher verendet bist, komme ich und scheiß dir aufs Grab. Nichts anderes hast du verdient, denn du hast mein vollkommenes Desinteresse an dir nicht erfasst... meine Liebe... zu dir!

SARAH: Warte, geh noch nicht. Vielleicht beginne ich, mich an etwas zu erinnern... deine Küsse, deine Worte, deine Zärtlichkeit...

DAVID: Ist das alles?

SARAH: Deine lange, raue Giraffenzunge...

DAVID: Fick dich ins Knie!

SARAH: Allein? - Schon passiert... vor langer Zeit.

David tritt ab, Sarah bricht in Tränen aus. Ende des ersten Akts.

ZWEITER AKT

Wegen des in sich abgeschlossenen Charakters, der dem zweiten Akt verliehen werden muss, entfällt die Unterteilung in Szenen. Der gesamte Akt ist als Plan für die Sequenzen konzipiert.
Im Zimmer heller Sonnenschein. Aus dem Radio ertönt Swing. Überall sind Blumen. Das Telefon läutet. Sarah eilt im Nachthemd aus dem Bad, wo sie sich gerade geschminkt hatte. Sie antwortet.

SARAH: Idina, du bist es... Wie es war... wie es war... es war traurig, weil du nicht dabei warst...
(Pause: Idina spricht)
SARAH: Aber, das war ein Scherz!... Wunderschön Idina... es war wunderschön. Bewegend und wunderschön. Aber wenn ich noch einen Pulitzer gewinne, wirst du mitkommen!...
(Pause: Idina spricht)
SARAH: Habe ich bekommen... habe ich bekommen... einen Strauß Fresien!
(Pause: Idina spricht)
SARAH: Wie „nur Fresien"! Fresien im Winter... die gibt es nur in New York... versuch mal, welche in Rom zu finden...
(Pause: Idina spricht)
SARAH: Wieso „wie traurig"... Idina!....
(Pause: Idina spricht)
SARAH: Aber sicher doch!... Rosen, bündelweise, ganze Gewächshäuser voll! Die, die zählen, wie du sie nennst, haben keine Kosten gescheut!
(Pause: Idina spricht)
SARAH: Nein, mein Zimmer ist mit Blumen nicht vollgeräumt, ich habe sie bereits an die nächstgelegene Kirche schicken lassen...
(Pause: Idina spricht)
SARAH: *(Lacht)* Idina, ich bitte dich, bei all diesen Blumen im Zimmer wäre ich schon erstickt...
(Pause: Idina spricht)
SARAH: In Ordnung, ja, ich bin verrückt... ich gewinne einen Pulitzer, residiere im luxuriösesten Hotel von New York... schicke die Rosen in eine Kirche und klammere mich an ein erbärmliches Fresiensträußchen...
(Pause: Idina spricht)
SARAH: *(Verdreht die Augen nach oben)* Ja... immer die gleiche!
(Pause: Idina spricht)
SARAH: Nein Idina!... „Dein Vater hatte recht", nein, he, was soll das?! Ich könnte ihn nicht ertragen!... Außerdem bin ich müde, habe Kopfschmerzen... ich will...

(Pause: Idina spricht)
SARAH: Nein, ich bin nicht beleidigt... ich bin nur froh, dass mein Vater heute Abend nicht da ist.
(Pause: Idina spricht)
SARAH: *(Bricht in heiteres Lachen aus)* Siehst du, du sagst selbst, dass er nur Scheiße redete, also...
(Pause: Idina spricht)
SARAH: *(Lacht und spricht verkrampft weiter)* Ja, ich erinnere mich an meine erste Buchpräsentation...
(Pause: Idina spricht)
SARAH: Er wollte nur noch... Dampf ablassen... Du warst es, die ihm ein Taxi gerufen hat... er hatte zu dir gesagt: „Hier herrscht Frischluftmangel!...". Also... du hast ihn nur noch schnell ins Auto gesteckt... das sich blitzartig entfernte. Du hast dich ordentlich geärgert, arme Idina... auch damals warst du diejenige, die mir aus der Patsche geholfen hat... wie immer.
(Pause: Idina spricht)
SARAH: Ich weiß, dass du mich magst... und dass...
(Pause: Idina spricht)
SARAH: *(Lächelt zärtlich und blickt nach oben)* Ja, meine liebe, ja... dass ich... das Beste verdiene.
(Man hört es an der Tür klopfen)
SARAH: Es klopft, ich muss dich jetzt wirklich lassen... Es ist das Frühstück, es kommt aufs Zimmer, ich habe einen Bärenhunger, mir ist, als ob ich gestern ohne Abendessen zu Bett gegangen wäre, mir knurrt der Magen!... ja, ja, ich rufe dich an, sobald ich in Boston gelandet bin, hab dich lieb, tschüss! *(Sie legt auf, und geht zur Tür, um zu öffnen)* Da bin ich, ich komme.

Sarah öffnet die Tür und bleibt wie angewurzelt stehen. Es ist David in weißer Hoteluniform.

DAVID: Guten Tag, Miss Sampson.
SARAH: Auch... Ihnen, einen guten Tag!
DAVID: Das Frühstück, Miss Sampson... darf ich?
SARAH: Bitte, machen Sie nur, ich war in Gedanken.
DAVID: *(Das Wägelchen mit dem Früstück hereinschiebend)* Das glaube ich, bei all dem was in ihrem Kopf sein mag!
SARAH: Wie bitte?
DAVID: Sind sie berühmt geworden. Ihr Foto ist auf der Titelseite der „Time", die an jedem Zeitungsstand in Manhattan aushängt. - Darf ich Ihren Frühstückstisch decken?

SARAH: Ja, danke... - und was hat mein Gesicht in der „Time" mit dem zu tun, was mir durch den Kopf geht?

DAVID: Naja, nun wissen alle, dass Sie eine Künstlerin sind, eine Schriftstellerin...

SARAH: Na und?

DAVID: Sie arbeiten also mit der Fantasie. Es ist also völlig normal, dass Sie dann und wann auf einem anderen Planeten beheimatet sind... sagen wir, den Kopf ein wenig in den Wolken haben. Im übrigen sind doch Ihre Geschichten reine Erfindungen. - Nicht wahr?

SARAH: Zweifeln Sie daran?

DAVID: Wie soll ich die Quellen Ihrer Inspiration kennen? Ich könnte Sie ja auch zu einer Geschichte inspirieren. - Milch?

SARAH: Nein, ich mag den Kaffe schwarz. Was verstehen Sie unter „zu einer Geschichte inspirieren"?

DAVID: Ich meinte nur. Außerdem hat jeder seine eigene Geschichte, die erzählt werden könnte. Aber Sie haben recht, ich bin ein niemand, warum sollte ich Sie inspirieren?

SARAH: Vielleicht haben Sie das bereits getan, ohne es zu wissen.

DAVID: Möchten Sie Rührei mit Schinkenspeck?

SARAH: Ich hasse Eier zum Frühstück. Das ist eine sehr schlechte Angewohnheit, typisch amerikanisch. Man verschlingt massig Kalorien und kann für den Rest des Tages hungern, wenn man auch nur einen Teil davon abbauen will.

DAVID: Je nach dem.

SARAH: Sind Sie nicht meiner Meinung?

DAVID: Nicht, dass ich wüsste.

SARAH: Essen Sie Eier?

DAVID: Ich schon.

SARAH: Natürlich! Sie sind jung, ein großer Kerl, und müssen dieser Muskelmasse, die Sie mit sich herumführen, auch Nahrung zuführen.

DAVID: Um ehrlich zu sein: wenn ich die Wahl hätte und in einem bequemen Bett schlafen könnte und erst gegen neun Uhr aufstehen müsste, wie es die wenigen Privilegierten dieser Welt machen, würde ich das Frühstück ganz weglassen, um sofort zum After hour des Abendaperitifs überzugehen. Aber leider beginnt mein Arbeitstag bereits um sechs Uhr in der Früh und dann muss ich noch eine Stunde mit dem Zug fahren, um zur Penn Station zu gelangen.

SARAH: Ich verstehe. Da Sie in der Bronx leben, müssen Sie gegen vier Uhr aufstehen, um den Zug um vier Uhr vierzig zu erreichen, damit Sie rechtzeitig und in Uniform auf Ihrem Platz sind, nachdem Sie Ihre Karte abgestempelt haben.

DAVID: Wie können Sie wissen, dass ich in der Bronx wohne?

SARAH: Ich hatte geglaubt... verzeihen Sie, aber haben nicht Sie mir gestern die Koffer aufs Zimmer gebracht? - Wie heißen Sie?

DAVID: David.

SARAH: Eben, genau wie der David von Michelangelo.

DAVID: Eigentlich heißt mein Vater... das heißt, er hieß... er ist vor kurzem verstorben..

SARAH: Frankie.

DAVID: Warum kennen Sie den Namen meines Vaters?

SARAH: Ich kann nicht Gedanken lesen, keine Angst, ich bin keine Wahrsagerin. - Sie haben es mir gesagt.

DAVID: Ich? Aber ich habe Ihnen nichts gesagt, es ist uns strengstens untersagt, mit Kunden über private Angelegenheiten zu sprechen, das kann ich nicht gemacht haben, man hätte mich entlassen.

SARAH: Eben.

DAVID: Eben... was?

SARAH: Das hat man auch getan: man hat Sie entlassen.

DAVID: Mich? Wann?

SARAH: Vor ein paar Stunden. - Ohne Vorwarnung.

DAVID: Und warum?

SARAH: Weil Sie dem Herrn Direktor ungebührlich geantwortet haben.

DAVID: Das hätte ich mir nie herausgenommen. Dieser Herr Direktor war meinem Vater sehr verbunden und ich zeige mich nun ihm gegenüber erkenntlich. Da er mir Arbeit gibt, ermöglicht er mir das Studium.

SARAH: Ich weiß, Architektur.

DAVID: Sie machen mir Angst.

SARAH: Du brauchst keine Angst vor mir zu haben. Außerdem freut es mich, dass du dich mit dem Herrn Direktor versöhnt hast und dass er so großzügig war, dich wieder in seine Dienste aufzunehmen. - Wie du ihn beschimpft hast... Gehörnter, Schuft, Arschkriecher...

DAVID: Auch Arschkriecher?

SARAH: Ich kann es dir schwören.

DAVID: Mag sein...aber ich erinnere mich nicht daran.

SARAH: Du hast es vergessen, weil du ein Gentlemen bist.

DAVID: Inwiefern?

SARAH: Insofern, als du so tust, als ob du dich nicht mehr erinnern könntest, nur damit es mir nicht peinlich ist. Und ich bin dir dankbar, wirklich, äußerst dankbar. Ich möchte dir ein schönes Trinkgeld geben, wenn es dich nicht kränkt.

DAVID: Warum sollte mich ein Trinkgeld kränken?

SARAH: Ich möchte deinen Stolz nicht verletzen...

DAVID: Wenn Sie mir einen schäbigen Dollar zuwerfen wie so mancher Geizhals von Italiener, dann verletzten Sie meine Berufsehre, aber bei fünf... besser noch bei zehn Dollar, ist die Verletzung nur marginal und wandelt sich in ein strahlendes Lächeln, so zum Beispiel.

SARAH: Wie süß du bist, wenn du lächelst! - Komm zum Fenster.

DAVID: Warum, ist die Automatik des Vorhangs kaputt?

SARAH: Psst! Ich will dir das Trinkgeld geben.

DAVID: Verzeihen Sie, können Sie mir das nicht hier geben?

SARAH:Nicht, dass ich nicht könnte. Es ist wegen der Videoüberwachung. Dann musst du das Trinkgeld in die Sammelkasse einzahlen und mit den anderen teilen.

DAVID: Welche Sammelkasse, Miss Sampson, ich verstehe nicht.

SARAH: Die Flurkamera filmt doch alles bis zum Fußende des Bettes, aber nicht weiter, zur Wahrung der Privatsphäre... ich weiß alles.

DAVID: So viel ich weiß, gibt es im Flur keine Kameras.

SARAH: Aber das hast doch du mir gesagt.

DAVID: Ich, David? Verwechseln Sie mich da nicht mit wem anderen?

SARAH: Bist du der David, der in der Bronx wohnt und dessen Vater Frankie heißt?

DAVID: Richtig.

SARAH: Nun, siehst du, dass ich alles weiß?

DAVID: Gut... aber wie können Sie das wissen?

SARAH: Ich habe dir doch gesagt, dass du mir das gesagt hast.

DAVID: Aber ich habe Ihnen gar nichts gesagt.

SARAH: Und wie sollte ich das alles wissen?

DAVID: Scheiße, was weiß ich!

Sie sehen sich eine zeitlang verwundert an.

SARAH: Gut, dann gib mir die siebenhundert Dollar zurück.

DAVID: Schon wieder! Welche siebenhundert Dollar?

SARAH: Das Trinkgeld.

DAVID: Hören Sie, Miss Sampson, vielleicht sind Sie noch immer von gestern berauscht. Sie ziehen den Rausch hinterher wie eine schlechte Erinnerung. Tun Sie mir den Gefallen, frühstücken Sie, nehmen Sie ein Vollbad, aktivieren Sie die Massagedüsen und Sie werden wieder auf den Boden der Realität zurückfinden und die Wirklichkeit nicht mehr mit der Fantasie vermischen.

SARAH: Ich muss nicht auf den Boden der Realität zurück, ich bin schon da und mir geht's gut.

DAVID: Doch Sie behaupten, dass Sie mir siebenhundert Dollar Trinkgeld gegeben haben.

SARAH: Und?

DAVID: Finden Sie es nicht ein wenig übertrieben, einem Gepäckträger eine derartige Summe zu geben, nur weil er Ihnen ein paar Koffer aufs Zimmer gebracht hat?

SARAH: Behauptest du also, dass ich einen Scheiß daher rede?

DAVID: Ich würde es nicht wagen, so etwas zu denken, Miss Sampson. Aber es geht um etwas anderes. Ich kann mich an diese Episode überhaupt nicht erinnern. Dabei müsste ich mich freuen, wenn ich mich an so etwas erinnern könnte. Nicht wahr? Nicht schlecht, siebenhundert Dollar, das wäre ein Glück! Und sehr zur Freude meines Vermieters, dem ich auf einen Schlag die Mietsrückstände der letzten drei Monate bezahlen könnte. Aber der Punkt ist der: weder mein Gedächtnis noch meine Geldtasche konnten dergleichen registrieren, letztere ist tragischerweise leer geblieben. - Eigenartig, dass Sie sich derart klar an all das erinnern.

SARAH: Als ob es gestern gewesen wäre. Richtig, es war gestern!

DAVID: Ich habe schon verstanden, Sie nehmen mich auf den Arm. Wir sind in einer Folge von „Versteckte Kamera", wo man Streiche spielt und dann macht sich der Urheber erkenntlich und alle lachen: es war doch nur ein Scherz. Wo ist die Kamera, lassen Sie mich raten.

Er lacht, aber sie bleibt todernst und gefasst, dann packt sie aus.

SARAH: Ich und du, wir zwei, wir haben dreimal miteinander geschlafen, Herr David von Michelangelo, dafür habe ich dich bezahlt.

Aber David lacht und lacht, er wirkt nahezu höhnisch.

DAVID: Geschlafen? Mit mir? Das kann ich nicht glauben... was für ein dummer Scherz!

SARAH: Um es kurz zu fassen: das ist kein Scherz.

DAVID: Aber sicher, das ist ein Scherz, Miss Sampson. Ein mieser obendrein, entschuldigen Sie. Denn ich glaube nicht, dass ich mit Ihnen hätte schlafen können, noch dazu dreimal, man höre und staune!

SARAH: Warum nicht? Weil ich schon zu alt für dich bin?

DAVID: Nein, weil ich schwul bin und Frauen - ob jung oder auch nicht mehr, schön oder hässlich - nicht anziehend finde... sie machen mir keinen

Ständer, wenn Sie es genau wissen wollen. Folglich ist die ganze Geschichte, die Sie sich da ausgedacht haben, erstunken und erlogen, ich weiß nur nicht, wozu. Gewiss, Sie sind eine berühmte Frau, Sie sind reich, ich bin nur ein armer Teufel, ein Kerl, noch dazu schwul, was hält sie folglich davon ab, auf meine Kosten zu experimentieren, an meinem lebendigen Leib ihre literarischen Prestigespielchen auszuprobieren, ihre Nebenhandlungen, ihre romanhaften Verflechtungen mit lüsternen Frauen, die jungen Hotelangestellten zu Füßen fallen. So ein Schund! Aber es ist Ihnen nicht zu dumm nachzuhaken und den zu verspotten, der Sie zwangsweise bedienen und Ihnen Recht geben muss, der Ihre Sprunghaftigkeit, Ihre Verrücktheit und Ihre Marotten ertragen muss, nur um seinen Arbeitsplatz nicht zu verlieren? Sie wissen genau, dass ich Sie nicht hinschicken kann, wo der Pfeffer wächst, dass ich mich vor Ihren Anspielungen nicht wehren darf oder gegenüber ihrem hysterischen Gehabe, dass ich nur hoffen kann, dass Sie selbst damit aufhören, mich zu erniedrigen, etwa weil Sie sich daran erinnern, dass Sie einen Termin bei der Schneiderin haben oder beim Frisör Ihres Vertrauens oder bei Ihrem Rechtsanwalt, um den einen oder weiteren Millionenvertrag auszuhandeln... ich aber muss mitspielen und die Arschtritte hinnehmen...

SARAH: Da haben wir's, die Arschtritte!

DAVID: Bitte?

SARAH: Tu kannst Arschtritte nicht ausstehen, das hast du mir selbst gesagt. Und wie du dich geärgert hast, als ich es wagte, dir versuchsweise einen zu versetzen!

DAVID: Das möchte ich sehen! Aber wer kann schon Arschtritte ausstehen, Entschuldigen Sie vielmals! Keiner, gar keiner, ich schon gar nicht, aber ich bin nicht der einzige, auch nicht der Barkeeper, das zuständige Zimmermädchen aus Puerto Rico und schon gar nicht der Junge aus Kuba, der unten in der Tiefgarage die prestigeträchtigen Wagen der Superreichen einparkt. Auch ihm gebührt Respekt, auch mir, uns allen, ohne die diese abscheuliche Gesellschaft nicht funktionieren könnte, denn wenn niemand den Wagen eines reichen Klienten einparken würde, müsste es der betreffende Tycoon selbst tun, dann wäre er kein Tycoon mehr, sondern auf einer Ebene mit dem ausgehungerte Kubaner, der „nieder mit Castro" ruft, oder „nieder mit dem Kommunismus", weil ihm dieses beschissene Land ein Stück Brot zuwirft, damit er es wie ein Affe in einem goldenen Käfig fressen kann. Aber was schert ihn der goldene Käfig, wenn sich die Gitterstäbe, zwischen die er nur die Pfoten wie ein Versuchstier hindurch strecken kann, nicht ändern! Die Gitterstäbe lassen sich nicht verbiegen, sie sperren ihn ein, gewähren ihm keinerlei Freiheit, selbst wenn sie aus Gold sind. Kommen Sie mir also nicht mit Arschtritten – ich akzeptiere sie nicht. Nicht aus Prinzip und auch nicht aus politischer Überzeugung, ja, Sie haben recht gehört, politisch! Ich mag ein Bettler sein, verhungern oder einer, der früher oder später die Arbeit verliert und auf dem Central Park steht, wo er bei eisigen Temperaturen zwischen ein paar Kartons in Gesellschaft von ein paar Säufern und Versagern schlafen muss, aber ich bin ein Mensch, ein Individuum mit seiner Würde, seiner Moral und – entschuldigen Sie vielmals – einer eigenen Ethik.

Kurze Stille.

SARAH: Weißt du was du meiner Meinung nach bist? Nichts anderes als ein verfluchter Lügner. Aber das werde ich dir heimzahlen. Die Lüge darf in diesem Land, das dir die Möglichkeit geboten hat, zu werden was du bist, nicht triumphieren. Es hat dir immerhin ermöglicht, groß zu werden, bestimmt, es war nur ein grauenhafter Gehsteig in der Bronx, aber immerhin bist du aufgewachsen, hast intellektuelle Ansprüche, bezahlst dein Studium mit einer ehrlichen Arbeit... was willst du mehr? Willst du mich? Dann nimm mich! Oder willst du meine Geldtasche, meine Handtasche, meinen Schmuck oder meine Kreditkarten? Nein, warte, ich hab's, du willst das alles gar nicht, du... du willst dich bloß rächen... du willst mich tot sehen... du willst mich umbringen.

Kurze Stille.

DAVID: Selbst wenn!
SARAH: Dann gib es zu!
DAVID: Ich würde dich tatsächlich gern umbringen, aber es ist nicht gesagt, dass ich das mache. Du weißt, dass du nichts Wert bist, man kann dir den Pultizer Preis, den Nobelpreis, selbst das ganze Universum geben, du bleibst ein Nichts, es bleibt eine bewusste Unzufriedenheit, eine Versagerin, die sich dessen bewusst ist, dass das eigene Tun nichts bringt, belanglos bleibt, sich nicht auf die Weltgeschichte auswirkt oder das Leben der Menschen ändert. Warum sollte ich wegen dir Gefahr laufen, auf dem elektrischen Stuhl zu landen? Bring dich eigenhändig um, wenn du der Angst entkommen willst, dein Leben damit vergeudet zu haben, deinen Kinderträumen nachzuhängen, während Kinder anderswo nicht einmal groß werden.
SARAH: Du machst mir Angst.
DAVID: Warum rufst du dann nicht um Hilfe? Weil du weißt, dass ich die Wahrheit sage und die ist spitzer und schärfer als eine Schwertklinge. Weil du weißt, dass ich der Würgeengel bin und beschlossen habe, einen Streik von Gevatter Tod auszurufen, damit du jeden Morgen im selben Bett und nach der selben bewegten Nacht erwachst. Und Nacht für Nacht träumst du den selben fürchterlichen Traum, in dem du, wie in einem mentalen Inferno, die Angst vor deiner Unzufriedenheit durchlebst.

SARAH: Was willst du schon über meine Unzufriedenheit wissen?

DAVID: Ich weiß so viel wie nötig. Ich weiß, wie die Unzufriedenheit funktioniert, nämlich wie eine innere Qual, die die Seele durchbohrt: sie bohrt sich wie der Nagel in den Reifen und aus diesem Loch beginnt nach und nach Luft zu entweichen, bis der Reifen einen Platten hat und und das Auto gegen einen Baum kracht. Siehst du, wie dir Kirschbaum am Straßenrand rasend schnell entgegenkommt? Bremsen quietschen, ein Schrei, da, er hat die Motorhaube eingedrückt und jetzt fliegen die Splitter von der Windschutzscheibe umher... du rufst, schreist, bittest um Vergebung... Zack! Du hast dein Ziel erreicht, im Mund verspürst du nur noch den Geschmack von Blut und Baumrinde.. dann riecht es noch nach Benzin, eine Explosion... und kurz darauf verbrennst du in den Flammen deines Infernos!

SARAH: Ich kann nicht... ich bin wie gelähmt, habe Schwierigkeiten beim Sprechen... ich kann mich nicht mehr bewegen... Oh Gott! Hilf mir...

DAVID: Fick dich ins Knie.

Sarah fällt in Ohnmacht.
David wartet kurz, dann sammelt er die herumstehenden Blumen ein und versteckt sie im Schrank. Er nimmt die Likörflasche und schüttet ihren Inhalt über Sarah und den Inhalt der Gläser auf den Boden.
Anschließend löscht er das Licht, vorher schien es noch Tag zu sein, jetzt aber liegt alles wieder im Halbdunkel der Nacht. David tritt ab.
Dann geht er heimlich hinaus und macht die Tür wieder hinter sich zu.
Es dauert ein paar Augenblicke, dann erholt sich Sarah langsam

SARAH: Oh, mein Gott, mir dreht sich alles im Kopf, Hilfe!...Mir ist, als wäre ich auf hoher See an Bord einer Rettungsschaluppe, ich stinke nach Benzin, ich bin ganz nass... Verflucht, das ist Whisky...(*versucht aufzustehen, stolpert aber über eine Whiskyflasche)* Ich trinke nur Bourboun aus Tennesse, auf Dutzendware bin ich allergisch... Ogott, wie viel von dieser Brühe habe ich in mich geschüttet? - Mir ist zum Kotzen... *(läuft ins Bad und erbricht)*

Das Telefon läutet, Sarah kommt torkelnd aus dem Bad und nimmt den Anruf an. Es ist Idina

SARAH: Hallo,... Idina, bist du es? Oh meine Liebe! Du kannst nicht wissen, was mit mir los ist... Natürlich kannst du das nicht wissen, wo noch nicht einmal ich es weiß... Weißt du, die Blumen, von denen ich vor kurzem gesprochen habe?... Wie? Wann? Das mag vor zehn Minuten gewesen sein... Wir haben uns seit zwei Tagen nicht mehr gehört? Ist das dein Ernst?... aber wenn... natürlich, gestern haben wir... du, wer sonst... von den Fresien gesprochen, die man mir geschenkt hat... du weißt nichts davon? Dann heißt das, dass du dich nicht mehr erinnerst, ja meine liebe, ab einem bestimmten Alter... gewiss, auch du bist älter geworden... Die Blumen, die Fresien, sind nicht mehr da... verschwunden! Auch die Sonne ist weg, verfinstert. Was weiß ich wie? Ich hatte mich erbrochen... nein ich bin nicht besoffen... keinen Tropfen... es stinkt nach Whisky? Wie soll das gehen, am Telefon? Es stinkt so sehr, dass man es über die Telefonleitung riechen kann?... Komm schon, hör auf, mich auf den Arm zu nehmen, Herrgott noch mal! Du musst mir glauben... *(stolpert)* Ach du Schreck, jemand hat eine leere Flasche dagelassen... nein, zwei, auf dem Boden... Mineralwasser meinst du?! Natürlich sind es zwei Whiskyflaschen, aber nein, die habe doch nicht ich ausgetrunken! Und außerdem, wie kannst du behaupten, dass ich mir einen Rausch angetrunken habe! Ich kann beweisen, was ich sage: ich trinke nur Bourbon, vom Whisky bekomme ich Sodbrennen... nein, das ist nicht das selbe, wenn man bei der Herstellung von Bourbon anders vorgeht als bei Whisky, dann wird es wohl einen beschissenen Grund dafür geben... Und ich habe nicht zum Whisky übergewechselt, ich schwöre es... komm! Vorhin haben wir miteinander geredet und alles war in Ordnung, bestens, das Frühstück, die Blumen, die Sonne... und dann auf einen Schlag alles weg, ganz so, als ob mir ein großer Baum mit rasender Geschwindigkeit entgegenkäme, die Windschutzscheibe einschlüge und mir die Nase platt machte und dabei die Realität zertrümmerte. – Wie? Was soll das heißen, mach dir einen Kamillentee und geh ins Bett? Nein, wir hören uns nicht morgen, Scheiße! Jetzt ist morgen, das heißt, vor zehn Minuten war es morgen, während es jetzt gestern ist und es wird, verflucht noch mal, immer mehr gestern als noch vorhin. Nein, Idina, ich verbiete dir, dass du auflegst, Idina, leg nicht auf... Idina, ich nehme dich nicht auf den Arm, ich versuche nicht, ausgerechnet bei dir die Schriftstellerin zu spielen, wo du doch meine beste Freundin bist...freilich, ich weiß, dass du in meinen neuen Roman nicht die Rolle der Dummen spielen willst... Ich denke jetzt überhaupt nicht an meinen neuen Roman, ich schwöre es, es ist keine Fiktion... und auch keine Fixierung! Idina, du bist meine Verlegerin und du kennst mich besser als jeder andere... eben deshalb? - Du nennst mich Säuferin? Das sagt die Richtige, als ob ich nicht wüsste, dass du in deiner untersten Schreibtischlade eine Flasche Wodka hast... unten rechts... Sicher, ich weiß, dass das kein Mineralwasser ist... denn wenn du auch nur daran nippst, verbreitest du über deinen Mund, soviel von diesem Brennstoff in Tröpfchenform, dass der ganze Verlag in die Luft gehen könnte, wenn dort kein Rauchverbot herrschte... Es reichte, dass sich jemand eine Zigarette anzündete und Bumm! Schon explodierte das Gebäude wegen des Alkohogehalts deiner Atemluft, ja, leider, Idina, ich muss es dir jetzt offiziell sagen: du riechst immer aus dem Mund und zwar nach Alkohol... Und außerdem – und das ist der Beweis, dass du bei der

Arbeit immer sternhagelblau bist – wie kann man nur, so frage ich dich, so einen Umschlag genehmigen, noch dazu mit diesem Foto... um meinem Mann einen Gefallen zu machen, sagst du? Aber er ist unfähig, ein Versager... ist er nicht? Wie kannst du das sagen? Du besuchst ihn, du triffst dich hin und wieder mit ihm? Wie oft hin und wieder? Bespringt er dich wie ein Widder oder legst du ihn hin?... Jeder, jeweils, ich verstehe. Scherz beiseite, er ist ein Scheißdreck von einem Mann, ein Fliegenschiss, ein Weichei. Dann heißt das, dass ihr gut zusammenpasst... Glückwünsche und idiotische Kinder, von ihm konntest du nichts anderes erwarten, meine liebe. Weil er dumm, gemein und großkotzig ist... ach, zu dir ist er freundlich... gut, gut... ach, er ist sensibel... bestens... ach, sogar großzügig... da schau einer an! Ach, er überschüttet dich mit Geschenken... ach und spritzig ist er auch noch... Jetzt hör mir mal zu Idina, sprich die Wahrheit: hast du ihn tatsächlich zum Vögeln gebraucht? Ich dachte an einen Scherz! Du hast keine Lust, um diese Zeit zu scherzen? Ich auch nicht... dann sprechen wir mal ganz im Ernst: brauchst du ihn zum Vögeln oder nicht?... Und seit wann?... Nein, ich ärgere mich nicht, wir sind ja geschieden, das ist nicht mehr meine Sache... aber früher war es Privatangelegenheit, du Hurensau, und du hattest kein Recht, deine dreckigen Pfoten anzulegen... Schon wieder die Geschichte mit dem Pfannenschlag! Das ist mir ein Trost, du hast ihm den Verband gewechselt und weil du schon mal dort warst, hast du ihm auch einen geblasen... so konnte er eine Beule vorweisen, ich aber hatte ein hübsches paar Hörner am Kopf... Bravo, Idina, Kompliment, du bist mir eine gute Freundin... unersetzliche Mitarbeiterin, die sogar den Graphiker ersetzen kann... Ich mache Anspielungen, bin zynisch? Die ganze Wahrheit ist, dass dein Umschlagentwurf grauenvoll ist... das sagte mir sogar der Gepäckträger des Hotels, wenn du es wissen willst... - Ich soll den Pulitzer Preis wegen dieses Umschlags bekommen haben? Und mit deiner Hilfe Millionen Exemplare verkauft haben? Idina, dass du eine Hure bist, hätte ich mir denken können, aber wirklich neu ist mir, dass du obendrein eine Idiotin bist. Eine beschissene Idiotin... saudumm... ich hätte mir ausgerechnet von dir niemals so eine verfickte Hurenscheiße... und obendrein... Hallo? Idina? Hallo? Dieser Trampel hat aufgelegt... was erlaubt sie sich? Ich habe ihr im Grunde nichts Schlechtes....wirklich Gemeines gesagt. Da könnte ich ganz anders kommen... *(sie bemerkt die offene Handtasche, deren Inhalt über den Boden verstreut herum liegt.)* He, soll... jemand hat meine Handtasche durchwühlt... die Kreditkarten... die letzten Münzen... das Scheckheft...Und auch mein Beautycase ist durchwühlt... der Schmuck! Verschwunden...alles weg! Ich muss den Diebstahl sofort anzeigen. Schnell, Schnell... vielleicht ist der Dieb noch ganz in der Nähe... Mein Gott! Wie lautet die Nummer der Rezeption? - Weiß ich nicht mehr! Man braucht nur den Hörer abnehmen, dann antworten sie gleich...

Während sie den Hörer abheben will, hört man es an der Tür klopfen.

STIMME: Miss Sampson?
SARAH: Wer ist da?
STIMME: Hier ist der Hoteldirektor, Miss Sampson.
SARAH: Was wollen Sie?
STIMME: Es heitßt, dass Sie in Ihrem Zimmer bestohlen worden sind.
SARAH: Das ging ja schnell! Ich habe noch nicht einmal Anzeige erstattet, wie können Sie...
STIMME: Gerüchte verbreiten sich in Windeseile, Miss Sampson.
SARAH: Aber ich habe den Tatbestand noch nicht der Rezeption gemeldet, wie können Sie...
STIMME: Jedenfalls weiß man an der Rezeption bereits bescheid. Dass ich bereits hier, am Tatort bin, soll Ihnen Beweis genug sein.
SARAH: Tatort! Oh Gott, soll ich auch noch tot sein?
STIMME: Den sprechenden Toten gibt es nur im Neapolitanischen Glücksspiel. - Sind Sie so freundlich, die Tür zu öffnen, Miss Sampson?
SARAH: Da sieh einer an... Sie müssen Freunde in Little Italy haben... haben Sie denn nicht gesagt, dass Sie der Hoteldirektor sind?
STIMME: Das habe ich gesagt, und das bin ich auch.
SARAH: Dann müssen Sie aber auch einen Generalschlüssel haben.
STIMME: Gewiss, aber ich darf ihn nicht verwenden.
SARAH: Warum nicht?
STIMME: Es ist eine Frage der Privatsphäre.
SARAH: Was ist das für ein ein seltsames Hotel, in dem sie wissen, was man sagt, noch bevor man es ausgesprochen hat, aber wenn es darauf ankommt oder im Notfall benutzen sie den Generalschlüssel nicht,um die Privatsphäre zu wahren. *(Öffnet die Tür)* Bitte, kommen Sie herein...

Herein kommt David, aber diesmal elegant gekleidet, im Smoking.

DAVID: Freut mich, Miss Sampson, ich bin der Hoteldirektor.
SARAH: Ich glaube Sie wieder zu erkennen. Auch die Stimme kommt mir bekannt vor.
DAVID: Wir sind uns bisher noch nie begegnet.
SARAH: Verzeihen Sie vielmals, aber... Sind Sie denn nicht David, der Gepäckträger?
DAVID: Nein, ich heiße Michelangelo. Aber Sie sind ihm an die Wäsche gegangen, erinnern Sie sich? Der David von Michelangelo Buonarotti, in Florenz...
SARAH: Ich weiß sehr gut, von wem diese berühmte Statue ist.

DAVID: Es gibt zwei Davidstatuen, einer von Michelangelo Buonarotti und der andere von Donatello.

SARAH: Und welche soll die echte sein?

DAVID: Halten Sie sich fest, jetzt kommt das beste, echt sind sie beide!

SARAH: Sie sind... Sie sind verteufelt. Und doppelt obendrein, wie der doppelgesichtige Janus.

DAVID: Ich verstehe, Sie verwechseln mich mit David.

SARAH: Gott im Himmel, Sie gleichen ihm aber sehr!

DAVID: Beruhigen Sie sich, David, der Gepäckträger wurde soeben entlassen. Sie können bei der Rezeption nachfragen, ob es stimmt, wenn Sie das für nötig halten.

SARAH: Das werde ich auch gleich tun. - *(Nimmt den Hörer ab)* Rezeption? Hier Miss Sampson... Zimmer... ich erinnere mich nicht an die Nummer... ach so, nicht nötig, wunderbar... ich möchte, dass Sie mir David, den Gepäckträger für eine wichtige Aufgabe schicken... Wie? Er ist entlassen worden? Nein danke, Sie brauchen mir niemand anderen zu schicken, ich werde mich anderwärts umsehen. *(Legt auf)*

DAVID: Zufrieden?

SARAH: Ich ersuche Sie, mich zu bedauern... das heißt, zu entschuldigen.

DAVID: Aber ich bitte Sie.

SARAH: Das war idiotisch von mir.

DAVID: Das kann passieren.

SARAH: Dass ich idiotisch bin?

DAVID: Verstehen Sie mich nicht falsch: Sie sind nicht idiotisch.

SARAH: Vielen Dank!

DAVID: Das waren Sie nie und werden es auch nie sein.

SARAH: Jetzt fühle ich mich schon viel besser.

DAVID: Es ist nur... wie soll ich sagen...

SARAH: Nur zu, sagen Sie es!

DAVID: .... ein wenig daneben, das ist alles.

SARAH: Und was soll das heißen, dieses „daneben"?

DAVID: Konfus wäre das bessere Wort dafür.

SARAH: Demzufolge wäre ich ein Fähnchen im Wind.

DAVID: Wenn Sie es sagen.

SARAH: Unbeständig.

DAVID: Sagen wir es so: ein Mensch, der mit seiner Fantasie arbeitet.

SARAH: Ich hätte also nur Fantasievorstellungen... auch was David, den Gepäckträger, betrifft, der angeblich gerade erst entlassen wurde.

DAVID: Ich habe ihn entlassen.

SARAH: Was haben Sie sich da herausgenommen?

DAVID: Was zu tun?

SARAH: Ihn zu entlassen, er war ein großartiger Arbeiter.

DAVID: Überlassen Sie die Beurteilung lieber mir.

SARAH: Trotzdem, Sie sehen ihm überraschend ähnlich...

DAVID: Ich kann mich innerhalb so kurzer Zeit nicht verändert haben. Ich bin der selbe, der vor wenigen Minuten an die Tür geklopft hat. Nicht mehr und nicht weniger. Wenn ich ihm vorhin schon ähnlich sah, muss ich ihm immer noch ähnlich sehen.

SARAH: Allerdings hat diese Tatsache eklatante Ausmaße...

DAVID: Gut, aber wir sehen uns in diesem Hotel alle ein wenig ähnlich.

SARAH: Wie kommt das?

DAVID: Der Eigentümer des Hotels nimmt seine Angestellten persönlich auf. Was   seine ästhetischen Vorlieben betrifft... so wünscht er, dass alle uniform, perfekt und identisch sind. Man könnte sagen, dass er auf Uniformität fixiert ist... ich möchte behaupten von Homologiesierung , einer Manie alles gleichförmig zu machen.... Verstehen Sie?

SARAH: Also ich bin doch nicht blöd...

DAVID: Das habe ich nicht behauptet... ich wollte mich nur vergewissern, ob ich klar genug war.

SARAH: Und darum seid ihr alle gleich?

DAVID: So eigenartig es klingen mag, es ist so.

SARAH: Dann geht es mir schon besser damit. Es steckt zumindest eine Logik dahinter.

DAVID: Ich glaube nicht ganz, dass es Ihnen besser geht.

SARAH: Und woraus schließen Sie das?

DAVID: Sie flattern wie ein Fähnchen im Wind.

SARAH: Das stimmt, ich bin wie ein Fähnchen, das im Schatten weht.

DAVID: Schatten?

SARAH: Schatten sehe ich überall: hinter Ihnen, Schatten, die sich auf Wänden, auf der Decke...überall vervielfältigen. Ich sehe überall Schatten.

DAVID: Lassen wir die Schatten beiseite, wenn es Sie nicht stört, denn Schatten haben etwas Fantasiebeladenes, Obskures an sich.

SARAH: Einverstanden, keine Schatten. Kommen wir zu den Tatsachen... bleiben wir dabei.

DAVID: Gut. Dazu bin ich ja auch hier.

SARAH: Also: wie Sie bereits gerüchteweise wissen, und zwar Gerüchte, die sich in Windeseile verbreiten, vielleicht ist es Telepathie oder Sie überwachen die Kunden mit versteckten Kameras und Mikrofonen...

DAVID: Ich bitte Sie, halten Sie sich an die Fakten. Gerüchte sind wie Schatten, ein seltsames Objekt der Gedanken, Kapriolen des Geistes und auch des Obskuren... oder auch Rätsel, die wir vorerst nicht Betracht ziehen wollen, einverstanden? Kommen Sie also auf den Punkt.

SARAH: Nun gut. Ich bin bestohlen worden. Soll ich es noch direkter sagen?

DAVID: Bestohlen? - Eigenartig.

SARAH: Eigenartig ist Ihre Reaktion. - Also, wenn ich Ihnen sage, dass...

DAVID: Ich habe verstanden, was Sie sagen, aber es gibt eine riesengroße Divergenz zwischen dem, was Sie sagen und dem, was wirklich ist.

SARAH: Sie meinen also, dass ich lüge?

DAVID: Wir wollen keine voreiligen Schlüsse ziehen. Halten Sie sich jedoch vor Augen, dass in diesem Hotel noch nie jemand bestohlen worden ist. Morde hat es gegeben, auch Selbstmorde... betrogene Ehemänner und vergewaltigte Frauen, Belästigungen von Mädchen und...

SARAH: Ich bitte Sie, Schluss damit.

DAVID: Aber keine Diebstähle, - damit wollte ich schließen.

SARAH: Es gibt immer ein erstes Mal.

DAVID: Und was soll Ihnen abhanden gekommen sein? (Bevor wir es nicht genau wissen, können wir nicht von Diebstahl sprechen).

SARAH: Alles, man hat mir alles gestohlen.

DAVID: Was alles?

SARAH: Alle meine Wertgegenstände wie Schmuck, Geld, Kreditkarten, Scheckheft...

Stille.

DAVID: Darf ich Ihnen eine indiskrete Frage stellen?

SARAH: Bitte sehr.

DAVID: Haben Sie die leeren Flaschen am Boden alleine geleert?

SARAH: Ich habe keinen Tropfen getrunken, ich schwöre es.

DAVID: Aber allem Anschein nach haben Sie sich in Alkohol gebadet... und Ihr Atem riecht nach Erbrochenem.

SARAH: Eben das kann ich mir einfach nicht erklären.

DAVID: Eines würde die Sache schon erklären.

SARAH: Und das wäre?

DAVID: Könnte es sein, dass Sie gar nicht bestohlen worden sind und dass Sie durch den vielen Alkohol ganz einfach nur vergessen haben, wohin Sie Ihre Wertgegenstände getan haben? Wollen wir sie gemeinsam suchen?

SARAH: Sind Sie verrückt? Wenn ich Ihnen doch sage dass ich bestohlen worden bin!

DAVID: Von wem? Die Tür war von innen abgesperrt und Sie haben das Hotel seit Ihrem Einzug nicht verlassen... es gibt keine Hinweise auf einen Einbruch oder ein gewaltsames Eindringen...

SARAH: Es war David, da bin ich mir sicher.

DAVID: David habe ich entlassen, aber ich zweifle...

SARAH: Aber wirklich, zweifeln Sie an dem, was ich sage und an David nicht... ist doch so?

DAVID: Ganz ehrlich?

SARAH: Nur zu, heraus damit!

DAVID: Ehrlich gesagt, zweifle ich an beiden.

SARAH: Wollen Sie damit Sagen, dass wir uns nicht einig sind?

DAVID: Das habe ich nicht gesagt.

SARAH: Aber Sie haben es gedacht.

DAVID: Ich hatte nur den Verdacht. Außerdem wäre es nicht das erste Mal.

SARAH: Was?

DAVID: Dass reifere Frauen wegen unseren Gepäckträgern, Portieren, Hilfsarbeitern und unseren Etagenkellnern den Kopf verlieren. Sie sind alle hilfsbereit, pflichtbewusst, gebildet, einfühlsam und auch bereit, selbst das geringste Bedürfnis zu befriedigen.

SARAH: weibliche Bedürfnisse?

DAVID: Manchmal auch männliche, um genau zu sein.

SARAH: Nun, de gustibus...

DAVID: Trifft den Nagel auf den Kopf , politisch korrekt.

SARAH: (Begutachtet ihn von Kopf bis Fuß) Man muss schon sagen, dass der Hotelbesitzer einen vorzüglichen Geschmack hat...

DAVID: Danke. Ich betrachte das als Kompliment.

SARAH: Er hat ja auch einen vorzüglichen Geschmack, würde ich sagen.

DAVID: Danke. Ich fasse das als Kompliment auf.

SARAH: Was hat das mit Ihnen zu tun?

DAVID: Sehe ich denn nicht Ihrem David ähnlich?

SARAH: Richtig, wie ein Ei dem anderen. - Aber warum behaupten Sie, es sei „mein“ David?

DAVID: Ist er nun der Mittelpunkt Ihrer Aufmerksamkeit oder nicht?

SARAH: Ja. Er hat mein Vertrauen missbraucht, er hat mich bestohlen.

DAVID: Aber was hat der junge Mann gemacht, bevor er Ihr Vertrauen missbraucht hat? Oder besser gefragt, was haben Sie gemacht bevor Sie sich verraten fühlten? Sind Sie etwa miteinander ins Bett gegangen?

SARAH: Selbst wenn! Ich bin eine freie Frau, ich gehe ins Bett mit wem ich will und mag.

DAVID: Danach dürfen Sie aber nicht „Haltet den Dieb“ rufen.

SARAH: Warum nicht?

DAVID: Denn man weiß ja, wie das so ist, Miss Sampson. - Unsere Angestellten sind wie erwähnt ziemlich attraktive Kerle, die vor Energie aus allen Poren strozzen... wirklich aus allen!... Nach Gebrauch wirken sie.... ebenso belebend wie eine Massage mit Kokusnussöl... Kein Wunder, dass sich gewisse

Frauen wegen dieser „schönen Gockel" sich in den Kopf setzen, sie zu besitzen, für sich zu behalten und heimlich im Koffer nach Hause zu bringen, wie ein Parfüm, ein Handtuch, ein paar Shampoofläschchen, einen Aschenbecher oder sonst ein Andenken aus dem Hotel. *(Pause)* Allerdings sind diese Männchen nicht aus Stoff oder aus Karton, sondern Lebewesen, auch wenn so mancher das Gegenteil glauben möchte... sie stellen Bedingungen, machen Probleme, manchmal sträuben sie sich oder sie erheben Ansprüche... worauf der- oder diejenige, die sich verknallt hat und aus Liebe, diesem reinen Gefühl, das bekanntlich blind macht, glaubt, jemanden durch Versprechen halten zu können und für die Erfüllung erotischer Wünsche andere Wünsche erfüllt und für diese Leistungen großzügig zahlt... und das führt uns weiter zum Diebstahl.

SARAH: Endlich! Ihre Minima Moralia begann mich schon zu langweilen.

DAVID: Diebstahl! Rechtlich betrachtet eine Anschuldigung... Mir scheint jedoch, dass ich die Worte höre, die wie ein Echo anderer Worte in der Luft liegen: hier ist meine Kreditkarte, greif nur zu Schatz,.. wozu der Schmuck, ich brauch ihn nicht, nimm ihn dir, aber gib mir einen letzten Kuss, ich bitte dich...nur einen Kuss.

SARAH: Sicher zeichnen Sie alles auf, was gesprochen wird.

DAVID: Wenn dann diese kaprizierten, einsamen Kreaturen, die von Amors Pfeilen gnadenlos getroffen wurden in einem großen leeren Bett erwachen.... und die süßen Liebesträume im Sonnenlicht dahinschmelzen sehen...., fällt ihnen auf, dass sie ihr eigenes Leben, ihre gesamte Privatsphäre, in die Hand eines Fremden gelegt haben..., dann schämen sie sich der Wahrheit. Und wenn dann das Objekt ihres Verlangens unter den Decke hervorgekrochen kommt und weg schleicht und mit vollem Recht mitgenommen hat, was ihm spontan auf dem Silberplateau serviert wurde... ja und dann setzt mit der Scham auch die Reue ein, das Gefühl verraten worden zu sein, dann heißt es 'haltet den Dieb, ich bin beraubt worden', aber in Wirklichkeit handelt es sich nicht um Diebstahl, nein, sondern um Anstiftung zur Prostitution! Und der Schuldige ist in erster Linie der Klient bzw die Klientin, die sich selbst in eine schändliche Situation gebracht hat! Denn Personen zu bestechen ist keine ehrenwerte Sache, nicht wahr, Miss Sampson?

SARAH: Da sieh einer an, jetzt muss ich neben dem Schaden auch noch eine Rüge hinnehmen!

DAVID: Tja, Miss Sampson, wo es Korrupte gibt es auch Korrumpeure. Verzeihen Sie, aber überlegen Sie mal: gäbe es Diebstähle, wenn es kein Elend gäbe? Gäbe es junge Männer, die bereit wären, sich mit einer Literaturikone zu paaren, damit sie sich die Studiengebühren leisten können? Solange es keine Gegenbeweise gibt, ist es der Reiche, der das Messer im Ärmel hat und den

Bedürftigen zwingt,   - wenn nicht durch Kraftakte oder Betrug, so doch mit List – sich die überlebensnotwendigen Mittel anzueignen...

SARAH: Aber wer sind Sie nun eigentlich, der Direktor eines Luxushotels oder Karl Marx?

DAVID: Karl Marx, der Vollbärtige an der Ecke zwischen 5. und der 55. Straße?

SARAH: Dann kennen Sie ihn also!

DAVID: Hier in New York gibt es viele von diesen Vollbärtigen, die ihre Faust gegen die Welt der Reichen und Privilegierten erheben... gegen die Tycoons von Wall Street.

SARAH: Ich bin kein Tycoon, ich bin eine einfache Schriftstellerin und ich bitte Sie, nicht abzulenken.

DAVID: Wunderbar! Mehr will ich nicht. Kommen wir auf die Ausgangssituation zurück. Tatsächlich ist es in manchen Fällen so, dass es zu List, Absprache und Versicherungsbetrug kommt. Klient und Prostituierte oder Klientin und Callboy, je nachdem, kommen überein, einige Wertgegenstände verschwinden zu lassen, um den Schaden einzuklagen und sich den Gewinn zu teilen.

SARAH: Und das Scheckheft? Und das erst jüngst in den Handel gekommene Handy?

Stille.

DAVID: Unsinn. Es ist allgemein bekannt, dass Sie Handies hassen, das Geklingel geht Ihnen derartig auf die Nerven, dass Sie manchmal hysterische Anfälle bekommen.

SARAH: Wirklich?

DAVID: Das haben Sie selbst in einem TV-Interview behauptet. Mein Gott, Sie haben wort-wörtlich gesagt: ich werde mich nie von einem Gerät konditionieren lassen, das einen Tag und Nacht verfolgen und dabei eine Abhängigkeit schaffen kann...

SARAH: Habe ich das gesagt?

DAVID: Oh ja. Folglich behaupte ich, dass Sie niemals ein Handy besessen haben. Und wenn Sie dann den Diebstahl eines Handies anzeigen, das Sie nie besessen haben... meine liebe Miss Sampson... bei mir zuhause kann man immer noch zwei und zwei zusammenzählen, denn: ohne corpus delicti, konnte in diesem Apartment kein Diebstahl stattfinden!

SARAH: Aber in welchem Apartment? Das hier ist ein ganz ordinäres, abscheuliches Hotelzimmer, obendrein ist es von seltsamen Personen bevölkert, die sich als Angestellte der Hoteldirektion ausgeben.

DAVID: Das sind wir, Miss Sampson und wir sind in Ihrer Nähe, um Sie zu bedienen und Ihnen aufzuwarten. Und David hat Sie genau genommen sogar um ein paar Jährchen verjüngt, man kann das ganz klar an Ihren entspannten Gesichtszügen ablesen, denn indem er Ihnen etwas von seinem Lebenselixir geschenkt hat, wurden Sie verjüngt, als ob Sie sich einer hochwirksamen Schönheitskur unterzogen hätten.

SARAH: Wirklich, finden Sie, dass ich jünger aussehe?

DAVID: Aber sicher, Sie strahlen! Die Liebe tut gut, Miss Sampson, Sie sollten weiterhin Liebe machen.

SARAH: Es stimmt, die schrecklichen Krähenfüßchen um die Augen sind verschwunden.

DAVID: Daher lade ich Sie ein, weiter darauf zu bestehen, halten Sie durch....

SARAH: Nun, das hätten Sie David sagen sollen... aber er ist leider entlassen worden. Herr Direktor, warum haben Sie ihn mir weggenommen? Sie bringen viele gute Argumente, aber... wissen Sie, David war ein anständiger Kerl!

DAVID: Ist er jetzt kein Dieb mehr?

SARAH: Ja...nein... ich weiß nicht... im Grunde ist es mir egal!

DAVID: Er war mir gegenüber respektlos, Miss Sampson.

SARAH: Sie hätten ein Auge zudrücken können.

DAVID: Aber er ist mir mit dem Finger ins geschlossene Auge gefahren.

SARAH: Allenfalls sitze ich jetzt auf dem Trockenen.

DAVID: Verzweifeln Sie nicht, Miss Sampson. - Ich bin hier, um Sie zu bedienen und Ihnen die Ehre zu erweisen, wie es sich gehört.

SARAH: Aber Sie sind nicht David.

DAVID: Aber ich sehe ihm sehr ähnlich: Sehen Sie doch mal, ich habe das gleiche Muttermal auf der Brust.

SARAH: Wirklich wahr, wie komisch, ihr scheint wirklich aus dem selben Guss zu sein.

DAVID: Das sind wir, Miss Sampson.

SARAH: Dann müssen Sie den Platz von meinem David einnehmen, Sie haben ihn ja hinausgeworfen. Jetzt sind Sie dran!

DAVID: Das ist meine Pflicht,... besser, es ist mir eine Freude.

SARAH: Aber passen Sie auf: meine Kreditkarten sind aus.

DAVID: Haben Sie noch das carnet für die Schecks?

SARAH: Zum Glück konnte ich es retten. Ich hatte es im Geheimfach meiner Handtasche versteckt.

DAVID: Dann ist ja alles bestens. Darf ich Sie küssen, Miss Sampson?... darf ich Sie verjüngen?

SARAH: Wenn Sie unbedingt darauf bestehen... Was tun Sie da? Wo fahren Sie hin?

DAVID: Ich suche den Quell der Venus, Miss Sampson.

SARAH: Oh, Sie finden ihn am Fuße des Venushügels, unterhalb des Wäldchens.

DAVID: Ich kenne den Weg, Madame. Ich habe ein eigebautes Navigationssystem namens Testosteron.

SARAH: Die Technik bringt immer neue Wunder hervor... Aber... he... nicht schlecht, my god! Ihre Zunge ist so lang und rau wie...

DAVID: wie die einer Giraffe?

SARAH: Nein, wie die von David.

DAVID: Wir sind uns sehr ähnlich... das haben Sie doch selbst gemerkt, erinnern Sie sich,

SARAH: Ach ja... beinah zu sehr!... Viel zu lang... sehr lang... aber wunderbar rau! Sie sollten lieber eine Giraffe als der Zoodirektor dieses Hotels sein.

Es folgt eine beliebig lange Unterbrechung, bei der das Licht spielerisch eingesetzt wird, sodass Sarah und David bei einer außerordentlich lächerlichen Sexszene zu erkennen sind. Ihre Schatten könnten wie chinesische Schattenrisse, in Anlehnung an das Kamasutra, in verschiedenen Stellungen, an die Wand projiziert werden. Am Ende dieses happenings taucht das ursprüngliche Szenenbild wieder ganz normal auf. Die Sonne scheint ins Zimmer, die Blumen sind wieder an ihrem Platz und es regt sich nichts. Sarah schläft allein im großen Doppelbett. Man hört es an der Tür klopfen. Einmal, ein zweites Mal. Aber Sarah wacht nicht auf. Dann wird die Tür mit einem Passpartout geöffnet.
Es ist David, als Serviererin verkleidet. Er schiebt ein Wägelchen mit dem Frühstück herein.

DAVID: Miss Sampson? Wachen Sie auf, Miss Sampson, es ist neun Uhr!

SARAH: *(Sie erwacht allmählich)* He, wer ist da?

DAVID: Das Frühstück, Miss Sampson. Es ist neun Uhr, Sie hatten für diese Zeit das Frühstück ans Bett bestellt.

SARAH: Wo ist der Direktor?

DAVID: Sie wissen bereits? Wie geht das? Wie traurig!

SARAH: Was weiß ich? Was ist passiert?

DAVID: Heute Nacht ist der arme Herr Direktor einem Infarkt erlegen. Er verstarb kurz nach der Einlieferung. Dabei war die erste Hilfe sofort da, sie haben alles eingesetzt, um ihn zu retten, vor allem die Mund zu Mundbeatmung...

SARAH: Mund zu Mund? Aber der Herr Direktor... also, er war bis vor kurzem hier....

DAVID: Das verstehe ich nicht. Er hatte den Infarkt während eines Sexualverkehrs...

SARAH: Eben, er war da!

DAVID: Ich enthülle Ihnen ein Geheimnis, das ich für mich behalten sollte.

Er erlitt den Infarkt, mitten im Geschlechtsverkehr mit einem ehemaligen Angestellten von uns.

SARAH: David?

DAVID: Zum...., dann wissen Sie ja schon alles... was soll ich Ihnen da noch sagen?

SARAH: Reden Sie, sagen Sie die Wahrheit rund heraus.

DAVID: Na ja, aber das ist vertraulich.

SARAH: Gewiss.

DAVID: Ich bitte Sie, das muss unter uns bleiben...

SARAH: Einverstanden.

DAVID: Streng vertraulich.

SARAH: Heraus damit!

DAVID: Es hat den Anschein, dass David etwas gemacht hat, um eine erneute Anstellung zu erwirken, hübsch ist er ja...

SARAH: Ach, das weiß ich...

DAVID: Nun, es sieht so aus, dass er sich dem Direktor angeboten hat, vom dem man weiß, dass er homosexuelle Tendenzen hat.

SARAH: Der Direktor? Homosexuell? Mir sind diese Tendenzen überhaupt nicht aufgefallen.

DAVID: Man sollte eher von hormoneller Veranlagung sprechen als von Tendenzen. Denn schwul ist man von Geburt an, das wird man nicht, und er ist eben so geboren, damit er macht, was er eben macht.

SARAH: Ihn in den Arsch zu stecken.

DAVID: Ich wagte nicht, es auszusprechen.

SARAH: Aber war er verheiratet?

DAVID: David oder der Direktor?

SARAH: Der Direktor.

DAVID: Der arme – Friede seiner Seele – er war eine überzeugte und deklarierte Schwuchtel. David aber war verheiratet.

SARAH: David, verheiratet? Mit wem? (*Stille.*)

DAVID: Mit mir, Miss Sampson. Ich bin seine Frau. Wir haben auch einen Sohn, einen süßen zweijährigen. Er heißt Michelangelo. Ein zuckersüßes Geschöpf...

SARAH: David hat Michelangelo gezeugt? Oder umgekehrt? Hören Sie zu, Sie irren sich, Fräulein... das heißt Frau... ich meine nur, haben Sie sich denn rasiert, heute Morgen?

DAVID: Frau mit dem Bart, mag ihn hart.

SARAH: Wenn schon heißt das: Frau mit Schnurrbart macht den Bub hart.

DAVID: Wie Sie wollen. Darf ich Ihnen das Frühstück servieren?

SARAH: Ja, vielen Dank. Gestatten Sie mir eine Frage?

DAVID: Ich kann mir schon vorstellen, was Sie fragen wollen: wie ich es ertragen konnte, dass David seinen Arsch für den Direktor hergegeben hat.

SARAH: Sie haben meine Gedanken gelesen.

DAVID: Nun, ich sage nur, dass er, mein Mann...

SARAH: David...

DAVID: Richtig, er hält was auf seine Familie, will ihr an nichts fehlen lassen... er sah sich gezwungen, das zu tun, damit er wieder angestellt und den Arbeitsplatz wiederbekommen würde, den er wegen einer Schlampe verloren hatte.

SARAH: Schlampe?

DAVID: Eine Hure, ohne Beschönigung.

SARAH: Und wer sollte diese Dame sein?

DAVID: Eine berühmte Schriftstellerin, ich kann mich nicht mehr an ihren Namen erinnern, es hat den Anschein, dass sie den Pulitzer Preis gewonnen hat.

SARAH: Es sieht nicht nur so aus, sie hat ihn gewonnen.

DAVID: Wie können Sie das wissen?

SARAH: Ich sehe fern und lese Zeitungen.

DAVID: Und lesen Sie auch die Romane von dieser Dirne, wie heißt sie gleich?

SARAH: Mir kommt vor, dass ich einige gelesen habe. Zufällig.

DAVID: Wenn ich herausfinde, wie sie heißt, (oh, das werde ich gleich haben!) und in welchem Zimmer sie logiert, werde ich ihr in den Fruchtsaft spucken, so.

SARAH: Nein, ich bitte Sie!

DAVID: Verzeihen Sie, aber ich koche vor Wut.

SARAH: Und Sie spucken Schleim vor Wut.

DAVID: Ja, ich gebe es zu. - Aber was meinen Sie? Soll sich eine einfache Arbeiterfamilie von einer steinreichen Alten so einfach zerstören lassen?

SARAH: Das wäre übertrieben, sie ist nicht steinreich.

DAVID: Was wissen Sie denn? Kennen Sie sie denn?

SARAH: Nein, nein, ich bitte Sie... nur vom Hörensagen. Ich kann mich auch nicht an ihren Namen erinnern, aber sie ist garantiert nicht steinreich.

DAVID: Wie dem auch sei, wenn sie mir unterkommt, bewerfe ich sie mit Steinen, ich rupfe sie wie ein Huhn, sie und ihre beschissenen Millionen.

SARAH: Das ist der Kragen meines Pelzmantels.

DAVID: Ich hatte ihn für den Hals dieser Dame gehalten, dieser Dingsda... der Schriftstellerin. Aber habe ich denn nicht recht, diese offenkundige Ungerechtigkeit lautstark zu beklagen? Wenn sie schon die Zweiklassengesellschaft aufgrund der wirtschaftlichen Schichtzugehörigkeit einführen wollen, so sollen die, die der Oberschicht angehören, doch auch die ersten sein, die dies berücksichtigen. Ansonsten könnten ja wir Menschen von der Unterschicht ein neues Kriterium zur Einteilung der Zivilbevölkerung vorschlagen. Es soll sich dann nicht nach dem erwirtschafteten Ertrag, sondern nach dem versteuerten Einkommen richten... wenn sich beispielsweise einer, der einen Ferrari fährt und an der Wall Street investiert, als Mittelloser ausgibt, nur um nicht steuerpflichtig zu werden und dann noch die Vorteile des vorgegebenen sozialen Status Länge mal Breite ausnutzt.

SARAH: Ich kann mir vorstellen, dass es in Krisenzeiten für niemanden eitel Wonne ist.

DAVID: Mit dem einzigen Unterschied, dass die Krise für einige wenige überhaupt nie existiert, während die Krise für viele ein Dauerzustand ist. Stellen Sie sich vor, wenn in meiner Familie eine Einberufungsbefehl einging, rief mein Vater: endlich geht einer in den Nahen Osten um zu sterben und liegt mir nie wieder auf dem Sack.

SARAH: Fürchterlich, schrecklich!

DAVID: Kommt Ihnen das gerecht vor? Könnten Sie als kultivierte, gebildete, sensible Frau nichts tun, um unsere moralischen Leiden zu erleichtern? Damit uns von oben nur ein kleines bisschen, ein Hauch von Gerechtigkeit abfällt?

SARAH: Dazu kann ich Ihnen gar nichts sagen, meine Gedanken sind etwas durcheinander...

DAVID: Sie sind gerade aufgestanden. Und ich rede mit Ihnen schon in aller Früh von diesen Dingen. Ich bin wirklich eine verfluchte Klatschtante, beachten Sie mich nicht.

SARAH: Beachten? (reibt sich die Augen)... jetzt, wo ich die Augen aufbekommen habe,... wie beschissen klein doch die Welt ist! Sie sehen dem Direktor fürchterlich ähnlich...

DAVID: Wahrscheinlich wegen der weiblichen Gesichtszüge, die wir gemeinsam haben... Tja, schlussendlich gehören wir, so oder anders, dem schönen Geschlecht an.

SARAH: Aber Ihre Ähnlichkeit mit David ist beeindruckend.

DAVID: Stellen Sie sich vor, unser Sohn Michelangelo, gleicht uns dreien ganz außerordentlich. So sehr, dass man nicht genau sagen könnte, wessen Sohn er ist, ob er aus der Ehe zwischen David und mir hervorgegangen ist oder aus dem Zusammenleben des Direktors mit David, denn mit mir fängt der Direktor wenig an, er ist ja vom anderen Ufer.

SARAH: Man soll nicht kleinlich sein oder diskriminieren. Warum sagen Sie „vom anderen Ufer", wo doch beide Weicheier sind.

DAVID: Eier hab ich im Bauch, aber er ist vor allem mit seinem hinteren Stoßdämpfer ein Weichei.... wohin er sich gewisse Stöße versetzen lässt...

SARAH: Sollte ich lachen? Ich verstehe das nicht, sehe den Sinn dieser Metapher nicht... - Ehrlich gesagt... verstehe ich überhaupt nichts mehr... Mir dreht sich der Kopf!

DAVID: Tja, New York ist ein Irrenhaus!

SARAH: Was hat New York damit zu tun? Dieses Hotel ist das Irrenhaus.

DAVID: Stimmt, viel zu viele Pulitzer Preis verdächtige auf den Gängen! Aber wer war eigentlich Joseph Pulitzer?

SARAH: Das sollte ich wissen... aber ich erinnere mich nicht.

DAVID: Obwohl Sie in dem Hotel wohnen, in dem die Feierlichkeiten zur Verleihung des Pulitzer Preises abgehalten werden... Und wissen Sie, was er 1904 anlässlich einer berühmt gewordenen Diskussion an der Columbia University sagte? „Ein Journalist ist eine Größe auf der Kommandobrücke eines Schiffes, er agiert nicht gewinnorientiert, weder für sich noch für den Herausgeber. Er bleibt auf seinem Posten, um über die Sicherheit und das Wohlbefinden der Leser zu wachen, die ihm vertrauen." Das war im fernen Jahr 1904. Als ob es gestern gewesen wäre, nicht wahr?

SARAH: Es hat mir gerade noch gefehlt, dass mir ein Zimmermädchen Nachhilfeunterricht in Journalismus gibt.

DAVID: A propos Reinigung! - Erlauben Sie, Miss Sampson, ich muss noch etwas erledigen.... ich möchte wissen in wessen Saft ich noch spucken muss. Nicht nur wegen der Geschichten mit meinem Mann, sondern auch, weil diese Dame das Image der Schriftsteller schwer angegriffen hat: sie hat sich rechtwidrigerweise eine Ehrung und einen Preis angeeignet, die ihr fürwahr nicht zustehen.

SARAH: Warum nicht?

DAVID: Weil sie beim Schreiben das Gemeinwohl außer Acht lässt. Sie fragt sich vor der Veröffentlichung nicht, wozu die Hurenscheiße gut sein soll.

SARAH: Und was würden Sie dieser Dame geben, die immerhin die Bestsellerliste anführt?

DAVID: Einen Tritt in den Arsch würde ich ihr versetzen. Damit... damit...sie lernt sich zu verkaufen... ihre Seele dem Teufel zu verkaufen.

SARAH: He, beruhigen Sie sich! Am Ende versetzen Sie mir noch Arschtritte aus moralistischen und anderen Motiven, die in der modernen, fortschrittlichen, kapitalistischen Gesellschaft verdrängt werden.

DAVID: Schreiben Sie zufällig Romane?

SARAH: Nein, bei Gott, ich hüte mich davor. Ich lese auch keine.

DAVID: Sie tun gut daran. Verzeihen Sie die Vehemenz meiner Worte, Sie wissen doch, wie es heißt: die Revolution ist kein Apfel, der vom Baum fällt.

SARAH: Was wollen Sie damit sagen?

DAVID: Die Intellektuellen müssen sich in den Dienst der Sache stellen, das ist alles... Tod den Autoren von „Maronen", das ist es.

SARAH: Marone? Was?

DAVID: Ein neuen literarisches Genre: der „Manro", ein Roman, den ein Idiot geschrieben hat... oder in diesem Fall eine Idiotin.... - Sind Sie das?

SARAH: Eine Idiotin? Ich glaube nicht, ich hoffe jedenfalls.

DAVID: Und Schriftstellerin?

SARAH: Ich hasse Intellektuelle, insbesondere Frauen, die zur Feder greifen, um die Leere unter dem Rock zu kompensieren. Ich hoffe, das Richtige gesagt zu haben, denn es wird langsam anstrengend.

DAVID: Und wie! Das ist ein Wort, Miss Sampson.

SARAH: Damit werde ich bestimmt vom Club der verhornten Feministinnen ausgeschlossen.

DAVID: Bereitet Ihnen das Sorgen? Auf den Händen bräuchten Sie eine Hornhaut, aber nicht um mit Stiften und Federn zu hantieren, sondern um Matratzen umzudrehen, Lebensmittelvorräte zu schleppen, Klos zu putzen...

SARAH: Klos werde ich nie putzen, niemals. - Mir graust vor der Kacke anderer! - Alles, sogar Krankenschwester beim roten Kreuz, aber nicht das.

DAVID: Und wohin sollen wir den Pulitzer Preis geben?

SARAH: Was ist das, die Marke einer digitalen Klobürste?

DAVID: Man hört es heraus, dass Sie keine Schriftstellerin sind, zum Kuckuck, sie machen sich über einen der prestigeträchtigsten Literaturpreise der Welt lustig. Ein Schreiberling würde sich niemals so äußern, rein schon aus Angst vor Kritik oder um nicht jemanden auf die Zehen zu steigen.

SARAH: Ist mein Saft eigentlich verschont geblieben? Darf ich ihn trinken...? Gut, geschmackvoll... wohlschmeckend... aber nicht, dass...

DAVID: Mein Gott, haben Sie ihn wirklich getrunken? Erst jetzt erinnere ich mich: ich hatte vorsichtshalber ins Glas gespuckt, bevor ich herein gekommen bin.

SARAH: Pfui Teufel, wie grausig! Mir ist zum Kotzen. - Aber warum vorsichtshalber?

DAVID: Ich hatte den Verdacht, dass Sie die Autorin dieser Abscheulichkeit wären, die korrupte Kritiker als authentisches Meisterwerk verkaufen.

SARAH: Sie verdächtigten mich? Wirklich? Und warum?

DAVID: Ich sah, wie Sie das Foyer betreten haben, mit diesem verächtlichen Blick auf alles, was Leben, Realität, Schweiß, Arbeit und Mühe bedeutet... ganz in weiß gekleidet mit einem „zufällig" übergeworfenen Tuch auf den Schultern, die Brille auf der Nasenspitze, was so sehr nach „intellektuelle Frau" aussehen sollte und dann ihre halben Sätze: „Als ich ein Kind war", „ich erinnere mich,", „mein Vater sagte immer"...

SARAH: Warum darf man das nicht sagen?

DAVID: Weil es nicht rechtens ist, den Mitmenschen auf die Eier zu gehen... Wir alle waren einmal Kinder, hatten einen Vater, haben ellenlange, beschissene Erinnerungen, verfluchte Scheiße! Schluss mit „Es war einmal"!

SARAH: Entschuldigen Sie, aber müssen Sie das Bett machen oder eine Tagung über „Literatur und Zivilengagement" abhalten?

DAVID: Ich weiß, dass es nervt, wahre Worte aus einem Mund wie den meinen zu vernehmen, von dem man denkt, dass nur Spruchwörtliches hervorgehen kann.. . Aber sollte man nicht auch die Frage der Sprichwörter neu überdenken?... Sind es denn nicht die Sprichwörter, die essentielle Weisheiten beinhalten, die sich der Alltag für den Fortgang des Lebens zunutze macht? Den Karren ziehen? Sich über Wasser halten?

SARAH: Ich schätze Ihr gesundes Maß an Sachlichkeit und Ehrlichkeit. Allerdings würde ich als Leserin, nur als Leserin, ein wenig Fantasie, Abstraktion, wenn auch nicht völlig abgekoppelt von der Existenz des gemeinen Menschen, genauso schätzen. Ich weiß nicht, ob ich mich klar genug ausgedrückt habe.

DAVID: In Wahrheit ist ein literarisches Werk wie ein Schirm, es muss immer nützlich sein.

SARAH: Was hat ein Schirm damit zu tun?

DAVID: Ein Schirm ist immer nützlich. Wenn es regnet, öffnet man ihn und sonst kann man ihn als Gehstock benutzen.

SARAH: Oder um einem, der zu viel redet eins überzuziehen.

DAVID: Gewiss, auch das dient der Sache... ist dem Volke dienlich.

SARAH: Sie wären eine wunderbare Schirmhändlerin.

DAVID: Aufgrund der Arbeit in einem Luxushotel, beginnt mich der Luxus anzukotzen... und die Verschwendung, die damit einhergeht.

SARAH: Es hat die sanfte Revolution gegeben, die Blumenrevolution, warum nicht auch eine Schirmrevolution?

DAVID: Nehmen Sie mich auf den Arm?

SARAH: Absolut nicht, im Gegenteil, ich wollte ihnen sagen, dass Sie eine wirklich... wie sagt man dazu... wirklich... ich hab's auf der Zunge...

DAVID: geniale?

SARAH: nicht so sehr...

DAVID: Banale?

SARAH: Nein, viel mehr... mir fällt das richtige Wort nicht ein.

DAVID: Natürlich nicht, denn Sie sind keine Schriftstellerin. Andernfalls hätten sie sofort an den für meine Person passenden Ausdruck gedacht.

SARAH: *(leicht verärgert)* Der da wäre?

DAVID: Besonders. Ja, wirklich, bestimmt, Madame, ich bin ein besonderer Mensch. Oder auch originell, die beiden Worte sind fast Synonyme.

SARAH: Hört, hört... wir sprechen von Synonymen!

DAVID: Von mir kann man allerhand lernen. Wenn Sie wüssten, was ich als Zimmermädchen alles erlebt habe...

SARAH: Das kann ich mir vorstellen.

DAVID: Ich könnte ein Buch darüber schreiben, wissen Sie?

SARAH: Sie, ein Buch schreiben? Sie haben doch vorhin kein gutes Haar an Schriftstellern gelassen!

DAVID: Nur an denen, die einen Scheiß schreiben... Pardon, einen Unsinn, das heißt, mit der alleinigen Absicht, ein paar Exemplare zu verkaufen.

SARAH: Ein paar Millionen Exemplare, wollten sie sagen, ansonsten ist das Buch ein Durchfall. Aber lassen Sie hören welche Art von „Manro" Sie schreiben wollen, ich bitte um Verzeihung, in Ihrem Fall sollte ich lieber von „sozialkritischem Roman" sprechen.

DAVID: Stop! Bremsen Sie sich ein. Ich gebiete Ihnen Einhalt. Und wissen Sie warum? Weil ich in Ihren Augen schon wieder diesen ironischen Blick sehe. - Zweifeln Sie daran, dass ich dazu imstande bin? Weil ich ein Zimmermädchen bin? Ist Ihrer Meinung nach also ein minderwertiger Mensch, von Geburt an minderwertig, hat er eine minderwertige Zukunft vor sich und wird nie imstande sein, ein Kunststück, ein Meisterwerk zu verwirklichen?

SARAH: Gewiss, das kann man nie sagen, aber es ist sehr schwierig.

DAVID: Es stellt sich die Frage, was Ihrer Meinung nach ein Meisterwerk für mich darstellt.

SARAH: Was weiß ich? Sagen doch Sie es mir!

DAVID: Nichts. Es gibt keine Meisterwerke, es gibt keine Kunstwerke. Entweder die Werke sind von Nutzen, dann sind sie keine Kunst, sondern nützlich, oder sie sind es nicht. Erinnern Sie sich an den Vergleich mit dem Schirm. Er ist nützlich, wenn es regnet und wiederum nützlich, wenn die Sonne scheint, weil man damit gehen kann.

SARAH: Dem könnte ich auch das Beispiel von der Banane hinzufügen. Man kann sie essen oder sie sich direkt in den... lassen wir das.

DAVID: Warum nicht, sogar die Banane passt in diesen Zusammenhang. Schluss mit bürgerlichen Vorurteilen! Nennen wir die Dinge beim Namen, stellen wir uns endlich der Wirklichkeit, verfluchte Sauerei!

SARAH: Und der Parthenon, das Kolosseum, das Pantheon, die Arena von Verona, wo die Traviata aufgeführt wird? Sehen Sie, es gibt Kunstwerke, die nicht notwendigerweise von sozialem Nutzen sein müssen?

DAVID: Dahin wollte ich Sie bringen. Denn auch diese Werke sind nützlich, sehr sogar! Freilich, sie zerfallen, denn die Zeit verrinnt und hinterlässt auch an ihnen ihre Spuren, aber sie dienen einem Zweck: allem voran fördern sie den Fremdenverkehr. Und in diesem Sinne haben sie tatsächlich eine soziale Funktion, was ihr weiteres Bestehen rechtfertigt. Alles andere, das unnütze Zeug, das Geschwätz und Geschwafel muss verschwinden, wenn wir die Welt und die Menschheit retten wollen... wenn wir die letzte Instanz, uns selbst und unser Inneres retten wollen.

SARAH: Aber Sie widersprechen sich. Ich beweise es Ihnen sogleich. Auch ein Groschenroman, den Sie als „Manro" bezeichnen - wobei Sie lediglich die Silben verdrehen – kurbelt das Verlagswesen und den entsprechenden Umsatz an, schafft in der Folge Arbeitsplätze und Wohlstand für alle...

Pause.

DAVID: Das ist auch wieder wahr. Sie haben wirklich recht. Daran hatte ich nicht gedacht. Ich muss meine Theorie überdenken und Ausnahmefälle mit einplanen...

Beschissene Dialektik, sobald man glaubt, ein Konzept erdacht zu haben, schmilzt es einem in der Hand dahin wie Speiseeis während der Hundstage...

SARAH: Wie Sie selbst sehen können, ist das Recht nicht immer nur auf einer Seite, sondern auf beiden. Es befindet sich also in der Mitte, im Mittelmaß... lassen wir also die Arschtritte für die Schriftsteller beiseite und auch die Spucke in ihren Saftgläsern. Sollen sie sich doch am Extrakt ihres intellektuellen Produkts erfreuen.

DAVID: Aber sind Sie wirklich sicher, dass Sie keine.... Und Sie wissen gar nichts über Dialektik? Der Kunst des Dialogs? Über narrative Strukturen?

SARAH: Ich weiß von nichts. Ich weiß, dass ich nichts weiß.

DAVID: Das hat Sokrates gesagt.

SARAH: Und wieso wissen Sie das?

DAVID: Ich bin eine Nachfahrin von Xantippe: unter Frauen versteht man sich.

SARAH: Interessant, ehrlich... aber jetzt, bitte, die Unterhaltung war sehr erfreulich, es kommt nicht alle Tage vor, dass man in einem Hotel erwacht und mit dem Zimmermädchen über Literaturkritik diskutiert. Ich muss sagen, dass man in diesem Hotel bei der Personalaufnahme sowohl auf ein ästhetisches Erscheinungsbild als auch auf Inhaltliches Wert legt. Aber diese Inhalte auf nüchternen Magen haben bewirkt, das sich in meinem Kopf alles dreht.

DAVID: Jetzt sind Sie an der Reihe und geben mir Unterricht, dabei schreiben Sie   gar nicht - zu ihrem Glück und dem der möglichen Leser. Aber ich bringe früher oder später meine Memoiren heraus, ich weiß schon den Titel: Erinnerungen an den zwanzigsten Stock.

SARAH: Ich werde es nicht verabsäumen, ein Exemplar zu kaufen.

DAVID: Das ist gut. Wie gesagt habe ich gesehen, was Gott und die Welt verboten hat. Und jetzt weiß ich unabhängig von der narrativen Struktur noch nicht, ob ich in Tagebuchform schreibe oder eine Reportage daraus mache, ich will jedenfalls meine Erlebnisse schwarz auf weiß festhalten.

SARAH: Erlauben Sie, dass ich Ihnen einen Rat gebe?

DAVID: Nein danke, Sie wissen ja nichts über kreatives Schreiben. - *(Drohend)* Oder?

SARAH: Ich wollte Ihnen nur raten, davon abzusehen. - Wer zwingt sie schon dazu? Sie würden sich nur einer niederschmetternden Enttäuschung preisgeben. Denn die Verleger lesen die Manuskripte, die bei den Redaktionen eingehen, gar nicht. Und falls sie sie fälschlicherweise oder rein zufällig doch lesen, wäre die Antwort ohnehin immer dieselbe: Sehr geehrter Autor... usw. usw., jedenfalls ein höfliches, aber unerbittliches Nein.

DAVID: Aber ich habe die Geheimwaffe... meine unerhörte Sinnlichkeit, wenn ich mich ausziehe.

SARAH: Daran besteht kein Zweifel, ich rate ihnen nur, sich zu rasieren und die Haare auf der Brust zu entfernen, bevor Sie sich ausziehen. Darf ich Ihnen einen völlig nüchternen Hinweis geben? Vergessen Sie die sexuellen Anbiederungen, denn die Herausgeber sind alle lesbisch oder schwul. Damit sie anbeißen, wären Kehrtwenden und Verrenkungen notwenig, die man sich nicht einmal in der Fantasie ausmalen kann.

DAVID: Und was wissen Sie davon?

SARAH: Ich arbeite nicht bei der NASA, Schätzchen, ich weiß, was auf unserer Welt alles vor sich geht.

DAVID: Die Welt ist klein. Ich werde tun, was möglich ist. Danach wird man weitersehen. Die Hoffnung stirbt zuletzt.

SARAH: Hören Sie mal, Sie haben einen süßen Sohn, einen schönen Mann... eine Karriere, die Ihnen eine strahlende Zukunft eröffnen kann... nun, wollen wir nicht übertreiben, was die Zukunft betrifft... jedenfalls eine nützliche Tätigkeit, für sich, ihre Lieben, für den Nächsten...

DAVID: Zum Beispiel?

SARAH: Zum Beispiel für mich. Bin ich denn keine Klientin, die zufrieden gestellt werden will?

DAVID: Entschuldigen Sie vielmals, aber in welcher Branche arbeiten Sie? Ich wette, Sie arbeiten im Verlagswesen. Sie wissen zu viel darüber, als dass Ihnen die Materie völlig fremd ist. Sagen Sie, haben Sie etwas zu sagen? - Würden Sie mir, falls es so wäre, zum Durchbruch verhelfen? Würden Sie das tun... für mich? *(küsst ihren Fuß)*

SARAH: Was tun Sie da? Lassen Sie meine Treter ihn Ruhe!

DAVID: Sie haben kalte Füße, ich wärme sie Ihnen mit einer angenehmen Massage.

SARAH: Aber nein, ich danke Ihnen, nicht notwendig, es geht mir gut.

DAVID: es gehört zu meinen Pflichten! Ich werde dafür bezahlt, Madame.

SARAH: Ich weiß.

DAVID: Sie zu bedienen und Ihnen die Ehre zu erweisen.

SARAH: Auch das weiß ich.

DAVID: Und - je nach dem – zu verjüngen.

SARAH: Läuft in diesem Hotel alles unter dem Motto: bedienen, Ehre erweisen und verjüngen?

DAVID: Aber ja, und es funktioniert wunderbar. Schauen Sie in den Spiegel! Sind diese schrecklichen Krähenfüßchen um die Augen nun verschwunden oder nicht?

SARAH: Auch diese Schlagworte sind mir nicht neu. Sind wir im Hotel der ewigen Wiederholung?

DAVID: Exakt. Also: lassen Sie sich bedienen.

SARAH: Ja, ja, aber...

DAVID: Sich die Ehre erweisen...

SARAH: Nun, gewissermaßen...

DAVID: Lassen Sie sich verjüngen.

SARAH: Oh, my God, Fräulein, was tun Sie da?

DAVID: Das selbe, was David und der Direktor, der verstorbene Michelangelo, gemacht haben.

SARAH: Mein Gott, Ihre Zunge... mir scheint, ich kenne sie!

DAVID: Gefällt Ihnen, wie ich rede und dazwischen meine Vulgata einfließen lasse?

SARAH: Tatsächlich scheint mir, sie schon gehört zu haben.

DAVID: Ich bin ein einfacher, wortkarger Mensch...

SARAH: Aber ihre Zunge ist lang und rau, genau wie die...

DAVID: Des Direktors, der guten Seele, Herrn Michelangelo?

SARAH: Mehr noch.

DAVID: einer Giraffe?

SARAH: Nein, mehr noch... mehr!

DAVID: Also, wessen Zunge?

SARAH: Genau wie die von David? (*Stille.*)

DAVID: Dann geben Sie es zu?

SARAH: Was? Dass ich plötzlich und ganz unerwarteterweise an mir entdeckt habe, dass ich nicht wenig, wie sagt man dazu, es liegt mir auf der...

DAVID: Zunge?

SARAH: Hör mir mit der Zunge auf! – Nein, hör mir auf im Sinne von weiter machen. Ich sagte ja, ich habe die ungewöhnliche Entdeckung an mir gemacht, dass ich... eine Anhängerin von Sappho geworden bin.

DAVID: Wären Sie eine Schriftstellerin und hätten am Pulitzer Wettbewerb teilgenommen, so hätte die Lobby der vorstehenden Klitoris geschlossen für Sie gestimmt. Allen voran ich.

SARAH: Ja, ich gebe zu, die Lobby der Lesben ist äußerst stark in... ah!... Amerika... insbesondere rund um den Pulitzer Preis, aber ich bitte Sie, Fräulein, das heißt Frau... hören Sie mit dem Pulitzern nicht auf... mehr Pulitzer, Pulitzer, Gott im Himmel! - Au! Was tun Sie da, beißen Sie?!

DAVID: Sie haben mit meinem Mann gevögelt, liebe Frau. Das ist die gerechte Gottessstrafe.

SARAH: My god, wie haben Sie das gemerkt?

DAVID: Ich hatte immer einen leisen Verdacht, Süße.

SARAH: Na ja, Verdacht hätte ich auch einen.

DAVID: Worauf wollen Sie hinaus?

SARAH: Das Muttermal auf Ihrer Brust, liebe Frau oder liebes Fräulein. Apropos, Sie haben eine ziemlich stark behaarte Brust... wie David...

DAVID: In diesem Hotel sehen wir uns alle gleich, Hilfsarbeiter, Zimmermädchen, Direktoren, Rezeptionisten...

SARAH: Auch Ehepaare untereinander?

DAVID: Wir sehen aus wie...

SARAH: Ich weiß, reden Sie nicht mehr davon... wie aus einem Guß.

DAVID: Richtig. Wer hat Ihnen das gesagt, David oder der Herr Direktor?

SARAH: Ich erinnere mich nicht mehr.

DAVID: Macht nichts. Hier herinnen sind wir alle gleich. Wir sagen und tun alle das selbe.

SARAH: Und ihr habt alle eine so lange, raue Zunge wie...

DAVID: Wie David?

SARAH: Mehr...

DAVID: Wie der Direktor, Friede seiner Seele?

SARAH: Mehr, mehr... wie eine Giraffe!

DAVID: Wissen Sie, wie es zur Giraffe kam?

SARAH: Das würde ich gern von Ihnen erfahren.

DAVID: Im Pferd. Seine Zunge hat sich verkürzt und sein Fortpflanzungsorgan ist auf das doppelte angewachsen. Wie das von David von Michelangelo...

SARAH: Oder Donatello?

DAVID: Von beiden.

SARAH: Wirklich, Fräulein, Ihre Klitoris unterliegt einem raschen Wachstum.

DAVID: Deshalb wird sie auch als einziehbares Organ bezeichnet.

SARAH: Sie haben immer eine linguistische Erklärung parat. *(Telefon läutet.)*

DAVID: Antworten Sie nicht, ich bitte Sie. Das Organ wird eben deshalb als einziehbar bezeichnet, weil es sich mit der gleichen Geschwindigkeit, mit der es anschwillt, wieder zurückziehen kann, geradezu wie Sahne, die in sich zusammenfällt.

SARAH: Ich muss! Ich kann nicht, nicht antworten... jetzt, wo Sie wissen wer ich bin, die Verkaufskönigin im Buchhandel, kann ich mich nicht mehr verstecken... die Schriftstellerin in mir ist stärker als ich... es ist, als ob die Triebfeder des Unterbewusstseins plötzlich durch das Aufspringen eines Türschlosses an Spannung verlöre und mich selbst endgültig zum Erfolg und zur Karriere führte.

DAVID: So lassen Sie es doch läuten!

SARAH: Mag sich meinerseits lächerlich, unverschämt oder gar etwas hochnäsig anhören, aber jedes Mal wenn das Telefon läutet, denke ich... jetzt ist es so weit, man hat mir den Nobelpreis verliehen. Leider ist es aber fast immer die Telefongesellschaft mit einem Sonderangebot für ADSL. Aber man weiß ja nie.... Ich verspreche Ihnen, dass ich mich beeile... Hallo? Wer? Ach du bist es, meine liebe...*(zu David)* Es ist Idina, mein Verleger... *(zu Idina)*... ja alles in Ordnung... alles... Hör zu, ich wollte mich für vorhin entschuldigen... wie, wann vorhin? Vorhin, als ich dich schimpfte... wie, warum? Warum vögelst du mit meinem Mann? Wie, du denkst nicht daran, ihn zu vögeln?... Gut, das heißt? Wie? Du bist lesbisch? - Auch du! -... Nein, verstehe mich nicht falsch, ich sagte „auch du" wie man nun mal so sagt... Ehrlich, mir ist nichts aufgefallen, Idina, meine liebe, das merkt man nicht einfach so, wenn man es nicht weiß, achtet man nicht darauf... Außerdem ist man mit der Bezeichnung „lesbisch" schnell zur Hand... manche sind es ein wenig mehr, andere weniger, eigentlich sind wir alle ein wenig lesbisch... wir kommen ja alle an der gleichen Stelle heraus, unabhängig welche sexuelle Ausrichtung wir später wählen... Ich nicht, ich meinte lesbisch im allgemeinen... willst du dich outen? Tu das, sag es der ganzen Welt, befreie dich vom bedrückenden Wissen... Wolltest du mir das neulich am Telefon sagen?... Oh, das ist das erste Mal, dass du anrufst, um mich zu beglückwünschen. Aber es ist auch dein Verdienst, meine liebe, wenn ich den Pulitzer Preis gewonnen habe, ohne deine Unterstützung und deinen Umschlagentwurf, hätte ich es nicht geschafft, so viele Exemplare zu verkaufen und mich zu qualifizieren... mein Foto auf der Rückseite? Ein Schnappschuss, genial... du bist außergewöhnlich... ich bin auf diesem Bild so maskulin, dass die lesbische Lobby zahlreich für mich gestimmt hat. Einverstanden, reden wir von der Arbeit, wo wir doch schon dabei sind... Aber bitte mach schnell, wenn es dir nichts ausmacht, ich habe noch jemanden in der Leitung... Du hast einen neuen Roman von einem unbekannten Schriftsteller bekommen... er hat dir sogar gefallen... von wem ist er? Ein aufstrebender Schriftsteller... wie? Echt... David von Michelangelo... hört sich für mich verdächtig, nach Pseudonym an... Warte, ich komme gleich zurück...(zu David) Wissen Sie gar nichts davon, Sie Oberschlaue?... oder sollte ich lieber sagen, Sie Schlaumeier?... (zu Idina) Wie lautet der Titel dieses Meisterwerks? Was? „Im Bett mit dem Pulitzer Preis?" Und wovon handelt er? Wie, von mir? Ein Erotikroman? - Rotlicht?... Ich glaube, ich kenne den Autor... Kannst du mir ein paar Abschnitte vorlesen? Ich erkenne ihn sofort am Stil... warte, ich schalte den Lautsprecher ein... los!

IDINAS STIMME: Besoffen legte sie sich mit... Streichen!... nach oben, um sich... Streichen!... von hinten, nachdem sie sich... Streichen!... von der Zunge, die so lang und rau wie die einer...
SARAH: Giraffe?
IDINAS STIMME: Mehr
SARAH: Des Direktors?
IDINAS STIMME: Mehr, noch mehr.
DAVID: Meine? - Streichen!
SARAH: Du! - Junger angehender Schundautor, jetzt wird klar, was deine Verkleidungen bezwecken, du wolltest auf meine Kosten deinen obszönen Bestseller schreiben!
Ich geb ihn dir, den Pulitzer Preis, den Nobelpreis...

Sarah macht einen Aufstand. Verfolgung und Rauferei. Musik. Vorhang.

FINALE: *Vormittag. Das Zimmer ist jetzt in bester Ordnung, nur das Bett ist ungemacht. Die Koffer stehen bereit. Man kann Miss Sampson durch die Badtür sehen, die in elegantes Weiß gekleidet, das Make-up überarbeitet. Man hört es an der Tür klopfen.*

SARAH: Ja? Wer ist draußen?
DAVIDs STIMME OFF: Ich bin gekommen, um die Koffer abzuholen, Miss Sampson.
SARAH: Bitte, treten Sie ein. Die Koffer stehen im Eingangsbereich.
DAVIDs STIMME OFF: Könnten Sie mir selbst öffnen?
SARAH: Ich bin beschäftigt, ich schminke mich gerade. Haben Sie keinen Passpartout?
DAVIDs STIMME OFF: Wir, wir Gepäckträger haben keinen, Miss Sampson. - Man vertraut uns nicht.
SARAH *(leise)*: Sie haben recht. - Dann komme ich. *(Sarah öffnet die Tür.)*
DAVID: Guten Tag, Miss Sampson. Das Auto zum „Kennedy" ist da. - Sind das alle Koffer?
SARAH: Ja, David, danke.
DAVID: David war der junge Mann von gestern, Madame. Ich heiße Michelangelo.
SARAH: Bist auch du ein Buonaroti?
DAVID: Schön wäre es! Ich würde nicht hier bedienen.
SARAH: Und die Ehre erweisen, wette ich.
DAVID: Meine Pflicht.
SARAH: Und verjüngen.
DAVID: Wie bitte?
SARAH: Nichts, vergessen Sie's.

DAVID: Wie Sie wollen, Miss Sampson.

SARAH: Aber hören Sie, sind Sie sicher, dass Sie nicht David heißen oder sind Sie zufällig David?

DAVID: Wenn ich er wäre, wäre mir das aufgefallen. - Scherz beiseite, aber wir sehen uns alle ein wenig ähnlich in diesem Hotel. Die Klienten sind tatsächlich oft irritiert und verwechseln uns manchmal. Sie werfen uns alle in eine Pfanne.

SARAH: Einen Topf, wie süß, Ihre Ausdrucksweise. Gewiss, Sie sehen alle wie aus einem Guss aus.

DAVID: Man wählt uns auch danach aus, wie sehr wir dem Prototypen gleichen.

SARAH: Welchem Prototypen?

DAVID: Wissen Sie nicht mehr, wie dieses Hotel heißt?

SARAH: Ehrlich gesagt nicht, das Organisationskomitee des Pulitzer Preises hat die Reservierung vorgenommen.

DAVID: Wir sind hier im berühmten Relais „David von Michelangelo", Miss Sampson. Daher heißen wir alle David oder Michelangelo, damit der Klient mit unseren Zügen vertraut wird und sie wieder erkennen kann. Sie geben die klassischen Formen der italienischen Renaissance wieder und damit den Namen des Hotels. Damit prägen sie sich im Unterbewusstsein des Klienten für immer ein, sodass er früher oder später nicht anders kann, als uns wieder aufzusuchen. Zumindest hat man mir auf diese Weise die Unternehmensphilosophie erklärt... aber ich bitte Sie, sagen Sie es nicht weiter, ich habe Ihnen nichts gesagt, ich möchte nicht, dass der Hoteldirektor erfährt, dass ich unsere kleinen Geschäftstricks ausplaudere... das habe ich nur Ihnen gesagt, Miss Sampson, denn Sie sind ein besonderer Mensch, ich bewundere Sie.

SARAH: Wirklich?

DAVID: Ja, darf ich Ihre Geduld missbrauchen und Sie um einen Gefallen bitten?

SARAH: Je nach dem, wie persönlich er ist.

DAVID: Ein Autogramm mit Widmung, wäre mir ein großes Anliegen. - Schauen Sie, ich habe ein Exemplar Ihres Romans mitgebracht, wenn Sie so freundlich wären...

SARAH: Gerne, warum nicht? Haben Sie einen Stift?

DAVID: Hier! - Oh, das freut mich aber! Ich werde das Buch noch ein paarmal lesen.

SARAH: Nun, lesen Sie nicht alles heraus, lassen Sie auch etwas für die Nachkommen übrig!... Hier, für Sie!

DAVID: Danke, Miss Sampson.

SARAH: Gut, bringen Sie bitte mein Gepäck hinunter, ich mache einen Sprung zum Hoteldirektor, ich möchte mich verabschieden... Wie heißt er?

DAVID: Das ist Herr Michelangelo.
SARAH: Eben. - Sieht auch er Ihnen gleich?
DAVID: Wir gleichen uns wie ein Ei dem anderen.
SARAH: Ein unterhaltsames Spiegelspiel.
DAVID: Und Schattenspiel, Madame.
SARAH: Pssst... Ich habe dir das Trinkgeld auf der ersten Seite meines Buches hinterlegt, mein lieber. Auf diese Weise sehen sie nicht, dass du eines bekommen hast und du bist nicht gezwungen, es in den Gemeinschaftstopf zu legen und mit den anderen zu teilen... Ruhig Blut, ich kenne die Geschichte. Ich weiß alles!
DAVID: Welche Geschichte? Welcher Topf?
SARAH: Erst wenn ich die Schwelle dieses Zimmers übertrete, fühle ich mich von den drückenden Albträumen befreit, die heute Nacht meine Ruhe gestört haben. - Ich habe eine halbe Stunde gebraucht, um diese beschissenen Krähenfüßchen zu überdecken, die sich immer einstellen, wenn ich eine besonders bewegte Nacht hinter mir habe.... Lebewohl, mein lieber, lebt wohl, du und dein Nietzsche'sches Hotel der ewigen Wiederkehr.
DAVID: *(versteht nicht)* Ich werde es weiterleiten, Miss Sampson. *(Sarah ab)*
SARAH VOICE OFF: Hallo, Idina, bist du es? Ich rufe dich nur an, um dich zu warnen. Meide dieses Hotel, falls du nach New York kommen solltest... es ist ein Chaos, was die alles machen!... außerdem schläft man hier sehr schlecht... das Manuskript meines neuen Romans ist bei dir eingetroffen? Wie, es ist ein Scheiß? Leck mich am... Ach, das war Spaß, freilich, ich weiß, dass es gar nicht so schlecht gelungen ist... komm,... komm, übertreib nun mal nicht... ein Meisterwerk, nein... nein... ich erröte!... aller Zeiten, das ist aber wirklich übertrieben... noch dazu aus „Tausend und eine Nacht"... *(Idinas Stimmer verliert sich im Gang)*

David öffnet das Buch und hält empört den Geldschein in die Höhe, den ihm Sarah zwischen die Seiten gelegt hat.

DAVID: Fünf Dollar? Fünf elende Dollar für all das, was ich gemacht habe? - Lecken Sie mich am Arsch, Miss Sampson, ich lasse mir jetzt einen Hexenschuss einfahren, dann können Sie Ihre Koffer selbst ins Erdgeschoss bringen!

Musik, Cut und... Vorhang.

ES GEHT UM MAFIA

Personen:

Der Richter

Der Berichterstatter

Der Kollaborateur Peppi Tigna

Ciro Donnarumma, Amtsgehilfe

Sandra, Gerichtsdienerin

Smaraviglia, der Boss

Dino Sauro, ein weiterer Boss

Cusumano G., ein Verdächtiger

Einige „Picciotti" und Agenten der Ordnungskräfte

ERSTER AKT

1. SZENE

Nur der Berichterstatter.

Als ich ein Kind war, fragten meine Eltern, was ich werden wolle und ich antwortete: Taucher. Und warum ausgerechnet Taucher? Weil ich den Meeresgrund durch das klare Wasser hindurch zu sehen will. Und mein Onkel sagte lachend zu meinen Vater, ich kaufe deinem Sohn ein Salzwasseraquarium, damit er sich diesen Scheiß aus dem Kopf schlägt und an etwas Ordentliches denkt, er könnte beispielsweise Fußballer werden, denn damit kann man einen Haufen Kohle machen. Aber ich lehnte mich dagegen auf: ich mag kein Geld! Und warum nicht? Weil ich es nicht brauche. Ich will ja nur den Meeresgrund

sehen. Und ich lief aus dem Haus, hinunter zum Strand, setzte die Taucherbrille auf und tauchte ins Meer, das mich wie eine Kristallkugel umgab. Als ich heranwuchs, fiel mir auf, dass das Wasser immer trüber wurde. Ich fand Blechdosen und Abfallreste auf dem Grund und im Wasser schwebten Plastiktüten… ich hörte, wie jemand meinem Vater sagte, dass die Firma, die im Auftrag der Gemeinde den Müll entsorgte, als Sparmaßnahme den ganzen Müll ins Meer wirft, anstatt ihn auf die Deponie zu bringen. Ich zeige sie an, hörte ich meinen Vater erstmals stinksauer sagen. Und das ist verständlich, denn er verdiente am Tourismus. Er hatte ein kleines Boot, mit dem er Feriengäste auf kleine Bootsausflüge entlang der Küste mitnahm. Aber angesichts des stinkenden Wassers, der Müllrückstände und all der anderen Abscheulichkeiten, wollte gewiss niemand mehr Ausflüge machen. Mein Vater erstattete Anzeige, aber… eines Abends kam er nicht nach Hause, das Meer war bewegt, die Carabinieri sagten, dass ihn wahrscheinlich eine außergewöhnlich große Welle fortgespült habe… aber ich glaubte das nicht. Ich habe das nie geglaubt und werde es auch nie glauben. Ich fing sogar an, auf eigene Faust nachzuforschen, nachzufragen, soviel eben ein Kind erfragen und den anderen auf den Geist gehen kann. Ich bekam sogar die eine oder andere Ohrfeige ab, wie dem auch sei, ich kam auf keinen grünen Zweig. Nur mein Klassenlehrer, der nicht weiter mit den Angelegenheiten des Dorfes befasst war, weil er aus dem Norden kam, wohin auch sehr bald wieder zurückkehren sollte, sagte, ich solle nie und nimmer locker lassen, den Dingen auf den Grund gehen und immer die Wahrheit suchen, die wie ein Seestern im Sand der Abgründe liegt. Diese Beschreibungen: „auf den Grund gehen" und „ die Wahrheit suchen wie einen Seestern, der im Sand der Abgründe liegt", bestimmten mein weiteres Leben und ließen mich nach zweierlei dürsten: nach Wahrheit und Gerechtigkeit.
Daher dachte ich immer, dass der Beruf eines Journalisten ausschließlich die Mission hat, Wahrheit zu verbreiten. So war das schon als Jugendlicher für mich, als ich für die Schulzeitung zu schreiben begann. Ich war bereit, mir die Schuhsohlen abzulaufen und mich in den Gassen irgendwelcher Städte zu verirren, wenn ich mich nach lautgewordenen Stimmen umhörte oder wenn jemand das Schweigen brach. Ich hätte jedes Risiko in Kauf genommen, hätte vor keiner Gefahr Halt gemacht, wenn es darum ging, meine Pflicht als wahrheitssuchender Ankläger zu erfüllen.
Anstatt zu laufen und zu fliehen, anstelle von Verfolgungsjagden und Hinterhalten, von Bekenntnissen und Nachforschungen, von Beweisen und Konfrontationen, fand ich mich hinter einem Schreibtisch wieder, auf dem ein beschissenes Telefon thronte, das nie klingelte. Ja, leider, sie haben mich zur grauen Redaktionsmaus gemacht, deren Aufgabe darin bestand, dem Redaktionschef von der Agentur vorgefertigte Nachrichten weiterzureichen, die für unsere Provinzzeitung in irgendeiner Hinsicht von Interesse sein konnten.

Meine Aufgabe war einzig und allein das Abschreiben und Kleben, ich fügte höchstens hie und da eine kleine Anmerkung hinzu, wie es eben üblich war.

Vielleicht habe ich zu viele amerikanische Filme gesehen, in denen das Berufsbild des Journalisten ganz anders beschrieben wurde. Beispielsweise in „Network", wenn der legendäre Schlusssatz gesprochen wird: „Hörst du diesen Lärm? Es ist die Presse, mein Junge!" und damit endet die Karriere eines korrupten Politikers, den ein mutiger Berichterstatter im Aufmacher einer Zeitung auffliegen ließ.

Zugegeben, ich muss zu viele Filme gesehen haben, denn ich finde keine Selbstverwirklichung in meinem Tun.

Ich habe mich mehrmals bei meinen Chefs beschwert und bekam immer die gleiche Antwort: bekommst du ein Gehalt am Monatsende oder nicht? Darf man also erfahren, was in dich gefahren ist? Ich wurde sogar für dumm verkauft: und wenn du Staub aufwirbeln willst, warum bist du nicht Bulle geworden? Vergiss es, komm...

Ich verzog keine Miene zu den Spötteleien: he du Idiot, weißt du schon, dass man nur wenige Kilometer neben deinem Haus in einem Brunnen ein paar Behälter mit Nervengas gefunden hat? Du hättest draufgehen können, deine Familie, deine Angehörigen, halb Kalabrien hätte draufgehen können. Sie horchten auf und bekamen Angst, nicht so sehr wegen des Nervengases, das die russische Mafia als Zahlungsmittel in Drogengeschäften verwendete, sondern vielmehr deshalb, weil ich so hartnäckig war und aus diesem Grund hielten sie mich für gefährlicher als Nervengas.

'Chistu - ci fa perdere 'u posto!' (Der da - wegen dem verlieren wir noch unseren Arbeitsplatz!) Und so bekam ich eines Tages einen Übernamen verpasst: 'U Tragediatturi (der Tragiker).

Warum Kollegen und Vorgesetzte begannen, mich so zu nennen, liegt auf der Hand: ein Tragiker zu sein bedeutet unter anderem, sich niemals zufrieden zu geben und dies auch furchtlos und im wahrsten Sinne des Wortes theatralisch kund zu tun und natürlich geht das nicht ohne Übertreibung ab. Mit diesem Übernamen unterstellten sie mir, dass ich übertreibe. Du redest immer nur von der Mafia, der 'Ndrangheta... aber die Cosa Nostra ist weit weg und die kalabresische 'Ndrangheta zählt so gut wie gar nicht, lokale Angelegenheiten, Rivalitäten, die man auf uralte Weise nach dem Ehrenkodex, löst... das ist doch keine landesweite Gefahr, wen kümmern die paar 'Ndranghetisten, die sich wegen eines Grundstücks gegenseitig erschießen...

Aber niemand gelangte bei diesem Diskurs zum Rückschluss, dass dieses Grundstück, für das sich paar 'Ndranghetisten niederschossen, nicht irgend ein Stück Land war, sondern ein milliardenschwerer, vom Staat und der Europäischen Union finanzierter Pachtgrund.

Ich wertschätze meine Kollegen und ich will nicht sagen, dass sie alles auf die leichte Schulter nehmen, ich will nur sagen, dass sie aus Faulheit und Oberflächlichkeit den Dingen nicht immer auf den Grund gegangen sind. Und wenn sie es getan haben, liefen sie Gefahr, so zu enden wie De Mauro und Giuseppe Fava.

Und so geschah es, dass ich im Laufe meiner Redaktionsjahre zusehen musste, wie sich die kalabresische Mafia ungebremst großflächig ausbreitete, wie sie bis in norditalienische Regionen vordrang, sich in Deutschland und Südamerika konsolidierte... und in Anbetracht dessen nur kleinlaut darüber zu schreiben, machte mich wütend. Andererseits hatte auch ich nicht den Mut, noch tiefer in die Materie vorzudringen.

Ja, der Mut, er fehlt mir wirklich! Und wenn einer keinen Mut hat, kann er sich auch keinen machen. Es braucht jemanden, der einen dazu bringt, der einen unterstützt, wenn man den ersten Schritt in Richtung Kalaschnikow macht, die immerzu auf einen gerichtet ist, sobald man den anderen mit seinen Beiträgen auf den Schwanz tritt.

Beinah hätte ich mich in dieses Leben gefügt, umgeben von Halbwahrheiten, schweigend, unterlassend und voller berufsbedingter Abgestumpftheit gegenüber dem Phänomen Mafia, es war eine Schande, bis mich die Offenlegungen eines so genannten Pentito, eines reuigen, geständigen Mafiamitglieds, aufhorchen ließen. Ich denke in diesem Zusammenhang an die Schiffe, die mit radioaktivem Müll und Giftmüll vollgeladen waren und in der Nähe der kalabresischen Küste versenkt wurden. Für die Entsorgung gab es lukrative Aufträge. Dann bin ich zum Chefredakteur gegangen. Das ist keine Kleinigkeit, mein lieber, denn in diesem Meer baden auch deine Kinder. Diese arschgefickten Schweine vergiften unsere Heimat, da gibt es nicht nur den Ehrenkodex und Familienangelegenheiten zwischen ein paar Anhängern der 'Ndrangheta. Diese Leute kennen keine Ehre, sie besitzen nichts und wollen uns alle in einem Giftmeer verrecken lassen. Sie ziehen Kalabrien nicht nur moralisch oder wirtschaftlich in den Dreck, nein, sie machen das viel konkreter, indem sie uns diesen Giftschlamm auf den Leib gießen. Das Land ist ihnen ebenso scheißegal wie die Traditionen, für die sind wir nur Schlachtfleisch. Da kommen wir noch eher davon, wenn wir hinuntergehen auf die Piazza, uns eine Zielscheibe um den Hals hängen und schreien: bringt uns alles um!

Dieser wütende Wutausbruch – und ich bediene mich hier eines Eufemismus', denn es war wirklich eine Scheißwut, die sich eineinhalb Jahrzehnte lang angestaut hatte, beruflicher und moralischer Frust und ewiges Runterschlucken, um nicht alles wieder rauszukotzen - dieser Wutausbruch zeigte Wirkung und hatte Folgen. 'U Tragediatturi' der Tragiker, derjenige, der immer alles doppelt so dick auftrug, also ich, der Unterfertigte, bekam den Auftrag, die Nachforschungen weiter zu betreiben, vorausgesetzt, dass ich nur wahre

Wahrheiten schrieb. Richtig, genau so drückte sich der Redaktionschef aus: wahre Wahrheiten. Erst im Nachhinein fiel mir auf, dass sich hinter diesem Pleonasmus die eigentliche Linke verbarg. (Die Wahrheit kann nicht wahr sein, sie ist es, Punkt!) Das Eigenartige an dieser offenbar leichtfertig dahin geworfenen Ausdrucksweise fiel mir nicht gleich auf. Ich war zu aufgeregt angesichts der Wende, die mein Berufsleben endlich erfahren hatte, aber abgerechnet wird bekanntlich immer erst zum Schluss und so war ich im Laufe meiner Recherchen unter anderem mit einer seltsamen Person konfrontiert, einem Boss, der sich – nomen est omen - Dino Sauro nannte. Er war listiger als der Teufel.

Er wusste auch, dass die Wahrheit immer einen persönlichen Bezug hat, wie er betonte, je nach dem, wer sie ausspricht, weshalb und wann sie ausgesprochen wird. Es gibt keine Wahrheit an und für sich, sie existiert nur in Funktion ihrer Nützlichkeit, je nach dem, wie wichtig sie für die jeweilige Person ist.

2 Szene

Plötzliches Durcheinander. Aus dem Szenenhintergrund tritt eine ganze Personengruppe. Einige von ihnen tragen Sturmmützen. Es sind die Männer der DIA, die den Kollaborateur Peppi Tigna wegbringen. Geheimnisvoll wird Tigna auf die Bühne geführt, wo zur Rechten eine Rekonstruktion eines Gerichtssaals steht. Im Hintergrund hört man den Lärm einer pulsierenden Stadt. Tigna setzt sich hin und will eine Zigarette herausziehen, aber einer der beiden, die ihn hierher gebracht haben, deutet, dass man hier nicht rauchen darf.

TIGNA: Hurenscheiß, nicht einmal rauchen darf man hier! Da serviert man euch die Wahrheit auf einem Silbertablett und bekommt nicht einmal einen Kaffee angeboten? gibt's nun einen Kaffee oder nicht??

ZWEITER BEGLEITER: *macht ein Zeichen für „später"....*

TIGNA: Später, später.... wenn ich vor Hunger und Anspannung in halb ohnmächtig bin... Keine Zigaretten, keinen Kaffee... bin ich denn in einem Kloster gelandet? Muss ich Entsagung üben? - Ihr redet nicht mit mir? Dürft ihr nicht, weiß ich, sonst ist die Befragung verschissen.... seid ihr blöd, dass ihr das verscheißt? Scheißdreck! Wenn ich nicht zu reden begonnen hätte... hehe! Ihr wärt draußen im Sturm und würdet desperado aus Lybien aus dem Meer fischen. Aber die sorgen ja für Nachschub im Geschäft...

ERSTER BEGLEITER: *macht ein Zeichen, dass er ihm das gar nicht zu erzählen braucht.*

TIGNA: Ihr dürft nicht reden und nicht zuhören!.... Könnt ihr mich nicht zumindest am Arsch lecken? Nicht einmal das? Es ist ein Jammer, ihr seid unausstehlich, miese Gesellschaft... He du, gib mir die Zeitung! Was hat dieser

Gasparina schon wieder angestellt? Schon wieder verloren! Die Armen, wenn ihnen der Präsident nicht genügend gibt, spielen sie einfach nicht mehr, von denen kann man haben, dass sie sogar Eigentore schießen.... Und dieser Stürmer aus der Florentina, der nur Erfahrung sammeln will! Kaum hat er hat er die Fußballschuhe an, hat er schon ein kaputtes Knie! Er wird eben Erfahrung mit den Mädchen und Ehefrauen machen, wenn die Mannschaft auswärts spielt und damit hat er nicht nur die Umwelt strapaziert, sondern auch die Nerven der Fans. Er spielt nicht, schießt keine Tore, aber er fickt... und dafür wird er auch noch bezahlt.

Tigna schickt sich an die Sportzeitung zu durchblättern. Die beiden Begleiter gehen ab.
Die Szene geht außerhalb des Befragungsraumes weiter. Die Begleiter nehmen ihre Sturmmützen ab, es sind Ciro und eine Frau, Sandra. Ciro hält sich den Bauch vor Lachen.

SANDRA: Ich bitte dich, mach einmal einen auf ernst... wenn du das zuwege bringst!
CIRO: *(lacht weiter)* Der hat nicht spitz gekriegt, dass du eine Frau bist... Hat er sie nicht gespürt... die Dinger...?
SANDRA: Ich folgte vorsichtshalber mit Abstand, um die Situation unter Kontrolle zu behalten
CIRO: Damit er sie nicht spürt, gib es zu.
SANDRA: Er ist ja nicht in Haft, weshalb sollte ich ihn was spüren lassen? Um ihm einen Gefallen zu tun?
CIRO: Letztendlich hätte er sich das sogar verdient, wenn man bedenkt, wie sehr er uns geholfen hat, die Flüchtigen zu erwischen. - Aber schwör's mir!
SANDRA: Was denn?
CIRO: Kein Silikon?
SANDRA: Glaubst du, dass ich eine von denen bin, die sich den Busen operieren lassen? Und wer zahlt mir das? Und außerdem, selbst wenn, ist das nicht meine Privatangelegenheit?
CIRO: Hör zu meine Liebe, wenn eine Kugel auf deine Sicherheitsweste trifft, könnte ein Implantat explodieren, das ist gefährlich.
SANDRA: Wenn es dich beruhigt, unterziehe ich mich einer Untersuchung bei der Ärztin. Gib mir einen Tag frei, dann bringe ich dir eine ärztliche Bestätigung, dass ich gesund bin.
CIRO: Einen freinen Tag? Nichts zu machen, wir müssen die Zeiten verkürzen. Wer hier trödelt, ist verloren!
SANDRA: Hände weg! - Gehört es zu meiner Arbeit, mich von dir unsittlich berühren zu lassen? Zahlt mich denn der Staat dafür?
CIRO: Warum, zahlt der Staat nur bis dahin und nicht weiter?

SANDRA: Lass dir den Kopf wegblasen, dann wirst du sehen, dass dir keiner ein Staatsbegräbnis verwehrt...

CIRO: Heute bist du aber beinhart.

SANDRA: Gib mir lieber eine Zigarette.

CIRO: Bedaure ich habe mit dem Rauchen aufgehört.

SANDRA: Aufgehört? Seit wann? Seit zwei Wochen rauchst du schon meine Zigaretten!

CIRO: Du wirst es noch erleben, dass ich früher oder später auch deine Zigaretten nicht mehr rauche.

Nebenan ruft Tigna.

TIGNA: Hört endlich auf! Man könnte meinen ihr seid verheiratet! Hier kann man nicht einmal die Sportseite in Ruhe lesen! - Fräulein? Eine Agentin? Frau Doktor... wie zum Teufel soll ich zu Ihnen sagen?... Wenn Sie wollen, kann ich Ihnen behilflich sein, wenn Ihnen dieser Neandertaler von Kollegen zu nahe tritt. Ich habe da draußen noch ein paar Freunde.

SANDRA: *(laut)* Nein danke! Sie würden aus dem Schutzprogramm fallen. Außerdem würde nach ihm nur ein anderer kommen, der genauso lästig ist. Solche Typen gibt es dutzendweise, wie Massenware. Es lohnt sich nicht, sie umzubringen, für die bräuchte es eine chemische Kastration.

CIRO: Sag mal, hast du einen Mann?

SANDRA: Siehst du, deshalb würde ich euch am liebsten kastrieren, alle, angefangen bei dem da drüben bis hin zu dir.

3. SZENE

Berichterstatter alleine.

BERICHTERSTATTER: Meine Frau legt ihre Gemütszustand so an den Tag, wie es nur Frauen aus dem Süden zuwege bringen, wenn ihnen was über die Leber gelaufen ist. Als Zeichen ihres stillen aber unübersehbaren Protests lässt sie absichtlich die Nudeln verkochen. Wenn eine südlich von Rom aufgewachsene Frau die Maccheroni immer derart niedergekocht serviert, dass sie nur noch wie Brei aussehen, dann heißt das entweder, dass sie überhaupt nicht kochen kann – aber dann wäre sie aus dem Norden – oder, dass sie ihrem Mann etwas zu verstehen geben will. Beim ersten Mal drück ich ein Auge zu, meinetwegen auch beim zweiten Mal, aber beim dritten Mal sag ich zu ihr: was ist mit dir los? Kannst du keine Maccheroni mehr kochen?

Und warum kochst du sie dir nicht selbst, wo du doch alles besser kannst? Antwortet sie mir.

Darf man erfahren, was in dich gefahren ist?

Nichts, gar nichts, - winkt sie ab, ohne überzeugend zu wirken.

Wie? Nichts? Du läufst mir ja schon seit einem Monat mit einem langen Gesicht herum.

Dann iss in der Mensa, dann ersparst du dir die Mühe wegen dem Fraß herum zu streiten, echauffiert sie sich.

Was sagst du da, Rosa? Was habe ich dir getan? Hat man dir erzählt, dass ich dich mit der Miss Italia betrogen habe?

Rosa bricht in zynisches Lachen aus. Ja freilich, denn die sucht ausgerechnet dich aus, wo du so arm bist, dass dir keiner was aus der Tasche ziehen kann!

Was sagst du da?

Die Wahrheit.

Was für Wahrheit? Sag mir das bitte! Wahr ist vielmehr, dass du schon seit einiger Zeit viel zu nervös und angespannt bist, du kommst mir vor wie die Prinzessin auf der Erbse. Darf man erfahren, was mit dir los ist? - Versuche ich herauszufinden.

Mit mir? - lässt sie mich nicht ungeschoren davon kommen – Vielmehr mit dir, was ist mit dir los? Spielst du ein Lotteriespiel? Da könntest du zumindest einen Bingotreffer landen, aber so wie du spielst, kann es nur Knallen.

Urknall?

Aufschlag.

Erklär mir das, während ich diesen Nudelbrei runterwürge.

Du willst, dass ich rede? Gut, aber pass auf, wenn du mir nicht zuhörst, tu ich dir nicht nur Kleister, sondern auch noch Zucker in die Maccheroni! Dann möchte ich sehen, ob du sie noch isst!

Ist das ein neues Rezept von deiner Mutter oder eine lupenreine Drohung im Stil der Mafia?

Spotte nur, die Leidtragende bin ja doch ich! -

Der Tote ruht in Frieden, der Lebende gibt Frieden...

Hoffentlich sind wir auf der sicheren Seite, liebe Rosa.

Keine Angst, am Ende mach ich noch einen Seitensprung, in der Hoffnung, dass sich alles zum Guten wendet.

Echt, das nervt! Entweder sprichst du jetzt Klartext oder du verschließt deinen Mund mit diesem Fliesenkleber, den du da gekocht hast.

Stille.

Du wolltest also, dass ich auspacke.

Ok, heraus damit.

Hast du vergessen, dass du Verantwortung für eine ganze Familie trägst? Dass du eine Ehefrau und zwei Töchter...

Schwiegereltern, Schwager und Schwägerinnen! - Was ist mit dir los? Spielst du jetzt Standesbeamtin?

Hör auf, du bist verantwortungs- und gewissenlos, ja, das bist du!

Ich lenke ab: ich weiß nicht, worauf du hinauswillst!

Hör auf den Helden zu spielen!

Den Helden! Ich gehe nur meinem Beruf nach! Ich gehe keinerlei Risiko ein – versuche ich ihr zu versichern.

Aber sie sieht mich misstrauisch an: und die anonymen Anrufe?

Welchen anonymen Anrufe?

Jemand ruft an und legt wieder auf, ohne etwas zu sagen. Es dauert exakt eine Minute. Ich kann jemanden schwer atmen hören und aus Angst, hören zu müssen, was ich nicht hören will, zähle ich die Sekunden.

Was willst du nicht hören?

Dass du den Mächtigen auf den Schwanz trittst.

Beruhige dich, da hat sich jemand lediglich verwählt.

Jeden Tag, zur selben Zeit dreißig Tage lang hintereinander?

Wird wohl meine Liebhaberin sein,die mir eine Botschaft schicken will.

Miss Italia?

Welche Miss Italia?

Die die dich nicht mit dir geht, weil du einen Scheißberuf hast.

Weißt du, wie man Journalisten nennt, die sich das Maul stopfen lassen?

Weicheier.

Siehst du, du weißt das auch noch! Und was glaubst du, was so ein Weichei wie ich groß zu sagen hätte? Was könnte ich schon in der Schublade für Wahrheiten horten, die höheren Kreisen gefährlich werden könnten? Und außerdem weiß ich, was ich tue.

Dann geh und tu das zumindest in Rom oder in Mailand, bei einer richtigen Zeitung, der Repubblica oder dem Corriere, da gehörst du hin. Aber hier, von dieser Kanzel von Schreibtisch aus, der wegen der Holzwürmer schon am Auseinanderfallen ist...

Ihr könnt euch gerade noch das Papier leisten, auf dem die Zeitung in Druck geht, stimmts?

Das ist nicht unwahr, die Krise hat uns voll getroffen.

Und? Was spielst du, David gegen Goliath? Oder den Moralapostel oder schlimmer noch, den Gerechten oder...

Danke, du lässt mir noch eine letzte Möglichkeit offen...

Oder den Dummen, entschuldige, aber das muss ich dir wirklich sagen.

Aber den letzten Schlag hast du ausgelassen.

Welchen?

Ich gehe zu meiner Mutter zurück!
Pass auf, das mach ich noch!

Pause

Was sollte ich dagegen sagen? Im übrigen kann ich nicht behaupten, dass ich die Befürchtungen meiner Frau nicht teilte... diese Anrufe machen mir keine Angst... aber sie sind allenfalls beunruhigend... jemand, der einem exakt sechzig Sekunden lang ins Ohr schnaubt, jeden Tag, dreißig Tage lang hintereinander, das sind nicht weniger als 1.800 Sekunden im Monat und pro Jahr macht das... genau.... 1.800 mal 365, zwei an, drei weiter... das sind 657.000 Sekunden pro Jahr, eine Ewigkeit! Und wer so viel Zeit zu verlieren hat, wird einem wohl auch etwas Schwerwiegendes zu sagen haben...

Als wäre er auf einen Gedanken gekommen, nimmt er das Handy und wählt eine Nummer.

Hallo? Ich bin's... Ja, ich habe das Stück, aber mein Computer ist kaputt gegangen... hat einen Virus... zahlst du mir einen anderen Computer? Dann sei still, halt.... eben, natürlich muss ich dir das diktieren... du brauchst ihn ja, da er in einer Stunde in Druck gehen muss, stimmt's? Wie soll ich in der kurzen Zeit in der Redaktion vorbeikommen, um auf deinem PC zu arbeiten... Es ist schon spät, mein lieber, die Internetzentrale ist bereits geschossen, schreib, ich diktiere dir... also, von unserem Sonderbeauftragten... warum, bin ich deiner Meinung nach kein Sonderbeauftragter? Eben, recht so, entschuldige dich nur bei mir... also. Giuseppe „Peppi" Tigna, ehemals Anhänger der Timballobande in Reggio Calabria, Vorstrafen wegen Drogenhandels, hat begonnen, mit den zuständigen Behörden zur Bekämpfung der Mafia zusammenzuarbeiten.

4.SZENE

Befragungsraum, der Justizbeamte tritt ein.

JUSTIZBEAMTER: Guten Tag, Herr Tigna, Sie haben um ein Treffen mit mir gebeten. Nun, hier bin ich. Ich habe mich ein wenig verspätet.
TIGNA: Ihnen geht die Arbeit nicht aus, denke ich mir. Sie sind in meinen Kreisen nicht besonders beliebt.
JUSTIZBEAMTER: Am Dank der Mafiosi liegt mir nichts. Mir reicht ein sauberes Gewissen. Aber reden wir von uns. Sie gehörten der Timballobande an. Kommen Sie denn aus einer Familie mit Verbindungen zur Mafia?

320

TIGNA: Mein Vater war Kaufmann, meine Mutter Hausfrau. Schlechte Freunde brachten mich zur 'Ndrangheta. Im Gymnasium lernte ich die Söhne von Anhängern der 'Ndrangheta kennen, mit denen ich mich zuerst auf Drogen-, und später auf Rauschgifthandel einließ. Es war Ciccio Marea, der mich an Don Timballo weiter reichte. 1986 wurde ich Anhänger, das heißt Mitglied.

5. SZENE

BERICHTERSTATTER: Tigna erzählt, wie er am Stadtrand von Reggio Calabria in einer Hütte in die 'Ndrangheta aufgenommen wurde und erklärt detailgetreu alle Schritte des Initiationsritus'... na komm schon, Dickbauch, wie lange brauchst du noch! Wir können doch nicht den ganzen Abend vertun....

6 .SZENE

Peppi Tignas Mitgliedschaft.

CAPOMAFIA: Guten Abend, weise Kumpanen.
VERSAMMELTE: Guten Abend.
CAPOMAFIA: Seid ihr bereit für die Taufe von Peppi Tigna?
VERSAMMELTE: Wir sind bereit.
CAPOMAFIA: Wir haben uns hier versammelt, um ein neues Mitglied, einen contrasto onorato, aufzunehmen. Er hat Demut und Tugend an den Tag gelegt. Peppi Tignas Bürge ist Ciccio Marea.
VERSAMMELTE: Gut.

CAPOMAFIA: Falls einer der Anwesenden etwas einzuwenden hat, so spreche er jetzt. Oder nie.
VERSAMMELTE: Kein Einwand.
CAPOMAFIA: Bringt den contrasto onorato, das neue Mitglied, herein.

Peppi Tigna tritt ein.

CAPOMAFIA: Wer seid Ihr und was wollt Ihr?
TIGNA: Ich heiße Peppi Tigna und will Blut und Ehre.
CAPOMAFIA: Wer soll bluten?
TIGNA: Die Infami, die Unverschämten.

CAPOMAFIA: Wem soll das zur Ehre gereichen?
TIGNA: Der ehrenwerten Gesellschaft.
CAPOMAFIA: Kennt Ihr unsere Regeln?
TIGNA: Ich kenne sie.
CAPOMAFIA: Das Interesse und die Ehre der Società stehen über der Familie, den Eltern, den Schwestern, den Brüdern. Die Società ist von nun an eure Familie, und falls ihr diese entehrt, werdet ihr mit dem Tod bestraft. In dem Maße, in dem ihr der Socità Treue erweist, wird auch die Società in Treue mit euch verbunden sein und euch in Notlagen beistehen. Dieser Schwur kann nur durch den Tod aufgehoben werden, seid ihr dazu bereit? Schwört Ihr?
TIGNA: Ich schwöre im Namen des Erzengels Gabriel und der ehrenwerten Gesellschaft. Von nun seid ihr meine Familie. Ich werde ihr immer treu sein und nur der Tod wird mich daran hindern. Ich werde mich an euch wenden, wenn meine Ehre befleckt wird, bei schweren Schicksalsschlägen oder wenn unverschämte Forderungen an mich gestellt werden, die die Gesellschaft entehren. Wenn ich verfehle, werde ich mit dem Tod bestraft.
CAPOMAFIA: Wenn ich Euch noch bis vor kurzem als contrasto onorato anerkannte, so erkenne Euch von nun an als Picciotto d'onore, als ehrenhaften Soldaten an.
Der Neuaufgenommene macht die Runde und gibt dabei jedem Mitglied zwei Küsse auf die Wangen, dem Gesellschaftsoberhaupt - ausschließlich ihm - gibt er drei Küsse.

7. SZENE

Der Berichterstatter fährt mit seiner Reportage fort.

BERICHTERSTATTER: Laut Tignas Aussagen wird der Aufbau der 'Ndrangheta symbolisch von einem Baum der Weisheit dargestellt: eine große Eiche, an deren Fuß der Capo Bastone oder Mammasantissima steht, der das Kommando inne hat. Die Sgarristi bilden den Baumstamm, sie sind die tragende Säule der 'Ndrangheta. Die Camorristi sind die Anhänger, sie sind nicht so mächtig wie die Sgarristi und bilden die Äste. Die Picciotti sind die Soldaten der 'Ndrangheta und werden von den Zweigen dargestellt.
Die Blätter sind die Contrasti onorai, das sind alle, die nicht der 'Ndrangheta angehören, ihr aber verpflichtet sind. Fallende Blätter sind schließlich die Infami, die Berüchtigten, die Überläufer und Verräter, die aufgrund ihrer schändlichen Vergehen sterben müssen.

8. SZENE

CAPOMAFIA: Wie ist der Baum der Weisheit aufgebaut?
PICCIOTTO: Er besteht aus fünf Teilen: Wurzelstock, Stamm, Äste, Zweige und Blüten.
CAPOMAFIA: Wen stellt der Wurzelstock dar?
PICCIOTTO: Das Gesellschaftsoberhaupt, den Capo Società.
CAPOMAFIA: Wen stellt der Stamm dar?
PICCIOTTO: Den Buchhalter.
CAPOMAFIA: Wen stellen die Äste dar?
PICCIOTTO: Die Camorristi, die Anhänger.

CAPOMAFIA: Wen stellen die Zweige dar?
PICCIOTTO: Die Picciotti, die Soldaten.
CAPOMAFIA: Wen stellen die Blüten dar?
PICCIOTTO: Die jungen Erwählten.
CAPOMAFIA: Verzeiht, mein Freund, aber was passiert, wenn der Wurzelstock ausfällt?
PICCIOTTO: Dann bleibt der Stamm.
CAPOMAFIA: Und wenn der Stamm ausfällt?
PICCIOTTO: Dann bleiben die Zweige.
CAPOMAFIA: Und wenn die Zweige ausfallen?
PICCIOTTO: Dann bleiben die Blüten.
CAPOMAFIA: Und wenn die Blüten ausfallen?
PICCIOTTO: Dann bleiben die Wurzeln.
CAPOMAFIA: Und wenn die Wurzeln ausfallen?
PICCIOTTO: Die Wurzeln können nie ausfallen.

9. SZENE

Inszenierung des Initiationsritus'. Mit einer brennenden Kerze werden das Heiligenbildchen angesengt und der Schwur besiegelt. Außer Tigna sitzen weitere fünf Personen hufeisenförmig zusammen.
Der Berichterstatter.

BERICHTERSTATTER: Der Eintritt in die Società onorata, die ehrenwerte Gesellschaft, wird umgangssprachlich als „Beschneidung" bezeichnet und findet im allgemeinen in den Räumlichkeiten eines Lokals statt. Dies wird mit „Eisen, Feuer und Ketten" bezeichnet. Diese Symbole beziehen sich auf den Dolch, der als Erkennungswaffe gilt, auf die Kerze, mit der das Heiligenbildchen während des Ritus' angesengt wird und auf das Gefängnis, das jedes Mitglied ertragen können muss. Um tatsächlich Mitglied zu werden, muss man sich heute noch mit einem Nagel oder einem Messer in den Finger oder in den Arm stechen und etwas Blut auf ein Heiligenbildchen – natürlich vom Erzengel Michael, dem Schutzpatron der 'Ndrangheta – tropfen lassen. Anschließend wird das Heiligenbildchen dem Feuer übergeben, eine beredte Symbolik, die dazu dienen soll, den Bandenzusammenhalt durch Treue, Respekt und Unterwerfung zu gewährleisten. Die mahnenden Worte des Capo Bastone sind furchterregend:

STIMME DES CAPOMAFIA: So wie das Feuer dieses Bildchen verbrennt, so werdet ihr brennen, wenn ihr euch eines schändlichen Vergehens schuldig macht.

BERICHTERSTATTER: Im August 2007 wurde eine angesengtes Heiligenbildchen vom Erzengel Michael in der Hosentasche eines Opfers gefunden, das beim Blutbad von Duisburg ums Leben gekommen ist.

STIMME DES CAPOMAFIA: Von nun an seid ihr Brüder. Das Blut jeden einzelnen von euch fließt auch im anderen, nur Blut oder Unrechtmäßigkeit können dieses Band zerschneiden.

BERICHTERSTATTER: Der Code wird Mittel zum Zweck, festigt das Zugehörigkeitsgefühl zur Organisation. Ohne Code wäre die 'Ndrangheta wie ein Volk ohne Religion.

STIMME DES CAPOMAFIA: Drei spanische Ritter, Osso, Mastrosso und Carcagnosso, ermordeten einen Adeligen, der ihre Schwester vergewaltigt hatte und flohen nach Süditalien, wo sie für drei Gebiete soziale Regeln festlegten. Nach 29-jähriger Haft in einem bourbonischen Gefängnis ging der eine nach Kampanien, der andere nach Kalabrien und der dritte blieb auf Sizilien.

BERICHTERSTATTER: Der Mythos, die edle Herkunft, die Zeremonie, bei der man sich in die Haut sticht, der Schwur und die Taufe sind zusammen der alles verbindende Baustoff, der die Kultur und die Identität der 'Ndrangheta eng zusammenhält.

10. SZENE

Der Berichterstatter diktiert, nachdem Giuseppe Smaraviglia, einer der Mächtigsten der 'Ndrangheta unter Arrest gestellt wurde.

BERICHTERSTATTER: Giuseppe Smaraviglia kam in einer Kleinstadt am Fuße des Aspromonte zur Welt. Aufgrund von verheerenden Überschwemmungen wurde die Kleinstadt wegen der ungünstigen Lagebedingungen der Wasserläufe und aus geografischen Gründen evakuiert. Die Bewohner, die bis dahin an den Hängen des Aspromonte gelebt hatten, endeten am Ionischen Meer, wo die neue Siedlung gebaut wurde. Die Menschen waren infolgedessen von den Traditionen, die sie im Gebirge pflegten, entwurzelt. Da sie an die Kultur des Aspromonte, an Weide und Viehzucht gewohnt waren, sahen sie sich gezwungen, eine neue Existenzgrundlage zu finden.

In diesem Zusammenhang wird Smaraviglia sehr bald zu einer bedeutungsvollen Persönlichkeit innerhalb der 'Ndrangheta. Er vermutet das große Geschäft im internationalen Drogenhandel. Entlang des Küstenstreifens werden auf den Schiffen Rettungsreifen über Bord geworfen, wo das Rauschgift befestigt ist. Kleinere Boote sammeln es ein und bringen es an Land. Smaraviglia hat intuitiv erfasst, dass er Personen gefangen nehmen muss, um an Geld für den Rauschgifthandel heranzukommen und erfand neue Methoden, schmutziges Geld zu waschen. Nun wurden ihm, der seit 20 Jahren flüchtig war, endlich Handschellen angelegt.

Der Vorfall ist exemplarisch für die gesamte Provinz um Reggio Calabria, wo nichts passiert, obwohl das organisierte Verbrechen im Laufe der Zeit immer auffälliger wurde und mit einem Jahresumsatz von mehr als 44 Milliarden beträchtlichen Reichtum an den Tag legt.

11. SZENE

Smaraviglia sitzt auf dem Stuhl, auf dem zuvor Peppi Tigna saß. Er sagt kein Wort. Die Stille hängt schwer im Raum. Wie in der Szene mit Tigna flüstern Sandra und Ciro miteinander, sie befinden sich außerhalb.

CIRO: Hast du seine Augen gesehen?
SANDRA: Warum?
CIRO: Sie sind wach. Er ist ein intelligenter, gewiefter Mann. Einer, der sich nicht verbiegen lässt.
SANDRA: Sieht fast aus, als ob du ihn bewunderst!
CIRO: Ich bewundere ihn nicht, aber ich zolle ihm Respekt.
SANDRA: Wofür?
CIRO: Kann ich nicht so genau sagen. Da gibt es etwas, das ich nicht beschreiben kann. Diese Leute befehlen mit Blicken. Nie fällt ein überflüssiges Wort.
SANDRA: Ich verabscheue solche Leute wie Kakerlaken.

Der Richter erscheint.

RICHTER: Guten Tag Leute, alles in Ordnung?

SANDRA: Die Stimmung ist gut, das Fressen wunderbar, Herr Doktor.

RICHTER: Habt ihr viele Überstunden gemacht?

CIRO: Ich erinnere mich, dass ich gestern oder vorgestern einmal kurz pissen war.

SANDRA: Zum Pissen bist du vielleicht gestern gegangen, aber geduscht..., seit wann duscht du dich nicht mehr? Ich habe zumindest meine Erfrischungstüchlein bei mir, um den Schweiß zu wischen...

RICHTER: Warum ruht ihr euch nicht ein wenig aus? Es müsste irgendwo ein paar Matratzen geben... in der Sicherheitszelle... nun ja, es ist ja nur vorläufig. Geht, das geht in Ordnung.... ansonsten schläft ihr mir noch im Stehen ein, wie die Pferde.

12. SZENE

Der Richter betritt das Befragungszimmer und setzt sich dem Boss gegenüber.

RICHTER: Ich bin vorbeigekommen, um den Leuten zu gratulieren, die sie gefangen genommen haben. Sie haben hervorragende Arbeit geleistet. Von Ihnen erwarte ich mir gar nichts. Hoffentlich hat man Sie gut behandelt! Nachdem Sie den Rest Ihres Lebens im Gefängnis verbringen müssen, werden Sie Gelegenheit haben, nachzudenken.

SMARAVIGLIA: Wenn Sie nicht gewesen wären, hätten mich ihre Leute nie gefunden. Das ist ihr Verdienst und dafür respektiere ich Sie als guten Feind.

RICHTER: Als guten Feind? In welcher Hinsicht?

SMARAVIGLIA: Ein guter Feind ist ein notwendiges Übel, Herr Doktor. Können Sie sich eine Welt vorstellen, in der es keine ehrlichen Bullen und keine Gesetze gibt, die der Anarchie zum Opfer fallen, eine Welt, in der alles erlaubt ist? Das wäre das Ende für unsere Geschäfte. Denn... sehen Sie, wenn der Rauschgifthandel frei wäre, hätte keiner mehr etwas davon, Rauschgift zu verkaufen. Ihr seid daher ein notwendiges Übel.

RICHTER: Ich tue nur meine Pflicht.

SMARAVIGLIA: Und Ihr müsst fortfahren, diese Pflicht so wie jetzt zu verrichten, das heißt, gut. Denn mit Euren Gefangennahmen, Euren Prozessen, und Euren Verurteilungen stellt Ihr unsere Lebenssicherstellung dar.

RICHTER: Ich verstehe nicht, worauf Sie hinaus wollen.

SMARAVIGLIA: Herr Doktor, lassen Sie uns Klartext sprechen: wenn wir uns heute gegenübersitzen, dann ist das deshalb so, weil ich es gewollt habe.

RICHTER: Dem kann ich nicht folgen.

SMARAVIGLIA: Ich mache Euch gerade klar, dass Ihr nur deshalb noch am Leben seid, weil ich mich Eurer Verurteilung zum Tode widersetzt habe. Genauer gesagt, weil es mir bisher gelungen ist, die Durchführung zu verhindern. Aber jetzt, wo Ihr mich gefangen habt, kann ich nichts mehr für Euch tun.

RICHTER: Es mag so sein, wie Ihr sagt, aber ich fahre mit meiner Arbeit fort, wohlwissend, dass es Schwierigkeiten und Risiken gibt.

Ein Beamter kommt mit zwei belegten Broten und zwei Mineralwasserflaschen herein.

BEAMTER: Darf ich?

RICHTER: Danke. Missverstehen Sie das nicht. Ich habe bereits seit gestern nichts gegessen. Ich aber auch wegen Ihnen einen gefasst.

SMARAVIGLIA: Sie werden sagen, dass wir doppelt vermietet haben.

RICHTER: Wegen eines Brötchens. Wenn Sie wollen, können Sie es auch nicht essen. Im übrigen habe ich schon zur Kenntnis genommen, dass Sie nichts zu sagen haben.

SMARAVIGLIA: Ihr solltet Euer Brötchen essen, bevor es Euch die Fliegen vor der Nase wegfressen. Ihr glaubt, sie erwischt zu haben, in Wirklichkeit ist es aber die Fliege, die Euch erwischt hat.

RICHTER: Guten Appetit.

SMARAVIGLIA: Ebenfalls. Und trinkt nicht die Fliege, die Euch ins Glas gefallen ist.

Der Richter schaut instinktiv ins Glas.

SMARAVIGLIA: Das war eine Metapher, Herr Doktor. Ihr seid hereingefallen wie ein Kind. Habt die Nase gesenkt, um die Fliegen zu suchen. Aber die Fliege sollt Ihr nicht im Mineralwasser suchen, sondern in der Luft, die Euch umgibt und die Ihr atmet... Habt Ihr mich verstanden?

RICHTER: Eine weitere Metapher.

SMARAVIGLIA: Nein, wenn Ihr erlaubt, das ist eine halbe Wahrheit, die ich Euch auf einem Silbertablett serviere.

RICHTER: Ich mag keine Halbwahrheiten. Sie riechen immer nach Kompromiss und Kompromisse mag ich nicht.

SMARAVIGLIA: Betrachtet Eure Schultern.

RICHTER: Verstehe ich nicht.

Stille. Dann lacht Smaraviglia.

SMARAVIGLIA: Ein Zweifelscheißer bin ich, Herr Doktor! Wehe wenn Ihr mich ernst nehmt und wehe, wenn Ihr mich ignoriert, so tut, als ob nichts wäre. Haltet Euch vor Augen, dass hier um Leben und Tod geht. Ihr werdet mir doch nicht sagen, dass Ihr daran nicht den einen oder anderen Gedanken verschwendet habt... stimmt's?

RICHTER: Auch das bedenke ich... nein, tut mir leid, Sie enttäuschen zu müssen, der Tod erschreckt mich nicht.

SMARAVIGLIA: Klar, wie sollte er! Ihr habt keine Familie, Ihr braucht kein Geld, weil Ihr kein schönes Leben zu führen wollt. Einzig und allein die Arbeit hält Euch an, Ihr haust in einem überwachten Bunker wie ein Gefangener. Wie sollte Euch der Tod da erschrecken?

RICHTER: Eben, ich bin nicht bestechlich.

SMARAVIGLIA: Ihr glaubt also – verzeiht die Ausdrucksweise – der Schwanz im Arsch zu sein. Aber Ihr irrt euch. Das sei Ihr nicht.

RICHTER: Ich versuche nur, gerecht, korrekt zu sein.

SMARAVIGLIA: Das weiß ich und dafür respektiere ich Euch.

13. SZENE

Ciro und Sandra haben es sich in der Sicherheitszelle gemütlich gemacht. Sie haben geduscht und man hört den Föhn, mit dem sich Sandra die Haare trocknet. Ciro schiebt heimlich die beiden Matratzen zusammen, sodass sie wie ein Ehebett aussehen. Sandra, die sich gerade frisiert, dreht sich verblüfft um.

SANDRA: Mir fehlen die Worte.

CIRO: (wie ein Unschuldsengel) Wie bitte?

SANDRA: Sag, hast du sie nicht mehr alle?

CIRO: Warum, was habe ich gemacht?

SANDRA: Du hast die Matratzen zusammengeschoben, zusammmen!

CIRO: Wann sollte das passiert sein?

SANDRA: Vorhin war noch ein Meter Abstand dazwischen, jetzt liegen sie nebeneinander. Ich meine, von allein haben sie sich nicht verschoben. In Reggio Calabria gibt es doch kein Matratzenwanderung.

CIRO: Wer weiß... der ganz Süditalien ist eine einzige Erdbebenzone.

SANDRA: Schieb sie wieder auf ihren Platz, noch bevor ich scheißwütend werde.

CIRO: Sag mal, willst du nicht in Frieden neben deinem Vorgesetzten ruhen?

SANDRA: Ich habe den Verdacht, dass ich neben dir wirklich in Frieden ruhen könnte. Außerdem gehört es zu meinen Pflichten, meinem Vorgesetzten zur Seite zu stehen. - Vorausgesetzt, dass...
CIRO: Dass was?
SANDRA: Vorausgesetzt, dass du deinen Dienstgrad nicht zum Vorwand nimmst.
CIRO: Na und? Selbst wenn!
SANDRA: Wenn dem so wäre, würde ich deine Eierchen ergreifen und wie Nüsse knacken.
CIRO: Au, hör auf, du tust mir weh!
SANDRA: Dann nehme ich einen Strick mit eingebauter elektrischer Leitung wie in Guantanamo.
CIRO: Schluss damit!
SANDRA: Ergibst du dich?.... stellst du die Matratzen wieder zurück, wenn ich deine Eierchen loslasse?
CIRO: Wäre es zu viel verlangt, wenn ich dich auffordere, sie mit Namen und Nachnamen anzusprechen?
SANDRA: Wen?
CIRO: Die Hoden.
SANDRA: Sie heißen gleich wie ihr Besitzer und es handelt sich um einen seltsamen Fall von Namensgleichheit.

Ciro befreit sich und verschiebt die Matratzen, sodass zwischen beiden ein Abstand entsteht.

CIRO: Zufrieden?
SANDRA: Pass auf, wenn du das noch einmal machst, führe ich dir den Pistolenlauf ein.
CIRO: Bist du aber verbohrt!
SANDRA: Ich bin in erster Linie verheiratet.
CIRO: Mit jemanden, den du alle heiligen Zeiten siehst.
SANDRA: Aber wenn wir zusammen sind, sprüht es Funken.
CIRO: Gar nicht wahr! Zuerst zankt ihr euch, dann bumst ihr nicht, weil ihr aufeinander böse seid.
SANDRA: Das ist unser Scheiß!
CIRO: Und wenn du nach deinen freien Tagen die Arbeit wieder aufnimmst, bist du störrischer als davor und deine Nerven liegen blank, weil du deine Wut nicht in einem gesunden Sexualleben ausleben kannst.
SANDRA: Und mit dir wäre es gesund?
CIRO: Es wäre immerhin etwas.

Stille.

SANDRA: Er will die Scheidung.

CIRO: Wer?

SANDRA: Der, von dem wir reden, mein Mann.

CIRO: Und warum will er die Scheidung??

SANDRA: Worüber reden wir? Weil wir nicht bumsen, es gelingt uns nicht, ein gemeinsames Leben zu führen, ich meine in emotionaler Hinsicht, schon gar nicht in sexueller.

CIRO: Das hatte ich mitbekommen. Und der Frust bewirkt, dass du impulsiv, nervös und überempfindlich wirst. Auf diesen Tigna zum Beispiel hast du begonnen, zu reagieren und dabei weißt du, dass du mit den Kollaborateuren der Justiz nicht reden darfst.

SANDRA: Er hatte mich durch sein extrem provokantes Verhalten nervös gemacht.

CIRO: Er tat so extrem provokant, weil du keinen hast, keinen Schwanz, meine ich.

SANDRA: Eben! Weil ich – wie er es ausdrückt – ein Weib in Uniform bin, dich hingegen hat er geachtet.

CIRO: Und ich ihn, das nennt man männliche Solidarität.

SANDRA: Wie kann man nur mit einem Mörder solidarisch sein?

CIRO: Ich respektiere ihn als Mann mit Schwanz und aus dem selben Grund respektiert er mich.

SANDRA: Wann hört endlich diese Schwanz-Ideologie auf? Ihr seid doch alle gleich, Mafiosi, Pentiti, Vorgesetzte, Ehemänner, ihr habt einen Schwanz anstelle des Hirns.

CIRO: Du könntest um Versetzung ansuchen, damit du dich in Norditalien wieder mit ihm vereinen kannst.

SANDRA: Mit wem?

CIRO: Mit diesem Idioten von einem Ehemann.

SANDRA: Eben darüber streiten wir die ganze Zeit.

CIRO: Sag nicht, dass du dich nicht versetzen lassen willst.

SANDRA: Ja, ja, natürlich werde ich mich versetzen lassen, aber nicht jetzt, nicht gleich, hier gibt es noch etwas zu tun, hier muss die Arbeit noch erledigt werden. Sobald die Nachforschungen abgeschlossen sind, werde ich es mir überlegen....

CIRO: Stell dich nicht dumm! Hier sind die Nachforschungen nie abgeschlossen. Sie sind wie die Seifenblasen, eine zieht die andere mit sich und schließlich zerplatzen sie alle am blauen Himmel. Wie heißt es im Lied von Reitano? Blaues Auto, blauer Himmel... sie tragen dich nicht mehr... und Reitano war Kalabrese...

SANDRA: Du bringst Mino Reitano und Rino Gaetano durcheinander.

CIRO: Sie waren aber beide Kalabresen.

SANDRA: Aber während Gaetano aus Crotone war, war Reitano aus Reggio Calabria... wie auch immer, sie sind beide gut. Stellt dir nur einmal vor, was Kalabrien mit seinen natürlichen und menschlichen Ressourcen wäre, gäbe es nicht das organisierte Verbrechen.

CIRO: Das Problem mit der Mafia wird nie gelöst werden, darauf kannst du dich verlassen.

SANDRA: Sprichst du als Polizist....oder als Anwalt des Teufels?

CIRO: Als einer, der verstanden hat, wie die Dinge laufen. Sieh mal, heutzutage ist die 'Ndrangheta nicht nur die kompakteste und unauffälligste kriminelle Organisation, sie ist auch die gefährlichste und eine, die alles durchdringt.

SANDRA: So viel habe auch ich verstanden.

CIRO: Manche irren, wenn sie die Organisation als Gegenstaat, als krankhaften Auswuchs bezeichnen. Und diese Gemeinplätze haben nicht dazu beigetragen, die wahre Natur der 'Ndrangheta zu erfassen, die ja innerhalb des Staates und dadurch mit ihm und nicht deshalb entstanden ist, weil es keinen Staat gab. Sie richtet sich auch nicht gegen den Staat.

SANDRA: Führen wir deiner Meinung nach also einen Kampf gegen Windmühlen?

CIRO: Wir müssen der Wahrheit ins Auge blicken und dürfen keine Angst davor haben, die Wirklichkeit zu lesen.

SANDRA: Und zwar?

CIRO: In einer Region, in der ein Viertel aller Familien unter der Armutsgrenze lebt, kann die 'Ndrangheta die einzige positive Bilanz aufweisen, sie erobert immer mehr Märkte und mischt überall mit... die 'Ndrine, die Unterorganisationen, breiten sich überall aus und ihre dubiosen Geschäfte ranken sich nicht nur um Drogen, Prostitution, Waffen und das Glücksspiel, sondern umfassen tausende anderer Unternehmens- und Handelsaktivitäten, die unter dem Deckmantel legal zulässiger Aktivitäten stattfinden: angefangen bei Restaurantbetrieben über Bautätigkeiten bis hin zur Verwaltung von Garagenplätzen, von Beerdigungsinstituten.... *(zündet sich eine Zigarette an. Stille)*

SANDRA: Hör zu, du rauchst schon wieder meine Zigaretten... und das war die letzte.

CIRO: Supermärkte, die wie Pilze aus dem Boden schießen, die totale Kontrolle über die Verteilung des Fleisches, die Unterwanderung des Immobilienmarktes und des Fremdenverkehrs. Ganz zu schweigen vom großen Geschäft mit der Abfallwirtschaft und natürlich auch mit dem Gesundheitswesen. Und an diesem Punkt drücke ich beide Augen zu... wenn wir die 'Ndrangheta für eine rein kriminelle Angelegenheit halten, der Ordnungskräfte wie ich und du entgegentreten können, so ist das eine Verarschung. Wäre die Mafia lediglich kriminell, meine Liebe, wäre sie bereits besiegt worden wie irgendeine Gaunerei und der Terrorismus. Die 'Ndrangheta aber ist eine kriminelles System, das immer schon von politischen Mächten und Finanzmächten unterstützt worden ist. *(Weitere Pause)* Wer sich die Helfer der Mafia mit als ländliche Bevölkerung mit Mütze und Gewehr vorstellt, lebt in der Vergangenheit. Heutzutage stecken hinter den Killern Fachleute, die Geldwäschen vornehmen und Politiker, die zu allem bereit sind.

Sandra ist in der Zwischenzeit eingeschlafen.

14. SZENE

STIMMEN AUS ABGEHÖRTEN TELEFONGESPRÄCHEN.

Ascota, siccome chiddu è 'na minchia fredda...
(Hör zu, weil der ist ein kaltblütiger Arsch ist...)

E 'u sapimu... è cumbinatu mali...
(Aber das wussten wir doch... ist übel dran...)

Dormi 'n pedi comu un cavallu...
(Schläft im Stehen wie ein Pferd...)

'N asino direi.
(Ein Esel würde ich sagen.)

Già... ogni volta che arriva si porta appresso mezzo KGB.
Stimmt... jedes Mal wenn es kommt, bringt er den halben KGB mit.

Uhm! Però è regolare, ogni mese tira fora chiddu chi deve.
(Hm! Aber das ist legal, jeden Monat zieht er den heraus, den er muss.)

Si, si... lassa perderi che è regolare, non me ne fotte 'na minchia...
(Ja,ja, vergiss es,es ist im Rahmen des Gesetzes, aber ich scheiß drauf...)

Si però...
(Ja,aber...)

Non è una cosa... regolare... ci manca solo che non lo è... I soldi se li è presi, no?

(Das ist kein... reguläres... Ding, es fehlte uns gerade noch, dass es das nicht
wäre... Das Geld hat er ja doch genommen, stimmt's?)

E sì che si li è presi.
(Natürlich hat er es genommen.)

Ma non 'ndavia u mi cassaria ch'i puttani. 'Ndavia 'u ccatta machini e mi torna
ca' chinu 'iddroga da Germagnia.

'Nda raggiuni.

E inbeci u vaji do concessionariu u pigghia a BMW, sindajiu a zocculi a
Düsseldorf.

Si vidi ca 'nci tirava 'a minchia.

E nui cca tiramu a carretta.

U probblema è nnatu. I sbirri undeppiru a seguiri quandu jiu de puttani. E ndi
sputtanau puru a nui.

E a nui comu ndi poti sputtanari?

Non ti ricordi l'attra vota che pe' na puttana si ndavia portatu arretu menzu
KGB?
Strunzu! Ma chi cazzu ncintra u KGB ca Germania?!
Mancu a geografia canusci-

Das Gespräch wird unterbrochen. Hintergrundgeräusche...

15. SZENE

Verhörzimmer, der Richter und ein Verdächtiger, ein gewisser Cusumano G.

RICHTER: Also, Protokoll vom 21. Februar, Antimafiakommissariat, 10 Uhr
15...
CUSUMANO: ....da waren ich, Antonio und Tonino. Tonino hat selbst gesagt:
„ Da war noch eine andere Person bei meinem Schwager, die machte eine
Lagerhalle für die Container, die vom Hafen kamen.“

RICHTER: Wer ist diese Person, wer ist der Schwager von Tonino?

CUSUMANO: Mimmo musste, um ein Schiff zu machen, zu… mussten sie eine Gesellschaft für Dings… eine Navigationsgesellschaft eben, ich weiß nicht, ob sie sie machen, ich weiß, dass sie stillgelegt. Und dann hat dieser Mimmo gesag…, dieser Tonino hat diesem Mimmo gesagt, dass er mit dem da, mit der Person reden soll. Diese Person war… sagen wir, hatte viele Kontakte, war einer von den… von La Spezia, mir kommt vor, von La Spezia, und dann hat er zu Mimmo gesagt: „weißt du, wir können es machen", Mimmo hat gesagt: „wir können alles, den Radioaktiven und den Giftigen, in ein Schiff hineintun, das nichts kostet und dann ziehen wir den Stöppel aus dem Boden, wenn wir uns aus dem Staub gemacht haben", aber praktisch hatte der da schon mit mir darüber gesprochen, damals in Rom, und es war das selbe, was er mit dem da besprochen hat, ein Handelsschiff einzusetzen… es war einer, der mit der Beseitigung zu tun hatte, die sie schon entdeckt hatten, dort, in La Spezia, mit Giftmüll.

RICHTER: Haben Sie diese Person gesehen?

CUSUMANO: Nein, nein, ich habe sie nie gesehen, ich weiß, dass diese… diese Person hat sie ihnen vorgestellt, dem Onkel von Tonino, Angiolino, der, der durch den Onkel von Tonino ins Gefängnis gekommen ist, sie haben sich mit dieser Person angefreundet. Und er sagte, dass *„wenn wir damit anfangen, ist es wichtig, wenn in der Nähe ein Hafen ist".* Da haben wir verstanden, dass es um die Abfälle ging und darum, sie zu versenken… und dann hat dieser ROSSI zu ihm gesagt: *„Ja, wir haben es, sie machen… machen einen Hafen in Dings, so, so kann man es machen."* Und sie sind an die Küste gegangen und haben die Stelle angeschaut und alles. Und sie haben dann sogar mit dem Bürgermeister geredet. Aber es ist so gekommen, dass sie den Hafen nicht dort bauen konnten, man konnte keine Lagerhalle bauen, weil es zu gebirgig ist, ich weiß nicht, wie die Küste ist, jedenfalls hätte es ein Land gebraucht, das sich aber als anders herausstellte. Aber der da hat gesagt: *„Na gut, den Hafen kann man auch in der Nähe von Gioia Tauro machen".* Und das musste er sich zufrieden geben, denn sie hatten dort, in Serrata aufgehört, Müll abzuladen , weil da war dort dieser Gemeindeausschuss, die Opposition, war das, die wollten diese Beseitigung nicht. In der Zwischenzeit musste der da zusehen, dass er die Firma kontaktiert, die den Auftrag hatte, nicht, für diese Entsorgung eben, damit… das heißt, den Auftrag entziehen und selbst übernehmen, nicht, und die Situation meistern, beginnen den Hafen zu machen und alles *„wir geben ihm auch das, was wir ihm geben müssen, den Gewinn, wenn wir ihm den geben müssen, wichtig ist nur, dass sie uns die Verwaltung des Hafens und den Auftrag für die Beseitigung geben".*

RICHTER: Wer hat das zu Ihnen gesagt?

CUSUMANO: Der… durch Tonino, immer über den Schwager, der die Kontakte mit dieser Person hatte…

RICHTER: Diese Person.

CUSUMANO: ....und wir wussten dieses Detail: *„aber nicht, dass man ihn nicht machen würde, es ist nur stillgelegt".* Da habe ich zu ihm gesagt: „aber die Müllfuhren sind jetzt langsam beendet". Da mussten wir den Hafen machen, als die Entsorgung in Serrata fertig war und uns den Auftrag hereinholen...

RICHTER: Um die Schiffe mit den Müllladungen anzufüllen.

CUSUMANO: für die Raupe, nicht wahr, wenn sie den Müll bringen, muss er, wie sagt man, dorthin verschoben werden...

RICHTER: ans Pier.

CUSUMANO:.... Und diese ganze Arbeit mussten wir da machen, die Arbeit gab es auch... diese Arbeit macht man früher oder später ohnehin, sie ist stillgelegt sagt man sich, für den Augenblick ist sie stillgelegt. Und es war noch dieses Gespräch zu führen. Es war stillgelegt, nicht, nicht geführt, sagt man sich, aber für den Augenblick... Inzwischen kann man die Schiffe trotzdem benützen, zum Versenken.

RICHTER: Wo genau versenken?

CUSUMANO: An einer tiefen Stelle, in der Nähe.

RICHTER: Hat man ans Risiko gedacht, von der Hafenpolizei, den Finanzbehörten oder der Küstenwache kontrolliert zu werden?

CUSUMANO: Man machte Schiffsfuhren mit illegalen Einwanderern aus Lybien, um Überwachungsschiffe und Hubschrauber abzulenken. Das diente dazu, die Versenkungen zu verschleiern.

RICHTER: Kennen Sie die genauen Stellen?

CUSUMANO: Mehr oder weniger kann ich sie angeben, den genauen Punkt kenne ich nicht, Sie werden mit dem Periskop hinuntergehen müssen, um nachzusehen...

RICHTER: Mit Unterwasserrobotern, wenn schon.

CUSUMANO: Exakt.

ZWEITER AKT:

1.SZENE

Es werden Stimmen aus abgehörten Gesprächen vernehmbar.

- He, wegen dieser zwanzig Kilo reden wir über Skype weiter.
-Gut. Warte, ich schalte den Computer ein. Hast du deinen schon hochgefahren?
- Ja.

- Und siehst du dir einen Pornofilm an, während du mit mir sprichst?... warte, er fährt hoch... ich rufe gerade bei dir an... läutet es?
- Ja, es läutet, ich nehme das Gespräch an...
- Leg das Telefon auf.

Man kann nun eine Skypeverbindung mitverfolgen.

- Bist du sicher, dass Skype nicht abhörbar ist?
- Ich versteh einen Scheiß davon. Mein Sohn behauptet das jedenfalls und der kennt sich aus!
- Der, der in Rom studiert hat?
- Nein, der ist Anwalt, der andere, der Techniker...
- Kann ich mich dann an ihn wenden, wenn ich etwas brauche?
- An wen, an den Techniker oder den Anwalt?
- An beide. Vielleicht studiert dir der dritte Medizin...
- Meine Tochter? Nein, die macht gerade Dings... wie hieß das nochmal... Erasmus, denn sie will Literatur unterrichten.
- Sag mir, wann es so weit ist, denn der Rektor ist ein Freund von Freunden.
- Schon gut, danke... hör zu... die in Mailand wollen zwanzig Kilo...
- Monatlich?
- Wie monatlich, in der Woche!
- Verlässliche Leute?
- Würde ich sonst mit dir darüber reden?
- Warte, ich leite die Anfrage weiter, sehe zu, was sich machen lässt... bleib dran... ich rufe sie an... Hallo, Enzo... alles in Ordnung? Bestens. Höre, könntest du mir für die Freunde in Mailand zwanzig Kilo wöchentlich beschaffen? Ja, aus dem Lager in Afrika... Drug on demand gegen Bezahlung... nein, warte, schick sie mir über Südspanien, über Malaga oder so und von dort aus kümmere ich mich darum. Zahlungen wie üblich über Gibraltar. Ok. Sehr gut, ich weiß, dass ich mich auf dich verlassen kann.
- Und, klappt es?
- Klappt... lässt sich machen. Stehst du für Mailand gerade?
- Mach ich, keine Sorge.
- Ich mach mir keine Sorgen. Und lass was von deiner Tochter hören, ich kann sie zur Professorin an der Sorbonne werden lassen.
- Sorbonne? Red keinen Scheiß! Tschau, wir sehen uns.
- Mach's gut. *(Skype wird ausgeschaltet)*

ZWEITE SZENE

Büro des Richters. Ein Beamter klopft an und tritt ein.

BEAMTER: Herr Doktor, verzeihen Sie... Der Journalist ist da...
DER RICHTER: Der Journalist? Welcher Journalist?
BEAMTER: Er sagt, dass Sie ihm ein Interview versprochen haben, er besteht darauf...
DER RICHTER: Ach ja, stimmt, das hatte ich glatt vergessen – Hör zu, sag, dass es heute nicht geht, zu viel Arbeit, vielleicht morgen oder frühestens übermorgen...
BEAMTER: Gut, Herr Doktor, werde ich ausrichten.
DER RICHTER: Warte...
BEAMTER: Wie Sie wünschen, Herr Doktor...
DER RICHTER: ....Sag... frag ihn, ob er warten kann... nein, weißt du was,... lass ihn herein. Den schaffte ich mir lieber gleich vom Hals... Ich kenne Journalisten in- und auswendig, wenn man es denen nicht recht macht...
BEAMTER: Also was soll ich machen, soll ich ihn gleich hereinlassen?
DER RICHTER: Wann sonst?
BEAMTER: Sofort, Herr Doktor.

Der Wachebeamte geht hinaus. Kurz darauf kommt er mit dem Berichterstatter wieder.

BEAMTER: Bitte, nehmen Sie Platz. Herr Doktor erwartet Sie schon. Kann ich Ihnen was bringen, Herr Doktor?
DER RICHTER: Nein, danke, geh nur. *(Beamter ab)*
Erfreut, Sie kennen zu lernen, Herr Doktor...
BERICHTERSTATTER: Sifante, Rocco Sifante vom Lokalblatt. Ich bin der Journalist, der immer von ihren Verhandlungen berichtet.
DER RICHTER: Ich lese Ihre Artikel sehr gern. Sie sind immer sehr gut informiert.
BERICHTERSTATTER: Danke.
DER RICHTER: Ich würde gern wissen, woher Sie die Informationen beziehen.
BERICHTERSTATTER: Berufsgeheimnis, Sie wissen ja, wie das so ist...
DER RICHTER: Es gibt noch ein Berufsgeheimnis?
BERICHTERSTATTER: Nennen sie es Spürsinn.
DER RICHTER: Spürsinn gefällt mir schon viel besser – bitte, nehmen Sie doch Platz.
BERICHTERSTATTER: Danke.

DER RICHTER: Wollen Sie einen Kaffee, ich habe eine Kaffeemaschine hier. - Ich lese Ihre Artikel immer mit großem Interesse --- Verflixt, wie funktioniert dieses Gerät.

BERICHTERSTATTER: Man braucht nur die grüne Taste zu drücken.

DER RICHTER: Richtig, man bekommt einen hervorragenden Kaffee.

BERICHTERSTATTER: Ich kann mir vorstellen, dass auf diesem Stuhl...

DER RICHTER: Ich weiß. Er ist etwas unbequem. Er trägt dazu bei, die Gespräche kurz zu halten.

BERICHTERSTATTER: Mein Interview dauert nicht lange.

DER RICHTER: Dazu kommen wir später. Vorerst hören Sie sich an, was ich zu sagen habe. Wozu ist ein Journalist in erster Linie verpflichtet? Die Wahrheit zu schreiben?

BERICHTERSTATTER: Gewiss.

DER RICHTER: Und wozu ist ein Richter in erster Linie verpflichtet?

BERICHTERSTATTER: Die Wahrheit aufzudecken.

DER RICHTER: Richtig. Sie sehen, unser Berufsethos ergänzt sich, wir können zusammenspielen. Ich muss die Wahrheit aufdecken, dann sind Sie dran und verbreiten sie über ihre Artikel.

BERICHTERSTATTER: Deshalb habe ich auch um ein Interview gebeten.

DER RICHTER: Das kommt später, das kommt später...

BERICHTERSTATTER: Wie später?

DER RICHTER: Sagen Sie... welches Ende hat die gute alte Tradition des Aufdeckungsjournalismus genommen?

BERICHTERSTATTER: Das wissen Sie besser als ich. Ein schlimmes Ende, denn angesichts der Gesetze zur Wahrung der Privatsphäre, der neuen Vorschriften, die die Pressefreiheit einschränken und damit die Veröffentlichung von Nachrichten tatsächlich verhindern, sind Bilder und Dokumente zu verschwindenden Normen geworden. Die Politik hat den wahrhaften Journalismus zu Grabe getragen.

DER RICHTER: Aber was würden Sie machen, wenn Sie die Möglichkeit hätten, die 'Ndrangheta von innen her kennen zu lernen und eine Untersuchung darüber zu machen? Würden Sie sich darauf stürzen? Wirklich, ich meine das nicht nur so...

BERICHTERSTATTER: Ich glaube das würde ich, aber... da gibt es ein Problem.

DER RICHTER: Welches?

BERICHTERSTATTER: Wie kann man die 'Ndrangheta von innen her beschreiben?

DER RICHTER: Ich könnte Ihnen dabei behilflich sein.

BERICHTERSTATTER: Verzeihen Sie, Herr Doktor, aber was haben Sie vor?

DER RICHTER: Über diese Organisation weiß man rein gar nichts. Es heißt, sie sei die Reichste, aber sie ist am wenigsten bekannt und wird am seltensten untersucht. Man müsste sie verständlich machen, erklären, kennen lernen und darüber schreiben.

BERICHTERSTATTER: Das wäre schön. Noch besser wäre es, dem einen oder anderen Überläufer, der mit der Justiz zusammenarbeitet, zu begegnen.

3.SZENE

Sandra, Ciro. Die Matratzen liegen nun wieder näher beieinander und die beiden liegen halbnackt im Schlaf. Sandra erwacht und wird sich schlagartig der Situation bewusst.

SANDRA: Gott im Himmel! Ich bin ja so dumm! Wie konnte das nur passieren! Ich hätte wissen müssen, dass das so endet!

CIRO: Wir wussten alle beide, dass es passieren musste!

SANDRA: Du hast es vielleicht von vornherein gewusst, aber ich nicht!

CIRO: Sag mir nicht, dass nicht auch du darauf gehofft hast.

SANDRA: Gehofft? Wovon zum Teufel sprichst du? Die Hoffnung ist hier tot und begraben, hier gibt es keine Hoffnung mehr! Hier können wir nur weitermachen wie die Tiere.

CIRO: Eben. Man muss innehalten und wieder Mensch... Mann und Frau werden. Etwas füreinander empfinden.

SANDRA: Fang mir nur keine Gefühlsduselei an, ich bitte dich! Ich bin doch nur der x-te Schuss aus deiner Pistole.

CIRO: Sag das nicht.

SANDRA: Bravo, es ist dir gelungen, einen weiteren abzufeuern, sehr gut!

CIRO: Oder es ist dir gelungen... nein, entschuldige, das wollte ich nicht sagen, aber wirklich, du machst mich wütend, denn du behandelst mich wie einen Wurm.

SANDRA: Ach ja, weil du ja auch nicht der übliche Wurm bist, stimmt's?

CIRO: Was redest du da für einen Scheiß? Ich empfinde tatsächlich etwas sehr Schönes für dich. Zuerst fand ich dich nur gut, das ist eine Sache... denn das bist du auch, ein tolles Stück. Aber dann habe ich begonnen, mich an dich zu gewöhnen, an deine Marotten, an deine kleinen Vorlieben, an deine Stimme... ich war ja immer in deiner Nähe, wir hatten beinah Hautkontakt. Und so bist du mir Stück für Stück näher gekommen und hast dich in meinem Hirn eingenistet... ja wirklich, eingenistet, denn ich habe mich so richtig in dich verknallt.

SANDRA: Und hast du die Folgen bedacht?

CIRO: Es gibt schon Folgen? So eine schöne Überraschung!

SANDRA: Nein, nicht wie du glaubst. Außerdem bist du mein Vorgesetzter und es liegt auf der Hand, dass du deine Stellung ausgenutzt hast, zweitens bin ich verheiratet, zufällig mit einem Kollegen...

CIRO: Den Kollegen muss man sich erst einmal vorstellen, geht weg, um den Verkehr in Norditalien zu regeln.

SANDRA: Wie dem auch sei, er ist ein guter Kerl.

CIRO: Aber du liebst ihn nicht.

SANDRA: Wie kannst du das nur sagen!

CIRO: Wenn du ihn lieben würdest, wärest du nicht mit mir gegangen. - Ich kenne dich nur zu gut, du bist eine Idiotin, provokant bist du auch und manchmal trödelst du, aber du hast das Herz am rechten Fleck, weißt, was du willst... und kannst auch was hinnehmen.

SANDRA: Das ist gut, ich soll dich genommen haben!

CIRO: Ich dich, du mich... wo ist der Unterschied? Wichtig ist, dass wir uns gehabt haben, denn wir haben uns endlich gefunden, nachdem wir uns so lange gesucht haben.... mit unseren Blicken, unseren täglichen Streitereien, ganz so, als ob wir Mann und Frau wären und nicht nur Arbeitskollegen... Und glaub nur nicht, dass du bis zu einem gewissen Grad nur deshalb nachgegeben hast, weil unsere Arbeit so hart und oft gnadenlos ist und du Augenblicke menschlicher Nähe gesucht hast, Leidenschaft.... ich betone, das ist menschlich. Nein, meine Liebe, die Sache lag seit langem in der Luft, nun ist sie nur eingetreten.

SANDRA: Aber das bedrohliche Finale mit dem Schießpulver hast du vorbereitet.

CIRO: Ja, vielleicht. Vielleicht habe ich es vorbereitet, ich habe die Bombe, die jeder in sich trug, zur Explosion gebracht. Aber du hast mich angefleht, den Spielchen, den Anspielungen, dem Signalisieren und dem Zurechtweisen ein Ende zu setzen... ich habe das Risiko auf mich genommen und...

SANDRA: Du hast das Rennen gewonnen, Bravo!

CIRO: Du sollst wissen, dass ich mit dir etwas aufbauen will, ehrlich.

SANDRA: Wirklich? Und darf man wissen, was?

CIRO: Was hältst du von einer Familie?

SANDRA: Ich darf dich daran erinnern, dass ich theoretisch bereits eine Familie hätte, da ich ja verheiratet bin!

CIRO: Theoretisch, aber praktisch hast du nichts, was über den Ring hinaus geht, der wie eine Kette um deinen Hals liegt.

SANDRA: Wann? Ich bin ein freier Mensch.

CIRO: Umso mehr bedeutet das, dass du keine Familie im eigentlichen Sinne hast, ansonsten wärest du nicht hier und stürbest vor Angst und Einsamkeit. Du wärest dort unten im Süden, brächtest deine Kinder zur Schule und würdest den Straßenverkehr regeln, anstatt jeden Tag das Risiko zu tragen, in die Luft zu gehen, wenn du den Zündschlüssel ins Schloss steckst.

SANDRA: Darf man erfahren, worauf du hinauswillst?

CIRO: Das sage ich dir, wenn es so weit ist. In Ordnung?

SANDRA: Du bist verrückt, durch und durch verrückt.

CIRO: Ja, ich bin bis über beide Ohren verliebt.

Sie sind kurz davor, sich zu küssen, aber da klingelt Ciros Handy. Sein Gesicht verfinstert sich, sobald er die Nummer sieht.

SANDRA: Was ist los, nimmst du nicht ab?

CIRO: Ich habe keine Lust.

SANDRA: Es könnte dringend sein?

CIRO: Zum Beispiel?

SANDRA: Wir könnten zum Beispiel wieder den Dienst antreten müssen. War es die Zentrale?

CIRO: Der Zentrale würde ich antworten.

SANDRA: Dann war es der Chef. *(Ciro schüttelt den Kopf)* Wie, er war's auch nicht? - War die anrufende Person vielleicht weiblichen Geschlechts?

CIRO: Bist du eifersüchtig?

SANDRA: Ich beginne es zu werden.

CIRO: Du brauchst nicht eifersüchtig zu sein, es war keine Frau.

SANDRA: Wer war es dann? Ich habe gesehen, wie sich ein Schatten über dein Gesicht gelegt hat, als du auf die Nummer sahst.

CIRO: Es geht um eine kleine Schuld wegen einer Wette, bei der es sich gespießt hat. Wir haben in Turin auf die Reggina gesetzt, die gegen die Juventus gewinnen sollte, ich und ein Kollege, der aus Catania, verdammt, wie hieß er noch...

SANDRA: Giovanni?

CIRO: Ja, richtig, ich schulde ihm noch die Hälfte, er verfolgt mich deswegen, dieser Hungerleider. Als ob ich ihm hundert Euro schulden würde, nein, wir haben um zwanzig Euro pro Kopf gespielt, Gott im Himmel!

Ciros Handy läutet erneut.

SANDRA: Und trotzdem suchst du dir hartnäckig immer wieder solche Leute aus. Wahrscheinlich ist es besser, du gehst ran, gibst ihm das Geld und die Geschichte hat ein Ende.

CIRO: Richtig, dann hat die Geschichte ein Ende.

SANDRA: Weißt du, was wir machen? Ich nehme ab und sag ihm, dass wir uns in der Bar treffen, dann gibst du ihm sein Geld zurück und ich lade euch auf einen Kaffee ein.

CIRO: Nein, Sandra, mach das nicht, lass das Telefon...

SANDRA: (Am Telefon) Hallo? Giovanni? Bist du es? Hallo? Wer spricht?

CIRO: *(nimmt ihr das Handy grob weg)* Komm, gib her... Hallo? Ja, da bin ich, ich kann jetzt nicht reden. Ok, in einer halben Stunde.

SANDRA: Das war keine Frau.

CIRO: Nein.

SANDRA: Und Giovanni war es auch nicht.

CIRO: Hör auf, du bist aber misstrauisch! Ich habe Schulden, aber keine großen, bei einem Inkassobüro, das ausstehende Kreditraten eintreibt. Weißt du, das ist wegen dieses Unfalls, den ich mit dem neuen Wagen hatte. Das ist alles.

4.SZENE

In der Zelle. Der Berichterstatter und der Mafiaboss Dino Sauro.

BERICHTERSTATTER: Der Autor eines Artikels darf Sorgfaltsbeweise nicht vernachlässigen, damit jeder Zweifel und jede Ungewissheit angesichts der objektiven Wahrheit der dargestellten Fakten aus dem Weg geräumt werden können.

DINO SAURO: Objektive Wahrheit der dargestellten Fakten?

BERICHTERSTATTER: So will es der Gesetzgeber.

DINO SAURO: Aber da es – wenn auch nur erzählte – Fakten sind, werden sie automatisch objektiv und im Kern hundertprozentig wahr sein, wie umgebrachte Tote. Ansonsten würden sie sich – schön und gut – als Un-Fakten, also als Lügen erweisen, die ja alles andere als wahr sind.

BERICHTERSTATTER: Und das sagst du! Du hast ja immer schon gelogen! Gegenüber dem Ermittler, deinen Opfern, deinen Freunden, deinem Anwalt und sogar dir selbst gegenüber.

DINO SAURO: Was ist daran so seltsam? Meine Wahrheit heißt gerade deshalb Lüge, weil sie eben von mir kommt. Wäre sie objektiv, beweisbar, nun, dann wäre sie wahr, auch wenn sie falsch ist. Kannst du mir folgen?

BERICHTERSTATTER: Nein.

DINO SAURO: Dann nimm mich, Gott im Himmel. Ich bin ein unschuldiger Mörder. Unschuldig bin ich, weil ich mit der Geschichte mit diesem Richter, der samt Leibwachen in die Luft gegangen ist, nichts zu tun habe... das ist Geheimdienstsache...!

BERICHTERSTATTER: Und Mörder?

DINO SAURO: Zwölf habe ich erhängt, mit meinen eigenen Händen... Verurteilt wurde ich wegen eines einzigen Mordes, mit dem ich nichts zu tun hatte. Ich gestand: den Sprengsatz habe ich unter die Brücke gelegt, nehmt mich fest, ich bin bußbereit.

BERICHTERSTATTER: Und warum?

DINO SAURO: Verstehst du wirklich nicht? Das war eine Lüge oder eine falsche Wahrheit, die allen entgegenkam: den Banden, den Parteien, der Polizei und im übrigen auch mir, denn auf diese Weise hatte ich von allen einen Gefallen gut.

BERICHTERSTATTER: Und wie viele Jahre Haft hat dich dieser Gefallen gekostet?

DINO SAURO: Aber hier geht es einem doch gut, das Essen ist gut und dann kommt ab und zu so ein Eiertreter wie du vorbei und stellt Fragen und nervt... he, wer hat dich hier herein geschickt?

BERICHTERSTATTER: Ich stelle Fragen, weil das zu meinem Beruf gehört.

DINO SAURO: Und ich, mein lieber Herr Journalist, bin dann der, der dir den Hals aufschlitzt, damit du verstummst. Und weißt du warum? Weil du für meinen Geschmack viel zu unschuldig tust. - Pass auf, es wäre nicht das erste Mal, dass ich mich an einem Unschuldigen vergehe.

BERICHTERSTATTER: Bravo!

DINO SAURO: Ja, wirklich, gerade der Unschuldige flößt einem mehr Angst ein als alle anderen. Und wer beachtet einen Unschuldigen, der vor lauter Kämpfen selbst zum Opfer wird, womöglich, ohne es zu wollen? Außerdem ist ein Unschuldiger zu allem fähig, auch die Wahrheit zu sagen – Gott im Himmel! -... und die Wahrheit ist schmerzlich, tritt jemanden auf den Schwanz, wer auch immer das ist. Dino Sauro hat gesprochen.

BERICHTERSTATTER: Im wahrsten Sinn des Wortes! Die Rolle des Sicario wäre dir auf den Leib geschrieben, wenn mein Mord inszeniert würde.

DINO SAURO: Ja, aber es wäre eine Farce und keine Tragödie... wer soll schon um dich weinen? Frau und Kinder werden sich beruhigen, der Staat vergisst, die Empörung verwandelt sich zuerst in Schweigen und dann in Gleichgültigkeit. Wie heißt es im Sprichwort? Wer stirbt, ruht und wer lebt, gibt Ruhe.

BERICHTERSTATTER: Und, würdest du diese Farce gern inszenieren? Gib es zu... um die Gewohnheit blutige Schauspiele zu interpretieren nicht abzulegen.

DINO SAURO: Warum nicht? Es wäre eine Idee, um die Zeit zu vertreiben. Dino – und das wissen alle – sieht keinem ins Gesicht, damit auch klar ist, dass er seinen Vorteil bekommt. Sonst kommt es noch so weit, dass ich mir die Hände wegen nichts schmutzig mache.

BERICHTERSTATTER: Als guter Dino Sauro würdest du sogar deinen Körper hergeben, wenn dabei etwas heraus schaute.

DINO SAURO: Meinen Körper? Zum Teufel, wie soll das gehen? Sagen wir meinetwegen den Körper meiner Mutter.

BERICHTERSTATTER: So bestialisch wirst du nun auch nicht gerade sein.

DINO SAURO: Oh doch! Aber nicht aus Gier, sonder aus Demut. Auch ich habe meine Ehrbarkeit, die verteidigt werden will, wenn du es wissen willst.

BERICHTERSTATTER: Was hatte dir die Arme angetan?

DINO SAURO: Mir hat sie nichts getan, aber meinem Vater, Gott hab ihn selig... dieses... Weib bringt mich zum Fluchen, die Trauerzeit war noch nicht einmal um, stellen Sie sich vor, nach gerade einmal zwei Monaten.... ging sie mit einem anderen, einen Ingenieur aus Cosenza, der nach Reggio herunter gekommen war, um die Sache mit der Brücke abzuklären... Und bei den ersten Sondierungsproben war es aus mit diesem Hurensohn... und seiner Konkubine.

BERICHTERSTATTER: Deiner Mutter?

DINO SAURO: Mutter, solange die Blutbande und die Ehre der Familie respektiert wird. Ansonsten...

BERICHTERSTATTER: Ansonsten?

DINO SAURO: Ehrenbeleidigung oder eine befleckte Ehre liegen dann vor, wenn ein Angehöriger eine Beziehung mit der Frau eines anderen hat. In solchen Fällen hat der Beleidigte das Recht und die Pflicht, den anderen mit dem Tod zu bestrafen, und wenn er das nicht tut, wird er selbst zum „Gezeichneten", denn das würde darauf hinweisen, dass er keine Ehre hat.

BERICHTERSTATTER: Und welche Ehre kann ein Wesen vertragen, das seine Mutter absticht?

DINO SAURO: Du weißt aber rein gar nichts. Die Ehre ist wichtig, denn ohne sie hat man keine Familie...

BERICHTERSTATTER: Ich weiß, dass die Cosa Nostra auf einer Reihe strategisch interessanter Freundschaften beruht, während die Struktur der 'Ndrangheta mehr auf Familienbande baut. Und ich weiß auch sehr gut, dass die Blutbande häufig durch Patenschaften, organisierte Heirat und mit Paten, Trauzeugen und Firmpaten verstärkt wird.

DINO SAURO: Der Pate ist kein Bruder, den man bekommt, sondern ein Bruder, den man sich aussucht, eine Person, die man mit der Aufgabe betrauen kann, seinen Sohn zu taufen...

BERICHTERSTATTER:.... Familien werden durch gezielte Hochzeiten erweitert, die den Gruppenzusammenhalt im Inneren des Clans stärken. Es ist daher viel einfacher, innerhalb der Mafia geständig zu werden als innerhalb der 'Ndrangheta, weil man bei letzterer ja einen Blutsbruder verraten muss...

DINO SAURO: Aber die Familie muss daher ihre Identität, ihre Kompaktheit wahren. Es kann nicht sein, dass jeder seine eigenen Familien gründet, Mutter oder nicht, zum Teufel mit den Frauen!

Stille.

BERICHTERSTATTER: Sind das Dino Saurotränen oder Krokodilstränen?

DINO SAURO: Ich bin nicht so gnadenlos, wie es scheint.

BERICHTERSTATTER: Man höre und staune, wer da von Gnade spricht!

DINO SAURO: Schau, bis zu einem gewissen Grad bin ich Dino Sauro. Hör jetzt mit der Sauriergeschichte auf!

BERICHTERSTATTER: Empfindest du etwas für diejenigen, die du umlegen musst?

DINO SAURO: Es handelt sich nicht um Gefühle, sondern um eine transzendente Notwendigkeit.

BERICHTERSTATTER: Und zwar?

DINO SAURO: Nun, bevor ich damit anfange, will ich immer wissen, ob es sich der, den ich kalt machen soll, verdient, ein paar Kugeln in den Leib zu bekommen. Denn ein Mörder tut das, das ist mein Beruf als Blutsoldat, aber ein Aas oder schlimmer noch, ein Infamer tut das nicht. Vorerst stellt sich die Frage, ob es sich um einen handelt, der etwas nicht beachtet oder der einen tatsächlichen Fehler gemacht hat. Und dann, um wen es sich handelt, um einen von den Unteren oder von den Oberen? Um einen Externen? Und wenn ja, ob es ein Richter, ein Polizist... oder ein Freimaurer ist.

BERICHTERSTATTER: Ändert es was daran, wenn es ein Freimaurer ist?

DINO SAURO: Scheiße, und wie!

5. SZENE

Der Richter gibt dem Berichterstatter ein Interview.

RICHTER: Als die Vertreter der 'Ndrangheta begriffen, dass es schneller ging, eigene Vertreter zu stellen als mit den diversen Institutionen zu verhandeln, begannen sie, Beziehungen zu den Freimaurern aufzubauen. Dies begann gegen Ende der 1960er Jahre. 1969 gab es ein sehr wichtiges Gipfeltreffen von kriminellen Mächten, bei dem auch über die Möglichkeit diskutiert wurde, sich den Putschisten anzuschließen. Aufgrund der Strategie der Spannung gab es auch tragische Augenblicke.

BERICHTERSTATTER: Als vier junge Erwachsene zur Zeit der Staatsmassaker nach Beweisen für den Zusammenhang zwischen 'Ndrangheta und Freimaurern suchten, kamen sie vor den Toren Rom ums Leben. Sie waren auf dem Weg zu einem Anwalt, bei dem sie Beweismaterial hinterlegen wollten.

RICHTER: Wir wissen mit Bestimmtheit, dass es in diesen Jahren Änderungen bei den Ritualen der 'Ndrangheta gab. So konnten wir beispielsweise mittels eines aufgefundenen Kodex' in Erfahrung bringen, dass es eine sogenannte Santa gab, eine Art Enklave innerhalb der 'Ndrangheta. Die Vorbilder sind nun nicht mehr Osso, Mastrosso und Carcagnosso, sondern Garibaldi, Mazzini und der General Lamarmora...

BERICHTERSTATTER:.... die alle nicht umsonst Freimaurer waren.

RICHTER: Richtig. - Einige Überläufer, die mit der Justiz zusammengearbeitet haben bestätigen, dass es die Santa gibt, eine Art Elite der 'Ndrangheta, der eine mehrfache Zugehörigkeit gestattet ist, nämlich zur 'Ndrangheta und zu Unterlogen der Freimaurer. Es handelt sich dabei um eine verbrüderte Personengruppe, die auf den großen Maestro hört.

Das heißt, formal gehören sie nicht den Freimaurern an, aber sie genießen eine Sondermitgliedschaft, weil sie dadurch anonym bleiben können und als Freimaurer gelten, die dem großen Maestro zu Diensten sind. Es sind Leute, deren Namen dem großen Maestro zugeflüstert werden.

BERICHTERSTATTER: Hat dies eine neue Phase innerhalb der 'Ndrangheta eingeleitet?

RICHTER: Exakt. Die 'Ndrangheta verändert die Vorgangsweisen, die Gewohnheiten und den sozioökonomischen Kontext. Denn die Mafia der Bergbewohner und Knechte, der Hirten und Bauern wird zur Mafia der Unternehmer und zur Mafia, die über diese Unternehmen an öffentlichen Ausschreibungen teilnimmt und dabei Verträge und Unterverträge aushandelt. All das bringt wiederum erneut die 'Ndrangheta auf den Plan.

BERICHTERSTATTER: Bringt dies auch Umwälzungen auf politischer Ebene mit sich?

RICHTER: Hier sehen wir zum ersten Mal, dass Mafiosi bei Gemeindewahlen, Regionalwahlen und Nationalratswahlen gewählt werden.

BERICHTERSTATTER: Auf diese Weise braucht die 'Ndrangheta nicht mehr zu delegieren und kann direkt ins Geschehen eingreifen.

6. SZENE

Sandra und Ciro.

SANDRA: Aber wenn du doch Probleme hast, verstehe ich nicht, warum du dir nicht helfen lässt....
CIRO: Geld will ich keines von dir.
SANDRA: Hör mit dem dummen männlichen Ehrgeiz auf. Bei einem anderen Kollegen würde ich das auch tun.
CIRO: Würdest du dem ganzen Kommissariat Geld leihen?
SANDRA: Natürlich nicht allen, aber was hat das damit zu tun?
CIRO: Weil wir alle mehr oder weniger Geschädigte sind. Wer Hypothekarschulden hat, wer zu den Huren geht, wer spielsüchtig ist...
SANDRA: Zu welcher Gruppe gehörst du?
CIRO: Ach weißt du, ich gehöre fast allen Gruppen an, außer, dass ich nicht zu den Huren gehe, denn ich mag Frauen nicht bezahlen.
SANDRA: Ich verstehe, die Frauen müssen dir zu Füßen liegen, so wie ich.
CIRO: Aber du bist mir nicht sofort zu Füßen gelegen, du warst ein harter Knochen, du hast dich unglaublich hartnäckig verweigert.... Gott im Himmel, ich habe alles daran setzen müssen, dass du mich „in diesem Sinne" beachtest.
SANDRA: Wie dem auch sei, es ist dir gelungen... und jetzt, da ich ja eine Frau bin... ganz einfach... jedenfalls eine von denen, bleibe ich an deinen Hosenbeinen kleben und bitte dich, doch eine kleine Leihgabe anzunehmen, die dich wieder ins Rennen schickt.
CIRO: Um wieder dabei sein zu können, bräuchte ich viel mehr als eine kleine Leihgabe.
SANDRA: Das verstehe ich nicht, in was für einer Scheiße steckst du?

Stille.

CIRO: Vertraust du mir?
SANDRA: Aber natürlich!
CIRO: Dann stelle mir keine Fragen mehr. Liebe mich ganz einfach, das ist alles.

In dem Augenblick fängt Ciros Handy wieder zu klingeln an.

SANDRA: Ich soll nicht weiter fragen? Das spricht Bände. (*Ciro antwortet am Telefon mit verstellter Stimme.*)
CIRO: Hallo?

7. SZENE

Dino Sauro, Berichterstatter.

DINO SAURO: In der Politik kenne ich mich nicht aus. Das überlasse ich den anderen. Der Rest ist mir scheißegal. Rote oder Schwarze, Gelbe oder Blaue, für mich sind alle gleich. Wie man es auch dreht und wendet, es kommt ja doch immer das selbe heraus, nämlich, wie schon das Sprichwort sagt: Diebstahl ist die Seele des Handels.

BERICHTERSTATTER: Es gibt aber auch das andere Sprichwort, das besagt, dass in Italien selbst der Sauberste die Krätze hat.

DINO SAURO: Das ist es ja! Und weißt du, was die Welt bewegt? Bestimmt nicht die Zweifelscheißer wie deinereins.... Die Welt wird vom business in Trab gehalten... alles andere sind leere Worte, eine Rede gegen die Wand, ein einsamer Furz auf weiter Flur!

BERICHTERSTATTER: Schöne Philosophie.

DINO SAURO: Das ist Überlebensphilosophie, Freundchen. Denn als die Araber kamen, um uns Frauen und Hab und Gut weg zu nehmen, mussten wir überleben, und dann sind die Spanier gekommen und wir mussten überleben und dann sind irgendwelche andere Scheißer gekommen und wir mussten überleben. Und dann sind noch die Bourbonen gekommen und wir mussten überleben... und mussten wir nicht auch bei den Piemontesen irgendwie überleben?

BERICHTERSTATTER: Schon wieder die Piemontesen? Seit der Einheit Italiens sind einhundertfünfzig Jahre vergangen, dein Urgroßvater war noch nicht einmal geboren und wir reden immer noch davon?

DINO SAURO: Wovon sollten wir sonst sprechen?

BERICHTERSTATTER: Von den ewigen Bauarbeiten auf der Autobahn zwischen Salerno und Reggio-Calabria, vom Schwindel an der Europäischen Gemeinschaft, Scheiße!, davon sollten wir reden!

DINO SAURO: Dann lass uns darüber reden. Aber pass auf, die Wahrheit könnte dir gar nicht gefallen.

BERICHTERSTATTER: Heraus damit!

DINO SAURO: Die wahre Wahrheit gibt es ja doch nicht.

BERICHTERSTATTER: Das sagte Plato auch.

DINO SAURO: Der griechische Philosoph, der sich im 3. Jahrhundert vor Christus in der Gegend von Sibari aufhielt?

BERICHTERSTATTER: Du kennst dich aber gut aus.

DINO SAURO: Ich kenne nur das Wichtigste rund um meine Heimat.

BERICHTERSTATTER: Und?

DINO SAURO: Hast du gewusst, dass die Sibariten Paestum, ein Akronym von Poseidon, gründeten und dabei eine geometrisch-pytagoreische Triangulation anwandten, die das Orakel empfahl, das auch die Entwicklung einer Zivilisation vorhersagte, unserer Zivilisation, die sich nach Norden hin ausbreiten sollte, wo später Rom entstand? Sagt dir die Geschichte nichts?

BERICHTERSTATTER: Ja, dass du hervorragende Erinnerung an das Programm der dritten Mittelschule hast.

DINO SAURO: Ich will dir damit nur sagen, dass wir unsere Geschichte, unsere Wahrheiten, unsere Überlebensmöglichkeiten im Blut haben, im genetischen Code, sie sind uns eingeimpft.

BERICHTERSTATTER: Das ist es ja, ihr und eure subjektiven Wahrheiten!

DINO SAURO: Aber es handelt sich immer um Wahrheiten.

BERICHTERSTATTER: Wenn man Wahrheit im Plural gebraucht, steht das für Halbwahrheiten. Und eine Halbwahrheit ist, wenn man so will, eine halbe Lüge.

DINO SAURO: Lüge, Wahrheit... Willst du denn behaupten, dass die Wahrheit aus den vielen Halbwahrheiten und dem Humbug resultiert..., den ihr Journalisten schreibt? Nur um es einmal festzuhalten... ich meine eine richtige Lüge, die so groß ist wie ein Ökomonster oder eine Brücke über eine Meeresenge, auch wenn sie – zugegeben - unverschämt und unerhört falsch ist, so ist sie doch viel konkreter als eine Scheißwahrheit, die niemanden was bringt

BERICHTERSTATTER: Wie niemanden was bringt?

DINO SAURO: Innerhalb meines Zweiges ist Wahrheit ein Zeichen von Infamie, von Verrat und stinkt von weitem. Und nach ermordeten Toten, versteht sich. Die Wahrheit stinkt nach Aas. Je wahrer sie ist, desto weniger Glauben schenke ich ihr. Die Lüge hingegen gibt es, man kann sie sehen, berühren, man nimmt sie selbst als Blinder wahr: man begegnet ihr in jedem Kubikmeter Beton, in jeder Hilfslieferung für Erdbebenopfer oder für die dritte oder vierte Welt...

BERICHTERSTATTER: Bei den öffentlichen Subventionen....

DINO SAURO: Machen wir uns nichts vor: die Lüge braucht keinen Beweis, es gibt sie, Schluss, aus und alle glauben an sie, Amen.

BERICHTERSTATTER: Wenn man hingegen versucht, die Wahrheit laut auszusprechen, zeigen sie einem den Vogel, denn schon Pirandello hat gesagt, dass es nur dem Verrückten gestattet ist, die Wahrheit auszusprechen... Oder man geht als subversiver Idealist durch...dann fallen sie wirklich über einen her, keiner gibt einem recht und man riskiert, ein schlimmes Ende zu nehmen. Wie Jesus Christus am Kreuz. War es denn nicht er, der sagte: Ich bin der Weg, die Wahrheit und das Leben?

DINO SAURO: Das hat er davon gehabt!

BERICHTERSTATTER: Am Kreuz sind aber auch die zwei Schufte gelandet.

DINO SAURO: Fälschlicherweise, weil sie nicht richtig lügen konnten, jedenfalls nicht bis zum Schluss. Das ging sogar so weit, dass es ihnen leid tat, und dass sie mit der Wahrheit herausrückten, in der Hoffnung sich retten zu können. Und sie sind am Kreuz gestorben, während er, Christus, auferstanden ist.

BERICHTERSTATTER: Sie waren Räuber und sind als solche gestorben.

DINO SAURO: Sie waren nicht benachteiligt wegen der Gesamtlüge, die die Welt regiert.

BERICHTERSTATTER: Sondern?

DINO SAURO: Sondern, sondern! Weil es keine Wahrheit gibt, bevor man nicht die Lüge entdeckt, aus der eben diese Wahrheit entspringt.

BERICHTERSTATTER: Ist das zufällig ein Rätsel?

DINO SAURO: Denk doch mal nach, du Idiot, wie willst du wissen, ob eine Sache wahr ist oder nicht, wenn du nicht vorher weißt, was falsch ist?

BERICHTERSTATTER: Ach so, das ist ein Teufelskreis, das hat uns gerade noch gefehlt, das hat uns gefehlt...

DINO SAURO: Nur bis zu einem gewissen Grad, du dummes Arschloch. - Sobald man den Kreis betritt, kommt es einem vollkommen normal vor. Beispielsweise, dass die Wahrheit, davon abhängt, wie sie ausgesprochen wird, wann sie ausgesprochen wird, warum sie ausgesprochen wird und vor allem, von wem sie ausgesprochen wird. Es wäre leicht, nur allzu leicht, die Wahrheit auf dem Markt zu finden. Nein, man muss sie sich im Schweiße seines Angesichts verdienen, aus dem Schlamm, aus dem Dreck, aus den Exkrementen der Lüge heraus buddeln. Wie viele wahre Wahrheiten wurden für falsch gehalten und umgekehrt, nur weil sie zu wahr waren, um wahr zu sein!

BERICHTERSTATTER: Das hat auch Buscetta gesagt: Die Wahrheit, von der ich spreche, ist viel zu wahr, um glaubhaft zu sein.

DINO SAURO: Wir wissen alle, welches Ende Buscetta nahm, man hat ihm nur bis zu einem gewissen Grad geglaubt. - Und weißt du, wie ich diesen Grad nenne? Bequemlichkeitsgrad, so nenne ich ihn. Dieser Begriff beschreibt den Schwerpunkt, von dem aus das Pendel der Wahrheit ausschlägt — einmal ist sie wahr, wenn sie bequem ist, - dann wiederum ist sie falsch, wenn sie nicht mehr so bequem ist.

BERICHTERSTATTER: Die Geschichte vom Kuss, der zwischen Totò Riina und Giulio Andreotti fiel?

DINO SAURO: Die Sache ist die: Buscetta spielte seine Rolle und er spielte sie so gut, dass man ihm sogar glaubte, bis zu diesem verhängnisvollen Bequemlichkeitsgrad... oder Unbequemlichkeitsgrad, wenn man so will.

BERICHTERSTATTER: Aber dann hat man ihm vorgeworfen, dass er spielte und sich die Dinge ausdachte....

DINO SAURO: aber einer, der eine Rolle spielt, lügt nicht, sondern tut nur so, ja, wirklich, er tut so, als ob er löge, indem er die Wahrheit spricht, denn die allzu wahre Wahrheit wird nie angenommen.

BERICHTERSTATTER: Ich kann dir nicht folgen. Eure Mafiamentalität ist zu verbohrt... ihr gleicht dem Inhalt eines Schlangeneis, der sich ineinander verschlingt und gegenseitig beißt.

DINO SAURO: Natürlich kannst du das nicht nachvollziehen. Du hast dir die Lüge, die dich umgibt, noch nicht zur Genüge antrainiert. Die Lüge erstickt dich und du musst trotzdem so schlau agieren, dass es dir gelingt, ihr deine Wahrheit aufzuzwingen, auch dann, wenn sie falsch ist. Wenn dir das nicht gelingt, lass den Journalismus sein, lass alles sein. Bleib ein Schaf und warte, bis dich der Wolf bei lebendigem Leibe auffrisst. - So, jetzt hab ich mir die Scheiße vom Leib geredet, lass mich jetzt in Ruhe, ich muss mich schließlich auch um meinen eigenen Scheiß kümmern, nur damit du es weißt!

8.SZENE

Sandra und Ciro mit dem Richter.

RICHTER: Ihr habt lange gebraucht...

CIRO: Verzeihen Sie, Herr Doktor, wir waren nackt.

RICHTER: Unter der Dusche?

CIRO: Nein, im Bett, Herr Doktor.

RICHTER: Im Bett? Relax?

CIRO: Vielmehr Sex mit verschiedenen Komplikationen.

SANDRA: *(peinlich berührt)* Ciro, was redest du da für einen Scheiß?

RICHTER: Darf man erfahren, was sich zwischen euch beiden abspielt?

CIRO: Es ist das eingetreten, was zwangsläufig...

SANDRA: .... nein, nicht zwangsläufig...

CIRO: eintreten musste.

RICHTER: Das heißt?

CIRO: Dass wir uns verliebt haben, Herr Doktor.

RICHTER: Entschuldigt, dass ich nachfrage, wer hat sich in wen verliebt?

CIRO: Wir haben uns ineinander verliebt, Herr Doktor.

RICHTER: Und du Sandra, was sagst du dazu? Außerdem bist du bereits verheiratet, wenn ich mich richtig erinnere...

SANDRA: Fast.

RICHTER: Was heißt fast?

SANDRA: Mein Mann hat Scheidungsklage eingereicht, wir leben in Trennung.

CIRO: *(liebevoll)* Du Schurkin! Das hättest du mir ruhig sagen können.

SANDRA: Aber das wusstest du doch...

CIRO: Wie sollte ich? Ich wusste gar nichts.

SANDRA: Aber du hast gespürt, dass etwas in mir vorging, deshalb warst du mir ja auch hinterher.

RICHTER: Entschuldigt Kinder, aber das sind eure Privatangelegenheiten. Ich will es mir nicht noch aufhalsen, herauszufinden, wer in wen verliebt ist. Werdet euch selbst darüber klar, dann können wir nochmals mit darüber sprechen... mit kühlem Verstand.

CIRO: Ich muss mir über gar nichts klar werden, für mich ist alles klar.

RICHTER: Was bedeutet das?

CIRO: Dass wir heute noch heiraten.

RICHTER: Unmöglich, ihr seid heute beide im Dienst.

CIRO: Dann eben morgen, wenn wir endlich Dienstschluss haben.

RICHTER: Aber ihr könnt doch gar nicht heiraten, weil Sandra noch nicht geschieden ist.

CIRO: Dann feiern wir schon im Voraus und sobald es die Bürokratie zulässt, heiraten wir standesamtlich. Sie sind unser Gast, ja, Herr Doktor, sie sind unser Trauzeuge....

RICHTER: Mit Vergnügen... aber... ich meine, ist das nicht etwas überstürzt? - Sandra?

SANDRA: Ich weiß nicht, Herr Doktor. Ich bin ein wenig verwirrt. Außerdem gibt es da noch was...

RICHTER: Was denn?

SANDRA: Nein, nichts.

CIRO: Na los, sprich! - Täuschst du Schüchternheit vor?

RICHTER: Das ist sie doch nie!

CIRO: Wirklich nie. Glauben Sie mir, sie hat Pfeffer im Arsch.

RICHTER: Sonst könnte sie in diesem Beruf nicht mithalten.

CIRO: Da sprechen wir von diesem verfluchten Beruf, der dir keine Atempause vergönnt, der dich daran hindert, du selbst zu sein, der...

RICHTER: Warum lässt du nicht sie reden?

SANDRA: Herr Doktor, ich möchte mich wie eine Tochter an Sie wenden...

CIRO: Jetzt übertreib nun mal nicht! Nehmen Sie es nicht persönlich, he!

RICHTER: Gewiss, ich könnte höchstens ihr Großvater sein!

SANDRA: Entschuldigen Sie, wie an einen älteren Bruder... also seitdem die Beziehung zu meinem Mann... jetzt kann ich schon Ex-Mann sagen, seitdem die Beziehung abgeklungen ist...

CIRO: was weiter?

SANDRA: was weiter? Seitdem nehme ich die Pille nicht mehr... weil es nicht mehr nötig war, deshalb. Nun ist dieses Sache mit Ciro passiert.... meine besten Tage... verstehen Sie, was ich meine, Herr Doktor?

RICHTER: Ich verstehe. Aber ich befürchte, dass diese Frage meine Kompetenzen bei weitem überschreitet.... zumindest mein Urteilsvermögen.

SANDRA: Ich würde es nicht wagen Sie mit Privatangelegenheiten zu bedrängen.... Aber um einen Gefallen, ich weiß nicht, ob ich Sie um den bitten darf...

RICHTER: Was für ein Gefallen soll das sein?

SANDRA: Ob wir unsere Runde unterbrechen dürfen und kurz beim Krankenhaus Halt machen können.

CIRO: Beim Krankenhaus? Ist es zum Gebären nicht etwas zu früh? Bei mir daheim dauert eine Schwangerschaft immer noch neun Monate.

RICHTER: Ciro, dein Schädel ist dicker als der eines Beamten.

CIRO: Ich versuche nur, kein Drama daraus zu machen, Herr Doktor! Keine Sorge, ich bin nicht auf den Kopf gefallen. Ich habe sehr wohl verstanden, wovon die junge Frau spricht...

SANDRA: Ach, wirklich? Und wovon spreche ich deiner Meinung nach, Hohlkopf?

CIRO: Ich will von der Pille danach gar nichts hören. Verstanden?

SANDRA: Das ist nicht deine Entscheidung.

CIRO: Ich bin dein Vorgesetzter.

SANDRA: Deine Überlegenheit endet dort, wo meine beginnt.

CIRO: Und was bedeutet das?

SANDRA: Über meinen Körper, mein lieber Vorgesetzter, entscheide ich.

CIRO: Aber wenn sich in deinem Körper etwas von meinem Körper befindet, erhebe ich Anspruch auf ein Mitspracherecht. Verzeihen Sie, Herr Doktor, aber sie sind doch vom Fach, könnten Sie uns nicht sagen, wie die Dinge, vom gesetzlichen Standpunkt aus betrachtet, stehen?

RICHTER: Vom gesetzlichen Standpunkt aus betrachtet, kann ich euch nur sagen, dass ihr bereits wie Ehepartner streitet.

CIRO: Das ist eine wahrhaft richterliche Aussage.

SANDRA: Erklären Sie uns damit zu Mann und Frau?

RICHTER: Kinder, geht und lasst euch den Segen geben. Ich habe jetzt eine Verhandlung. Aber macht keine Umstände, ich kann allein und zu Fuß hingehen. Hin und wieder tun mir die paar Schritte in der Sonne ganz gut. Ich kann die Klausur, die Luft aus den Klimaanlagen in den gepanzerten Autos nicht mehr ab, auch nicht die vergitterten Fenster und all das andere. Diesen Tag will ich an der Sonne verbringen und genießen, sehen und hören, was ganz normale Menschen tun und sagen... Schluss mit Anzeigen, Mahnbriefen und Widerrufen. Sonne, Sonne, nichts als Sonne und einmal, ein einziges Mal allein sein dürfen... Redet miteinander, liebt euch, wenn es geht, bitte nicht gerade auf meinem Schreibtisch, nehmt euch einen Tag Auszeit und morgen sehen wir uns wieder zur gewohnten Zeit, dann entscheiden wir, wie es weitergehen soll. Ich hatte übrigens schon so etwas geahnt... Ihr habt viel gearbeitet und ihr wart mir eine große Hilfe, aber jetzt habt ihr euch eine Auszeit verdient. Nehmt euch frei und falls es nötig sein sollte, können wir über eine Versetzung nachdenken.

SANDRA: Herr Doktor, sind Sie sicher, dass sie allein und zu Fuß gehen wollen?

RICHTER: Ich werde bei der Hintertür hinausgehen, wo man in die Gasse kommt. Das kann keiner wissen. Wenn ich mir dann auch noch den Hut in die Stirn ziehe, erkennt mich niemand.

SANDRA: Sie sind aber komisch, Herr Doktor!

CIRO: Ja, das ist wirklich komisch!

SANDRA: Warten Sie, erlauben Sie, dass ich Sie zumindest ein kleines Stück, bis ans Ende der Gasse begleite...

CIRO: *(faucht erschrocken auf)* Nein, du gehst nicht! *(versucht, die Fassung zu wahren)* Das ist gefährlich.

Stille.

SANDRA: Entschuldige Ciro, wie war das?   - Gefährlich? In welcher Hinsicht?

Ciro schweigt.

SANDRA: Herr Doktor, haben Sie das gehört? Hat er nein gesagt?

RICHTER: Er hat nein gesagt.

SANDRA: Nein? Warum? Warum darf ich den Herrn Doktor nicht bis ans Ende der Gasse begleiten?

Ciro schweigt, senkt das Haupt. Es ist wie eine Beichte.

RICHTER: Was gibt es am Ende der Gasse?

SANDRA: Ciro... was sagst du da?

CIRO: Ich sage, dass ich dich liebe. Reicht dir das nicht? Muss ich auch noch sagen, dass ich es ohne dich nicht schaffe?

SANDRA: Das verstehe ich nicht.

RICHTER: Ich glaube, dass er damit zum Ausdruck bringt, dass er nicht will, dass du stirbst.

SANDRA: Sterben? Aber warum?

CIRO: Weil ich ein mieses Stück Dreck bin! Hast du verstanden? Ich bin ein mieser Scheißkerl.

SANDRA: Herr Doktor, aber... das gibt's doch nicht. Ich traue meinen Ohren nicht...

CIRO: Glaub uns... glaub mir... und geh nicht.

SANDRA: Das ist unmöglich, du kannst das nicht getan haben, du kannst mir das nicht angetan haben... mir! Ich habe dich bewundert, du warst für mich ein Wahrzeichen beruflichen Könnens und von Rechtschaffenheit.

CIRO: Das Denkmal ist vom Sockel gefallen. Es tut mir leid, dass dich meine Trümmer verletzt haben, als sie auf dich fielen. Ich fühlte es, dass es so nicht weitergehen konnte, dass ich nicht weiter wie ein Vogel Strauß den Kopf in den Sand stecken konnte....

SANDRA: Vergleich dich lieber mit einem Wurm.

CIRO: Leider trifft das in meinem Fall vollkommen zu. Ja, ich bin... und war ein Wurm, besonders dir gegenüber... und Ihnen gegenüber, Herr Doktor. Ich bin zu Boden gefallen, ich weiß es. Ich hoffe nur, dass ich wieder aufstehen kann, bevor es zu spät ist.

RICHTER: Wir zwei müssen miteinander reden, unter vier Augen...

CIRO: Ich stehe zu Ihrer Verfügung, Herr Doktor.

SANDRA: Schuft, du hast mich missbraucht.

Sandra beginnt, auf ihn einzuprügeln, Ciro reagiert nicht. Der Richter kann sie abzuhalten.

RICHTER: Gewiss, er wollte dich missbrauchen, aber dann ist etwas passiert... nicht wahr, Ciro?

CIRO: (im Flüsterton) Ja... aber ich versuche nicht , mich in in irgendeiner Weise zu rechtfertigen. Es ist nicht nur die Liebe, die mich erschrocken innehalten lässt und zu mir sagt: Halt, jetzt ist wirklich genug!

RICHTER: Was dann? Die Würde?

CIRO: Würde, Ehre... diese Worte sind für mich kaum von Bedeutung, Herr Doktor. Ich bin letztlich ein Mann der Tat und diese abstrakten Begriffe klingen in meinen Ohren sehr seltsam, ein wenig falsch... Aber ich würde sagen, dass der Respekt eine wichtige Rolle gespielt hat... Der Respekt, den ich für Sie empfinde, Herr Doktor, für das, was Sie sagen, was Sie denken und was Sie tun.

RICHTER: *(an Sandra gewandt)* Und für sie, für Sandra?

CIRO: Was soll ich Ihnen sagen? Dass ich mich in sie verliebt habe? Gewiss, das stimmt schon. Aber das reicht nicht. Auch wenn es auch ein noch so tief empfundenes Gefühl ist, reicht es doch nicht aus, um aus dem Pakt mit dem Teufel auszusteigen. Nein, um so etwas – ein Wunder, wissen Sie – zu bewirken, braucht es nicht nur einen Magen, sondern auch Köpfchen... denn es gelingt einem nicht immer, die beste Lösung zu finden. - Was weiß ich, ich könnte mich umbringen... Aber nein, keine Sorge, das machen ich nicht. Als Verräter, gut, als doppelten Verräter − zuerst euch gegenüber, dann ihnen gegenüber − lasse ich mich bezeichnen, aber nicht als Feigling. Keiner nennt mich einen Feigling.

RICHTER: Aber wie ist das passiert, wie?

CIRO: Ich weiß nicht, ich weiß wirklich nicht... Ich sah mich von Geldflüssen umgeben und sah alle eintauchen um eine handvoll zu nehmen... mit steigender Korruption... da habe ich mich gefragt, ob ich denn der einzige Idiot bin! Und so habe ich begonnen, so manch nebensächliche Information weiterzugeben, unnützes Zeug, Dummheiten, die sie mir jedoch fürstlich entlohnten... Aber dann begann ich zu verstehen, warum sie das taten, nämlich, um mich unter Kontrolle zu behalten, ja, sie hatten mich in der Hand. Und sie begannen, mich zu erpressen... immer mehr wollten sie von mir wissen, über unsere routinemäßigen Runden und die Alternativen dazu, die Dienstpläne... und jetzt auch noch das.

SANDRA: Was denn?

RICHTER: Sind Sie so freundlich, die Fragen an den Angeklagten stelle ich. - Was also?

CIRO: Zu versuchen, Sie dazu zu bringen, dass Sie allein, zu Fuß und beim Hinterausgang hinausgehen.

SANDRA: Und das ist dir beinahe gelungen, du scheiß Verräter.

CIRO: Es wäre mir gelungen, wenn du dich nicht dazwischen gedrängt hättest... Ich begleite Sie ein Stück, Herr Doktor. Folgen Sie mir... - Hätte ich dich gehen lassen sollen? Und für immer verlieren?

SANDRA: Warum? Glaubst du, dass du mich jetzt nicht verloren hast?

CIRO: Vielleicht wird dir eines Tages alles klar... vielleicht kannst du mir eines Tages verzeihen...

SANDRA: Mach dir keine Hoffnungen.

CIRO: So lass mir doch zumindest die Illusion. Bereite dich lieber vor...

SANDRA: Worauf?

Ciro antwotet nicht. Er nimmt sein Handy und tätigt einen Anruf.

CIRO: *(am Telefon)* Hallo? Ich bin es. Herr Doktor hat die Visite beendet und ist auf dem Weg zu euch. Ja, beim Hinterausgang... Ja er ist allein... mutterseelenallein habe ich gesagt... ich und meine Kollegin vögeln zur Entspannung... sicher hat das funktioniert, mit dieser Idiotin, was habt ihr gedacht, dass ich schwul bin? *(Legt auf)*

RICHTER: *(zu Sandra)* Geh, lass dich von einer Truppe bewachen, nimm alle, ich bitte dich...

Sandra bleibt noch einige Augenblicke wie angewurzelt stehen.

CIRO: Geh schon! - (Sandra geht hinaus) Herr Doktor ich bin bereit, zusammenzuarbeiten... Namen, Telefonpraktiken, Freunde, Freunde von Freunden... alles...

RICHTER: Nur mit der Ruhe. Ich möchte in erster Linie verstehen.

CIRO: Was gibt es da groß zu verstehen?

RICHTER: Vieles... Denn ich weiß, dass das Leben nicht leicht und die Versuchung groß ist.

CIRO: Was verstehen Sie schon von Versuchungen! Herr Doktor, Sie leben wie ein Einsiedler, Sie erlauben sich höchstens einen Kaffee mit Cognac. Aber ich bin jung, habe das Leben vor mir...ich hatte ein Leben vor mir. Aber das Leben floss an mir vorbei wie ein Fluss mit Hochwasser, er umspülte mich sanft, ohne mich jedoch hinweg zu spülen. Das Leben! Nun, ich hätte kein Opfer gescheut, nicht einmal ein extremes, wenn es einen Sinn gemacht hätte, wenn es die Vorstellung vermittelt hätte, dass es etwas zum Allgemeinwohl beiträgt. Aber auch Ihnen muss es aufgefallen sein, dass diese „Idee des Gemeinwohls" ein vager, abstrakter Begriff ist, der in der Realität keine Entsprechung hat, und zwar ganz einfach deshalb, weil das, was Sie und ich dafür halten, das Gegenteil vom realen Gefühl ist, das die Leute dafür empfinden.

RICHTER: Erkläre mir das.

CIRO: Ist Ihnen aufgefallen, wie sie uns anstarren, mit welch hasserfüllten Blicken sie uns folgen, wenn wir wegen Recherchen oder wegen eines Mordes in die Dörfer des Aspromonte kommen? Mit Hass betrachten uns die Leute, nicht mit Respekt, als ob wir, von der Polizei oder von den Carabinieri, die wahren Feinde wären, die Fremden, die Eindringlinge, die Nervensägen. Es ist schon viel, dass man uns nicht aus den Fenstern nachschießt... Sie werden sagen: gut, aber die Leute brauchen Bildung, nach und nach werden sie dadurch verstehen, dass das System der Mafia der wirtschaftlichen Entwicklung Prügel in den Weg legt, dass es wie ein Blutfleck ist, eine Krebsgeschwulst... Wozu sollen die Leute Bildung erfahren? Man kann die Leute nicht erziehen, Herr Doktor! Vielleicht wäre das vor fünfzig Jahren noch möglich gewesen, als es noch einfache Werte gab, die an die schweißtreibende Arbeit oder ans Landleben gekoppelt waren... aber in der Zwischenzeit wurden diese Werte von der Unbildung des Fernsehens, vom Bild loser Moral und der Korruption, die unser Land atmet, hinweggefegt. Deshalb habe ich mich vom Fluss mitreißen lassen, der an mir vorüber floss... und ich brauchte nur mit zu schwimmen, und mich von der Strömung treiben lassen.

Man hört von der Gasse her einige Pistolen- und Maschinengewehrschüsse.

RICHTER: Deine Kollegen tun ihre Pflicht.

CIRO: Sie sind mutig, ehrlich und idealistisch. Sie kämpfen für eine Causa, von der sie glauben, dass sie gerecht ist.

RICHTER: Aber sind denn dutzende Schiffe voller Giftmüll und radioaktivem Material am Meeresgrund vor den kalabresischen Küsten keine tragische Realität? Ciro, in diesem Meer baden unsere Kinder... unsere Freunde, Angehörigen und Lebenspartner trinken das Wasser, das aus diesen verseuchten Bergen kommt, essen die Produkte dieser Erde... Gerade heute hörte ich in einem abgehörten Telefongespräch jemanden sagen: das Meer geht uns am Arsch vorbei! Das Meer besteht aus Wasser und das wäscht sich selbst. Und außerdem, schob der andere ein, denk ans Geld, denn damit können wir uns anderswo ein sauberes Meer leisten. Ciro, die Mafiosi sind unsere Blutfeinde.... Selbst wenn sie sich noch so viele Ehrekodizes auferlegen, das sind keine Ehrenmänner und auch keine Kalabresen, das sind nur feige Mörder.

CIRO: *(senkt den Kopf, Pause)*

RICHTER: Vielleicht hast du recht, die Leute sind orientierungslos und wissen nicht genau, wer für und wer gegen sie ist. Dann könnte es so aussehen – wie es im übrigen dir passiert ist – , dass der einfachste Weg für ein wenig Glück im Leben darin bestünde, dass einem ein Recht zuerkannt wird, oder dass man eine Arbeit bekommt, ja vielleicht nur, dass es einem gelingt, einem kranken Lebenspartner rechtzeitig seine Befunde zukommen zu lassen. Siehst du, es mag sehr einfach erscheinen, all das zu bekommen, indem man sich an Leute wendet, die das selbst bewerkstellligen können, die gute Freunde haben oder Beziehungen spielen lassen können... Dabei sind das Dinge, die in jedem zivilisierten Land vollkommen normal funktionieren. Ungerechtigkeit, Fehlverhalten und Angst lassen die Leute im Status der Unterwerfung verharren, wo sie mit Botschaften negativer, haarsträubender, fehlgelenkter und unmoralischer Natur bombardiert werden und all das vollzieht sich im heimlichen Konsens zwischen Mafia, Polizei, Hochfinanz und Rundfunk und Fernsehen. Warum all das bei uns geschieht, ist kein Zufall, nicht unser südländisches, kalabresisches DNA-Material ist dafür verantwortlich, sondern ein System von übergeordneten Zusammenhängen, das befürwortet, dass es so ist, denn einige wenige wollen ihre schmutzigen Geschäfte abwickeln, sich den Bauch voll schlagen und auf ein fettes Konto blicken. - Ciro, das Traurige daran ist, dass wir hier an vorderster Front kämpfen,wo wir unser Leben riskieren, nur weil es hier und dort einen Idioten gibt, der sich nicht damit zufrieden gibt, einen Ausflug in einem Schlauchboot zu machen, nein, er muss darüber hinaus auch eine Yacht haben, die in irgendeinem Hafen steht und mit der er sich nicht einmal auszulaufen traut, aus Angst, dass er von der Finanzbehörde kontrolliert wird oder er muss sein Schwimmbecken voller

Mädchen haben und alle oben ohne, auch wenn er keine Erektion mehr hat, weil ihm die Überdosen Viagra das Hirn zerfressen haben. *(Kurze Pause)* Weißt du, wozu das Geld noch gut ist, wenn es zum Selbstzweck geworden ist? Es ist zu gar nichts mehr gut, denn es ist ein Mittel und hat keinen Zweck, wenn es nicht fürs Gemeinwohl eingesetzt wird, für die Schönheit, wie das in der Renaissance geschah, als es die Kapitalisten dazu verwendeten, große Künstler damit zu bezahlen. Und die großen Künstler verhalfen mit ihrem Werk allen zu einem besseren Leben. Das werden die Leute früher oder später einsehen. Der Mörderkapitalismus der Mafiosi nützt nicht einmal ihnen selbst, da sie mit Gewissheit gehetzt und gesucht, ihr tierisches Leben als Flüchtige in Depots oder Kellergeschossen versteckt, beim Schein einer schwachen Lampe verbringen müssen. Das sind nur unterschiedliche Aspekte eines Wirtschaftssystems, das sich in einer Reihe von Krisenschlägen selbst aufzehren wird. Denn Geld war noch nie eine Absicherung für einen Platz im Paradies, vielmehr ist es eine Garantie für die Hölle auf Erden.

Der Richter schweigt nun. Es entsteht ein Augenblick der Stille.

CIRO: Man muss also den Mut haben, einen Damm zu bauen, den Fluss der Versuchungen, der vor unseren Augen fließt, einzudämmen. Man muss den Geldfluss stoppen... denn das Geld, Herr Doktor, ist die Ursache allen Übels, eine Erfindung des Teufels, mit dem man die Korruption betreiben und sich korrumpieren lassen kann, jede Wahrheit zu fälschen... und um das zu tun, muss man oben, sehr weit oben beginnen.

RICHTER: Zu dieser Schlussfolgerung bin auch ich gelangt. Es sieht nicht so aus, als ob der Staat den richtigen Weg eingeschlagen hätte. Es hat sich erwiesen, dass das Phänomen bei weitem unterschätzt wurde, wenn man glaubt, eine Lösung der Probleme in Kalabrien damit zu erreichen, dass Milliarden hinein gepumpt werden, mit denen Arbeitsplätze geschaffen werden sollen. Tatsächlich aber werden auf der anderen Seite mit eben diesem Geld die Abgaben an die 'Ndrangheta getätigt.

Es ist tatsächlich so: bevor die 'Ndrangheta nicht zerschlagen ist, was nur durch eine ernsthafte und vor allem anhaltend stabile Politik geschehen kann, bei der der Druck vom Volk ausgeht, solange wird der für Kalabrien bestimmte Geldfluss nicht dazu dienen, dem organisierten Verbrechen entgegen zu wirken, wie man absurderweise annimmt, sondern ganz im Gegenteil, das organisierte Verbrechen unterstützen und stärken. Und obendrein läuft man Gefahr, dass sich diese krankhafte Gesellschaftsstruktur in eine anerkannte Sozialstruktur verwandelt.

POLIZIST: Herr Doktor, eine Polizistin wurde aus dem Hinterhalt getroffen...

CIRO: Sandra! Mein Gott, was habe ich getan? Ich töte sie, ich töte sie alle!
RICHTER: Bewege dich nicht von der Stelle, ich gehe. - *(zum Polizisten)*
Wache, der Chef meiner Eskorte steht unter Arrest....
CIRO: Herr Doktor, ich bitte sie... Ansonsten bringe ich mich um.

Ciro zieht die Pistole, es entsteht ein Augenblick der Hochspannung.

POLIZIST: Herr Doktor, er hat noch die Dienstpistole.
CIRO: *(reicht dem Richter die Pistole mit dem Pistolenknauf voran.)* Nehmen Sie sie,
Herr Doktor, sie könnte Ihnen nützlich sein.

9. SZENE

Berichterstatter alleine.

BERICHTERSTATTER: Vor einigen Tagen steckte ich fest, denn ich hatte
eine Autopanne auf der Staatsstraße, der Jonica, in der Nähe von Corigliano.
Die Batterie war im Arsch, ich bin selbst schuld, weil ich das Auto nicht
ausreichend warte. Ich tanke und fahre los, ohne mich weiter um Reifendruck,
Kühlwasser, Ölstand oder Motorzustand zu kümmern. Die scheiß Karre soll
mich ja nur durch die Gegend fahren und dafür fülle ich schließlich Benzin in
den Tank!
Wenn einen aber das eigene Auto im Stich lässt, kriegt man eine Dreckswut im
Bauch, denn man fühlt sich von einem Gegenstand verraten, den man
irgendwie mag, mit dem man täglich zu tun hat. Es ist, als ob einem der eigene
Bruder einen Prozess anhängen oder der eigene Sohn wegen körperlicher
Gewalt anzeigen würde... natürlich hat er ein paar Ohrfeigen abbekommen,
man hat es ja nur gut gemeint, aber man hat es - verdammt noch mal! - getan.
Eine Ehefrau, die einen betrügt, kann man noch begreifen, weil man sie unter
Umständen vernachlässigt hat und als zivilisierter Mensch wird man ihr
verzeihen oder zumindest versuchen, sie zu verstehen, aber bei einer
beschissenen Dreckskarre, die man noch in Raten abzahlt, ist das was anderes.
Wie zum Teufel soll man für ihr Versagen Verständnis aufbringen? Verflucht,
ich schlage der Kiste die Motorhaube ein, mag wohl der erste Gedanke sein.

Im Halbschatten taucht hinten der Richter auf.

RICHTER: Und warum erzählen Sie mir das?
BERICHTERSTATTER: Ich wollte Ihnen meine Beobachtung mitteilen,
Herr Doktor. Also, ich sagte, dass ich wegen einer Autopanne auf der Jonica in

der Nähe von Corigliano zwei Stunden lang am Straßenrand stand und auf den Abschleppdienst wartete.

RICHTER: Wo es letzte Nacht zwei Tote gab, die durch die Schüsse einer Kalaschnikov ums Leben gekommen waren? Haben Sie vielleicht zufällig etwas gesehen oder gehört?

BERICHTERSTATTER: Ich habe alles gesehen und gehört, Herr Doktor.

RICHTER: Wollen Sie mir darüber berichten?

BERICHTERSTATTER: Ich habe viele Autos vorüber fahren gesehen.

RICHTER: Die Straße ist sehr befahren, auch nachts, wenn die Prostitution floriert.

BERICHTERSTATTER: Worauf ich eigentlich hinaus will ist, dass ich, als ich feststeckte, nichts besseres zu tun hatte als Autos zu zählen und innerhalb von einer Stunde sind 57 Mercedes SLK, 8 Ferraris, 15 Suv BMWs, 14 Jaguars, 6 Lamborghinis und unzählige andere Autos der Extra-Luxusklasse vorbeigefahren, ich habe sie einzeln gezählt, insgesamt sind pro Minute hundert tausende Millionen Euro an Fahrzeugen an mir vorbeigezogen.

RICHTER: Ich verstehe.

BERICHTERSTATTER: Ich eigentlich nicht. Ich verstehe das ganz einfach nicht!

RICHTER: Was verstehen Sie nicht?

BERICHTERSTATTER: Ist der Süden unseres Landes nun wirklich eine arme Gegend? Und wenn er eine arme Gegend ist, woher kommt dann das ganze Geld, das im Sekundentakt auf der Staatsstraße vorbeizieht? Nun, wissen Sie Herr Doktor, es geht hier nicht um eine Handvoll Privilegierte, um eine Elite, einen geringen Prozentsatz der Bevölkerung, es geht hier um vor die Säue geworfene Perlen, hier hat der am schlechtesten Gestellte mehr Geld zur Verfügung als Sie und ich zusammen!

RICHTER: Oh, Sie berühren einen wunden Punkt, ich habe keine Lira... das heißt keinen überschüssigen Euro auf der Bank.

BERICHTERSTATTER: Ich auch nicht. Und mir passiert es auch wie Ihnen, dass ich Lira mit Euro verwechsle, denn wenn ich das Wort tausend höre, tausend Lire, stehen mir die Haare zu Berge... wollen Sie wissen um wie viel mehr 50 Cent wert sind? Einen Spott... Damit will ich sagen, dass die Gesellschaft wie verrückt geworden ist... „avite perso 'a capa!" (ihr habt den Verstand verloren) ruft Eduardo vor dem berühmten „addà passa a nuttata" (das wird über Nacht vergehen). Aber hier, Herr Doktor, hier ist sich nicht nur nichts vergangen, hier wird auch niemals etwas vergehen, weil die wirtschaftliche und moralische Korruption in uns gefahren ist wie eine zweite Mentalität, ein mentaler Überwurf, eine zweite Haut... das Profitdenken hat die Oberhand gewonnen, die Geldgier ist an die Stelle des hungernden Volkes getreten, das ungeheuerlich geworden ist.

RICHTER: Das bedeutet doch hoffentlich nicht, dass es keine anständigen Menschen mehr gibt.

BERICHTERSTATTER: Sie sind nur inzwischen eindeutig in der Minderheit, Herr Doktor. Es hat mir gereicht mit ansehen zu müssen, wie diese Boliden auf der Staatsstraße an mir vorüber zogen, und nicht einmal wegen der Radarfallen langsamer fuhren... aber auch das ist eine andere Geschichte... denn wenn sich zum Beispiel irgend ein armer Kerl in der Nachbarschaft hervortun will - was unter uns gesagt, nur allzu menschlich ist - und sich ein Auto der Luxusklasse zulegt, das er mittels Raten oder Leasing abzahlen muss, dann wird er darauf achten, keine Strafmandate einzufahren, die bei Geschwindigkeitsbegrenzungen wirklich gesalzen sind, und außerdem müsste er seinen Konsum einschränken.

RICHTER: Und? Tut er das nicht?

BERICHTERSTATTER: Weit gefehlt, er tut, als ob die Radarfallen nicht funktionierten und als ob er das Benzin geschenkt bekäme. Und da hege ich den Zweifel...

RICHTER: schon wieder?

BERICHTERSTATTER: Leider. Aber Herr Doktor, sagen Sie mir, ob die Radarfallen auch wirklich funktionieren oder ob sie nur zur Verschönerung dastehen, weil sie womöglich mit EU-Geldern finanziert wurden wie die stillstehenden Windkraftanlagen, die wie verlassene Skelette auf kalabresischen Hügeln herumstehen!

RICHTER: Ich kann Ihnen versichern, dass die Radarfallen einwandfrei funktionieren, ich selbst bin erst kürzlich angeblitzt worden...

BERICHTERSTATTER: Wie ist es da möglich, dass hunderte Autofahrer auf Höchststrafen pfeifen? Und warum? Weil sie so viel Geld haben oder, wie mir scheinen will, weil sie die Verkehrsübertretung ohnehin nicht bezahlen? Und wenn viele Menschen viel Geld haben, woher kommt dann dieser Reichtum? Oder anders gefragt, wessen Frauen, Kinder, Geliebte, Neffen, Nichten, Enkel, Cousins, Angehörige oder Freunde sind diese achtlosen Autofahrer, dass sie sich, selbst bei Geschwindigkeitsübertretungen, ihr Geld nicht von schadenfrohen Beamten abnehmen lassen müssen? Und, befinden sich diese Beamten in weitläufigen korrupten Kreisen, mit denen wir alle zu tun haben?

RICHTER: Alle, auch Sie und ich?

BERICHTERSTATTER: Moralisch gesehen: ja, auch Sie und ich. Denn entweder hat da jemand zum Rückzug geblasen und jeder denkt sich: rette sich wer kann, oder wir wir alle - Mafiosi, Journalisten, Ermittler und ganz normale Leute, Studenten, Professoren - sind verantwortlich für diese moralische Korruptionsstimmung.

RICHTER: Ich erfasse Ihre Fragestellung insofern, als ich folgere, dass wir ohne es zu bemerken – alle, Tag für Tag - in den Sumpf einer potentiell mafiösen Mentalität gerutscht sind, indem wir denken: wer schert sich schon um ein Strafmandat, ich habe ja einen Neffen, der am Kommissariat arbeitet!
BERICHTERSTATTER: Die Frage lautet: sind wir denn alle schuldig?

10. SZENE

Der Berichterstatter beendet das Diktat seines Artikels.

BERICHTERSTATTER: Zwischen 1999 und 2005 hat die Polizeidirektion von Reggio Calabria im Kampf gegen die Mafia gegen 7.909 Personen wegen krimineller Vereinigung ermittelt, davon waren 1.120 Personen zwischen 18 und 30 Jahre alt. Laut Ermittlungsbericht gibt es 131 kriminelle Gruppen, die jeweils zehntausende Mitglieder haben. Dem Kriminalamt zur Bekämpfung der Mafia zufolge soll es 136 „Lokale" der 'Ndrangheta geben. Die Kriminalitätsrate der Clanmitglieder beträgt in Relation zur Bevölkerung in Kalabrien 27%, demgegenüber stehen 12% in Kampanien, 10% auf Sizilien und 2% in Apulien.
Dieser Prozentsatz ist nicht nur deshalb Besorgnis erregend, weil mehr als ein Viertel der Bevölkerung auf vielfältige Weise in kriminelle Handlungen verstrickt ist, sondern auch, weil um diese Gruppen seit jeher tausende Beamte kreisen, von denen viele keineswegs unter kriminellem Verdacht stehen.
Die 'Ndrangheta ist wie ein langsam, aber unaufhaltsam wachsendes Spinnennetz, das die Menschen einengt, um sich schließlich der Institutionen zu bemächtigen, in denen diese Menschen arbeiten.

11. SZENE

Gerichtssaal. Im Halbschatten sieht man im Szenenhintergrund die Anführer der 'Ndrangheta. Der Richter, dann der Berichterstatter.

RICHTER: Alle sind angeklagt, das Verbrechen nach Artikel 416 b),
Absatz 1,2,3,4,5 und 6 Strafgesetzbuch begangen zu haben, indem sie sich innerhalb der 'Ndrangheta zu einer mafiösen Organisation zusammengeschlossen haben, die den Zweck hatte, einige wenige Personen persönlich zu bereichern; dazu bedienten sie sich der einschüchternden Macht der Unterwerfung unter die Organisation und der Schweigepflicht, die in den Gebieten, in denen die kriminelle Vereinigung verbreitet ist, herrscht, um -

auch begünstigt durch die leichte Verfügbarkeit von Waffen - grausame Verbrechen gegen Personen und Vermögen zu begehen.

BERICHTERSTATTER: Im Namen ihres Gottes, dem Mammon, haben sie unser Land verwüstet, unser Meer verschmutzt, unsere Wälder verbrannt, unsere Flüsse vergiftet und das nur, um noch reicher zu werden. Dieser Reichtum wurde mit der Gesundheit und dem Leben der eigenen Leute bezahlt.

RICHTER: Diese Männer antworteten auf die Aussage Christi, dass eher ein Kamel durch ein Nadelöhr als ein Reicher durch das Himmelstor gehe, damit, hier und da ein Fest für einen Namenspatron zu finanzieren oder eine Kapelle restaurieren zu lassen, um damit erfolglos Frieden mit Gott zu finden.

BERICHTERSTATTER: Das sind keine Ehrenmänner, wie sich sich gern nennen, denn sie sind ihren Traditionen nicht verpflichtet, auch nicht dem Blut oder der Religion, sondern ausschließlich dem Essen und den materiellen Gütern, die sie den anderen wegnehmen. Sie sind wie Zwiebeln, die mit ihren Schalen die innere Leere, das Nichts verstecken, das sie letztlich selbst verschlingt.

RICHTER: Ich verlange die Verurteilung aller Angeklagten wegen krimineller Vereinigung in mafiöser Absicht und wegen all der anderen Verbrechen, die ihnen zugeschrieben werden.

BERICHTERSTATTER: Aber über das Gift hinaus, das sie im Land verstreuten, wobei sie Kindern und Enkelkindern eine giftige Last auferlegten, haben sie ein weiteres Toxin in Umlauf gebracht, das das soziale Gefüge vergiftet hat: Den Wohlstand auf Kosten des Nächsten, mit einhergehender Vergiftung der Gedanken und des Gewissens des Einzelnen. Ich frage mich daher, ob wir uns in unserer nächsten Umgebung, in unserem Alltag, wie unter dem Einfluss dieser Droge bewegen, die da lautet „leichtes Geld"? Einer Droge, die nur Egoismus und Gewalt hervorbringt? - Sind wir denn alle schuldig?

ENDE

ALEIN GEGEN DIE MAFIA

(MONOLOG)

Der Berichterstatter

Als ich ein Kind war, fragten mich meine Eltern, was ich werden wolle und ich antwortete: Taucher. Und warum ausgerechnet Taucher? Weil ich es mag, den Meeresgrund durch das klare Wasser hindurch zu sehen. Und mein Onkel sagte lachend zu meinen Vater, ich kaufe deinem Sohn ein Salzwasseraquarium, damit er diese beschissenen Träume vergisst und an etwas Ordentliches denkt, er könnte beispielsweise Fußballer werden, denn damit kann man einen Haufen Kohle machen. Aber ich lehnte mich dagegen auf: ich mag kein Geld! Und warum nicht? Weil ich es nicht brauche. Ich will ja nur den Meeresgrund sehen. Und ich lief aus dem Haus, hinunter zum Strand, setzte die Taucherbrille auf und tauchte ins Meer, das mich wie eine Kristallkugel umgab.

Als ich heranwuchs, fiel mir auf, dass das Wasser immer trüber wurde. Ich fand Blechdosen und Abfallreste auf dem Grund und im Wasser schwebten Plastiktüten… ich hörte, wie jemand meinem Vater sagte, dass die Firma, die im Auftrag der Gemeinde den Müll einsammelt, als Sparmaßnahme den ganzen Müll ins Meer wirft, anstatt ihn auf die Deponie zu bringen. Ich zeige sie an, hörte ich meinen Vater erstmals stinksauer sagen. Und das ist verständlich, denn er verdiente am Tourismus. Er hatte ein kleines Boot, mit dem er Feriengäste auf kleine Bootsausflüge entlang der Küste mitnahm. Aber angesichts des stinkenden Wassers, der Müllrückstände und all der anderen Abscheulichkeiten, wollte gewiss niemand einen Ausflug machen. Mein Vater erstattete Anzeige, aber… eines Abends kam er nicht nach Hause, das Meer war bewegt, die Carabinieri sagten, dass ihn wahrscheinlich eine außergewöhnlich große Welle fortgespült habe… aber ich glaubte das nicht. Ich habe das nie geglaubt und werde es auch nie glauben. Ich fing sogar an, auf eigene Faust nachzuforschen, nachzufragen, soviel eben ein Kind erfragen und den anderen auf den Geist gehen kann. Ich bekam sogar die eine oder andere Ohrfeige ab, wie dem auch sei, ich kam auf keinen grünen Zweig. Nur mein Klassenlehrer, der nicht weiter mit den Angelegenheiten des Dorfes befasst war, weil er aus dem Norden kam, wohin auch sehr bald wieder zurückkehren sollte, sagte, ich solle nie und nimmer locker lassen, den Dingen auf den Grund gehen und immer die Wahrheit suchen, die wie ein Seestern im Sand der Abgründe liegt. Diese Beschreibungen: „auf den Grund gehen" und „ die Wahrheit suchen wie einen Seestern, der im Sand der Abgründe liegt", bestimmten mein weiteres Leben und ließen mich nach zweierlei dürsten: nach Wahrheit und Gerechtigkeit.

Daher dachte ich immer, dass der Beruf eines Journalisten ausschließlich die Mission hat, Wahrheit zu verbreiten, so war das schon als Jugendlicher für mich, als ich für die Schulzeitung zu schreiben begann. Ich war bereit, mir Löcher in die Schuhsohlen zu laufen und mich in den Gassen irgendwelcher Städte zu verirren, wenn ich mich nach lautgewordenen Stimmen umhörte oder wen jemand das Schweigen brach. Ich hätte jedes Risiko in Kauf genommen, hätte vor keiner Gefahr Halt gemacht, wenn es darum ging, meine Pflicht als wahrheitssuchender Ankläger zu erfüllen.

Anstatt zu laufen und zu fliehen, anstelle von Verfolgungsjadgen und Hinterhalten, von Bekenntnissen und Nachforschungen, von Beweisen und Konfrontationen, fand ich mich hinter einem Schreibtisch wieder, auf dem ein beschissenes Telefon thronte, das nie klingelte. Ja, leider, sie haben mich zur grauen Redaktionsmaus gemacht, deren Aufgabe darin bestand, dem Redaktionschef von der Agentur vorgefertigte Nachrichten weiterzureichen, die für unsere Provinzzeitung in irgendeiner Hinsicht von Interesse sein konnten. Meine Aufgabe war einzig und allein das Abschreiben und Kleben, ich fügte höchstens hie und da eine kleine Anmerkung hinzu, wie es eben üblich war.

Vielleicht habe ich zu viele amerikanische Filme gesehen, in denen das Berufsbild des Journalisten ganz anders beschrieben wurde. Beispielsweise in „Network“, wenn der legendäre Schlusssatz gesprochen wird: „Hörst du diesen Lärm? Es ist die Presse, mein Junge!“ und damit endet die Karriere eines korrupten Politikers, den ein mutiger Berichterstatter im Aufmacher einer Zeitung auffliegen ließ.

Zugegeben, ich muss zu viele Filme gesehen haben, denn ich finde keine Selbstverwirklichung in meinem Tun.

Ich habe mich mehrmals bei meinen Chefs beschwert und bekam immer die gleiche Antwort: bekommst du ein Gehalt am Monatsende oder nicht? Darf man also erfahren, was in dich gefahren ist? Ich wurde sogar für dumm verkauft: und wenn du Staub aufwirbeln willst, warum bist du dann nicht Bulle geworden? Vergiss es, komm...

Ich verzog keine Miene zu den Spötteleien: he du Idiot, weißt du schon, dass man nur wenige Kilometer neben deinem Haus in einem Brunnen ein paar Behälter mit Nervengas gefunden hat? Du hättest draufgehen können, deine Familie, deine Angehörigen, halb Kalabrien hätte draufgehen können. Sie horchten auf und bekamen Angst, nicht so sehr wegen des Nervengases, das die russische Mafia als Zahlungsmittel in Drogengeschäften verwendete, sondern vielmehr deshalb, weil ich so hartnäckig war und aus diesem Grund hielten sie mich für gefährlicher als Nervengas.

'Chistu - ci fa perdere 'u posto!' (Der da - wegen dem verlieren wir noch unseren Arbeitsplatz!) Und so bekam ich eines Tages einen Übernamen verpasst: 'U Tragediatturi (der Tragiker).

Warum Kollegen und Vorgesetzte begannen, mich so zu nennen, liegt auf der Hand: ein Tragiker zu sein bedeutet unter anderem, sich niemals zufrieden zu geben und dies auch furchtlos und im wahrsten Sinne des Wortes theatralisch kund zu tun und natürlich geht das nicht ohne Übertreibung ab. Mit diesem Übernamen unterstellten sie mir, dass ich übertreibe. Du redest immer nur von der Mafia, der 'Ndrangheta... aber die Cosa Nostra ist weit weg und die kalabresische 'Ndrangheta zählt so gut wie gar nicht, lokale Angelegenheiten, Rivalitäten, die man auf uralte Weise nach dem Ehrenkodex, löst... das ist doch keine landesweite Gefahr, wen kümmern die paar 'Ndranghetisten, die sich wegen eines Grundstücks gegenseitig erschießen...

Aber niemand gelangte diesem Diskurs zum Rückschluss, dass dieses Grundstück, für das sich paar 'Ndranghetisten niederschossen, nicht irgend ein Stück Land war, sondern ein milliardenschwerer, vom Staat und der Europäischen Union finanzierter Pachtgrund.

Ich wertschätze meine Kollegen und ich will nicht sagen, dass sie alles auf die leichte Schulter nehmen, ich will nur sagen, dass sie aus Faulheit und Oberflächlichkeit den Dingen nicht immer auf den Grund gegangen sind. Und wenn sie es getan haben, liefen sie Gefahr, so zu enden wie De Mauro und Giuseppe Fava.

Und so geschah es, dass ich im Laufe meiner Redaktionsjahre zusehen musste, wie sich die kalabresische Mafia ungebremst großflächig ausbreitete, wie sie bis in norditalienische Regionen vordrang, sich in Deutschland und Südamerika konsolidierte... und in Anbetracht dessen nur kleinlaut darüber zu schreiben, machte mich wütend. Andererseits hatte auch ich nicht den Mut, noch tiefer in die Materie vorzudringen.

Ja, der Mut, er fehlt mir wirklich! Und wenn einer keinen Mut hat, kann er sich auch keinen machen. Es braucht jemanden, der einen dazu bringt, der einen unterstützt, wenn man den ersten Schritt in Richtung Kalaschnikow macht, die immer auf einen gerichtet ist, sobald man den anderen mit seinen Beiträgen auf den Schwanz tritt.

Beinah hätte ich mich in dieses Leben gefügt, umgeben von Halbwahrheiten, schweigend, unterlassend und voller berufsbedingter Abgestumpftheit gegenüber dem Phänomen Mafia, es war eine Schande, bis mich die Offenlegungen eines so genannten Pentito, eines reuigen, geständigen Mafiamitglieds, aufhorchen ließen. Ich denke in diesem Zusammenhang an die Schiffe, die mit radioaktivem Müll und Giftmüll vollgeladen waren und in der Nähe der kalabresischen Küste versenkt wurden. Für die Entsorgung gab es lukrative Aufträge. Dann bin ich zum Chefredakteur gegangen. Das ist keine Kleinigkeit, mein lieber, denn in diesem Meer baden auch deine Kinder. Diese arschgefickten Säue vergiften unsere Heimat, da gibt es nicht nur den Ehrenkodex und Familienangelegenheiten zwischen ein paar Anhängern der 'Ndrangheta. Diese Leute kennen keine Ehre, sie besitzen nichts und wollen uns alle in einem Giftmeer verrecken lassen. Sie ziehen Kalabrien nicht nur moralisch oder wirtschaftlich in den Dreck, nein, auch konkret, mit dem Giftschlamm, den sie uns auf den Leib gießen. Das Land ist ihnen ebenso scheißegal wie die Traditionen, für die sind wir nur Schlachtfleisch. Da kommen wir noch eher davon, wenn wir hinuntergehen auf die Piazza und uns eine Tafel umhängen, auf der steht: Bringt uns alle um!

Dieser wütende Wutausbruch – und ich bediene mich hier eines Eufemismus', denn es war wirklich eine Scheißwut, die sich eineinhalb Jahrzehnte lang angestaut hatte, beruflicher und moralischer Frust und ewiges Runterschlucken, um nicht alles rauszukotzen - dieser Wutausbruch zeigte Wirkung und hatte Folgen. 'U Tregediatturi' der Tragiker, derjenige, der immer alles doppelt so dick auftrug, also ich, der Unterfertigte, bekam den Auftrag, die Nachforschungen weiter zu betreiben, vorausgesetzt, dass ich nur wahre Wahrheiten schrieb. Richtig, genau so drückte sich der Redaktionschef aus: wahre Wahrheiten. Erst im Nachhinein fiel mir auf, dass sich hinter diesem Pleonasmus die eigentliche Linke verbarg. (Die Wahrheit kann nicht wahr sein, sie ist es, Punkt!) Das Eigenartige an dieser offenbar leichtfertig dahin geworfenen Ausdrucksweise fiel mir nicht gleich auf. Ich war zu aufgeregt angesichts der Wende, die mein Berufsleben endlich erfahren hatte, aber abgerechnet wird bekanntlich immer erst zum Schluss und so war ich im Laufe meiner Recherchen unter anderem mit einer seltsamen Person konfrontiert, einem Boss, der sich – nomen est omen - Dino Sauro nannte. Er war listiger als der Teufel.

Er wusste auch, dass die Wahrheit immer einen persönlichen Bezug hat, wie er betonte, je nach dem, wer sie ausspricht, weshalb und wann sie ausgesprochen wird. Es gibt keine Wahrheit an und für sich, sie existiert nur in Funktion ihrer Nützlichkeit, je nach dem wie wichtig sie für die jeweilige Person ist.

Ein ehemaliges Mitglied der Timballo-Bande aus Reggio Calabria mit Vorstrafen wegen Drogenhandels hat begonnen, mit den zuständigen Behörden zur Bekämpfung der Mafia zusammenzuarbeiten.

Dieser Pentito erzählte, dass er in einer Hütte am Stadtrand von Reggio Calabria in die 'Ndrangheta aufgenommen wurde und erläuterte detailgenau alle Abschnitte des Initiationsrituals.

Das Interesse und die Ehre der Società stehen über der Familie, den Eltern, den Schwestern, den Brüdern. Die Società ist von nun an eure Familie, und falls ihr diese entehrt, werdet ihr mit dem Tod bestraft. In dem Maße, in dem ihr der Socità Treue erweist, wird auch die Società in Treue mit euch verbunden sein und euch in Notlagen beistehen. Dieser Schwur kann nur durch den Tod aufgehoben werden, seid ihr dazu bereit? So sagt, ich schwöre im Namen des Erzengels Gabriel, der Sacra Corona der ehrenwerten Società,... von nun an werdet ihr meine Familie sein... ich werde ihr immer treu sein und nur der Tod kann mich daran hindern, ich werde mich an euch wenden, wenn meine Ehre befleckt wird, wenn ich schwere Schicksalsschläge oder Unrecht erleide und um die gesamte Società zu entlasten, werde ich mit dem Tod bestraft, wenn ich einen Fehler mache... Schwört dies auf diesen Dolch, und auf dies weite, tiefe Grab am Meeresgrund, wo es niemand entdecken kann, dass ihr meinen Mitstreitern treu sein werdet, ebenso den weisen Lehrern (Saggi Mastri), dass ihr die Gemeinschaftsregeln nicht übertretet und dass ihr euch für jegliche Abberufung durch die ehrenwerte Gesellschaft bereit haltet. Dann werde ich euch mit Rosen und mit Blumen überschütten. Ich gewährleiste euch, als Ehrenmann an meiner Seite, dass ich euch auf des Messers Schneide tragen und euch in keiner Weise vernachlässigen werde. Von nun an wirst du mit Blut bezahlen, wenn du uns vernachlässigst, schöne Demut, die du mich lehrtest, über und über bedecktest mit Rosen und Blumen... Drei verschiedene Personengruppen dürfen nicht auf unserer Seite sein: Bullen, Infame (Berüchtigte) und Sonderbeauftragte. Gerade eben, an diesem Morgen, treffe ich einen Soldaten mit dem Mut eines Löwen an, mit dem Dolch in der Hand und einen, der selbst die Haft erträgt und der Camorra die Treue hält.

Laut Aussagen des Pentito wird der Aufbau der 'Ndrangheta symbolisch von einem Baum des Wissens dargestellt: eine große Eiche, an deren Fuß der Capo Bastone oder Mammasantissima steht, der das Kommando inne hat. Die Sgarristi bilden den Baumstamm, sie sind die tragende Säule der 'Ndrangheta. Die Camorristi sind die Anhänger, sie sind nicht so mächtig wie die Sgarristi und bilden die Äste. Die Picciotti sind die Soldaten der 'Ndrangheta und werden von den Zweigen dargestellt.

Die Blätter sind die Contrasti onorai, das sind alle, die nicht der 'Ndrangheta angehören, ihr aber verpflichtet sind. Fallende Blätter sind schließlich die Infami, die Berüchtigten, die Überläufer und Verräter, die aufgrund ihrer schändlichen Vergehen sterben müssen.

Der Eintritt in die Società onorata, die ehrenwerte Gesellschaft, wird umgangssprachlich als „Beschneidung" bezeichnet und findet im allgemeinen in den Räumlichkeiten eines Lokals statt. Dies wird mit „Eisen, Feuer und Ketten" bezeichnet. Diese Symbole beziehen sich auf den Dolch, der als Erkennungswaffe gilt, auf die Kerze, mit der das Heiligenbildchen während des Ritus' verbrannt wird und auf das Gefängnis, das jedes Mitglied ertragen können muss. Um überhaupt Mitglied werden zu können, muss man sich heute noch mit einem Nagel oder einem Messer in den Finger oder in den Arm stechen und etwas Blut auf ein Heiligenbildchen – natürlich vom Erzengel Michael, dem Schutzpatron der 'Ndrangheta – tropfen lassen. Anschließend wird das Heiligenbildchen dem Feuer übergeben, eine beredte Symbolik, die dazu dienen soll, den Bandenzusammenhalt durch Treue, Respekt und Unterwerfung zu gewährleisten. Die mahnenden Worte des Capo Bastone sind furchterregend: so wie das Feuer dieses Bildchen verbrennt, so werdet ihr brennen, wenn ihr euch eines schändlichen Vergehens schuldig macht.

Im August 2007 wurde eineangesengtes Heiligenbildchen vom Erzengel Michael in der Hosentasche eines Opfers gefunden, das beim Blutbad von Duisburg ums Leben gekommen war.

Der Code wird Mittel zum Zweck, festigt das Zugehörigkeitsgefühl zur Organisation und verleiht den internen Beschlüssen eine Legitimation, die von allen Mitgliedern auch untereinander respektiert wird.

Der Ritus und seine Sprache ermöglichen eine Machtteilhabe und tragen zum Gefühl der Sicherheit und der Geborgenheit bei. Dies stellt angesichts kultureller und wirtschaftlicher Untergangsszenarien eine Entschädigung für die unterwürfige Haltung der Mitglieder dar.

Sprache und Codes sind elitär. Der Eintritt in die Organisation ist ein Privileg, etwas, das die betreffende Person von den anderen abhebt. Der Mythos ist wichtig. Innerhalb der Mafia entstehen historisch gewordene Aufstiegsmöglichkeiten.

Der Mythos, die elitären Aufstiegsmöglichkeiten, die Zeremonie, bei der man sich in die Haut sticht, der Schwur und die Taufe sind zusammen wie ein alles verbindender Baustoff, der die Kultur und die Identität der 'Ndrangheta eng zusammenschweißt.

Drei spanische Ritter, Osso, Mastrosso und Carcagnosso, ermordeten einen Adeligen, der ihre Schwester vergewaltigt hatte und flohen nach Süditalien, wo sie im Untergrund die sozialen Regeln festlegten. Nach 29-jähriger Haft in einem bourbonischen Gefängnis ging der eine nach Kampanien, der andere nach Kalabrien und der dritte blieb auf Sizilien.

Gegen Ende der 1960er Jahre bahnten sich Kontakte zwischen der 'Ndrangheta und den Freimauern an, denn anstatt mit den diversen Institutionen ins Gespräch zu kommen, schien es einfacher, eigene Vertreter direkt zu wählen. Als landesweit Blutbäder angerichtet wurden, suchten vier junge Journalisten nach Beweisen für den Zusammenhang zwischen 'Ndrangheta und Freimauern, doch sie verunglückten tödlich bei einem merkwürdigen Autounfall vor den Toren Roms. Sie wollten gerade Unterlagen zu einem Rechtsanwalt bringen... Was man mit Sicherheit weiß ist, dass sich in dieser Zeit auch die Rituale der 'Ndrangheta änderten. Aufgrund eines ausgeforschten Codes vermutet man, dass es eine Santa, eine Enklave der 'Nandrangheta gibt. Die Bezugspersonen waren nun nicht mehr Osso, Mastrosso und Carcagnosso, sondern Garibaldi, Mazzini und der General Lamarmora... ihres Zeichens Freimauer. In der Folge bestätigten einige Justizbeamte die Existenz der Santa, einer Art Elite der 'Ndrangheta, bei der eine Doppelmitgliedschaft möglich ist.

Es handelt sich hierbei um eine verbrüderte Personengruppe, die auf den Gran Maestro (Anführer) hört. Es sind formal betrachtet keine Mitglieder der Freimauer, aber sie genießen eine Art Sondermitgliedschaft, damit die Mitglieder anonym bleiben können. Man hält sie für Freimauer, die dem Gran Maestro ergeben sind. Es sind Leute, deren Namen dem Gran Maestro zugeflüstert werden... Die 'Ndrangheta verändert die Vorgangsweisen, die Gewohnheiten und den sozial-ökonomischen Kontext. Denn die Mafia der Bergbewohner und Knechte, der Hirten und Bauern wird zur Mafia der Unternehmer und zur Mafia, die über diese Unternehmen an öffentlichen Ausschreibungen teilnimmt und dabei Verträge und Unterverträge aushandelt. All das bringt wiederum erneut die 'Ndrangheta auf den Plan.

Vor einigen Tagen steckte ich fest, denn ich hatte eine Autopanne auf der Staatsstraße, auf der Jonica in der Nähe von Corigliano. Die Batterie war im Arsch, ich bin selbst schuld, weil ich das Auto nicht ausreichend warte. Ich tanke und fahre los, ohne mich weiter um Reifendruck, Kühlwasser, Ölstand oder Motorzustand zu kümmern. Die Scheißkarre soll mich ja nur durch die Gegend fahren und dafür fülle ich schließlich Benzin in den Tank!

Wenn einen aber das eigene Auto im Stich lässt, kriegt man eine Dreckswut im Bauch, denn man fühlt sich von einem Gegenstand verraten, den man irgendwie mag, mit dem man täglich zu tun hat. Es ist, als ob einem der eigene Bruder einen Prozess anhängen oder der eigene Sohn wegen körperlicher

Gewalt anzeigen würde... natürlich hat er ein paar Ohrfeigen abbekommen, man hat es ja nur gut gemeint, aber man hat es - verdammt noch mal! - getan. Eine Ehefrau, die einen betrügt, kann man noch begreifen, weil man sie unter Umständen vernachlässigt hat und als zivilisierter Mensch wird man ihr verzeihen oder zumindest versuchen, sie zu verstehen, aber bei einer beschissenen Dreckskarre für die man noch Raten zahlt, ist das was anderes. Wie zum Teufel soll man für ihr Versagen Verständnis aufbringen? Verflucht, ich schlage der Kiste die Motorhaube ein, mag wohl der erste Gedanke sein.

Worauf ich eigentlich hinaus will ist, dass ich, als ich feststeckte, nichts besseres zu tun hatte als Autos zu zählen und innerhalb von einer Stunde sind 57 Mercedes SLK, 8 Ferraris, 15 Suv BMWs, 14 Jaguars, 6 Lamborghinis und unzählige andere Autos der Extraluxusklasse vorbeigefahren, ich habe sie einzeln gezählt, insgesamt sind pro Minute hundert tausende Millionen Euro an Fahrzeugen an mir vorbeigezogen. - Ich verstehe das ganz einfach nicht.! Ist der Süden unseres Landes nun wirklich eine arme Gegend? Und wenn er eine arme Gegend ist, woher kommt dann das ganze Geld, das im Sekundentakt auf der Staatsstraße vorbeizischt? Nun, wissen Sie Herr Doktor, es geht hier nicht um eine Handvoll Privilegierte, um eine Elite, einen geringen Prozentsatz der Bevölkerung, es geht hier um vor die Säue geworfene Perlen... Wenn ich das Wort tausend höre, tausend Lire, stehen mir die Haare zu Berge... wollen Sie wissen um wie viel mehr 50 Cent wert sind? Einen Spott... Damit will ich sagen, dass die Gesellschaft wie verrückt geworden ist... „avite perso 'a capa!" (ihr habt den Verstand verloren) ruft Eduardo vor dem berühmten „addà passa a nuttata" (das wird sich über Nacht klären). Aber hier hat sich nicht nur nichts aufgeklärt, hier wird niemals etwas aufgeklärt werden, weil die wirtschaftliche und moralische Korruption in uns gefahren ist wie eine zweite Mentalität, ein mentaler Überwurf, eine zweite Haut... das Profitdenken hat die Oberhand gewonnen, die Geldgier ist an die Stelle des ausgehungerten Volkes getreten, das seinerseits zum Ungeheuer geworden ist. Das bedeutet gewiss noch lange nicht, so will ich doch hoffen, dass es keine anständigen Menschen mehr gibt. Sie sind nur inzwischen eindeutig in der Minderheit. Es hat mir gereicht mit ansehen zu müssen, wie diese Boliden auf der Staatsstraße an mir vorüberschossen, und nicht einmal wegen der Radarfallen langsamer fuhren... aber auch das ist eine andere Geschichte... denn wenn sich zum Beispiel irgend ein armer Kerl in der Nachbarschaft hervortun will, was unter uns gesagt nur allzu menschlich ist, und sich ein Auto der Luxusklasse zulegt, das er mittels Raten oder Leasing abzahlen muss, dann wird er darauf achten, keine Strafmandate einzufahren, die bei Geschwindigkeitsbegrenzungen wirklich gesalzen sind, und außerdem müsste er seinen Konsum einschränken. Weit gefehlt, er tut, als ob die Radarfallen nicht funktionierten und als ob er das

Benzin geschenkt bekäme. Das lässt mich daran zweifeln, ob die Radarfallen auch wirklich funktionieren oder ob sie nur zur Verschönerung dastehen, weil sie womöglich mit EU-Geldern finanziert wurden wie die stillstehenden Windkraftanlagen, die wie verlassene Skelette auf kalabresischen Hügeln herumstehen. Wie ist es da möglich, dass hunderte Autofahrer auf Höchststrafen pfeifen? Und warum? Weil sie so viel Geld haben oder, wie mir scheinen will, weil sie die Verkehrsübertretung ohnehin nicht bezahlen? Und wenn viele Menschen viel Geld haben, woher kommen dann dieser Reichtum? Oder anders gefragt, wessen Frauen, Kinder, Geliebte, Neffen, Nichten, Enkel, Cousins, Angehörige oder Freunde sind diese achtlosen Autofahrer, dass sie sich, selbst bei Geschwindigkeitsübertretungen, ihr Geld nicht von schadenfrohen Beamten abnehmen lassen müssen? Und, befinden sich diese Beamten in weitläufigen korrupten Kreisen, mit denen wir alle zu tun haben?

Zwischen 1999 und 2005 hat die Polizeidirektion von Reggio Calabria im Kampf gegen die Mafia gegen 7.909 Personen wegen krimineller Vereinigung ermittelt, davon waren 1120 Personen zwischen 18 und 30 Jahre alt. Laut Ermittlungsbericht gibt es 131 kriminelle Gruppen, die jeweils zehntausende Mitglieder haben. Dem Kriminalamt zur Bekämpfung der Mafia zufolge soll es 136 „Lokale" der 'Ndrangheta geben. Die Kriminalitätsrate der Clanmitgliedern beträgt in Relation zur Bevölkerung in Kalabrien 27%, demgegenüber stehen 12% in Kampanien, 10% auf Sizilien und 2% in Appulien.

Dieser Prozentsatz ist nicht nur deshalb Besorgnis erregend, weil mehr als ein Viertel der Bevölkerung auf vielfältige Weise in kriminelle Handlungen verstrickt ist, sondern auch, weil um diese Gruppen seit jeher tausende Beamte kreisen, von denen viele keineswegs unter kriminellem Verdacht stehen.

Die 'Ndrangheta ist wie ein langsam, aber unaufhaltsam wachsendes Spinnennetz, das die Menschen einengt, um sich schließlich der Institutionen selbst zu bemächtigen, in denen diese Menschen arbeiten.

Es stellt sich die Frage, ob wir denn alle schuldig sind.

ENDE

DIE REVOLUTION IST AUF MORGEN VERSCHOBEN

Personen:

ELIO DENITO
ERMITTLER
LEO
SARA
LEDA
CALABÒ
COSMAS
DAMIAN
DER GELÄHMTE
DIE MARSCHALLIN
ROSARIO

Erster Akt

I

Das Bühnenbild besteht aus zwei Ebenen. Auf der oberen Ebene hält sich immer der Ermittler auf, er sitzt an einem Schreibtisch. Umgebung eines Polizeipräsidiums. Auf der ersten Ebene, der Bühne, findet die eigentliche Handlung statt.

Ermittler, Elio Denito

DENITO: Mord oder Selbstmord, ich hatte keine andere Wahl. Noch einmal: Mord oder Selbstmord.
ERMITTLER: Mord oder Selbstmord, verstanden. Wir werden noch Licht auf die Geschichte werfen. Erkläre mir inzwischen, was du dort zu suchen hattest. Wolltest du die Reise etwa zu Fuß antreten?
DENITO: Ich suchte eine Mitfahrgelegenheit in den Süden, mehr nicht.

ERMITTLER: Und da stehst du stundenlang und es entgeht dir, was hundert Meter neben dir passiert? Im Gegenteil, du verdrückst dich und versuchst nicht einmal Alarm zu schlagen? Na los, heraus mit der Wahrheit!

DENITO: Ihr seid alle gleich, die Wahrheit, ihr könnt nichts anderes sagen als: die Wahrheit!

ERMITTLER: Beginnen wir von vorn: Angesichts der Flammen wirst du nicht weiter neugierig, beispielsweise darauf, nachzusehen, was da vor sich geht oder gegebenenfalls Hilfe zu leisten?

DENITO: Mir sind zwei Stunden entgangen, na und, musste man mehr verstehen, als dass es sich um eine Vorschrift handelte? Nichts wie weg sag ich mir, sonst endest du genauso und viel hat ja nicht gefehlt. Wenn Calabó nicht gewesen wäre...

ERMITTLER: Wir werden Calabò einvernehmen. Aber jetzt sag mir, wie lange du am Straßenrand gestanden bist.

DENITO: Gestanden bin ich nie. Ich bin immer nur auf- und abgegangen, damit ich nicht erfriere.

ERMITTLER: Hattest du keinen Mantel?

DENITO: Ich wollte gerade sagen, wie ich ihn verloren habe. Wenn Calabò nicht gewesen wäre, wäre ich glatt draufgegangen. Nach vielleicht hundert Schritten sah ich die erste Stichflamme. Und dann, als ob sie schon in der Luft läge und nur auf den Knall wartete, die Explosion. Da schau her, dachte ich mir, was in einem Tank Platz hat!

ERMITTLER: Dass es ein Auto war, wusstest du bereits.

DENITO: Gewiss, aber erst, als im Feuer die Umrisse des Autos erkennbar wurden und das Gras ringsum Feuer fing. Und in diesem Augenblick sah ich die Schatten fliehen.

ERMITTLER: Und wenn sie auf ihre Posten zurückliefen? Als Zeuge warst du eher unbequem. Aber du? Nichts davon! Respektlos verziehst du dich, nachdem du dir das Spektakel seelenruhig angesehen hast. Unglaublich!

DENITO: Es mag nur so aussehen, aber es ist so. Ihr wollt die Wahrheit, das ist sie.

ERMITTLER: Und warum begabst du dich zur Barriera Milano und nicht anderswohin?

DENITO: Wohin sollte ich sonst gehen? Das letzte Bett hatte ich erst in den Morgenstunden kurzfristig für mich gehabt. Dort konnte ich immer etwas auftreiben: ein Bett oder einen warmen Imbiss haben sie mir nie verweigert. Ganz im Gegenteil, sie wetteiferten darum,....

Auf der Bühne tauchen drei Prostituierte auf.

ERSTE PROSTITUIERTE Da kommt der Zwerg, wer ist dran?

ERMITTLER: *(zu Denito)* Verarschten sie dich?

DENITO: Ich verarschte sie und sie mich.

ZWEITE PROSTITUIERTE Zwerg!

DENITO: *(immer noch im Erzählton)* Riese bin ich keiner, aber Zwerg! Neben der Marschallin vielleicht, die hat so ihre Art, breitbeinig dazustehen, den Minirock über die roten Schlüpfer gehoben... Und die nennt mich

MARSCHALLIN: Zwerg! Komm, zeig, wie du hochkommst. Vielleicht gerade noch im Stehen! *(lacht)*.

DENITO: Und ich sagte gar nichts, ich wollte einfach nicht! Ich hatte noch die Schreckensbilder von der Explosion im Kopf. Ich war derart weggetreten, dass ich nicht einmal grüßte.

MARSCHALLIN: Was sind denn das für Geschichten, wird nicht einmal gegrüßt? Wo hast du deinen Schlecker lassen? Sonst hast du immer so eine großes Maul, und heute?.... Na los, Zwerg, zieh ihn heraus und zeig ihn her.

DENITO: Sie hält mir einen Apfel auf einem glühenden Spieß vor die Fresse Ich habe nicht lange nachgedacht. Sobald sie sich umdreht, schieb ich ihr den glühenden Apfel in den Arsch. Blitzschnell dreht sie sich um und überschüttet mich mit einer Fläschchen voller Alkohol, Brennstoff oder Benzin, ich kann den Geruch nicht ausmachen, denn schon brenne ich von der Umhang bis über den Mantel... *(er wälzt sich wie um das Feuer zu ersticken und bleibt zu Füßen der Frau des Marschalls liegen)*.

MARSCHALLIN: Lasst ihn bei lebendigem Leib verrecken, verbrannen, wie er es sich verdient, bei lebendigem Leib verbrannt! Diese Kröten! Je mehr du ihnen hilfst, desto mehr Gift spucken sie dir ins Gesicht!

ERMITTLER: Und hier springt Calabò ein. Wenn er nicht gewesen wäre, würdest du immer noch von Kopf bis Fuß brennen.

(Calabò tritt ein und löscht das imaginäre Feuer auf Denitos Leib.)

CALABÒ: Glück gehabt, du bist gerade noch einmal davongekommen, gerade noch einmal!

ERMITTLER: *(zu Denito)* Kanntet du ihn?

DENITO: *(zum Ermittler)* Noch nie gesehen.

CALABÒ: Na los, verschwinde.

DENITO: Mein Mantel! Ihr Huren!

CALABÒ: *(zerrt ihn weg)* Glück gehabt! Keine Bullen in der Nähe. Eigenartig. Entweder hat ihnen die Sache gestunken oder sie sind selbst losgegangen, um sie zu holen. Lieber gleich abhauen! (Beruhigt) Inzwischen hast du wieder einen Mantel angezogen. Damit du ihn heute flickst. Willst du auch eine neue Haut? Einen Mantel flickt man, was man nicht flicken kann ist das Leben.

ERMITTLER: *(DENITO: immer noch auf Entfernung befragend)* Kam es dir nicht in den Sinn, dass alles nur gestellt sein könnte, damit du ausspuckst, was du wusstest oder was du gesehen hattest, falls du was gesehen hast? Und um, nachdem du als unbequemer Zeuge galtest, dich beim ersten Verpfiff endgültig loszuwerden?

DENITO: *(zum Ermittler)* Vielleicht war es, weil ich noch an den Mantel dachte und an das Problem, noch wer weiß wie lange ohne auskommen zu müssen, aber ich hatte nicht den geringsten Verdacht.

ERMITTLER: Übrigens: Vom Mantel ist nicht einmal ein Knopf gefunden worden.

DENITO: Logisch, sie werden ihn ganz zerstört haben, warum verhört ihr sie nicht?

ERMITTLER: Haben wir. Sie bestreiten. Zwerg oder nicht, sie wissen gar nichts.

DENITO: Huren, sind sie ja auch, was kann man sich von denen schon erhoffen? Schließlich werden sie von ihren Zuhältern bestimmt....

ERMITTLER: Und Calabò? Was hast du dir von so einem erwartet?

DENITO: Dann fangen wir eben wieder von vorn an: den Mantel. Warum nicht? Er hat ihn mir rund heraus versprochen. Dann ein sicheres Bett und das hatte ich bei Gott bitter nötig. Schließlich vertraute ich auf seinen südländischen Akzent.

CALABÒ: *(zu Denito)* Von da unten kommt man entweder aus Hunger herauf oder um zu betrügen.

DENITO: *(zu Calabò)* und weil man intelligent ist nicht?

CALABÒ: weißt du wie viele! *(relativiert)* Auch.... oder um Leben zu retten. Und du kannst es laut sagen, denn wenn du keinen Salvator Calabò auf der Straße begegnet wärst, wäre das dein Ende gewesen! Salvator heiße ich und ein Salvator bin ich. Wenn es einen Salvator auf Erden gibt, der zu allem fähig ist, dann ist's nur der unterfertigte Calabò Salvator – zu deinen Diensten! Ich-kaufe-alles *(skandierend)*, räume-Hinter-höfe-und-Keller! Für Calabò gibt es keinen Restmüll, SchRott, Ramsch, nenn es wie du willst, alles mit einem wunderschönen rollenden R. Aber für Calabò gibt es noch ein R: Reparieren und Recyclieren. Der, der mit dir spricht, empfindet unbeschreibliche Freude, wenn er wieder Dinge in Umlauf bringt, die die Leute als Abfall oder Gerümpel weggeworfen haben. Jetzt komm herein, wir sind bei mir zuhause angekommen *(treten ab)*.

II

Inneneinrichtung einer Baracke. Ein Tisch. Einige Stühle. Calabò und **DENITO:** *treten ein. Die Frau des ersteren im Nachthemd.*

CALABÒ: Herein, herein, setz dich. Fühl dich wie zuhause.

DENITO: *(zur Frau)* Guten Abend! *(erntet nur ein Achselzucken)*

CALABÒ: *(zu seiner Frau)* Beruhige dich, der da ist nicht einer von den Üblichen. Er ist einer, der da oben hell ist. Das sag ich dir, sowahr ich

CALABÒ: bin und ich kenn' mich aus. Und wenn's da oben klappt, redet sich's leicht und einer hat alles, was er braucht. *(zu Denito)* Stimmt's? *(zur Frau)* Wenn du wüsstest, wie ich ihn gerettet habe, das kannst du dir nicht vorstellen! Es ist doch wahr, wenn ich mich dahintersetze, werden die unbrauchbarsten Dinge wie neu. *(Trinkt aus der Flasche)* Manchmal kann ich es selbst kaum glauben, aber was ich auch immer aus einem Haufen Schrott ziehe.... ich sehe es an, putze es und dabei entdecke ich noch so viel Eigenleben! Auch bei dir hätte nicht mehr viel gefehlt und du wärst in Flammen aufgegangen! Vielleicht verstehst du jetzt, warum ich lieber hinausgehe, wenn es dunkel ist. Denn nur nachts, wenn alles schläft, kannst du die Stimme aus dem Müll hören. Zeug, das dir tagsüber nicht einmal im Abfalleimer auffällt wird dich nachts, wenn alles etwas langsamer fährt und die Scheinwerfer aufblendet, nahezu anspringen, als ob es sagen wollte: hier bin ich!

Was bist du für ein Salvator, wenn du mich nicht rettest? Stimmt's?

DENITO: *(während ihm die Frau etwas Suppe vorsetzt)* Sehr gut.

CALABÒ: *(bläst die heiße Suppe im Teller)* Tja, wenn ich ihm nicht zufällig begegnet wäre, hätte ich in der Tageszeitung inserieren müssen: Suche für jeden Wissenschaftszweig anwendbares, geniales Gerümpel....

(lacht) Lass ihm Zeit, sich einzuleben und wieder zu sich zu kommen, dann wirst du sehen, was für eine Kraft von ihm ausgeht, wenn er den Mund aufmacht, nicht einmal ein Professor kommt ihm nach! *(DENITO: schläft langsam ein)* Was ist los, Schriftsteller, musst du nicht? Dann geh ich zuerst zum Pissen. *(Calabò geht hinaus. Man hört die Spülung. Beim Hereinkommen fällt ihm Denitos Manuskript in der Jackentasche auf. Er zieht es heraus, liest)* Das große Heil, Roman von Elio Denito. *(Reicht ihn grob seiner Frau)* Da, nimm! Im Klo ist das Papier ausgegangen.

III

ERMITTLER: *(hört auf, auf der Maschine zu schreiben)* Wir werden sehen, ob wir in diesem Fall etwas nachholen und einen Aktenvermerk machen müssen, zumindest teilweise, nämlich an der Stelle, an der tatbestandsrelevante Elemente auftauchen, beispielsweise vom Manuskript von „Das große Heil", in dem sich der Angeklagt selbst als Heiler darstellt: einmal der Firma, für die er arbeitete und ein zweites Mal des Verdächtigen Calabò Salvator, seines Zeichens Altwarenhändler. Inzwischen ist die Suche nach einer gewissen Lucidi Leda im Gang, Alter 35, wohnhaft in Via 3 Croci 9, zweiter Stock. Der

Lokalaugenschein hat ergeben, dass.... *(Seine Stimme verliert sich im Durcheinander des Polizeikommissariats)*

IV

Leda Lucidi und Elio Denito. In der Wohnung der Lucidi. Im Mittelpunkt eine Schreibmaschine.

DENITO: Was ist mit der?

LEDA: Die da? Die ist von der Firma. Was willst du, von wem soll die sein!

DENITO: Bis daher reicht ihr langer Arm. Sie werden es genehmigt haben, nehme ich doch an.

LEDA: Glaubst du, sie würden auch ein derart teures Gerät ohne Genehmigung wegbringen lassen?

DENITO: Die Direktion, muss ich annehmen?

LEDA: Du meinst das Präsidium.

DENITO: Nun ja, wenn der Befehl von Leo kommt, zählt er doppelt.

LEDA: *(während sie sich setzt)* Er weiß nur zu gut, dass die Heimarbeit nach acht bis zehn Stunden Schreibarbeit doppelt so schwer fällt, insbesondere nach Tagen wie diesen.

DENITO: *(sarkastisch)* So wie dieser Tage, wenn große Veränderungen in der Luft liegen.

LEDA: Du mit deinen Veränderungen!
Aber wenn sich was verändert, hat man zumindest nicht das Gefühl, dass man im alten Ballast erstickt.

DENITO: Du wirst mir doch nicht sagen, dass du auch diesmal über die Hofrevolution froh bist!?

LEDA: Sag einfach nicht Revolution dazu, dann wird dir alles viel klarer und friedlicher vorkommen. Die Welt schert sich nicht darum, ob wir mitgehen oder stehenbleiben, sie dreht sich trotzdem weiter. Ist doch logisch, die Firma verfolgt ihr Interesse, wenn sie versucht, alles, was ihr unterkommt zu reparieren oder zu heilen und für die neuen Programme zu verwenden.

DENITO: *(indem er sich neben sie setzt)* Es gibt also ein Heilsprogramm und ich gehöre zu denen, die geheilt werden können, ist es nicht so?

LEDA: Bist du nicht froh darüber? Wenn sie nicht darauf hielten, ließen sie dich fallen.

DENITO: Ich kann das Faktum nicht hinnehmen, ein zweites Mal verwendbar zu sein, was so viel bedeutet, wie eine Alternative, eine zweite Wahrheit, eine zweite Hoffnung...

LEDA: Du übertreibst, wie immer! Ein wenig Hausverstand würde genügen, um on vogue zu bleiben.

DENITO: *(steht ruckartig auf)* Ich scheiß darauf, on vogue oder am Grund zu sein!

ERMITTLER: *(unterbricht die Handlung)* Ist es vielleicht diese Rebellion, die den Gedanken an Selbstmord oder Mord auslöst? Und wen? Leda? Leo, den Vorsitzenden der Firma? Die Annahme, dass es sich um Leda handelt, könnte man also verwerfen, aber nicht ganz. Man müsste allenfalls die Beziehungen, die zu ihr führen besser unter die Lupe nehmen und vorherrschende Eifersüchteleien und Rivalitäten ausmachen.

DENITO: *(zum Ermittler)* Die Vorstellung, Leo zu ermorden und den der dahintersteht, nämlich mich auszuschalten, stimmen in einem Punkt exakt überein: sowohl Leos Beseitigung als auch mein Verschwinden stellten das gesamte Heilsprojekt in Frage.

ERMITTLER: Und Leda?

DENITO: Da Leda damit beschäftigt war, Programmkopien zu bearbeiten, die von einer Direktion zur anderen und von dort zum Betriebsrat und zum Präsidium wanderten, wobei sie Veränderungen und Schnitten unterzogen wurden, verlor Leda das Feingefühl für die hintergründigen Ziele, die diese Texte verbergen sollten, damit ihre Doppeldeutigkeit erhalten blieb, denn diese war für die bevorstehenden Modifizierungen nötig, die von einem Moment auf den anderen von Oben auferlegt werden konnten.

ERMITTLER: Was dann?

DENITO: Dann war eben jeder einfältig, der blindlings daran glaubte und sich vertrauensvoll der Befehlsausübung widmete und dabei an den Tag legte, dass er nicht über genügend Weitsicht verfügte, das nächste Heil vorauszusehen. So hatte ich die großen innovativen Anstürme genannt, die mit einem streng geheimen Brief an den Präsidenten und an den Vorstand begannen und sich schließlich in immer genaueren Anmerkungen ganz auflösten; dabei blieb der Hauptverwaltung immer weniger verborgen und es endete damit, dass sich das Ganze in Umlaufbeschlüsse und Dienstanleitungen für Angestellte aller Ebenen zersplitterte. *(zu Leda)* So viele Großbuchstaben!

LEDA: So wollen es die Vorgesetzten.

DENITO: Und wie lauten die neuen Befehle?

LEDA: Warum sollten es Befehle sein?

DENITO: Warum herrscht dann eine Atmosphäre wie in einer Sakristei?

LEDA: Was für eine Atmosphäre?

DENITO: *(laut schnüffelnd)* Ich rieche ja schon den Gestank von Wachs und Weihrauch.

LEDA: Mal dir selbst aus, ob Leo der Mensch ist, der die Firma in eine Sakristei umzuwandeln will. Das ideologische Gefängnis, das weißt du genau, ist wirklich nichts für ihn.

DENITO: Gefängnis nicht, aber Heilsunternehmen! In seinem unerschütterlichen Glauben, die Rückstände, die er im Müll gefunden hat zu neuem Leben zu erwecken. Und wir sind falsch verwendete Objekte, was sonst? Aber immer noch gut genug, als dass man uns für einen neuen Zweck heilen und wiederherstellen kann und muss, bevor der Schund mit den großen Ôs in der Geschichte untergeht?

LEDA: Du machst dir einen Spaß daraus, das als Heil zu bezeichnen, was soll's. Du weißt doch genau, dass bei Leo viel zu viele Sozialisten ein- und ausgehen, als dass er sich der Illusion hingeben könnte, alle heilen zu können.

DENITO: Hat man nicht dasselbe von den Kommunisten gesagt, die sich in der Nachkriegszeit um ihn scharten, als er beschloss, die Politik zugunsten der Sozialisten zu ändern?

LEDA: Was soll ich davon wissen! Ich war am Anfang meiner Karriere noch ein junges Mädchen!

DENITO: *(versucht, sie nachzuäffen)* Ach ja, ich erinnere mich... 'Der Direktor ist nicht da, die Druckerei verlangt dringendst das letzte Sechzehntel, der Übliche ist dran, soll ich ihm sagen, dass Sie außer Haus sind?' *(Leda bricht in Gelächter aus,* **DENITO:** *küsst sie, doch sie schiebt ihn weg)*.

LEDA: Schau dich an, wie du herumläufst! Zieh die Hose aus, ich muss schnell einmal darüber bügeln.

DENITO: Na los!

LEDA: Jetzt nicht, ich mag nicht, hör auf. Wären wir uns nur zur passenden Zeit begegnet!

DENITO: Warum? Was passt jetzt nicht?

LEDA: Ich wäre viel jünger.

DENITO: Bist du nicht jung genug für mich? Fast zu jung, würde ich sagen.

LEDA: Aber du wärst nicht verheiratet.

DENITO: Na stell dir vor! Nennst du das eine Ehe?

LEDA: Und wenn sie eines schönen Tages völlig unerwartet zurückkäme, einfach so?

DENITO: Warum? *(mit einer Geste)* Na, der würde ich's sagen!

LEDA: Vergiss es, das hättest du besser davor tun sollen.

DENITO: Das Davor ist etwas für Alte. Entspann dich.

LEDA: Etwas für Alte? Schön wär's, dann bräuchte ich nicht mehr daran denken.

DENITO: Woran?

LEDA: Auch an die Liebe, wenn du willst.

DENITO: Du beliebst zu scherzen, an die Liebe! Das ist doch der einzige Gedanke, der nie erlischt!

LEDA: *(ruckartig)* Und meine Mutter? Musste sie denn nicht diesen Gedanken solange ersticken, bis man ihr mit Gewissheit, dass ihr Mann nie wiederkommen würde, gerade noch rechtzeitig, bevor sie selbst sterben musste?

DENITO: Und wozu das Ganze? Weil es einen machthungrigen Irren gab, dem es möglich war, sich des Herrn Ingenieur Lucidi, deines Vaters, zu bemächtigen, ihn aus seinem Verwaltungsbüro abzuziehen und als Infanterieleutnant zu verkleiden, ihm zu befehlen, loszuziehen und sich bei der Eroberung einer afrikanischen Wüste oder eines russischen Steppengebiets aus Patriotismus töten zu lassen. Was den Herrn Ingenieur Lucidi betraf, nun, er war ihm so oder so gleichgültig.

LEDA: *(während sie nervös eine Zigarette ausdrückt)* Diese Zeiten sind vorbei.

DENITO: Freilich, dir scheint, dass sich diese Zeiten geändert haben, während sie sich für die, die deine Haut verkaufen – und es handelt sich immer um dieselben – die Zeiten überhaupt nicht geändert haben.

Leda Wer sind die? *(nach einer Pause)* Kannst du mir das freundlicherweise sagen?

DENITO: Die Hurensöhne, die die Zügel in der Hand haben. Was kostet es sie auch, uns in einen weiteren Krieg zu stürzen?

LEDA: Glaubst du wirklich, dass es Leute gibt, die einen neuen Krieg wollen?

DENITO: Ob ich das glaube? Ich weiß es, ich sehe sie. Was kümmert es sie, wenn daraus eine Katastrophe wird, aus der sich ein paar Blattläuse, Flöhe und so mancher Skorpion retten!

LEDA: Das ist übertrieben, wie immer! Außerdem, wer sind wir schon, als dass wir beurteilen könnten, wer ein Freund und wer ein Feind der Menschheit ist?

DENITO: Schließ die Augen. Sobald wirklich alles in dir schwarz ist, konzentriere dich auf diese Schwärze, Du wirst darin einen winzig kleinen Lichtpunkt wahrnehmen. Da ist er, bestens ausgeleuchtet, dein Feind. Er ist es, der auf der anderen Seite steht. Denn dort im Dunkeln ist die Vernunft und die braucht kein Licht, um klar zu sehen und um die eigenen Fragen zu beantworten. Die Vernunft denkt im Dunkeln.

V

ERMITTLER Wollen wir also ein wenig über diesen ôunseren Feind sprechen? Leo ist wohl anzunehmen, stimmt's? Warst du denn nicht des Öfteren unweigerlich erbittert zu Gast bei ihm?

DENITO: Gewiss, gewiss unweigerlich erbittert. Ganz richtig, unweigerlich, wer hätte das bestreiten können, ganz im Gegenteil, man kann sagen, dass ich dort zuhause war, ich kam wann immer ich wollte und auch wenn ich nicht wollte. Immer unter dem Druck, den Lea auf mich ausübte; sie motivierte mich , kein einziges Mal auszubleiben, denn es liegt an ihr, die Einladungen an die laut P.g.-Liste Geladenen weiterzuleiten und P.g. steht für Personae gratae.

LEDA: *(zu Denito)* Geh nur, mach dir um mich keine Sorgen. Sie glauben, dass ich schon zu tief mit drinnen stecke.

DENITO: Und was hat das dann mit mir zu tun?

LEDA: Ach komm, du passt doch gut hinein und du weißt auch, dass du angenommen bist. Man konnte sagen, dass sie auf niemanden anderen als auf dich warten. Wer weiß was sie daran finden!

DENITO: Ich gehe nicht, wenn du nicht mitkommst. *(Die Gäste treten nacheinander ein, als hätte man sich in Leos Wohnung begeben).* Scheiß auf die Welt, die mich in die Welt gesetzt hat!

LEDA: Beruhige dich, sie schauen uns zu.

DENITO: Wer hat darum gebeten? Ist es etwa meine Schuld? Fällt ihm erst jetzt auf, dass er mich durch Umsicht oder ein Präservativ hätte vermeiden können? Es gibt mich eben, und jetzt nehmt mich an, wie ich bin. Ihr Priester, Patrioten und Polizisten, ihr seid dafür verantwortlich.

LEDA: Jetzt ist aber Schuss, hör auf damit!

DENITO: *(zu den Gästen)* Wie denn, bin ich euch zu viel? Oder denkt ihr, dass ich ein bestens vermeidbarer Fehler bin? In Bälde wird es Milliarden dieser Fehler geben, die Erde wird nicht mehr genügend Platz für alle bieten. (Wirft einige Teller in die Luft) Wir werden den Hungertod sterben, sehr erfreulich. Wenn wir nicht kurz davor krepieren, gehen wir mit der Welt unter.

LEDA: *(versucht ihm Einhalt zu gebieten)* Du übertreibst.

DENITO: Ich scheiß drauf.

LEDA: Wenn sie so sehr darauf bestehen, dich einzuladen, heißt das, dass sie dich so haben wollen, wie du bist: außerordentlich.

DENITO: Aber wenn ich ihrem Urteil nach sogar ein außerordentlicher Exzentriker bin?

LEDA: Warum nicht? Früher oder später werden sie – mit deiner Erlaubnis - beginnen, dich nachzuahmen.

DENITO: Das ist nicht so leicht, wie du glaubst. Dazu braucht es ein rebellisches Temperament und eine Sklavenmentalität.

LEO: *(der Hausherr)* Moment, Moment, entschuldige, aber das musst du mir jetzt wirklich erklären, denn das habe ich nicht verstanden.

DENITO: Also, du kommst als Sklave zur Welt, das ist von vornherein klar, und dein Temperament passt sich an das Sklaventum an. Aber von jeweils einer Million Sklaven gibt es einen, der sein Rebellenschicksal auslebt und die Sklaven aufhetzt! *(Isst ein Sandwich und berührt mit beiden Händen das Kleid einer Dame)* Sie werden doch nicht hoffen, dass Sie ihre Abendausstattung mit in die Zelle nehmen können!

LEO: *(lachend)* Ist das alles? Was kommt dann?

DENITO: Und dann stehen alle in Reih und Glied vor dem Revolutionsgericht.

LEO: *(zu den anderen)* Keine Sorge, seine Revolution, müsst ihr wissen, ist eine, die ohnehin nicht ausbricht.

DENITO: Und in der Zelle wird es keinen Picasso und keinen Schostakowitsch geben. Da müssen elektronische Nervensägen und endlos anhaltender Gestank her.

SARA: *(Leos Frau)* Freilich, er will uns in den Zellen mit unerträglicher Musik beschallen, doch nicht genug damit, er will und auch noch mit abstoßenden Gerüchen belästigen.

DENITO: Eben, die Genialität der Revolution, die ohnehin nicht ausbricht liegt in den Kombinationen. Zum Beispiel: einem, der zu 30 Jahren Moranti verurteilt ist, möchte man gern Musik von Mascagni und den Duft von Bergamottöl vergönnen. Nichts dergleichen, da muss Bela Bartok her und ein Konzentrat aus den Schlöten von Porto Marghera.

LEO: Habt ihr verstanden, wie man vorgehen muss?

DENITO: Was dich betrifft, Leo, so verurteile ich dich zu 60 Jahren Wagner in Kombination mit stinkenden Dämpfen aus der Kanalisation.

LEO: *(schenkt sich zu trinken ein)* Lass mich mit Wagner in Ruh.

DENITO: Lassen wir ihn in Frieden, richtig...
(nimmt Leo die Flasche weg und trinkt direkt daraus) Aber dein Scheißwagnerianismus gibt dir nicht das Recht, geizig zu sein!
(Er hustet und krümmt sich dabei. Sara hilft ihm, sich vor den Blicken der anderen zu schützen)

SARA: Du bist schlecht beisammen.

DENITO: *(hustet immer noch)* Diese verfluchte Kleinkarriertheit!

SARA: Zu Tode muss du sie hassen diese, wie nennst du sie? Diese verdammten Betuchten.

DENITO: Und du, hasst du sie denn nicht?

SARA: Als Hausherrin mache ich mir einen Spaß daraus. Ganz besonders, wenn du sie vorher gegeneinander aufgehetzt hast. Schau dir dieses Spektakel an! Sie machen sich gegenseitig den Prozess und jeder gibt vor, alle anderen ins

Gefängnis zu schicken. So ein Spaß! Sag, verkaufst du mir deine Idee? Weißt du, was ich mache? Ich schiebe sie Ho Chi Ming oder Fidel Castro in die Schuhe. Stell dir diese Schlagzeilen vor! Fidel Castro verurteilt die in der Hafenbucht gelandeten Revolutionäre zu 10 Jahren Isolationshaft mit informellen Künstlern und elektronischer Musik!

DENITO: Und die schlechten Gerüche? Du vergisst das Beste!

Sara Ich werde auch die schlechten Gerüche einbauen, darauf werde ich natürlich achten. Und dann machen wir fifty-fifty. *(Sie lachen.* **Denito** *hat wieder einen heftigen Hustenanfall)*

VI

Leda will es mit der Schreibmaschine niederschreiben. **Denito** *geht nervös im Zimmer umher.*

DENITO: Was ist los? Bist du so freundlich und sagst mir, was in dich gefahren ist?

LEDA: Was soll ich schon haben? Du hast wieder einmal einen von deinen Streichen gespielt.

DENITO: Wann?

LEDA: Was tut der Zeitpunkt zur Sache? Du bist ja noch ganz durcheinander.

DENITO: Wer, ich? Na gut, vielleicht. Meinst du wegen gestern Abend? Ich habe ihm ein halbes Duzend Teller zerschlagen, richtig. Na und? Wollen sie Unterhaltung? Dann sollen sie auch die Spesen tragen. Ich koste was, ich bin teuer.

LEDA: Was zuviel ist, ist zuviel. Wenn du übertreibst, wirkt die Rolle, die du dir ausgesucht hast, gezwungen und es gelingt dich nicht mehr, natürlich zu bleiben und verständlich zu machen, was du vom Leben willst.

DENITO: Ist es unnatürlich, wenn einem die Geduld ausgeht?

LEDA: Lass mich die Seite beenden, ich hänge schon eine Stunde und verstehe gar nichts mehr.

DENITO: Worauf willst du hinaus? Sag es frei heraus, dass dich das Zeug, das ich schreibe ankotzt.

LEDA: Es interessiert mich nicht, wenn du es wissen willst. Aber es ist verflucht schwierig. Ich spüre es in den Fingern, die mir nicht mehr fließend über die Tastatur laufen wollen. Ein Zweifel reicht, dass ich vor einer Seite stundenlang stocke und mich frage, ob der Satz verdreht ist oder ob ich die Bescheuerte bin. Der Abschnitt steckt zwischen meinen Händen, schlaff und ohne Leben, als ob ich eine knochenlose Hand, einen leeren Handschuh drückte.

DENITO: Du wirst doch nicht glauben, dass du mich beleidigen kannst! Im Handschuh hast du die Hand von jemandem wiedererkannt, die Wahrheit.

LEDA: Und welche Wahrheit wäre das? Sag es mir, wenn ich es noch nicht begriffen habe.

DENITO: Das Heil, das große Heil! Sind wir denn nicht die erwählten Opfer dieses Plans, dessen Ziel darin besteht, uns für einen Zweitgebrauch, für eine zweite Wahrheit einzusetzen?

LEDA: Welche zweite Wahrheit, wenn ich hier noch nicht einmal die erste gefunden habe?

DENITO: Seitdem ich geboren bin, geht ihr mir mit dieser Wahrheit auf die Nerven und sobald ich auch nur ansatzweise die Hälfte ausspreche, haltet ihr alle dagegen, dass sie nicht richtig , offensiv, falsch und nicht in Ordnung ist. Oder schlimmer noch, dass man nichts versteht.

LEDA: Es gibt nur eine Wahrheit.

DENITO: Welche? Diejenige, die wir gerade jetzt fabrizieren und die wir in ein paar Monaten in Buchhandlungen verteilen oder im Theater aufführen? Das ist mir eine schöne Wahrheit!

LEDA: Du bist nur auf Leo eifersüchtig, deshalb wälzst du das auf den Betrieb ab.

DENITO: Er ist ein komplexbeladener, d. h. ein komplexer... Mensch!

LEDA: Möchtest du ihn deswegen ermorden?

DENITO: In mir? Gewiss, da möchte ich ihn gerne ermorden.

VII

Ein weiterer Empfang in Leos Wohnung. Gäste, Kellner, ein kaltes Buffet. Teller und Besteck stehen bereit. Denito tritt ein, er wird von Leda begleitet, die ihn zu beruhigen versucht. Denito ist außer sich.

DENITO: Hier ist die Probe aufs Exempel: wenn sie mir mit dem Stock eins über den Schädel ziehen, zerbricht der Stock. Ich schwöre es, bei Gott. Wie, das glaubst du nicht? Schau her.

LEDA: Aber was tust du denn da?

(Denito zerbricht einige Teller auf seinem Kopf)

DENITO: Nur um den Herrschaften zu beweisen, wie hart die Birne eines echten Revolutionärs ist. (C.S.) Siehst du? Es ist ganz einfach: Man braucht nur die exakte Bruchstelle herauszufinden. Das können alle versuchen. Na los! Wer ist dran? Die Menschheit ist in zwei große Familien geteilt: Die Von Nervis und

die Von Sächsin. Wählt, welche euch mehr zusagt. Komm Leo, versuch du es auch! *(Er zerbricht einen Teller auf Leos Kopf, und da Leo keine Reaktion zeigt, beginnen nun auch ein paar Gäste, lachend Geschirr zu zerschlagen).*
Das Service wäre schon einmal dahin, mutwillig. *(Zu Sara, die ihn sprachlos ansieht)* Glaub nur nicht, dass dir in der Zelle die fertigen Speisen in diesem Geschirr serviert werden. Was wird dir schon bald diese Tellersammlung nutzen? Die Museen sind voll davon. Bei uns gibt es mehr Menschen, die sich mit Tellern auskennen als es Küchenjungen gibt... zerschlagt, zerbrecht soviel ihr wollt! *(Zu einem Gast, dem es nicht gelingt)* Probier es noch einmal! Versuch, die richtige Stelle zu finden, jeder Teller hat eine eigene Bruchstelle.

SARA: *(abseits)* Sieh zu, dass sie damit aufhören. Muss ich denn von dir und Leda alles herumerzählen?

DENITO: Ist mir doch egal! Erzähl das, wem du willst!

SARA: *(greift ihn an)* Bist du wirklich sicher, dass es dir egal ist? *Denito verliert das Gleichgewicht, sie fallen beide hin und Sara küsst ihn heftig)*
Macht sie es so *(sie knöpft seine Hose auf)* Was ist Besonderes an dir? Du musst es ja wissen, denn du hast ihr diese Dinge beigebracht! *(boxt auf ihn ein)* Was, was hast du ihr beigebracht, worauf Leo nicht mehr verzichten kann? Weißt du, dass er sie dir weggenommen hat oder ist dir das egal? Das ist die Gelegenheit für dich, Rache zu nehmen! *(Wälzt sich wie wild auf ihn)* Fick mich... *(kurz darauf, während sie wieder aufsteht)* Das hätten wir! Was du Leda, und Leda Leo, und Leo mir gegeben hat, nur um mich zu beschämen, das habe ich dir zurückgegeben. Der Kreis ist geschlossen. Wir können jetzt auch wieder hinübergehen. *(Sie gehen ins Wohnzimmer zurück. Anstatt dass sich Denito beruhigt, gerät er immer mehr außer sich).*

DENITO: Auf den Scheiterhaufen, Auf den Scheiterhaufen! Aber ich will auf dem Scheiterhaufen Menschen sehen, Verantwortliche, keine halben Hüllen, die nur Rauch abgeben. Außerdem gibt es kein Entkommen durch etwaige Empfehlungsschreiben und Schmiergelder. Die Revolution die ohnehin nicht ausbrechen wird, ist gnadenlos.

LEO: Fangen wir bei mir an. Ich lande als erster auf dem Scheiterhaufen. Irgendetwas werde ich wohl büßen, ich habe mir bestimmt einiges zu Schulden kommen lassen.

SARA: Und wie, und wie!

DENITO: Sei du still, was weißt du schon? Er muss jetzt antworten. Hast du noch nie deinen Nächsten ausgenutzt? Hast du ihn nie gezwungen, zu deinem eigenen Vorteil zu lügen? Bist du nie mit deiner Sekretärin namens Leda ins Bett gegangen?

LEO: *(peinlich berührt)* Nun, jeder nutzt seinen nächsten aus, wo er kann und was dann die Lügen betrifft... es läuft auf dasselbe hinaus.

DENITO: Nur weil es den Scheiterhaufen gibt, kann man sich das Recht nicht anmaßen, jemanden, der seine Schuld immer verheimlicht, am Feuertod scheitern zu lassen. Weiter, der Nächste. Du nicht, bereits gestorbene sind ausgeschlossen. Ihre Seelen mögen in Frieden ruhen, das Feuer kann ihnen nichts anhaben. Der beredteste Missbrauch ist der sprachliche, wenn man behauptet, dass schönes Sterben unsterblich werden ließe.

LEO: Das hat schon Eluard gesagt.

DENITO: Es schert mich nicht, ob das Eluard oder der Papst gesagt hat! Nur zu, Herrschaften, kommen Sie zum Sterben, umarmen Sie noch einmal Ihre hochgeschätzten Bücher, der Scheiterhaufen ist für Sie bereit!

LEO: Blödsinn!

SARA: Gedanken verbrennen nie, sie überstehen jegliches Feuer.

DENITO: Schade, dass du dein Hirn mit all dem Guten, was es in Sachen Freiheit und Utopie enthielt, an Leo abgegeben hast... Verbrenne es dir doch etwas langsamer, damit das Feuer, auch deine Spiritualität entzündet *(während er ihren Rock anhebt),* die sie da drin versteckt hält.

Leo Jetzt reicht es aber.

DENITO: Alibis, Alibis für alle, die aus Machthunger übergriffig werden und betrügen. Alibis, Alibis für alle... *(fällt erschöpft und betrunken ins Delirium).*

VIII

Denito erwacht wie aus einem Traum vor dem Ermittler

DENITO: Wo bin ich? Wo befinde ich mich? Was ist das für ein Zimmer?

ERMITTLER: Du bist da. Bleib beim Wesentlichen. Von welchem Alibi hast du gesprochen? Wo warst du in der Nacht, in der das Verbrechen geschah?

DENITO: Verbrechen? Eher noch ein Todesurteil. Denn derjenige, den ihr als Opfer bezeichnet, hatte, bevor er zum Opfer wurde, als Konsul der faschistischen Miliz hunderte Opfer dahinsterben lassen. Nach dem 25. Juli wurde er als Major in die königlichen Reihen des republikanischen Heeres aufgenommen, wurde aber nach dem 8. September wieder republikanischer Konsul im Dienste der SS.

ERMITTLER: War er der Anführer der Nazischweine, die im Borgomarziotal die gesamte Bevölkerung umbrachten?

DENITO: Wenn ich ihn nicht aus dem Weg geschafft hätte wie einen gefährlichen Feind, den man bis aufs Blut hasst, wäre er heute unter den Beratern unseres Verlagshauses. Es Ist ein Jammer, wie viele immer noch bereit sind, Untersuchungen, Memoiren und Berichte für Zeitungen konservativen

Anstrichs zu unterschreiben und es ist ihnen gleichgültig, wenn diese neben „progressiven" Publikationen stehen, die obendrein auf Papier aus eben diesen Papierfabriken von Borgomarzio gedruckt sind!

IX

Denito und Leda im Bett

DENITO: Halte dir einmal vor Augen, wie absurd das alles ist. Borgomarzio! Wo die SS unter der Führung dieses Faschistenschweins in einer Nacht alle Bewohner umbrachten; sie verbrannten die Häuser und ließen ein paar Kinder für die höheren Nazioffiziere übrig, die dann ein Zielschießen veranstalteten.
LEDA: Du lässt kein gutes Haar an Leo.
DENITO: Versuche nicht, ihn zu verteidigen.
LEDA: Du weißt so gut wie ich, dass er gerade einmal ein Rädchen eines Unternehmend ist, dessen immenses Kapital nicht einmal zur Gänze als Italien stammt. Ganz abgesehen davon, bietet das Unternehmen zusammen mit der Papierfabrik von Borgomarzio Arbeitsplätze für die Nachkommen der wenigen Überlebenden des Massenmords.
DENITO: Großartig! Um ihnen weitere Träume von einer faschistischen Restauration auf einem Papier zu verkaufen, das sie selbst hergestellt hatten, um sich über Wasser zu halten und in der Meinung, damit ein freies Land aufzubauen.
LEDA: Du bist stur.
DENITO: Glaubst du nicht, dass man das, was du Sturheit nennst, aus als Kohärenz bezeichnen könnte? Auch Leo war ein Antifaschist, wie ich, na und?
LEDA: Und er ist es immer noch. Wer sagt, dass er es nicht mehr sein sollte?
DENITO: Hör doch auf! Auch die Milliarden von Revolutionsanhängern sind Antifaschisten, als ob sie auf Schatzsuche wären.
(Beginnt sich anzukleiden)
LEDA: Dein Untergang besteht darin, dass du dich für die Perfektion in Person hältst, während alle anderen nur Verräter, ja gar Wendehälse für dich sind. Deshalb siehst du in jeder Entscheidung einen Versuch, etwas wiederherzustellen oder jemanden zu heilen. Du lässt die natürliche Entwicklung außer acht und vor allem fällt dir eines nicht auf: wenn du dich auf deine Position versteifst, wirst du in Wirklichkeit zum Konservativen. Deshalb hast du dir auch dein großes Heil ausgedacht. Es ist gut geschrieben, ich spreche nicht davon, wie es geschrieben ist, auch wenn es schwierige Stellen gibt... Wenn ich es lese, glaube ich in einem riesigen Gebäude, ja vielmehr auf einer weitläufigen Bühne zu sein, wo es zwischen den vielen Requisiten auch

echte Dinge gibt, die aber so gut integriert sind, dass – und darauf wette ich – du selbst nicht sagen könntest, ob die gemalten Baumkulissen oder der lebendige Esel mit dem typischen Karren echter sind, den du – wie es die Bühnenbildner heutzutage machen – inszeniert hast... *(Denito geht ab)* Warte, du Ungezogener, ich muss dir noch sagen, was dabei herauskommt!

X

Leo hemdsärmelig in seinem Präsidiumsbüro. Aus der Ferne ein paar erregte Stimmen. Leo öffnet nervös die Tür, um nachzusehen, was wohl los sei.

LEO: Und?

Portier Entschuldigen Sie Herr Präsident, aber dieser Herr bestand darauf, Sie zu sehen. Dabei hatten Sie diesbezüglich genau Anweisungen erteilt.

DENITO: Schnauze und Ducken, Sklave!

LEO: Ach du bist es, *(zum Portier)* Gehen Sie nur... *(zu Denito)* Gut, dass du gekommen bist. Du wirst wohl gehört haben, dass ich dich gerade rufen wollte. Es lag offenbar in der Luft. (Macht die Tür wieder zu).
Nimm dir was zu trinken, bedien dich. Ich muss nur kurz pissen, dann bin ich bleich wieder bei dir! *(Geht ab)*.

ERMITTLER: *(zu Denito)* Dies war der Augenblick, in dem du plantest, ihn zu töten.

DENITO: Ich kann nicht!

LEO: *(kommt wieder herein)* Was kannst du nicht? Ich schenke dir zu trinken ein.

ERMITTLER: Der Pistolenlauf, den du am Schreibtischeck aufgestützt hattest, um das Ziel zwischen Schachteln und Tintenfässern genauer zu treffen, dieser Pistolenlauf wäre ihm nicht einmal aufgefallen. Aber er beugte sich zur Seite, um aus der Minibar im Seitenteil des Schreibtisches zwei Gläser und eine Flasche zu nehmen. Diese Bewegung war vorhersehbar, der Schuss musste davor oder danach fallen, wenn er sich mit dem Glas in der Hand wieder aufrichtete und zurücklehnte, das Glas hob und sagte...

LEO: Prost! Also du hast mit ‚ich kann nicht‘ begonnen und wie gewöhnlich hast du dann aufgehört. Was wolltest du mir sagen?

DENITO: Allem voran musst du wissen, dass einem von deinen Angestellten, diesem Vollidioten, ins Gesicht geschlagen habe.

LEO: Lass uns an schwerwiegende Dinge denken

DENITO: Nein, nein, nein, vergib mir oder bestrafe meinen Wutausbruch, du musst wissen, dass der eine Lektion brauchte, denn auch im Gehorsam darf man nicht übertreiben und ich sage das in seinem Interesse.

LEO: *(reicht ihm einen Papierstapel und wechselt das Thema)* Du musst mir einen Gefallen tun, lies das für mich. Nein, nicht jetzt. Ich sage dir nicht, was es ist und auch nicht, von wem es ist.

DENITO: Darf ich es wenigstens erfahren?

LEO: Das ist so, als ob ich dir zuviel oder zuwenig sagte. Eigentlich fahre ich gleich weg. Offiziell fahre ich auf Erholung in die Berge. Und diese Version gilt auch für dich. Verstanden?

DENITO: Ist das Zeug wenigstens druckreif?

LEO: Nun, das wird sich noch herausstellen.

DENITO: Auf welchem Papier?

LEO: Was spielt jetzt das Papier für eine Rolle? *(Begleitet ihn zur Tür)* Los, trennen wir uns, ich habe noch viel zu erledigen. Lies es dir in aller Ruhe durch und sprich mit niemandem darüber.

DENITO: Nicht einmal mit Leda?

LEO: Mit der schon gar nicht! Es ist besser, dass alles unter uns bleibt. Auch, dass ich dich ausgesucht habe, Dabei hätte ich zwischen hundert anderen wählen können.

XI

Denito, Ermittler.

DENITO: War ich dieser Wulst aus Worten, die mir unter den Augen brannten, als ich Zeile für Zeile las, die dank Leas IBM in perfekte Ordnung dastanden? Wozu also so viel Geheimniskrämerei?

ERMITTLER: Die Erklärung dafür muss in der Absicht liegen, jeden Kommentar über sein Schreiben mit Leda zu unterdrücken.

DENITO: Es war mir daher nicht möglich, ihm diese losen Blätter ins Gesicht zu werfen. Nachdem er „mich" schamlos erzählte, d.h. von mir in der ersten Person sprach, ICH sagte und meine Redensart, meinen Wortschatz und meine Redewendungen verwendete.

ERMITTLER: Erkläre das näher.

DENITO: Ich schrieb in meinem „Das große Heil" indem ich mich als Zauberer, der Taschentücher in Tauben verwandelt, in ihn hineinversetzte. Er Hingegen schrieb von mir, indem er sich in den Rebellen in mir hineinversetzte, und dieser Rebell durfte sich solange auflehnen, bis er im Zuge der Revolution, die ohnehin nicht ausbricht, verbrennt und dieser Brand ist größer als er sich in seiner subversiven Fantasie ausmalen kann.

ERMITTLER: Und Leda

DENITO: Wer sonst könnte diese teuflische Arbeit gemacht haben! Sie nähte diese beiden Ventilklappen des Unterbewusstseins, die sich nur in der Erotik offenbaren, zusammen, tat sich an uns genüsslich und beging gleichzeitig Verrat an uns. Und so kam es, dass er mich beschrieb, als ich ICH schrieb und mich in den nächtlichen Vertraulichkeiten seiner Frau Sara verlor. Aber dieses ICH das ich war, war am Höhepunkt erotischer Erfahrungen, die nur Leda ihm eingeflüstert haben konnte, indem sie mit ihm ins Bett ging. Ich erlebte mich in der Sexualsphäre von Leo aus und wusste nicht, dass er gleichzeitig in die dunkelsten Tiefen meiner Libido vordrang. Dank Leda endeten wir in der Verschmelzung zu einem monströsen sowie gnadenlosen Komiker. Verstanden? Während ich mich in ihm entfremdete und seine Geschichte schrieb, als ob es meine wäre, entfremdete er sich in mir und schrieb, was mit mir geschah, als ob es ihm passiert wäre. Schließlich spiegelte ich mich beim Lesen sowohl in ihm als auch in mir und in allen beiden und beide waren weder ich noch ich noch er...

... *(als ob er einen Brief noch einmal durchläse)* Lieber Leo, mit deiner Schreibmaschine habe ich ein schönes Feuer entfacht. Und, wenn es dir ein Trost ist, dasselbe Ende hat auch meine genommen. Es ist, als ob wir auf den selben Scheiterhaufen gestiegen wären, um ein linguistisches Versagen unter Beweis zu stellen, wie deine wortgewandten Philologen sagen würden, die zwischen deinem Zuhause und deinem Verlag, der Revolution, die ohnehin nicht ausbricht, so viel Raum bekommen. Du weißt genau, dass wir am Anfang alle, das, was wir nicht sind und was wir nicht wollen, auf Worte beschränken können. Was hast du selbst beigetragen, um du selbst zu sein? Du hast versucht, ich zu sein, ohne wirklich ich zu sein. Nicht anders als ich es gemacht habe. Aber bei dir kommt erschwerend hinzu, dass du für einen Verlag verantwortlich bist, was dieses technologische Zeitalter in eine linguistische Orgie verkehrt. Alles geht im Wort unter, Verantwortung und Verantwortungslosigkeit und alle greifen darauf zurück und rühmen sich der Fähigkeit, sich des Wortes hinten und vorne zu bedienen. Für die allerwenigsten hingegen, die sich jeglicher literarischer Perspektive beraubt fühlen, ist das Wort wie das Rauchen oder wie eine Droge, nämlich Laster, die man sich im Jugendalter angewöhnt und für das es schon zu spät ist, um damit zu beginnen. Jetzt verstehe ich, wozu meine Mitarbeit diente, nämlich um meine subversiven Impulse wegzunehmen, die das große Heilsunternehmen zum Thema hatte oder aber die Milch von Leda oder die von Sara. Du musstest unter Beweis stellen, dass, wer Bücher druckt, auch imstande ist, selbst welche zu schreiben, indem er auf das literarische Heil der Geheilten zurückgreift, praktisch den geheilten Unterfertigten mit seiner Erzählung vom großen Heil. Ein Aufgluckern in den von Literatur verstopften Senkgruben, von denen bald nur noch ein Windhauch Asche übrigbleiben sollte, der unseren letzten verbrannten Seiten entsteigt. Jetzt fühle ich mich wirklich frei! Auch von Ledas tödlicher Erotik. Es ist, als ob ich mich umgebracht hätte!

XII

Ermittler allein

ERMITTLER: Es ist mit einiger Sicherheit anzunehmen, dass der Brief, den der Angeklagte erwähnt, dem Empfänger nie zugestellt worden ist. Es muss noch überprüft werden, ob Lucidi Lea, nachdem sie den Auftrag bekommen hatte, die Nachricht zu überbringen, sich dafür verantwortlich sah, den Umschlag zu vernichten.

Zweiter Akt

I

Denito, Ermittler

ERMITTLER: An dieser Stelle tritt Calabò auf den Plan. *(Wie ein in Erinnerung gerufenes Phantom betritt Calabò die Bühne).*
DENITO: Wer konnte wissen, dass ich ihn treffen sollte?
ERMITTLER: Ihr wart gerade dabei über deinen verbrannten Mantel zu reden.
CALABÒ: *(zu Denito)* Also wirklich, du hast keine Papiere und keinen Cent, ich wette, dass du nicht einmal was hast, wenn du deine Unterwäsche wechseln willst.
DENITO: Ich kann noch ein paar Tage so weitermachen, ich habe mich gerade heute Morgen frisch gekleidet... d.h. gestern Früh, bevor ich das Zimmer verlassen habe. Das Notwendigste hatte ich in der Umhängetasche: Socken, Zahnbürste, Rasierer, ein Unterhemd und eine Unterhose. Den Rest, ein paar Lumpen, habe ich der Hausherrin im Koffer zurückgelassen, damit sie nicht glaubt, ich würde abhauen ohne zu zahlen. Ich habe mich sogar verabschiedet.
CALABÒ: Sehr gut, sehr gut, und du gehst in Richtung Autobahn, deinem Verderben entgegen. Denn wer soll schon anhalten, wenn er gerade

beschleunigt? Du warst nie einer, der sich in einen Zug setzt und nicht weiß, wann er abfährt und wo er ankommt... Aber was starrst du denn so?

DENITO: Der da drüben.

CALABÒ: Na und? Was hat er dir getan? Lass ihn in Ruhe.

DENITO: Nein, mir kommt vor, dass ich ihn vor ein paar Jahren schon einmal gesehen habe...

CALABÒ: Unmöglich. Er ist erst seit einem Jahr draußen. Zwischen Amnestie und guter Führung hat er sich vielleicht 5 Jahre erspart. Bestens geeignet, um als...

DENITO: Ja, richtig, er ist ein Spitzel.

CALABÒ: Gewiss, für uns schon. Da die Bullen ihre Spitzel haben, die uns ausspionieren, haben wir unsere, um die Bullen auszuspionieren. Auf dieser Welt gibt's mehr Spitzel als Christenmenschen. Zum Glück ist das so! Denn indem wir uns gegenseitig bespitzeln, kommt die Welt wieder ins Gleichgewicht, der Polizist übt seinen Beruf aus und wir....

DENITO: Aber konntest du angesichts aller Heilungen und Rettungen, die du so machst, nicht auch diesen armen Kerl retten?

CALABÒ: Was soll bei dem alten Schrott noch zu retten sein? Den kann man höchstens verschrotten. Ach, wenn man nur wüsste, wie man es anstellt, Menschen wie Eisenteile von kaputten Maschinen im Hochofen zu schmelzen! Leider kann man das nicht. Es bleibt nur noch, dass man sie, wenn sie an dem Punkt angelangt sind, an einer Ecke platziert, damit sie Dinge und Veränderungen registrieren. Schau hin, jetzt wird er gleich den Stock hochhalten, um uns mitzuteilen, dass der Weg frei ist und dann gehst du los.

DENITO: Wohin?

CALABÒ: Zur Bar. Siehst du das grüne Schild dort unten? Du gehst hinein und verlangst einen Cappuccino und ein Croissant, wenn du willst, und hier sind vorerst 1.000 Lire für die Auslagen. Es gibt 2 Tischchen, an einem muss sie sitzen.

DENITO: Welche sie?

CALABÒ: Eine Brünette

DENITO: Woher kommt denn die?

CALABÒ: Von zuhause, woher soll sie schon auch kommen, bei der Stiefmutter.... Du setzt dich neben sie und mit dem Vorwand die Zeitung lesen zu wollen....

DENITO: Und woher habe ich die Zeitung?

CALABÒ: Von der Kasse, außer jemand hätte sie schon in den Händen, aber das glaube ich nicht, hier wird nicht viel gelesen.

DENITO: Und dann?

CALABÒ: Dann, du hast schon verstanden. Du brauchst nur zu ihr zu sagen: 'das Auto wartet an der Ecke.' (deutet in die Richtung) Danach warte ich auch auf dich.

DENITO: Und wann wäre dieses 'danach'?

CALABÒ: Sagen wir in ein paar Stunden, Reicht das?

DENITO: Wozu sollte da reichen?

CALABÒ: Ach ja, ich habe das Beste vergessen.

DENITO: Und? (Pause) Das wäre?

CALABÒ: Was glaubst du, woher sollte das Geld kommen?

DENITO: Mich fragst du das?

CALABÒ: Ich Sag's dir gleich. Siehst du diese Metzgerei dort unten? Ein gewisser Cannone ist der Besitzer. Der Name sollte dir alle sagen. Er ist Südländer, aber kein Elender wie unsereins. Heute ist Donnerstag, wenn ich nicht irre, die Metzgerei hat geschlossen. Und verschlossen ist auch die Schublade mit den Einnahmen für die Zukäufe des Schlachthofes. Genug, ich habe dir alles gesagt. (Pause) Ich vergaß dir zu sagen, dass sein Sohn Rosario heute in der Metzgerei Reinigungsdienst hat. Aber zuerst geht er in die Bar und trinkt einen Cappuccino. Wenn er dich mit der Zeitung in der Hand sieht, setzt er sich auf den Patz, auf dem zuvor das Mädchen gesessen ist und wird dich ansehen.

DENITO: Und ich?

CALABÒ: Du tust weiter so, als ob du lesen würdest und sagst, dass Olga OK ist und auf ihn wartet, weiters, dass er sich in 2 Stunden mit seinem Fagott an der Ecke einfinden soll, und dass auch das Auto da sein wird, das ihn an den Zielort bringt.

DENITO: D.h. mit dem Geld aus der Metzgerei seines Vaters?

CALABÒ: Exakt.

DENITO: Und du bringst ihn dazu, dass er stiehlt?

CALABÒ: Es ist doch das Geld seines Vaters, der hat genug! Machst du dir deswegen Sorgen? Brauchst du nicht, im Gegenteil, gerade damit musst du ihn überreden. Du musst ihm zu verstehen geben, dass Stehlen und dem Vater Geld wegnehmen nicht dasselbe ist, ansonsten müssten ja alle im Knast sein. Deshalb schicke ich ja auch dich hin, denn dir gehen die Worte nicht aus. Es genügt, ihn zu überzeugen, dass die Liebe mehr Wert ist, als die paar Brocken, die sein Vater verbergen will und außerdem, wofür? Für die Steuern? Beweg dich, der Alte macht ein Zeichen, dass du dich beeilen sollst. Da sind die Zigaretten. Hast du Zünder? Du wirst doch nicht sagen, dass auch die im Mantel waren! *(Gibt ihm eine Schachtel Zündhölzer, eine Signal für den Alten. Sie gehen in entgegengesetzter Richtung ab).*

ERMITTLER: Die Zündhölzer sind ein nicht unbedeutendes Detail, dem man Aufmerksamkeit schenken sollte. In der vom Angeklagten angegebenen

Liste der in seinem Besitz und in der Umhängetasche befindlichen Gegenstände findet sich keine Spur, die auf Zündhölzer hinweist. Zwar kann der Langzeitzünder auch mittels eines Feuerzeugs oder mit Zigarettenglut gezündet worden sein, aber die Unterlassung (wie aus dem Verhörbericht Band 1 Aktenzahl 3990, Seiten 7 / 9) hervorgeht, kann eine gewisse Bedeutung gewinnen.

II

Denito sitzt am Tischchen, liest, raucht und trinkt Kaffee. Rosario tritt ein Um Denitos Aufmerksamkeit auf sich zu ziehen, schlägt er mit der flachen Hand auf die Zeitung.

DENITO: Langsam, langsam, warum zerreißt du mir die Zeitung?

ROSARIO: Sie gehört Nassa, ihm ist es egal.

DENITO: Mir aber nicht. Ich lese sie lieber, wenn sie ganz ist und nicht, wenn sie einen Riss hat.

ROSARIO: Wir müssen uns beeilen, mein Vater könnte jeden Augenblick zurück sein.

DENITO: Das Mädchen ist bereits in Sicherheit. Jetzt liegt es an dir zu entscheiden, was zu tun, wenn du zu ihr kommen willst.

ROSARIO: Und was sollte ich tun?

DENITO: Wenn du das nicht selber weißt!?.... Soviel ich verstanden habe, scheint das Mädchen nicht besonders vermögend zu sein.

ROSARIO: Und?

DENITO: Tu, was dir am ehesten angebracht erscheint. Hoffentlich glaubst du nicht, dass ich dir auch noch sage, wohin du greifen musst, um an Geld zu kommen!

ROSARIO: In die Kasse der Metzgerei? (Sieht in verwirrt an)

DENITO: Nun, was ist schon dabei, einem Elternteil Geld wegzunehmen, wo du doch weißt dass er es hat! Auch in der Bibel wird allen Sündern Verdammnis gepredigt, außer denen, die dem Vater Geld wegnehmen, damit er nicht das Gesetzt bricht...

daran sieht man, dass die Dinge auch damals nicht so glatt gelaufen sind, wie man sich erzählt. Also lauf und raff soviel zusammen wie du kannst. *(indem er den schwungvollen Anlauf des Jungen bremst)* Ruhig, mach alles wohl überlegt und ganz natürlich denn sonst entdecken sie dich vorzeitig. Du hast 2 Stunden. Stell dich in ein paar Stunden unauffällig an die Ecke. Calabò wird dafür sorgen, dass du zum Mädchen kommst.

ERMITTLER: Informationsergänzung Nr. 6. Die mittlerweile renovierte Bar befindet sich in Via Barberi, Hausnummer 327, während sich die Metzgerei

Cannone hingegen auf Nr. 127. Beide Betriebe haben Besitzer gewechselt. Ersterer nach einer 3-monatigen Schließung, die von der Staatspolizei angeordnet worden war. Grund waren wiederholte Schlägereien, bei denen auch Pistolenschüsse vielen, als der Vorbestrafte tätlich angegriffen wurde. Er war Stammkunde und widmete sich der ungesetzlichen Vermittlung von Handlangern aus Süditalien. Weiters steht er wegen Drogenhandel unter Verdacht. Bei der Leiche wurden gefälschte Dokumente vorgefunden, die Identifizierung wurde lediglich dank.... (*Geräusche*)

III

Calabò erscheint und knöpft sich vor **DENITO:** *sichtlich zufrieden die Hose zu.*

DENITO: Und er Junge? Bist du wirklich sicher, dass er eingestiegen ist?

CALABÒ: Nach dir, glaub mir, du wirst sagen, dass er enttäuscht war. Das stimmt.

DENITO: Und warum, deiner Meinung nach?

CALABÒ: Er? Er hätte am liebsten seine Olga bereit vorgefunden, womöglich schon ohne Schlüpfer.

DENITO: Olga, heißt sie so?

CALABÒ: Was weiß ich? Vielleicht, was soll's, es ist ein Name wie jeder andere, er muss nicht das ganze Leben gleich bleiben. Allerdings, ihr Körper ist nicht übel. Sie ist nicht irgendeine. Im Grunde weiß sie, was sie will.

DENITO: (entsetzt) Wie? Du wirst mir doch nicht sagen...

CALABÒ: Ich und reden? Ich sage überhaupt nichts!

DENITO: Tust du aber.

CALABÒ: Ich denke nie nach, zum wiederholten Mal, ich mache. Das ist mein Beruf. Das Verb machen. Ich habe nicht studiert, aber auch ich kenne die Verben. Und du verlangst, dann ich nach so viel Kopfzerbrechen und Risiko die Hände nicht einmal mit Weihwasser benetze?

DENITO: Und was steht für das Weihwasser, das Mädchen?

CALABÒ: Habe ich dem, der das Kloster aufsucht etwa neues Zeug versprochen? Ich sage nicht gebraucht, aber zumindest probiert. Weiß ich denn nicht, worum es im meinem Beruf geht?

DENITO: Ich weiß nicht, was du ihn versprochen hast, aber ich weiß, dass du sie ihm entjungfert zurück in die Arme wirfst.

CALABÒ: was ist schon dabei? Taugt sie deiner Meinung nach deshalb zu nichts mehr? Was für eine Mentalität hast du dir von dort unten mitgenommen? Wenn ich so denken würde wie du, hätte ich zu existieren aufgehört. Verstehst du? Ich handle mit Gebrauchtwaren wiederverwertetem

Zeug. Ansonsten hieße es Adieu Calabò, ich verabschiede dich Salvator, Retter, Allerweltsheiler. Was könnte ich noch heilen und retten, wenn das gerade einmal gebrauchte Zeug zum Wegwerfen wäre? Wo man das Beste doch gerade im Abfall und im Müll findet! Selig, wer es einer Zweitverwertung zuführen kann, er empfindet mehr Genugtuung als bei der Erstverwertung. Und außerdem, müssen wir nicht alle für Treibstoff und Mühe bezahlen? Und ist das, was du dir ausgedacht hast etwa nichts wert?

DENITO: Ich? Ich habe mir doch rein gar nichts ausgedacht! Ich habe lediglich das wiederholt, was du mir eingesagt hast.

CALABÒ: Und du hast es wunderbar gesagt. Und als ich herunter kam, dachte ich mir noch, da hast du den Kopf gefunden, den du gesucht hast. Du wirst schon sehen, er wird dafür sorgen, dass du alles in bester Ordnung vorfindest. Und so war es auch.

IV

Denito, Ermittler.

ERMITTLER: Aus den beigelegten Berichten geht eine Diskrepanz bezüglich der Zeitspanne zwischen der Entlassung aus dem Verlag und dem Versuch hervor, aus dieser Stadt zu fliehen, was wiederum zufälligerweise mit dem genauen Zeitpunkt der Explosion des Kleinwagens übereinstimmt, was sich ein paar 100 m neben der Autobahnauffahrt ereignete. (Kann man gewissermaßen von Glück sprechen?)

DENITO: Leo hat mich entlassen und Leda hat mich verlassen, das ist doch ganz einfach.

ERMITTLER: Dann beginnen wir eben bei den Versuchen journalistischer Recherchen,besser gesagt, den Untersuchungen eines Skandals oder vieler Skandale, womit ein weiterer Skandal ausgelöst werden sollte.

DENITO: In meiner ersten Recherche ging es um die im Dienste des Staates agierende Mafia. Darin besteht nämlich der Skandal, es ist ein Dauertheater, das auch nicht nur einen Augenblick Pause macht. Mit einem okkulten Regisseur, der hin und wieder auftaucht , um zu sagen: 'keinen Applaus bitte, es ist nicht mein Verdienst, wenn Sie im 1. Akt einen Prozess beiwohnen, bei dem vorbestrafte Mafiosi freigesprochen werden, und wenn es im 2. Akt um dieselben Verbrecher geht, diesmal aber Seite an Seite mit ihren Anklägern, die nun jedem Einzelnen seine Lupara für weitere Massaker zurückgeben. So schließt sich der Kreis und das Theater fängt wieder von vorn an.

ERMITTLER: In einem Verlagsarchiv dürfte es nicht allzu schwer sein, sowohl diesen als auch weitere Berichte aufzuspüren, welche in nachstehender

Reihenfolge abgeliefert wurden: Skandal über das Verhältnis zwischen Mafia und Staatsdiensten, Kapitalflucht, Treibstofflieferanten, Skand...

DENITO: Sechs Sonderberichte hatte ich eingereicht, um diesen verkauften Seelen zu beweisen, dass ich nicht tot war, dass es mit mir nicht aus war, und um Leo zu beweisen, dass der Tod auch bei uns zuhause war: wegen Entführung, Spionage, Bandenkrieg, Kontoregulierungen, Schweigegeldern, Rache oder um ein politisches Exempel zu statuieren. Ich wartete umsonst auf die Veröffentlichung eines dieser Artikel, aber es stellt sich heraus, dass es noch vergeblicher war, auch nur eine leise Andeutung auf ein Honorars zu erwarten.

ERMITTLER: Nach Überprüfung der letzten Protokolle empfiehlt es sich auf die wesentlichen Fakten zurückzukommen. Man beginne nochmals bei den jungen Leuten, deren Flucht vom Angeklagten und Calabò in die Wege geleitet wurde.

V

Calabò, Denito.

CALABÒ: Wenn er dort herausplatzt, bedeutet das, dass er auf den Scherz nicht eingegangen ist. Dann wird es besser sein, wenn du nicht mich reden lässt, greif du ein und überzeuge ihn mit deinem Gerede, dass man im Leben nicht alles haben kann.

DENITO: Und wenn das Mädchen redet? Und wenn sie nach Absprache mit ihm mit unberechenbaren Forderungen daherkommt?

CALABÒ: Ach was! Es ist schon zu viel Zeit vergangen. Und außerdem: wenn ich dir sage, dass sie nicht redet, dann redet sie nicht. Sie ist schlau, ist auch besser für sie. Sie wird ein bisschen schreien, wie bei mir. Ich bin nicht darauf hereingefallen, aber der Junge wird es. Bei dem Gesicht. Die Welt wollen sie erobern, aber hast du ihnen ins Gesicht gesehen? So werden sie früher oder später enden. Diese Jugendlichen! Meine Empfehlung: je mehr du dich mit ihnen auseinander setzst, desto weniger verstehst du, was in ihren Köpfen vorgeht. Immer unzufrieden, mit allem Aber wenn du sie fragst, nun, was wollt ihr? Antworten sie dir, als ob sie alles wollten und wissen nicht, wo sie anfangen sollen. Ach sie machen mich wütend, sie tun mir sogar leid, und Angst machen sie mir auch.

DENITO: Das war immer so.

CALABÒ: Aber nie so wie jetzt.

DENITO: Das glaubst du! Schon die alten Römer.... Elogabal zum Beispiel.

CALABÒ: Wer ist das?

DENITO: Ein Kaiser. Und weißt du, in welchem Alter er zum Kaiser gemacht wurde? Mit 14 Jahren. Um die Macht an sich zu reißen, aber nicht wie ein Kaiser, sondern wie ein Anarchist.

CALABÒ: Ein anarchistischer Kaiser?

DENITO: Exakt! Und außerdem holte er sich alle männlichen Wesen seines Hofes ins Bett. Mit 18 war es schon aus mit ihm, seine Leibwache eliminierte ihn auf Befehl seiner Großmutter. Sie brachten ihn um wie man nicht einmal einen Hund umbringen würde...

CALABÒ: Schei…benkleister! (Zündet sich eine Zigarette an) Wo sie doch alle alte Römer waren! Das stellt sich einer die Weltherrscher vor und...

Dentio Und wenn du noch weiter in der Geschichte zurückgehst, stößt du auf noch Schlimmeres! Wie zum Beispiel auf diesen Joas aus der Bibel, wahrscheinlich hast du seinen Namen noch nicht einmal gehört. Jedenfalls machten sie ihn bereits als 7jährigen Knaben zum König. Er verübte unsägliche Grausamkeiten bis er von seiner Leibwache zerstückelt wurde. Und Manasse? Er war keine 12 Jahre alt....

CALABÒ: Und war schon König?

DENITO: Nicht genug damit, denn während seiner 7jährigen Herrschaft – und damals waren die Jahre länger als heutzutage – richtete er ein Blutbad an, ja, er ging so weit, dass er seinen eigenen Sohn verbannte, nachdem er ihn eigenhändig geviertelt hatte....

CALABÒ: Bei meiner Seele! Das soll in der Bibel stehen? Je mehr du weißt, desto mehr lernst du, nichts und niemandem zu glauben und deine Dinge selbst in die Hand zu nehmen. Sicherlich, auch soweit es möglich ist, dem Nächsten zu helfen. Ich tue Gutes, wenn ich dem alten Zeug dazu verhelfe, wenn nicht gerade neu, so doch immerhin wie neu zu werden. Nur Einen konnte ich nicht nah meinem Empfinden wiederherstellen: den Tod.

DENITO: Denk nicht mehr daran. Sag mir lieber, was jetzt zu tun ist.

CALABÒ: Warte hier auf mich. Ich schaffe mir diese Rotznasen vom Hals. Ich lasse sie in einer Reihe antreten, ein Stück Brot für jeden, neue Kleidung und Avanti, Marsch! Soll sich jeder auf seinen Weg machen. Aber bleib du da und rühr dich nicht vom Fleck.

VI

Denito ist beim Warten eingenickt. Calabò tritt in Begleitung von drei seltsamen Individuen ein. Einer von ihnen sitzt im Rollstuhl.

CALABÒ: Wach auf, Dantalighieri, wach auf!

DENITO: Wer spricht, was ist los?

CALABÒ: Ist denn jetzt Schlafenszeit? Du lässt mich aber dumm aussehen. Schau dir die Freunde an, die ich dir mitgebracht habe. Sie wollten mir nicht glauben, wie und wo ich auf dich gestoßen bin. Nenne den hier Damian und den hier, nenne ihn nur Cosmas, Damian und Cosmas, wie die Schutzheiligen der Ärzte und Heiler, die kannst du gar nicht vergessen. *(Zu den anderen)* Und der hier wäre unser Dantalighieri. Er heißt, wie heißt du? Jedenfalls verhält es sich so: wenn du ein Hirn hast, so hat der da drei davon. In diesem Schlaukopf steckt alles *(streichelt den Kopf des Sitzenden)*. Suchst du nach einem Straßennamen? In Neapel, Mailand oder hier? Er kennt ihn. Was er nicht weiß, das musst du dich fragen!

DER GELÄHMTE: He, wie kommst du dazu, ihm zu vertrauen?

CALABÒ: Mein Riecher hat mich nie im Stich lassen. Willst du wissen, was ich von ihm halte? An ihm habe ich die größte Rettung und Heilung meiner Karriere vollbracht, so wahr ich Calabò heiße.

DER GELÄHMTE: An wem, an dem da?

CALABÒ: Ja, mein Herr, haargenau an dem. Und wenn man ihm mir dort hinbestellt hätte, wo ich ihn aufgelesen habe, ich hätte es nicht für wahr gehalten.

COSMAS: : Freilich, und wer sagt dir, dass...

CALABÒ: .... dass sie ihn ausgerechnet für mich hingestellt haben? Damit er uns wie Pontius Pilatus abbrennt?

DAMIAN: Das wäre das erste Mal.

CALABÒ: Erzähl ihnen die Geschichte. Sag ihnen, was dir diese elendige Hure, diese Elendsschlampe angetan hat, denn wenn ich nicht rechtzeitig da gewesen wäre, hättest du glatt wie Pontius Pilatus geendet. Aber weil wir schon dabei sind, erklär uns doch, was du dort eigentlich zu suchen hattest!

DENITO: Gut, aber ich habe Hunger.

CALABÒ: Richtig, zuerst der Magen, dann folgt der Rest. *(Denito bekommt Brot, Wein, Käse und Wurstwaren soviel er will)*

DENITO: *(essend)* Zur Fackel war ich geworden, wie Pontius Pilatus. *(trinkt)* Auch wenn er wegen ganz anderer Vergehen den Feuertod sterben musste. Gewiss ist nur, dass ich verbrannt wäre, wenn er mich nicht gerettet hätte. Und mein Leben wäre buchstäblich vor die Huren gegangen. Das kann man tatsächlich so sagen.

CALABÒ: Wenn ich nicht rechtzeitig da gewesen wäre, bestimmt.

DENITO: Das sagte ich ja. Wenn du dort nicht vorbeigekommen wärst, aber du warst dort, wer weiß durch welches Wunder.

DER GELÄHMTE: Wollen wir ein Auge zudrücken.

CALABÒ: *(zu Denito)* Was uns jetzt fehlt ist ein Plan, verstehst du?

DENITO: Ein Plan? Wofür?

DER GELÄHMTE: Für die Kohle! *(lacht)*

CALABÒ: Und?

DENITO: Ich weiß einfach nicht, was ihr braucht. Wenn ich mir das ganze Zeug hier ansehe, würde ich sagen, dass ihr gar nicht braucht, nicht einmal das Geld! Und Ihr nennt das auch noch Abfall. Wo hat man denn je so viel Überfluss, so viel Verschwendung gesehen? Altes Zeug, das beim geringsten Schaden, beim ersten Sprung, bei der geringsten Fehlfunktion weggeworfen wurde.

CALABÒ: Eben, und wenn die Welt noch brauchbares Zeug wegwirft, müssen wir es dann völlig verkommen lassen?

DENITO: Nein, und du hast recht. Sagt mir, worin der Reichtum und worin die Armut besteht. Bei denen die Zeug gnadenlos entsorgen, obwohl es noch gut und brauchbar wäre oder bei euch , weil ihr so viel Zeug sammelt und anhäuft, dass ihr damit einem ganzen Land auf die Beine helfen könntet?

CALABÒ: *(umarmt ihn)* Das nenne ich Heilung mit Honig! Und jetzt lass mich bei den Kollegen gut dastehen und sag mir, was du dir ausgedacht hast!

DENITO: Nichts! Ich habe mir rein gar nichts ausgedacht. Ich war zu müde.

CALABÒ: Trink noch was, dann löst sich die Zunge.

DENITO: (trinkt) Mal sehen…

CALABÒ: Rück mit deiner Idee heraus, danach bist du frei und kannst mit deiner Beute hingehen, wo du willst.

DENITO: Eine schöne Entführung.

CALABÒ: Entführung, sehr gut. Was kommt dann?

DENITO: Ich habe noch nicht gesagt, wen und wo

CALABÒ: Und wer wäre die betreffende Person?

DENITO: Du bist zu voreilig. Das muss ich genau aushecken. Ich brauche Vieles dafür.

DER GELÄHMTE: Wofür?

DENITO: Ich brauche vor allem Zeit, eine Uhr mit Sekundenzeiger, drittens einen Block und einen Stift. Viertens Luft. Ja, ich muss mich bewegen können, wie und wann ich will.

(Calabò und die drei anderen beratschlagen flüsternd miteinander. Kurz darauf:)

CALABÒ: Nichts zu machen. Zu riskant.

DAMIAN: Gehört?

DENITO: Was soll ich gehört haben?

DER GELÄHMTE: Dass du dich von hier nicht fortbewegen darfst. Hier ist alles da, was du brauchst, ohne Risiko, ohne Gefahr.

DENITO: Wie soll ich auch sichere Elemente liefern, wenn ich sie vorher nicht überprüfe? Es sieht wirklich nur so aus als ob das keine Arbeit wäre!

DER GELÄHMTE: Schreib einfach alles auf, was du weißt, schreib einfach!

DENITO: Und so verurteile ich mich eigenhändig.

CALABÒ: Wer sagt, dass du mit der Hand schreiben musst? Da gibt es doch diese schöne Schreibmaschine. Ich wette, dass du auf der Maschine sogar schneller schreibst. Das ist kein Alteisen. Wenn du ihre Geschichte kennen würdest! Aber woher die ist, geht dich nichts an, hab ich recht? Hauptsache, man kann damit schreiben.

DENITO: Was denn?

COSMAS: Hast du einen Vorschlag gemacht? Das bedeutet, dass du die Person gut kennst, also…

DAMIAN: Schreib alles, was dir einfällt.

CALABÒ: Die Kontrolle darüber, ob du die Wahrheit oder einen Unsinn schreibst, übernimmt Schlaukopf, der Gelähmte. Versuch es erst gar nicht mit Dummheiten, denn Schlaukopf hat einen schrecklich guten Riecher und entdeckt die faulen Stellen sofort. Lass dir daher gesagt sein: je mehr Wahrheiten du uns lieferst, desto weniger Zeit verlieren wir. Und vorher gehst du uns da nicht hinaus. Schlaukopf wird es dir zu vergelten wissen. *(Calabò und die anderen drei gehen ab)*

ERMITTLER: Die Laboruntersuchungen der vorgefundenen Essenreste ergeben keine nennenswerte Hinweise auf Lebensmittel Verfälschungen und auch nicht auf Substanzen, die zusammen mit Alkohol Bewusstseinsverluste, Niedergeschlagenheit, psychomotorische Veränderungen mit anfallsartigem Tatendrang, gefolgt von lähmender Trägheit und allgemeinen Verwirrtheitszuständen mit anschließendem Gedächtnisverlust hervorrufen. Allerdings muss darauf hingewiesen werden, dass diese vorwiegend schwächenden Wirkungen nur schlecht mit den Zielen vereinbar waren, die sich die Entführer von der Verabreichung solcher Substanzen erwarteten, um dem Jäger (oder dem Gejagten) in ihren kriminellen Plan einzubinden.

VII

ERMITTLER: Man soll den Angeklagten dazu anhalten, präzise Angaben über die Dauer des Zeitraums zu machen, während dessen er sich eingesperrt glaubte. Aus dem Protokoll geht die Dauer der angenommenen Gefangennahme nicht hervor.

(Damian tritt ein, Denito raucht völlig gedankenversunken)

DAMIAN: Sie warten. Was übergeben wir ihnen?

DENITO: Nichts.

DAMIAN: Wie, hättest du nicht schreiben müssen?

DENITO: Müssen, müssen, gar nichts habe ich müssen! Ich habe vielleicht gesagt, und nur vielleicht habe ich gesagt. Vielleicht, aus, basta! Wenn ich zumindest Zeit gehabt hätte.

DAMIAN: He und was war seither? Weißt du eigentlich, dass es gleich Nacht ist? Und wieder ist ein Tag dahin.

DENITO: Schuld daran sind nur die Mäuse. Sie haben ihn weggefressen.

DAMIAN: Die sind überall, vergiss das Ungeziefer. Du wirst doch zumindest ein paar Zeilen niedergeschrieben haben!?

DENITO: Wen meinst du mit „die"? Erklär mir das, sei so gut.

DAMIAN: Ich bin kein Guter. Wäre ich ein Guter, wäre ich nicht hier.

DENITO: Du wirst deine guten Gründe für das gehabt haben, was du gemacht hast.

DAMIAN: Sicher, mein Gewissen ist rein. Im Leben – merk dir das – hat man nur einen Auftritt und den darf man nicht verfehlen, denn sonst bist du gleich auf der Zuseherseite und siehst dir selbst zu.

DENITO: Daher weißt du wohl über deinen Auftritt Bescheid, wie war er?

DAMIAN: Perfekt. Doch nun zurück zu deiner Frage; wenn du diesen Typen was geschworen hast, musst du es tun, koste es, was es wolle.

DENITO: Ich habe gar nichts geschworen.

DAMIAN: Du warst einverstanden, das reicht ihnen, das ist mehr als ein Schwur, sie haben dein Wort.

DENITO: Also ich will da raus, ich brauche frische Luft, ich schaffe es nicht mehr in diesem Staub.

DAMIAN: Warum entspannst du dich nicht beim Schreiben?

DENITO: Sag mir, wer dir erzählt hat, dass das Schreiben ein Spaß ist?

DAMIAN: Das weiß man. Sogar die Hunde und die Schweine wissen, dass eine zu Papier gebrachte Freude oder in Leid Erleichterung bringen, sodass sich der Schreibende wie ein anderer Mensch fühlt. Woraus bestehen Bücher? Aus Verbrechen! Um Morde geht es in den Büchern! Soviel ich auch hinter Gittern gelesen habe, es war immer dasselbe: der Tote kommt immer davon. Wäre ich Schriftsteller, wäre in meinem Buch nur von Schuld zu lesen. Keine Reue, keine Gewissensbisse. Diese Schuldgefühle würde ich gleich mit der Leiche eingraben, denn es ist der Tote, der den Mörder zum Mörder macht.

DENITO: Und wer war dein Opfer?

DAMIAN: Opfer nennst du mir das? Zuerst schwängert er mir meine Tochter, eine Blume von nicht einmal 17 Jahren, dann überredet er noch einen Unglückseligen, die Schuld auf sich zu nehmen. Und alles in Absprache mit seiner Frau, die diesen Betrug unterstützte, doch nicht genug damit, dann legte sie sich auch noch zur Tochter ins Bett. Und so erwischte ich sie alle drei: er in der Mitte, meine Frau auf der einen Seite…

DENITO: und deine Tochter auf der anderen.

DAMIAN: Ach, so ist das? Ich lachte wie ein Idiot.

DENITO: Und was tatest du dann?

DAMIAN: Ich wartete, bis ich mir eine Pistole kaufen konnte, dann: eine Kugel auf meine Frau, eine auf meine Tochter…

Denito…und zwei auf ihn.

DAMIAN: Die anderen Kugeln wollte ich in den Kopf des anderen Pechvogels feuern, aber als ich kam, hatte bereits meine Frau mit der Ahle dafür gesorgt. Hier im Nacken.

DENITO: Und dich man hat eingesperrt.

DAMIAN: Ich tat alles dafür. Ich bedauerte nur, dass ich den wahren Verräter verpasst hatte.

DENITO: Schade.

DAMIAN: Nein, warte, das Beste kommt noch. Da drängen sich glatt Anwälte auf, die mich umsonst verteidigen wollen! Grenzfall eines Kavaliersdelikts, sagt der eine, Doppelte Ehrbeleidigung schreibt mir ein anderer, dreifache Ehrbeleidigung ergänzt ein dritter: er wurde nicht nur in seiner Ehre als Ehemann und Vater gekränkt, sondern auch in seinem Vertrauen als Bürger, der seine Existenz im Sinne des Staates opfert. Ich schickte sie alle weg, schert euch zum Teufel!

DENITO: Warum erzählst du mir das? Was willst du von mir?

DAMIAN: Das fehlende Ende meines Werkes, den vierten, noch ausständigen Mord, das vierte Verbrechen, meinen Mord.

DENITO: Und den willst du von mir?

DAMIAN: Von wem sonst? *(Gibt ihm einen Stock)* Schlag zu.

DENITO: Und wenn du nicht stirbst? Wenn du geschlagen am Boden liegen bleibst und nicht mehr aufkommst und dennoch gerade noch lebst, sodass du mich dafür hassen kannst, dass ich dich nicht erschlagen habe und dir das Leben nicht nehmen konnte? So eine Dummheit würdest du mir nie verzeihen. Und Calabò? Was würde er dazu sagen? Und die anderen? Wie schaltest du sie einfach aus, ohne auch ein Blatt Papier abgegeben zu haben? Nein, schau, als Finale hätte es ich es durchgehen lassen, aber als Beginn... Das geht mir nicht ein. Bei ihnen kannst du es immer darauf ankommen lassen, ein Fehltritt und sie haben deinen Arsch.

DAMIAN: *(lacht)* Den Arsch, genau! *(Geht ab)*

ERMITTLER: Weitere Untersuchungen lassen ausschließen, dass der 48jährige Calabò Pietro (alias Salvator) und Borzone Emidio (alias Schlaukopf) zum Zeitpunkt des Zusammenbruchs in der Hütte waren oder dass sie gleich nach dem Delikt noch vor den Feuerwehrleuten eingedrungen waren, die erst mit ein paar Stunden Verspätung vor Ort waren... *(Ein Aktenbündel wird auf den Tisch gelegt, er öffnet es und liest)* Aus Elementen, die dieses Kommando zusammengetragen hat und die aus Beweisgründen beigelegt sind, geht die Annahme hervor, dass der Mann, der bei der Explosion eines gestohlenen Autos verbrannt ist, als die Person des bekannten Leone Rocchi, alias Leo zu identifizieren ist. Er war seit einigen Monaten untergetaucht, seine Identifikation kann aufgrund der vorliegenden Kennzeichen...

Epilog

DENITO: Warum habe ich kein firmes, unwiderrufliches Nein ausgesprochen? Ja, warum hatte ich selbst vorgegeben, das auszudenken und zu planen, was die vier Nichtsnutze von mir erwarteten? Leo gefangen zu nehmen? Das hatte ich grundsätzlich vorgeschlagen, als ich bemerkte, 'eine schöne Gefangennahme!' Und im Eigenschaftswort mit inbegriffen: Geld, Bekanntwerden, Skandal. Doch welche Gesellschaft wollte ich mit dieser neuen Erfindung unterhalten, frage ich mich, Leo zu entführen, den großen Betrieb, die großen Banken, die großen Geldinstitute durcheinander zu bringen?! Bist du Schriftsteller, dann schreib! Beschreibe unsere kapitalistischen Vergehen. Und mach alle Zirkuskunststücke, die du erlernt hast. Für uns ist nur wichtig, dass du entweder das eine oder das andere machst, Hauptsache du bleibst an der Kette wie der Zirkusbär. Spring, tanz, brülle, heule, soviel du willst! Wir sind ja da und bereit, dich zu retten, wenn du aus dem Rahmen oder von der Bühne fällst. Wir servieren dir die Welt auf dem Silberplateau, dein Protest ist die Seele des Schauspiels! Auf dass es unumstößlich und daher feierlich sei! Enttäusche den Zuseher nicht, der sich Bravour von dir erwartet!
ERMITTLER: Also?
DENITO: Mord oder Selbstmord, ich wiederhole, Mord oder Selbstmord.
ERMITTLER: Mord oder Selbstmord, verstanden. Aber was hattest du dort zu suchen?
DENITO: Ich wollte eine Mitfahrgelegenheit in den Süden, das ist alles.
ERMITTLER: Und es fällt dir nicht auf, was 100m neben dir passiert? Beginnen wir von vorn: Angesichts der Flammen...
(Die Lichter werden immer schwächer bis es schließlich ganz dunkel wird, im Hintergrund Geräusche von Schreibmaschinen und Fernschreibern)

MEINE "DREI ARBEITER"

Mit dem Roman „Drei Arbeiter" von Carlo Bernari, meinem Vater, wurde ich frühzeitig vertraut. Es war im Sommer 1965, ich war damals noch nicht einmal 10 Jahre alt. Während unseres Sommeraufenthalts in Gaeta, auf einem Hügel vor dem Catenagebirge im Hinterland der Bucht und des Strandes von Serapo, widmete sich mein Vater zwei Monate lang der Überarbeitung und der Endfassung des Romans, der 1934 bei Rizzoli und in der Nachkriegszeit bei Mondadori in der Taschenbuchreihe „Collana dello Specchio" erschienen war und nun zum ersten Mal in der Reihe „Oscar Mondadori" erschien. Die „Anmerkung '65", die damals als Anhang gedruckt wurde, in dem der Roman der jungen Nachkriegsgeneration vorgestellt wird, geht auf eben jenen August zurück.

In diesem Sommer geschah etwas Prägendes, das meine zukünftige künstlerische Laufbahn entscheidend beeinflussen sollte. Infolge einer Erkrankung verschrieb der Arzt meinem Vater einen täglichen Spaziergang von mindestens einer Stunde und diese Maßnahme betraf auch mich, denn auch ich musste mich bewegen.

So begannen die Spaziergänge mit meinem Vater, einem Mann, den ich bis dahin praktisch nur in sein Arbeitszimmer gesperrt kannte, wo er in die Tasten einer elendiglich lauten Olimpia (Schreibmaschine) hackte. Das Stündchen im Freien verging äußerst schnell, denn er erzählte mir viele Geschichten aus seinem abenteuerlichen Leben. Es erstaunte mich, denn das Erzählte wollte ganz und gar nicht mit dem Menschen an meiner Seite übereinstimmen. Ich hatte ihn bis dahin als sitzenden, fast sechzigjährigen Schreiber erlebt und er erschien mir als 10jährigem Kind mehr als Großvater denn als überaktiver Vater. Die Flucht vor den Nazis, die Verhaftung meiner Mutter, die sich auf wundersame Weise vor Folter und Haft in den Adreatinischen Grotten retten konnte, Vasco Pratolinis Flucht vor einem faschistischen Kommissar, die ihm dadurch gelang, dass er Durchfall vorgab und aus dem Toilettenfenster kletterte, all das weckte Neugier und Erstaunen in mir. Ganz nebenbei, ich weiß bis auf den heutigen Tag nicht, wie viel von diesen science fiction ähnlichen Erzählungen tatsächlich stimmte!

An Eines jedoch erinnere ich mich gut: als mein Vater über eine Zeit erzählte, die knapp 20 Jahre vor meiner Geburt lag, kam er immer wieder auf die Missgeschicke des „armen" Teodoro zu sprechen, der bekanntlich nicht nur der Romanheld in „Drei Arbeiter" ist, sondern auch weitgehend autobiografische Züge trägt. Ich war ja unverschuldet verschont gebliebenen, aber diese Zeit war für mich so weit entfernt wie das Römische Reich, das ich in der Schule völlig emotionslos und distanziert kennenlernte. Ich begriff auf diese Weise, dass mein Vater selbst nicht der Musterstudent gewesen war, in dessen Rolle er mich gern gesehen hätte. Ihm war es gelungen, aus allen Schulen des „Imperiums" ausgeschlossen zu werden – er war zu diesem Zeitpunkt nur 7 Jahre älter als ich – und bereits 1926, mit 17 Jahren, hatte er die ersten Zeilen der „Drei Arbeiter" zu Papier gebracht. Das war damals ein Anreiz für mich, mit 17 ebenfalls meine „Drei Arbeiter" zu schreiben!

1985, zwanzig Jahre nach diesen Erfahrungen, kam mein Erstgeborener auf die Welt. Er heißt Carlo, wie sein Großvater. Die Geburt des ersten Kindes ist etwas sehr Bewegendes, denn Erinnerungen und patriarchalische Empfindungen kommen hoch und so überkam mich zum ersten Mal die Liebe zum Roman „Drei Arbeiter" und da ich an künstlerischer Reife gewonnen hatte und mich frei von väterlichen Erwartungen fühlte, beschloss ich, endlich die Gelegenheit zu ergreifen und den Roman für ein Bühnenstück zu bearbeiten. Mein Vater verfolgte meine Theateraktivitäten überdies mit großer Bewunderung.

Das Theaterstück „Drei Arbeiter" wurde 1985/86 inszeniert. Dabei wirkten junge Schauspieler der Accademia Silvio D'amico mit, die heute Größen der italienischen Theaterszene sind: Gea Lionello, Danilo Nigrelli, Totò Onnis und Deborah Ergas.

Mein Vater war begeistert: es fiel ihm auch sofort auf, dass ich mit meiner Wahl, den Roman dramaturgisch wiederzugeben, ins Schwarze getroffen hatte. Und hier die Zusammenfassung:

Die drei im Titel angeführten Arbeiter sind in Wirklichkeit zu viert (zwei Männer und zwei Frauen, (ein vierköpfiges, daher dramaturgisch ideales Gespann), denn man muss die Draufgängerin Maria, Annas Schwester, ebenfalls als Hauptdarstellerin betrachten. Wenn die drastische Reduktion der Personenzahl eines komplexen Romans einerseits das erzählerische Geflecht eines literarischen Werkes lockert, andererseits das Drama an und für sich stark hervorhebt, so erobert diese Essenz des Romans zusätzlich den Vergrößerungseffekt der Bühne.

Anstatt eine Aufeinanderfolge von Bildern neu zu schreiben, entschied ich mich dafür, den roten Faden des Werkes hervorzuheben, ohne dabei die Dialoge neu zu verfassen. Das erfordert von den Darstellern, sich nahtlos von der einen Situation auf die andere umzustellen. Die „Notwendigkeit" der Dialoge geht aus dieser dramaturgischen Struktur hervor.

Auch wenn die Bearbeitung eines Prosawerkes in ein Theaterstück eine „Abweichung" vom Original vorsieht oder gar vorschreibt, so besteht beim vorliegenden Stück die eigentliche „Abweichung" in der Originaltreue. Es handelt sich dabei wohlgemerkt nur anscheinend um eine Originaltreue, denn der Leser wird etwas anderes vor Augen haben als den Roman, so wie auch der Zuseher vom Theaterstück einen anderen Eindruck haben wird als der Leser.

In diesem Zusammenhang sei erwähnt, dass ich diese Vorgangsweise bereits ausgearbeitet und verfeinert hatte, als ich mich mit dem „Faust" von Johann Wolfgang Goethe beschäftigte. Schon 1980 hatte ich den roten Faden des zweiten Teils des Goethe'schen Werkes ausgearbeitet, d.h. jene Szenenauswahl getroffen, die Georg Lukacs in seinem Werk „Goethe und seine Zeit", im Kapitel „Die bürgerliche Welt des Faust" nahelegt. Diese dramaturgische Bearbeitung, die ich musikalisch selbst begleitete, schätzte meine Vater so außerordentlich, dass er keine Gelegenheit ausließ, mich zu veranlassen die Gitarre zur Hand zu nehmen und meine Brecht-Goethe'schen Balladen vorzutragen, zumeist, wenn Freunde oder andere Gäste zu Besuch waren.

Apropos Brecht, in diesem Zusammenhang komme ich auf die „Drei Arbeiter" zurück. Als Dramaturg konnte ich sie nicht anders als in Verbindung mit ihrem Umfeld betrachten. Einerseits wegen der Tafeln mit den Didaskalien, die zu Beginn der einzelnen Kapitel vorbeirollen, weiters wegen der zurechtgeschnittenen Dialoge für die einzelnen Szenen und die Zwischenteile, andererseits wegen der expressionistischen Stimmungen (ein typisches Merkmal des ursprünglichen Romans), die sich in den Industrielandschaften auf Mario Sironis Bildern, sozusagen als künstlerisches Pendant, widerspiegeln.

Als ich 2002 anlässlich des 10. Todestages meines Vaters die „Drei Arbeiter" (mit Paola Rinaldi und Massimiliano Buzzanca in den Hauptrollen) erneut vorschlug, hatte ich Gelegenheit, die Bühnenausstattung zu bestimmen und so entschied ich mich für eine Inszenierung nach Erwin Piscator, d.h. für eine „offene Baustelle" mit Gegenständen und der Inneneinrichtung einer Arbeiterwohnung. Dies sollte meine dramaturgische Absicht verdeutlichen, die bei der ersten Inszenierung zu kurz gekommen war, nämlich die Beleuchtung des geschichtlich-sozialen Aspekts.

Daraufhin schrieb ich 1987 gemeinsam mit meinem Vater, gewissermaßen vierhändig, ein Bühnenstück, das bisher noch nicht veröffentlicht wurde. Es beruht auf ausgewählten Szenen seines letzten Romans („Tanto la Rivoluzione non scoppierà" „Die Revolution bricht ohnehin nicht aus").

Abschließend möchte ich auf eine Parallele zwischen seinem ersten und seinem letzten Roman hinweisen. Die beiden höchst unterschiedlichen Werke laufen auf einen gemeinsamen Nenner hinaus. Es sind dies die gescheiterten Hoffnungen auf eine Revolution, die auch Teodoro in den „Drei Arbeitern" erbittert zum Ausdruck bringt, wenn er vor seinem Abstieg sagt: „eine ordentliche Revolution müsste her, ja richtig, eine Revolution, die sich gewaschen hat!"

Anna, Teodoro und Marco
Nach dem Roman (*Tre operai,* 1934) von Carlo Bernari

Personen:
TEODORO:
ANNA:
MARCO:
MARIA:
ERZÄHLER:

I

Bühnenbild: Eine Holzkonstruktion wie sie auf Baustellen üblich ist. Links hinten ein Spiegel. Rechts hinten ein Separée. Vorne rechts ein Cafehaustischchen, vorne links drei Stühle. In der Mitte ein Tisch mit Essensresten, im Hintergrund ein Bild von einer Industrielandschaft des Künstlers Mario Sironi.
Die vier Darsteller dieses Bühnenstücks bewegen sich rasch von einem Schauplatz zum anderen und beleben die Bühne mit dem Wechselspiel ihrer Dialoge.

ERZÄHLER:
Montag, drückende Schwüle, der Himmel ist bedeckt. Es sieht nach Regen aus und wahrscheinlich wird es morgen auch regnen.
Dienstag, ein Unwetter! Die Wolken ballen sich zusammen, lösen sich wieder auf und ziehen wieder zusammen, es ist wechselhaft, vielleicht ist es morgen oder übermorgen wieder schön.
Mittwoch, da haben wir's! Immer wieder heftige Regenschauer, die sich auf das nasse Terrain ergießen, Wasser und Wind prallen nahezu orkanartig aufeinander.
Donnerstag, ein Trauerspiel, der Wind hat nachlassen, aber das Wasser steigt wolkenförmig in den grau verhangenen Himmel, wie ein Gewebe, das sich in dünne Fäden auflöst.
Freitag, der Überdruss an diesem grauen Wetter wird hin und wieder von einem kalten Sonnenregen aufgelockert. Würde es heute heftiger regnen, käme sonntags die fast schon vergessene Sonne hervor.
Samstag, Wind und Regen, es ist kalt. Einzig und allein die Gewissheit, dass es morgen wieder heiter ist, hält dich an der Arbeit.
Sonntag, du erwachst mit verquollenen Augen, es ist feucht und trüb und zieht sich dahin. Von den Leitungsdrähten fallen glänzende Tröpfchen. Du ziehst das schwarze Sonntagsgewand und die Schuhe mit den Absätzen an und den schlechtesten Hut, den für den Regen. Warten wir besser, bevor wir hinausgehen.

Montag, die drückende Schwüle erschlägt einen, der Himmel ist bedeckt, es ist regnerisch und vielleicht regnet es auch.

II
Die vier Personen nehmen ihre Plätze ein. Maria vor dem Spiegel, Anna sitzt am Tisch, Teodoro und Marco am Cafehaustischchen rechts.

MARCO: Am Sonntag habe ich dich mit deinem Vater auf der Via Poggioreale gesehen. Im Hintergrund der Friedhof mit den dichten schwarzen Bäumen, am klaren Himmel einige Frostwolken. Auf der Piazza Nazionale zwei Zirkusbarracken und ein Leierkasten, aus dem die Marsellaise ertönt. Alte Wahlplakate hängen zerrissen von den Wänden.

TEODORO: „Und jetzt“, sagt mein Vater, „zeige ich dir die Fabrik, damit du morgen im Bilde bist.“

MARCO: Er hat dich in der Wäscherei untergebracht, wo er Vorarbeiter ist. Und nun hast du eine Arbeit.

TEODORO: Das soll eine Arbeit sein? Ich hatte mir eine richtige Fabrik erwartet, mit einem Maschinenkomplex und wo bin ich gelandet? Auf beengtem Raum mit ausgebeulten, primitiven Maschinen mit ausgefallenen Namen. Nichts, was an die große Industrie denken ließe, die ich mir nach der Schule erträumt hatte!

MARCO: Wie dem auch sei, schon am Montag bist du Lehrling in der Wäscherei.

TEODORO: Die älteren Arbeiter mustern mich von Kopf bis Fuß, sie fressen mich förmlich mit den Augen. Was wollen sie von mir?

MARCO: Sie möchten wissen, ob du Streikbrecher bist.

TEODORO: Aus den Wannen steigen dichte Dampfwolken zur fahlen Beleuchtung empor und sehen aus wie Brandwolken. Manche Mauern bröckeln und die stinkende Feuchtigkeit lässt kleine Brackkristalle erblühen, von deren Spitzen Wassertropfen herabglänzen. Die anilinbespritzen Mauern hinter den Heizkesseln der Färberei sind schwarz, rot oder leicht violett. Im gleichförmigen Rhythmus des Kolbenstampfens der alten Dampfmaschine sind die Holzpantoffeln der Arbeiter zu hören, zwischen Rinnsalen schmutziger Seife und Abwässern, deren Farbe erst sichtbar wird, je näher sie an den Türspalt dringen, wo sie auf einen dünnen Sonnenstrahl treffen: draußen wird schönes Wetter sein.

MARCO: Freilich, draußen wird es schön sein!

III
Teodoro erhebt sich ruckartig.

TEODORO: Dienstag, erst der zweite Tag und ich habe die Arbeit schon satt. Ich bin müde und es gelingt mir nicht an Anna zu denken…
MARCO: Das Mädchen aus der Färberei, die für die Annahme und die Ausgabe der Wäsche zuständig ist?
TEODORO: (*nickt*) Am Mittwoch regnet es ununterbrochen. Aufzustehen, wenn es regnet, ist ein Trauerspiel. Wer hat bestimmt, dass man um 6 Uhr aufstehen muss, um pünktlich bei der Arbeit zu sein? Du Marco, studierst zumindest am Abend, denn das bisschen Intelligenz, das du dein eigen nennst, willst du dir nicht mit Dummheiten vertun. Aber ich, ich möchte frei sein, frei! Eine Revolution, ja richtig, eine ordentliche Revolution müsste her!
MARCO: Psst! Willst du, dass dich alle hören?
TEODORO: Am Samstag bekomme ich den Wochenlohn und gehe mit Anna aus. Eine richtige Enttäuschung, das bisschen Geld, das sie mir gegeben haben! Vielleicht kann ich mir morgen nicht einmal einen Ausflug mit Anna leisten.
ANNA: Ich schlage vor, dass ich das Essen für uns beide besorge und so kostet dich der Ausflug weniger!
TEODORO: Ich nehme schweren Herzens an, denn eigentlich möchte ich lieber alles selbst in die Hand nehmen!
MARCO: Am Samstag begleitest du Anna nachhause und lernst Maria, ihre Schwester kennen.
TEODORO: Mein Gott, ist Maria schön!
MARCO: Die Augen gehen dir über und es tut dir leid, dass du mit deiner Freundschaft zu Anna schon so weit gegangen bist, ansonsten…
TEODORO: Scherz beiseite, Maria ist nichts für mich, das sieht man sofort. Sie ist ein ganz anderes Mädchen als Anna, sie sagt zum Beispiel…
MARIA: Ich weiß, wie ich das Leben nehmen muss, weil ich mir nichts daraus mache, was die Leute hinter meinem Rücken sagen. Also ihr müsst mich jetzt entschuldigen wenn ich ausgehe….
TEODORO: Mit wem triffst du dich?
MARIA: Kennst du ihn, den Anwalt? Den langen Kerl, diese Bohnenstange? Weißt du was er jetzt sagt? Dass er mich heiraten will! Ich werde ihn dir einmal vorstellen… er könnte dir nützlich sein.
TEODORO: Danke, aber…
MARIA: er ist ein komischer Vogel, aber er ist ein anständiger Mensch. Heute z. B. ist er derjenige, der mich ins Kino ausführt!
MARCO: Anna antwortet nicht, sie ist gekränkt, weil du nur Augen für ihre Schwester hast.

TEODORO: Dennoch gebe ich mir Mühe, die Möbel und die Küche anzustarren.

MARCO: Aber dein Blick weicht deiner Arbeitskollegin immer wieder aus. Nachdem du Maria gesehen hast, erscheint dir Anna schlicht und unscheinbar. Außerdem wirst du durch Anna an deine eigene Misere erinnert, an deine schlechte, schmutzige Kleidung, diese kaputten Schuhe, und an die dunkle, feuchte Werkstatt.

TEODORO: Bei Maria hingegen ist das ganz was anderes: frisch und sauber gekleidet geht sie mit wer weiß wem, wer weiß wohin.

MARIA: Weißt du eigentlich, dass einer von denen, die ich jetzt besuche, ein richtiger Signore ist? Er wollte mich unbedingt mit nach Amerika nehmen. Ja ich ging mit diesem zigarrenrauchenden Alten, genau mit dem. Männer, die Zigarren rauchen, kann ich eigentlich nicht ausstehen!

TEODORO: Der Sonntagsausflug mit Anna scheitert kläglich. Sowie ich schüchtern Annas Lippen suche, beginnt es wie plötzlich zu schütten. Fluchtartig verlassen wir den sandigen Boden, lassen das Essen zurück und suchen einen Unterstand. Annas Mund riecht nach Regen und in diesen Mund - der Regen zwingt uns, dass wir uns beinah wider Willen umarmen – und in diesen Mund flüstere ich…

ANNA: Ich liebe dich.

IV

MARCO: Am Montag gehst du nicht zur Arbeit. In der Mittagspause suche ich dich unter den Kollegen, aber keiner hat dich gesehen.

TEODORO: Ich habe gekündigt, weil die Arbeit fast nichts abwirft, aber jetzt würde ich mich mit jeder Arbeit zufrieden geben. Kaum habe ich das Haus verlassen, beginnt es schon wieder zu regnen. Wenn ein Arbeiter auf Arbeitssuche geht, regnet es immer. Schlamm und Düsternis und obendrein Regen, das liegt in der Luft. Schlamm und Regen und Wäsche, vor den Fenstern gegenüber, von irgendwelchen Leuten und durch den Regen sieht sie noch schmutziger aus. Also weißt du, was ich mir sage? Heute, sage ich mir, muss was zustande kommen. In dieser Gegend wohnt Anna mit ihrer Schwester Maria. Ich gehe vorerst einmal zu ihnen, dann wird man weitersehen. Ich muss mich in Bewegung setzen, es wird schon wieder klarer. Es liegt keine Revolution in der Luft, alles ist friedlich. Sobald in diesem beschissenen Land die Sonne herauskommt, ist alles wieder auf seinem alten Platz und die Frauen werden zur Verführung. Wenn ich Geld habe, werde ich mir monatlich etwas für Frauen beiseite legen.

V

Maria, die bisher vor dem Spiegel geblieben war, kommt ihm in Unterwäsche entgegen.

MARIA: Du? hier? Und arbeitest gar nicht?

TEODORO: Man hat mich gekündigt, ich suche gerade…

MARIA: Du suchst? Und was suchst du denn Schönes?

TEODORO: Ich suche eine etwas angemessenere Arbeit, ja, bei der ich mehr verdienen kann.

MARIA: Und warum hast du nichts mehr von dir hören lassen?

TEODORO: Ich hatte viel zu tun.

MARIA: Ist ja auch besser für dich.

TEODORO: Und du? Wohin gehst du am Abend? Gehst du mit deiner Schwester aus?

MARIA: Bevor du verschwunden bist, warst du derjenige, der mit meiner Schwester ausgegangen ist. Anna bleibt jedenfalls oft zuhause. Sie mag nicht ausgehen, sie sagt, sie langweilt sich auswärts, und so…

TEODORO: Dann könnten wir uns ja einmal sehen, z.B. nach dem Essen.

MARIA: Und Anna?

TEODORO: *(zu sich)* Auf diese Weise werde ich nie etwas erreichen.

MARIA: Woran denkst du?

TEODORO: An dich, an Anna.

MARIA: Letztlich an beide.

TEODORO: Und wenn schon! Ich bin schließlich nicht scheinheilig.

MARIA: Auch nicht, wenn es um Frauen geht? *(ohne auf eine Antwort zu warten, beginnt Maria singend ihre Strümpfe überzustreifen)*

TEODORO: Manchmal habe ich das Gefühl, mich mit wenig begnügt zu haben, einen falschen Weg gewählt zu haben. Wohin hat es meine Vorsätze, meine Pläne für eine bessere Zukunft vertragen? Wie sollte mich der Weg, den ich bisher eingeschlagen habe, zur Bestätigung, zum Erfolg führen? Aus einer Arbeiterfamilie kann immer nur ein Arbeiter hervorgehen. Und ich will doch etwas mehr als ein einfacher Arbeiter sein. Denn ich habe mehr als die anderen gelesen und in mir… in mir fühle ich die Revolution!

MARIA: Aber wenn du nicht einmal deine Proletarierhymnen kennst!

TEODORO: Ich verlange nur Freiheit und Selbständigkeit, ein freies unabhängiges Leben. Womöglich arbeiten, aber sich nicht als Sklave fühlen!

MARIA: Du willst also alles auf einmal.

TEODORO: Ich will glücklich sein, aber ich will an einem allgemeinen Glück teilhaben, das für alle da ist, für Anna, für dich, Maria, für Marco und auch für meinen Vater, der nicht einmal weiß, dass er unglücklich ist.

MARIA: Und selbstverständlich sollten alle an deinem von dir erdachten Glück teilhaben.

TEODORO: Ansonsten ist es gleich besser allein zu sein: Allein tue ich mir leichter, allein kann ich mehr tun. Ich muss mich von dieser Situation befreien und mein eigener Herr werden.

MARIA: Und wie?

TEODORO: Indem ich bei wenig, bei Null anfange. Dann betrachte ich mich als frei, unter neuen Gesichtern, neuen Dingen.

MARIA: Also in einer anderen Welt?

TEODORO: Und so wird man sich fragen: was ist mit ihm? Wohin ist er gegangen? Wer hat ihn gesehen? Aber eines Tages werde ich unerwartet zurückkommen und alle in staunen versetzen, weil das Glück auf meiner Seite ist!

MARIA: Du träumst mit offenen Augen!

TEODORO: Dann müsste ich jemandem begegnen, einem einflussreichen Menschen, das wär's! Mit dem Geld in der Tasche kann jeder das Leben führen, das er will. Ein bisschen Geld würde reichen, sich so eine Frau wie dich zu nehmen und sich ein neues Leben zu schaffen.

MARIA: Mich nehmen? Vielen Dank!

TEODORO: Ohne Geld hingegen muss ich mich im Kopf immer mit denselben Gedanken quälen. Wenn du mir gefällst, muss ich mich mit Anna begnügen und wenn ich mir Anna nehme, muss ich ununterbrochen an dich denken. Ich muss leiden und muss auch noch ihr Leid zufügen. Und warum?

MARIA: Tja, warum nur?

TEODORO: Weil dich diese miesen Schweine nicht arbeiten lassen und dir kein Geld geben.

MARIA: Wer's hat, hält's fest, so ist das mit dem Geld, mein Lieber.

Pause.

TEODORO: Und den Anwalt, triffst du ihn noch?

MARIA: Oh, er ist eifersüchtig geworden, mein Anwalt. Wenn er dich jetzt hier sähe…

TEODORO: Wie meinst du das?

MARIA: Wenn mein Anwalt so wie du wäre….!

TEODORO: Warum?

MARIA: Ach, ich meine nur…, weißt du, du wärst bestimmt nicht eifersüchtig, sagen wir… auch nicht auf den Menschen, den du am meisten magst. Was dann mich betrifft… denken wir lieber nicht daran!

TEODORO: Tja, vielleicht lieber nicht.

MARIA: Und nun sei bitte so freundlich und warte, bis ich mich angezogen habe. Dieser Aufzug gehört sich nicht.

Maria zieht sich hinter den Paravant zurück und während sie sich anzieht, trällert sie ein Liedchen.

TEODORO: Und Anna?

MARIA: Sie ist schon lange fort, sie müsste jeden Augenblick da sein. Sie geht den geraden Weg, ist das brave Mädchen. Ich nicht, ich bringe nichts zuwege. Schau, ich war noch im Bett…

TEODORO: Übertreib doch nicht! Bestimmt hast auch du deine Aufgaben, deine Arbeiten zuhause….

MARIA: Du hast recht, ich sollte vieles tun, aber vorläufig tue ich gar nichts… ich denke nur daran mich schön zu machen!

TEODORO: Aber du bist bereits schön.

MARIA: Danke, ihr Männer seid alle gleich. Das sagt auch mein Anwalt zu mir: was verlierst du denn auch Zeit mit dem Anziehen… er mag mich in natura, verstehst du?

TEODORO: Hab schon verstanden.

VI

Anna tritt hinzu.

ANNA: Da sieh an, wen sieht man denn da!

MARIA: (*tritt hinter dem Paravant hervor*) Er wusste nicht, wohin er gehen sollte. Da habe ich ihn hereinlassen. Nicht wahr Anna, für ein paar Tage…

ANNA: Aber sicher! Du kannst es dir hier bequem machen. Was kostet uns das schon? Schau, vorerst kann man die Matratze hierher auf dieses Sofa legen. Morgen finden wir dann eine bessere Lösung.

TEODORO: Glaubst du, dass das sein muss?

ANNA: Warum nicht, was ist daran schlecht?

TEODORO: Nichts! Heute braucht es mehr Freiheit in den Beziehungen, ganz ohne dumme Hintergedanken. Und außerdem mag ich euch beide! (*Alle lachen*) Heutzutage braucht keiner eifersüchtig zu sein, denn was bedeutet schon diese Eifersucht? Eine Konvention, die dazu dient, den Egoismus zu verbergen.

Teodoro und Maria fahren mit dem Scherzen fort, während Anna, die sich der Situation bewusst wird, zu schmollen beginnt.

ANNA: Was gibt es da groß zu lachen?

MARIA: Nichts.

ANNA: Man sieht, dass du an nichts Ernsteres zu denken hast.

MARIA: Zum Beispiel?

ANNA: Zum Beispiel, dass du dich mit einem anständigen Menschen zusammentust, der auch arbeitet.

MARIA: Du meine Güte! Ich? Ich will das Leben genießen! Einen Arbeiter heiraten! Ich wäre nicht bei Trost!

ANNA: Warum? Was ist an einem Arbeiter schlecht? Ist er etwa nicht ein Mensch wie alle anderen?

MARIA: Ja bestimmt, wie alle anderen, aber immer voller Schulden.

ANNA: Es reicht doch, dass er ehrlich ist.

MARIA: Iss die Ehrlichkeit, iss sie! Werde satt davon! Als ob es nicht ehrliche Leute mit Geld gäbe!

ANNA: So einfach ist das nicht. Außerdem, wer sind wir schon? Welches Recht haben wir, uns etwas zu wünschen, das uns nicht zusteht?

VII
Teodoro, Marco.

TEODORO: Ich verfolgte die Diskussion, bei der ganz offensichtlich ich gemeint war, ohne daran teilzunehmen.

MARCO: Und du?

TEODORO: Während dieser Zeit las ich ein wenig von allem und gedanklich jagte ich revolutionärer Literatur hinterher. Romantische Schwärmereien, rote Fahnen im Wind, der Sturm auf die Bastille, das Massaker der Kommunarden in den Katakomben von Paris. Allenfalls spürte ich in diesem Gemisch aus Volksheldentum, dass Anna „im Recht" und Maria „im Unrecht" war. Vielleicht, weil Anna unbewusst die Arbeiter verteidigte und ich war einer.

MARCO: Ein Arbeiter?

TEODORO: Tja, ich, ein Arbeiter? Ohne Arbeit? Ein Bürger, der nicht arbeitet bleibt ein Bürger, aber ein Arbeiter ohne Arbeit ist kein Arbeiter mehr. Was ist er dann? Wie kann man einen Arbeiter, der nicht arbeitet bezeichnen?

VIII
Teodoro, Anna und Maria.

MARIA: (*zu Teodoro*) Gibt es deiner Meinung nach ehrliche Leute, die auch Geld haben?

TEODORO: Sicherlich.

MARIA: Also dann bin ich fürs Geld. Ich mag mich fein kleiden, groß in Erscheinung treten und es mir an nichts fehlen lassen.

TEODORO: Und wer verbietet dir das?

MARIA: Ihr beide, ja, niemand anderer als ihr zwei, weil ihr euch immer als Moralapostel aufspielt.

TEODORO: Aber wir meinen es gut mit dir, es ist zu deinem Besten.

MARIA: Warum, was tue ich Schlechtes, wenn ich mit jemandem ins Kino gehe, der mir die Karte zahlen kann?

TEODORO: Nichts, gewiss, aber schau, jeder Mensch gehört einer Schicht an und jeder ist dazu bestimmt, das Los seiner Schicht bis ins Letzte zu ertragen.

MARIA: Ich will ja nur ins Kino gehen, mit allen, auch mit dir, wenn du mir die Kinokarte zahlen könntest. Was hat das mit der Schicht zu tun? Und außerdem: welches Recht hast du, so mit mir zu reden, wo du doch weder Arbeiter noch Intellektueller bist?

TEODORO: Aber ja, letzlich tust du gut daran, dich zu unterhalten, geh nur ins Kino mit wem du willst!

MARIA: Darauf kannst du wetten. (*geht gereizt ab*)

IX

Teodoro, Marco.

TEODORO: Ich blieb mit meinen Büchern im Wohnzimmer zurück in der Hoffnung, meine Lektüre in Frieden wieder aufnehmen zu können. Wenn es mir gelang, meinen Geist von den lästigen Alltagssorgen zu befreien, war meine Gier nach Gedrucktem so groß, dass weder das Abonnement für die Wanderbibliothek noch andere Bücher, die mir Freunde liehen, ausreichten, um meinen Lesehunger zu stillen. Häufig sprang ich von einem Buch zum anderen, von einem Manifest zu einer alten Ausgabe der Tageszeitung „Avanti". In diesen Tagen schaute ich einfach immer in die Bücher, die mir unterkamen. „Das Handbuch des Sozialisten", eine Reihe von Heften mit dem Titel „Sozialismus und italienische Sozialisten" eine Ausgabe des „Klassenkampf" aus dem Jahr 1895. Man muss den Dingen auf den Grund gehen, dachte ich, damit man sich bewusst auf die eine oder andere Seite schlagen kann, aber um zu studieren braucht es Zeit und Geld. Da legte ich niedergeschlagen die Bücher beiseite und warf mich wie ich war, angekleidet aufs Bett. Und trotzdem habe ich den ganzen Tag nichts gemacht, verflucht!

MARCO: Und wenn du arbeiten gingst?

TEODORO: Vielleicht wäre das besser, ich wäre sicherlich weniger müde. Bald wird ist auch die gute Jahreszeit um und ich werde immer noch arbeitslos sein.

MARCO: Das nenne ich Pech! Denn probiert hast du es wirklich!

TEODORO: Eines ist sicher: man kann nicht sagen, dass ich die Hände in den Schoß gelegt und Däumchen gedreht hätte.

X

Teodoro und Anna. Teodoro sitzt am Tisch, studiert und schreibt. Anna tritt ein. Sie bleibt kurz stehen und sieht ihn an. Sie ist blass und scheint zu fiebern.
Teodoro wird auf sie aufmerksam.

TEODORO: Geht es dir gut?
ANNA: Es läuft mir kalt über den Rücken, es fröstelt mich und die Kopfschmerzen rauben mir den Verstand.

Als Antwort nimmt Teodoro, der genervt tut, die Lektüre wieder auf.

TEODORO: Du solltest etwas dagegen tun.

Anna reagiert verärgert auf Teodoros Gleichgültigkeit.

ANNA: Etwas dagegen tun? Ausgerechnet jetzt, wo Entlassungen drohen?
TEODORO: Gesundheit ist dein höchstes Gut.

Angesichts Teodoros Gleichgültigkeit nickt Anna resigniert. Sie versucht erneut, die Aufmerksamkeit des Mannes auf sich zu lenken.

ANNA: Hier habe ich einen Brief für dich, der Briefträger hat ihn mir gegeben, er sagt, er sei von deiner Mutter.
TEODORO: Lies du ihn mir vor.

Anna öffnet das Briefkuvert betont langsam.

ANNA: (*liest*) Lieber Teodoro, ich schreibe dir heimlich, denn wenn dein Vater mich dabei sieht, ist es aus mit mir.
Pause.
Wegen dir saß ich die ganze Zeit wie auf Nadeln und ich weiß nicht, wie ich dir sagen soll, dass es besser ist, wenn du zurückkommst, weil du warst schon immer ein Kindskopf, aber denk daran, dass du kein Kind mehr bist und jetzt musst du für deine Zukunft sorgen. Versuche zurückzukommen, keiner wird was sagen und ich werde auch bei deinem Vater ein gutes Wort für dich einlegen. Tu es für mich und lass mich nicht länger leiden. Deine Mutter.
Pause.
ANNA: Was jetzt?
TEODORO: Wie, was jetzt?
ANNA: Gehst du zu den Deinen zurück?
TEODORO: (*wütend*) Zurückgehen? Es wäre Wahnsinn.

ANNA: Und warum?

TEODORO: Man kann nicht zu einer Mutter zurück, die einen verweichlicht und zu einem Vater, der nicht streikt und Geduld und Ergebenheit predigt.

ANNA: (*seufzt*) Vielleicht hast du recht.

TEODORO: Aber das ist kein Leben, wie dem auch sei, ich muss da bald heraus, um nicht zu ersticken.

ANNA: Du willst also gehen?

Die beiden sehen sich tief in die Augen. Anna erfasst intuitiv die Wahrheit hinter Teodoros eigenwilligen Argumenten, sie bedeckt ihr Gesicht mit den Händen und weint.

TEODORO: Sieh mich an! (*Anna reagiert nicht*) Ich habe gesagt, dass du mich ansehen sollst! (*Er reißt ihr die Hände herunter*). – Bis jetzt habe ich auf Kosten von zwei Frauen gelebt, ohne mich um irgendetwas anderes als meine Lektüre zu kümmern, doch wozu? Ich bin nicht mehr der Arbeitslose auf Arbeitssuche, sondern die typische Randfigur, die nicht weiß, was sie will oder kann und nur liest, um die Zeit totzuschlagen. Ich werde bald weggehen, so bald wie möglich, denn ich kann nicht mehr.
Dieses Leben als „Schmarotzer", ja, sprechen wir es einmal laut und deutlich aus, als Schmarotzer von euch beiden, dieses Leben macht mich wahnsinnig. Ihr erduldet mich still, ohne was zu sagen und ihr seid schwach und habt Angst davor, mich aufzurütteln. Aber ich frage mich warum.

ANNA: Was heißt das schon wieder?

TEODORO: Das heißt, dass wir uns endlich trennen müssen, denn vielleicht ist's die Luft in diesem Haus, vielleicht liegt es an euch, mir jedenfalls gelingt rein gar nichts.

ANNA: Es ist nicht meine Schuld, wenn du bisher nichts zuwege gebracht hast.

TEODORO: Ich weiß, ich weiß.

Pause. Nun tut es Teodoro leid. Anna geht auf ihn zu und redet lieblich auf ihn ein, um ihn von seinem Vorhaben abzubringen.

ANNA: Wir könnten glücklich sein wie viele andere, stattdessen…

TEODORO: Stattdessen ist gar nichts. Ich muss meinen Weg gehen.

ANNA: Welchen Weg?

TEODORO: Das weiß ich noch nicht. – Ich kann mich jedenfalls nicht wie ein Feigling still und heimlich aus dem Staub machen.

ANNA: Willst du mich verlassen?

TEODORO: So einfach ist das nicht.

ANNA: Dann geh. Kapiert? Geh!

TEODORO: Hör zu… wir müssen einig sein und in Liebe voneinander lassen. Das ist mir wichtig!

ANNA: Weil du ein Egoist bist und wegen mir kein schlechtes Gewissen haben willst, deshalb!

TEODORO: Die Wahrheit ist die…

Teodoro will ihr gerade etwas offenlegen, da erschallen plötzlich Stimmen aus dem Hof, darunter die Stimme von Maria.

ANNA: Sie ist nicht die richtige Frau für dich.

TEODORO: Ich weiß. Ich muss mir zum wiederholten Mal vor Augen halten, dass ich ein Arbeitsloser, ein Taugenichts bin, einer, der nichts hat und nichts kann.

In der Zwischenzeit hat sich Anna in einer Ecke ausgezogen. Nur mit Unterwäsche bekleidet setzt sie sich aufs Bett.

TEODORO: (*dreht sich um, damit er sie sehen kann*) Was machst du da halb nackt?

ANNA: Nichts, warum?

TEODORO: Du könntest ein Übel einfangen.

ANNA: So kalt ist es auch wieder nicht, man kann es auch nackt aushalten.

Teodoro setzt sich neben sie, er möchte sie streicheln, doch dann spricht er von etwas anderem.

TEODORO: Maria wird nicht nachhause kommen. Sie hat sich von zwei Männern bis ans Haustor begleiten lassen und kurz darauf ist sie weggegangen. Alle drei waren angetrunken. Ich habe sie vom Fenster aus gesehen. Aber andererseits tut sie, worauf sie Lust hat und sie hat recht.

ANNA: Dir hingegen missfällt das.

TEODORO: (*peinlich berührt*)Da irrst du dich. Ich habe ihr immer geraten, die Männer auf die leichte Schulter zu nehmen, mich genauso.

ANNA: Aber du leidest, wenn sie nicht nachhause kommt. Sag mir die Wahrheit….

TEODORO: Welche Wahrheit?

ANNA: Leugne es nicht! In manchen Nächten fällt mir auf…

Teodoro Was?

ANNA: Dass du an sie denkst, wenn du mit mir schläfst.

TEODORO: Du bist so dumm…

Teodoro versucht sie zu streicheln, doch sie weicht aus.

ANNA: Rühr mich nicht an.

TEODORO: Jetzt sag, was ist in dich gefahren?

ANNA: Und du traust dich noch danach zu fragen?

TEODORO: Ich sehe schon, du bist auf deine Schwester eifersüchtig.

ANNA: Sie ist schöner als ich. Das ist auch dir aufgefallen, ich weiß, wie du sie ansiehst.

TEODORO: Hör zu, lass es dir ein- für allemal gesagt sein!

ANNA: Du hast zwar die Courage, mich links liegen zu lassen, aber die Courage ihr zu sagen, dass du in sie verknallt bist, hast du nicht, weil du Angst davor hast, dass sie dich auslacht. Also ziehst du den Schwanz ein und bist still, wie ein feiger Hund.

TEODORO: Jetzt reicht's! Ich habe keine Lust, mich von dir in einer Tour beleidigen zu lassen.

ANNA: Die Tür ist dort drüben.

TEODORO: Na gut, von heute an ist jeder für sich.

ANNA: Heute? Kommt es dir nicht ein wenig spät vor, die Koffer zu packen?

TEODORO: Morgen, spätestens morgen gehe ich weg. Denn ich bin mir sicher, dass ich hier nie etwas zu tun finden werde.

ANNA: Du sagst immer dasselbe.

TEODORO: Aber dieses Mal mache ich Ernst.

ANNA: Worauf wartest du?

Teodoro erhebt sich, um seinen Worten eine feierliche Note zu geben.

TEODORO: Ich habe bereits mit Marco De Martino, dem Heizer, gesprochen. Er hat sich eine Empfehlung für eine große Sache geholt…

ANNA: Und wohin schlägst du dich?

TEODORO: Das weiß ich schon, schließlich sind das meine Angelegenheiten.

ANNA: Ist es also wirklich aus mit uns?

TEODORO: Lass uns doch vernünftig miteinander reden, kann ich dieses Leben weiterführen? Wo ende ich noch, wenn ich so weitermache? Warum versuchst du nicht, mich zu verstehen? Ich gehe irgendwohin, vielleicht ans Ende der Welt, wenn ich nur Arbeit finde!

Stille. Anna versucht, alles neu aufzurollen.

ANNA: Du könntest auch hierbleiben und wieder bei deinem Vater arbeiten.

TEODORO: Noch einmal? Müssen wir wieder mit derselben Geschichte anfangen? Kannst du nicht verstehen, dass ich dort nicht zurückkann? Was soll ich in der Baracke? Welche Zukunft habe ich dort drinnen? Was kann ich fort lernen? Ist das etwa ein Beruf?

ANNA: Aber du könntest eine Beschäftigung finden…

TEODORO: Natürlich, so wie ich sie bisher gefunden habe!

ANNA: Weil du nie ernsthaft gesucht hast. Aber jetzt habe ich deine Teilnahmslosigkeit verstanden, denn die, die leiden muss bin ich, und dir ist es ja gleichgültig, stimmt's?

TEODORO: (*springt auf*) Ich weiß wirklich nicht, wie ich es dir sagen soll, im Guten gelingt's mir nicht. Sag du mir, zu welchen Mitteln ich noch greifen muss! Ich hab es wirklich satt!

ANNA: Auch ich habe die Nase voll, weißt du,…von allem! Ich kann nicht mehr!

Teodoro bedauert es imgrunde, dass sie wegen ihm leidet. Dahermit freundlicheren Töne.

TEODORO: Hör zu, versteh doch….

Anna zieht mit der Nase hoch und verhält das Schluchzen.

ANNA: Verstehen? Hier gibt es wenig zu verstehen… außer, dass du mich zu einem Zeitpunkt wie diesem hängen lässt, wo sie uns feuern wollen…

TEODORO: Eben deshalb! (*wie auf den fragenden Blick von Anna antwortend*) Also, siehst du? Ich möchte eben deshalb weggehen, weil ich denke, dass ich außerhalb von hier wieder auf die Beine komme, wenn ich mich ernsthaft in eine Arbeit stürze.

ANNA: Außerhalb von hier! Weil es meine Schuld ist, nicht wahr?

TEODORO: Es gibt nichts schlimmeres, als sich wie ein unzurechnungsfähiger Idiot zu fühlen und so behandelt zu werden.

ANNA: Aber ist es denn unbedingt notwendig fortzugehen? Und außerdem, was kannst du schon!

TEODORO: Deiner Meinung nach kann ich also wirklich nichts?

ANNA: Ein Sohn eines Arbeiters kann nichts anderes als ein Arbeiter werden, auch du hast Angst davor, einer zu sein, weil du dir zu gut dafür bist und du willst mehr sein, ohne zu wissen was.

TEODORO: Hör doch auf, Ich kann es nicht mehr ab. (*Geht ab*).

ANNA: (*zu sich*) Du hast es gut, du kannst „Schluss" sagen, weggehen und dich aus dem Staub machen.

Teodoro und Marco sitzen am Cafehaustischchen.

MARCO: Ein kranker Vater, eine Mutter, die sich schon beim Gedanken, dich zu verlieren in Tränen auflöst, aus Angst, alt und allein überzubleiben und du, du denkst dir - nachdem du sie innig an dich gedrückt hast – irgendeine Ausrede aus, um die Umarmung zu lösen. Du gehst weg und fragst dich, warum du entflohen bist, ob sie noch weinen wird und du hast Gewissensbisse. Aber innerlich wiederholst du dein Versprechen, ihr zu schreiben, sobald du angekommen bist, dass du sie lieb hast, so lieb,… und dass sie dir fehlt und du fragst dich, warum du ihr das nicht früher gesagt hast, wie dumm von mir, denkst du, ich hätte es ihr sagen können. Ob sie es aus meinem Blick lesen konnte? Ich werde zurückkommen, bald zurückkommen. Das werde ich ihr schreiben.

TEODORO: Natürlich werde ich meiner Mutter schreiben, da kannst du dir sicher sein. Aber wieso weißt du eigentlich all diese Dinge?...

MARCO: Es braucht wirklich nicht viel Fantasie, um sich die Abschiedsszene von Mutter und Sohn vorzustellen! Und außerdem…

TEODORO: Was außerdem? (*Marco zündet sich eine Zigarette an*)

MARCO: (*zweideutig*) He, unten in der Wäscherei hat man von niemand anderem geredet als von dir.

TEODORO: Ach ja? Von mir haben sie geredet? Wer weiß, was sie alles hinter meinem Rücken gesagt haben! Einer, der sich nicht anstrengen will, ein Taugenichts oder ein armer Irrer, stimmt's?

MARCO: Jetzt übertreibst du aber!

TEODORO: Ach wirklich?

MARCO: Ganz im Gegenteil, alle sagten, du hättest gut daran getan, dich zu verdrücken, einfach zu verschwinden.

TEODORO: Sicher habe ich gut daran getan! Und außerdem, und das weißt du vielleicht besser als alle anderen, konnte ich es einfach nicht mehr neben meinem Vater aushalten. Ganz abgesehen davon,… nun, du weißt ja wie mich die „Oberen" behandelten….

MARCO: Und wie ich das weiß! Ein Graus…

TEODORO: Ja wirklich, das war ein Graus. Grausiger als ein Stinkefetzen.

MARCO: Und glaubst du etwa, dass sie mit mir anders umgingen?

TEODORO: Nun ja, mag sein.

MARCO: Erinnerst du dich an das eine Mal?

TEODORO: Wann?

MARCO: Ach nein, da warst du nicht dabei, du warst schon weggegangen, aber ich will dir diese Geschichte trotzdem erzählen…

TEODORO: Muss das sein?

MARCO: Aber ja doch! Um dir zu sagen, in welcher Scheiße wir steckten, wenn ich daran denke überkommt mich eine solche Wut!

TEODORO: Wem sagst du das?

MARCO: Denk nur, eines Tages putzte ich gerade die Schlacken vom Rost, schweißgebadet, als der Vorarbeiter auf mich zukam. „Hört, Marco" sagt er zu mir.

TEODORO: Unheil in Sicht!

MARCO: Damals war mir das noch nicht bewusst und ich grüßte ihn respektvoll, denn in diesen Dingen, will ich mir – wie du weißt – nichts nachsagen lassen. „Sagt an!"

TEODORO: Und du nimmst Habachtstellung ein.

MARCO: Na ja, beinah.

TEODORO: Bravo du Marionette, mehr bist du ja nicht!

MARCO: Und was wusste ich schon von dem, was sich in seinem Hinterstübchen zusammenbraute?

Pause. Marco raucht, um seiner Erzählung mehr Relevanz zu verleihen.

TEODORO: Und dann?

MARCO: Dann legt er seine Hände an den Gürtel, du weißt ja, wie er das immer macht, und sagt zu mir: Geht in den Hof und helft mit, den Heizkessel abzuladen. „Aber wie denn?" frage ich ihn, „ich putze gerade den Rost und schwitze wie noch was und…

TEODORO: Keine Frage, er gerät in Rage und wird zur Bestie.

MARCO: Genau. „Oh" brüllt er „Schnauze, ich habe Euch befohlen zu gehen, also geht!"

TEODORO: Und du?

MARCO: Was soll ich schon auch machen? Also lass ich mit einer Eselsgeduld den Rost sein und gehe in den Hof. „Was gibt es zu tun?" frage ich einen von denen, die für das Abladen zuständig sind.

TEODORO: Du bist mir ein schöner Aufständischer!

MARCO: In Zeiten wie diesen setzt doch keiner seinen Arbeitsplatz aufs Spiel!

TEODORO: Halt nur schön fest an deinem Scheißarbeitsplatz!

MARCO: Hör zu, was mir widerfahren ist. „Hier gilt es die Eisenschulter zu machen" antwortet mir der. Ich stand da wie ein Blödmann. „Die Eisenschulter? Und das wäre?"

„Och", sagt der, „wozu hat man dich hergeschickt?"

„Was weiß denn ich von der Eisenschulter?"

„Na dann komm her, ich zeig dir, wie's geht." Er führt mich auf eine Seite, hockt sich unter den Heizkessel und zeigt mir, wie man mit der Schulter eine

Seite hochhebt. Ich stemme mit meiner Eselsgeduld die Füße in den Boden und versuche anzuheben. Aber was soll ich schon hochheben, heiligste Muttergottes!

TEODORO: Und?

MARCO: Da kommt Eisenkopf auf mich zu, der breiter als ein Kasten ist und sagt zu mir: „Ja hast du denn noch nie abgeladen?" „Ich doch nicht!" „Dann verschwinde, tu mir den Gefallen, du verschwendest unsere Zeit." Und ich gehe seelenruhig zurück, um mein Feuer unter dem Heizkessel anzufachen.

TEODORO: Du warst denen ja wirklich ein Klotz am Bein.

MARCO: Aber jetzt kommt das Beste. Am Abend ruft mich der Vorarbeiter zu sich und sagt: „Warum habt Ihr Euch geweigert, den Arbeitern beim Abladen zu helfen?" „Ich mich geweigert? Sie waren diejenigen, die mich weggeschickt haben!"

TEODORO: Wer weiß! Einer von diesen Spaßvögeln mag ihm wohl erzählt haben, dass du nicht geholfen hast!

MARCO: Bestimmt.

TEODORO: Und wie hat er darauf reagiert?

MARCO: Wie soll er schon darauf reagiert haben? Schlecht natürlich, dieser Saukerl!

TEODORO: Er hat dich also entlassen.

MARCO: Vielmehr hinausgeworfen und zwar mit diesen Worten: „Schnauze, ich habe kapiert aus welchem Holz Ihr geschnitzt seid!"

TEODORO: Du?! (*muss beinahe lachen*)

MARCO: „Ihr seid einer von denen" sagt er, „die glauben etwas zu sagen zu haben und sich querlegen zu müssen, weil sie da oder dort Mitglied sind oder glauben, dass ihnen die Arbeiterkammer zu Füßen liegt… schon gut!" „Aber ich…" „Schnaueze!" brüllt er über den Hof. Kurz und gut….

TEODORO: Du treibst dich herum, so wie ich.

Pause. Marco nimmt einen anderen Gesichtsausdruck an und wirkt nicht mehr so ungehalten.

MARCO: Drei Monate sind um. Drei fürchterliche Monate. Ich habe niemanden, wer gibt mir was zu essen? Zum Glück habe ich doch noch was gefunden.

TEODORO: Was denn?

Marco weiß nicht, ob er reden soll und zögert.

MARCO: Nein, weißt du, vielleicht ist es besser wenn ich dir nichts davon sage…

TEODORO: Du vertraust mir nicht – zum Teufel! Du bist mir ein schöner Freund!

Marco gibt nach.

MARCO: Nun ja, wenn wir schon darüber reden, kann ich dir auch sagen, wer es ist. Der Sekretär der Arbeiterkammer hat mir ein Empfehlungsschreiben ausgestellt, es ist an einen einflussreichen Mann aus Taranto gerichtet, der, so hat der Sekretär gesagt, imstande ist, eine Arbeit zu finden, egal für wen, er muss nur wollen.
TEODORO: Bravo, freut mich.

Stille.

MARCO: Und du, was willst du tun?
TEODORO: Auch ich suche was, aber… bisher habe ich noch nichts gefunden. Es ist gerade ein schwieriger Moment…
MARCO: Aber, aber! Wenn du nichts Gutes gefunden hast, warum kommst du dann nicht mit?
TEODORO: Mit dir?
MARCO: Warum nicht?

Teodoro sieht ihn prüfend an und kommt zum Schluss, dass es Marco ehrlich meint.

TEODORO: Wirklich? Möchtest du dich nicht lieber allein vorstellen?
MARCO: Man sagt doch: besser allein als in schlechter Gesellschaft, aber mit dir…. Nun?
TEODORO: Es wäre himmlisch!
MARCO: (*mit überschäumender Begeisterung*) Schlag ein!
TEODORO: Aber ja!
MARCO: Ich schwör's dir bei Gott, wenn es mir gelingt, muss es dir auch gelingen.
TEODORO: Das Eine hat ja mit dem Anderen nichts zu tun! Du gehst deinen Weg. Wir setzen immerhin alles auf eine Karte und es ist nicht gesagt, dass alles gut gehen muss. Es kann auch in die Hose gehen, zu zweit ist es immer schwieriger. Durch mich wird deine Situation nicht leichter.
MARCO: Überlegst du dir's wieder?
TEODORO: Nein, aber…
MARCO: Was soll's? Wenn es ein Fiasko wird, kommen wir ganz einfach zurück, was ist schon dabei!

TEODORO: Leicht gesagt, die Wahrheit ist, dass ich nicht mehr zurück kann. Ich habe alle Brücken hinter mir abgerissen, auch zuhause, bei meinem Vater, bei allen!

MARCO: Auch bei Anna? (*Teodoro nickt*) Mein lieber Freund, das Leben ist für den gemacht, der sich durchschlägt und wenn du mir so kommst, wäre es klüger, wenn wir uns überhaupt nicht mehr vom Fleck rührten. Vielleicht aber würde auch was weitergehen, wenn wir uns auf die Hinterbeine stellten, was meinst du?

TEODORO: Na gut, du hast gewonnen, ich akzeptiere.

MARCO: Du machst mir einen Riesengefallen, ich schwör's dir. Du weißt so manches und wir können uns gegenseitig Gesellschaft leisten.

TEODORO: Wann soll's losgehen?

MARCO: Heute noch.

TEODORO: Konnten wir's nicht auf morgen verschieben?

MARCO: Warum, was hast du noch vor?

TEODORO: Ausgerechnet jetzt habe ich meine weinende Mutter im Stich lassen. Mein Vater liegt im Bett und rührt sich nicht mehr. Es tut mir so leid. Ich weiß nicht einmal, ob ich fahren soll.

MARCO: Fangen wir jetzt wieder von vorne an?

TEODORO: Ich will nicht, dass sie wegen mir leiden muss, das ist alles.

MARCO: Würde sie nicht noch mehr leiden, wenn sie wüsste, dass du wie ein Nichtstuer herumhängst?

TEODORO: Das ist auch wieder wahr.

MARCO: Außerdem wäre es dumm hier zu bleiben. Der Zeitpunkt ist günstig, verstehst du? Es werden gerade Leute eingestellt! Man hat mir gesagt, dass in Taranto ausschließlich Kriegsmaterial hergestellt wird. Unter diesen Umständen können wir ohne weiteres zwei Stellen bekommen.

TEODORO: Mag sein, aber ich ahne, dass wir nichts zuwege bringen.

MARCO: Und warum? Ich kann dich wirklich nicht versehen! Haben wir nicht ausgemacht, dass wir entweder dort Glück haben und bleiben oder unsere Zelte anderswo aufschlagen?

TEODORO: Dann lass uns eben aufbrechen. (*Licht aus*)

XII

Beim Angehen des Lichts haben Teodoro und Marco ihre Positionen vertauscht. Es ist einige Zeit vergangen, zwischen den beiden ist etwas geschehen. Jetzt ist Teodoro der Aggressive und Marco der Sture.

MARCO: Stimmt was nicht?

TEODORO: Du fragst mich noch?

MARCO: Ich verstehe nicht…...
TEODORO: Dann erklär ich es dir eben.
MARCO: Nur zu!

Teodoro vermeidet eine Handgreiflichkeit indem er zurückweicht. Um sich zu beruhigen zündet er sich eine Zigarette an.

TEODORO: An dem Tag, als du in der Schiffswerft als Heizer mit einem Nettogehalt von 8 Lire eingestellt wurdest, musste ich mit Bitterkeit zur Kenntnis nehmen, dass mir eine Anstellung versagt blieb. Man sagte mir, dass es keinen Bedarf an Angestellten oder Handlangern gäbe und dass die Werft bereits viel zu viele Faulenzer aushalten müsse.
MARCO: Und man hat dir auch für die Zukunft keine Hoffnung gemacht.
TEODORO: Nein. „Junger Mann" sagte dein Gewerkschaftsgenosse zu mir, „ich könnte Euch lediglich helfen, wenn Ihr etwas Konkretes könntet, aber so….
MARCO: Und zu allem Unglück kannst du gar nichts.
TEODORO: Ich verfluche mich, dass ich nie einen Beruf erlernt habe und meinen Vater, dass er mich nie zu einer ordentlichen Arbeit angehalten hat. Wie kann ich mich so vorstellen? Woher soll ich den Mut nehmen, bei meiner Arbeitssuche konsequent weiterzumachen?
MARCO: Du tust mir so leid.
TEODORO: Kann ich mir vorstellen.
MARCO: Ich wollte die Arbeit gar nicht annehmen, aber dann…
TEODORO: Was dann?
MARCO: Dann habe ich gedacht, dass es besser wäre, wenn zumindest einer von uns eine Arbeit hat.
TEODORO: Und mir ist immer das Schicksal auferlegt, jemandem auf der Tasche zu liegen.
MARCO: Das ist nicht deine Schuld. Betrachte es nicht als Schmach.
TEODORO: Na ja, nein, du hast recht gehabt,… mir tut nur leid, dass ich nicht einmal irgendeinen Scheißberuf beherrsche.
MARCO: Aber du hast immerhin getan, was du konntest!
TEODORO: Alles, wirklich alles!
MARCO: Du hast dich sogar an den Barbier gewandt, um herauszufinden, ob dir nicht einer seiner Klienten weiterhelfen könnte. Was ist dabei herausgekommen?
TEODORO: „Habt Ihr irgend einen Nachweis?" fragt er mich.
MARCO: Und, hast du einen?
TEODORO: Nein, aber ich habe bis zum vorletzten Jahr an der technischen Hochschule studiert, dann musste ich abgehen. Mein Vater konnte mein

Studium nicht weiterzahlen… er ist Vorarbeiter in einer Wäscherei und verdient nicht viel, jetzt ist er auch noch krank und seine Vorgesetzten wollen ihn nicht weiter bezahlen.

MARCO: Aber du hast immerhin studiert, was hat der Barbier dazu gesagt?

TEODORO: Etwas Komisches.

MARCO: Und was?

TEODORO: Dass man den Vorgesetzten ganz anders zusetzen sollte.

MARCO: Einfach so?

TEODORO: Das ist es ja.

MARCO: Und so bist du plötzlich zum Revolutionär geworden, ohne die leiseste Ahnung zu haben. Man hat dich dazu bestellt, für die causa der Arbeiter zu kämpfen, ausgerechnet dich! Du hattest dir nie mehr als eine gute Beschäftigung mit einer gerechten Entlohnung erhofft.

TEODORO: Das stimmt. Das Schicksal wollte es, dass du eine einfache Beschäftigung erhältst, obwohl du dich schon damals in der Wäscherei für Gewerkschaften und Arbeiterorganisationen interessiert hast. Ich hingegen habe einen politischen Auftrag bekommen…

MARCO:….Der dich mit Schrecken erfüllt, weil du befürchtest, dafür nicht hinlänglich ausgebildet zu sein. Angesichts der paar Dinge, die du weißt, erscheint dir die anvertraute Aufgabe in keinem Verhältnis zu deinem Wissen zu stehen.

TEODORO: Sicher gibt es Leute, die kultivierter sind als ich, aber vielleicht macht das allein nicht die Kultur aus. Ganz im Gegenteil, wozu soll diese Kultur gut sein, wenn man nicht selbst Arbeiter ist und selbst gelitten hat?

MARCO: Sprich weiter.

TEODORO: Ich fahre nach Reggio. Es regnet und auf den Straßen sind nur ganz wenige Leute. Nach dem dritten Brief an dich, der ohne Antwort geblieben ist, gelange ich zum Schluss dass ich es mit einem Schuft zu tun habe.

MARCO: Vielen Dank!

TEODORO: Jetzt, da du deine Freundschaft unter Beweis stellen könntest, indem du mir eine kleine Unterstützung zukommen lässt, tust du so, als ob du uns nicht hören würdest.

MARCO: Hätte ich etwa deine Ausbildung zum Revolutionär finanzieren sollen? Hätten deine Kumpane keine Arbeit für dich finden können?

TEODORO: Ich lande in einer Untergrunddruckerei.

Stimmen und Rufe einer Kundgebung sind zu hören.

MARCO: Gleichermaßen zum falschen Zeitpunkt am falschen Ort.

TEODORO: Es herrscht großer Tumult wegen der Kriegserklärung. Aufgeregte Arbeiter und Bauern bevölkern die Stadt in Gruppen und man versteht nicht genau, was sie rufen. Wehret dem Krieg, es lebe der Krieg!

MARCO: Du hast doch diese Slogans in Umlauf gebracht, du hast sie erfunden!

TEODORO: Ich habe noch fünfzig Flugblätter gegen den Krieg und außerdem zwei Pistolen bei mir.

MARCO: Der unerwartete Erfolg deiner Propagandaparolen ist dir so sehr zu Kopf gestiegen, dass du unvorsichtig geworden bist und du begehst den Fehler, an Straßenkreuzungen stehenzubleiben, von wo aus Geheimagenten die Demonstranten verfolgen und auseinandertreiben.

Im Hintergrund werden die Stimmen lauter.

TEODORO: Alle Geschäfte haben die Rollbalken herabgelassen und sehen nunmehr verlassen aus.

MARCO: Du bist dir deiner Hetzparolen sicher, dennoch weißt du nicht genau, warum sie den Krieg nicht wollen sollten.

TEODORO: Mit nervösen Fingern umfasse ich die zwei Pistolen, alle beide, links und rechts in meinen Hosentaschen. Wie gern würde ich eine herausziehen und in die Luft feuern. Als ob sie meine Absicht ahnten, sehen mich die Demonstranten an und folgen mir.

MARCO: Alles andere als Demonstranten, es sind Agenten.

TEODORO: Und wer soll das wissen! Sie scheinen wirklich aufgebracht zu sein.

MARCO: Natürlich, aber gegen dich! Ein Spitzel ist dir auf den Fersen, ein anderer geht auf dich zu, du bist in der Klemme! Haben sie deine Gedanken erraten oder bist du ihnen bereits als Agitator bekannt?

TEODORO: Aus reiner Vorsichtsmaßnahme bringen mich die beiden Spitzel aufs Kommissariat. Sie beschlagnahmen die beiden Pistolen und die Flugblätter. Der Kommissar ist nicht da und sie stecken mich zur Sicherheit in eine Zelle. Adieu!

MARCO: Dort verbleibst du drei Tage bis deine Papiere aus Neapel eintreffen.

TEODORO: Nach einem kurzen Verhör werde ich auf das Hauptkommissariat gebracht, wo meine Einberufung bereits schriftlich vorliegt. So wird er lernen zu schießen und zu gehorchen, sagen sie.

MARCO: Du ziehst in den Krieg?

TEODORO: Ja, ich rücke ein, um zu kämpfen und vielleicht um zu sterben.

MARCO: Bravo, du hast dich ganz schön in die Scheiße manövriert.

TEODORO: Am Bahnhof überreichen sie mir einen Brief von meiner Mutter.

MARCO: Soll ich ihn dir vorlesen?

TEODORO: Ja danke, wenn's dir nichts ausmacht.

Marco öffnet das Briefkuvert und liest den Brief vor.

MARCO: Lieber Teodoro… Nach all dem Schmerz, den ihm der Prozess gegen die Vorgesetzten bereitet hat, ist dein Vater in Seelenfrieden gestorben. Der Herr wollte nicht, dass er das Ende dieser Missstände noch erlebt und ich glaube, dass die Sache schlecht ausgeht, da auch der Anwalt sagt, dass es zwecklos sei, Berufung einzulegen, weil die Erben einen Brief besitzen, in dem sie Papa um Geld bittet und dann gibt es noch etwas anderes, das ich dir nicht erklären kann. Was willst du machen? Hoffen wir auf Gottes Hand, dass ich gerade so viel bekomme, wie viel ich fürs Leben brauche. Derzeit bin ich bei Tante Rosa, aber in einem Zuhause, das nicht das meine ist, finde ich mich nicht zurecht. Du musst erst erfahren, wie schrecklich es ist, sich einsam und alleine zu fühlen und niemand, nicht einmal du bist da, um mir ein wenig Gesellschaft zu leisten und leider musst du an einem Ort sein und ich an einem anderen, wie zwei Fremde. Ich wüsste gern, was ich noch soll, wo ich doch niemanden mehr habe. Und so muss ich den ganzen Tag alleine verbringen und gehe weinend von einem Fenster zum anderen…. Mein lieber Sohn, ich hätte dich gern bei mir, damit ich mich nicht so verlassen fühle, aber ich will nicht, dass du die Stelle verlierst, durch die du jetzt dein Auslangen findest, nur weil du hierherkommst. In deinem letzten Brief hast du nicht geschrieben, ob du einrücken musst. Ich hoffe nicht, weil du ja Einzelkind bist und ich weiß nicht, ob das reicht, aber ich vertraue auf Gottes Hand, dass du nicht einrücken musst.

TEODORO: *(wiederholt zerstreut die letzten Worte)*… dass du nicht einrücken musst!

MARCO: Gottes Hand aber hat ausgerechnet dich dazu bestimmt einzurücken.

Kriegsgetümmel.

TEODORO: Die Ärmste glaubt, dass ich versorgt bin, dass ich ein Auslangen habe, aber ich habe immer gelogen und vorgegeben, dass es mir gut geht, dass ich gut verdiene. Aber wozu die Aufregung? Jetzt habe ich eine Beschäftigung! Ich breche auf und werde mit anpacken, ganz konkret. Ich werde losziehen um zu töten… bei der Rückkehr vielleicht,… ich muss ihr schreiben,… ich werde ihr schreiben, dass es mir gut geht und dass ich viel verdiene. Die Briefe könnte ich zu Giovannino schicken, er würde sie hier aufgeben. Dann erfährt sie nicht, dass ich an der Front bin.

Man hört, wie sich die Eisenbahn in Bewegung setzt. Licht aus. Es bleibt eine zeitlang dunkel und währenddessen schwillt das Kriegsgetümmel zu ohrenbetäubendem Lärm an. Mit dem langsamen Angehen des Lichts nimmt der Lärm ab und verstummt schließlich ganz.

Im Licht taucht jetzt eine Szene auf, in der die Personen reglos wie auf einer Fotografie und wie in einer griechischen Tragödie auf der Bühne positioniert sind. Anna starrt mit leerem Blick in die Ferne und ringt die Hände. Marco sitzt hemdsärmelig am Tisch, er ist schläfrig und trinkt Rotwein. Teodoro sitzt elegant gekleidet auf der anderen Seite und raucht. Maria befindet sich dahinter, zieht sich an und trällert einen Gassenhauer.

ANNA: Seitdem mich Teodoro verlassen hat, ohne danach etwas von sich hören zu lassen, war es mir unmöglich, dieses Leben voller Kampf und Verzicht weiterzuleben. Weil er mir fehlte, ließ auch meine Willenskraft, diese absurde Situation zu ertragen nach.

MARCO: *(zu Teodoro)* Zu den Nöten, die sie erleiden musste, kam auch noch, dass ihr dein tröstendes Wort fehlte.

Teodoro möchte sich rechtfertigen, indem er einen anderen Grund für Annas Schwermut findet.

TEODORO: Hinzu kommt noch die Gewissheit, dass Maria dieses freie, ungeordnete Leben weiterführen würde.

ANNA: Da ist es schon besser, sich wie Teodoro einen ganz eigenen Weg zu suchen. Denn wer weiß, ob ich nicht abseits von diesen Sorgen und Nöten, von diesem Leben voll Leid und Qual, voll gewaltsam geschluckter bitterer Pillen, nicht genesen würde, stärker und ansehnlicher würde…

Für einen Augenblick sieht Anna Teodoro an, der ihren Blick erwidert.

MARCO: Jemanden finden?

ANNA: Zu dritt im Bett,….die freie Liebe…. Kindereien. Es endete immer in Egoismus und Eifersucht.

Pause.

TEODORO: Nachdem ich weggegangen war, fuhrst du also nach Rom.

MARCO: Wo du die Erfahrung machst, dass selbst die Armen bestohlen und betrogen werden.

ANNA: Mir schien, in einer neuen Welt gelandet zu sein, wo die Menschen mehr als auf den praktisch-materiellen Aspekt des Lebens, Wert auf Eleganz, schöne Feste und Unterhaltung legten.

TEODORO: Trifft das auch zu?

ANNA: Die eigentlichen Opfer und Qualen begannen, nachdem mir meine weinigen Ersparnisse ausgingen. Müde und hungrig zog ich durch die Straßen in der Gewissheit, nichts zuwege zu bringen. Sobald es mir gelang, eine Adresse von jemanden ausfindig zu machen, der eine Arbeiterin oder eine Angestellt suchte, war ich nicht einmal in der Lage, mich dorthin zu begeben und ich verschob es, bis ich das Geld für die Straßenbahn hätte.

MARCO: Tja, man weiß ja, wie diese Dinge laufen.

ANNA: Wenn man ganz unten ist und es wirklich nötig hätte, ist es am schwierigsten, eine Arbeit zu finden. Wenn es mir dann doch gelang, irgendwo hinzugehen, war es entweder schon zu spät und sie hatten bereits eine Arbeitskraft gefunden oder sie fanden meine Kleidung zu schlecht und sagten, ich solle später vorbeischauen, denn vorläufig....

MARCO: (*zu Teodoro*) Es verging viel Zeit, bevor sie eine Arbeit fand, die mit ihrem Umstand zu vereinbaren war.... Platzanweiserin in einem Kino im Stadtzentrum.

TEODORO: Mit deinem Umstand.... Warst du schwanger?

Teodoro möchte eigentlich fragen „von wem?“, aber er hält sich zurück. Auch deshalb, weil Anna, wenn auch nur indirekt, auf seine krankhafte Neugier eingeht.

ANNA: Es geschah, dass ich immer dann an Teodoro denken musste, wenn es mir besser ging.... Immer wenn ich am glücklichsten war, als ob es mir absichtlich passierte, um traurig zu werden. Was mag er tun, wo mag er sein? Ob es schon vom Krieg zurück ist?

Pause.

MARCO: (*zu Teodoro, der dazu schweigt*) Na los, erzähle, lass dich nicht bitten.

TEODORO: Nach dem Kriegsdienst, komme ich mit einem Empfehlungsschreiben von einer Person mit maßgeblichem Einfluss nach Crotone zurück. Aufgrund dieses Schreibens erhalte ich eine Anstellung in einer Fabrik, wo ich die erforderlichen Schritte einleiten muss, um die Einschreibungen in die aufstrebende Arbeiterkammer zu bewerben.

Marco bricht in Begeisterung aus.

MARCO: Jetzt bist du dir sicher, dass du es schaffst, auch wenn die Aufgabe, mit der du betraut wurdest nicht gerade einfach ist.

TEODORO: Ich habe den Krieg durchschaut, mehr nicht. Und im Krieg schrumpft jedes andere Phänomen auf Bakteriengröße, wenn man es unter dem Mikroskop betrachtet. (*Pause*) Eines Tages sage ich bei Tisch zu einigen Kollegen, dass man sich organisieren und die Initiative ergreifen müsse, um zu beweisen, dass man selbst im kleinen Rahmen etwas machen kann, um das fehlende Klassenbewusstsein in vielen von uns zu wecken...

MARCO: Ausgerechnet als dir deine Mutter diesen Brief schreibt. (*Marco liest vor*) Lieber Teodoro, ich habe deinen lieben Brief mit dem Geld erhalten und es freut mich, dass du in einer richtigen Fabrik so gut untergekommen bist und weiterkommen kannst, denn das wird dich freuen und auch ich bin froh, dass du nicht mehr links und rechts ausscherst, denn das war immer meine große Sorge.

Teodoro bringt seine Wut zum Ausdruck, indem er mit der Faust auf den Tisch schlägt.

TEODORO: Jetzt geht alles wieder von vorne los. Ich muss alles wieder neu beginnen, Scheiße!

Angespannte Pause, die Nerven liegen blank. Dann fährt Anna mit ihrer Schilderung fort, als ob sie Teodoros Angelegenheiten nichts mehr angingen.

ANNA: Für mich war die Erfahrung, die ich in Rom mit dem Arbeiter Giorgio Russo machte, ziemlich hart. Es ist leicht gesagt, dass das Leben damals einfach war und dass es Geld gab. Aber für mich war das Leben nicht einfach und ich musste immer arbeiten, um uns über Wasser zu halten, denn mit seinem Gehalt allein wären wir nicht weit gekommen.
MARCO: Eines Tages, es ist Sonntag, wachst du später als üblich auf und das Bett neben dir ist leer.
TEODORO: Allein?
ANNA: Pippetto liegt an meiner Seite, er schläft noch, die geballte Faust gegen sein Ohr gedrückt.
TEODORO: Wer ist Pippetto?

Marco wirft ihm einen strafenden Blick zu.

MARCO: Und Giorgio?
ANNA: Er ist bereits außer Haus, sein Hut hängt nicht mehr in der Garderobe; das ist eigenartig, denn an Feiertagen ist er noch nie alleine ausgegangen.
TEODORO: Wohin ist er gegangen? Warum ist er so früh aufgebrochen? Warum hat er dir vorher nichts gesagt?
ANNA: Das Kindlein schläft noch, aber es klagt im Traum. Die gelben Blümchen auf der Tapete, die geschlossene Tür, die geöffnete Schublade, die sonnige Stelle, die immer größer wird, die Risse in der Wand, der Schimmelfleck an der Decke….. Ich rieche den Staub, der bei jedem Windstoß aufgewirbelt wird, höre hin und wieder die gurgelnden Geräusche aus dem Waschbecken. Das Bett ist noch seit der letzten Nacht aufgewühlt.
TEODORO: Und du?
ANNA: Lange Zeit habe ich es nur wegen des Kindes ausgehalten, jetzt aber ist mir klar geworden, dass das ein Fehler war.
Schweigen.
MARCO: Mit deinem schwachen kränkelnden Kind kehrtest du nach Neapel zurück und dir fehlte die Kraft für Arbeit und Kampf.

ANNA: Ich war abgemagert und um mein Herz war es bei Gott nicht gut bestellt.

MARCO: Wegen des Kindes, von dem niemand wusste, von wem es war, wurde sie mehr oder weniger von allen schief angesehen und das machte ihr das Leben nur noch schwerer.

ANNA: Mit Marias Unterstützung, die im Grunde auch nicht besonders effizient war, gelang es mir gerade eben, das Kind aufzuziehen und ein Opfer folgte dem anderen, ganz zu schweigen vom Leid, das ich ertragen musste. Dabei hätte ich alles auf mich genommen, wenn nur Pippetto dadurch wieder auf die Beine gekommen wäre.

MARCO: (*zu Teodoro*) Und so hoffte sie Tag für Tag auf deine Rückkehr oder auf einen Brief von dir, in dem du deine Lage und deine Pläne schildern würdest.

Teodoro sieht ihn grollend an.

TEODORO: Und zu diesem Zeitpunkt ziehst du einen Vorteil aus meiner Abwesenheit und trittst als Retter in der Not auf.

MARCO: Gerade noch rechtzeitig, um erleben zu müssen, wie Pippetto in meinen Armen stirbt. Das kranke Kind ist schon seit Tagen nicht mehr aufgestanden.

ANNA: Im Zimmer hängen feuchte weiße Tücher. Der Arzt hat gesagt, man solle das Zimmer während der heißen Jahreszeit feucht halten. Aber die Tücher hängen nicht richtig, sondern sind achtlos über Stühle geworfen, mit einem Zipfel hinter die Kante des Spiegels geklemmt und an den Türklinken befestigt. Das sieht wie Wäsche aus, die eilig vom Balkon hereingeholt wurde. Das ganze Zimmer, diese Art Wohnzimmer, bestehend aus einem Sofa, einem rotgeblümten Polstersessel und einem alten, abgeblätterten Spiegel, ist durcheinander. Die gelblichen Schläfen des Kindes sind voller Flecken, am Leintuchsaum klebt eine abgelutschte grüne Karamelle. Pippetto hat schwammige Hände und schmutzige Mundwinkel. Hin und wieder huschen Fliegen über sein Gesichtchen.

MARCO: Im Raum riecht es nach Arzneimittel. In dem Glas Wasser, das wahrscheinlich schon seit dem Morgen dasteht, steigen kleine Luftbläschen langsam an die Oberfläche. Am trüben Glas laufen Fliegen, die durch das Wasser vergrößert riesig und ekelerregend aussehen. Auch der Widerschein der Deckenlampe mit ihren glühenden Doppeldrähten ist zu sehen. Und das alles in einem Glas.

ANNA: Marco nimmt die Kinderbeilage der Tageszeitung zur Hand und beginnt leise zu lesen.

MARCO: (*als ob er einem Kind vorläse*) „Kapitän Blaubär sieht sich um und sagt schau her!".

ANNA: Aber Pippettos Kopf liegt vornüber geneigt auf seiner Schulter. Es sieht aus als ob er schliefe.

MARCO: Dabei ist er tot. Pippetto, der seine Augen nicht mehr öffnet und nicht mehr spricht, ist gestorben.

Ausgedehntes Schweigen.

TEODORO: Und Anna?

MARCO: Was willst du, das ist normal. Ihr Interesse an mir schwindet, da es mir meine wirtschaftlichen Verhältnisse nicht erlaubten, Pippetto zu retten.

Anna hat einen Gedankenblitz.

ANNA: Teodoro ist in Neapel, ich spüre es!

MARCO: (*irritiert*) Immer denkst du an ihn! Wenn er dich interessiert, such in dir und geh fort mit ihm!

ANNA: Du irrst. Du willst mich unbedingt auf Gedanken bringen, die nicht die meinen sind. Und außerdem war er nach all dem auch dein Freund.

MARCO: Ja, genau, nach all dem. Wer weiß, was er jetzt macht.

TEODORO: In Neapel mache ich in der Industrie für Lebensmittelkonserven Karriere. Aber meine Arbeitskollegen sehen mich schief an. Es ist ihnen aufgefallen, dass ich mich von politischen Angelegenheiten fernhalte und weil sie den Grund dafür nicht kennen, halten sie mich für einen von denen, die sich nicht bekennen und wenn es darauf ankommt, mit den Vorgesetzten gemeinsame Sache machen. „Sie haben ihn bestellt, damit er ein Auge auf unsere politischen Aktivitäten wirft", sagen sie und sehen nicht, dass ich mich zwinge, nicht vom Kampf an sich, sondern viel mehr von der Partei Abstand zu nehmen, weil ich schon so viel Unbill erlebt hatte. Bemerkten sie denn nicht, dass meine Skepsis gegenüber der Partei Oberhand gewonnen hatte? Denn in meinen Augen war die langsame, mühselige Vorgangsweise der Partei, in der junge Revolutionäre verfolgt wurden, eben das, was alles lahmlegte. Obendrein fand dies breite Zustimmung, außer natürlich bei wahrhaftigen Genossen.

MARCO: Aber zurück zum Sonntag, an dem du dich freudestrahlend schön machtest und zu Maria gingst.

TEODORO: Zu Maria? Und wohin?

ANNA: Maria lebt jetzt mit dem Rechtsanwalt zusammen, mit dem sie schon damals in Neapel ganze Abende verbracht hatte. Das Liebespaar wohnt in Torretta, in einem schönen, zweckmäßig adaptierten Altbau.

TEODORO: Ich komme nach Jahren, nach vielen Jahren zu Maria zurück. Ob Anna wohl da ist? Was werde ich zu ihr sagen? Wenig. Ich werde lieber den Mund halten. Man soll den Dingen ihren Lauf lassen, das ist besser.

XIV

Maria tritt ein. Sie ist wie immer fröhlich.

MARIA: Da schau her! Teodoro! Wie geht's? Du hast gar nichts mehr von dir hören lassen!

TEODORO: Ich wollte…aber…

MARIA: (*zu Anna und Marco*) Hört her, nun wird uns Teodoro erzählen, was er in all den Jahren alles erlebt hat, ja?

TEODORO: Ich? Ich? Mein Gott, was glaubt ihr? Was soll ich denn schon Außerordentliches erlebt haben? Ich war im Krieg, na und? Da mussten sowieso alle hin!

MARIA: Da muss aber noch was gewesen sein, etwas vollkommen Abenteuerliches.

TEODORO: Was soll es da auch schon zu erzählen geben? Höchstens meine Misserfolge als Revolutionär, lächerlich. – Ich habe überhaupt keine Lust darüber zu reden…

Teodoro wendet sich Anna zu und spricht mit ihr im Flüsterton.

TEODORO: Hast du dich mit Marco zusammengetan?

ANNA: (*nickt*)

TEODORO: Das habe ich mir fast gedacht.

ANNA: Es war damals nötig, mich mit Marco zusammenzutun. Ich hatte ein krankes Kind, für das ich sorgen musste. Es ist aber trotzdem gestorben, es war im Juni, jetzt, am achtzehnten, ist es genau ein Jahr her und seither mein Lieber, ist weder Geld noch irgendwas Gutes ins Haus eingekehrt. Bei der Seele meines unschuldigen Kindes, das musst du mir glauben. (*Pause*) Er hat jetzt keine Arbeit und wenn Maria nicht wäre… aber lassen wir das… auch sie kann nicht Wunder wirken. Aber er ist da nicht zimperlich… ich weiß nicht, er ist weder dankbar noch kränkt es seinen Stolz, dass er in Wirklichkeit meiner Schwester auf der Tasche liegt.

TEODORO: So ein Kerl!

ANNA: Er sagt, dass er sich von einer Erfindung großen Reichtum erwartet.

In der Zwischenzeit spielt sich Marco bei Maria wie ein Prahlhans auf.

MARCO: Es ist ein sicheres System, ich werde einen Haufen Kohle machen.

MARIA: Hoffen wir's!

Etwas Abseits setzt Anna ihr Gespräch mit Teodoro fort.

ANNA: Er geht immer zu einem Ingenieur, der irgendwie verrückt sein muss.

TEODORO: Gott schickt sie in die Welt, dann führt er sie zusammen!

Anna (*seufzt*)

TEODORO: Entschuldige, ich spreche nicht von dir, aber gewisse Leute…

ANNA: Ja wirklich, wenn ich sehe, wie die Leute ihr Geld für Dummheiten hinauswerfen, werde ich böse. Muss es denn sein, dass es Leute gibt, die nicht einmal was zu essen haben und solche, die sich am Krieg bereichert haben und sich jeglichen Luxus leisten können?

TEODORO: Und wie ich dich verstehe! Ich war im Krieg und habe Menschen gesehen, die für nur einen Meter Grund und Boden gestorben sind und bereits am nächsten Tag wurde das Territorium vom Feind zurückerobert. So viel Leid für nichts und wieder nichts. Oder besser gesagt, die zu bereichern, die auch weiterhin ihrer Scheißbequemlichkeit frönen. Das macht mich wütend!

ANNA: Mich auch.

TEODORO: Entschuldige, aber ich verstehe nicht, wie du dich mit dem Menschen zusammentun konntest, von dem ich hoffte, für den Rest meines Lebens nicht mehr begegnen zu müssen.

ANNA: Ich hab's dir schon gesagt. Ich hatte ein krankes Kind und allein hätte ich es nicht geschafft. Außerdem schien es mir an der Zeit, eine Familie zu gründen. Es war mir ein Bedürfnis, verstehst du? Aber leider…

TEODORO: Aber leider wurde nichts daraus und es ging wieder von vorn los.

ANNA: Jetzt gibt sich Marco mit einem ab, der sich Ingenieur nennen lässt. Es geht um ein Patent für Eisenbahnweichen, ich verstehe nichts davon. Oft kommt er nachts nichts mehr nachhause, er sagt immer, es sei wegen des Patents.

TEODORO: Die werden wohl auf ihn warten! (*Anna zuckt zusammen*) Was ist? Fühlst du dich nicht wohl?

ANNA: Es ist nichts, es geht gleich vorbei.

TEODORO: Setz dich, trink einen Schluck Wasser, deine Stirn glüht.

ANNA: Ich habe wirklich Pech! Hin und wieder muss ich mich an Maria wenden, aber auch sie kann mir nicht immer helfen, denn wenn dieser Dingsda, ihr Herr Rechtsanwalt, nicht will, geht gar nichts. Aber du kannst etwas machen.

TEODORO: Ich? Und was soll das sein?

ANNA: Du musst Marco dazu bringen, dass er wieder arbeitet.

TEODORO: Mal sehen.

ANNA: Ich bitte dich, tu es für mich!

TEODORO: Aber du weißt, dass das nicht einfach für mich ist. Wenn ich es mache, dann ist es wohlgemerkt für dich, nicht für ihn…

ANNA: Danke!

TEODORO: Wenn du wüsstest, was mir dieser Mensch angetan hat!.... Schon in Taranto hat er mich im Stich gelassen. Er arbeitete in einem kleinen Provinzunternehmen und ich hatte keinen Heller und keine Menschenseele, die mir geholfen hätte. Dann schrieb ich ihm, bevor ich wegfuhr, keine Antwort. Ich schrieb ihm aus Crotone, wieder nichts! Hätte er mir doch nur ein einziges Mal geschrieben, dieser Schweinehund!

ANNA: Ich bitte dich!

TEODORO: Ruhig Blut. Ich habe beschlossen, nicht mehr darüber nachzudenken und jetzt will ich mir seinetwegen nicht die Laune verderben lassen.

ANNA: Erzähl mir was von dir.

TEODORO: Ich wohne jetzt in Posillipo, du kannst mich einmal besuchen, von meiner Wohnung hat man eine schöne Aussicht.

ANNA: Ich werde kommen.

TEODORO: Du musst aber an einem Sonntag kommen, wenn du mich mit Sicherheit zuhause antreffen willst.

XV

Anna liegt im Bett. Teodoro sitzt am Fußende des Bettes. Marco steht daneben.

MARCO: *(zu Teodoro)* Der Wunsch, ihr konkret zu helfen überlagert den Wunsch, sie zu besitzen. Welcher der beiden Wünschen mehr von Herzen kommt, weiß ich nicht.

TEODORO: Und?

MARCO: Ich weiß nur, dass hinter dem Wunsch, ihr zu helfen auch die Absicht steckt, mich zu demütigen, damit ich mich unfähig und wie ein Versager fühle.

TEODORO: *(springt auf)* Selbst wenn es so wäre!

MARCO: War denn nicht ich der Einzige, der ihr geholfen hat, als sie es notwendig hatte?

Anna beendet mit einem Handzeichen das Streitgespräch, das gerade auszuarten droht.

TEODORO: Jetzt kann ich ihr helfen, ich werde sie nicht zur Arbeit schicken, ich werde es ihr an nichts fehlen lassen.

MARCO: Das sehe ich mir an!

TEODORO: *(zu Anna, von Marco sprechend)* Verstehst du? Du brauchst ihn gar nicht mehr anzusehen!

ANNA: Ich bitte dich, versöhnt euch. Sei nicht so stur, eine derart angespannte Situation kann uns allen schaden, doch Friede und Zusammenhalt unter uns sind unbedingt nötig. Das musst du verstehen, tu es für mich.

TEODORO: Na gut!... Wenn das auch für ihn in Ordnung geht…

ANNA: Marco ist einverstanden, er macht keine Umstände, er hat lediglich gesagt, dass er nichts dagegen hat, dich wiederzusehen.

TEODORO: Liebst du ihn wirklich?

ANNA: Ich mag euch alle beide.

TEODORO: Und was empfindest du für mich?

Anna antwortet nicht. Sie schließt die Augen. Marco hat inzwischen angefangen, in der Zeitung zu lesen.

MARCO: Der Streik der Metallarbeiter hat Unruhe in die Stadt gebracht. Die Straßen sind wie ausgestorben, nur dann und wann tauchen berittene Ordnungskräfte auf. Auf den Hauptstraßen und an den Kreuzungen stehen bewaffnete Wachen und in den Häusern mit den größten Innenhöfen haben ganze Heeresabteilungen Quartier bezogen…

TEODORO: Ich sollte dort sein, bei meinen Mitstreitern.

ANNA: (*mit schwacher Stimme*) Wozu?

TEODORO: Für eine 15%ige Gehaltserhöhung, deswegen. Ich verdiene 12 Lire, also wären 15%: eins zwanzig plus sechzig, die Hälfte, das ergibt eins, eins achtzig. Zwölf plus eins achtzig, würde ich demnach dreizehn achtzig verdienen? Bei Pascotti wären es jedenfalls achtzehn sechzig.

ANNA: (*wiederholt immer noch weinerlich*) Wozu?

TEODORO: Mein Gott, man muss sich auf die Hinterbeine stellen. Ein Arbeiterbewusstsein muss her. Viele von uns haben keines, hier liegt der Hund begraben!

MARCO: Das Proletariat ist dumm, denn es gelingt ihm nicht, eine bessere Zukunft aufzubauen. Was hat das mit Geld zu tun? Es reicht doch, wenn man weiß, wie's geht, oder nicht?

ANNA: Man kann auch zu dritt eingeordnetes Leben führen.

TEODORO: Und du weißt natürlich, wie's geht, ja? Es hat sich ja gezeigt, wie viel Kohle du machst!

MARCO: Es ist nur eine Frage der Zeit.

ANNA: Zwischen uns darf es keine Unstimmigkeiten geben. Jeder steuert etwas Geld für das Essen bei und wir essen gemeinsam. Später, wenn aus uns etwas geworden ist,... (*sie hustet*)

Marco und Teodoro treten besorgt näher ans Bett.

ANNA: Ihr seid meine beiden Liebhaber/Kinder.

Marco küsst die auf den Mund, als ob ihn plötzlich erotisches Verlangen überkommen wäre. Teodoro protestiert.

TEODORO: Lass sie in Ruhe. Sie muss gesund werden.
MARCO: Dafür hättest du früher sorgen können, dass sie in Ruhe gelassen wird.
TEODORO: Was willst du damit sagen?
MARCO: Du hättest vermeiden können, sie zu schwängern, das will ich damit sagen.
TEODORO: Wenn du nicht aufhörst, dich ihr gegenüber wie ein wildes Tier zu verhalten…, ausgerechnet jetzt, wo es ihr schlecht geht…

Anna streckt die Hand aus, um Teodoro zu berühren und seine Wut zu dämpfen.

ANNA: Du kennst ja Marco, er ist gereizt und brüllt wegen jeder Kleinigkeit, man weiß nie, woran man ist. Er sagt einmal dies, einmal das. Er wollte nicht, dass ich dir vertraue. Er sagte… Aber du musst jetzt Frieden geben. Ich habe nicht mehr die Kraft zu kämpfen.
TEODORO: Das werde ich, du wirst schon sehen. Vorausgesetzt, dass er sich nicht wie üblich, wie ein Idiot aufführt! Was mich betrifft…
ANNA: Ja, das musst du. Tu als ob, wenn du es nicht schaffst. Ich kann nicht mehr. Mir geht es von Tag zu Tag schlechter. Ich bin so unglücklich – Ich spüre, wie meine Kräfte schwinden, das Herz…
TEODORO: Aber das vergeht wieder, du wirst sehen, auch diese Krise wird vorübergehen wie die anderen davor.
MARCO: (*wie eine Brecht'sche Didaskalie zitierend*) Anna schließt die Augen als ob sie schliefe. In Wirklichkeit ist sie gestorben.
TEODORO: Daran gibt es nichts zu rütteln. Für uns als Individuen brauchen wir keine Sorge zu tragen. Jetzt müssen wir an uns als Klasse denken. Verstehst du, was ich damit meine?

FINALE

ERZÄHLER:

Teodoro setzt sich und schließt, vor Behagen über die Ruhe, die Augen. Er hört, wie im Nebenzimmer Wasser in eine Schüssel fällt und der anhaltende, fröhliche Klang verschafft ihm ein Gefühl der Erleichterung, aber das ersehnte weiße Bett, dessen blanke Fläche sich wie eine Ruhe- und Todeszone abhebt, rückt immer weiter weg.

Seine Stirn überzieht sich mit Schweißperlen. Bei geschlossenen Augen ist ihm, als bliese sich sein Körper auf, während das Bett immer kleiner würde. Er schwitzt. Sein Kopf sinkt auf die Brust. Der abstoßende Geruch seiner Lumpen dringt ihm in die Nase und sein Körper erscheint ihm immer dicker und dem Zerfall preisgegeben.

Nur das Gesicht ist ihm geblieben, sein verfluchtes Kindergesicht, der Rest ist verloren. Körper und Seele sind irgendwo auf der Strecke geblieben, um diesem Gefühl der Unterdrückung zu entkommen, die ihn sein ganzes Leben lang verfolgt hat. Jetzt würde er auf alles verzichten, nur um sich auf dieses Bett fallen lassen zu dürfen, dessen weiße Ebene im Kontrast zur rotgeblümten Tapete steht.

Aber die Qual zieht sich in die Länge, weil alles in drückender Langsamkeit geschieht. Jetzt fällt das Wasser nicht mehr ins Becken, aber am Boden sind die schweren Schritte von jemand zu hören, der ein seine Kräfte überschreitendes Gewicht schleppt. Dann ein Streichholz, das mehrmals an einer rauen Oberfläche gerieben wird, das harsche Blasen des noch nicht entzündeten Gases und eine kleiner gedämpfter Knall…

Teodoro schläft bereits auf dem Stuhl und das Erlebte und diese Geräusche verbinden sich im Traum mit der Erinnerung. Drei Männer in gestreiften Unterhemden geben ihm in der sonnenüberfluteten Werft etwas Geld, aber sie lachen schallend über ihn. Er entflieht in der glühenden Sonne über die Mole und die drei Männer sind immer noch vor ihm und lachen.

Es gelingt ihm, einen von ihnen am Hals zu packen und wie einen Nagel in die Wand zu schlagen. Dann packt er den zweiten, dann den dritten. Aber die grauen Köpfe der Arbeiter bewegen sich noch immer und er hämmert auf diese Nagelköpfe ein, und es sind ihrer immer mehr geworden und alle stecken in einer unendlich großen, weißen Wand.

von **ENRICO BERNARD**

Das **De-naturalistische Theater** (Teatro S-naturalista) entsteht aus dem Anspruch, Theater nicht als *Darstellung* der Realität aufzufassen (Artaud: *Das Theater darf also nicht als Double jener alltäglichen und unmittelbaren Realität betrachtet werden, deren versteinerte und seichte wie harmlose Kopie es nach und nach geworden ist, sondern als Double einer anderen Realität... nun ist diese Realität aber nicht menschlich, sondern unmenschlich..."):* vielmehr ist es als formale Revolution der Realität, als Ort der realen Möglichkeit zur Revolution aufzufassen, als eine zwar abstrakte, weil von der Form geschaffene Möglichkeit, die jedoch voll konkreter Inhalte und deshalb sehr wohl real ist. Prinzip und Ziel des **De-naturalistischen Theaters** ist also die Revolution. Die im Theater jedoch nicht auf eine *einfache* Revolution des Bestehenden beschränkt sein darf, sondern darüberhinaus die Existenz der Revolution, verstanden als Möglichkeit des Gedankens, und des Geistes (als bewußte Aktivität des Menschen) aufzeigen und darstellen muß.
Einige Strömungen und avantgardistische Bewegungen des 20. Jh., die zwar auch in der dem Theater innewohnenden Fähigkeit ansetzten, das Bestehende zu entstellen, also in eine *andere* Dimension zu übertragen (Artaud: *Diese Verschiebung des Realen, die dauernde Entstellung der Erscheinungen regen zur vollständigen Freiheit an...*) und die Welt umzukehren, sind nicht über das Resultat, das Produkt der Umkehrung hinausgekommen, während doch das Theater eine ununterbrochene Revolution benötigt, eine ständige Aktivität des Geistes, in dem das Sein seine Grundlage finden kann, um sich kritisch mit der es umgebenden und sich immer chaotischer verändernden Realität auseinandersetzen zu können. Man

93

muß sich in der Tat fragen, warum großartige Werke, die bei ihrem Erscheinen gesunde widersprüchliche Reaktionen hervorgerufen hatten, heute im Theater auf die platteste Art und Weise konsumiert werden. Vom absurden Theater beispielsweise haben wir hervorragende dialektische und revolutionäre Meisterwerke, die heute jedoch von einem immer unbeteiligteren Publikum, sozusagen auf der faulen Haut liegend, verdaut werden. Die Wahrheit ist, wahrscheinlich, daß heute die Realität unseres Lebens viel absurder als das absurde Theater selbst ist, und *jene* Meisterwerke in ihrer Universalität längst *erworbene Produkte* sind. Und in einer Zeit in der das Theater in einer tiefen Krise steckt, stellen die Worte Artauds eine eindringliche Mahnung dar: *"Wenn die Menge nicht mehr zu den literarischen Meisterwerken kommt, so deshalb, weil diese Meisterwerke literarisch, d.h. festgelegt sind; in Formen festgelegt, die nicht mehr den Bedürfnissen der Zeit entsprechen."*
Die Revolution, die sich in das Produkt der Revolution verwandelt, hört auf, ein revolutionärer Akt zu sein (Majakowskj). Die für das Theater des 20. Jh. wichtigen Strömungen haben zweifellos revolutionäre Werke geschaffen, die nunmehr jedoch zu Konsumgütern geworden sind, zu literarischen Meisterwerken des Theaters, die nicht mehr *lebendes* Theater sind. Emblematisch dafür ist das epische Theater Brechts. Obwohl er sich vornahm, *"die Bühne von ihrem inhaltlichen Effekt zu befreien"*, d.h. den revolutionären Inhalt auf die formale Ebene zu übertragen, hatte er den Anspruch, jener revolutionären Form einen Inhalt wie den Klassenkampf beizugeben, was auf lange Sicht schließlich zum Erstarren der revolutionären Form gerade im Bereich eines historisch determinierten Inhalts führte.
Der Versuch des **De-naturalistischen Theaters** (Teatro S-naturalista) besteht vor allem darin, Theater in seiner Zweiheit

Form und Inhalt, als Elemente eines geistigen Prozesses, zu betrachten. Eines Prozesses, der in der Lage ist, zum einen die Existenz der Entstellung des Menschen aufzuzeigen und zum anderen die Existenz der Möglichkeit zur Revolution durch die dem Theater eigene Form, die die Realität selbst ändert. Weiter unten werden wir diese Gedanken näher klären. Für den Moment wollen wir uns damit begnügen, uns vorzustellen, daß auf diese Weise FORM (Theater) und INHALT (Realität) einen Zustand kritischen Gleichgewichts finden: da sie nun weder abstrakte Form noch roher Inhalt ist, erstarrt diese dialektische Syntese nicht zu einem *Produkt der Revolution,* sondern verwandelt sich in ständiger geistiger Aktivität im Wechsel der Form in den Inhalt und des Inhalts in die Form - innerhalb einer nicht endenden geistigen Aktivität, mit der der Mensch das *eigene Sein* und sein *In-der-Welt-Sein* infrage stellt, also seine eigenen Formen und seine eigenen Inhalte. Sodaß die *Leichtigkeit des Inhalts* nicht nur unentbehrlich für den *Ernst der Form* ist, sondern auch deren revolutionäre Wirkung unterstützt.

Wenn es stimmt, daß unsere Zeit durch eine *unerträgliche (bzw. tragische) Leichtigkeit des Seins* charakterisiert ist, *muß* das **De-naturalistische Theater** (Teatro S-naturalista) provokanter Weise dieser *Leichtigkeit* eine revolutionäre Funktion zuweisen, indem sie es, kraft der Form, in eine *scheinbare Leichtigkeit des Seins* verwandelt. Man könnte das Theater auch als Computer betrachten, in dem dann das Schauspiel, in diesem Fall das Videobild, Resultat der Bearbeitung einer *software,* eines Inhalts, durch eine **hardware**, eine Form, wäre; eines Inhalts, der, um zu Theater zu werden (geistige Form oder hardware) genügend *soft,* d.h. leicht sein muß. Wenn es dem Inhalt an dieser Leichtigkeit fehlt, kann die Form:

a) entweder den Inhalt *unmittelbar* so zeigen, wie er ist, also

auf ihre revolutionäre Form verzichten;
b) oder den Inhalt ignorieren, der ja vom Geist kaum assimiliert
werden kann; in diesem Fall gliche das Theater einem Computer, der, da er die Daten der Realität nicht entschlüßeln kann,
diese entweder völlig verweigert, oder sie in unlesbarer (bzw.
ungenießbarer) Weise bearbeitet - all dies geschähe auf
Kosten der eigentlichen Funktion sowohl eines Computers als
auch einer theatralischen Form, die darin besteht, diejenige
Realität zu modifizieren, die sie verstehen kann.
Damit soll natürlich nicht behauptet werden, daß das **De-
naturalistische Theater** (Teatro S-naturalista) nicht *ernst*,
nicht *gewichtig* sei. Aber eine Sache ist der Ernst, eine andere
die Schwere (des Inhalts), welche die Form aufweicht und
fast überflüßig macht. Das **De-naturalistische Theater**
(Teatro S-naturalista) ist die **KOPERNIKANISCHE
REVOLUTION** des Theaters des 20. Jh., welches hingegen
in seinen bedeutendsten Äußerungen dem Ernst des Inhalts
die Leichtigkeit der Form entgegengesetzt hat. Diese
Vorgangsweise bringt jedoch mit sich, daß der *schwere, ernste*
Inhalt eines Werkes mit der Zeit dessen von der Form gegebene dialektische und revolutionäre Funktion stillegt. Auch
wenn man die *Inhalte* beispielweise des politischen Theaters
befürworten kann - heute sind wir gezwungen, diese Ära des
Theaters als das ideologische und kúlturelle Produkt einer
bestimmten Epoche anzusehen. Auf der Gegenseite des
politischen Theaters finden wir ein Meisterwerk wie *Warten
auf Godot.* Aber auch hier stellen die *ge-wichtigen*
philosophischen Inhalte des Stücks eine geistige Reflexion
dar, die sich nicht so sehr - wie sie sollte - auf der Ebene der,
hier eben informellen Form abspielt, sondern auf der Ebene
des Inhalts, der sich heute als *für die Form schwer* erweist.
Ein für die Form *schwerer* Inhalt wird somit auch *ge-wichtig*,
setzt sich an die Stelle der Form, die hingegen Ausdruck der

96

revolutionären Fähigkeit, der Transformation des Geistes ist.
Die *Ernsthaftigkeit* oder *Ge-wichtigkeit* des **De-naturalistischen Theaters** (Teatro S-naturalista) entspringt also
der *Leichtigkeit* des Inhalts, welche eine ebenso wahre, freie
und autonome wie kritische und dialektische Äußerung des
Geistes ermöglicht.

De-naturalistisches Theater (Teatro S-naturalista) bietet sich
als Konzeption des *Theater für das Theater* an. Es gilt zu verstehen, daß die sogenannte inhaltlich anspruchsvolle Dramaturgie (poetische, politische, philosophische Inhalte), d.h. ohne
revolutionäre Form, den Ersatz des Theaters durch das
Fernsehen zur Folge hat. Die **kopernikanische Revolution
des De-naturalistischen Theaters** (Teatro S-naturalista)
besteht also darin, daß die Wahl des leichten Inhalts (software)
die Aktivität des Geistes auf der Ebene der Form des Theaters
(hardware) ermöglicht, indem es die Kräfte des Geistes
freisetzt, der fähig ist, (im Theater, aber das ist immerhin
schon etwas) die Realität umzuformen.

Die Gefahr, daß man das Theater, indem man es in der Form
anstatt im Inhalt begründet, sich selbst der Welt, der Geschichte und der Gesellschaft entfremdet, weil man es auf diese
Weise abstrakt formal gestaltet, besteht nicht: Gerade weil der
Inhalt leicht ist, wird er sozial und historisch determiniert oder
aus dem Leben gegriffen sein; und gerade weil er theatralisch
durch die Form gefiltert ist, wird er *revolutionär* sein, denn
der Geist ist kein festgelegter Inhalt, sondern die menschliche
Fähigkeit, die Dinge und Inhalte den eigenen Formen gemäss
zu verändern (siehe Bachtin, "Literatur und Estetik").

Die revolutionäre Form besteht also darin: Theater zu sein,
d.h. Transformation des Inhalts (der Realität) in die Dimension
der Möglichkeit des Geistes. All das ist nicht Idealismus oder,
noch schlimmer, abstrakter Formalismus. Es ist Theater.
Theater ist *Formalismus*. Aber in seinem Formalismus

97

vollbringt das Theater ein Wunder: es macht Revolution. Eine Formale? Sicher, aber gerade deshalb, weil die Revolution nicht als absolutes Prinzip, als eine bestimmte historische Notwendigkeit ein für alle mal behauptet wird, wohl aber als eine *Möglichkeit* des Geistes.

Dem Menschen die Möglichkeit bewußt zu machen, die Dinge ändern zu können, sei es auch formal, oder vielmehr ihm die Möglichkeit zur Revolution und die Tatsache, daß das Bestehende existiert, um sich (auf der Bühne) zu ändern (bewußt zu machen), sind die Ziele des **De-naturalistischen Theaters** (Teatro S-naturalista), welches der scheinbaren und wiedersprüchlichen Leichtigkeit des Seins eine revolutionäre Form entgegenstellt, die in der Lage ist, die Realität zu ändern.

Dem von Artaud und dem Theater der Grausamkeit geforderten existentiellen Drama, mit dem sich hier viele Positionen decken, antwortet das **De-naturalistische Theater** (Teatro S-naturalista), indem es die unsere Zeit prägende *Unwesentlichkeit* und die mittlerweile *objektiv* unausweichliche Nichtigkeit des Seins zum Ausgangspunkt nimmt. Dieser *Nichtigkeit* entspricht allerdings der *Nutzen* der Form, Kraft derer das Sein zu sich selbst *berufen* wird. So entsteht durch die kopernikanische Revolution des **De-naturalistischen Theaters** (Teatro S-naturalista) die *moderne Tragödie*; eine Form von Theater, die, sich scheinbar an die Farce anlehnend, sich wieder dem Ursprung der dramatischen conditio humana des *in-die-Welt-geworfen-Seins* zuwendet.

Die kopernikanische Revolution des **De-naturalistischen Theaters** (Teatro S-naturalista) liegt darin, Theater wieder als das zu sehen, was es real ist: Form des Geistes, der zu seiner Aktivität (hardware) einen Inhalt (software) benötigt, der derart beschaffen ist, die Form nicht zu belasten oder sie sogar zu verdecken. Vielmehr muß der Inhalt *so leicht*

98

erscheinen (eben soft), daß die Form sich als das manifestieren
kann, was sie wirklich ist : THEATER, also revolutionäre
Aktivität (denn Theater ist in jedem Fall eine Transformation
der Dinge), des Geistes. Daß der Inhalt *leicht sein muß*, ist
klarerweise kein willkürlicher Entschluß, sondern eine
gegebene, allen offensichtliche Tatsache: nämlich die, daß
unser Existenz immer leichter wird. Will sich das Theater im
Feld der *ge-wichtigen* Inhalte verschanzen, wird es sich für
ein Dasein als abstrakter Tempel, fernab vom Leben (Inhalt
soft) und der revolutionären Natur des Theaters (Form
hardware) in Wüste und Verlassenheit entscheiden müßen.
Das **De-naturalistische Theater** wurzelt in der Geschichte
des modernen Theaters. Schon die deutschen Romantiker hatten geahnt, in welche Richtung die Welt gehen würde: Nicht
zufällig definiert der Begriff der *Ironie* den Zusammenhang
von nötiger Distanz und Kritik auf der formalen Ebene der
notwendigerweise *leichten* Inhalte (Alltagsbanalität), die das
Theater zeigen *muß*, um sie dialektisch umkehren zu können.
Der revolutionäre Titel eines dieser Meisterwerke (*Die verkehrte Welt*, 1791, Tieck) drückt ganz deutlich die dem Theater
eigene Funktion der Entstellung (der De-naturalisation) des
leichten Realen aus. Sicher sind die Inhalte von Tiecks Werken
historisch, zeitlich bestimmt; aber es ist auch wahr, daß die
revolutionäre Form, durch die sich der Geist ausdrückt, *"Die
verkehrte Welt"* zu einem allgemeingültigen Exempel macht.
Übrigens, aus diesem Kontext erhält Pirandello nicht nur
Inspiration, sondern übernimmt auch die eine oder andere
Seite für die Trilogie des Theaters auf dem Theater (siehe:
Heute abend wird aus dem Stegreif gespielt, dessen
Anfangssätze die wörtliche Übersetzung des Tieck'schen
Ansatzes sind). Die Trilogie Pirandellos hätte eindeutig keinen
Sinn, nachdem die Romantik ja das Thema schon gründlich
ausgeschlachtet hatte, stellte sie nicht das große Dilemma des

99

zeitgenössischen Theaters dar: Form oder Inhalt? Farce oder Tragödie? Klar wird auch, daß Pirandello, auch wenn er all die Leichtigkeit erkannte, der sich das Sein überlassen hat und überläßt, nichts anderes tun konnte, als dieses Dilemma zu formulieren: welches den wahren Kern des Pirandellismus darstellt, der, wäre er nicht eine Suche nach neuen theatralischen Formen gewesen, die das Spiel der Existenz revolutionieren könnten, philosophisch gesehen sicher nicht überraschen würde.

Es sei jedenfalls darauf hingewiesen, daß in *Heute abend wird aus dem Stegreif gespielt* Hinkfuß (der die Regie führen sollte)die Notwendigkeit eines als *Unterhaltung* verstandenen Theaters erkennt, in dem der Geist von der eigenen *unerträglichen Leichtigkeit* kraft der Form zu sich selbst zurückkehrt:"...*Aber nur unter der Bedingung, meine Herrschaften, kann das, was die Kunst einmal in der Unwandelbarkeit einer Form festgehalten hat, in Leben übersetzt und wieder zum Bewegen gebracht werden: unter der Bedingung, daß diese Form von uns die Bewegung zurückbekommt, von uns ein wechselvolles, verschiedenartiges, augenblickliches Leben: jenes, das jeder von uns zu geben vermag. Kunstwerke läßt man heute gern in ihrer göttlichen zeitlosen Einsamkeit. Die Zuschauer WOLLEN SICH, nach einem Tag voll schwerer Sorgen und anstrengender Geschäfte, Bedrängnisse und Mühsale aller Art, abends im Theater UNTERHALTEN."*

Das Theater Pirandellos, so unentschieden und hin und her gerissen zwischen Form und Inhalt es ist, findet in *Die Riesen vom Berge* eine definitive Stellungnahme des Autors zugunsten der Form. Theater wird als scheinbares Spiel gesehen (alles Spiel ist ja in der Tat Schein, da es den *Ernst* des Seins verbirgt), in dem die fast unmerkliche *Leichtigkeit* der Inhalte in der revolutionären Form (des Geistes) widerhallt, die die

100

Farce in Tragödie wendet, das Lachen in Weinen, wo die *Leichtigkeit* der Werte in einer *Umkehrung* durch die Form *entstellt* (denaturalisiert) wird und diese auf eine höhere dialektische Ebene befördert werden. Und umgekehrt, insofern der Inhalt, kraft der Form, tragisch wird.

Das Thema des *Spiels* kehrt übrigens, so wie das der *Metamorphose* der Werte, in der Theatergeschichte immer wieder, so oft, daß es überflüßig wäre, Autoren wie Plautus, Calderon und den Ibsen des *Peer Gynt* zu zitieren. Bleibt nur zu sagen, daß das *Spiel* von einem deutschen Autor theoretisiert wird (Schiller: *"Der Mensch spielt, wenn er nicht entfremdet ist, und ist nicht entfremdet, wenn er spielt"*), dessen historisches, heute gänzlich überholtes Theater - abgesehen von dem *tragischen Spiel* *"Die Räuber"* - ansonsten formal gesehen *ge-wichtigen,* vom Klassizismus herkommenden Inhalt wie mumifiziert wirkt.

Der Diskurs läßt uns jedoch in der Geschichte des Theaters die Antwort auf eine fundamentale Frage wiederfinden, die die kopernikanische Revolution des **De-naturalistischen Theaters** an erste Stelle setzt: Wenn heutzutage die Integrität des Menschen nicht mehr oder nicht allein von den Marx'schen Produktionsmitteln angegriffen, verwirrt und zersplittert ist, sondern von der Leichtigkeit des Lebens, das zu leben uns *geschieht* - wie, auf der Ebene der theatralischen Fiktion, die immer weiter aufgelöste Persönlichkeit rekonstruieren? Mit dem *Spiel*, d.h. mit dem Theater, das die Form ist, in der der Geist, im Spiel mit sich selbst und seiner *Leichtigkeit,* in sich selbst die Fähigkeit, die Dinge zu ändern, wiedererlangt. Ein *Spiel,* in dem das Kierkegaardsche Bewußtein - *"ein ich war ich nicht und ein ich bin ich nicht geworden"* - genügt. Die Tragödie des Seins auf der Suche nach einem Ausweg (einem revolutionären und daher theatralischen) aus der eigenen *schweren Leichtigkeit* auszudrücken.

101

Wenden wir uns noch einigen praktischen Aspekten zu.

Der Grad der Leichtigkeit des Inhalts hängt von der Form ab, die der Geist - als intellektuelle Aktivität des Menschen verstanden - bestimmt, um sich darin auszudrücken. Die so dem vorausgesetzte Form wird zum Behälter des Inhalts, den die Form vom Leben abstrahiert, um sich konkret manifestieren zu können. Vom Standpunkt des **De-naturalistischen Theaters** aus gesehen, bestimmt die vom Geist *vor-bestimmte* Form ihrerseits den Inhalt, dessen Leichtigkeit von der revolutionären Kraft der Form abhängt. Je revolutionärer eine Form sein wird, desto weniger wird sie einen schweren Inhalt benötigen, der ihr eher zum Hindernis würde. Das **De-naturalistische Theater** ist also Ausdruck der Leichtigkeit des heutigen Lebens und zielt, indem es diese darstellt, hin auf eine revolutioäre Kritik an ihr, durch die Form.

Das **De-naturalistische Theater** entsteht also aus einer *Erfordernis* unserer Zeit. Einer Zeit, die eben durch jene *unerträgliche Leichtigkeit des Seins* charakterisiert ist, die sich durch die Form der Theateraufführung entstellt, sich entzweit (mit Hegel: indem sie sich selbst darstellt, stellt sie dialektisch ihr eigenes Gegenteil her), um so von der Heideggerschen *Geschwätzigkeit* (Leichtigkeit des Seins) zur Ernsthaftigkeit des Seins zurückzukehren. Wobei sich, wohlverstanden, die Ernsthaftigkeit des *Im-Theater-Sein* vom existentiellen *Für-den-Tod-Sein* unterscheidet, ja vielmehr ein *Für-das-Leben-Sein* ist, im Sinne von Aktivität des Geistes, der die Dinge ändern will (und daraus folgt gleichzeitig, daß, während die Philosophie den Tod darstellt, die Erstarrung des Geistes, das Theater der höchste Ausdruck geistiger Vitalität ist).

Wenn er also wahr ist, daß jede Epoche ihren eigenen Anspruch von Theater ausdrückt (schon in der *Hamburgischen Dramaturgie* Lessings werden Mitte des 18. Jahrhunderts ähnliche Gedanken formuliert), folgt daraus, daß das **De-naturalistische Theater** nicht eine mehr oder weniger theoretische Möglichkeit ist, sondern eine *Notwendigkeit* unseres historischen Augenblickes, der so tiefgreifend von der Leichtigkeit beherrscht wird. Und sollte das Theater, in sich selbst verschanzt und gefangen in der Schwere der Inhalte, abseits der Geschichte bleiben, ohne dem Leben, wie es heute ist, formal einen Sinn zu geben, um es zu ändern zu versuchen, wird das zweierlei Auswirkungen haben: auf der einen Seite wird sich das Theater der *Meisterwerke* in ein Wachsfigurenkabinett verwandeln, auf der anderen Seite wird sich das *leichte* Schauspiel immer weiter von einer Suche nach der Form entfernen, da es sich vom *Sein-Müssen* des Theaters, d.h. der Revolution entbunden fühlt, und wird letztlich den Gesetzen des Fernsehspiels folgen, das ja - o Schicksal - oft allzugerne ohne Sinn und Tiefe ist.

Wenn das Theater *Spiegel* des Leben ist - insofern es ein umgekehrtes, verzerrtes, vereinfachtes, also *entstelltes* (denaturalisiertes) Bild der Wirklichkeit zurückwirft - müssen also auf der Bühne *die leichten* Inhalte (soft) dargestellt werden, von denen der Mensch beherrscht ist, um sie formal zu *reflektieren* und *umkehren* zu können.

Aber indem es das Leben umkehrt, nährt sich das **De-naturalistische Theater** ganz gewaltig der Lebenswirklichkeit, die, *wie die Dinge heute liegen*, eine beängstigende Inhaltsleere an den Tag legt: diese Leere *füllt* sich auf der Bühne durch die Form. Es ist also notwendig, das unkritische und gstaltlose Konsum-Theater in *Theater-Konsum* umzukehren. Tatsächlich ermöglicht ja die scheinbare *Leichtigkeit*, die das **De-naturalistische Theater** vom Inhalt fordert (je leichter der Inhalt, umso weniger schwer wird die formale Umkehrung sein), daß die heutige Gesellschaft sich in dieser Form von Theater wiederfinden kann, die zwar

103

scheinbar leicht ist, jedoch hinter den Kulissen eine
außerordentliche Möglichkeit birgt: die Revolution. In
diesem Sinne muß sich das Theater ein Beispiel an der
Wissenschaftsforschung nehmen, wo immer eine theoretische
Revolution *möglich* ist, die die Erfahrung zu modifizieren
vermag. Wir haben gesehen, daß der Grad der Leichtigkeit des
Inhalts - und in der Folge davon die Themenwahl, die mehr
oder weniger *engagiert* sein können, vom Geist abhängt, der
die passende *dramatische* Form bereitstellt, durch die er
seine revolutionäre Aktivität stützen kann. In diesem Sinne
stellt die Dramaturgie die Architektur des Theatertextes,
seine formale Anlage dar: d.h. das, was, um theatralische
Form anzunehmen, sich eines Inhalts bedient, um sich zu
manifestieren. Das Stück ist in diesem Sinne die dramaturgische Synthese von theatralischer Form und aus dem Leben
kommendem Inhalt. Genauer: Der Geist verwandelt sich in
Dramaturgie, indem er zu theatralischer Form wird; das
Stück stellt so das Produkt dieser dramatischen *Trans-formation* des Lebens in Theater und des Theaters in Leben dar
(d.h. des Inhalts in Form und der Form in Inhalt), dessen
Inhalt folglich *leicht* und dessen Form, die, indem sie den
Inhalt *trans-formiert,* sich als *Form der Trans-formation*
realisiert, *ge-wichtig* ist. In anderen Worten, als unaufhör-
liche Aktivität des Geistes.

Der Theatertext hat also innerhalb des **De-naturalistischen
Theaters** (das in diesem Punkt vom Theater der Grausamkeit
Abstand nimmt, welches den Text in theatralischen *Prä-text*
verwandeln will) eine zentrale Funktion, da sich gerade in der
Sprache, die Fähigkeit zur Transformation der Realität seitens
des Geistes findet. Mehr noch: das Stück ist die Garantie, daß

104

die dem Theater eigene revolutionäre Form nicht abstrakt bleibt, nicht selbstzweck ist (nach Hegel: in sich für sich), sondern sich in seiner Öffnung zum Leben hin real konkretisiert - einem Leben, das, so leicht es auch sein mag, trotzdem immer *vor allem aus schweren Dingen* wie den Worten besteht. Natürlich soll jetzt nicht die *Leichtigkeit* des Inhalts mit den Waagschalen gemessen, noch kann ein philosophisches, politisches, poetisches etc. Thema ausgeschlossen werden, bloß weil es schwer ist. Es wird betont, daß das **Denaturalistische Theater** wesentlich eine *Perspektive* darstellt, keine endgültige und unumstößliche Theorie. Und innerhalb dieser Perspektive, dieser Anschauung (das Augenmerk liegt also auf der formalen Notwendigkeit, Theater als *Trans-formation* des Lebens anzunehmen) soll jede Dramaturgie, jede Stückarchitektur, jeder Autor aus dem Leben diejenigen Inhalte verwenden, die er am geeignetsten für die theatralische Umkehrung durch die Form hält. Man möchte darüberhinaus vor Augen halten, daß, wenn die Inhalte des Lebens *leicht* sind, und heute sind sie das zweifellos (in dem Sinn, daß das Sein sich in der Welt verbirgt), man sicher nicht durch die Verwendung schwerer Inhalte das Sein ins Theater zurückholen kann, da sich ja die Menschen von ihrer *unerträglichen Leichtigkeit* vollkommen zufriedengestellt fühlen. Und da ja gerade die Leichtigkeit der Inhalte des Seins (wiederholen wir das), durch die sehr wohl *gewichtige* Form/Theater, gekippt *werden muß*, ergibt sich von selbst: je leichter die Bausteine (die Inhalte), umso revolutionärer die Architektur (Dramaturgie).

105

Die kopernikanische Revolution des **De-naturalistischen Theaters** bringt also im Versuch, sich an die geistigen Anforderungen des heutigen Menschen anzunähern, das Theater wieder in seine natürliche Position zurück: *"Füße am Boden und Kopf zwischen den Sternen"* (Eckermann, *Beiträge zur Poesie*, 1811).

♨ ♨ ♨ ♨

Anmerkung : Wenn von *Leichtigkeit* des Inhalts die Rede ist, ist damit absolut nicht gemeint, daß das Theater *nicht engagiert* sein soll, im Gegenteil: Das *Engagement* muß auf die Ebene der Dramaturgie, also der Form verschoben werden. Nur so wird es dem Theater, das zwar Spiel, aber nie unkritisches Spiel ist, gelingen, wieder aus einer notwendigen Umkehrung des Bestehenden Kraft zu schöpfen - notwendig, weil sie der theatralischen Form selbst innewohnt.

Natürlich wird das Theater bei seinem Spiel mit dem Leben wieder ganz sich selbst *ins Spiel bringen müssen*, was für den Stückenschreiber bedeutet, daß er die Techniken des Theaters, der hardware und des theatralischen know how zu beherrschen lernen muß, die dann bei jedem einzelnen Stück angewendet werden sollen. Es ist in der Tat offensichtlich, daß das Theater bei seiner letzten Schlacht ums Überleben in der Welt der Fiktion nicht darauf verzichten können wird, in das zeitgenössische Getümmel alle ihm verfügbaren Waffen zur Verwirklichung seines Projektes der Transformation der Realität zu werfen.

♨ ♨ ♨ ♨

106

a Enrico Bernard
Emilio Greco
Roma, 1982